管理会计案例示范集

财政部会计司编写组　编著

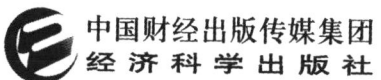
中国财经出版传媒集团
经济科学出版社

图书在版编目（CIP）数据

管理会计案例示范集/财政部会计司编写组编著．
—北京：经济科学出版社，2019.5（2020.4 重印）
ISBN 978-7-5218-0532-1

Ⅰ.①管… Ⅱ.①财… Ⅲ.①管理会计-案例
Ⅳ.①F234.3

中国版本图书馆 CIP 数据核字（2019）第 086744 号

责任编辑：宋学军　庞丽佳
责任校对：杨晓莹
责任印制：邱　天

管理会计案例示范集

财政部会计司编写组　编著
经济科学出版社出版、发行　新华书店经销
社址：北京市海淀区阜成路甲 28 号　邮编：100142
总编部电话：010-88191217　发行部电话：010-88191522
网址：www.esp.com.cn
电子邮件：esp@esp.com.cn
天猫网店：经济科学出版社旗舰店
网址：http://jjkxcbs.tmall.com
固安华明印业有限公司印装
787×1092　16 开　37 印张　950000 字
2019 年 6 月第 1 版　2020 年 4 月第 2 次印刷
ISBN 978-7-5218-0532-1　定价：110.00 元
(图书出现印装问题，本社负责调换。电话：010-88191510)
(版权所有　侵权必究　打击盗版　举报热线：010-88191661
QQ：2242791300　营销中心电话：010-88191537
电子邮箱：dbts@esp.com.cn)

前　言

　　按照《财政部关于全面推进管理会计体系建设的指导意见》中关于管理会计指引体系建设的有关要求，财政部自 2016 年以来，先后发布管理会计基本指引和 34 项管理会计应用指引，并完成了 54 个案例示范的遴选和编辑，形成了具有中国特色的管理会计指引体系，现将应用指引和案例示范集结出版。案例示范是管理会计指引体系的重要补充，以管理会计指引体系结构为基础，涵盖战略管理、预算管理、成本管理、营运管理、投融资管理、绩效管理、风险管理和其他领域，具体展示了相关管理会计工具方法在不同行业、不同性质、不同规模单位中的应用，帮助相关人员全面理解和掌握管理会计应用指引，为单位应用相关管理会计工具方法提供参考。

财政部会计司编写组

2019 年 4 月

目 录

第一部分 战略管理 ... 1

管理会计应用指引第 100 号——战略管理 ... 3
管理会计应用指引第 101 号——战略地图 ... 5
案例示范 1-1 战略地图在制造业企业的应用 ... 10

第二部分 预算管理 ... 23

管理会计应用指引第 200 号——预算管理 ... 25
管理会计应用指引第 201 号——滚动预算 ... 28
管理会计应用指引第 202 号——零基预算 ... 30
管理会计应用指引第 203 号——弹性预算 ... 32
管理会计应用指引第 204 号——作业预算 ... 34
案例示范 2-1 月度滚动预算在制造业企业的应用 ... 37
案例示范 2-2 零基预算在制造业企业的应用 ... 51
案例示范 2-3 弹性预算在制造业企业的应用 ... 57
案例示范 2-4 作业预算在铁路货运站的应用 ... 60
案例示范 2-5 基于收款滚动预算的分包付款联动式预算管理 ... 73

第三部分 成本管理 ... 85

管理会计应用指引第 300 号——成本管理 ... 87
管理会计应用指引第 301 号——目标成本法 ... 89
管理会计应用指引第 302 号——标准成本法 ... 92
管理会计应用指引第 303 号——变动成本法 ... 97
管理会计应用指引第 304 号——作业成本法 ... 100
案例示范 3-1 制造业企业的"成本工程"建设 ... 106
案例示范 3-2 钢铁企业的"三化"成本管理体系建设 ... 111
案例示范 3-3 基于平台建设的汽车全价值链精细化成本管理 ... 119
案例示范 3-4 目标成本法在汽车企业成本管理中的应用 ... 129
案例示范 3-5 标准成本法在油库费用管控中的应用 ... 133
案例示范 3-6 标准成本法在制造企业中的应用 ... 139
案例示范 3-7 双维多级变动成本法在医院成本管理中的应用 ... 143
案例示范 3-8 作业成本法在煤炭企业的应用 ... 153
案例示范 3-9 作业成本法在大型设备施工项目成本管理中的应用 ... 161
案例示范 3-10 估时作业成本法在保险公司理赔中心的应用 ... 168

案例示范 3-11　基于估时作业成本法的成本管理模式构建与实施 …………… 177

第四部分　营运管理 …………………………………………………… 187

管理会计应用指引第 400 号——营运管理 ………………………………… 189
管理会计应用指引第 401 号——本量利分析 ……………………………… 193
管理会计应用指引第 402 号——敏感性分析 ……………………………… 196
管理会计应用指引第 403 号——边际分析 ………………………………… 199
管理会计应用指引第 404 号——内部转移定价 …………………………… 203
管理会计应用指引第 405 号——多维度盈利能力分析 …………………… 206
案例示范 4-1　本量利分析在作业成本法中的应用 ……………………… 210
案例示范 4-2　本量利分析在产品定价上的具体应用 …………………… 216
案例示范 4-3　基于本量利分析的限量成本投入优化方法应用 ………… 221
案例示范 4-4　通过敏感性分析进行盈利测算 …………………………… 224
案例示范 4-5　煤炭行业产品优化决策分析 ……………………………… 239
案例示范 4-6　边际分析在制造业企业生产经营决策中的应用 ………… 242
案例示范 4-7　内部资金转移定价在商业银行的应用 …………………… 246
案例示范 4-8　"模拟市场"内部转移定价在钢铁企业的应用 ………… 250
案例示范 4-9　多维度盈利能力分析在商业银行的应用 ………………… 254
案例示范 4-10　阿米巴经营模式在制造业企业的应用 …………………… 260

第五部分　投融资管理 ………………………………………………… 271

管理会计应用指引第 500 号——投融资管理 ……………………………… 273
管理会计应用指引第 501 号——贴现现金流法 …………………………… 276
管理会计应用指引第 502 号——项目管理 ………………………………… 279
管理会计应用指引第 503 号——情景分析 ………………………………… 284
管理会计应用指引第 504 号——约束资源优化 …………………………… 286
案例示范 5-1　净现值法在项目投资决策中的应用 ……………………… 288
案例示范 5-2　以流程管控为核心的投资决策体系 ……………………… 290
案例示范 5-3　价值工程法在项目成本控制中的应用 …………………… 297
案例示范 5-4　精益成本管理在国际工程项目管理中的应用 …………… 301
案例示范 5-5　情景分析在水务投资企业的应用 ………………………… 308
案例示范 5-6　约束资源优化在纺织工业企业的应用 …………………… 312

第六部分　绩效管理 …………………………………………………… 317

管理会计应用指引第 600 号——绩效管理 ………………………………… 319
管理会计应用指引第 601 号——关键绩效指标法 ………………………… 323
管理会计应用指引第 602 号——经济增加值法 …………………………… 326
管理会计应用指引第 603 号——平衡计分卡 ……………………………… 330
管理会计应用指引第 604 号——绩效棱柱模型 …………………………… 334
案例示范 6-1　以关键绩效指标法为核心的业绩考核体系的设计与实施 …… 342
案例示范 6-2　基于责任中心的业绩管理体系建设 ……………………… 351

案例示范 6-3	建筑工程企业绩效考核体系设计	360
案例示范 6-4	经济增加值法在油田公司的应用	378
案例示范 6-5	平衡计分卡在公用事业企业的应用	384
案例示范 6-6	平衡计分卡在石油石化企业中的应用	394
案例示范 6-7	单元成本效益管理在化工企业的应用	403
案例示范 6-8	"客户—产品"预算考评机制在商业银行的应用	409
案例示范 6-9	基于经济增加值的预算管理与绩效优化	415

第七部分 风险管理 …………………………………………………………………… 431

管理会计应用指引第 700 号——风险管理	433
管理会计应用指引第 701 号——风险矩阵	435
管理会计应用指引第 702 号——风险清单	438
案例示范 7-1	风险矩阵在电力企业的应用	442
案例示范 7-2	风险矩阵在新能源企业的应用	446
案例示范 7-3	风险清单在小微型企业的应用	453
案例示范 7-4	风险清单在电力投资企业的应用	461

第八部分 其他领域 …………………………………………………………………… 471

管理会计应用指引第 801 号——企业管理会计报告	473
管理会计应用指引第 802 号——管理会计信息系统	477
管理会计应用指引第 803 号——行政事业单位	483
案例示范 8-1	集团公司"225 体系"管理会计报告	487
案例示范 8-2	企业集团预算管理信息系统建设	508
案例示范 8-3	业财税一体化型财务共享中心在大型企业集团的构建	515
案例示范 8-4	全面预算管理在公立医院的应用	540
案例示范 8-5	病种成本管理在医院的应用	547
案例示范 8-6	高校院级单位投入产出分析	557
案例示范 8-7	嵌入 PDCA 循环的高校财政项目经费管理	563
案例示范 8-8	高校固定资产全生命周期管理	568

附录 …………………………………………………………………………………… 575

| 附录 1 财政部关于全面推进管理会计体系建设的指导意见 | 577 |
| 附录 2 管理会计基本指引 | 580 |

第一部分
战略管理

管理会计应用指引第 100 号
——战略管理

第一章 总 则

第一条 为了促进企业加强战略管理，提高企业战略管理的科学性和有效性，推动企业实现战略目标，根据《管理会计基本指引》，制定本指引。

第二条 战略管理，是指对企业全局的、长远的发展方向、目标、任务和政策，以及资源配置作出决策和管理的过程。

战略，是指企业从全局考虑作出的长远性的谋划。

第三条 企业战略一般分为三个层次，包括选择可竞争的经营领域的总体战略、某经营领域具体竞争策略的业务单位战略（也称竞争战略）和涉及各职能部门的职能战略。

第四条 企业进行战略管理，一般应遵循以下原则：

（一）目标可行原则。战略目标的设定，应具有一定的前瞻性和适当的挑战性，使战略目标通过一定的努力可以实现，并能够使长期目标与短期目标有效衔接。

（二）资源匹配原则。企业应根据各业务部门与战略目标的匹配程度进行资源配置。

（三）责任落实原则。企业应将战略目标落实到具体的责任中心和责任人，构成不同层级彼此相连的战略目标责任圈。

（四）协同管理原则。企业应以实现战略目标为核心，考虑不同责任中心业务目标之间的有效协同，加强各部门之间的协同管理，有效提高资源使用的效率和效果。

第五条 战略管理领域应用的管理会计工具方法，一般包括战略地图等。

战略管理工具方法，可单独应用，也可综合应用，以加强战略管理的协同性。

第二章 应 用 环 境

第六条 企业应关注宏观环境（包括政治、经济、社会、文化、法律及技术等因素）、产业环境、竞争环境等对其影响长远的外部环境因素，尤其是可能发生重大变化的外部环境因素，确认企业所面临的机遇和挑战；同时应关注本身的历史及现行战略、资源、能力、核心竞争力等内部环境因素，确认企业具有的优势和劣势。

第七条 企业一般应设置专门机构或部门，牵头负责战略管理工作，并与其他业务部门、职能部门协同制定战略目标，做好战略实施的部门协调，保障战略目标得以实现。

第八条 企业应建立健全战略管理有关制度及配套的绩效激励制度等，形成科学有效的制度体系，切实调动员工的积极性，提升员工的执行力，推动企业战略的实施。

第三章 应 用 程 序

第九条 企业应用战略管理工具方法，一般按照战略分析、战略制定、战略实施、战略评价和控制、战略调整等程序进行。

第十条 战略分析包括外部环境分析和内部环境分析。

企业进行环境分析时，可应用态势分析法（Strength，Weakness，Opportunity，Threat，简称SWOT分析）、波特五力分析和波士顿矩阵分析等方法，分析企业的发展机会和竞争力，以及各业务流程在价值创造中的优势和劣势，并对每一业务流程按照其优势强弱划分等级，为制定战略目标奠定基础。

第十一条 战略制定，是指企业根据确定的愿景、使命和环境分析情况，选择和设定战略目标的过程。

企业可根据对整体目标的保障、对员工积极性的发挥以及企业各部门战略方案的协调等实际需要，选择自上而下、自下而上或上下结合的方法，制定战略目标。

企业设定战略目标后，各部门需要结合企业战略目标设定本部门战略目标，并将其具体化为一套关键财务及非财务指标的预测值。为各关键指标设定的目标（预测）值，应与本企业的可利用资源相匹配，并有利于执行人积极有效地实现既定目标。

第十二条 战略实施，是指将企业的战略目标变成现实的管理过程。

企业应加强战略管控，结合使用战略地图等管理会计工具方法，将战略实施的关键业务流程化，并落实到企业现有的业务流程中，确保企业高效率和高效益地实现战略目标。

第十三条 战略评价和控制，是指企业在战略实施过程中，通过检测战略实施进展情况，评价战略执行效果，审视战略的科学性和有效性，不断调整战略举措，以达到预期目标。

企业主要应从以下几个方面进行战略评价：战略是否适应企业的内外部环境；战略是否达到有效的资源配置；战略涉及的风险程度是否可以接受；战略实施的时间和进度是否恰当。

第十四条 战略调整，是指根据企业情况的发展变化和战略评价结果，对所制定的战略及时进行调整，以保证战略有效指导企业经营管理活动。

战略调整一般包括调整企业的愿景、长期发展方向、战略目标及其战略举措等。

第四章 附 则

第十五条 本指引由财政部负责解释。

管理会计应用指引第 101 号
——战略地图

第一章　总　　则

第一条　战略地图，是指为描述企业各维度战略目标之间因果关系而绘制的可视化的战略因果关系图。

战略地图通常以财务、客户、内部业务流程、学习与成长等四个维度为主要内容，通过分析各维度的相互关系，绘制战略因果关系图。企业可根据自身情况对各维度的名称、内容等进行修改和调整。

第二条　企业应用战略地图工具方法，应注重通过战略地图的有关路径设计，有效使用有形资源和无形资源，高效实现价值创造；应通过战略地图实施将战略目标与执行有效绑定，引导各责任中心按照战略目标持续提升业绩，服务企业战略实施。

第三条　企业应用战略地图工具方法，应遵循《管理会计应用指引第 100 号——战略管理》中对应用环境的一般要求。

第四条　企业应用战略地图工具方法，一般按照战略地图设计和战略地图实施等程序进行。

第二章　战略地图设计

第五条　企业设计战略地图，一般按照设定战略目标、确定业务改善路径、定位客户价值、确定内部业务流程优化主题、确定学习与成长主题、进行资源配置、绘制战略地图等程序进行。

第六条　企业进行战略目标设定，应遵循《管理会计应用指引第 100 号——战略管理》的有关要求。

第七条　企业应根据已设定的战略目标，对现有客户（服务对象）和可能的新客户以及新产品（新服务）进行深入分析，寻求业务改善和增长的最佳路径，提取业务和财务融合发展的战略主题。

在财务维度，战略主题一般可划分为两个层次：第一层次一般包括生产率提升和营业收入增长等；第二层次一般包括创造成本优势、提高资产利用率、增加客户机会和提高客户价值等。

第八条　企业应对现有客户进行分析，从产品（服务）质量、技术领先、售后服务和稳定标准等方面确定、调整客户价值定位。

在客户价值定位维度，企业一般可设置客户体验、双赢营销关系、品牌形象提升等战略主题。

第九条 企业应根据业务提升路径和服务定位，梳理业务流程及其关键增值（提升服务形象）活动，分析行业关键成功要素和内部营运矩阵，从内部业务流程的管理流程、创新流程、客户管理流程、遵循法规流程等角度确定战略主题，并将业务战略主题进行分类归纳，制定战略方案。

第十条 企业应根据业务提升路径和服务定位，分析创新和人力资本等无形资源在价值创造中的作用，识别学习与成长维度的关键要素，并相应确立激励制度创新、信息系统创新和智力资本利用创新等战略主题，为财务、客户、内部业务流程维度的战略主题和关键业绩指标（Key Performance Indicator，简称KPI）提供有力支撑。

第十一条 根据各维度战略主题，企业应分析其有形资源和无形资源的战略匹配度，对各主题进行战略资源配置。同时应关注企业人力资源、信息资源、组织资源等在资源配置中的定位和价值创造中的作用。

第十二条 企业可应用平衡计分卡的四维度划分绘制战略地图，以图形方式展示企业的战略目标及实现战略目标的关键路径。具体绘制程序如下：

（一）确立战略地图的总体主题。总体主题是对企业整体战略目标的描述，应清晰表达企业愿景和战略目标，并与财务维度的战略主题和KPI对接。

（二）根据企业的需要，确定四维度的名称。把确定的四维度战略主题对应画入各自战略地图内，每一主题可以通过若干KPI进行描述。

（三）将各个战略主题和KPI用路径线链接，形成战略主题和KPI相连的战略地图。

在绘制过程中，企业应将战略总目标（财务维度）、客户价值定位（客户维度）、内部业务流程主题（内部流程维度）和学习与成长维度与战略KPI链接，形成战略地图。

企业所属的各责任中心的战略主题、KPI相应的战略举措、资源配置等信息一般无法都绘制到一张图上，一般采用绘制对应关系表或另外绘制下一层级责任中心的战略地图等方式来展现其战略因果关系。

第三章 战略地图实施

第十三条 战略地图实施，是指企业利用管理会计工具方法，确保企业实现既定战略目标的过程。战略地图实施一般按照战略KPI设计、战略KPI责任落实、战略执行、执行报告、持续改善、评价激励等程序进行。

第十四条 企业应用战略地图，应设计一套可以使各部门主管明确自身责任，并与战略目标相联系的考核指标，即进行战略KPI设计。

第十五条 企业应对战略KPI进行分解，落实责任并签订责任书。具体可按以下程序进行：

（一）将战略KPI分解为责任部门的KPI。企业应从最高层开始，将战略KPI分解到各责任部门，再分解到责任团队。每一责任部门、责任团队或责任人都有对应的KPI，且每一KPI都能找到对应的具体战略举措。企业可编制责任表，描述KPI中的权、责、利与战略举措的对应关系，以便实施战略管控和形成相应的报告。

每一责任部门的负责人可根据上述责任表，将KPI在本部门进行进一步分解和责任落实，层层建立战略实施责任制度。

（二）签订责任书。企业应在分解明确各责任部门KPI的基础上，签订责任书，以督促各执行部门落实责任。责任书一般由企业领导班子（或董事会）与执行层的各部门签订。责任书应明确规定一定时期内（一般为一个年度）要实现的 KPI 任务、相应的战略举措及相应的奖惩机制。

第十六条 企业应以责任书中所签任务为基础，按责任部门的具体人员和团队情况，对任务和 KPI 进一步分解，并制定相应的执行责任书，进行自我管控和自我评价。同时，以各部门责任书和职责分工为基础，确定不同执行过程的负责人及协调人，并按照设定的战略目标实现日期，确定不同的执行指引表，采取有效战略举措，保障 KPI 实现。

第十七条 企业应编制战略执行报告，反映各责任部门的战略执行情况，分析偏差原因，提出具体管控措施。

（一）每一层级责任部门应向上一层级责任部门提交战略执行报告，以反映战略执行情况，制定下一步战略实施举措。

（二）战略执行报告一般可分为以下三个层级：

1. 战略层（如董事会）报告，包括战略总体目标的完成情况和原因分析；
2. 经营层报告，包括责任人的战略执行方案中相关指标的执行情况和原因分析；
3. 业务层报告，包括战略执行方案下具体任务的完成情况和原因分析。

（三）企业应根据战略执行报告，分析责任人战略执行情况与既定目标是否存在偏差，并对偏差进行原因分析，形成纠偏建议，作为责任人绩效评价的重要依据。

第十八条 企业应在对战略执行情况进行分析的基础上，进行持续改善，不断提升战略管控水平。

（一）与既定目标相比，发现问题并进行改善。企业应根据战略执行报告，将战略执行情况与管控目标进行比对，分析偏差，及时发现问题，提出解决问题的具体措施和改善方案，并采取必要措施。企业在进行偏差分析时，一般应关注以下问题：

1. 所产生的偏差是否为临时性波动；
2. 战略 KPI 分解与执行是否有误；
3. 外部环境是否发生重大变化，从而导致原定战略目标脱离实际情况。

企业应在分析这些问题的基础上，找出发生偏差的根源所在，及时进行纠正。

（二）达成既定目标时，考虑如何提升。达成战略地图上所列的战略目标时，企业一般可考虑适当增加执行难度，提升目标水平，按持续改善的策略与方法进入新的循环。

第十九条 企业应按照《管理会计应用指引第 100 号——战略管理》中战略评价的有关要求，对战略实施情况进行评价，并按照《管理会计应用指引第 600 号——绩效管理》的有关要求进行激励，引导责任人自觉地、持续地积极工作，有效利用企业资源，提高企业绩效，实现企业战略目标。

第四章　工具方法评价

第二十条 战略地图的主要优点是：能够将企业的战略目标清晰化、可视化，并与战略 KPI 和战略举措建立明确联系，为企业战略实施提供了有力的可视化工具。

第二十一条 战略地图的主要缺点是：需要多维度、多部门的协调，实施成本高，并且需要与战略管控相融合，才能真正实现战略实施。

第五章 附 则

第二十二条 本指引由财政部负责解释。

附录：

专有名词解释

1. 态势分析法（Strength，Weakness，Opportunity，Threat，简称 SWOT 分析法，S 表示优势、W 表示劣势、O 表示机会、T 表示威胁），是指基于内外部竞争环境和竞争条件下的综合分析，就是将与研究对象密切相关的各种主要内部优势、劣势及外部的机会和威胁等，通过调查列举出来，并依照矩阵形式排列，然后用系统分析的思想，把各种因素相互匹配起来加以分析，从中得出相应结论，而结论通常带有一定的决策性，对制定相应的发展战略、计划以及对策起到支撑作用。按照态势分析法，战略目标应是一个企业"能够做的"（即企业的强项和弱项）和"可能做的"（即环境的机会和威胁）之间的有机组合。

2. 波特五力分析法（Michael Porter's Five Forces Model），是指将供应商定价能力、购买者的讨价还价能力、潜在进入者的威胁、替代品的威胁、同行业竞争者的力量作为竞争主要来源的一种竞争力分析方法。

3. 波士顿矩阵分析法（BCG Matrix），是指在坐标图上，以纵轴表示企业销售增长率，横轴表示市场占有率，将坐标图划分为四个象限，依次为"明星类产品（★）""问题类产品（？）""金牛类产品（¥）""瘦狗类产品（×）"；最后的瘦狗类属于不再投资扩展或即将淘汰的产品。其目的在于通过产品所处不同象限的划分，使企业采取不同决策，以保证其不断地淘汰无发展前景的产品，保持"问号""明星""金牛"产品的合理组合，实现产品及资源分配结构的良性循环。

4. 营运矩阵分析，是指通过横向联系和纵向联系的营运方式，分析企业营运中分权化与集权化的问题，考虑各个管理部门（或岗位）之间的相互协调和相互监督，以更加高效地实现企业营运目标。

案例示范 1-1
战略地图在制造业企业的应用

【本案例介绍了战略地图工具方法在制造业企业的应用。案例单位是从事汽车变速器研发、生产和销售的制造业企业。针对战略管理中战略贯彻落实不力、对内外环境缺乏动态适应等问题,该单位采用战略地图工具方法,从财务、客户、内部业务流程、学习与成长四个维度进行战略支撑,绘制了公司级和部门级战略地图,使战略地图在战略管理中发挥牵头和导向的作用,以战略地图指导公司业务计划的分解和年度预算的实施,有利于实现全员参与、上下联动,及时反馈,确保了战略有效落地和动态适应,保障了公司各项经营管理工作向战略目标稳步推进。】

一、背景描述

(一) 单位基本情况

甲公司是从事汽车变速器研发、生产和销售的制造业企业,下设多个部门和分、子公司。甲公司自20世纪80年代初通过技贸合作向国外引进汽车变速器技术开始进入汽车变速器领域,历经技术引进消化吸收到联合开发再到自主开发的技术创新之路,以小型化、轻量化、清洁化、多档化、自动化作为产品未来发展方向。

(二) 公司战略

甲公司愿景为"打造世界一流汽车传动系统企业",当前战略目标为"8512"目标,即实现销售收入突破80亿元、利润总额突破5亿元、职工人均年收入达到12万元;力争实现"1615"目标,即力争销售收入突破100亿元、利润总额突破6亿元、职工人均年收入达到15万元。为实现战略目标,甲公司总体业务规划为坚定推进"133"战略体系,即达成"一个目标"——洞悉市场,苦练内功,达成"8512"的战略目标;实现"三大突破"——实施业务架构的清理整合、股权多元化、实现公司体制的突破,拓展经营视野、抢抓机遇,实现国际化经营的突破,加快结构调整、产品升级、实现有核心竞争力产品的突破;抓好"三项创新"——抓好科技创新、深化产品技术改革、持续提升企业市场竞争力;抓好管理创新、深化"333"精益管理体系、全面提升企业发展内生动力;抓好文化创新、深化文化体系建设、不断增强公司领先文化影响力。

(三) 存在的主要问题

1. 战略贯彻落实不力,无法全面支撑公司快速发展。

甲公司分析内外部环境,制定了合理的战略规划,但战略落地缺少一系列工作支持,具体表现在:公司精益管理体系虽已基本成型,但研发、制造物流、质量、采购等之间的逻辑性、贯通性还需进一步完善;与标杆企业比较,管理体系的"标准化、专业化、细致化、数字化"水平还有较大差距;从战略到年度关键绩效指标(KPI)、重点工作(GS)等,现有的战略细化、落实能力不足,战略牵引能力还需要进一步加强。

战略落实不力,需要厘清战略各维度之间的内在逻辑关系,并用更加直观的描述来面向各部门和基层员工解释公司的战略,使战略转化为大家都能够理解的语言,将各类资源聚焦到公司发展需要的重点领域中,真正成为企业经营管理的"指挥棒"。

2. 战略对内外部环境的动态适应能力不强。

甲公司所处行业市场环境、技术环境、政策环境正在面临重大、激烈变化，公司战略管理对外部环境的动态适应能力有所欠缺，无法及时作出相应调整。公司战略管理在对内外部环境进行分析的基础上，应能够针对可能发生重大变化的环境因素及时调整。

（四）选择战略地图工具方法的主要原因

战略地图能够将企业的战略目标清晰化、可视化，并与战略 KPI 和战略举措建立明确联系，为企业战略贯彻落实提供有力的可视化工具。同时，战略地图的实施要求在对战略执行情况进行分析的基础上持续改善，不断提升战略管控水平，有利于提高战略对内外部环境的动态适应能力。为有效解决战略管理中存在的问题，甲公司采用战略地图工具方法，使战略地图在战略管理中发挥牵头和导向的作用，以战略地图指导公司业务计划的分解和年度预算的实施，有利于实现全员参与，上下联动，及时反馈，确保战略有效落地和动态适应。

二、应用过程

（一）参与部门和人员

甲公司设有战略管理委员会，委员会向公司董事会负责，由技术副总担任主任，成员为公司其他领导，职责是全面指导公司战略管理活动，具体包括：对公司发展战略、中长期发展规划以及战略规划落地方案提出建议，并报董事会审批；对年度投资计划和重大投资项目、合资合作、资本运作、资产重组等重大战略举措提出建议，并报董事会审批；对公司战略地图、平衡计分卡等管理会计工具使用进行决策；对战略实施进行监督，对实施过程中的调整进行评估，提出建议，并报董事会审批；对实施的结果进行评估检查，并发布评估结果等。

战略投资委员会下设战略管理办公室，挂靠于综合部，主任由综合部部长担任，成员为综合部、技术中心、品质部、财务会计部、人力资源部、生产制造部、销售总公司、党群工作部等部门主要负责人，主要职责为：公司战略规划的组织编制与滚动调整更新；编制与更新战略地图和与之相匹配的平衡计分卡，并按时定期上报；组织公司进行战略实施评估；组织完成公司外部环境变化分析，并提出应对措施等。

公司级战略地图的编制和滚动更新由战略管理办公室完成基础工作、提出建议，由战略投资委员会负责方案研究及战略落地。

部门级战略地图的编制和滚动更新由各部门主要负责人牵头完成，在公司级战略地图的牵引下，根据部门自身工作性质和工作目标拟订部门战略，部门各班组（员工）在部门级战略地图的指导下拟订班组、个人 KPI 及 GS，并由上一级对其完成情况进行监控。

（二）具体应用流程

甲公司战略地图包含公司级战略地图和部门级战略地图两个层级，公司战略指引公司级战略地图，各部门按职责分解制定相应的部门级战略地图。

1. 公司级战略地图设计。

甲公司通过对战略愿景、企业使命、规划目标的分解设计战略地图，分别编制财务、客户、内部业务流程、学习与成长四个维度的主要工作，以财务为首要目标，通过客户支撑财务目标、内部业务流程支撑客户的达成、学习与成长支撑内部业务流程，四个维度汇总形成公司级战略地图，体现系统性、逻辑性及公司特色，见图 1-1-1。

（1）财务维度战略目标。

甲公司认为财务维度战略目标就是企业"怎样赚钱、从哪里赚钱、做什么赚钱、赚多少钱"，它是其他三个维度的最终目标，也是最终输出结果，公司所有的工作完成情况最终都将通过财务目标来体现。就甲公司而言,公司"8512"战略就是战略地图中财务维度的目标。为实现该目标,首先要实现"三大突破",这也是公司战略中主要的战略手段,它定位了公司发展的重要方向,即:怎样赚钱——业务架构整合;从哪里赚钱——国际化视野;做什么赚钱——有核心竞争力的产品;赚多少钱——"8512",见图1-1-2。

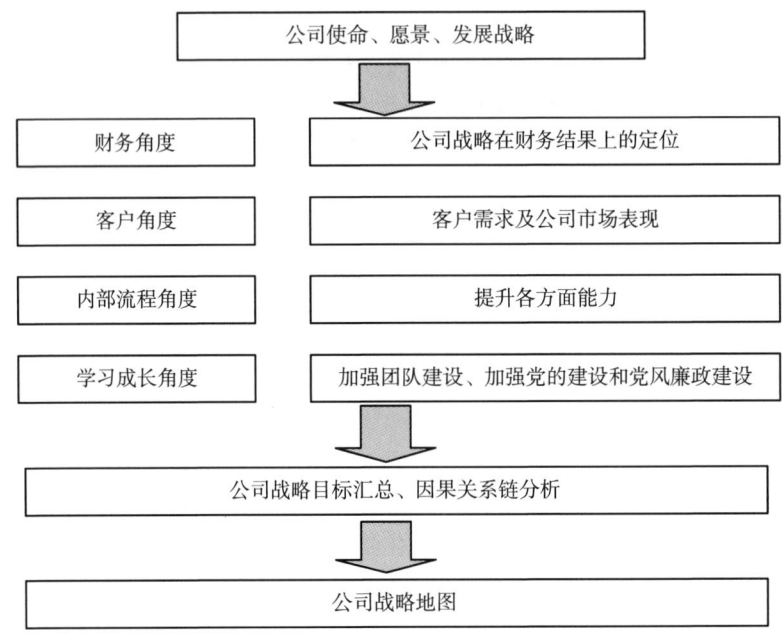

图1-1-1 甲公司战略地图编制思路

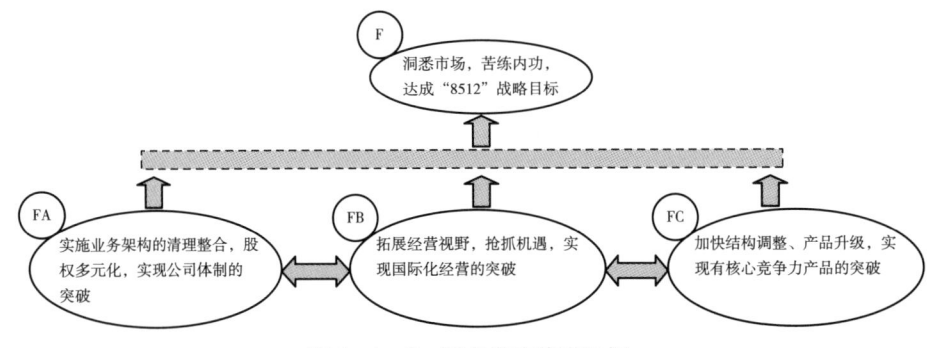

图1-1-2 财务维度战略目标

(2) 客户维度战略目标。

甲公司认为客户维度战略目标主要用来响应公司战略和支撑财务维度战略目标,要解释"做什么、通过什么方式做、做到什么程度"。针对公司战略和财务维度中的"国际化经营的突破"要求,在客户维度中提出"开拓国际化市场"的明确目标;针对"结构调整、产品升级",提出了市场结构的调整目标和销售的调整目标;针对"核心竞争力",提出了"品牌影响力"。它描画了公司客户蓝图,即:做什么——实现先进变速器的产业化和规模化,增强结构效益;通过什么方式做——优化市场结构,筑牢客户关系,加快市场责任项目产业化开发,开拓国际市场;做到什么程度——从做产品逐步提高为做品牌,见图1-1-3。

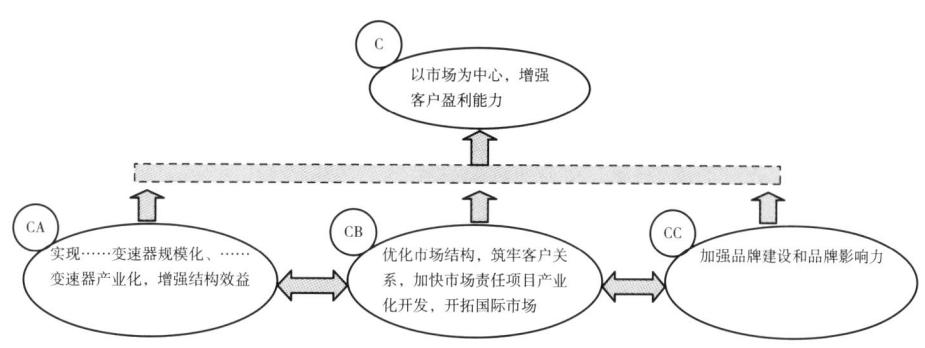

图1-1-3 客户维度战略目标

(3) 内部业务流程维度战略目标。

甲公司认为内部业务流程维度战略目标就是要支撑公司战略、财务维度及客户维度战略目标,考虑必须在内部业务流程中"做什么事、如何做这些事、达到什么样的能力水平"。甲公司内部业务流程维度首要考虑战略中对流程的要求,进行"科技创新"和"管理创新";针对"核心竞争力产品",核心竞争力之一来自于质量控制,而质量控制的前提就是质量体系的建设和过程质量的保证,作为中端制造型企业,要实现质量的控制,除自身建设外还需向制造业的上游延伸,即提高供应商管控能力;此外,公司战略落实离不开对技术研发、生产线建设、工业园区布局等多方位投资,所以在内部业务流程中还需要打通投资过程全生命周期管理,确保投资效益最大化,见图1-1-4。

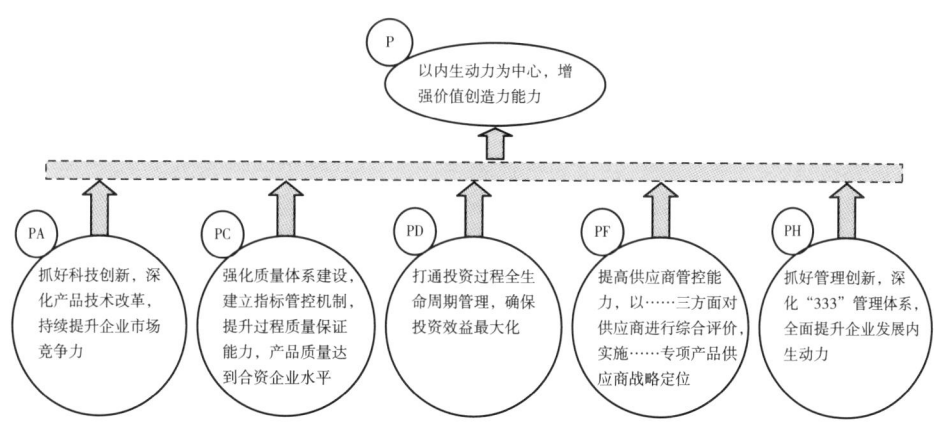

图1-1-4 内部业务流程维度战略目标

(4) 学习与成长维度战略目标。

甲公司认为上述财务、客户、内部业务流程三个维度战略目标必须依靠"人"来实现,即"通过什么进行支撑",学习与成长维度的战略目标重点关注优化组织设计、变革用工机制、激发员工活力,关注强化人力开发、提高员工素质,关注强化"星级班组"建设、夯实管理基础,关注加强党的建设和党风廉政建设,促进文化落地,阐述企业组织、人力、团队、文化等"无形资产"在战略中的作用,见图1-1-5。

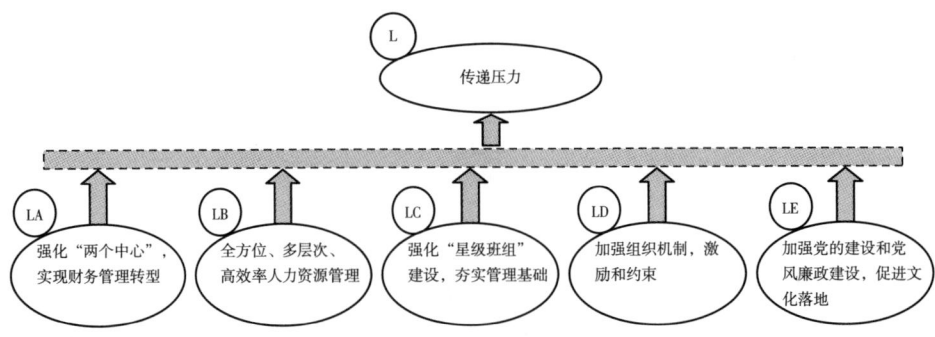

图1-1-5 学习与成长维度战略目标

(5) 形成完整的公司级战略地图。

将上述各个维度的战略目标进行汇总整合，明确各维度战略目标之间的逻辑关系，最终形成甲公司完整的战略地图，见图1-1-6。

2. 部门级战略地图设计。

甲公司部门级战略地图的编制方式与公司级战略地图编制类似，需要从公司战略地图入手，根据部门性质不同，在兼顾部门业务特点的同时承接分解关联的战略目标。

(1) 部门财务维度战略目标。

甲公司各部门从公司财务维度战略目标出发，依据本部门职责，明确本部门"能为公司创造哪些价值、通过什么路径创造价值、能够创造出多少价值"，以此提出本部门的财务维度战略目标（如规模效益、结构效益、管理效益），将战略有效分解至本部门。

以所属技术中心为例，技术中心的主要职责是开发新的产品。针对公司"加快结构调整、产品升级，实现有核心竞争力产品的突破"目标，技术中心将"结构调整"向部门分解为：战略产品的建设和产业化；"产品升级"向部门分解为：已有（经典）产品的升级；"核心竞争力"重点强调研发成本，见图1-1-7。

(2) 部门客户维度战略目标。

为支撑财务维度战略目标，各部门须掌握各自内、外部客户需求，清楚本部门"可通过哪些方式提供什么样的产品或服务"，分解公司客户维度战略目标、落实部门财务维度战略目标，以此提出本部门客户维度战略目标。

以所属技术中心为例，从客户维度，该部门是向客户进行有效的产品输出和技术输出。针对"抓好科技创新"的要求，部门应提供有效的产品，加强核心技术突破、提升研发能力；为确保公司"提升过程质量保证能力"和"确保投资效益最大化"，部门不断强化工艺能力；为加强公司"供应商管控能力"，部门应与供应商协同开发；从部门自身发展角度而言，提出"加强对外合作"，见图1-1-8。

(3) 部门内部业务流程维度战略目标。

为支撑上述财务维度战略目标和客户维度战略目标，各部门结合自身管理地图、管理制度和业务流程，分解公司内部业务流程维度战略目标，从部门性质系统分析自身应"具备哪些能力，通过什么手段、做哪些事情"。

以所属销售公司为例，甲公司战略地图中与销售公司主要相关的战略目标有市场结构调整（含国际化市场开拓）和品牌影响力，间接相关的战略目标为公司体制的突破和产品结构调整。因此，就销售公司自身工作向内部业务流程维度分解，形成了以下8个方面的战略目标，见图1-1-9。

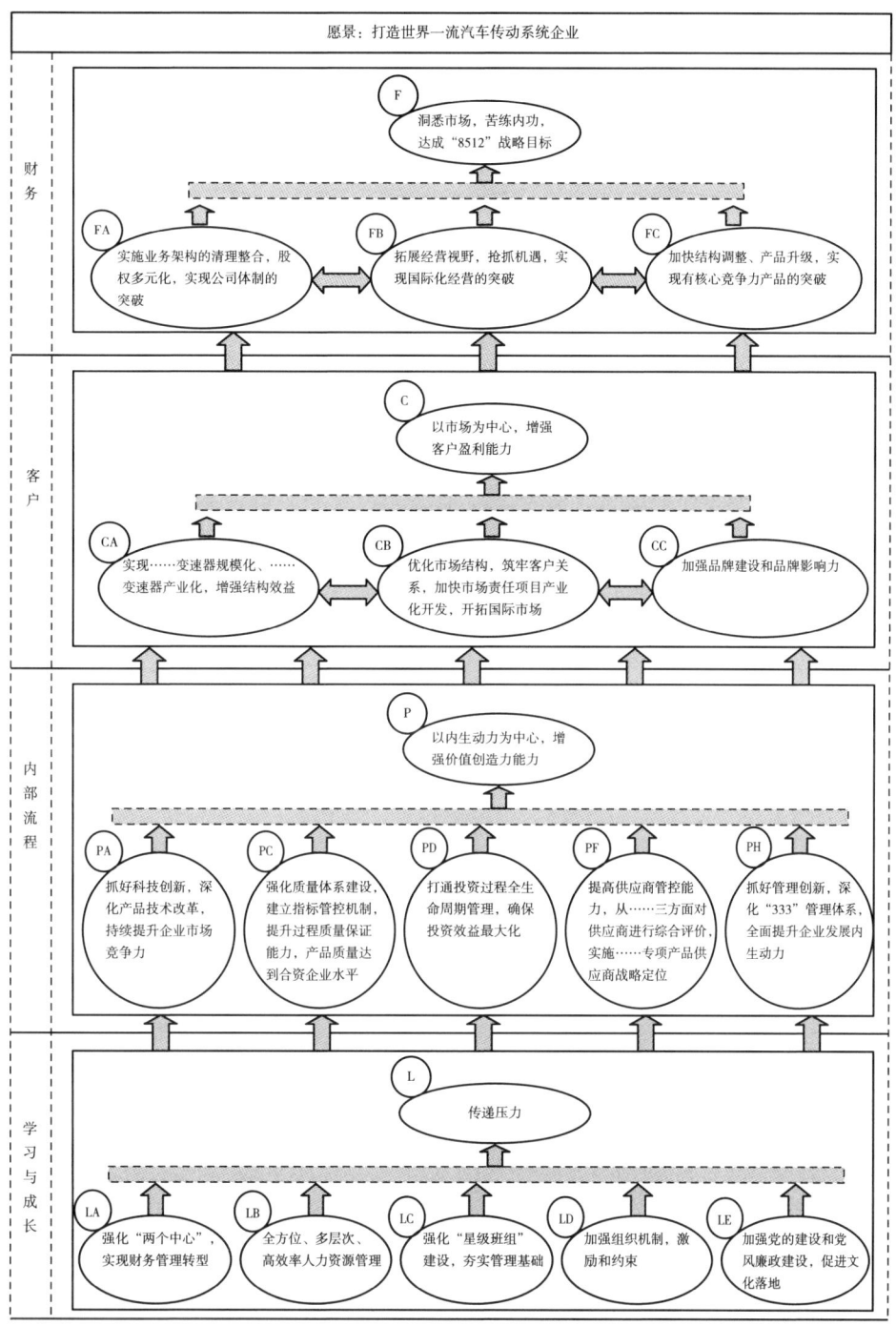

图1-1-6 甲公司公司级战略地图

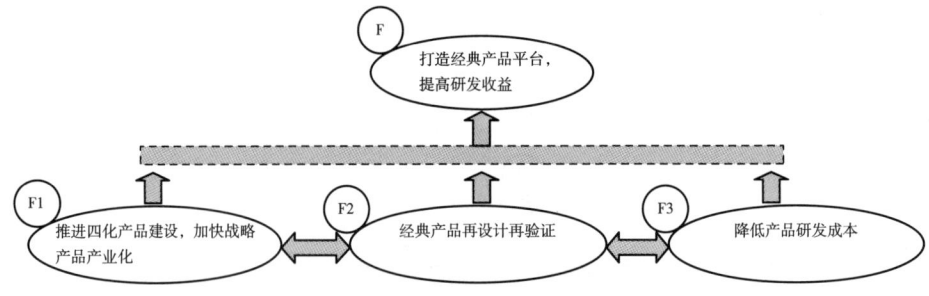

图 1-1-7 技术中心财务维度战略目标

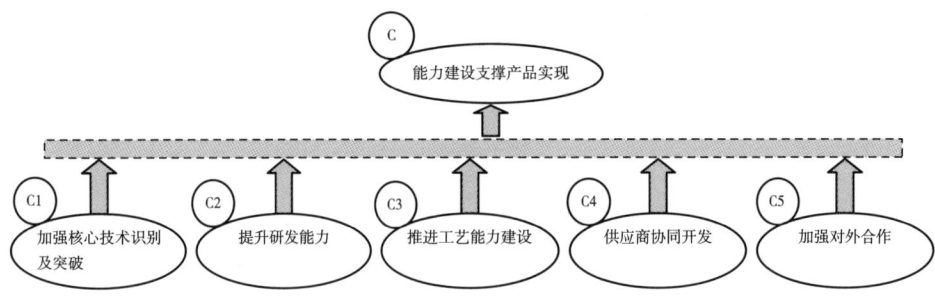

图 1-1-8 技术中心客户维度战略目标

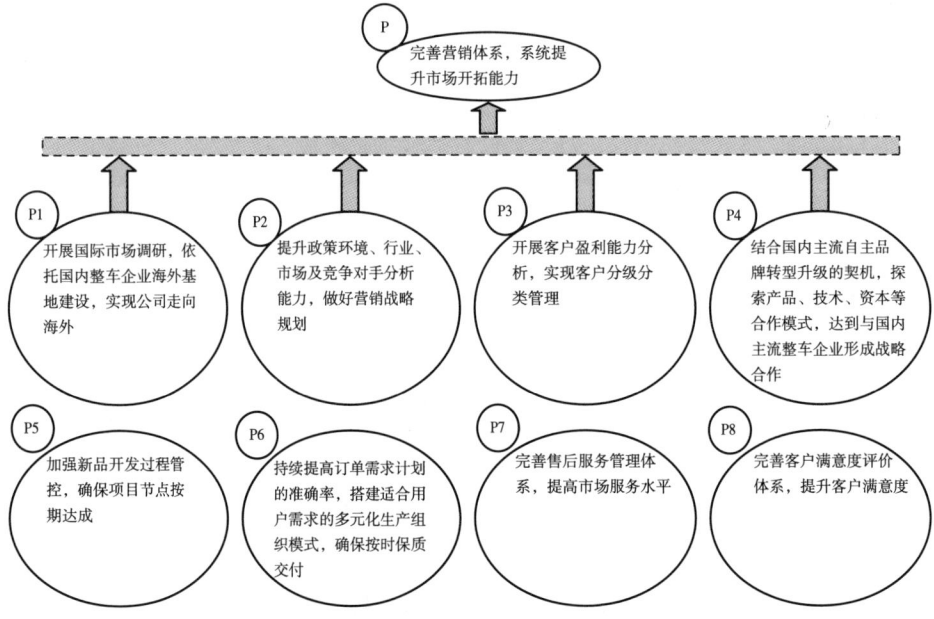

图 1-1-9 销售公司内部业务流程维度战略目标

(4) 部门学习与成长维度战略目标。

为支撑上述财务维度战略目标、客户维度战略目标和内部业务流程维度战略目标,各部门基于本部门业务特色,对照公司学习与成长的总体要求,明确"需要什么样的组织、人力、团队、文化",制定本部门学习与成长维度战略目标。

以所属销售公司为例,公司战略中"学习与成长"把党的建设和"星级班组"

建设纳入学习与成长维度目标;从销售公司的部门特性来分析,又进一步提出了员工的专业化能力,重点提到"国际化营销"能力;从品牌发展的角度,提出了文化营销,见图1-1-10。

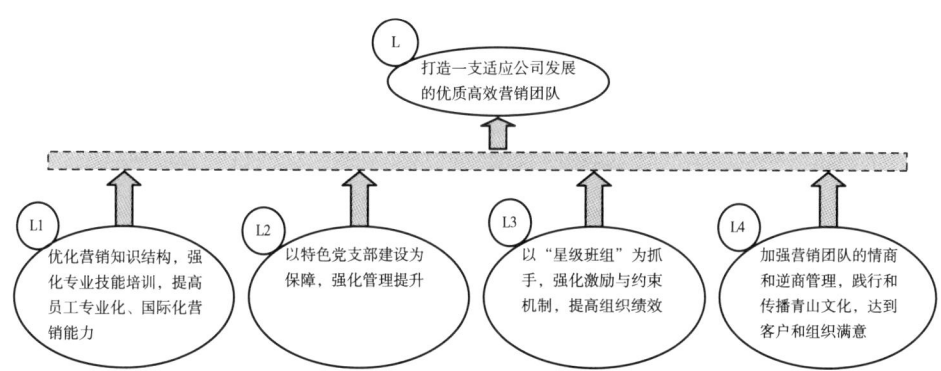

图1-1-10　销售公司学习与成长维度战略目标

(5) 形成完整的部门级战略地图。

将上述各个维度的战略目标进行汇总整合,明确各维度战略目标之间的逻辑关系,最终形成完整的部门级战略地图。以所属变速箱一厂为例,其部门级战略地图见图1-1-11。

3. 战略地图实施。

(1) 通过逐级细化、分解,确保战略落地。

根据公司级战略地图制定三年滚动计划、公司年度 KPI 和 GS,明确做什么;根据部门级战略地图和公司年度 KPI、GS 分解形成部门 KPI、GS,明确怎么做;再进一步分解至班组和个人,实现公司战略、业务计划和日常工作。通过战略预算、业务预算和月度滚动预算的有效衔接,进而确保战略逐级落地,见图1-1-12。

战略分解落实过程中,通过有效运用关键任务监控表(KTM 表)、重点问题分解应对表(OPEN 表)和问题闭环监控表(QTM 表)对工作任务进行监控,将公司战略分解至班组和个人,是确保公司日常工作符合战略导向的关键,也是战略有效落实的根本保障。上述三张表的管理流程是:以部门年度 KPI 和 GS 作为输入,各部门确定月度重点工作,形成 KTM 表并发布;各班组/个人根据每月 KTM 表中的重点工作,细化为日常业务,形成 OPEN 表;对 KTM 表和 OPEN 表实时监控,控制工作任务开展中所存在的问题,形成 QTM 表,见图1-1-13。

第一步:将重点工作分解到 KTM 表中(见表1-1-1)。其中"序号"用"K1、K2……"表示,"来源"中"项目"一栏为对应重点工作来源表中该任务的序号(如部门 GS)。

第二步:根据 KTM 表中对应工作项,逐项细化分解到 OPEN 表中(见表1-1-2)明确工作完成的时间要求(OPEN 时间);在"OPEN 时间"要求内不能完成的工作项,在时间截止前,由责任人向责任领导提出调整时间,填入"调整时间"一栏。所有工作项完成时间只允许调整一次。

第一部分 战略管理

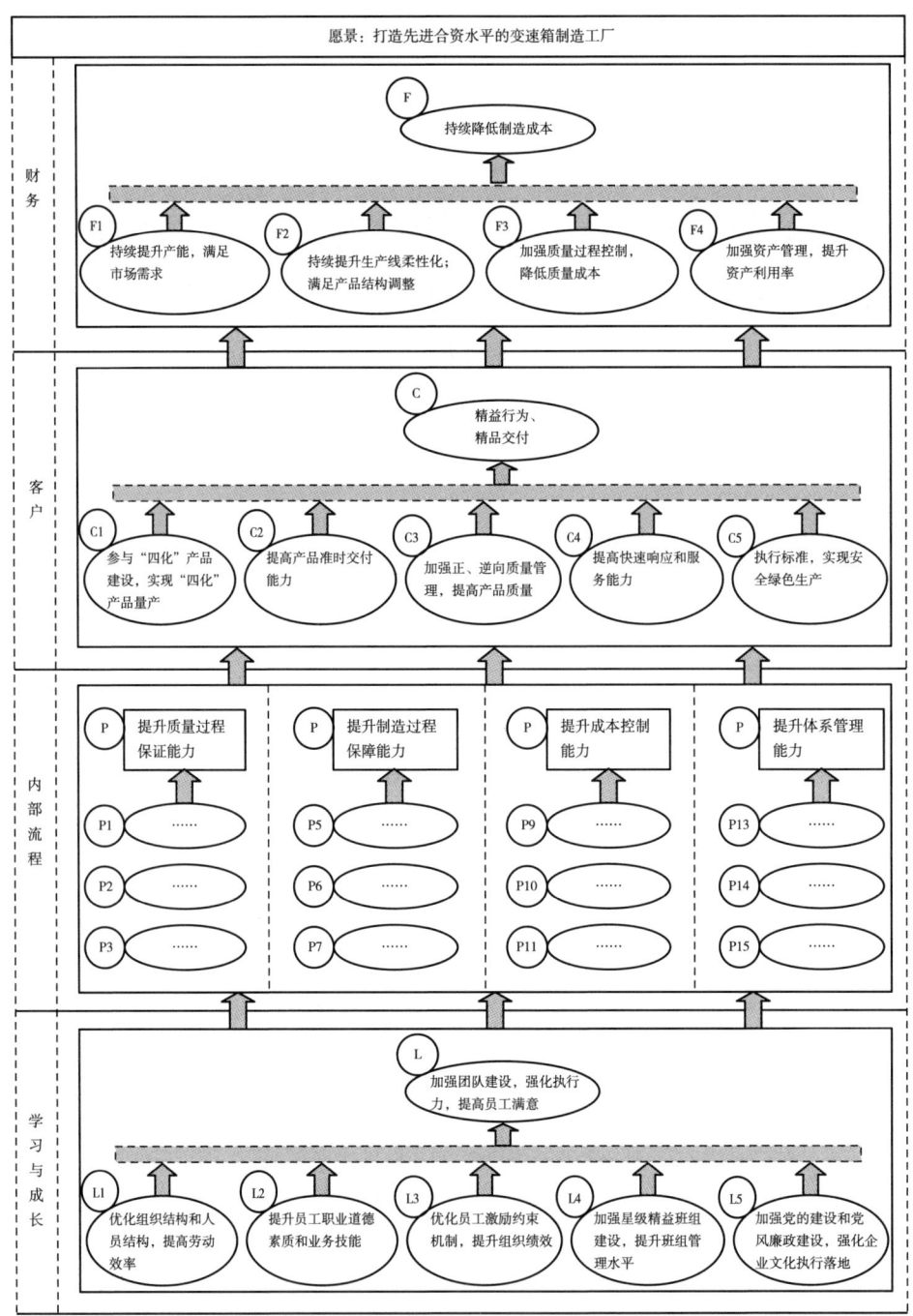

图1-1-11 变速箱一厂战略地图

案例示范 1-1 战略地图在制造业企业的应用

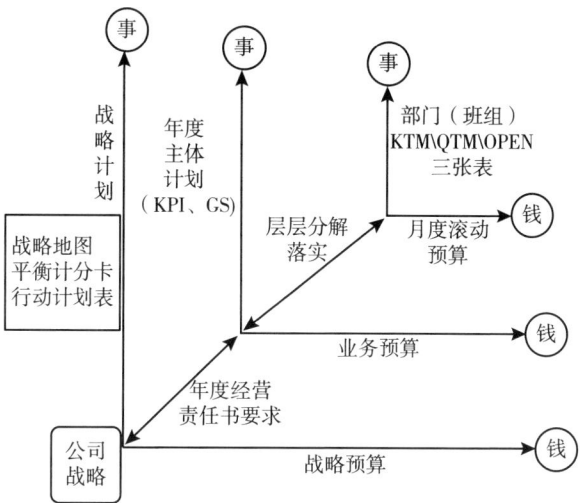

图 1-1-12 公司战略落地逻辑关系

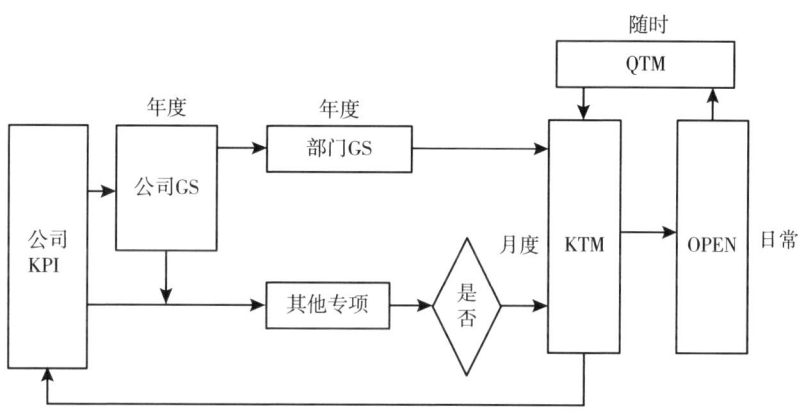

图 1-1-13 三张表管理流程

表 1-1-1　　　　　　　　　　　KTM 表

序号	提出时间	来源		内容		责任人	配合人	时间要求	时间调整	完成情况	状态
		指标	项目	工作内容	输出结果						

表 1-1-2　　　　　　　　　　　OPEN 表

序号	来源		OPEN时间	内容		提出人	责任人	协助人	目标完成时间	调整时间	完成时间	状态	交付物
	KTM	QTM		具体内容	输出结果								

第三步：对于执行OPEN表时出现的新问题：第一，执行主体属于本班组的问题，班组进行新增OPEN项；第二，执行主体属于其他班组的问题，则进入QTM表（见表1-1-3），由上一级部门协调解决，本班组进行执行跟踪。

表1-1-3　　　　　　　　　　　　　　OTM表

序号	来源	开始时间	内容		责任人	协助人	目标完成时间	实际完成时间	状态	交付物
			具体内容	输出结果						

第四步：对于KTM表中经调整一次后仍不能按时完成的工作项进入QTM表中进行跟踪；对于突发、重要的专项工作，直接进入QTM表中进行关注；对于难以解决、需长期关注的工作，直接进入QTM表中进行关注。

所有工作项最终形成PDCA闭环管理。

(2) 通过定时监控、分析、调整，提升战略灵活度。

甲公司通过公司战略中期评估、战略地图滚动更新、外部环境定期分析、KPI与GS月度监控与分析的方式，增加战略对市场环境变化的适应性。

①公司战略中期评估。为准确掌握战略目标完成情况，及时发现规划实施过程中的主要问题，把握发展现状和未来趋势，甲公司在上级部门的指导下，定期对公司战略进行评估。战略评估构建了一个财务指标与非财务指标、定性指标与定量指标、过程指标与结果指标在内的指标体系，通过对基于战略业绩评价的指标体系实施评估，总结经验、查找短板、分析原因、提出对策、明确规划实施后半程的重点任务和举措。评估打分表见表1-1-4。

表1-1-4　　　　　　　　　　　公司战略中期评估打分表

一级指标	相对权重	二级指标	计分方法	相对权重	自评分X	综合得分Y
总体发展目标	……	总体目标推进情况	定性/定量	……	……	……
		能力目标实现情况	定性/定量	……	……	……
		经济效益指标实现情况	定量	……	……	……
重点业务发展现状	……	核心业务发展经营情况	定性/定量	……	……	……
		创新业务发展情况	定性/定量	……	……	……
		改革业务进度情况	定性/定量	……	……	……
支撑措施	……	重大投资到位率	定量为主	……	……	……
		人才配置到位率	定量为主	……	……	……
		科技资源到位率	定量为主	……	……	……
		……	……	……	……	……
		……	……	……	……	……
		……	……	……	……	……
合计						……

②战略地图滚动更新。每年末,甲公司均会对当年制定的战略地图完成情况进行总结、回顾,分析未完成原因,建立自上而下的问题整改机制,并结合环境分析,提出以后三年的发展计划,形成新的战略地图,在第二年年初由公司战略投资委员会评审通过后进行发布,新的公司战略地图将指导部门战略地图的修订。战略地图分析模板见表1-1-5。

表1-1-5　　　　　　　　　　　战略地图分析模板

1. 战略地图完成情况汇总表
分析战略地图中各战略主题达成情况,主要分为达成目标、接近目标、目标未达成、无数据支撑四个类别
2. 战略目标达成情况综合分析
说明:战略目标责任人需要牵头对本战略目标的执行情况进行分析,指标和行动方案往往有局限性,因此在对战略目标进行分析时,应从战略目标本身的意图展开,尤其对于那些本身就是次优指标的战略目标,更需在此进行综合分析
3. 下一步行动方案建议
……
4. (T+1)年-(T+3)年战略地图调整建议
……

③内外部环境定期分析。每季度,公司收集市场、国家政策、法律法规、人力资源、技术发展、安全环保、党建工作等方面的信息和变化,对外部环境进行分析后,提出新增或变化点对公司的关联度,对于特别重要的信息应提出应对措施。外部环境分析流程见图1-1-14,分析主要内容见表1-1-6。

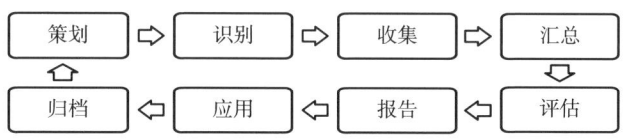

图1-1-14　外部环境分析流程

表1-1-6　　　　　　　　　　　外部环境分析主要内容

序号	单位	主要分析内容
1	销售系统	顾客、产品、工艺、成本、商务、竞争对手、行业等
2	财务系统	材料、成本、商务、税收、行业、政府政策等
3	综合部	运营、政府政策、经济形势等
4	人力资源部	劳动力、薪酬、人才资源等
5	采购系统	产品、技术、工艺、材料、供应链、竞争对手等
6	质量系统	产品质量、竞争对手、顾客、行业、信息技术等
7	技术系统	产品、技术、工艺、顾客需求、行业发展、标准、智能制造等
8	生产系统	成本、工艺、物流、智能制造、生产管理等
9	党群系统	党建信息、工会政策信息等

④KPI与GS月度监控、分析。公司将已分解的年度KPI、GS进一步细化至月度监控,每月初,对上月KPI、GS实现情况进行分析,对差异查找根本原因并制定整改行动计划(见图1-1-15),与计划比较差异超过10%、20%、50%的指标应给予不同程度的重点关注。

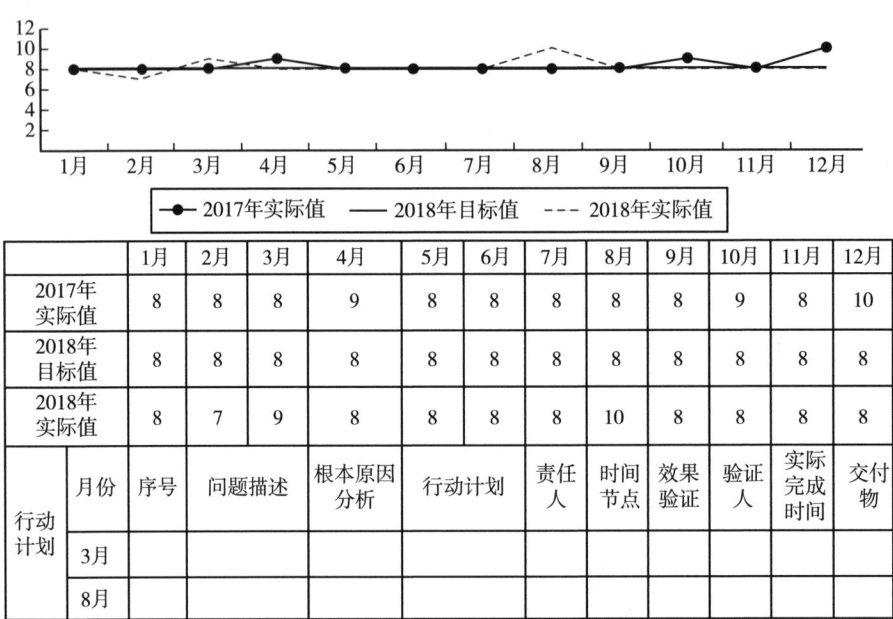

		1月	2月	3月	4月	5月	6月	7月	8月	9月	10月	11月	12月
2017年实际值		8	8	8	9	8	8	8	8	8	9	8	10
2018年目标值		8	8	8	8	8	8	8	8	8	8	8	8
2018年实际值		8	7	9	8	8	8	8	10	8	8	8	8
行动计划	月份	序号	问题描述	根本原因分析	行动计划	责任人	时间节点	效果验证	验证人	实际完成时间	交付物		
	3月												
	8月												

图1-1-15 KPI指标差异分析

三、取得成效

近年来,甲公司通过使战略地图并结合其他管理会计工具方法,深入贯彻落实战略目标,战略适应能力持续增强,产品结构调整成效明显,市场认可度进一步提高,技术创新能力稳步提升,管理提升纵深推进,质量成本效率改善,核心竞争能力不断增强。公司近三年销售收入提升32.2%,利润提升20.7%,综合降本率达8.44%,供应商入厂验收故障率改善18.46%,质量、成本、效率各方面得到较大改善,有效地保障了公司各项经营管理工作向战略目标的稳步推进。

第二部分

预算管理

管理会计应用指引第 200 号
——预算管理

第一章 总 则

第一条 为了促进企业加强预算管理，发挥预算管理在企业规划、决策、控制和评价活动中的作用，根据《管理会计基本指引》，制定本指引。

第二条 预算管理，是指企业以战略目标为导向，通过对未来一定期间内的经营活动和相应的财务结果进行全面预测和筹划，科学、合理配置企业各项财务和非财务资源，对执行过程进行监督和分析，并对执行结果进行评价和反馈，指导经营活动的改善和调整，进而推动实现企业战略目标的管理活动。

第三条 预算管理的内容主要包括经营预算、专门决策预算和财务预算。

经营预算（也称业务预算），是指与企业日常业务直接相关的一系列预算，包括销售预算、生产预算、采购预算、费用预算、人力资源预算等。

专门决策预算，是指企业重大的或不经常发生的、需要根据特定决策编制的预算，包括投融资决策预算等。

财务预算，是指与企业资金收支、财务状况或经营成果等有关的预算，包括资金预算、预计资产负债表、预计利润表等。

第四条 企业进行预算管理，一般应遵循以下原则：

（一）战略导向原则。预算管理应围绕企业的战略目标和业务计划有序开展，引导各预算责任主体聚焦战略、专注执行、达成绩效。

（二）过程控制原则。预算管理应通过及时监控、分析等把握预算目标的实现进度并实施有效评价，为企业经营决策提供有效支撑。

（三）融合性原则。预算管理应以业务为先导、以财务为协同，将预算管理嵌入企业经营管理活动的各个领域、层次和环节之中。

（四）平衡管理原则。预算管理应平衡长期目标与短期目标、整体利益与局部利益、收入与支出、结果与动因等关系，促进企业可持续发展。

（五）权变性原则。预算管理应刚性与柔性相结合，强调预算对经营管理的刚性约束，又可根据内外环境的重大变化调整预算，并针对例外事项进行特殊处理。

第五条 预算管理领域应用的管理会计工具方法，一般包括滚动预算、零基预算、弹性预算和作业预算等。

企业可根据其战略目标、业务特点和管理需要，结合不同工具方法的特征及适用范围，选择恰当的工具方法进行综合运用。

第六条 企业可整合预算与战略管理领域的管理会计工具方法，强化预算对战略目标的承接分解；整合预算与成本管理、风险管理领域的管理会计工具方法，强化预算对战略执行的过程控制；整合预算与营运管理领域的管理会计工具方法，强化预算对生产经营的过程监控；整合预算与绩效管理领域的管理会计工具方法，强化预算对战略目标的标杆引导。

第七条 企业应用预算管理工具方法，一般按照预算编制、预算控制、预算调整和预算考核等程序进行。

第二章 应用环境

第八条 企业实施预算管理的基础环境包括战略目标、业务计划、组织架构、内部管理制度和信息系统等。

第九条 企业应按照战略目标，确立预算管理的方向、重点和目标。

第十条 企业应将战略目标和业务计划具体化、数量化作为预算目标，促进战略目标落地。

业务计划，是指按照战略目标对业务活动的具体描述和详细计划。

第十一条 企业可设置预算管理委员会等专门机构组织、监督预算管理工作。该机构的主要职责包括：审批公司预算管理制度、政策，审议年度预算草案或预算调整草案并报董事会等机构审批，监控、考核本单位的预算执行情况并向董事会报告，协调预算编制、预算调整及预算执行中的有关问题等。

预算管理的机构设置、职责权限和工作程序应与企业的组织架构和管理体制互相协调，保障预算管理各环节职能衔接流程顺畅。

第十二条 企业应建立健全预算管理制度、会计核算制度、定额标准制度、内部控制制度、内部审计制度、绩效考核和激励制度等内部管理制度，夯实预算管理的制度基础。

第十三条 企业应充分利用现代信息技术，规范预算管理流程，提高预算管理效率。

第三章 预算编制

第十四条 企业应建立和完善预算编制的工作制度，明确预算编制依据、编制内容、编制程序和编制方法，确保预算编制依据合理、内容全面、程序规范、方法科学，形成各层级广泛接受的、符合业务假设的、可实现的预算控制目标。

第十五条 企业一般按照分级编制、逐级汇总的方式，采用自上而下、自下而上、上下结合或多维度相协调的流程编制预算。预算编制流程与编制方法的选择应与企业现有管理模式相适应。

第十六条 预算编制完成后，应按照相关法律法规及企业章程的规定报经企业预算管理决策机构审议批准，以正式文件形式下达执行。

第十七条 预算审批包括预算内审批、超预算审批、预算外审批等。预算内审批事项，应简化流程，提高效率；超预算审批事项，应执行额外的审批流程；预算外审批事项，应严格控制，防范风险。

第四章 预算执行

第十八条 预算执行一般按照预算控制、预算调整等程序进行。

第十九条 预算控制，是指企业以预算为标准，通过预算分解、过程监督、差异分析等促使日常经营不偏离预算标准的管理活动。

第二十条 企业应建立预算授权控制制度，强化预算责任，严格预算控制。

第二十一条 企业应建立预算执行的监督、分析制度，提高预算管理对业务的控制能力。

第二十二条 企业应将预算目标层层分解至各预算责任中心。预算分解应按各责任中心权、责、利相匹配的原则进行，既公平合理，又有利于企业实现预算目标。

第二十三条 企业应通过信息系统展示、会议、报告、调研等多种途径及形式，及时监督、分析预算执行情况，分析预算执行差异的原因，提出对策建议。

第二十四条 年度预算经批准后，原则上不作调整。企业应在制度中严格明确预算调整的条件、主体、权限和程序等事宜，当内外战略环境发生重大变化或重大突发事件等导致预算编制的基本假设发生重大变化时，可进行预算调整。

第五章 预算考核

第二十五条 预算考核主要针对定量指标进行考核，是企业绩效考核的重要组成部分。

第二十六条 企业应按照公开、公平、公正的原则实施预算考核。

第二十七条 企业应建立健全预算考核制度，并将预算考核结果纳入绩效考核体系中，切实做到有奖有惩、奖惩分明。

第二十八条 预算考核主体和考核对象的界定应坚持上级考核下级、逐级考核、预算执行与预算考核职务相分离的原则。

第二十九条 预算考核以预算完成情况为考核核心，通过预算执行情况与预算目标的比较，确定差异并查明产生差异的原因，进而据以评价各责任中心的工作业绩，并通过与相应激励制度挂钩，促进其与预算目标相一致。

第六章 附 则

第三十条 本指引由财政部负责解释。

管理会计应用指引第 201 号
——滚动预算

第一章 总 则

第一条 滚动预算，是指企业根据上一期预算执行情况和新的预测结果，按既定的预算编制周期和滚动频率，对原有的预算方案进行调整和补充，逐期滚动，持续推进的预算编制方法。

预算编制周期，是指每次预算编制所涵盖的时间跨度。

滚动频率，是指调整和补充预算的时间间隔，一般以月度、季度、年度等为滚动频率。

第二条 滚动预算一般由中期滚动预算和短期滚动预算组成。中期滚动预算的预算编制周期通常为 3 年或 5 年，以年度作为预算滚动频率。短期滚动预算通常以 1 年为预算编制周期，以月度、季度作为预算滚动频率。

第二章 应 用 环 境

第三条 企业应用滚动预算工具方法，应遵循《管理会计应用指引第 200 号——预算管理》中对应用环境的一般要求。

第四条 企业应用滚动预算工具方法，应具备丰富的预算管理经验和能力。

第五条 企业应建立先进、科学的信息系统，及时获取充足、可靠的外部市场数据和企业内部数据，以满足编制滚动预算的需要。

第六条 企业应重视预算编制基础数据，统一财务和非财务信息标准，确保预算编制以可靠、翔实、完整的基础数据为依据。

第三章 应 用 程 序

第七条 企业应遵循《管理会计应用指引第 200 号——预算管理》中的应用程序实施滚动预算管理。

第八条 企业应研究外部环境变化，分析行业特点、战略目标和业务性质，结合企业管理基础和信息化水平，确定预算编制的周期和预算滚动的频率。

第九条 企业应遵循重要性原则和成本效益原则，结合业务性质和管理要求，确定滚动预算的编制内容。

企业通常可以选择编制业务滚动预算，对于管理基础好、信息化程度高的企业，还可选择编制资本滚动预算和财务滚动预算。

第十条　企业应以战略目标和业务计划为依据，并根据上一期预算执行情况和新的预测信息，经综合平衡和结构优化作为下一期滚动预算的编制基础。

第十一条　企业应以战略目标和业务计划为基础，研究滚动预算所涉及的外部环境变化和内部重要事项，测算并提出预算方案。

第十二条　企业实行中期滚动预算的，应在中期预算方案的框架内滚动编制年度预算。第一年的预算约束对应年度的预算，后续期间的预算指引后续对应年度的预算。

第十三条　短期滚动预算服务于年度预算目标的实施。企业实行短期滚动预算的，应以年度预算为基础，分解编制短期滚动预算。

第十四条　企业应分析影响预算目标的各种动因之间的关系，建立预算模型，生成预算编制方案。

第十五条　企业应对比分析上一期的预算信息和预算执行情况，结合新的内外部环境预测信息，对下一期预算进行调整和修正，持续进行预算的滚动编制。

第十六条　企业可借助数据仓库等信息技术的支撑，实现预算编制方案的快速生成，减少预算滚动编制的工作量。

第十七条　企业应根据预算滚动编制结果，调整资源配置和管理要求。

第四章　工具方法评价

第十八条　滚动预算的主要优点是：通过持续滚动预算编制、逐期滚动管理，实现动态反映市场，建立跨期综合平衡，从而有效指导企业营运，强化预算的决策与控制职能。

第十九条　滚动预算的主要缺点是：一是预算滚动的频率越高，对预算沟通的要求越高，预算编制的工作量越大；二是过高的滚动频率容易增加管理层的不稳定感，导致预算执行者无所适从。

第五章　附　　则

第二十条　本指引由财政部负责解释。

管理会计应用指引第 202 号
——零基预算

第一章 总 则

第一条 零基预算，是指企业不以历史期经济活动及其预算为基础，以零为起点，从实际需要出发分析预算期经济活动的合理性，经综合平衡形成预算的预算编制方法。

零基预算是相对于增量预算的一种预算编制方法。增量预算，是指以历史期实际经济活动及其预算为基础，结合预算期经济活动及相关影响因素的变动情况，通过调整历史期经济活动项目及金额形成预算的预算编制方法。

第二条 零基预算适用于企业各项预算的编制，特别是不经常发生的预算项目或预算编制基础变化较大的预算项目。

第二章 应 用 环 境

第三条 企业应用零基预算工具方法，应遵循《管理会计应用指引第 200 号——预算管理》中对应用环境的一般要求。

第四条 企业应结合预算项目实际情况、预算管理要求和应用成本选择使用零基预算工具方法。

第五条 企业应用零基预算工具方法，应明确预算管理责任部门和预算编制责任部门。预算管理责任部门负责组织各部门确定和维护各预算项目的编制标准，组织各具体预算项目的编制；预算编制责任部门具体负责本部门业务计划和预算的编制。

第三章 应 用 程 序

第六条 企业应用零基预算工具方法编制预算，一般按照明确预算编制标准、制定业务计划、编制预算草案、审定预算方案等程序进行。

第七条 企业应搜集和分析对标单位、行业等外部信息，结合内部管理需要形成企业各预算项目的编制标准，并在预算管理过程中根据实际情况不断分析评价、修订完善预算编制标准。

第八条 预算编制责任部门应依据企业战略、年度经营目标和内外环境变化等安排预算期经济活动，在分析预算期各项经济活动合理性的基础上制定详细、具体的业务计划，作为预算编制的基础。

第九条 预算编制责任部门应以相关业务计划为基础，根据预算编制标准编制本部门相关预算项目，并报预算管理责任部门审核。

第十条 预算管理责任部门应在审核相关业务计划合理性的基础上，逐项评价各预算项目的目标、作用、标准和金额等，按战略相关性、资源限额、效益性等进行综合分析和平衡，汇总形成企业预算草案，并报企业预算管理委员会等专门机构审议后报董事会等机构审批。

第四章 工具方法评价

第十一条 零基预算的主要优点：一是以零为起点编制预算，不受历史期经济活动中的不合理因素影响，能够灵活应对内外环境的变化，预算编制更贴近预算期企业经济活动需要；二是有助于增加预算编制透明度，有利于进行预算控制。

第十二条 零基预算的主要缺点：一是预算编制工作量较大、成本较高；二是预算编制的准确性受企业管理水平和相关数据标准准确性影响较大。

第五章 附 则

第十三条 本指引由财政部负责解释。

管理会计应用指引第 203 号
——弹性预算

第一章 总 则

第一条 弹性预算，是指企业在分析业务量与预算项目之间数量依存关系的基础上，分别确定不同业务量及其相应预算项目所消耗资源的预算编制方法。

弹性预算是相对于固定预算的一种编制方法。固定预算，是指以预算期内正常的、最可能实现的某一业务量水平为固定基础，不考虑可能发生的变动的预算编制方法。

业务量，是指企业销售量、产量、作业量等与预算项目相关的弹性变量。

第二条 弹性预算适用于企业各项预算的编制，特别是市场、产能等存在较大不确定性，且其预算项目与业务量之间存在明显的数量依存关系的预算项目。

第二章 应用环境

第三条 企业应用弹性预算工具方法，应遵循《管理会计应用指引第 200 号——预算管理》中对应用环境的一般要求。

第四条 企业应用弹性预算工具方法，应合理识别与预算项目相关的业务量，长期跟踪、完整记录预算项目与业务量的变化情况，并对两者的数量依存关系进行深入分析。

第五条 企业应用弹性预算工具方法，应成立由财务、战略和有关业务部门组成的跨部门团队。

第六条 企业应合理预测预算期的可能业务量，借助信息系统或其他管理会计工具方法，匹配和及时修订弹性定额。

第三章 应用程序

第七条 企业应用弹性预算工具方法，一般按照以下程序进行：确定弹性预算适用项目，识别相关业务量并预测业务量在预算期内可能存在的不同水平和弹性幅度；分析预算项目与业务量之间的数量依存关系，确定弹性定额；构建弹性预算模型，形成预算方案；审定预算方案。

第八条 企业选择的弹性预算适用项目一般应与业务量有明显数量依存关系，且企业能有效分析该数量依存关系，并积累了一定的分析数据。

企业在选择成本费用类弹性预算适用项目时，还要考虑该预算项目是否具备较好的成本性态分析基础。

第九条 企业应分析、确定与预算项目变动直接相关的业务量指标，确定其计量标准和方法,作为预算编制的起点。

第十条 企业应深入分析市场需求、价格走势、企业产能等内外因素的变化,预测预算期可能实现的不同业务量水平,编制销售计划、生产计划等各项业务计划。

第十一条 企业应逐项分析、认定预算项目和业务量之间的数量依存关系、依存关系的合理范围及变化趋势,确定弹性定额。

确定弹性定额后,企业应不断强化弹性差异分析,修正和完善预算项目与业务量之间的数量依存关系,并根据企业管理需要增补新的弹性预算定额,形成企业弹性定额库。

第十二条 企业通常采用公式法或列表法构建具体的弹性预算模型,形成基于不同业务量的多套预算方案。

公式法下弹性预算的基本公式为:

$$预算总额 = 固定基数 + \sum(与业务量相关的弹性定额 \times 预计业务量)$$

应用公式法编制预算时,相关弹性定额可能仅适用于一定业务量范围内。当业务量变动超出该适用范围时,应及时修正、更新弹性定额,或改为列表法编制。

列表法,是指企业通过列表的方式,在业务量范围内依据已划分出的若干个不同等级,分别计算并列示该预算项目与业务量相关的不同可能的预算方案的方法。

第十三条 企业预算管理责任部门应审核、评价和修正各预算方案,根据预算期最可能实现的业务量水平确定预算控制标准,并上报企业预算管理委员会等专门机构审议后报董事会等机构审批。

第四章 工具方法评价

第十四条 弹性预算的主要优点:考虑了预算期可能实现的不同业务量水平,更贴近企业经营管理实际情况。

第十五条 弹性预算的主要缺点:一是编制工作量大;二是市场及其变动趋势预测的准确性、预算项目与业务量之间依存关系的判断水平等会对弹性预算的合理性造成较大影响。

第五章 附 则

第十六条 本指引由财政部负责解释。

管理会计应用指引第 204 号
——作业预算

第一章 总 则

第一条 作业预算，是指基于"作业消耗资源、产出消耗作业"的原理，以作业管理为基础的预算管理方法。

第二条 本指引中作业、资源费用等有关定义参见《管理会计应用指引第 304 号——作业成本法》。

第三条 作业预算主要适用于具有作业类型较多且作业链较长、管理层对预算编制的准确性要求较高、生产过程多样化程度较高，以及间接或辅助资源费用所占比重较大等特点的企业。

第二章 应用环境

第四条 企业应用作业预算工具方法，应遵循《管理会计应用指引第 200 号——预算管理》《管理会计应用指引第 304 号——作业成本法》中对应用环境的一般要求。

第五条 企业应具有满足作业管理、资源费用管理要求的信息系统，能通过外部市场和企业内部可靠、完整、及时地获取作业消耗标准、资源费用标准等基础数据。

第三章 应用程序

第六条 企业应遵循《管理会计应用指引第 200 号——预算管理》中的应用程序，实施作业预算管理。

第七条 企业编制作业预算一般按照确定作业需求量、确定资源费用需求量、平衡资源费用需求量与供给量、审核最终预算等程序进行。

第八条 企业应根据预测期销售量和销售收入预测各相关作业中心的产出量（或服务量），进而按照作业与产出量（或服务量）之间的关系，分别按产量级作业、批别级作业、品种级作业、客户级作业、设施级作业等计算各类作业的需求量。作业类别的划分参见《管理会计应用指引第 304 号——作业成本法》。企业一般应先计算主要作业的需求量，再计算次要作业的需求量。

（一）产量级作业：该类作业的需求量一般与产品（或服务）的数量成正比例变动，有关计算公式如下：

产量级作业需求量 = $\sum$ 各产品（或服务）预测的产出量（或服务量）× 该产品（或服务）作业消耗率

（二）批别级作业：该类作业的需求量一般与产品（或服务）的批次数成正比例变动，有关计算公式如下：

批别级作业需求量 = $\sum$ 各产品（或服务）预测的批次数 × 该批次作业消耗率

（三）品种级作业：该类作业的需求量一般与品种类别的数量成正比例变动，有关计算公式如下：

品种级作业需求量 = $\sum$ 各产品（或服务）预测的品种类别数 × 该品种类别作业消耗率

（四）客户级作业：该类作业的需求量一般与特定类别客户的数量成正比例变动，有关计算公式如下：

客户级作业需求量 = $\sum$ 预测的每类特定客户数 × 该类客户作业消耗率

（五）设施级作业：该类作业的需求量在一定产出量（或服务量）规模范围内一般与每类设施投入量成正比例变动，有关计算公式如下：

设施级作业需求量 = $\sum$ 预测的每类设施能力投入量 × 该类设施作业消耗率

作业消耗率，是指单位产品（或服务）、批次、品种类别、客户和设施等消耗的作业数量。

第九条 企业应依据作业消耗资源的因果关系确定作业对资源费用的需求量。有关计算公式如下：

资源费用需求量 = $\sum$ 各类作业需求量 × 资源消耗率

资源消耗率，是指单位作业消耗的资源费用数量。

第十条 企业应检查资源费用需求量与供给量是否平衡，如果没有达到基本平衡，需要通过增加或减少资源费用供给量或降低资源消耗率等方式，使两者的差额处于可接受的区间内。

资源费用供给量，是指企业目前经营期间所拥有并能投入作业的资源费用数量。

第十一条 企业一般以作业中心为对象，按照作业类别编制资源费用预算。有关计算公式如下：

资源费用预算 = $\sum$ 各类资源需求量 × 该资源费用预算价格

资源费用的预算价格一般来源于企业建立的资源费用价格库。企业应收集、积累多个历史期间的资源费用成本价、行业标杆价、预期市场价等，建立企业的资源价格库。

第十二条 作业预算初步编制完成后，企业应组织相关人员进行预算评审。预算评审小组一般应由企业预算管理部门、运营与生产管理部门、作业及流程管理部门、技术定额管理部门等组成。评审小组应从业绩要求、作业效率要求、资源效益要求等多个方面对作业预算进行评审，评审通过后上报企业预算管理决策机构进行审批。

第十三条 企业应按照作业中心和作业进度进行作业预算控制，通过把预算执行的过程控制精细化到作业管理层次、把控制重点放在作业活动驱动的资源上，实现生产经营全过程的预算控制。

第十四条 企业作业预算分析主要包括资源动因分析和作业动因分析。资源动因分析主要揭示作业消耗资源的必要性和合理性，发现减少资源浪费、降低资源消耗成本的机会，提高资源利用效率；作业动因分析主要揭示作业的有效性和增值性，减少无效作业和不增值作业，不断进行作业改进和流程优化，提高作业产出效果。

第四章　工具方法评价

第十五条　作业预算的主要优点：一是基于作业需求量配置资源，避免资源配置的盲目性；二是通过总体作业优化实现最低的资源费用耗费，创造最大的产出成果；三是作业预算可以促进员工对业务和预算的支持，有利于预算的执行。

第十六条　作业预算的主要缺点：预算的建立过程复杂，需要详细地估算生产和销售对作业和资源费用的需求量，并测定作业消耗率和资源消耗率，数据收集成本较高。

第五章　附　　则

第十七条　本指引由财政部负责解释。

案例示范 2-1
月度滚动预算在制造业企业的应用

【本案例介绍了滚动预算工具方法在制造业企业的应用。案例单位是汽车发动机、变速器研发、生产和销售企业。针对预算管理中不能及时反映业务的变化、不能有效发挥资源配置功能、成本管控水平不高等问题，该单位采用滚动预算工具方法，按月滚动编制预算，把年度目标分解到月度进行组织和控制，实现业务预算与财务预算相融合、月度滚动预算的柔性与年度预算的刚性相结合，及时发现了经营管理中存在的风险，提高了预算精准度、资源配置效率和成本管控水平。】

一、背景描述

（一）单位基本情况

甲公司成立于1998年，是由中国、日本、马来西亚三国六方共同投资的汽车发动机、变速器研发、生产和销售企业，主要客户为中国自主品牌汽车制造企业，注册资本为5亿元，资产总额近50亿元，年产发动机56万台、变速器30万台。

甲公司所处的汽车行业当前正面临重大、激烈的环境变化。市场环境方面，汽车行业整体增速逐步放缓，竞争日趋白热化，公司作为主机厂的配套企业，受主机厂行业影响很大；政策环境方面，在市场化进程加快和贸易战影响下，汽车进口关税大幅下调成为大概率事件，外资品牌在国内独资设厂的脚步已经开始，进一步压缩了自主品牌汽车的生存空间；技术环境方面，国内外新能源汽车方兴未艾，新的电动汽车品牌不断涌现，传统燃油汽车品牌也不断实施战略转型。为应对急剧变化的行业环境，甲公司制定了转型升级的发展战略，由生产导向型企业转变为市场导向型企业，产品结构由发动机为主转变为发动机和变速器相平衡，乃至以自动变速器为主，科研方向由传统动力总成技术向新能源技术（混合动力技术）转变。

（二）存在的主要问题

面对急剧变化的外部环境，甲公司在转型升级过程中，发现原有的传统预算管理在时效性、适应性上已不能满足管理的需要，具体表现在：

1. 不能及时反映业务的变化，无法揭示经营风险。

在甲公司传统预算管理模式中，公司以年度预算来指导企业生产经营，时间间隔过长，而随着时间的推移，市场和业务都发生了变化，甚至可能已经对经营结果产生了重大影响，但公司却无法及时发现经营风险进而提前采取对策，难以适应公司转型升级时期的管控需要。

2. 不能有效发挥资源配置功能。

甲公司传统预算管理模式只将年度预算在预算期初进行分解，资源配置也按照预算分解进行，随着时间的推移，资源配置与实际情况往往偏差较大。

3. 成本管控水平不高。

甲公司传统预算管理模式没有开展月度滚动成本的预测，没有及时测算产品结构变化、供应商成本的变化、外协自制转化等业务变化对成本的影响，无法对成本管控提供有力支撑。

(三) 选择月度滚动预算工具方法的主要原因

月度滚动预算作为年度预算的重要补充，能够很好地弥补年度预算时效性、适应性方面的问题。月度滚动预算按照业务计划的变化不断更新调整，信息的反馈更加及时、准确，比年度预算更贴近实际，更能指导公司的资源配置、成本管控、客户盈利能力管理等管理活动。

二、应用流程

(一) 参与部门和人员

甲公司的月度滚动预算工作是在全面预算管理的基础上开展的，是公司整体预算管理的一部分，其组织体系由三个层级、四个部分组成。三个层级分别是：预算决策层、预算管理层及预算执行层，预算执行层则按作业进行层层分解细化到班组或个人；四个部分包括：预算管理委员会、预算管理办公室、预算管理中心及预算责任单位，见图2-1-1。

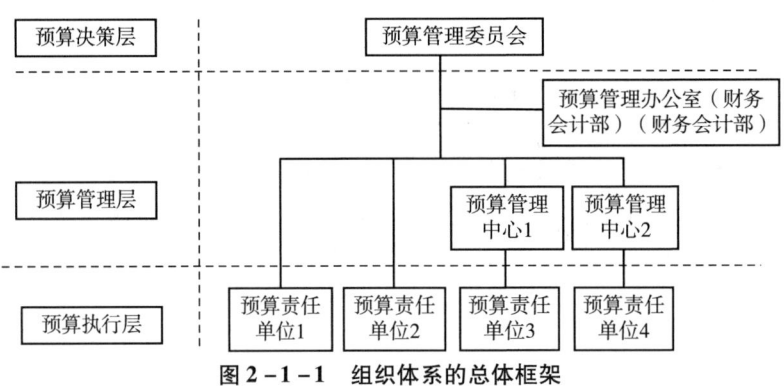

图2-1-1 组织体系的总体框架

1. 预算管理委员会。

甲公司的预算管理委员会是公司预算管理的决策机构，全面预算各项组织及管理工作的决策，并报董事会批准。预算管理委员会由公司总经理领导，委员会成员由公司级领导全员构成，工作机制为月度及不定期召开预算专题会，具体职责主要包括：对预算相关程序文件的批准；对年度预算大纲的批准；对年度预算草案、公司KPI指标的批准；对预算调整事项的批准；对预算执行情况分析报告进行审阅，提出考评和改进要求。

2. 预算管理办公室。

甲公司的预算管理办公室是公司预算管理的具体实施机构，设在财务会计部，由预算委员会领导，负责预算管理工作的持续改进、总体预算编制的组织和协调，具体职责主要包括：拟定预算管理程序文件；组织中长期预算、年度预算大纲及年度预算、月度滚动预算的编制；负责预算管控工作，包括日常预算管理，审核预算费用报销，协调预算执行过程中出现的问题；负责预算考核工作，评价各部预算执行情况及管理水平；负责预算评价工作，定期向公司决策层提供预算执行情况分析报告。

3. 预算管理中心。

甲公司的预算管理中心是公司预算管理的分项管理机构，根据部门职责对部分预算项目进行归口管理，如人力资源部是公司培训费项目的归口管理单位，主要负责培训计划的制定、日常培训费用报销的管控、公司整体培训费用的分析评价。预算管理中心的主要职责包括：归口管理相应预算项目的预算编制；归口管理相应预算项目的日常管理和报销审批；归口管理相应预算项目的分析评价。

4. 预算责任单位。

甲公司的预算责任单位是公司预算的执行机构，直接承担预算责任，根据职责划分为收入中心、成本中心，如财务会计部既是预算办公室的设立单位，也是相关税费等的成本中心；项目销售部既是收入中心，也是运费、包装费等的成本中心。预算责任单位根据自身职责，按照作业管理的方法，还可以分为多层，如公司生产保障部根据自身作业的划分，还可划分成本部、动力供应部、工具管理部、设备管理部等几个二级预算责任单位。预算责任单位的主要职责包括：负责本部门预算的编制；负责本部门预算的执行与控制；负责本部门预算改进措施的提出与实施。

(二) 月度滚动预算的目标

通过开展以经营预测为起点的月度滚动预算，及时发现公司经济运行中存在的问题，反映生产经营情况，揭示和量化风险，优化资源配置，提高成本管控力度。

(三) 具体应用流程

甲公司月度滚动预算以销售滚动预算为起点，涵盖生产滚动预算、采购滚动预算、薪酬滚动预算及其他成本费用滚动预算，并编制固定资产投资滚动预算，研发投资滚动预算等专项滚动预算，最终汇总编制财务滚动预算，在此基础上进行滚动预算分析和考核。

1. 编制销售滚动预算。

(1) 市场销售部门在市场调查的基础上，结合车厂提供的销量预示，综合运用判断分析法、调查分析法、时间序列法等方法，从车型、机型、集团内外、客户等多维度进行经营预测，填列销售滚动预算表（见表2-1-1）。为保障年度预算的刚性及与月度滚动核算的一致性，对销售滚动预算提出了详细的预测要求：①销量合计不低于年度预算，如出现影响年度目标完成的情况，应分析业务层面原因，并提出改进措施；②确保价格与生效的合同或协议相符；③产品型号须与实际销售型号一致，不允许多个型号合并。

表2-1-1　　　　　　　　　　　销售滚动预算表　　　　　　　　　　　单位：台

类别	机型	车厂	车型名称	型号	车型类别	年初预算	1月	……	合计
ENG	4G1	A客户	车型1	产成品编码1	微车				
ENG	4G1	B客户	车型2	产成品编码2	MPV				
ENG		……							
ENG	4G1	合计：		合计：					
ENG	D	A客户	车型1	产成品编码1	SUV				
ENG		……							
ENG	D	合计：		合计：					
ENG	4G9	A客户	车型1	产成品编码1	轻客				
ENG	4G9	B客户	车型2	产成品编码2	皮卡				
ENG		……							
ENG	4G9	合计：		合计：					

续表

类别	机型	车厂	车型名称	型号	车型类别	年初预算	1月	……	合计
ENG		集团内		合计：					
ENG		集团外		合计：					
ENG		发动机合计		合计：					
T/M	5MT	A客户	车型1	产成品编码1	SUV				
T/M	6MT	B客户	车型2	产成品编码2	SUV				
T/M	MT	5MT6MT合计							
T/M	4AT	A客户	车型1	产成品编码1	MPV				
T/M	6AT	B客户	车型2	产成品编码2	SUV				
T/M	AT	AT小计		合计：					
T/M		集团内		合计：					
T/M		集团外		合计：					
T/M		变速器合计		合计：					
		合计		合计：					

（2）对销售滚动预算结果进行分析。销售滚动预算是滚动预算编制的起点，其合理性和准确性决定着整个滚动预算编制与分析能否充分发挥预算管控作用，需要及时对预测结果进行风险分析，找出关键风险点、提出改进措施并落实责任，核心方法为"剪刀差"对比分析工具和"季节性偏离度分析模型"。

①"剪刀差"对比分析工具。"剪刀差"指是将最新滚动预算与年初制定滚动计划的趋势线进行比较，虽然最新滚动全年总销量与年初时保持一致，但前期销量完成的较差，后期的趋势线逐渐上扬形成类似张开的剪刀形状，如图2-1-2。"剪刀差"分析工具是对出现"剪刀差"现象后进行分析，能够发现经营目标滚动计划编制中是否存在风险后移问题，进而针对风险后移情况，落实责任部门，制定详尽的整改措施，跟踪整改情况，确保年度目标实现。

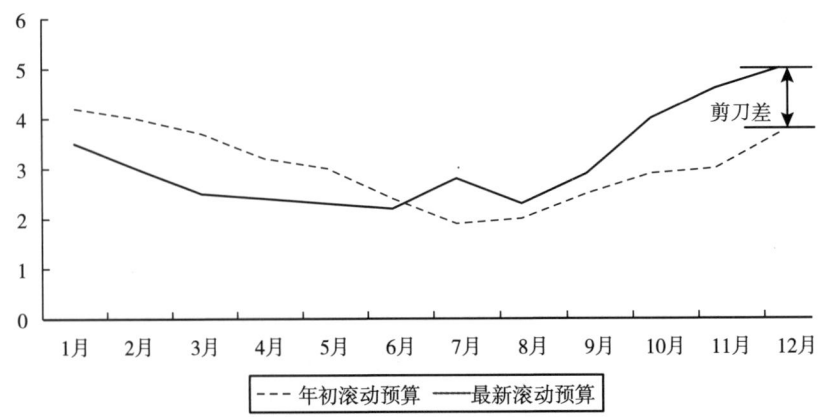

图2-1-2 发动机销量趋势图的"剪刀差"的表现形式

②季节性趋势分析工具。汽车行业存在典型的季节性趋势，要量化风险，就要找到季节性趋势的规律，具体建模过程如下：

首先，甲公司收集近五年乘用车行业的销售数据，通过整理求出各年销量与年平均销量的偏离度，然后求出各月偏离度的方差、标准分数，去掉离群点，得出乘用车行业季节性偏离度趋势线。

其次，针对甲公司近三年的销售数据，参照乘用车行业的数据整理方法进行整理，剔除经分析不具有规律性的数据，得出甲公司季节性偏离度趋势线。然后，比较甲公司季节性偏离度趋势线与乘用车行业季节性偏离度趋势线，若两条线趋势基本一致，则选取甲公司季节性偏离度趋势线为参照进行滚动预算偏离度分析。

最后，计算 N 月销量滚动偏差，正数为无风险，负数为风险数。计算公式如下：

$$N\text{月销量滚动偏差} = \sum_{n=1}^{12}(N\text{月销量滚动预算偏离度} - \text{甲公司}N\text{月季节性偏离度})$$

其中：

$$\text{销量滚动预算偏离度} = \frac{N\text{月销量滚动预算} - \text{月均销量}}{\text{月均销量}} \times 100\%$$

通过季节偏离度的分析，发现滚动预测与历史的季节性偏离度差异，进一步发掘市场、客户等方面的风险，见图 2-1-3。

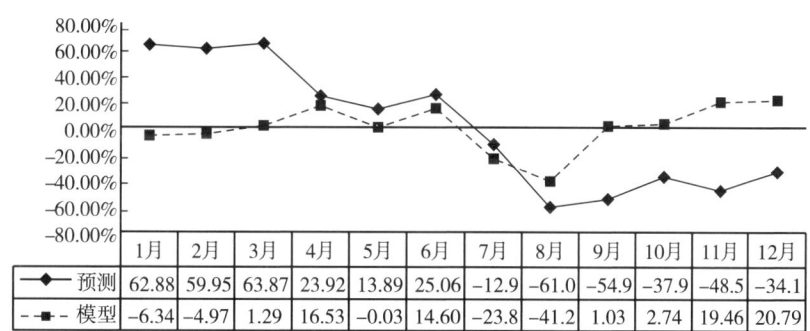

	1月	2月	3月	4月	5月	6月	7月	8月	9月	10月	11月	12月
预测	62.88	59.95	63.87	23.92	13.89	25.06	-12.9	-61.0	-54.9	-37.9	-48.5	-34.1
模型	-6.34	-4.97	1.29	16.53	-0.03	14.60	-23.8	-41.2	1.03	2.74	19.46	20.79

图 2-1-3 月度销量偏离度分析

2. 基于销售预算编制生产预算。

生产物流部根据销售滚动预算，结合公司产能及库存等因素，编制产成品及半成品的产量滚动预算，见表 2-1-2；同时对产成品产量的滚动预算应细化到产品型号，用以计算当期生产成本，预计期末产成品库存，形成产成品产量滚动预算表，见表 2-1-3。为保障产量预算的合理性，对产量预算提出了详细的预测要求：(1) 产成品产量预测时要考虑各客户的安全库存，并尽量降低库存量；(2) 产成品产量预测时要考虑产能及其变化情况；(3) 半成品产量预测时要考虑半成品期初库存量及机加线产能。

3. 基于销售滚动预算和生产滚动预算，编制采购滚动预算。

采购供应部根据销售滚动预算结果，结合不同供应商的采购周期，对公司的原材料采购计划及储备计划进行判断，得到采购滚动预算，并由此得到公司原材料库存滚动预算。考虑储备需求进行整台套的采购量预计，运用弹性预算的方法计算原材料采购数量。

表 2-1-2 产量滚动预算表 单位：台

序号	生产线部门	201×年	1月	2月	……	12月
1	4G1 发动机线					
2	变速器					
3	离合器壳体线					
4	4G9 发动机					
5	FA4 变速器					
6	……					

表 2-1-3 产成品产量滚动预算表 单位：台

类别	机型	车厂	车型名称	型号	车型类别	1月			……
						库存量	销量	产量	……
ENG	4G1	A客户	车型1	产成品编码1	微车				
ENG	4G1	B客户	车型2	产成品编码2	MPV				
ENG		…							
		合计		合计：					

采购供应部基于原材料采购数量及与供应商的谈判情况，预计原材料降价率。在手工条件下，未进行具体到零部件的降价计划，按照产成品进行单台材料费降价率预计，形成原材料采购滚动预算表，见表 2-1-4。

表 2-1-4 原材料采购滚动预算表

类别	机型	车厂	车型名称	型号	车型类别	期初单台材料费	1月				……
							单台材料费	产量	采购量	采购金额	……
ENG	4G1	A客户	车型1	产成品编码1	微车						
ENG	41	B客户	车型2	产成品编码2	MPV						
ENG		…									
		合计		合计：							

采购供应部对原材料采购及其他采购历史数据进行统计，得到不同付款周期、付款方式的付款比例，并预计后期比例情况，形成不同采购付款政策前提下各类原材料滚动预算表，见表 2-1-5 至表 2-1-8。

表 2-1-5　　　　　　　　　　　结算方式比例滚动预算表

项目	分类	结算方式占比	1月	……	12月
生产领用	D（上线）	0.01			
	D（下线）	0.99			
	AT（上线）	0.65			
	AT（下线）	0.35			
	其他原材料	1			
	日常领用综合品	1			
	其他	1			
	合计：				

表 2-1-6　　　　　　　　　　　采购付款方式比例滚动预算表

项目	分类	付现比例	付票比例	1月	……	12月
形成应付账款	D（上线）	0.2	0.8			
	D（下线）	0.4	0.1			
	AT（上线）	0.8	0			
	AT（下线）	0.5	0.5			
	其他原材料	0.1	0.9			
	综合品	0.8	0.2			
	其他	1	0			
	应付账款增加：					

表 2-1-7　　　　　　　　　　　付款期限占比滚动预算表

项目	分类	付款期限	占比	1月	……	12月
前期应付账款，本期付款	原材料	合计	1			
	原材料	1月	0.2			
	原材料	2月	0.4			
	原材料	3月	0.4			
	综合品	3个月	1			
	其他	1月	1			
	应付账款减少：					

表 2-1-8　　　　　　　　　　　票据期限占比滚动预算表

项目	分类	票据期限占比	1月	……	12月
现金支出预测	1. 其中付现				
	其中付票				
	2. 票据解付				
	1个月	0.1			
	3个月	0.67			
	6个月	0.23			
	3. 现金支出合计：				

4. 基于销量滚动预算和生产滚动预算，编制薪酬滚动预算、其他成本费用滚动预算等业务滚动预算。

人力资源部根据公司的薪酬计算方法，结合销售滚动预算，对公司的薪酬发放情况进行预计，得到薪酬滚动预算，见表 2-1-9。薪酬滚动预算要求与会计核算的颗粒度一致，具体到部门和生产线。

表 2-1-9　　　　　　　　　　　工资滚动预算表　　　　　　　　　　　单位：万元

部门	年初预算	1月	……	12月
人力资源部				
规划发展部				
技术中心				
项目销售部				
装试厂				
发动机装试线				
…				

其他成本费用的滚动预算由相关主管部门根据产量滚动预算结合生产或管理的实际需求编制。其中变动成本费用对单台标准进行滚动预测，形成产量相关的变动成本费用滚动预算，见表 2-1-10；与销量相关的变动成本费用滚动预算，见表 2-1-11；固定成本费用对总额进行滚动预测，其中直接固定部分按生产线预算。

各项成本费用滚动预算要求当月预算的精准度达 95% 以上，下月预算的精准度达 90% 以上，且不允许超过年度预算。

5. 编制研发投资滚动预算及固定资产投资预算。

技术中心根据中长期销量规划，对研发投资项目直接相关的费用进行预算，要求细化到不同的研发项目。同时技术中心提供不同研发项目的工时和试验小时的预测，用于对技术中心发生的公共费用（如薪酬、折旧、水电费等）进行研发项目间的分摊，综合得到该研发项目的总投资预算。其中研发投资公摊费用标准表见表 2-1-12。

表2-1-10 变动成本费用滚动预算表（与产量相关）

生产线	预算					月度滚动						
	年度合计		全年合计			1月			……		12月	
	产量	单台金额	金额	产量	单台金额	金额	产量	单台金额	金额	产量	单台金额	金额
4G1发动机装试												
4G9发动机装试												
F5M离合器壳体机加线												
F5M变速器壳体机加线												
4G1缸盖机加线												
…												

表2-1-11 变动成本费用滚动预测表（与销量相关）

车厂	车型名称	型号	预算			月度滚动						
			年度合计		全年合计			1月		……	12月	
			销量	单台金额	销量	单台金额	金额	销量	单台金额	金额	销量	单台金额	金额
A客户	车型1	产成品编码1											
B客户	车型2	产成品编码2											
C客户	车型3	产成品编码3											
D客户	车型4	产成品编码4											
	…												

表 2 – 1 – 12　　　　　　　　研发投资公摊费用标准表

项目	1月		……	
	工时	试验小时	工时	试验小时
资本化项目1				
资本化项目2				
资本化项目3				
…				
资本化项目合计				
费用化项目1				
费用化项目2				
费用化项目3				
…				
费用化项目合计				

综合规划部基于中长期的销量规划，并根据公司投资项目管理相关流程收集和审核各项固定资产投资滚动预算，汇总编制固定资产滚动投资预算，见表 2 – 1 – 13。为保证固投预算的完整，预测时要求：(1) 投资预算的范围包括本年立项及上年立项结转本年实施；(2) 根据固定资产进展情况、签订合同情况，内容包括项目名称、项目总投资、前期已投、本年计划分解、结转下年、本期转固计划、本期付款计划等项目。

预算管理办公室对研发投资及固定资产投资的审核内容主要包括：固定资产转固时间、研发投资结转时间与该产品的预计投产时间是否匹配；投资规模、产能和寿命周期的销量预算是否匹配等。这些审核是在中长期预算中完成的，在月度滚动预算中，预算管理办公室的审核重点更侧重于当年投资总额与中长期预算中对应年度预算总额的对比，当年的投资计划、付款计划及转固计划是否完整等。

6. 汇总编制月度滚动财务预算。

预算办公室汇总、审核各部门上报的各项业务滚动预算和投资滚动预算等，编制滚动利润表、滚动资产负债表、滚动现金流量表，具体步骤如下：

首先，按照产量和单台变动成本的滚动预算，计算单台变动成本；根据固定成本费用的滚动预算及产量、工时等，计算产成品的单台固定生产成本；根据采购部提供的原材料降价率及产成品台套的材料费，计算产成品的单台材料成本；汇总以上成本得到产成品的单台生产成本；与库存量和库存单台成本加权，计算当期的单台产品销售成本；结合销量滚动预算，计算得到收入和成本，再根据汇总形成公司总的滚动期间费用滚动预算，从而形成滚动利润表。

其次，根据销售部门提供的客户回款周期、回款方式和票据期限等，预计当期的现金流入情况；根据采购部门提供的材料费付款周期及相应比例、付款方式、票据期限等，预计当期的现金流出情况；汇总以上得到经营活动现金流的预算。根据投资预算付款计划等得到投资活动现金流的预算；通过财务费用等的滚动预算，得到筹资活动现金流的预算；最终形成滚动现金流量表。

表2-1-13 固定资产投资滚动预算表

固定资产投资滚动预算（万元）

序号	项目	项目类型	所属部门	项目总金额	前期投资金额	本年计划投资金额	本期投资计划				结转下年	本期转固计划				结转下年	本期付款计划（含前期尾款）			
							1月	……	12月	合计		1月	……	12月	合计		1月	……	12月	合计
一	投资合计																			
1	固定资产投资项目																			
1.1																				
1.2																				
…																				
2	小型技措																			
2.1																				
2.2																				
…																				

最后，根据收入及回款政策等，计算经营性应收科目的期末余额；根据销量预算、产量预算计算期末产成品库存量，结合当期加权的销售成本计算得到期末产成品库存；根据采购预算、付款政策等，计算经营性应付科目的期末余额；根据固定资产投资预算计算得到在建工程、固定资产投资等科目的期末余额；根据研发投资预算计算得到研发支出、无形资产等科目的期末余额；根据现金流量表的预算得到现金等科目的期末余额；根据利润表及利润分配表的预算得到未分配利润等权益科目的期末余额，最终形成滚动资产负债表。

7. 编制《月度滚动预算分析报告》。

甲公司月度滚动预算的核心交付物是《月度滚动预算分析报告》。公司定期召开预算专题会，预算办公室将每月最新的《月度滚动预算分析报告》向预算委员会汇报，及时反映公司的运行情况，预警未达标指标，揭示利润完成的主要风险机会，指出运行中的问题并提出建议，为公司领导的经营决策提供支持。《月度滚动预算分析报告》主要包括三个方面的信息：

（1）预计全年完成情况。充分结合 EVA 驱动分析的工具运用，从 EVA 相关的主要指标的完成情况出发，通过"鱼骨图"揭示各项指标互相影响的关系，形象地放映主要指标完不成目标的主要原因，见图 2－1－4。

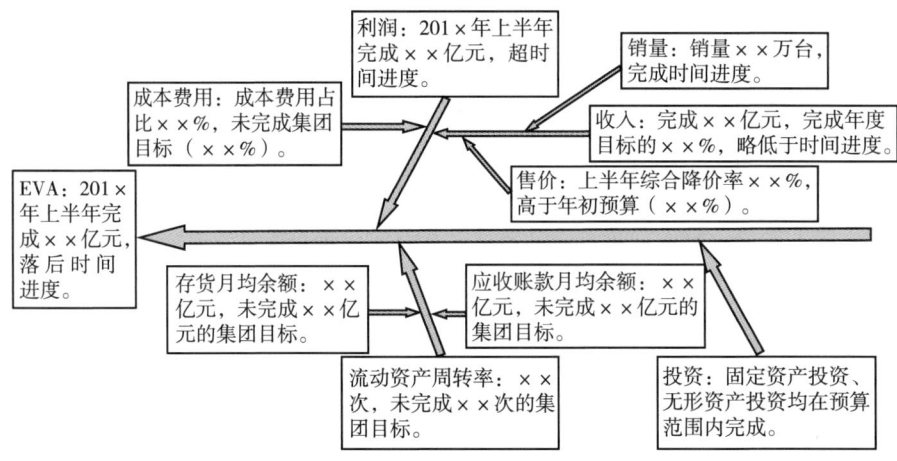

图 2－1－4　主要指标"鱼骨图"

以主要指标"鱼骨图"为主线，对各项要素的预计完成情况进行逐项分析，主要分析利润完成情况和资产运行效率。

利润完成情况分析包括对利润进度完成情况及全年预计情况的分析。利润的主要影响因素分析中销量滚动预测分析主要反映"剪刀差"分析和季节性趋势分析的结果，见图 2－1－2、图 2－1－3，包括总体销量、分产品销量和主要客户的销量预测趋势分析，其中单价反映分产品的降价情况完成率及年度预计情况，成本费用主要反映采购降本完成情况、变动制造费用和固定费用的预算完成情况。

资产运行效率的分析主要通过趋势图来分析流动资产周转率等效率指标，并对流动资产的构成逐项分解，分析应收账款、存货的月度趋势及差异原因，见图 2－1－5。

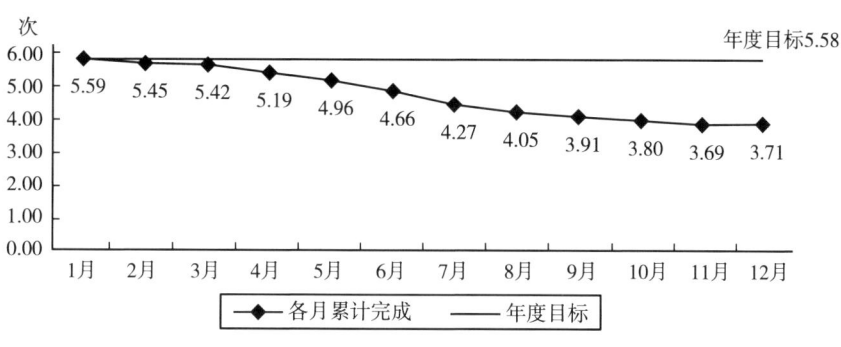

图 2-1-5 流动资产周转率趋势

(2) N 月预算执行情况。首先包括 N 月总体预算执行情况,一方面反映各单位的预算准确度,另一反面也反映公司累计完成年度目标的进度情况,见表 2-1-14。

表 2-1-14　　　　　　　　　　N 月预算完成情况

序号	指标分类	指标名称	单位	201×年 N 月			完成目标	
				累计预算	累计完成	完成比例	目标	完成进度
1	预算考核	发动机销量	万台					
2	预算考核	变速器销量	万台					
3	预算指标	营业收入	亿元					
4	预算指标	经营现金净流量	亿元					
5	预算指标	两金余额	亿元					
6	预算指标	期间费用占比	%					
7	考核指标	经济增加值	亿元					
8	考核指标	利润总额	亿元					
9	考核指标	经营性利润	亿元					
10	考核指标	归母净利润	亿元					
11	考核指标	成本费用占比	%					
12	考核指标	流动资产周转率	次					
13	考核指标	资产负债率	%					
14	考核指标	劳动生产率	万元/人					

其次展开分析销量、利润、收入的完成情况,并指出主要指标落后时间进度的原因。

(3) 问题和建议。针对预计全年完成情况和 N 月预算执行情况,指出当前公司经济运行存在的问题,提出改进建议供管理层决策。

8. 月度滚动预算的调整与考核。

公司严格控制预算调整,维护预算的权威,月度滚动预算各月一经确认将严格执行,超过滚动预算的报销将被禁止。预算调整不论金额大小均须按预算调整流程进行,经预算办公室、总会计师初步核准后由月度总经理办公会通过方可执行。极特殊的紧急状况需要经总会计师、总经理联签后执行，需要在月度总经理办公会补充报告。

预算办公室每月根据滚动预算情况对各单位进行考核，考核结果纳入月度经济责任制。为了保障滚动预算工作的顺利进行，考核方式的设计包含了滚动预算的编制准确率、预算执行情况、预算管理相关工作完成率等指标。其中预算执行评价指标占比80%，其他占比20%。月度滚动预算考核工作保持刚性，为月度滚动预算的顺利实施提供了有力保障。

（四）实施过程中的主要问题和解决方法

1. 以月度为滚动频率编制预算，工作量较大。

首先，从业务到财务的滚动预算工作，各月预算编制的主要内容与年度预算基本无异，涵盖了企业销售预算、生产预算、固定资产投资预算、研发投资预算、费用预算等一系列业务预算，各项业务预算的编制及业务沟通均产生了较大的工作量；其次，为了提高预算编制的精度，需要考虑的特殊因素也比较多，如期初库存成本对当期成本的影响、产销不一致的差异、供应商当期实际供货成本与年初目标的差异等，公司目前滚动预算仍采用手工编制的方法，处理这些特殊因素非常烦琐；最后，从业务预算到财务预算的编制过程相对复杂，表间关系众多，稍有疏忽就容易出错。

针对上述问题，公司将全面预算信息系统工作纳入信息化升级规划，计划以信息化手段固化预算编制模板，提高预算沟通的效率，将一些特殊业务因素的处理流程、业务预算到财务预算的逻辑关系均纳入预算管理信息化系统，提升预算的编制效率，降低滚动预算工作量，将工作重心从预算的编制向预算的合理性转变。

2. 业务预算的水平还需要进一步提高，各级预算管理人员的能力需要不断加强。

滚动预算编制基础是业务预算，如果业务预算准确性不高，整个滚动预算的参考价值就会大打折扣。虽然甲公司在滚动预算的编制过程中对业务预算的准确性加强了审核，但个别业务预算仍会出现偏离度大的情况。

针对上述问题，甲公司加大了人才培养力度，尤其是加强了对既懂财务又懂业务的"跨界型"人才的培养，以适应公司日益发展的管理需求。公司还加强了交流学习，与其他企业开展了广泛的对标，开展业务预测建模研究，提升业务预测能力，系统地建立各项业务预测模型的作业标准，但此项工作非一朝一夕可达，需不断积累。

三、取得成效

甲公司通过实施月度滚动预算，各月按照业务变化不断修正预测结果，及时对年度目标完成情况进行监控，对滚动预算发现的风险点进行原因分析，预先采取应对措施，确保公司年度战略目标顺利实现；月度滚动预算体现了预算管理的柔性及动态性，对实际业务更具有指导性，各业务单位预算准确率明显提升，预算目标偏离度由原来的30%降低至目前的10%以内，预算管理水平显著提高；月度滚动预算的实效性较强，能够更加迅速的反映和适应经营环境的变化，实现资源配置的及时调整，进而使业务决策更贴近市场；开展了产品滚动成本的预测，及时对公司成本执行情况进行分析，为成本控制提供了依据，也为产品定价、客户盈利能力分析、盈亏平衡分析等管理工具的实施提供有力支撑。

案例示范 2-2
零基预算在制造业企业的应用

【本案例介绍零基预算在制造业企业的应用。案例单位为制造业企业。该单位主要采用增量预算工具方法编制成本费用预算，存在过去不合理因素未能消除、无定额标准预算缺乏准确性、员工参与度低等问题，预算编制不准确。为解决这些问题，该单位采用零基预算进行成本费用预算编制，以"零"为起点，不考虑过去的结果，制定并不断优化成本费用编制标准，运用成本效益原则分析未来可能发生的经济活动事项，按照事项的重要性和可供分配的资金进行排序，优化了企业资源配置。】

一、背景描述

（一）单位基本情况

甲（集团）有限责任公司（以下简称"甲公司"）主要产品包括特种产品、汽车零部件产品和军民融合产品，特种产品涵盖所有机械产品及集成武器，汽车零部件包括汽车转向、传动、制动等。目前甲公司拥有两个生产基地，占地面积775亩，员工3 400余人，资产总额35亿元。

（二）存在的主要问题

甲公司主要采用传统的增量预算工具方法，无法充分发挥预算管理控制和合理资源配置的作用，具体问题主要表现为：

1. 不合理因素持续存在。

公司预算编制采用的是传统的增量预算，成本费用的预算编制都是根据过去预算期的历史数据与本预算期的增减情况来确定，容易将过去预算期的不合理支出延续到本预算期，造成资源浪费或者不足。

2. 无定额标准，预算缺乏准确性。

成本管理粗放，成本费用消耗统计基础数据及消耗标准缺失，作业动因不明确，预算编制时掺杂了许多主观因素，预算结果无法作为评价实际经营结果的有效依据。

3. 员工参与度低。

预算管理过程中业财融合水平较低，财务部是主要角色，总体负责下发预算标准和指导预算编制，业务部门内员工参与程度低，工作积极性不高，缺乏创新意识和大局意识，导致员工对预算结果的认同度低，预算执行率低。

（三）选择零基预算工具方法的主要原因

为提高公司预算管理水平，充分发挥预算在企业中的牵引和指挥作用，甲公司从实际出发逐步建立了以年度预算为目标，运用零基预算进行成本费用预算编制，选择零基预算的原因主要有：

1. 零基预算以"零"为起点，不考虑过去的结果，剔除了过去不合理的因素，通过成本效益原则分析未来可能发生的经济活动事项，实现企业资源的优化配置，体现了预算的合理性。

2. 零基预算编制的第一步是制定标准数据，且标准数据会根据企业外部信息，结合企业内部管理要求进行调整，确保预算标准的科学完整。企业内每一项成本费用预算都严格参照标准数据,提高了预算的准确性。

3. 零基预算强调全员参与,各个层级的管理者和员工都会参与到部门的预算编制过程中,增加了预算管理的透明度,有利于进行预算控制。

二、应用过程

(一) 参与部门和人员

甲公司的零基预算编制工作是在全面预算管理工作的基础上开展的,是公司整体预算管理的一部分,其组织体系包括预算管理委员会、预算管理办公室及各预算责任单位。预算管理委员会是公司预算管理的决策机构,成员由公司领导组成;预算管理办公室是公司预算管理的具体管理机构,负责总体预算编制的组织和协调,设在财务会计部;预算责任单位是公司预算管理的执行机构,直接承担预算责任,包括各业务部门与职能部门、各下属分厂等。

(二) 具体应用流程

1. 制定预算标准。

运用零基预算进行预算编制,确定定额标准是关键。定额标准不仅是预算编制的起点,还是过程控制和期末分析的关键依据。甲公司收集并分析了大量基础数据,制订了费用预算标准和成本预算标准。

(1) 建立费用定额标准。预算管理办公室通过搜集和分析对标单位、行业、市场、有关政策等外部信息,结合内部管理需要形成各费用预算项目的编制标准,建立健全涵盖各费用项目的定额标准数据。

(2) 建立成本定额标准。甲公司根据实际生产情况及加工特点,将成本中心细化到工序上,各分厂按工序统计消耗数据,各成本项目能归集到工序上的直接计入,不能直接计入的项目综合考虑工艺要求、性能、加工难易程度等确定成本作业动因,采用与成本费用形成有直接关系的分配标准,如工时、面积、重量、设备功率等分别计入各工序成本。甲公司对各产品每道工序上的成本数据进行收集,结合产能和基于市场信息形成的目标成本进行分析,最终得到高于历史水平、符合市场要求、员工在正常工作条件下就能达到的成本定额标准,见表2-2-1。

表2-2-1　　　　　　　××产品××零件成本定额标准表

产品/零件	成本项目	定额标准				
		小计	××分厂	××分厂	××分厂	××分厂
A产品	合计	97.3	25.0	28.3	20.2	23.8
a零件	小计	44.30	14.80	11.80	11.30	6.40
	原材料	6.30	1.50	2.30	1.80	0.70
	配套外协	34.00	12.00	8.00	9.00	5.00
	辅料	4.00	1.30	1.50	0.50	0.70
	……	……	……	……	……	……

续表

产品/零件	成本项目	定额标准				
		小计	××分厂	××分厂	××分厂	××分厂
b零件	小计	53.00	10.20	16.50	8.90	17.40
	原材料	9.90	2.40	1.60	2.50	3.40
	配套外协	40.00	7.00	14.00	6.00	13.00
	辅料	3.10	0.80	0.90	0.40	1.00
	……	……	……	……	……	……
……	……	……	……	……	……	……

（3）持续改进。甲公司在预算管理过程中根据外部环境变化和内部管理需求不断分析评价、修订完善预算编制标准，确保定额标准的科学性和可靠性。

2. 编制零基预算。

甲公司零基预算的编制采用"下—上—下"的方式，经过三下三上循环最终确定，见图2-2-1。

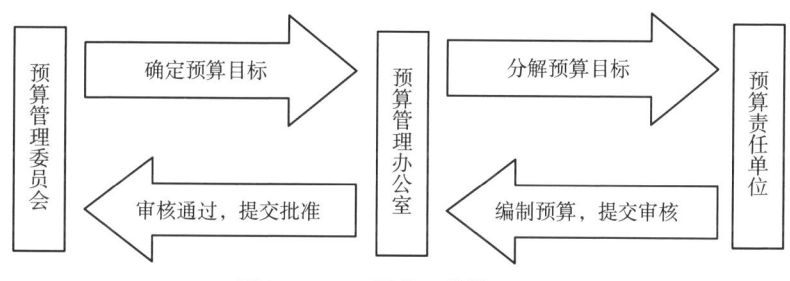

图2-2-1　零基预算管理流程

（1）预算管理委员会下发预算目标。由董事会成员组成的预算管理委员会确定年度预算的基本业务假设和年度生产经营目标。如：A产品年度生产计划为1千支，成本费用总额应控制在10万元之内。

（2）预算管理办公室分解预算目标。由预算管理办公室根据预算委员会下发的经营目标制定预算管理办法，组织预算管理的培训工作，下发当年预算目标。

（3）预算责任单位编制预算。由预算责任单位根据定额标准，按照分解的预算目标，从零开始，重新评估当期成本费用预算项目的合理性和必要性，按照预算标准，根据业务计划，详细列出各项业务年度所需要的各项预算支出，编制方法如下：

①费用预算编制方法见表2-2-2。

表2-2-2　　　　　　　　甲公司费用预算编制方法表

序号	费用项目	预算编制方法	计算公式
1	办公费	预算部门根据定额标准，合理预计消耗量进行计算	办公费预算 = 月消耗量 × 单价 × 12个月

续表

序号	费用项目	预算编制方法	计算公式
2	通讯费	预算部门根据本部门电话类别和电话部数进行计算	通讯费预算 = ∑ 每一部电话月标准 × 电话机部数 × 12 个月
3	差旅费	预算部门合理预计年度出差次数，根据出差地标准补贴结合出差天数计算	差旅费预算 = 往返交通工具费 + 出差天数 × 日补贴额（住宿、交通、伙食）
4	业务招待费	预算部门合理预计年度招待次数，根据招待类型预计每人次招待标准，结合招待人数计算	业务招待费预算 = ∑ 每次招待标准 × 人数
5	培训费	预算部门合理预计年度培训次数及培训费用明细	培训费预算 = ∑ 每一次培训费用
6	广告费	根据实际合同计算	广告费预算 = ∑ 广告合同金额
	……		

②成本预算编制方法见表 2-2-3。

表 2-2-3　　　　　　　　甲公司成本预算编制方法表

序号	费用项目	预算编制方法	计算公式
1	材料（含材料、配套件、外协费用）	根据每个零部件所需材料标准消耗定额、投入数量计算	材料预算 = ∑ 单个零部件材料定额标准 × 年度零件投入数量
2	辅料	根据每个零部件所需辅料标准消耗定额、投入数量计算	辅料预算 = ∑ 单个零部件辅料定额标准 × 年度零件投入数量
3	能源	根据每个零部件所需能源标准消耗定额、投入数量计算	能源预算 = ∑ 单个零部件能源定额标准 × 年度零件投入数量
4	工人工资	根据每条工序生产零部件数量、计件工资单价计算	人工预算 = ∑ 工序年度零部件产出数量 × 单件工资
5	工装	根据每个零部件工装标准消耗定额、投入数量计算	工装预算 = ∑ 单个零部件工装标准单耗 × 年度零件投入数量
6	废品损失	根据废品率计算	废损预算 = ∑ 年度零件投入数量 × 废品率 × 计划单价
7	后勤人员工资	根据每一位后勤人员年工资总额计算	后勤人员工资预算 = ∑ 每位后勤人员年工资总额
	……		

（4）预算责任部门将零基预算上报预算管理部门审核。零基预算审核的主要特点是需要进行严格的成本效益分析。预算管理部门汇总各预算责任部门编制的预算，对每一项成本费用按照业务性质和重要性进行分析排序：对于生产经营中必不可少的费用归集为不可避免费用，在厉行节俭的前提下列在第一层次，对属于第一层次成本费用项目的预算必须予以保证；对于与生产经营没有直接关联的费用则归为酌量性费用，进行严格的成本效益分析。成本效益分析一定程度上需借鉴历史资料，确定成本效益率。以乙预算责任单位为例：

乙单位上报的 A 产品成本预算为 223 000 元，明细如表 2-2-4。

表 2-2-4　　　　　　　　　A 产品成本费用预算明细表

序号	成本费用名称	预算上报（元）
1	原材料	105 000
2	工资	30 000
3	能源费	10 000
4	办公费	17 000
5	差旅费	12 500
6	业务招待费	13 500
7	培训费	15 000
8	广告费	20 000
	合计	223 000

根据公司总体目标，该产品成本费用预算控制目标为 20 万元，预算管理办公室在进行预算审核时根据业务性质和重要性将 A 产品成本费用项目分为不可避免费用和酌量性费用两类。不可避免费用包括辅料、工资、能源、办公费、差旅费，这是刚性支出，应尽量全额保证；酌量性费用包括业务招待费、培训费、广告费等，可以适当缩减。通过查询公司三年以上的历史资料，对业务招待费、职工培训费和广告费进行成本效益分析，得到以下结论，见表 2-2-5。

表 2-2-5　　　　　　　　　成本效益分析表

费用项目	单位成本额（元）	单位成本收益（元）	成本收益率（%）
业务招待费	13 500	2 700	20
培训费	15 000	3 000	20
广告费	20 000	2 000	10

根据上述资料，权衡费用开支的轻重缓急后作出如下排序：

首先，因为原材料、工资、能源、办公费、差旅费等成本费用在预算中必不可少，属于不可避免的约束性固定成本，所以应列为第一层次。其次，因业务招待费、职工培训费和广告费在预算年度可酌情增减，列为第二层次。

按照以上排列层次和顺序，确定分配的不可避免费用项目的预算资金为 105 000 + 30 000 + 10 000 + 17 000 + 12 500 = 174 500（元）。

确保第一顺序成本费用开支后剩余资金为 200 000 - 174 500 = 25 500（元）。

按照成本效益比率，将剩余资金在业务招待费、职工培训费和广告费之间进行分配：业务招待费可分配预算资金为 25 500 × 20%／(20% + 20% + 10%) = 10 200（元），职工培训费可分配预算资金为 25 500 × 20%／(20% + 20% + 10%) = 10 200（元），广告费可分配预算资金为 25 500 × 10%／(20% + 20% + 10%) = 5 100（元）。最终预算审核结果见表 2-2-6。

表2-2-6　　　　　　　　A产品成本费用预算审核表

序号	成本费用名称	预算上报（元）	预算审核（元）
一	不可避免费用	174 500	174 500
1	原材料	105 000	105 000
2	工资	30 000	30 000
3	能源费	10 000	10 000
4	办公费	17 000	17 000
5	差旅费	12 500	12 500
二	酌量性费用	48 500	25 500
6	业务招待费	13 500	10 200
7	培训费	15 000	10 200
8	广告费	20 000	5 100
三	合计	223 000	200 000

（5）预算管理办公室上报预算。各预算责任单位的预算审核通过后，由预算管理办公室进行汇总并综合平衡，上报预算管理委员会审批。

（三）实施过程中遇到的主要问题和解决办法

1. 遇到的主要问题。

（1）运用零基预算进行预算编制需要综合运用工序成本、标准成本等各项管理会计工具，建立成本费用定额消耗标准并不断修订和完善，同时补充新的消耗标准，且各项业务需根据年度预算目标和业务假设重新编制，工作量大，对企业的管理水平要求较高。

（2）预算执行者可能会在预算编制时植入预算松弛。零基预算强调全员参与，企业内各层级的管理者与员工都将参与到预算的编制中。因此，员工们总会有意制定较高的成本预算和较低的收入预算，以降低预算执行过程中的不确定性，确保目标的顺利达成。

（3）部分预算人员对零基预算的认识仍停留在较浅层次，未领会其实质，因此在编制预算时容易受过去预算结果的影响。

2. 解决办法。

（1）实施信息系统建设，全面收集各类定额信息，确保各项预算消耗标准基础数据的准确性并及时进行修订和完善，减轻工作量，提高工作效率。

（2）设立可实现的预算目标，确保企业、部门、员工的目标一致性。提升预算目标的认同度，有效避免预算松弛。

（3）企业定期组织培训，加强员工之间的学习与交流，加强全能型人才的培养，提升预算人员的专业素质。

三、取得成效

甲公司经过多年的实践探索，顺利完成了零基预算工具的推进工作。企业内部建立了完整的标准数据作为预算支撑，各预算单位摆脱了过去预算结果中不合理因素的束缚，从零开始编制预算，实现了资源的最优配置，促进企业良性发展。近年来，企业营业收入增长467%，顺利实现扭亏为盈，成本费用占营业收入比重降低74个百分点，资产负债率降低42个百分点。

案例示范 2-3
弹性预算在制造业企业的应用

【本案例介绍了弹性预算工具方法在制造业企业的应用。案例单位为制造业企业,存在预算管理不能有效支撑企业发展、缺乏成本消耗标准数据等问题。为使预算管理真正发挥"牵引"作用,提升管理的精细化水平,该单位采用弹性预算工具方法,深入运用融入弹性定额的弹性预算,提高了预算准确性和执行情况,提升了公司成本管控水平,各项成本费用大幅降低。】

一、背景描述
(一)单位基本情况
甲公司主要产品包括特种产品、汽车零部件产品和军民融合产品,拥有两个生产基地,占地面积775亩,员工3 400余人,资产总额35亿元。汽车零部件产品包括汽车转向、传动、制动系统等。甲公司经济实力雄厚,研发实力强大,拥有国家级企业技术中心和计量理化中心,具有全面的综合设计和制造加工能力。

(二)存在的主要问题
甲公司自2002年开始实施预算管理,采用传统固定预算管理,偏重于预算编制和年度预算目标的确定,不考虑预算期内可能发生的变动,只按事先确定的某一业务量水平作为预算编制的基础,当实际业务量水平受风险因素影响发生较大变动时,与预算数因业务量基础不同失去可比性,对企业当前环境下经营活动的指导性不强,难以有效支撑企业发展。此外,长期受产品特殊性及传统成本管理模式等影响,甲公司以完成生产任务为天职,成本意识比较薄弱,成本管理精细化程度不高,未将责任落到企业的工序、班组等最小业务单元,成本费用消耗的统计基础数据及消耗标准缺失,缺乏预算项目与业务量之间的数量依存关系。

(三)选择弹性预算工具的主要原因
弹性预算考虑了预算期可能的不同业务量水平,更适用于市场、产能等存在较大不确定性的情况,更贴近企业经营管理实际,能更好地发挥预算的控制作用,优化各项资源配置,提升企业精细化管理水平,为甲公司发展和管理提升提供有力的财务支撑。

二、应用过程
(一)确定弹性预算适用项目
甲公司长期成本意识比较薄弱,基础管理精细化程度不高,成本管理未将责任落到企业的最小单元,因此将成本管理确定为弹性预算适用项目。

(二)识别相关业务量,确定弹性定额
应用弹性预算应合理识别与预算项目相关的业务量,并对两者的数量依存关系进行深入分析。甲公司以库房为切入点,以设备为单元进行各项成本费用的核算、归集。各分厂结合生产实际情况及加工特点,根据库房的数据统计,分别建立细化到班组、工序的统计数据。各项成本费用消耗能直接归集,进入工序的直接计入,不能直接计入的项目,在综合考虑产品的工艺要求、性能、加工难易程度等因素后,采用与成本费用形成有直接关系的分配标准,如工时、面积、重量、设备功率等计算分配系数分别计入各工序成本。

在建立了工序成本数据的基础上,甲公司对各产品每道工序的各项成本费用进行连续的数据收集,并按照理想产能与正常产量相结合、历史成本与目标成本相结合的原则,经过对工序成本各项构成基础数据的综合分析,得到一个基于历史水平但又高于历史水平且通过努力可达到的合理值,形成成本消耗标准,作为弹性定额。同时,根据生产工艺、生产条件等因素的变化,公司持续对成本消耗标准加以修正,保证其科学合理性,以此作为弹性预算编制的标准。按成本性态将成本项目分成变动成本和固定成本,甲公司各成本费用预算项目和有关业务量之间的数量依存关系见表2-3-1。

表2-3-1　　　　　　　　甲公司成本项目划分及预算编制方法

序号	成本项目	预算编制方法	计算公式
一	变动成本		
1	原材料	按每个零部件所需的材料品种、规格型号、标准消耗结合次月零部件的投入数量进行编制	原材料预算 = ∑ 单个零部件的材料标准消耗 × 月度该零部件的生产投入数量
2	配套外协件	按生产分工结合次月零部件的投入数量进行编制	配套外协件预算 = ∑ 单个零部件配套外协单价 × 月度该零部件的生产投入数量
3	辅料	按每个零部件所需的辅料品种、规格型号、标准消耗结合次月零部件的投入数量进行编制	辅料预算 = ∑ 单个零部件的辅料标准消耗 × 月度该零部件的生产投入数量
4	能源	按每个零部件所需的能源标准消耗结合次月零部件的投入数量进行编制	能源预算 = ∑ 单个零部件的能源标准消耗 × 月度该零部件的生产投入数量
5	工人工资	按每条生产线、每道工序月度加工的各产品零部件合格数量和定额单价进行编制	工人工资预算 = 月度零部件生产合格数量 × 工时定额 × 定额单价
6	工装	按每个零部件所需的工装品种、规格型号、标准消耗结合次月每个零部件的投入数量进行编制	工装预算 = ∑ 单个零部件的工装标准消耗 × 月度该零部件的生产投入数量
7	废品损失	结合月度零部件的生产任务,按每个零部件报废损失率进行编制	废品损失预算 = ∑ 月度零部件的生产投入数量 × 废品率 × 计划单价
二	固定成本		
1	折旧费	按照每一台设备月折旧额进行编制	折旧费预算 = ∑ 每一台设备月折旧额
2	管理人员工资	按每个管理人员的工资系数进行编制	管理人员工资预算 = ∑ 每一位管理人员工资

(三) 编制弹性预算

变动成本以业务量为基准进行计算,固定成本是以总额为基准进行计算,将两者结合起来,成本弹性预算=业务量预算×变动标准成本+固定成本预算。年初业务量固定预算为10 000件,预测预算期可能的不同业务量水平为[-10%, +20%],则成本费用弹性预算见表2-3-2。

表 2-3-2　　　　　　　　　　　　　弹性预算编制

项目	弹性定额（元）	弹性预算（万元）			
		9 000（件）	10 000（件）	11 000（件）	12 000（件）
一、变动成本	126.0	113.4	126.0	138.6	151.2
1. 原材料	30.0	27.0	30.0	33.0	36.0
2. 配套外协	50.0	45.0	50.0	55.0	60.0
3. 辅料	10.0	9.0	10.0	11.0	12.0
4. 能源	15.0	13.5	15.0	16.5	18.0
5. 工人工资	15.0	13.5	15.0	16.5	18.0
6. 工装	5.0	4.5	5.0	5.5	6.0
7. 废品损失	1.0	0.9	1.0	1.1	1.2
二、固定成本		40.0	40.0	40.0	40.0
1. 折旧费		30.0	30.0	30.0	30.0
2. 管理人员工资		10.0	10.0	10.0	10.0
合计		153.4	166.0	178.6	191.2

三、取得成效

近年来，甲公司持续深入推进弹性预算工具的运用及弹性预算执行差异分析，取得了较好的成效。一是充分发挥了预算管理的"牵引"作用，预算管控体系运行较好，预算准确性不断提高，预算执行完成率较高，预算执行偏差可控制在5%以内；二是通过弹性预算工具深入运用，对预算目标持续深入跟踪，及时分析实际经营和预算目标的偏差原因，并找准成本控制的关键点，全面提升了公司的成本管控水平，连续四年获得上级单位评选的成本领先先进单位；三是公司材料消耗、工装消耗、能源消耗、辅料消耗、废品消耗等各项成本费用均大幅降低，平均每年下降数千万元，成本费用占营业收入比重每年下降超过3个百分点。

案例示范 2-4
作业预算在铁路货运站的应用

【本案例介绍了作业预算工具方法在铁路运输站成本中心的应用。案例单位为铁路货运站，是铁路局的成本中心，其经营管理的重心是成本管理。针对过去预算管理中重视短期目标、分解落实不到位、编制脱离实际、考核公正性差等问题，该单位采用作业预算工具方法，将预算管理深入到"作业"层次，把作业控制和成本控制结合起来，分析成本发生过程和原因，有效提高了作业效率，有利于降低企业成本。】

一、背景描述
（一）单位基本情况

甲货运站是隶属于某铁路局的基层站段。作为华中地区货运业务重要的交通枢纽，该站依托商品集散市场，建有某铁路局规模最大的货场，在规模上是铁路特等站。甲货运站是纯货运及编组站，不涉及客运业务，是铁路局的成本中心，其经营管理的重心是成本管理。同时，甲货运站是某铁路局货物快运列车的出发站和终点站，是铁路局货运改革的中心，该站作业流程、作业方式代表着某铁路局货运业务的发展方向。甲货运站的基本运营流程按货物运输的作业流程分为三个阶段：出发阶段、运行阶段和到达阶段，甲货运站主要作业内容是货物装卸车和列车编组，三个阶段的工作平行进行。

（二）存在的主要问题

经过十多年的运行，甲货运站在制度建设、机构设置、人员配备、信息系统建设等方面投入了大量的人力、物力和财力，已逐步实现了将所有经济活动、所有可以调动的资源纳入预算，经营活动规范性大幅度提高，在资源配置、节支降耗、管理效率提升上发挥了很大作用，大大提高了经营管理质量。但甲货运站成本预算管理仍然存在不少问题和缺陷，具体表现在：

1. 预算编制环节。

一是预算管理目标短期化，成本预算管理过程没有战略理念贯穿，成本预算管理被单纯理解为"削减支出"，只重视短期行为，不关注长远发展；二是预算目标没有层层分解，预算责任人是部门负责人，一些员工认为预算管理是领导的事，与己无关，成本预算与作业脱节，没有调动员工的主观能动性，不利于预算的全员参与；三是预算责任主体设置不合理，预算编制按会计科目设立成本项目，指定相关职能科室、生产车间为成本项目负责人，部门之间管理交叉节点多，各部门为完成各自的预算目标相互博弈，难以形成管理合力；四是以增量预算为主编制预算，容易将过去预算期的不合理支出延续到本预算期，从而导致资源配置的浪费和低效。

2. 预算执行环节。

一是因预算编制偏离生产实际，造成预算调整较为随意，同时部分项目在没有获得预算审批前开展，预算失去权威性和严肃性；二是预算信息反馈不及时，预算管理部门利用季度经济活动分析会通报预算责任主体的成本节超状况并进行分析和评价，事后反馈及时性差，对已经发生的损失无法追回，没有真正实现预算的事前管理功能；三是预算执行过程缺乏控制，预算管理部门重视对预算责任部门上报预算资料的审核，忽视对预算执行过程的控制。

3. 预算考核环节。

一是考核公正性差，成本预算的编制基础不合理、编制方法不科学，预算管理部门难以科学合理地分析实际与预算偏差的原因，挖掘到有价值的成本管控信息，难以为改进作业流程、制定节支降耗措施提供准确资料。预算责任部门的自我评价以强调客观原因为主，很少从主观上寻找提高成本管控效果的措施；二是考核制度流于形式，未完成预算目标的责任部门以各种客观原因争取调整预算解决超支问题，最后往往造成只奖不惩的局面；三是考核指标单一，考核评价指标主要是定量的财务指标，对于定性指标的评价没有具体方法，量化指标与非量化指标结合不到位。

(三) 选择作业预算的主要原因。

甲货运站的成本预算管理存在诸多缺陷，与铁路企业成为市场化主体后精细化管理的要求不相匹配，改变成本预算管理方法势在必行。选择作业预算法改进甲货运站的成本预算管理水平，主要原因是：

1. 作业预算增加了作业和流程的分析及可能的改进措施，并在改进的基础上预测未来的作业量以及相应的资源需求，使作业预算成为持续改进和过程管理的有效工具。

2. 作业预算更符合甲货运站的成本特点。一是甲货运站无法独立完成最终产品——货物的"位移"，其成本只是铁路局运输总成本的局部内容。因其收入主要是来自铁路局的清算收入，所以将货运站完成的工作量（货物发送吨、运输进款收入等等）理解为其产品；二是甲货运站的产品没有实物形态，与产品直接对应的材料支出较少，大部分费用需要分摊计入产品成本，基于传统成本会计上的单位产品成本预算管理法并不适用于甲货运站，而作业预算将成本管理的核心从"产品"转移到"作业"层次，依据"作业消耗资源、产出消耗作业"的原理进行资源配置更贴近货运站的实际情况；三是甲货运站成本的投入量与产品的产出量线性关系不明显，与一般企业在单位成本、变动成本、固定成本的成本构成上存在巨大差异，基于传统成本会计上的单位产品成本预算管理法并不适用甲货运站。四是甲货运站成本管理与作业技术、作业质量、作业链管理及对作业人员的管理密切相关，成本控制关键点如工资、电费、直接生产费与作业流程管控点比较吻合。作业预算将成本管理的核心从"产品"转移到"作业"层次，完全符合甲货运站的成本特点。

3. 甲货运站具备的生产特点有利于作业预算的实施。具体表现为：一是甲货运站现有的组织结构是围绕作业流程设定的，有利于建立作业中心，各部门各工序之间连接密切，数据采集管理较集中，有利于获取预算基础信息；二是作为传统行业，甲货运站的作业内容基本固定，业务量较稳定，作业流程设有标准化程序，可控性强，较容易进行作业的界定和划分；三是作为传统行业，甲货运站耗费资源的种类较稳定，较容易对作业消耗的资源进行分类，确定作业消耗资源比率。

二、应用过程

为实现应用作业预算改进甲货运站成本预算管理水平的目标，首先需要结合车站实际情况，进行实施前的设计和部署工作。在编制作业预算前要做好定义作业中心、分析作业动因和资源动因等规划工作，并进行作业分析。

(一) 设置作业中心

确定完成工作量（产品）需要消耗的标准作业的种类并建立作业中心，是规划甲货运站作业预算的起点。甲货运站现有组织结构见图2-4-1。在现有组织机构的基础上重新界定各车间、职能科室的职责，将具有相似的或者相近职能的车间、科室归集在一起，形成一个作业中心,既符合上述设立原则,又契合车站实际,可以减少前后两种成本管理模式带来的冲突,使作业预算较容易被接受,并且可以降低初始应用作业预算的成本。

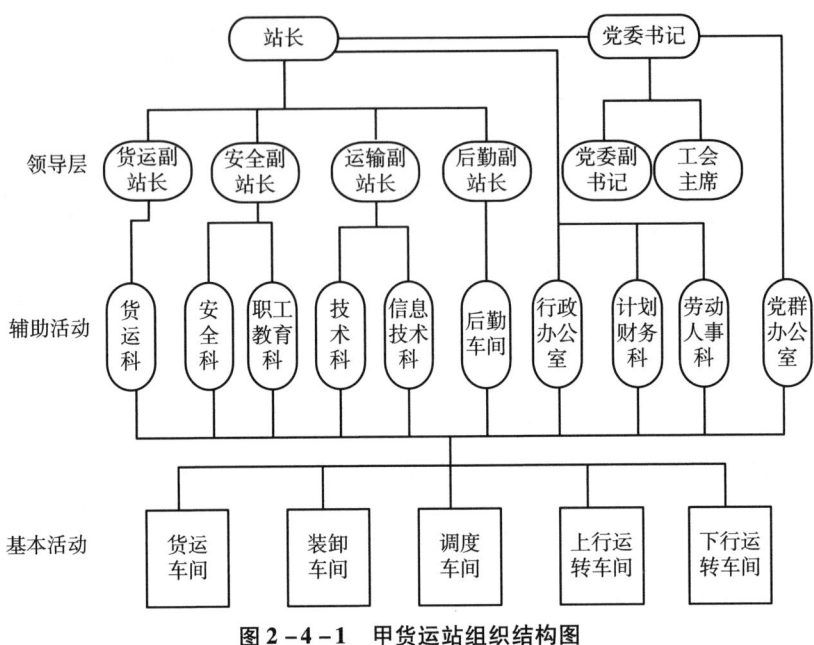

图 2-4-1　甲货运站组织结构图

将甲货运站的作业分解后形成六大作业中心,包括生产性作业中心:运转作业中心、调车作业中心、货运作业中心;非生产性作业中心:后勤作业中心、安全监控中心、综合管理中心。各作业中心设置基础、主要职责、主要作业见表 2-4-1。

表 2-4-1　　　　　　　甲货运站一级作业中心一览表

作业中心		设置基础	主要职责	主要作业
生产性作业中心	货运作业中心	界定货检车间、货运科、信息技术科的工作职责,整合部门资源后设立	负责到发货物检查,按作业标准组织各项装卸车作业实施	制订作业标准、货运营销、受理货运业务、货运检查、装载加固、卸货、收发货运电报、信息设备维护等
	运转作业中心	界定调度车间、技术科、信息技术科的工作职责,整合部门资源后设立	负责接发列车,与铁路内部其他系统如电务、供电、机务等部门办理接发列车进站出站	制订标准、办理闭塞、调度指挥系统信号操控接发车、车机联控、本务机车进出库、票据传递、收发调度命令、车号统计、技术分析、信息设备维护等
	调车作业中心	界定上行运转车间、下行运转车间、调度车间、技术科、信息技术科的工作职责,整合部门资源后设立	负责编组调车作业,按作业标准组织各项调车作业实施	制订标准、编制调车作业计划、排风摘管、溜放解体、集结车列、取送车辆、编组列车、调车联控、技术分析、信息设备维护等

续表

作业中心		设置基础	主要职责	主要作业
非生产性作业中心	后勤作业中心	以后勤车间为基础设立	负责车站后勤保障，为车站完成产品提供外围服务	职工食堂及浴室管理、环保能源管理、绿化、房屋日常维修等
	安全监控中心	以安全科为基础设立	负责车站信息收集、安全监控。安全是铁路的第一生命线，车站实施所有作业活动的过程中，都离不开安全监控	例行安全检查、专项安全检查、关键点安全排查、事故和隐患处理
	综合管理中心	以行政办公室、党群办公室、计划财务科、劳动人事科、职工教育科为基础设立	全面负责车站管理职责	行政党务工作、财务管理、人力资源管理、职工培训，为领导层的决策提供基础信息

（二）成本动因分析

根据作业预算"作业消耗资源、产出消耗作业"的原理，分别从作业动因和资源动因两个方面分析甲货运站的成本动因。

（1）作业动因。甲货运站在分析作业及作业动因时，根据成本效益原则将不重要、消耗资源少的细分作业合并在同一作业中心下动因相同或相近的细分作业中。在方法的选择上，因为货运的作业复杂程度不高、作业专业性强，主要依靠作业中心管理人员和主要技术人员的经验对各项作业的作业动因进行合理判断、估计。经验方法比较简单易行，但首次应用时应注意尽量选用多个有经验的人员参加判断活动，还应注意选取的作业动因可以直观反映出作业与完成工作量（产品）之间的关系，相关基础资料易于取得，具有实施的可行性。对车站六个作业中心的主要细分作业及其作业动因分析见表2-4-2，并明确作业动因的责任主体。

表2-4-2　　　　　　　　甲货运站作业动因分析表

序号	作业中心名称	细分作业	作业动因	责任主体
1	运转作业中心	制订标准、业务指导	工作时间	技术科
		系统信号操控	运行时间	调度车间
		票据传递	传递次数	调度车间
		收发命令	收发次数	调度车间
		车号统计	车辆数量	技术科
		技术分析	工作时间	技术科
		信息系统支持	设备数量	信息技术科
		……	……	……

续表

序号	作业中心名称	细分作业	作业动因	责任主体
2	调车作业中心	制订标准、业务指导	工作时间	技术科
		编制计划	计划单数	调度车间
		排风摘管	摘管个数	上下行运转车间
		取送车辆	车辆数量	上下行运转车间
		技术分析	工作时间	技术科
		信息系统支持	设备数量	信息技术科
		……	……	……
3	货运作业中心	制订标准、业务指导	工作时间	货运科
		市场信息收集	信息收集次数与数量	货运科
		广告	宣传次数	货运科
		票据管理	进款收入额	货检车间
		运输进款管理	进款收入额	货检车间
3	货运作业中心	货运检查	检查次数	货检车间
		装载加固	运输物资重量	货检车间
		卸货	运输物资重量	货检车间
		设备维护	设备数量	货检车间
		信息系统支持	系统数量	信息技术科
		……	……	……
4	后勤作业中心	后勤服务	职工人数	后勤车间
		职工食堂及浴室管理	职工人数	后勤车间
		绿化	绿化次数	后勤车间
		房屋维护	维护次数	后勤车间
		……	……	……
5	安全监控中心	安全检查	检查次数	安全科
		事故和隐患处理	处理次数	安全科
		……	……	……
6	综合管理中心	行政管理	工作时间	行政办公室
		党务管理	工作时间	党群办公室
		财务管理	工作时间	计划财务科
		人力资源管理	工作时间	劳动人事科
		教育培训	培训时间	职工教育科
		……	……	……

甲货运站的部门设置基本围绕分级作业的体系完成，所有二级作业中心可以与目前设

置的部门对应，以六个作业中心下的二级作业中心（即现有的组织结构）为预算责任主体更符合车站实际情况，有利于作业预算与传统预算之间的衔接过渡，减少两种预算方法实施过程中的冲突，有利于作业预算的理念被所有员工接受。

（2）资源动因。资源动因是作业消耗资源的方式与原因，反映了作业消耗资源的数量标准。依据甲货运站生产过程稳定、资源消耗种类较少的特点，首次应用作业预算管理时，可采用统计分析和实际查定相结合的方法，分析资源动因及资源消耗率。一是，对各项细分作业需要消耗的资源进行罗列汇总；二是，根据历史成本要素资料及实际查定情况，编制各项细分作业的资源消耗率。需要注意的是：资源耗费率是动态变化的，人工成本的提高、浪费的减少等等都会影响资源耗费率，在利用历史数据拟定资源耗费率时需要分析后修正。本书选取了货运作业中心和全部非生产性作业中心，对耗费的主要资源及资源动因分析见表2-4-3，并明确资源耗费率的责任主体。

表2-4-3　　　　　　　甲货运站资源动因分析表（部分）

作业中心	细分作业	资源	资源动因	责任主体
货运作业中心	制订标准、业务指导	人工	人工工时	货运科、劳动人事科
	市场信息收集	人工	人工工时	货运科、劳动人事科
	广告	广告费	传媒方式	货运科
		印刷资料	备品消耗	货运科
	票据管理	人工	人工工时	货检车间、劳动人事科
	运输进款管理	人工	人工工时	货检车间、劳动人事科
货运作业中心	货运检查	人工	人工工时	货检车间、劳动人事科
		工具备品	备品消耗	货检车间
	装载加固	人工	人工工时	货检车间、劳动人事科
		加固材料	材料耗量	货检车间
	卸货	人工	人工工时	货检车间、劳动人事科
		工具备品	备品消耗	货检车间
	吊车等设备维护	人工	人工工时	货检车间、劳动人事科
		维护费（业务外包）	机器机时	货检车间
	信息系统支持	人工	人工工时	信息技术科、劳动人事科
		维护费（业务外包）	机器机时	信息技术科
		配件及耗材	材料耗量	信息技术科
后勤作业中心	后勤服务	人工	人工工时	后勤车间、劳动人事科
	职工食堂及浴室管理	其他用工	外购劳务人数	后勤车间
		材料	材料耗量	后勤车间
	绿化	绿化费（业务外包）	绿化面积	后勤车间
	房屋维护	维护费（业务外包）	房屋面积	后勤车间

续表

作业中心	细分作业	资源	资源动因	责任主体
全监控中心	安全检查	人工费	人工工时	安全科、劳动人事科
		维护费（业务外包）	机器机时	安全科
	事故和隐患处理	人工	人工工时	安全科、劳动人事科
综合管理中心	行政管理	人工	人工工时	行政办公室、劳动人事科
	党务管理	人工	人工工时	党群办公室、劳动人事科
	财务管理	人工	人工工时	计划财务科、劳动人事科
	人力资源管理	人工	人工工时	劳动人事科
	教育培训	人工	人工工时	职工教育科、劳动人事科
		培训资料	培训人次	职工教育科

在明确车站资源动因的责任主体时，鉴于车站人工费支出占比最大，需要重点关注，在分析人工费的资源需求实物量和资源单价后，设定作业相关部门和劳动人事科共同作为人工费资源动因的责任主体。第一，某项工种的工资率设定不合理，过高造成资源浪费，过低弱化激励效果、影响人员稳定，其责任主体是劳动人事科，应由劳动人事科向铁路局反映，争取政策，减少或增加清算；第二，某项工种的工作量不饱和或工作效率低，造成资源浪费，其责任主体是作业部门，应由作业部门调整岗位定员、优化作业流程、加强员工管理。

（三）作业分析

作业分析是作业和成本过程管理的基础，贯穿于作业预算管理的全过程，甲货运站通过作业分析识别作业的增值性和有效性：一是通过对作业动因进行分析，分析作业与最终产出的联系，可以判断作业的增值性。为生产产品所需的且不可替代的作业或为生产产品提供独特价值的作业为增值作业；反之，则为非增值作业，非增值作业又分为必要作业和非必要作业；二是通过对资源动因进行分析，分析资源耗费与作业的联系，可以判断作业的有效性。资源耗费并非都是合理的、有效的，作业可以分为高效的作业和低效的作业。运用分析结果优化资源配置，控制成本动因，节支降耗，可以降低作业成本，有利于实现车站经营目标。

具体可以采用的方法：一是比较法，比较铁路系统内部其他同类业务单位的成本结构，若某项成本在总成本中占比远远高于其他单位，表明这项成本的成本动因率较高，应作为成本控制的重点；二是工作流程法，研究探讨作业链上各作业之间的流动关系，运用流程图的形式直观地反映出每项作业的责任部门以及部门之间的关联关系，减少非增值不必要作业。

上述两种方法结合使用，对认识作业、提高作业效率，提高车站成本预算管理水平大有帮助。以甲货运站货运作业中心为例，该作业中心的主要产品是运输进款收入。直接与运输进款关联的作业即是增值作业，与运输进款关联度不高或可以通过改进作业流程等方法被替代的作业为非增值作业；资源耗费合理、资源耗费率达到标杆水平的作业即是高效作业，否则为低效作业。形成的作业分析见表2-4-4。

表2-4-4　　　　　　　　甲货运站货运作业中心作业分析表

二级作业中心	细分作业	作业动因分析	耗费资源	资源动因分析
货运业务指导中心（货运科）	制订标准、业务指导	不增值、必要	人工	高效
	市场信息收集	增值	人工	高效
	广告	增值	广告费、资料	低效，广告费高，建议多利用新传媒
货运业务中心（货检车间）	票据管理	不增值、必要	人工	低效，人浮于事
	运输进款管理	增值	人工	高效
	货运检查	增值	人工、工具备品	高效
	装载加固	增值	人工、其他用工、加固材料	低效，加固材料浪费严重
	卸货	增值	其他用工、工具备品	低效，其他用工管理混乱，资源浪费
	吊车等设备维护	不增值、必要	人工、维护（业务外包）	高效
系统设备维护中心（信息技术科）	信息系统支持	不增值、必要	电力、维护（业务外包）、设备配件及耗材	高效

（四）作业预算编制

甲货运站作业预算编制步骤如下：

1. 预测作业中心完成铁路局下达的工作量指标需要消耗的作业及数量（QI）。

按照《技规》或《货规》的技术标准完成单个编组或货运任务的流程及作业数量，在首次实施时需要业务管理人员和现场作业人员积极参与，参照同行先进标准定额，再分析每项作业的历史生产实践，预测下一年度技术改良的影响，确定完成工作量指标在预算年度内的作业消耗数量。首次实施可以只编制固定预算，以后基础资料逐步完善后可以编制弹性预算，预测超额或亏欠完成工作量时作业消耗数量。

2. 确定每个作业的资源需求实物量（QR）。

例如完成一辆货车的装载加固需要消耗多少人工小时？需要消耗多少加固材料？资源需求实物量可以参考以往作业资源耗费情况及同行业先进定额指标来估计。

3. 确定每类资源单价（RUP）。

依据历史成本资料可以基本确定，例如：人工费单价参考现行平均工资水平，分岗位分别测算，电费参考现行电价。

4. 根据第二步和第三步结果，确定每个作业的资源需求价值量（QVR）：QVR = QR × RUP。

成本占比较小的资源需求价值量可以用资源消耗比率（RI）替代，RI = 往年资源费用/年作业消耗数量。

5. 确定各作业中心每项细分作业年资源费用（BI）预算。

BI = QR × RUP × QI；或者 BI = RI × QI，汇总细分作业所有资源年费用预算得到细分作业年资源费用预算。

6. 确定作业中心年资源费用预算。

将本作业中心所有细分作业年资源费用汇总形成作业中心总费用预算：作业中心年资

源费用预算 = ∑ 单项作业年资源费用预算。

7. 确定车站年资源费用预算。

将各作业中心年资源费用汇总形成车站总资源费用预算,即车站成本预算:车站年资源费用预算 = ∑ 作业中心年资源费用预算。

以货运作业中心为例,在历史资料的基础上进行合理估计,根据上述步骤,编制了货运作业中心 2×18 年作业预算(见表 2-4-5)。

表 2-4-5　　　　　甲货运站货运作业中心 2×18 年作业预算表

	作业	作业动因	资源费用	资源动因	作业数量 QI	资源需求实物量 QR	资源单价 RUP	资源需求价值量 QVR	年资源费用 BI
货运业务指导中心（货运科）	制订标准、业务指导	工作时间	人工费	二级作业中心	4 人	2 000 人工小时	48 元	96 000 元	38.4 万元
	市场信息收集	信息收集次数与数量	人工费	人工工时	1 000 次	1 人工小时	43 元	43 元	4.3 万元
	广告	宣传次数	广告费	传媒方式	3 次	资源消耗比率 RI：15 000 元/次			4.5 万元
			印刷资料	备品消耗		资源消耗比率 RI：1 500 元/次			0.45 万元
	其他零星费用								0.2 万元
货运业务中心（货检车间）	票据管理	进款收入额	人工费	人工工时	14 000 万元	资源消耗比率 RI：1 元/万元			1.4 万元
	运输进款管理	进款收入额	人工费	人工工时	14 000 万元	资源消耗比率 RI：1.5 元/万元			2.1 万元
	货运检查	检查次数	人工费	人工工时	21 000 次	0.5 人工小时	45 元	22.5 元	47.25 万元
			工具备品	备品消耗		资源消耗比率 RI：1.8 元/次			3.78 万元
	装载加固	运输物质重量	人工费	人工工时	1 200 000 吨	0.5 人工小时	43 元	21.5 元	258 万元
			拉牵捆绑材料	材料耗量		0.25 千克	综合单价 3 元	0.75 元	90 万元
			补垫材料	材料耗量		0.2 个	综合单价 2 元	0.4 元	48 万元
			其他材料	材料耗量		1	综合单价 1 元	1 元	120 万元
	卸货		人工费	人工工时	1 100 000 吨	0.5 人工小时	40 元	20 元	2 200 万元
			工具备品	备品消耗		资源消耗比率 RI：0.04 元/吨			4.4 万元

案例示范 2-4　作业预算在铁路货运站的应用

续表

作业	作业动因	资源费用	资源动因	作业数量 QI	资源需求实物量 QR	资源单价 RUP	资源需求价值量 QVR	年资源费用 BI
货运业务中心（货检车间）	设备维护（吊车）	设备数量	人工费	人工工时	3 台	1 000 人工小时	43 元	43 000 元	12.9 万元
			维护费	机器机时		资源消耗比率 RI：0.04 元/吨			4.4 万元
	其他零星费用							0.5 万元
系统设备维护中心（信息技术科）	信息系统支持	系统数量	人工费	人工工时	2 套	500 人工小时	48 元	24 000 元	4.8 万元
			维护费	机器机时		8 760 小时	10	87 600 元	17.52 万元
			配件及耗材	材料耗量		55 个	综合单价 480 元	26 400 元	5.28 万元
	其他零星费用							0.2 万元
合计								2 872.98 万元

运转作业中心、调车作业中心的作业预算可以按照货运作业中心的模式，在分析作业动因和资源动因的基础上用财务语言描述各项作业。首先依据办理车数年计划、运行图状况预测细分作业的作业数量，其次测算资源需求价值量或者资源消耗比率，最后汇总形成作业中心全年资源费用预算。需要注意的是：各作业中心成本结构不同，管理重心不同，编制作业预算的侧重点不同。例如电费在货运作业中心被归为零星费用，但却是运转作业中心的主要成本，需要预测中心的用电数量和单价，便于成本控制和考核。

后勤作业中心、安全作业中心、综合作业中心分别为全站运输生产做后勤保障、安全保障、管理协调工作，其成本要素与生产性作业中心有所不同，以福利费、间接生产费、管理费为主，与车站工作量关联弹性小。三个作业中心成本在车站总成本中占比不大，但是应铁路局大力压缩间管费的要求，仍然是成本控制的重点，需要分解作业、分解资源认真编制基础预算，消除不必要的无效作业，消除潜在的资源浪费，寻找压缩间管费的空间。

汇总六个作业中心的资源费用可得出车站的成本总预算。因为车站的折旧费全额向铁路局清算，业务招待费的控制数由铁路局下达，使用权限留在领导层，所以编制的 2×18 年作业预算不含这两项成本。需要说明的是，车站应用作业预算的重点是提高成本预算管理水平，目的是优化作业流程、改进成本动因、减少资源浪费；车站运输成本仅仅是铁路运输产品成本的一个组成部分，准确分摊间接费用至车站产品、计算车站产品成本及单价没有现实意义。因此，在编制预算时未将三个非生产性作业中心的预算分摊到另三个生产性作业中心中。

按上述七个步骤计算出的车站作业预算，与车站可利用的资源进行比较，求得经营平衡。若无法实现平衡，则分析后进行预算调整：一是作业预算大于局定目标成本，则需要从价值链角度进行作业分析，分析作业的增值性和有效性，减少或消除非增值、非必要作业；减少资源浪费、降低资源成本来改善低效作业，根据目标成本调整作业预算。二是若作业预算远远大于局定目标成本，出现通过提高作业效率、加强成本过程控制难以弥补的缺口，则向铁路局主管部门沟通增加清算。三是作业预算小于局定目标成本，可以形成利润上缴。

（五）作业预算执行

甲货运站传统预算管理模式下成本预算管理部门设置在计划财务科，为了强化预算效果，在运行作业预算时，需将预算管理部门从计划财务科独立出来；甲货运站传统预算管理模式下利用成本卡片强化成本预算的刚性约束，在运行作业预算时，可继续沿用，将成本卡片由按会计科目设置改为按二级作业中心和作业设置。甲货运站预算执行主要包括作业控制和成本预算差异分析两个方面。

1. 作业控制。

在作业预算方法下，车站的成本管理重点从单纯的节支降耗、压缩成本转移到了作业层面。甲货运站作业控制的具体方法有作业消除、作业改善、作业合并，具体分析如下：一是作业消除，即消除非增值非必要作业。例如，调车作业中心设置调车区长岗位负责传递作业计划，作业过程是，从车站调度员处接收作业计划，根据现场车辆密度组织计划，将作业计划下达调车长实施。根据近几年站场车辆密度分析，日均办理车数小于设计能力，因此，调车区长依据现场车辆密度组织计划的作业过程属于非增值非必要作业，可以消除；二是作业改善，即改善非增值必要作业和低效作业。例如，调度作业中心的核对现车、取送货票作业，资源动因是人工工时，车站启用车号识别系统、票据传输系统大大提高了作业效率，大幅度减少作业量，增加的系统运行维护成本远远小于人工成本，同时提高了车号的准确性和货票的传输速度；三是作业合并，将同质的作业归并为一个作业。例如，车站设计岗位定员时，通过科学分工、优化流程减少作业人数。

2. 成本预算差异分析。

各责任主体和作业人员在授权范围内按规定的成本预算完成规定作业；同时，预算管理部门跟踪预算执行效果，建立定期或不定期的差异分析报告制度，将实际完成数与预算数分别对比，如果差异在正常的允许范围内，则不采取控制行动，继续执行原有的预算；反之，向领导层报告差异，依据差异分析结果采取对应措施。一是作业差异。基于工作量变化引起的作业量差异，由预算管理部门报告领导层，进入预算调整程序，调整资源分配；基于作业流程变化引起的作业量差异和作业效率差异，是车站作业管理的重点，对改善成本有利的做法要及时推广，不利的做法要通过作业消除和作业改善及时纠正。作业差异分析有助于预算准确性的提高和管理效益的提升；二是资源差异。资源数量差异揭示了资源浪费现象，例如人工费的数量差异可能是因为人浮于事、作业效率拖沓，这种资源浪费现象是车站作业管理的重点。资源价格差异揭示了材料、人工等资源价格变化，这不属于车站预算控制的主要内容，但可以通过改变供应商、与其他铁路单位联合采购争取优惠等措施进行干预。

（六）作业预算监控与预算考核

作业预算较传统预算因预算编制对象（作业中心）、编制方法（零基预算）更接近成本发生过程，解决了传统预算下责任不清、考核公正性差的问题，为甲公司建立合理的考核制度和拟定恰当的考核指标奠定了基础。作业预算考核分为监控预警和结果评价两个层次，甲货运站预算考核环节重点是建立规范完整的考核流程、拟定恰当的考核指标。

1. 过程监控预警。

定期对作业中心进行成本预算考核，工作思路是根据各作业中心的特点，设计不同的关键绩效指标（KPI），该指标既能体现各作业中心的成本特点，又符合成本效益原则，较容易获取。预算管理部门每月末分析作业中心及二级作业中心的 KPI 指标，与预算对比或与历史数据对比，通过事中控制，发现问题并及时校正偏差、预警，各作业中心作为责任主体依据指标对比结果及时采取措施干预，改善管理。例如电费是运转作业中心的成本关键控制点，设计运转作业中心的 KPI 时应涵盖各岗点照明、设备用电指标，比较各指标与预算数、历史同期数的差异，分析原因，堵塞管理漏洞和管理真空地带，采取指定人员盯控、根据季节自动调整灯塔灯桥照明时间并及时纠偏，杜绝持续浪费造成更大的损失。

2. 结果评价。

年末，预算管理部门对车站总体、作业中心、二级作业中心全年的成本预算执行情况进行综合评价，评价结果提交领导层审批后作为薪酬管理的依据，兑现奖惩，形成有效的激励机制。同时，搜集完整的车站作业消耗量和资源消耗量相关资料，作为下一年度预算编制的基础资料。结合车站实际，拟定车站年末业绩评价主要指标，见表 2-4-6。

表 2-4-6　　　　　　　　　　甲货运站业绩评价主要指标

考核指标	考核对象	比较参数
安全事故	生产性作业中心	与上年实际比
运输效率	运转作业中心、调车作业中心	各班组竞赛
运输进款	货运作业中心	与局定计划比
平均工资增幅	劳动人事科	与局定目标比
成本费用控制	各作业中心	与作业预算比
间管费压缩	各作业中心	与上年实际比
成本管理合理化建议	各作业中心	各作业中心竞赛
作业流程改进	各作业中心	各作业中心竞赛
员工成本管理参与度	各作业中心	各作业中心竞赛
技术创新	各作业中心	各作业中心竞赛

三、取得成效

甲货运站作业预算较传统成本预算相比，取得的成效体现为：

（1）预算编制环节。一是作业预算将财务预算与业务预算紧密联系起来，加速了部门之间的信息流通，便于分析成本投入与产生的效益之间的关系，有利于车站成本管理短期目标和长期目标的统一；二是车站作业预算是在识别了增值作业、非增值作业、高效作业、低效作业的基础上根据作业的增值性和资源的有效性进行资源配置，资源配置的过程是引导作业和流程改进的过程，作业和流程的改进又进一步优化了资源配置；三是从货运作业中心作业预算的计算过程来看，"作业—资源"对应关系清晰，对资源耗费大的项目有资源数量和资源单价的分析，这种零星预算剔除了历史成本中隐藏的不合理支出，有利于避免部门之间信息不对称导致的预算松弛；四是作业管理的责任主体即成本预算的责任主体，将成本预算管理建立在作业管理基础上更具有操作性。同时，减少了责任主体之间的管理交叉节点，使其权力和责任更加清晰。

（2）预算执行环节。一是作业预算提供了每项作业所需人工数量、工时、每工时单价的标准,为人工成本差异分析提供了参考依据,真实合理的差异分析为车站作业控制提供了方向和目标;二是作业预算使预算控制由反馈式控制转向前慑性控制,预算管理部门对各作业中心进行过程监控预警,各作业中心通过作业消除、作业改善、作业合并、作业创新进行作业控制,有助于车站成本过程控制,促进了预算目标的实现;三是作业预算提供了作业量、资源实物需求量、资源单价的预算数据,使得各班组员工能够清楚了解预算期每班次可以消耗的资源限额,这些合理目标使员工参与成本管理、主动提高作业效率成为可能。

(3) 预算考核环节。一是预算的准确度增加,能将责任具体落实到任何发生作业的地方和人,有利于分清责任,为合理的奖惩制度提供了可靠的依据;二是作业预算考核指标综合了财务指标和非财务指标,合理引导车站干部职工的努力方向,减少成本控制目标与车站安全、畅通目标的冲突,让考核指标更完善。

案例示范 2-5
基于收款滚动预算的分包付款联动式预算管理

【本案例介绍工程施工企业基于收款滚动预算的分包付款联动式预算管理。案例单位为交通设施勘察设计和施工企业。针对分包付款缺乏财务业务一体化管理、月度经营性现金流不稳定、收付款之间联动性不强等问题,该单位通过实施基于收款滚动预算的分包付款联动式预算管理,在保证其他经营生产需要的前提下依据收款滚动预算安排分包付款额度,实现了付款预算与收款预算联动及业务链与资金链的融合,完善了绩效管理链条,促进了收款滚动预算的提质,有利于发挥公司资金的整体优势,精细安排分包合同的资金支付,均衡了公司资金流。】

一、背景描述

(一) 单位基本情况

甲公路勘察设计研究院有限公司(以下简称"甲公司")主要经营范围包括各级公路、桥梁、隧道、交通工程及沿线设施的勘察设计和设计施工总承包等,具有工程勘察、设计(公路、市政、建筑、轨道)、咨询、监理、测绘、招标代理、水土保持、地质灾害防治、风景园林等资质,连年入榜美国《工程新闻记录》和中国《建筑时报》联合评选的"中国工程设计企业60强"。

公司设有总经理办公室、企业发展部、财务部等10个职能管理部门,以及华东、华南等5个国内区域经营管理开发事业部,下辖子公司、分公司等,投资管理部具有投资—施工合同的经营及管理职能,国际工程公司具有海外合同的经营及管理职能。

(二) 存在的主要问题

近几年公司规模快速扩张,从传统公路业务向投资业务、城建业务、轨道业务、海外业务等新兴业务拓展,营业收入年均增长30%。受自营产能限制,通过分包来拓展产能成为公司规模扩张的重要手段,合同分包率持续走高,分包款的支付金额越来越大,分包付款金额及分包付款占收款比例急剧上升。但分包付款缺乏统筹联动、统一科学的管理,存在以下问题:

1. 分包付款缺乏业财一体化管理。

从业务角度,分包付款由经营主管部门进行具体管理,付款原则是尽量保证在主合同到款比例内根据合同规定的支付条款进行支付。业务部门由于没有全局的现金流管控意识和具体数据支撑,分包付款的业务审批职能仅满足其自身生产经营的需求,无法保证公司整体稳定的经营性现金流和资金存量。

从财务角度,年末通过测算经营性现金流,根据经营性现金流情况预估可支付的分包付款,再在额度内进行支付。财务部门不了解合同的具体情况,其对分包付款的管控仅能保证稳定的经营性现金流和资金存量,却无法根据分包付款的轻重缓急程度进行支付。

由于缺乏业财一体化管理,业务链与资金链没有融合,分包付款的管控无法同时满足财务和业务的需求,存在局部和整体不相协调的现象。

2. 分包付款缺乏科学筹划,月度经营性现金流不稳定。

公司分包付款缺乏科学筹划,占收款比例不断攀升,且月度比例变动较大,导致经营性现金流持续降低且处于波动状态，出现多个月经营性现金流为负数的情况，不利于为生产经营活动提供有力、稳定的资金保障。

3. 收款滚动预算与分包付款之间联动性不强。

公司关注合同收款，采用收款滚动预算进行管理，收款指标是业绩考核的关键指标，尽管分包付款的经营主管部门，其业务审批流程与收款一致，但收款预算数据与分包付款之间没有直接联系，收款滚动预算与分包付款之间联动性不强，不利于现金流业务财务一体化管理，没有做到"量入为出"。

（三）选择基于收款滚动预算的分包付款联动式预算管理的主要原因

分包付款作为重大资金支出项，是资金预算的管控重点，要求安排分包款的支付资金必须遵循"量入为出"的原则。收款给资金流入提供了保障，分包付款与收款的合同生产进度、账款进度息息相关，收款滚动预算及执行结果可作为分包付款联动式预算管理的基础数据，因而以收款滚动预算为基础实施分包付款联动式预算管理就变得切实可行。通过建立公司统一的分包付款联动式预算体系，根据总量提前对分包付款进行合理安排，实现分包付款一体化、精细化管理，有利于发挥公司资金的整体优势，精细安排分包合同的资金支付，均衡公司资金流，实现经营与生产管理质量的改善与提高。

二、应用过程

（一）参与部门与人员

公司设有预算管理委员会，负责预算管理决策工作；下设预算管理办公室，牵头管理公司预算，参与部门包括企业发展部、财务部、区域事业部、投资管理部、国际工程公司、各分子公司等，其中：企业发展部主管收款滚动预算；财务部主管分包付款联动式预算，负责汇总合同收付款预算数据，对经营主管部门下达目标、额度，分析预算执行情况；区域事业部、投资管理部、国际工程公司为经营主管部门，负责调整和确定合同、收付款金额并报送预算数据；各分、子公司为预算责任部门，负责具体编制收付款预算。

（二）设计目标

基于公司现有的收款滚动预算管理，围绕公司资金管理的问题，结合组织形式、专业特点以及业务流程特点，运用滚动预算和信息化工具，通过一体化、精细化管理实现分包付款与收款的预算联动和滚动调整，在保证其他经营生产需要的前提下依据收款滚动预算安排分包付款额度，实现对经营性现金流、资金存量的可控，维持月度、季度和年度经营性现金流的稳定性，实现业务链与资金链的融合。

（三）具体应用流程

基于收款滚动预算的分包付款联动式预算，采用"上下结合、分级编制、逐级汇总"的编制方式，以收款、分包付款占收款比例为基础控制分包付款额度，横向分投资—施工合同、其他—施工合同、设计合同，纵向分七个经营主管部门（华东与东北事业部、华南事业部、华中事业部、西南事业部、西北事业部、投资管理部、国际工程公司），分包付款预算数据由预算责任部门以收款滚动预算编制及执行效果为基础自下而上按年、月预计，财务部汇总分包付款预算数据后，分年、月对各经营主管部门下达分包付款额度，并在额度内执行分包付款，从而实现分包付款资金管控的目标。

1. 搭建收款滚动预算框架。

为配合公司的发展战略，结合业务分包，强化预算管理，实现业财融合，强化分包付款及收款管理，甲公司在年度收款预算基础上并行月度收款滚动预算。

年度收款预算起到统领作用，自下而上编制，自上而下下达额度，以公司战略、经营规划为指导，侧重于对规划期内整体经营活动的描述。

月度收款滚动预算以年度收款预算为前提，与年度收款预算进行匹配，同时也相应对年度收款预算进行调整。通过月度收款滚动预算的编制，以月份为滚动频率，使收款预算编制的更为精准，并以此作为分包付款联动式预算的数据基础。收款滚动预算具体应用流程如下：

（1）年度收款预算编制流程。

年度收款预算编制流程见图2-5-1。

①企业发展部每年年初通知各预算责任部门编制年度收款预算，预算责任部门按照自身情况编制收款预算，并提交经营主管部门审核。

②经营主管部门审核汇总年度收款预算，并对可能存在的问题进行沟通和反馈，若没有问题再提交给企业发展部进一步审定。

③企业发展部汇总收款预算并进行反算审定，审核通过后再交预算管理委员会审定。

④经预算管理委员会审定，公司董事会审核批准，下达收款预算指标。

通过多个部门的通力协作，形成了各预算责任部门下一年度的收款预算指标。

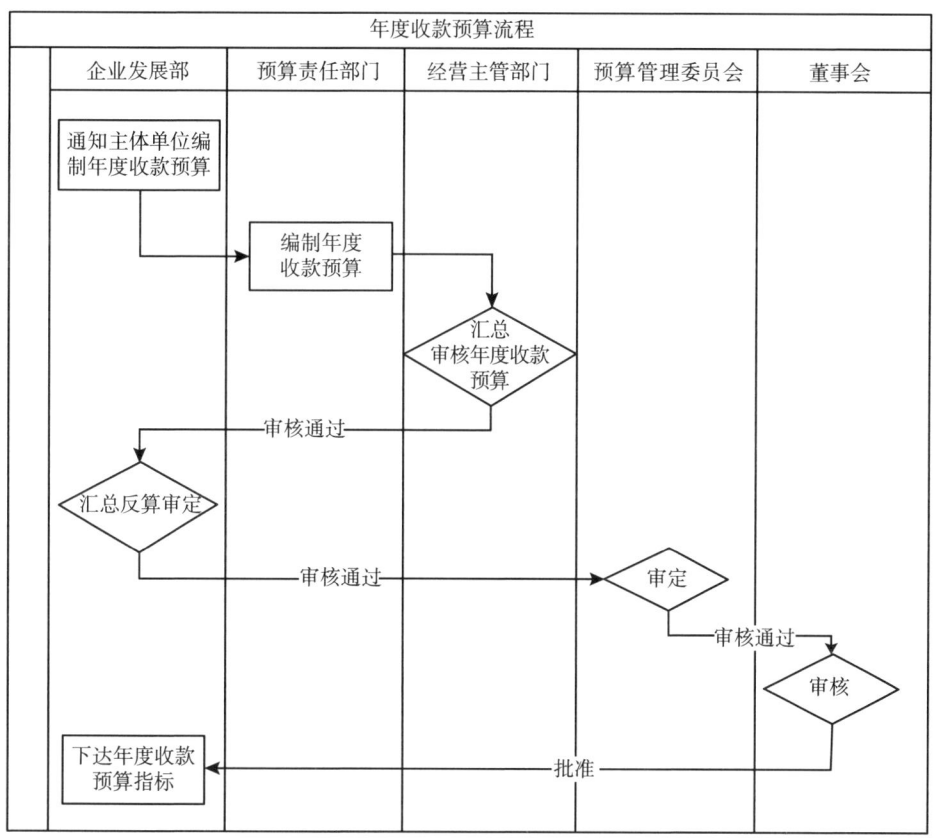

图2-5-1 年度收款预算流程

（2）月度收款滚动预算编制流程。

在年度收款滚动预算编制的基础上，进一步制定月度收款预算，见图2-5-2。

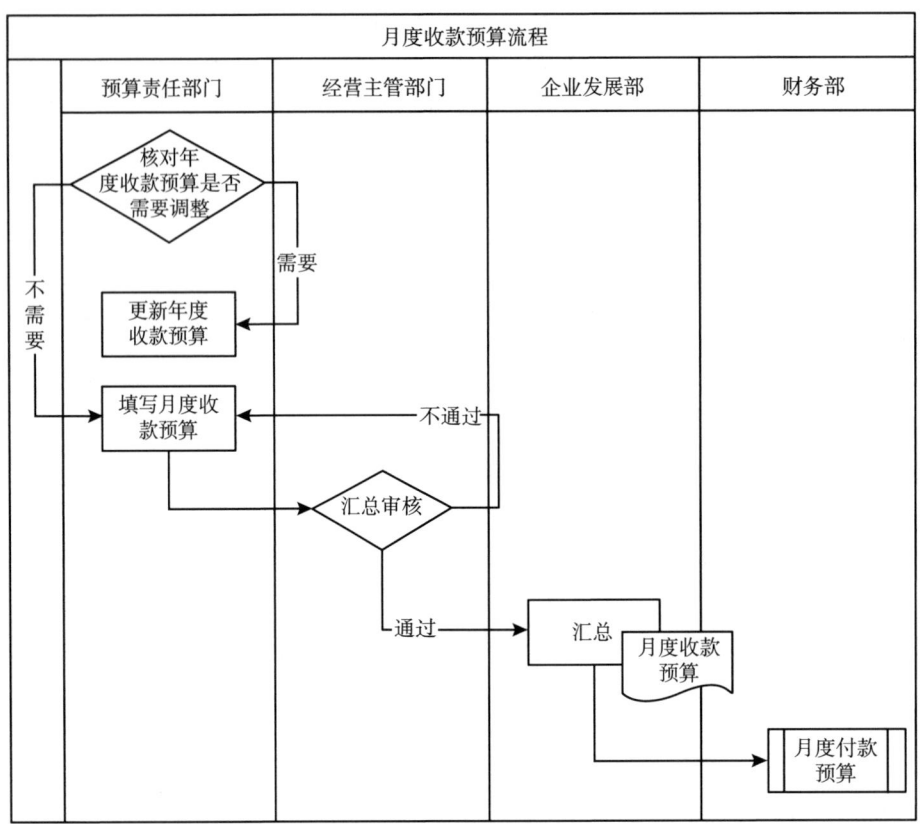

图 2-5-2 月度收款预算流程

①各预算责任部门每月月初,在经营管理信息系统中填写月度收款进度后提交给经营主管部门审核汇总。如果月度收款进度大于年度收款预算进度,则由信息化系统自动计算成为收款滚动预算。并且在这一环节中,预算责任部门会同时核对年度收款预算是否需要进行调整,如有需要,则根据实际情况更新年度收款预算,从而保证预算目标的合理性。

②月度收款预算经过经营主管部门审核完毕后,形成收款滚动预算汇总提交给企业发展部。预算责任部门根据合同的收款情况形成月收款预算抄送财务部,作为分包付款联动式预算的数据基础。

2. 基于收款滚动预算制定分包付款联动式预算流程。

在收款滚动预算的基础上制定相应的分包付款联动式预算,采用"上下结合、分级编制、逐级汇总"的编制方式,以收款、分包付款占收款比例为基础控制分包付款额度,同时,针对分包付款预算分别制定年度分包付款联动式预算和月度分包付款联动式预算。

(1) 年度分包付款联动式预算编制流程。

年度分包付款联动式预算由企业发展部会同财务部、经营主管部门共同编制,见图 2-5-3。

①每年年初,财务部根据收款预算数据、各部门、子公司年度分包付款占收款比例,下达各经营主管部门、子公司年度分包付款预算额度。

②年度分包付款预算额度作为当年分包付款的参考标准,在额度内执行分包付款,实际收款与预算数有差异时,年度分包付款预算额度随比例联动调整。

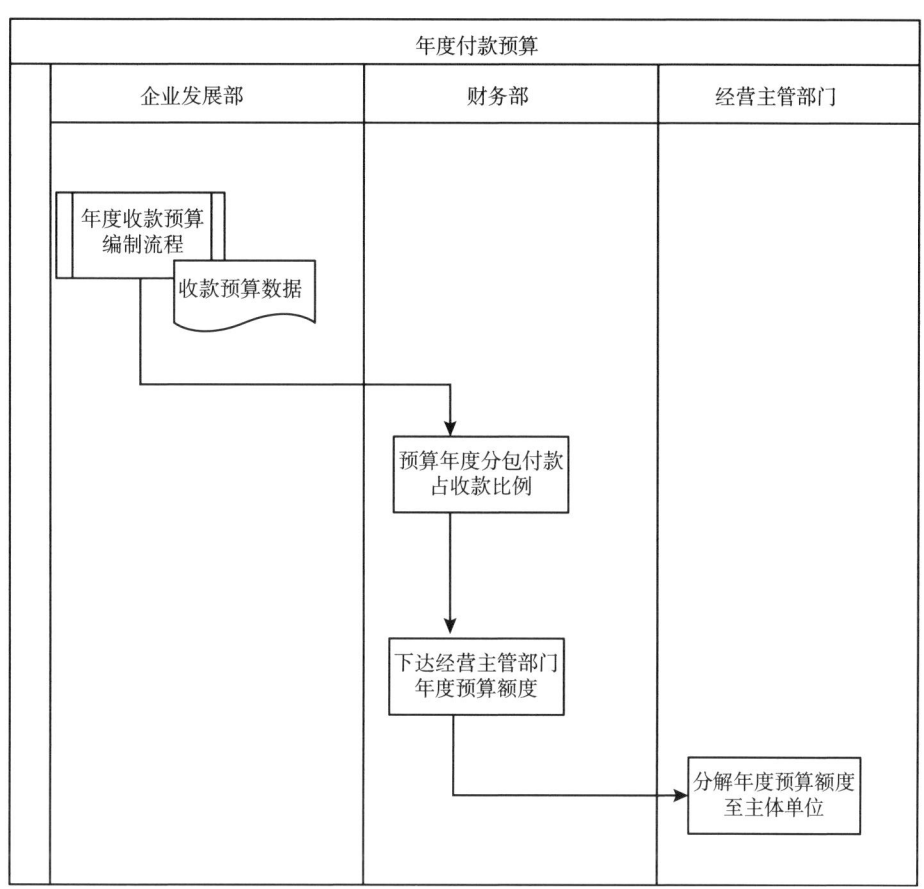

图 2-5-3　年度分包付款联动式预算流程

(2) 月度分包付款联动式预算编制流程。

月度分包付款联动式预算编制由各预算责任部门、经营主管部门和财务部会同完成，见图 2-5-4。

①预算责任部门每月月初编制月度分包付款预算，其中月收款预算取自企发部收款滚动预算数据，根据月度收款预算流程编制月度分包付款预算，然后提交给经营主管部门进一步审批。

②各经营主管部门根据月度分包付款预算额度，调整分包付款预算数据，在额度内确定合同及付款金额，并且判定预算额度是否充足。如果预算额度有欠缺，需要预算责任部门再行调整付款合同和金额；如果预算额度充足，则提交财务部。

③财务部汇总分包付款预算数据，测算月度付款比例和月度付款额度，根据各经营主管部门月度实际收款和付款比例，月底下达月度分包付款实际额度。

④月度实际收款与预算收款有差异时，月度分包付款实际额度相应调整；当月未用完额度，顺延至下月，设计合同、投资—施工合同年底额度结清。

3. 根据合同类型确定分包付款联动式预算控制方法。

公司合同分为三种类型：设计合同、投资—施工合同、其他—施工合同。

(1) 设计合同、投资—施工合同。以经营主管部门为单位，根据收款预算数据、分包付款占收款比例，确定分包付款额度。

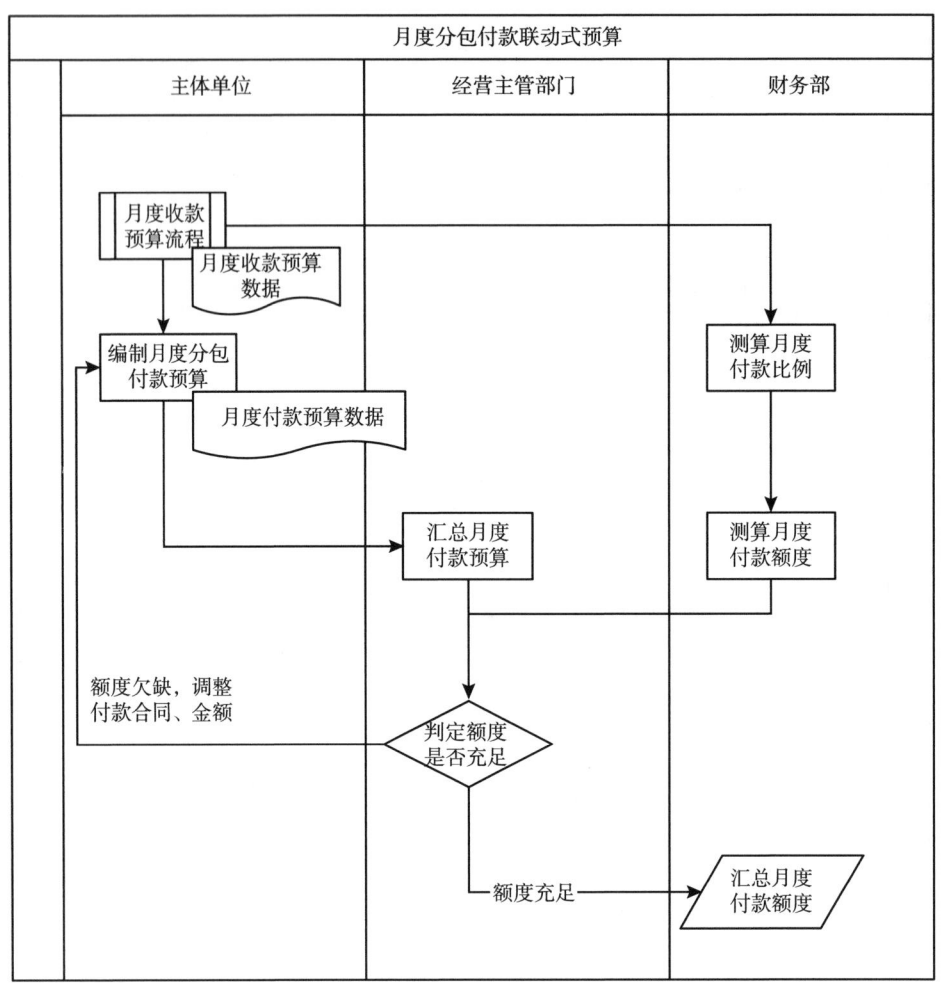

图 2-5-4 月度分包付款联动式预算流程

年度分包付款预算（实际）额度控制

公式一：$L_y = G \times \alpha$

L_y：年度分包付款预算（实际）额度；

G：年度收款预算（实际）数；

α：年度分包付款占收款付款比例。

月度分包付款预算（实际）额度控制

公式二：$Lm_n = A_n - \sum_{i=1}^{n-1} P_i$

$A_n = \text{MIN}(\sum_{i=1}^{n-1} Lm_i + M_n, Y_n)$

$M_n = G_n \times \beta_n$

$Y_n = \sum_{i=1}^{n} G_i \times \alpha$

n：月份，$n \in (1, 12)$

Lm_n：月度分包付款预算（实际）额度；

A_n：截至当月累计分包付款预算（实际）额度；

$\sum_{i=1}^{n-1} P_i$：截至上月累计预算内已支付分包款；

$\sum_{i=1}^{n-1} Lm_i$：截至上月累计分包付款实际额度；

M_n：按月度分包付款占收款比例计算可支付分包款；

Y_n：按年度分包付款占收款比例计算累计可支付分包款；

$\sum_{i=1}^{n-1} G_i$：截至上月累计实际收款；

G_n：当月收款预算（实际）数；

β_n：当月分包付款占收款比例。

说明：α、β 为常数，α 取近三年加权平均数（近一年权重 0.8，其他两年权重 0.1），β 取上年同期数；β = 0 时，β = α；单个经营主管部门 α = 0 时，取公司整体 α 值。

（2）其他—施工合同。以合同为单位，原则上确保单个合同主合同收款大于分包合同付款（收大于支）。预付款以合同中约定的付款条款为基础，确定付款额度；其他付款以单个施工合同的收款预算数据、分包合同额占主合同额比例为基础，主要根据中期支付证书等证明材料，确定付款额度。

①预付款。以合同中约定的付款条款为基础，原则上确保单个合同收大于支，确定付款额度。

②其他付款。每次付款均需提供中期支付证书等证明材料，额度控制公式如下：

公式三：$L_c = (G_{c1} + G_{c2}) \times \gamma_c - P_c$

c：合同；

L_c：年（月）分包付款预算（实际）额度；

G_{c1}：累计已收款；

G_{c2}：收款预算（实际）数；

γ_c：分包合同占主合同比例；

P_c：累计已支付分包款。

4. 设计分包付款联动式预算编制表格。

为了能统一管理各子公司分包付款预算，便于财务部汇总统计，甲公司设计了统一的分包付款联动式预算表编制格，下发至各单位编制。

（1）年度分包付款预算编制表格，见表 2-5-1、表 2-5-2。

表 2-5-1　　　　　　　　　设计、投资-施工合同收款预算表

部门：　　　　年度：　　　　　　　　　　　　　　　　　　　　　　　　单位：万元

序号	主合同编号	对方单位	合同名称	年度收款预算（G）
1				
...				
收款合计				

第二部分 预算管理

表2-5-2 其他-施工合同收款预算表

部门： 年度： 单位：万元

序号	主合同编号（c）	对方单位	主合同名称	主合同金额 ①	分包合同合计金额 ②	分包合同占主合同比例（γ）③=②/①	主合同累计已收款（Gc1）④	主合同年度收款预算（Gc2）⑤	分包合同累计已付款（Pc）⑥	年分包付款预算额度（Lc）⑦=(④+⑤)×③-⑥（公式三）
1										
2										
3										
4										
5										
6										
…										
合计										

案例示范 2-5 基于收款滚动预算的分包付款联动式预算管理

年分包付款预算额度（Ly：公式一）：

$Ly = G \times \alpha$

Ly：年度分包付款预算（实际）额度；

G：年度收款预算（实际）数；

α：年度分包付款占收款付款比例；

月度分包付款预算（实际）额度控制。

（2）月度分包付款预算编制表格，见表2-5-3、表2-5-4、表2-5-5。

表 2-5-3 设计、投资-施工合同收款预算表

部门：　　　月份（n）：　　　　　　　　　　　　　　　　单位：万元

年实际收款：

月份	金额
1月（G1）	
2月（G2）	
n-1月（Gn-1）	

月收款预算（Gn）：

序号	主合同编号	对方单位	合同名称	月收款预算
1				
...				
收款合计				

预算内已付款：

月份	金额
1月（P1）	
n-1月（Pn-1）	

月分包付款预算额度（Lmn；公式二）：

序号	分包合同编号	单位	合同名称	月分包付款预算
1				
...				
分包付款合计				

第二部分 预算管理

其他-施工合同收款、分包付款预算表

表2-5-4
部门：　　　　　月份：　　　　　单位：万元

序号	主合同编号(c)	对方单位	主合同名称	主合同金额 ①	分包合同合计金额 ②	累计分包合同占主合同比例(γ) ③=②/①	主合同累计已收款(Gc1) ④	主合同月收款预算(Gc2) ⑤	分包合同累计已付款(Pc) ⑥	月分包付款预算额度(Lc) ⑦=(④+⑤)×③-⑥(公式三)	月付款预算
1											
...											
合计											

其他-施工合同收款、预付款预算表

表2-5-5
部门：　　　　　月份：　　　　　单位：万元

序号	分包合同编号	对方单位	合同名称	合同金额	主合同累计已收款(Gc1) ①	主合同月收款预算(Gc2) ②	分包合同累计已付款(Pc) ③	合同约定预付款支付条款	月分包付款预算额度(Lc) ④=①+②-③	月付款预算
1										
...										
合计										

三、实施过程中的问题和解决方法

(一)主要问题

1. 每年编制一次年度分包付款联动式预算,每月滚动编制一次月度分包付款联动式预算,对于合同较多的编制预算责任部门工作量较大。

2. "其他—施工合同"个体差异较大,合同收益率不尽相同,不适用于统一比例控制。

(二)解决方法

1. 加大信息化软件的开发力度。月度分包付款联动式预算目前通过EXCEL表进行填报,填报人员需要人工查验合同信息,且EXCEL表无法自动取得收款滚动预算数据,对于填报人员和汇总人员工作量都很大。目前,正在实施"合同收付款预算系统"软件开发,以减轻预算编制人员工作量,提高工作效率。

2. 调整"其他—施工合同"的预算控制方法,分为预付款和其他分包付款两种类型控制:①预付款按合同中约定的合同条款确定付款额度;②其他付款在保证收大于支的前提下,按中期支付证书中的金额进行支付。

四、取得成效

一是分包付款占收款比例趋缓,实施分包付款联动式预算后半年左右,分月分包付款占收款比例得以控制,维持在50%上下,而且分包付款与收款紧密关联,实现联动效果,不再存在有分包付款超出收款的情况;二是经营性现金流得以保障,各月经营现金流稳定提升且每月均为正数,保障了经营性现金流,为公司合理安排生产经营,为实现资源的合理有效配置提供支撑,能有效应对激烈变化的市场环境;三是分包付款管理科学可控,经过科学筹划将有限的分包付款额度用在了急需的项目上,让分包付款处于有序、可控的状态,使资金管理和经营管理融为一体,形成有自身特色、全新的分包款资金联动式管控模式,有利于公司整体的财务控制和风险控制;四是收支联动,预算准确度持续提升,月度实时监控预算执行情况并按年度对经营主管部门进行绩效考核、同比分析,提高了公司和各单位的业绩水平,使得预算管理不再流于形式,提高了收款滚动预算的管理水平和执行效果。

第三部分

成本管理

管理会计应用指引第 300 号
——成本管理

第一章 总 则

第一条 为了促进企业加强成本管理，提高企业成本管理水平，提升竞争能力，根据《管理会计基本指引》，制定本指引。

第二条 成本管理，是指企业在营运过程中实施成本预测、成本决策、成本计划、成本控制、成本核算、成本分析和成本考核等一系列管理活动的总称。

第三条 企业进行成本管理，一般应遵循以下原则：

（一）融合性原则。成本管理应以企业业务模式为基础，将成本管理嵌入业务的各领域、各层次、各环节，实现成本管理责任到人、控制到位、考核严格、目标落实。

（二）适应性原则。成本管理应与企业生产经营特点和目标相适应，尤其要与企业发展战略或竞争战略相适应。

（三）成本效益原则。成本管理应用相关工具方法时，应权衡其为企业带来的收益和付出的成本，避免获得的收益小于其投入的成本。

（四）重要性原则。成本管理应重点关注对成本具有重大影响的项目，对于不具有重要性的项目可以适当简化处理。

第四条 成本管理领域应用的管理会计工具方法，一般包括目标成本法、标准成本法、变动成本法、作业成本法等。

第五条 企业应结合自身的成本管理目标和实际情况，在保证产品的功能和质量的前提下，选择应用适合企业的成本管理工具方法或综合应用不同成本管理工具方法，以更好地实现成本管理的目标。

综合应用不同成本管理工具方法时，应以各成本管理工具方法具体目标的兼容性、资源的共享性、适用对象的差异性、方法的协调性和互补性为前提，通过综合运用成本管理的工具方法实现最大效益。

第二章 应 用 环 境

第六条 企业应根据其内外部环境选择适合的成本管理工具方法。

第七条 企业应建立健全成本管理的制度体系，一般包括费用审报制度、定额管理制度、责任成本制度等。

第八条 企业应建立健全成本相关原始记录，加强和完善成本数据的收集、记录、传递、汇总和整理工作，确保成本基础信息记录真实、完整。

第九条 企业应加强存货的计量验收管理，建立存货的计量、验收、领退及清查制度。

第十条 企业应充分利用现代信息技术，规范成本管理流程，提高成本管理的效率。

第三章 应用程序

第十一条 企业应用成本管理工具方法，一般按照事前管理、事中管理、事后管理等程序进行：

（一）事前成本管理阶段，主要是对未来的成本水平及其发展趋势所进行的预测与规划，一般包括成本预测、成本决策和成本计划等步骤；

（二）事中成本管理阶段，主要是对营运过程中发生的成本进行监督和控制，并根据实际情况对成本预算进行必要的修正，即成本控制步骤；

（三）事后成本管理阶段，主要是在成本发生之后进行的核算、分析和考核，一般包括成本核算、成本分析和成本考核等步骤。

第十二条 成本预测是以现有条件为前提，在历史成本资料的基础上，根据未来可能发生的变化，利用科学的方法，对未来的成本水平及其发展趋势进行描述和判断的成本管理活动。

第十三条 成本决策是在成本预测及有关成本资料的基础上，综合经济效益、质量、效率和规模等指标，运用定性和定量的方法对各个成本方案进行分析并选择最优方案的成本管理活动。

第十四条 成本计划是以营运计划和有关成本数据、资料为基础，根据成本决策所确定的目标，通过一定的程序，运用一定的方法，针对计划期企业的生产耗费和成本水平进行的具有约束力的成本筹划管理活动。

第十五条 成本控制是成本管理者根据预定的目标，对成本发生和形成过程以及影响成本的各种因素条件施加主动的影响或干预，把实际成本控制在预期目标内的成本管理活动。

第十六条 成本核算是根据成本核算对象，按照国家统一的会计制度和企业管理要求，对营运过程中实际发生的各种耗费按照规定的成本项目进行归集、分配和结转，取得不同成本核算对象的总成本和单位成本，向有关使用者提供成本信息的成本管理活动。

第十七条 成本分析是利用成本核算提供的成本信息及其他有关资料，分析成本水平与构成的变动情况，查明影响成本变动的各种因素和产生的原因，并采取有效措施控制成本的成本管理活动。

第十八条 成本考核是对成本计划及其有关指标的实际完成情况进行定期总结和评价，并根据考核结果和责任制的落实情况，进行相应奖励和惩罚，以监督和促进企业加强成本管理责任制，提高成本管理水平的成本管理活动。

第四章 附则

第十九条 本指引由财政部负责解释。

管理会计应用指引第 301 号
——目标成本法

第一章 总 则

第一条 目标成本法，是指企业以市场为导向，以目标售价和目标利润为基础确定产品的目标成本，从产品设计阶段开始，通过各部门、各环节乃至与供应商的通力合作，共同实现目标成本的成本管理方法。

第二条 目标成本法一般适用于制造业企业成本管理，也可在物流、建筑、服务等行业应用。

第二章 应用环境

第三条 企业应用目标成本法，应遵循《管理会计应用指引第 300 号——成本管理》中对应用环境的一般要求。

第四条 企业应用目标成本法，要求其处于比较成熟的买方市场环境，且产品的设计、性能、质量、价值等呈现出较为明显的多样化特征。

第五条 企业应以创造和提升客户价值为前提，以成本降低或成本优化为主要手段，谋求竞争中的成本优势，保证目标利润的实现。

第六条 企业应成立由研究与开发、工程、供应、生产、营销、财务、信息等有关部门组成的跨部门团队，负责目标成本的制定、计划、分解、下达与考核，并建立相应的工作机制，有效协调有关部门之间的分工与合作。

第七条 企业能及时、准确取得目标成本计算所需的产品售价、成本、利润以及性能、质量、工艺、流程、技术等方面的各类财务和非财务信息。

第三章 应用程序

第八条 应用目标成本法一般需经过目标成本的设定、分解、达成到再设定、再分解、再达成的多重循环，以持续改进产品方案。

企业应用目标成本法，一般按照确定应用对象、成立跨部门团队、收集相关信息、计算市场容许成本、设定目标成本、分解可实现目标成本、落实目标成本责任、考核成本管理业绩以及持续改善等程序进行。

第九条 企业应根据目标成本法的应用目标及其应用环境和条件，综合考虑产品的产销量和盈利能力等因素，确定应用对象。

企业一般应将拟开发的新产品作为目标成本法的应用对象，或选择那些功能与设计存在较大的弹性空间、产销量较大且处于亏损状态或盈利水平较低、对企业经营业绩具有重大影响的老产品作为目标成本法的应用对象。

第十条 企业负责目标成本管理的跨部门团队之下，可以建立成本规划、成本设计、成本确认、成本实施等小组，各小组根据管理层授权协同合作完成相关工作。

成本规划小组由业务及财务人员组成，负责设定目标利润，制定新产品开发或老产品改进方针，考虑目标成本等。该小组的职责主要是收集相关信息、计算市场驱动产品成本等。

成本设计小组由技术及财务人员组成，负责确定产品的技术性能、规格，负责对比各种成本因素，考虑价值工程，进行设计图上成本降低或成本优化的预演等。该小组的职责主要是实现目标成本的设定和分解等。

成本确认小组由有关部门负责人、技术及财务人员组成，负责分析设计方案或试制品评价的结果，确认目标成本，进行生产准备、设备投资等。该小组的职责主要是可实现目标成本设定与分解的评价和确认等。

成本实施小组由有关部门负责人及财务人员组成，负责确认实现成本策划的各种措施，分析成本控制中出现的差异，并提出对策，对整个生产过程进行分析、评价等。该小组的职责主要是落实目标成本责任、考核成本管理业绩等。

第十一条 目标成本法的应用需要企业研究与开发、工程、供应、生产、营销、财务和信息等部门收集与应用对象相关的信息，这些信息一般包括：

（一）产品成本构成及料、工、费等财务和非财务信息；

（二）产品功能及其设计、生产流程与工艺等技术信息；

（三）材料的主要供应商、供求状况、市场价格及其变动趋势等信息；

（四）产品的主要消费者群体、分销方式和渠道、市场价格及其变动趋势等信息；

（五）本企业及同行业标杆企业产品盈利水平等信息；

（六）其他相关信息。

第十二条 市场容许成本，是指目标售价减去目标利润之后的余额。

目标售价的设定应综合考虑客户感知的产品价值、竞争产品的预期相对功能和售价，以及企业针对该产品的战略目标等因素。

目标利润的设定应综合考虑利润预期、历史数据、竞争地位分析等因素。

第十三条 企业应将容许成本与新产品设计成本或老产品当前成本进行比较，确定差异及成因，设定可实现的目标成本。

企业一般采取价值工程、拆装分析、流程再造、全面质量管理、供应链全程成本管理等措施和手段，寻求消除当前成本或设计成本偏离容许成本差异的措施，使容许成本转化为可实现的目标成本。

第十四条 企业应按主要功能对可实现的目标成本进行分解，确定产品所包含的每一零部件的目标成本。在分解时，首先应确定主要功能的目标成本，然后寻求实现这种功能的方法，并把主要功能和主要功能级的目标成本分配给零部件，形成零部件级目标成本。同时，企业应将零部件级目标成本转化为供应商的目标售价。

第十五条 企业应将设定的可实现目标成本、功能级目标成本、零部件级目标成本和供应商目标售价进一步量化为可控制的财务和非财务指标，落实到各责任中心，形成各责任中心的责任成本和成本控制标准，并辅之以相应的权限，将达成的可实现目标成本落到实处。

第十六条 企业应依据各责任中心的责任成本和成本控制标准,按照业绩考核制度和办法,定期进行成本管理业绩的考核与评价,为各责任中心和人员的激励奠定基础。

第十七条 企业应定期将产品实际成本与设定的可实现目标成本进行对比,确定其差异及其性质,分析差异的成因,提出消除各种重要不利差异的可行途径和措施,进行可实现目标成本的重新设定、再达成,推动成本管理的持续优化。

第四章 工具方法评价

第十八条 目标成本法的主要优点是:一是突出从原材料到产品出货全过程成本管理,有助于提高成本管理的效率和效果;二是强调产品寿命周期成本的全过程和全员管理,有助于提高客户价值和产品的市场竞争力;三是谋求成本规划与利润规划活动的有机统一,有助于提升产品的综合竞争力。

第十九条 目标成本法的主要缺点是:其应用不仅要求企业具备各类所需要的人才,更需要各有关部门和人员的通力合作,对企业的管理水平要求较高。

第五章 附 则

第二十条 本指引由财政部负责解释。

管理会计应用指引第 302 号
——标准成本法

第一章 总 则

第一条 标准成本法，是指企业以预先制定的标准成本为基础，通过比较标准成本与实际成本，计算和分析成本差异、揭示成本差异动因，进而实施成本控制、评价经营业绩的一种成本管理方法。

标准成本，是指在正常的生产技术水平和有效的经营管理条件下，企业经过努力应达到的产品成本水平。

成本差异，是指实际成本与相应标准成本之间的差额。当实际成本高于标准成本时，形成超支差异；当实际成本低于标准成本时，形成节约差异。

第二条 企业应用标准成本法的主要目标，是通过标准成本与实际成本的比较，揭示与分析标准成本与实际成本之间的差异，并按照例外管理的原则，对不利差异予以纠正，以提高工作效率，不断改善产品成本。

第三条 标准成本法一般适用于产品及其生产条件相对稳定，或生产流程与工艺标准化程度较高的企业。

第二章 应 用 环 境

第四条 企业应用标准成本法，应遵循《管理会计应用指引第 300 号——成本管理》中对应用环境的一般要求。

第五条 企业应用标准成本法，要求处于比较稳定的外部市场经营环境，且市场对产品的需求相对平稳。

第六条 企业应成立由采购、生产、技术、营销、财务、人力资源、信息等有关部门组成的跨部门团队，负责标准成本的制定、分解、下达、分析等。

第七条 企业能够及时、准确地取得标准成本制定所需要的各种财务和非财务信息。

第三章 应 用 程 序

第八条 企业应用标准成本法，一般按照确定应用对象、制定标准成本、实施过程控制、成本差异计算与动因分析，以及修订与改进标准成本等程序进行。

第九条 为了实现成本的精细化管理，企业应根据标准成本法的应用环境，结合内部管理要求，确定应用对象。标准成本法的成本对象可以是不同种类、不同批次或不同步骤的产品。

第十条 企业制定标准成本，可由跨部门团队采用"上下结合"的模式进行，经企业管理层批准后实施。

第十一条 在制定标准成本时，企业一般应结合经验数据、行业标杆或实地测算的结果，运用统计分析、工程试验等方法，按照以下程序进行：

（一）就不同的成本或费用项目，分别确定消耗量标准和价格标准；

（二）确定每一成本或费用项目的标准成本；

（三）汇总不同成本项目的标准成本，确定产品的标准成本。

第十二条 产品标准成本通常由直接材料标准成本、直接人工标准成本和制造费用标准成本构成。每一成本项目的标准成本应分为用量标准（包括单位产品消耗量、单位产品人工小时等）和价格标准（包括原材料单价、小时工资率、小时制造费用分配率等）。

第十三条 直接材料成本标准，是指直接用于产品生产的材料成本标准，包括标准用量和标准单价两方面。

制定直接材料的标准用量，一般由生产部门负责，会同技术、财务、信息等部门，按照以下程序进行：

（一）根据产品的图纸等技术文件进行产品研究，列出所需的各种材料以及可能的替代材料，并说明这些材料的种类、质量以及库存情况；

（二）在对过去用料经验记录进行分析的基础上，采用过去用料的平均值、最高与最低值的平均数、最节省数量、实际测定数据或技术分析数据等，科学地制定标准用量。

制定直接材料的标准单价，一般由采购部门负责，会同财务、生产、信息等部门，在考虑市场环境及其变化趋势、订货价格以及最佳采购批量等因素的基础上综合确定。

直接材料标准成本的计算公式如下：

直接材料标准成本 = 单位产品的标准用量 × 材料的标准单价

材料按计划成本核算的企业，材料的标准单价可以采用材料计划单价。

第十四条 直接人工成本标准，是指直接用于产品生产的人工成本标准，包括标准工时和标准工资率。

制定直接人工的标准工时，一般由生产部门负责，会同技术、财务、信息等部门，在对产品生产所需作业、工序、流程工时进行技术测定的基础上，考虑正常的工作间隙，并适当考虑生产条件的变化、生产工序、操作技术的改善，以及相关工作人员主观能动性的充分发挥等因素，合理确定单位产品的工时标准。

制定直接人工的标准工资率，一般由人力资源部门负责，根据企业薪酬制度等制定。

直接人工标准成本的计算公式如下：

直接人工标准成本 = 单位产品的标准工时 × 小时标准工资率

第十五条 制造费用成本标准应根据变动制造费用项目和固定制造费用项目分别确定。

第十六条 变动制造费用，是指随产量变化而成正比例变化的制造费用。变动制造费用项目的标准成本根据标准用量和标准价格确定。

变动制造费用的标准用量可以是单位产量的燃料、动力、辅助材料等标准用量，也可以是产品的直接人工标准工时，或者是单位产品的标准机器工时。标准用量的选择需考虑用量与成本的相关性，制定方法与直接材料的标准用量以及直接人工的标准工时类似。

变动制造费用的标准价格可以是燃料、动力、辅助材料等标准价格，也可以是小时标准工资率等。制定方法与直接材料的价格标准以及直接人工的标准工资率类似。

变动制造费用的计算公式如下:

变动制造费用项目标准成本＝变动制造费用项目的标准用量×变动制造费用项目的标准价格

第十七条 固定制造费用,是指在一定产量范围内,其费用总额不会随产量变化而变化,始终保持固定不变的制造费用。固定制造费用一般按照费用的构成项目实行总量控制,也可以根据需要,通过计算标准分配率,将固定制造费用分配至单位产品,形成固定制造费用的标准成本。

制定固定制造费用标准,一般由财务部门负责,会同采购、生产、技术、营销、财务、人事、信息等有关部门,按照以下程序进行:

(一)依据固定制造费用的不同构成项目的特性,充分考虑产品的现有生产能力、管理部门的决策以及费用预算等,测算确定各固定制造费用构成项目的标准成本;

(二)通过汇总各固定制造费用项目的标准成本,得到固定制造费用的标准总成本;

(三)确定固定制造费用的标准分配率,可根据产品的单位工时与预算总工时的比率确定。

其中,预算总工时,是指由预算产量和单位工时标准确定的总工时。单位工时标准可以依据相关性原则在直接人工工时或者机器工时之间作出选择。

固定制造费用标准成本的计算顺序及公式如下:

固定制造费用标准成本由固定制造费用项目预算确定;

固定制造费用总成本 ＝ $\sum$ 固定制造费用项目标准成本

固定制造费用标准分配率＝单位产品的标准工时÷预算总工时

固定制造费用标准成本＝固定制造费用总成本×固定制造费用标准分配率

第十八条 企业应在制定标准成本的基础上,将产品成本及其各成本或费用项目的标准用量和标准价格层层分解,落实到部门及相关责任人,形成成本控制标准。

各归口管理部门(或成本中心)应根据相关成本控制标准,控制费用开支与资源消耗,监督、控制成本的形成过程,及时分析偏离标准的差异并分析其成因,并及时采取措施加以改进。

第十九条 在标准成本法的实施过程中,各相关部门(或成本中心)应对其所管理的项目进行跟踪分析。

生产部门一般应根据标准用量、标准工时等,实时跟踪和分析各项耗用差异,从操作人员、机器设备、原料质量、标准制定等方面寻找差异原因,采取应对措施,控制现场成本,并将情况及时反馈给人力资源、技术、采购、财务等相关部门,共同实施事中控制。

采购部门一般应根据标准价格,按照各项目采购批次,揭示和反馈价格差异形成的原因,控制和降低总采购成本。

第二十条 企业应定期将实际成本与标准成本进行比较和分析,确定差异数额及性质,揭示差异形成的动因,落实责任中心,寻求可行的改进途径和措施。

第二十一条 成本差异的计算与分析一般按成本或费用项目进行。

第二十二条 直接材料成本差异,是指直接材料实际成本与标准成本之间的差额,该项差异可分解为直接材料价格差异和直接材料数量差异。

直接材料价格差异,是指在采购过程中,直接材料实际价格偏离标准价格所形成的差异;直接材料数量差异,是指在产品生产过程中,直接材料实际消耗量偏离标准消耗量所形成的差异。有关计算公式如下：

直接材料成本差异＝实际成本－标准成本＝实际耗用量×实际单价－标准耗用量×标准单价

直接材料成本差异＝直接材料价格差异＋直接材料数量差异

直接材料价格差异＝实际耗用量×（实际单价－标准单价）

直接材料数量差异＝（实际耗用量－标准耗用量）×标准单价

第二十三条 直接人工成本差异，是指直接人工实际成本与标准成本之间的差额，该差异可分解为工资率差异和人工效率差异。

工资率差异，是指实际工资率偏离标准工资率形成的差异，按实际工时计算确定；人工效率差异，是指实际工时偏离标准工时形成的差异，按标准工资率计算确定。有关计算公式如下：

直接人工成本差异＝实际成本－标准成本＝实际工时×实际工资率－标准工时×标准工资率

直接人工成本差异＝直接人工工资率差异＋直接人工效率差异

直接人工工资率差异＝实际工时×（实际工资率－标准工资率）

直接人工效率差异＝（实际工时－标准工时）×标准工资率

第二十四条 变动制造费用项目的差异，是指变动制造费用项目的实际发生额与变动制造费用项目的标准成本之间的差额，该差异可分解为变动制造费用项目的价格差异和数量差异。

变动制造费用项目的价格差异，是指燃料、动力、辅助材料等变动制造费用项目的实际价格偏离标准价格的差异；变动制造费用项目的数量差异，是指燃料、动力、辅助材料等变动制造费用项目的实际消耗量偏离标准用量的差异。变动制造费用项目成本差异的计算和分析原理与直接材料和直接人工成本差异的计算和分析相同。

第二十五条 固定制造费用项目成本差异，是指固定制造费用项目实际成本与标准成本之间的差额。其计算公式如下：

固定制造费用项目成本差异＝固定制造费用项目实际成本－固定制造费用项目标准成本

企业应根据固定制造费用项目的性质，分析差异的形成原因，并将之追溯至相关责任中心。

第二十六条 在成本差异的分析过程中，企业应关注各项成本差异的规模、趋势及其可控性。对于反复发生的大额差异，企业应重点分析并进行处理。

企业可将生成的成本差异信息汇总，定期形成标准成本差异分析报告，并针对性地提出成本改进措施。

第二十七条 为保证标准成本的科学性、合理性与可行性，企业应定期或不定期对标准成本进行修订与改进。

第二十八条 一般情况下，标准成本的修订工作由标准成本的制定机构负责。企业应至少每年对标准成本进行测试，通过编制成本差异分析表，确认是否存在因标准成本不准确而形成的成本差异。当该类差异较大时，企业应按照标准成本的制定程序，对标准成本进行调整。

除定期测试外，当外部市场、组织机构、技术水平、生产工艺、产品品种等内外部环境发生较大变化时，企业也应及时对标准成本进行调整。

第四章 工具方法评价

第二十九条 标准成本法的主要优点是：一是能及时反馈各成本项目不同性质的差异，有利于考核相关部门及人员的业绩；二是标准成本的制定及其差异和动因的信息可以使企业预算的编制更为科学和可行，有助于企业的经营决策。

第三十条 标准成本法的主要缺点是：一是要求企业产品的成本标准比较准确、稳定，在使用条件上存在一定的局限性；二是对标准管理水平较高，系统维护成本较高；三是标准成本需要根据市场价格波动频繁更新，导致成本差异可能缺乏可靠性，降低成本控制效果。

第五章 附 则

第三十一条 本指引由财政部负责解释。

管理会计应用指引第303号
——变动成本法

第一章 总 则

第一条 变动成本法，是指企业以成本性态分析为前提条件，仅将生产过程中消耗的变动生产成本作为产品成本的构成内容，而将固定生产成本和非生产成本作为期间成本，直接由当期收益予以补偿的一种成本管理方法。

成本性态，是指成本与业务量之间的相互依存关系。按照成本性态，成本可划分为固定成本、变动成本和混合成本。

固定成本，是指在一定范围内，其总额不随业务量变动而增减变动，但单位成本随业务量增加而相对减少的成本。

变动成本，是指在一定范围内，其总额随业务量变动发生相应的正比例变动，而单位成本保持不变的成本。

混合成本，是指总额随业务量变动但不成正比例变动的成本。

第二条 变动成本法通常用于分析各种产品的盈利能力，为正确制定经营决策、科学进行成本计划、成本控制和成本评价与考核等工作提供有用信息。

第三条 变动成本法一般适用于同时具备以下特征的企业：

（一）企业固定成本比重较大。当产品更新换代的速度较快时，分摊计入产品成本中的固定成本比重大，采用变动成本法可以正确反映产品盈利状况；

（二）企业规模大，产品或服务的种类多，固定成本分摊存在较大困难；

（三）企业作业保持相对稳定。

第二章 应用环境

第四条 企业应用变动成本法，应遵循《管理会计应用指引第300号——成本管理》中对应用环境的一般要求。

第五条 企业应用变动成本法所处的外部环境，一般应具备以下特点：

（一）市场竞争环境激烈，需要频繁进行短期经营决策；

（二）市场相对稳定，产品差异化程度不大，有利于企业进行价格等短期决策。

第六条 企业应保证成本基础信息记录完整，财务会计核算基础工作完善。

第七条 企业应建立较好的成本性态分析基础，具有划分固定成本与变动成本的科学标准，以及划分标准的使用流程与规范。

第八条 企业能够及时、全面、准确地收集与提供有关产量、成本、利润以及成本性态等方面的信息。

第三章 应 用 程 序

第九条 企业应用变动成本法,一般按照成本性态分析、变动成本计算、损益计算等程序进行。

第十条 成本性态分析,是指企业基于成本与业务量之间的关系,运用技术方法,将业务范围内发生的成本分解为固定成本和变动成本的过程。

第十一条 混合成本的分解方法主要包括:高低点法、回归分析法、账户分析法(也称会计分析法)、技术测定法(也称工业工程法)、合同确认法,前两种方法需要借助数学方法进行分解,后三种方法可通过直接分析认定。

(一)高低点法:企业以过去某一会计期间的总成本和业务量资料为依据,从中选取业务量最高点和业务量最低点,将总成本进行分解,得出成本模型。计算公式如下:

$$单位变动成本 = \frac{最高点业务量的成本 - 最低点业务量的成本}{最高点业务量 - 最低点业务量}$$

固定成本总额 = 最高点业务量的成本 - 单位变动成本 × 最高点业务量

或: = 最低点业务量的成本 - 单位变动成本 × 最低点业务量

高低点法计算较为简单,但结果代表性较差。

(二)回归分析法:企业根据过去一定期间的业务量和混合成本的历史资料,应用最小二乘法原理,计算最能代表业务量与混合成本关系的回归直线,借以确定混合成本中固定成本和变动成本的方法。计算公式如下:

假设混合成本符合总成本模型,即:$Y = a + bX$ 式中,a 为固定成本部分,b 为单位变动成本。

$$b = \frac{n \sum x_i y_i - \sum x_i \sum y_i}{n \sum x_i^2 - (\sum x_i)^2}$$

$$a = \frac{\sum y_i - b \sum x_i}{n}$$

回归分析法的结果较为精确,但计算较为复杂。

(三)账户分析法:企业根据有关成本账户及其明细账的内容,结合其与产量的依存关系,判断其比较接近的成本类别,将其视为该类成本。

账户分析法较为简便易行,但比较粗糙且带有主观判断。

(四)技术测定法:企业根据生产过程中各种材料和人工成本消耗量的技术测定来划分固定成本和变动成本。

技术测定法仅适用于投入成本和产出数量之间有规律性联系的成本分解。

(五)合同确认法:企业根据订立的经济合同或协议中关于支付费用的规定,来确认并估算哪些项目属于变动成本,哪些项目属于固定成本。

合同确认法一般要配合账户分析法使用。

第十二条 在变动成本法下,为加强短期经营决策,按照成本性态,企业的生产成本分为变动生产成本和固定生产成本,非生产成本分为变动非生产成本和固定非生产成本。其中,只有变动生产成本才构成产品成本,其随产品实体的流动而流动,随产量变动而变动。

第十三条 在变动成本法下，利润的计算通常采用贡献式损益表。该表一般应包括营业收入、变动成本、边际贡献、固定成本、利润等项目。其中，变动成本包括变动生产成本和变动非生产成本两部分，固定成本包括固定生产成本和固定非生产成本两部分。贡献式损益表中损益计算包括以下两个步骤：

（一）计算边际贡献总额；

边际贡献总额＝营业收入总额－变动成本总额＝销售单价×销售量－单位变动成本×销售量＝（销售单价－单位变动成本）×销售量＝单位边际贡献×销售量

（二）计算当期利润。

利润＝边际贡献总额－固定成本总额

第四章 工具方法评价

第十四条 变动成本法的主要优点是：一是区分固定成本与变动成本，有利于明确企业产品盈利能力和划分成本责任；二是保持利润与销售量增减相一致，促进以销定产；三是揭示了销售量、成本和利润之间的依存关系，使当期利润真正反映企业经营状况，有利于企业经营预测和决策。

第十五条 变动成本法的主要缺点是：一是计算的单位成本并不是完全成本，不能反映产品生产过程中发生的全部耗费；二是不能适应长期决策的需要。

第五章 附 则

第十六条 本指引由财政部负责解释。

管理会计应用指引第304号
——作业成本法

第一章 总 则

第一条 作业成本法，是指以"作业消耗资源、产出消耗作业"为原则，按照资源动因将资源费用追溯或分配至各项作业，计算出作业成本，然后再根据作业动因，将作业成本追溯或分配至各成本对象，最终完成成本计算的成本管理方法。

资源费用，是指企业在一定期间内开展经济活动所发生的各项资源耗费。资源费用既包括房屋及建筑物、设备、材料、商品等有形资源的耗费，也包括信息、知识产权、土地使用权等各种无形资源的耗费，还包括人力资源耗费以及其他各种税费支出等。

作业，是指企业基于特定目的重复执行的任务或活动，是连接资源和成本对象的桥梁。一项作业既可以是一项非常具体的任务或活动，也可以泛指一类任务或活动。

按消耗对象不同，作业可分为主要作业和次要作业。主要作业是被产品、服务或客户等最终成本对象消耗的作业。次要作业是被原材料、主要作业等介于中间地位的成本对象消耗的作业。

成本对象，是指企业追溯或分配资源费用、计算成本的对象物。成本对象可以是工艺、流程、零部件、产品、服务、分销渠道、客户、作业、作业链等需要计量和分配成本的项目。

成本动因，是指诱导成本发生的原因，是成本对象与其直接关联的作业和最终关联的资源之间的中介。按其在资源流动中所处的位置和作用，成本动因可分为资源动因和作业动因。

第二条 作业成本法的应用目标包括：

（一）通过追踪所有资源费用到作业，然后再到流程、产品、分销渠道或客户等成本对象，提供全口径、多维度的更加准确的成本信息；

（二）通过作业认定、成本动因分析以及对作业效率、质量和时间的计量，更真实地揭示资源、作业和成本之间的联动关系，为资源的合理配置以及作业、流程和作业链（或价值链）的持续优化提供依据；

（三）通过作业成本法提供的信息及其分析，为企业更有效地开展规划、决策、控制、评价等各种管理活动奠定坚实基础。

第三条 作业成本法一般适用于具备以下特征的企业：作业类型较多且作业链较长；同一生产线生产多种产品；企业规模较大且管理层对产品成本准确性要求较高；产品、客户和生产过程多样化程度较高；间接或辅助资源费用所占比重较大等。

第二章 应用环境

第四条 企业应用作业成本法，应遵循《管理会计应用指引第 300 号——成本管理》中对应用环境的一般要求。

第五条 企业应用作业成本法所处的外部环境，一般应具备以下特点之一：一是客户个性化需求较高，市场竞争激烈；二是产品的需求弹性较大，价格敏感度高。

第六条 企业应用作业成本法应基于作业观，即企业作为一个为最终满足客户需要而设计的一系列作业的集合体，进行业务组织和管理。

第七条 企业应成立由生产、技术、销售、财务、信息等部门的相关人员构成的设计和实施小组，负责作业成本系统的开发设计与组织实施工作。

第八条 企业应能够清晰地识别作业、作业链、资源动因和成本动因，为资源费用以及作业成本的追溯或分配提供合理的依据。

第九条 企业应拥有先进的计算机及网络技术，配备完善的信息系统，能够及时、准确提供各项资源、作业、成本动因等方面的信息。

第三章 应用程序

第十条 企业应用作业成本法，一般按照资源识别及资源费用的确认与计量、成本对象选择、作业认定、作业中心设计、资源动因选择与计量、作业成本汇集、作业动因选择与计量、作业成本分配、作业成本信息报告等程序进行。

第十一条 资源识别及资源费用的确认与计量，是指识别出由企业拥有或控制的所有资源，遵循国家统一的会计制度，合理选择会计政策，确认和计量全部资源费用，编制资源费用清单，为资源费用的追溯或分配奠定基础。

资源费用清单一般应分部门列示当期发生的所有资源费用，其内容要素一般包括发生部门、费用性质、所属类别、受益对象等。

第十二条 资源识别及资源费用的确认与计量应由企业的财务部门负责，在基础设施管理、人力资源管理、研究与开发、采购、生产、技术、营销、服务、信息等部门的配合下完成。

第十三条 在作业成本法下，企业应将当期所有的资源费用，遵循因果关系和受益原则，根据资源动因和作业动因，分项目经由作业追溯或分配至相关的成本对象，确定成本对象的成本。

企业应根据国家统一的会计制度，并考虑预算控制、成本管理、营运管理、业绩评价以及经济决策等方面的要求确定成本对象。

第十四条 作业认定，是指企业识别由间接或辅助资源执行的作业集，确认每一项作业完成的工作以及执行该作业所耗费的资源费用，并据以编制作业清单的过程。

第十五条 作业认定的内容主要包括对企业每项消耗资源的作业进行识别、定义和划分，确定每项作业在生产经营活动中的作用、同其他作业的区别以及每项作业与耗用资源之间的关系。

第十六条 作业认定一般包括以下两种形式：

（一）根据企业生产流程，自上而下进行分解。

（二）通过与企业每一部门负责人和一般员工进行交流，自下而上确定他们所做的工作，并逐一认定各项作业。

企业一般应将两种方式结合应用，以保证全面、准确认定作业。

第十七条 作业认定的具体方法一般包括调查表法和座谈法。

调查表法，是指通过向企业全体员工发放调查表，并通过分析调查表来认定作业的方法。

座谈法，是指通过与企业员工的面对面交谈，来认定作业的方法。

企业一般应将两种方法结合应用，以保证全面、准确认定全部作业。

第十八条 企业对认定的作业应加以分析和归类，按顺序列出作业清单或编制出作业字典。作业清单或作业字典一般应当包括作业名称、作业内容、作业类别、所属作业中心等内容。

第十九条 作业中心设计，是指企业将认定的所有作业按照一定的标准进行分类，形成不同的作业中心，作为资源费用追溯或分配对象的过程。

作业中心可以是某一项具体的作业，也可以是由若干个相互联系的能够实现某种特定功能的作业的集合。

第二十条 企业可按照受益对象、层次和重要性，将作业分为以下五类，并分别设计相应的作业中心：

（一）产量级作业，是指明确地为个别产品（或服务）实施的、使单个产品（或服务）受益的作业。

该类作业的数量与产品（或服务）的数量成正比例变动。包括产品加工、检验等。

（二）批别级作业，是指为一组（或一批）产品（或服务）实施的、使该组（或批）产品（或服务）受益的作业。

该类作业的发生是由生产的批量数而不是单个产品（或服务）引起的，其数量与产品（或服务）的批量数成正比例变动。包括设备调试、生产准备等。

（三）品种级作业，是指为生产和销售某种产品（或服务）实施的、使该种产品（或服务）的每个单位都受益的作业。

该类作业用于产品（或服务）的生产或销售，但独立于实际产量或批量，其数量与品种的多少成正比例变动。包括新产品设计、现有产品质量与功能改进、生产流程监控、工艺变换需要的流程设计、产品广告等。

（四）客户级作业，是指为服务特定客户所实施的作业。

该类作业保证企业将产品（或服务）销售给个别客户，但作业本身与产品（或服务）数量独立。包括向个别客户提供的技术支持活动、咨询活动、独特包装等。

（五）设施级作业，是指为提供生产产品（或服务）的基本能力而实施的作业。

该类作业是开展业务的基本条件，其使所有产品（或服务）都受益，但与产量或销量无关。包括管理作业、针对企业整体的广告活动等。

第二十一条 资源动因是引起资源耗用的成本动因，它反映了资源耗用与作业量之间的因果关系。资源动因的选择与计量为归集各项资源费用到作业中心提供了依据。

第二十二条 企业应识别当期发生的每一项资源消耗，分析资源耗用与作业中心作业量之间的因果关系，选择并计量资源动因。

企业一般应选择那些与资源费用总额成正比例关系变动的资源动因作为资源费用分配的依据。

第二十三条 作业成本归集，是指企业根据资源耗用与作业之间的因果关系，将所有的资源成本直接追溯或按资源动因分配至各作业中心，计算各作业总成本的过程。

第二十四条 作业成本汇集应遵循以下基本原则：

（一）对于为执行某种作业直接消耗的资源，应直接追溯至该作业中心；

（二）对于为执行两种或两种以上作业共同消耗的资源，应按照各作业中心的资源动因量比例分配至各作业中心。

第二十五条 为便于将资源费用直接追溯或分配至各作业中心，企业还可以按照资源与不同层次作业的关系，将资源分为如下五类：

（一）产量级资源。包括为单个产品（或服务）所取得的原材料、零部件、人工、能源等；

（二）批别级资源。包括用于生产准备、机器调试的人工等；

（三）品种级资源。包括为生产某一种产品（或服务）所需要的专用化设备、软件和人力等；

（四）顾客级资源。包括为服务特定客户所需要的专门化设备、软件和人力等；

（五）设施级资源。包括土地使用权、房屋及建筑物，以及所保持的不受产量、批别、产品、服务和客户变化影响的人力资源等。

对产量级资源费用，应直接追溯至各作业中心的产品等成本对象；对于其他级别的资源费用，应选择合理的资源动因，按照各作业中心的资源动因量比例，分配至各作业中心。

企业为执行每一种作业所消耗的资源费用的总和，构成该种作业的总成本。

第二十六条 作业动因是引起作业耗用的成本动因，反映了作业耗用与最终产出的因果关系，是将作业成本分配到流程、产品、分销渠道、客户等成本对象的依据。

第二十七条 在作业中心仅包含一种作业的情况下，企业所选择的作业动因应该是引起该作业耗用的成本动因；在作业中心由若干个作业集合而成的情况下，企业可采用回归分析法或分析判断法，分析比较各具体作业动因与该作业中心成本之间的相关关系，选择相关性最大的作业动因，即代表性作业动因，作为作业成本分配的基础。

第二十八条 作业动因需要在交易动因、持续时间动因和强度动因间进行选择。其中，交易动因，是指用执行频率或次数计量的成本动因，包括接受或发出订单数、处理收据数等；持续时间动因，是指用执行时间计量的成本动因，包括产品安装时间、检查小时等；强度动因，是指不易按照频率、次数或执行时间进行分配而需要直接衡量每次执行所需资源的成本动因，包括特别复杂产品的安装、质量检验等。

企业如果每次执行所需要的资源数量相同或接近，应选择交易动因；如果每次执行所需要的时间存在显著的不同，应选择持续时间动因；如果作业的执行比较特殊或复杂，应选择强度动因。

对于所选择的作业动因，企业应采用相应的方法和手段进行计量，以取得作业动因量的可靠数据。

第二十九条 作业成本分配，是指企业将各作业中心的作业成本按作业动因分配至产品等成本对象，并结合直接追溯的资源费用，计算出各成本对象的总成本和单位成本的过程。

第三十条 作业成本分配一般按照以下两个程序进行：

（一）分配次要作业成本至主要作业，计算主要作业的总成本和单位成本。企业应按照各主要作业耗用每一次要作业的作业动因量，将次要作业的总成本分配至各主要作业，并结合直接追溯至次要作业的资源费用，计算各主要作业的总成本和单位成本。有关计算公式如下：

次要作业成本分配率＝次要作业总成本÷该作业动因总量

某主要作业分配的次要作业成本＝该主要作业耗用的次要作业动因量×该次要作业成本分配率

主要作业总成本＝直接追溯至该作业的资源费用＋分配至该主要作业的次要作业成本之和

主要作业单位成本＝主要作业总成本÷该主要作业动因总量

（二）分配主要作业成本至成本对象，计算各成本对象的总成本和单位成本。企业应按照各主要作业耗用每一次要作业的作业动因量，将次要作业成本分配至各主要作业，并结合直接追溯至成本对象的单位水平资源费用，计算各成本对象的总成本和单位成本。有关计算公式如下：

某成本对象分配的主要作业成本＝该成本对象耗用的主要作业成本动因量×主要作业单位成本

某成本对象总成本＝直接追溯至该成本对象的资源费用＋分配至该成本对象的主要作业成本之和

某成本对象单位成本＝该成本对象总成本÷该成本对象的产出量

第三十一条 作业成本信息报告的目的是：通过设计、编制和报送具有特定内容和格式要求的作业成本报表，向企业内部各有关部门和人员提供其所需要的作业成本及其他相关信息。

第三十二条 作业成本报表的内容和格式应根据企业内部管理需要确定。作业成本报表提供的信息一般应包括以下内容：

（一）企业拥有的资源及其分布以及当期发生的资源费用总额及其具体构成的信息；

（二）每一成本对象总成本、单位成本及其消耗的作业类型、数量及单位作业成本的信息，以及产品盈利性分析的信息；

（三）每一作业或作业中心的资源消耗及其数量、成本以及作业总成本与单位成本的信息；

（四）与资源成本分配所依据的资源动因以及作业成本分配所依据的与作业动因相关的信息；

（五）资源费用、作业成本以及成本对象成本预算完成情况及其原因分析的信息；

（六）有助于作业、流程、作业链（或价值链）持续优化的作业效率、时间和质量等方面的非财务信息；

（七）有助于促进客户价值创造的有关增值作业与非增值作业的成本信息及其他信息；

（八）有助于业绩评价与考核的作业成本信息及其他相关信息；

（九）上述各类信息的历史或同行业比较信息。

第四章　工具方法评价

第三十三条 作业成本法的主要优点是：一是能够提供更加准确的各维度成本信息，有助于企业提高产品定价、作业与流程改进、客户服务等决策的准确性；二是可以改善和强化成本控制，促进绩效管理的改进和完善；三是通过推进作业基础预算，可以提高作业、流程、作业链（或价值链）管理的能力。

第三十四条 作业成本法的主要缺点是：部分作业的识别、划分、合并与认定、成本动因的选择以及成本动因计量方法的选择等均存在较大的主观性，操作较为复杂，开发和维护费用较高。

第五章 附 则

第三十五条 本指引由财政部负责解释。

案例示范 3-1
制造业企业的"成本工程"建设

【本案例介绍了目标成本法和作业成本法相结合的成本工程体系在装备制造企业成本管理中的综合应用。针对企业研发管理能力差、管理精细化水平低、业财融合程度不高、信息化建设途径不明确等问题,案例单位借助信息化手段,通过将目标成本法和作业成本法相结合,完成了多维度成本数据库、可视化成本管理看板的构建,提高了企业业务财务一体化程度,提升了成本管控能力,较好地支撑了企业战略目标的落实。】

一、背景描述
(一)单位基本情况

甲公司(以下简称"公司")是某大型集团公司的全资子公司、动力装备板块的核心企业,已改制建立现代企业制度。公司改组后,包括控股公司,合计共有员工5 000余人,总资产18亿元,年营业额接近30亿元。在确定其集团化管控模式时,考虑到公司存在国企民企合作、中外资合作等不同运作模式,从而存在不同的企业文化和不同的管理理念,公司针对其发展战略需要,采用了战略管控型的集团管控模式。为尽快提升其集团化战略协同和管理协同能力,近年来,公司通过母子公司间、子公司间的干部换岗、兼职等方式加强干部队伍建设,参与人数占总人数的比例达20%以上;公司借助其博士后流动站以及其高新企业的科技优势,不断提升企业的竞争力。近年来,公司研发和技术改造费用占营业收入的百分比年均达14.2%以上。

(二)存在的主要问题

公司在改组并进行集团化运行的初期,产能没有得到充分发挥,企业订单不足,以及由于前期固定资产投资的陆续完成,导致固定成本的压力较大,企业成本居高不下。与集团的一些兄弟企业相比,公司的毛利率和人均产值均处较大的劣势,这些整体指标都相差20%以上。问题主要体现在:一是多数管理者缺乏系统性的管理理念,认识问题不全面,"平衡感"不足,相关职责不能落到实处;二是各级员工对管理控制的流程意识不足,公司未能围绕企业流程的固化和优化,树立起牢固的管理的PDCA的循环改进的理念;三是在推行精细化管理过程中,"数字说话"能力不足,公司未能通过发挥财务部门职能建立一套有效的管控执行体系;四是管理信息化建设缺乏整体思路,公司在建设模式和改进策略上存在认识误区。

(三)选择建设成本工程的主要原因

针对在改制初期所存在的问题,公司充分讨论,并形成共识:在改制运行后的管理改进途径中,有必要借助分工调整、强化责任等手段,通过"以改善技术部门的标准化能力为龙头、以加强财会部门的管控能力为抓手、以提升企划部的制度设计能力为契机、以发挥信息中心的信息整合能力为枢纽"的解决途径,从根本上提升企业"用数字说话"的能力。为落实这一管理改进目标,公司打造以目标成本法与作业成本法相结合的成本工程,作为问题的解决路径,主要有以下原因:

一是公司长期的目标成本建设为推进成本工程建设提供了良好的基础。改制前,公司就长期关注于目标成本管理体系的完善,并投入了大量的精力,也取得了较好的经验积累。基于目标成本管理，公司在技术设计、采购组织、生产制造、成本分析等环节已形成了比较成熟的应用模式。总体来说，公司以目标成本管理为基础，将其拓展到完整的成本工程领域，已具备扎实的基础推进成本工程建设。

二是企业产品结构的特点决定了要从"工程数字化"着手。改制初期，公司诸多管理问题产生的根源在于技术设计、生产过程和管理过程的数字脱节。长期以来，由于公司产品结构复杂、生产周期长、不确定性较多，产品结构的变化和工程设计变更较为频繁，边设计边生产的情况大量存在，工程变更较多，生产不稳定，配套周期也不明确，这也导致与其配套的企业的订单项目的变动性较大。而从"工程"视角出发，提高成本控制的"工程"数据基础，具有比较大的针对性。

三是从成本工程着手有助于保证未来管理会计推行的开放性。公司采用循序渐进的方式，不断建立和完善管理会计的应用体系。采用成本工程的建设模式，有助于引入作业成本法，最终以有效落实成本管理为核心，构成一个开放的管理会计应用模式。

二、总体设计

公司在推进成本工程建设的过程中，注重结合成本管理组织和流程的优化，并围绕成本工程的"系统性、可控性"以及成本工程的"信息化、渐进化"的"两性两化"的规范，形成有效的成本工程提升策略。

（一）建立并完善成本工程的系统化分析体系，筑牢成本工程的基石

成本工程首先是对成本的系统化建构。公司成本工程的改进首先将立足于成本工程的系统性，保证其系统性的基础是建立成本工程的全局视角，并立足于三个维度，达到成本工程的全面化、协作化、财务业务一体化等功能的衔接。公司对每一个成本问题的分析和改进，都要同时关注其三个维度：

一是横向维度。成本工程要求结合业务链的过程，涵盖产品在报价环节、设计环节、采购和制造环节、售后服务环节的全生命周期的成本的横向维度。

二是纵向维度。在成本工程的纵向维度上，要盯住行业主要竞争对手价格信息、集团内协作企业的成本信息、供应商的成本信息以及产业链的横向维度，从而形成面向市场，面向内、外部协作的成本分析和挖掘功能。

三是侧向维度。根据成本工程的假设（关键成本分析点），在直接成本、间接成本以及专项费用等方面根据企业的产品特点和生产组织特点进行划分。

（二）建立并完善成本工程的控制过程体系，落实成本工程的控制性

对公司而言，由于外部市场环境的变化，以及内部工艺加工过程的不确定性，成本控制标准往往存在很大的不确定性。例如非标准产品的物料清单[①]（Bill Of Material，缩写为"BOM"）和工艺路径经常变化，导致成本管理部门难以适应。由于传统的目标成本强调成本控制的需求拉动式管理，此时的目标成本往往成为一种粗放的测算和分析工具，失去其控制性。为发挥制造业关键资源部门的积极性，成本管理应形成一种推拉结合的模式。其中的推动式，可以理解为技术部门和生产部门根据其资源的可利用性分析，通过产能分析模型的测算，推动市场营销部门精准营销，从而能在外部协作、自制外销半成品等方面形成决策信息。

---

① 物料清单，是指在计算机辅助企业生产管理的模式下，为了便于计算机识别，通过将企业所制造的产品的构成和所有涉及的物料转化为某种数据格式来描述产品结构的文件。其中，"物料"是所有与生产有关的产品、半成品、在制品、原材料、配套件、协作件、易耗品等的统称。

(三) 完善成本工程的信息化体系,提高成本管理的标准化、透明化、实时性

灵活、高效地运用信息化手段,加强成本工程建设,在成本管理、预算管理、营销管理、内部流程管理等方面从工程的角度,重建信息标准化体系。在成本工程数据库的视角下,对成本标准建立模型化的测算手段,使成本信息标准化过程形成敏感性分析基础;建立多级成本管理看板,使成本信息沟通具有及时性;通过移动应用手段,对成本管理信息实时处理。

三、应用过程

(一) 成本工程实施机构

公司推行成本工程时,为体现成本工程的持续建设,将成本工程归于企业规划部,由企划部和财务部门共同牵头开展成本工程的建设和推进,在治理层设计了成本工程推行委员会,作为管理会计体系的最高机构,委员会根据成本管理的阶段建设要求,对成本工程的战略方向进行指导。管理会计的实施机构目前为企划部,其部门领导长期从事财务会计和管理会计的工作。

企划部设置了成本工程的信息化工作小组、预算工作小组、目标成本工作小组、审价工作小组,具体参与部门包括财务部、技术中心、企业规划部、生产部管理、物资配套部、质量管理部、经营开发部、售后服务部、机加车间、装配车间等。

(二) 应用成本工程的相关资源

公司通过信息化带动成本工程的持续建设,累计投入信息化建设资金达2 000万元以上,从而不断完善企业信息化和管理信息化基础。目前每年通过单独立项和专项课题研究的方式,投入成本工程建设的资金超过200万元,并且在推行管理会计的过程中,广泛与外部机构合作,通过"产学研"合作的模式,不断"借智借脑",定期开展关于成本工程的问题研讨。

(三) 成本工程的实施步骤

公司为推行成本工程的有效性,采取循序渐进的模式,注重战略导向、信息化驱动和基础工作的规范。

1. 第一阶段:成本工程的准备和制度设计阶段。

(1) 建立组织,明确"成本工程"的一把手工程。明确了总经理是第一成本工程师,自上而下地推动成本工程项目的不断改善。

(2) 规划推进,顶层设计成本工程的阶段发展内容。在对过去推行目标成本管理进行总结的基础上,并结合船舶行业先进企业在成本工程方面的成熟作法,以及集团化发展要求。邀请外部咨询机构和管理会计专家,编制《公司成本工程规划方案》,对成本工程的推进建设目标、建设内容、建设重点、保障措施都进行了明确,并形成了围绕成本工程的管理会计的阶段发展路径。

(3) 结合内部控制规范的推行,开展成本工程的流程再造。借助《财政部内部控制规范》的切实推行,邀请专家,汇集了集团公司的财务部门、流程再造专家、会计师事务所、信息化专家,共同策划,在《内部控制制度》的建设过程中,以成本工程的制度和流程作为重点梳理环节之一,建立合理的内部控制体系,并规范成本工程的关键过程。

(4) 结合信息化规划,助力成本工程的落实。借助内外部力量,编制了《公司信息化战略规划》,其规划重点是对成本工程的信息化实现途径进行落实,并结合前述的规划方案、内控方案,特别引入对标企业的案例分析,对公司的信息化驱动的管理会计发展进行了合理的规划。

2. 第二阶段：成本工程的推进。

（1）从技术设计的改造着手，改造和优化目标成本管理体系的源头工程。推行成本管理的"五个一"工程，对过去的目标成本管理体系进行改造，通过技术设计软件的升级改造，各类工程设计、采购和制造的 BOM，以及工艺设计环节的优化，夯实目标成本控制的源头基础；企业为提高这一阶段工作的有效性，对设计人员进行财务培训，对财务人员加强技术培训，甚至在这两机构中进行人员的"双向选择"，成立了技术设计部门的成本组，以及成本审计部的技术组。经过近 1 年半的努力，公司在技术设计源头的技术经济分析环节上得到了极大的改善。

（2）规范目标成本代码体系并改造 ERP 系统，改造目标成本管理体系。公司在初步解决了技术源头长期以来的"重技术设计，轻经济分析"的问题后，开始着手对目标成本体系进行改造，这种改进是结合企业的 ERP 系统的改善同时进行的。首先是规范并落实目标成本代码体系，实现了目标成本代码的科学设计，构建了落实目标成本的多维管理视角。同时，通过 ERP 系统的改造升级，加强业务财务一体化，实现目标成本通过各类 BOM 文件与生产计划衔接，在各类资源上进行平衡，同时结合库存管理方法改进、刀具量具统一管理、工装夹具等统一设计等进行改造。经过较困难的 ERP 推进，其目标成本管理的成本控制已经在采购、制造两大环节得到了较大的改善。为解决成本控制过程信息沟通的滞后问题，公司设计了多级目标成本的管理看板，使成本压力传递的可视化水平大大提高、成本管理更为透明化。

（3）加强目标成本考核，不断完善责任会计体系。经过一个周期的 ERP 提升改造后，公司的目标成本管理的标准化数据逐步完善，在加强目标成本控制的有效性过程中，企划部根据目标成本控制过程，结合公司的项目制管理的特点，设计了"目标成本总线控制表"，并在此基础上，根据考核体系设计了"目标成本项目与部门的成本进程日报表""投入产出分析表"等目标成本工程的监控和报告体系，并将其与考核制度相衔接。特别是针对过去长期以来存在的目标成本推动的困难，利用数据分析，对技术部门的标准化环节、制造部门资源利用的反馈机制加强考核，有效提升了目标成本管理的效果。

（4）引入作业成本控制和分析，促进完善成本工程的落地。公司在改组前，进行过"阿米巴"管理模式的尝试，但由于成本管理体系在数据"颗粒度"上的缺失，并没有成功。公司改制后，在成本工程的建设过程中，有了较为规范的成本控制流程和成本控制信息，公司开始第二次推行"阿米巴"的尝试，认识到阿米巴一方面强调其考核和控制过程的落实，另一方面更在于不断地优化成本作业，于是公司开始推行作业成本管理制度。对于前期合理的规划项目，在目标成本的"总线控制"项目中，成本和费用项目占比不到20%，适应作业池的改进做了进一步的优化和细分。在作业成本推进过程中，公司进一步引入了"无效作业"的控制层级，引入了质量损失成本和资金占用成本的内容。

3. 第三阶段：成本工程的战略整合和提升。

公司结合全面预算管理的改善，开展成本工程的战略整合和提升的管理改进活动。之前，公司预算体系与目标成本控制的衔接度不高，预算管理的有效性大打折扣。为此，公司结合平衡计分卡的咨询诊断活动，形成了一个战略成本工程的整体推进计划。

四、取得成效

（一）业务财务一体化程度大大提升

以物流系统为基础，有效实现物资库存管理、采购管理、领料管理、委托加工业务管理、财务成本核算和管理等功能；以技术中心的技术配置清单为基础，为生产管理部编制限额领料和产品售后服务提供依据；以销售合同库为基础，实现对销售合同履行情况的管理和应收账款的管理；原来集中在月底的工作可实时化分散至日常，仓库压料情况得到根本改善；业务检查的可追溯性得到了较好地解决。

（二）系统化、流程化、标准化的理念使管理水平得到提升

"管理就是走流程"这种认识在公司中已经深入人心，成本工程所构建的技术经济综合分析的体系，使各部门在计划、组织、指挥、协调和控制的基本环节得到改制，走流程、受控制是各级管理者和员工的一种行为规范。在管理提升上，多数管理者的"平衡能力"和"系统性思维"得到提升。

（三）利用成本工程有效集成多种成本管理方法

由于成本工程对成本管理的顶层设计，成本工程作为一项系统工程，使得多种管理会计方法上得到了统一，多种成本管理方法能得到有效的集成，在不同维度上、不同视角上得到有效的利用。成本控制的主线体系得以厘清，成本改进不再是"革命式"的一套体系推翻一套体系。

（四）信息化水平得到提升

公司过去长期的信息化建设，是"补锅匠"式的开发，缺乏顶层设计，哪个"有需求，叫得厉害"就被认为是需要改善。但在成本工程推进的过程中，企业的信息化建设是一盘棋，各子系统建设的阶段划分、建设内容和建设重点都有比较好的统一认识。信息化变得更有效率，员工使用起来也更有主动性。

案例示范 3-2
钢铁企业的"三化"成本管理体系建设

【本案例介绍了标准成本法和作业成本法在钢铁企业成本管理中的综合应用。针对钢铁行业国内外竞争压力不断加剧、盈利能力不断下降的局面和国内"三去一降一补"的经济发展要求,案例单位以标准成本法和作业成本法理论为基础,进一步深化基层成本管理体系,形成了以责任体系化、数据精细化、价值可视化为核心的"三化"成本管理体系,提升了公司成本竞争力,促进了公司效益持续增长。】

一、背景描述

(一) 单位基本情况

甲公司(以下简称"公司")是我国特殊钢生产基地之一,现有员工3 000余人,内部设立五个一级生产厂及近二十个二级生产分厂,拥有特种冶金、不锈钢及结构钢长材、高合金钢长材、银亮钢、合金板带及钢管等多条现代化的生产线,形成以特冶、不锈钢、结构钢三大系列为核心的产品体系,年生产能力近百万吨材,主体装备已经达到国际先进水平,技术积累在国内也处于领先地位,成为专业开发、生产、销售特殊钢材的大型国有制造企业。

(二) 存在的主要问题

从外部市场来看,当前信息技术、新能源、新材料、生物技术等重要领域和前沿方向的革命性突破交叉融合,正在引发新一轮产业变革,将对全球制造业产生颠覆性的影响,并改变着全球制造业的发展格局。作为制造业大国之一,我国有着数量众多的传统制造企业,但外部市场的饱和及产能过剩矛盾日益突出,市场竞争不断加剧,传统制造型企业的生存面临日趋严峻的挑战。近年来,国内钢铁全行业处于漫长的"寒冬"期,特钢行业经营业绩亦全面下滑,持续走低的产品价格导致的盈利下降、下游行业需求断崖式的下跌,使公司经营压力骤增。

反观内部,公司产品的生产过程介于离散生产和连续生产之间,既有流程型企业的特点,又有离散型企业的特点,是一种混合型生产过程,具体表现为多段生产、多段运输、多段存储的大型生产和管理模式。工序多、形式不一,使得成本发生的地点较为分散;各种原料、在制品和产成品,使得产品成本构成较为分散。而公司生产的特殊钢产品与其他普通钢铁企业相比,产品专业化更强、市场辐射面相对较窄,市场对特殊钢的需求是多品种、小批量。目前世界上有近2 000个特钢牌号、约50 000个品种规格、数千个工艺技术标准。由于各类产品的特性、市场领域及生产流程差异性大,不同产品的成本差异度较大,成本管理难度更是高于普通钢铁制造企业。

(三) 选择建设"三化"成本管理体系的主要原因

成本管理作为公司增加盈利、抵抗内外压力、拓展生存发展空间的基础,受到了公司管理者的重视,管理者开始思考如何打破传统的成本管理模式,针对公司实际情况,创新并建立一套符合市场环境变化趋势的成本管理方法,从而提升全员成本意识,强化决策支持,促进公司成本管理水平的改善。这一创新与改善的想法被认为是公司提升产品竞争力和公司盈利能力的当务之急和在日益激烈的市场竞争中持续发展的必经之路,也是支撑公司实现战略规划目标的重要手段之一。

通过三年循序渐进的探索与实践,"三化"成本管理方法应运而生,改变了传统的成本管理经常遇到成本信息不准确、不及时,管理理论过于财务化,动因揭示过于抽象等问题的局面,同时也解决了标准成本制度及作业成本法等成本管理方法难以落地的难题,较好地做到了财务管理与企业现场管理,信息和方法的有效结合,改善财务信息难以被现场人员理解的现状,形成了一个有效的管理会计工具。

二、总体设计

(一) 推进"责任体系化",确保成本责任和指标的层层分解落实

以"三级管控、四到班组"为手段,强调体系完整、责任落地,形成并有效运用标准成本制度进行对标,做到责任清晰、体系完备,从而实现"责任体系化(Responsibility Systematization)"。"三级管控"指公司各职能部门负责预算及费用管控,各二级厂部将指标层层分解落实到各三级分厂、作业区/班组,分三级开展成本"PDCA"循环管理。"四到班组"以班组成本管理全覆盖为核心,它们分别指"成本指导到班组""成本分析到班组""成本考核到班组"和"成本对标到班组"。

(二) 实现"数据精细化",提升成本信息的真实性及过程管理的及时性和有效性

运用标准成本法,以推进"成本炉炉清、效益单单明"为手段,强调数据精细、指标完整,强化价值导向,注重流程管控,实现即时反映,落实精细管理,达到效益最大化。冶炼产线通过按炉号跟踪金属料消耗和主原料成本等精细化管理,促进原材料结构优化,降低主原料成本;成材产线通过按钢种明细跟踪全流程成材率和产品成本、按合同测算盈利能力,促进跨工序、全流程协同降本,从而实现"数据精细化(Data Refinement)"。"成本炉炉清、效益单单明"推动产销结合、结构优化,发挥了成本信息的决策支持作用,促进了企业产品全流程效益最大化。

(三) 推广"价值可视化",促进全员全过程降本

结合作业成本法,通过直观手段,强调视觉冲击,提升各部门成本和价值意识,挖掘现场潜力,实施作业改善;通过作业改善,促进成本下降;梳理精细数据,挖掘现场潜力,做到价值可视、动因关联。"价值可视化(Value Visualization)"借助作业动因的分析和优化,提升现场员工成本意识,有效提升员工岗位降成本意识,激发员工主观能动性,支撑了公司效益持续提升。

三、应用过程

(一) 推进"三级管控、四到班组",实现"体系责任化"

1. 推进"三级管控",做到体系完整,责任落地。通过聚焦基础管理,建立标准成本制度及"PDCA"成本管理体系,通过分层次的三级成本管理,实现成本管理全覆盖,发现成本潜力点和管理改善点,促进整体成本受控,提升基层成本管理软实力。具体如下:

(1) 生产厂部,推行成本目标管控,建立标准成本倒逼机制。标准成本管理体系是将成本的前馈控制、反馈控制及对比差异功能有机结合而形成的一种成本控制系统;通过各项成本动因的细化分析,制定相应的成本标准,运用标准与实际的对比揭示差异、衡量绩效并进行分析,实施成本的事前、事中、事后控制,其运行架构是一个典型的"PDCA"管理循环。生产厂部通过建立管理网络,完善现场成本管理的组织体系与制度建设;形成并使用标准成本管理制度,建立标准成本"倒逼"机制,通过成本倒逼财务价值分析与业务指标分析相结合,开展成本周管控,每周针对主要产品成本开展跟踪分析,对与标准单位成本差异较大的产品成本进行重点分析,从收得率、能耗、辅料消耗等影响因素进行分

析,并且将因素差异价值化,来寻找单位成本异动的业务原因,提出改进措施,落实责任,降低产品成本。例如:通过分析现场废品对金属料消耗的影响,及时发现了钢包底部温度过低造成的中间包结刹等导致消耗上升的因素。

(2)在分厂层面,推进成本相关指标管控"PDCA",提出了"三个不"的指标管控要求。三级分厂推进责任层层细化,将指标落实分解至作业区,开展指标"PDCA"循环管理,明确目标和责任人,并提出了"三个不"的指标管控要求,即:指标分解"不腾空",指标跟踪"不漏项",指标异动"不放过"。如,对60吨产线开展全部指标的连续改进情况跟踪,促进了产线技术经济指标的持续刷新,当年80%以上指标得到了优化。

(3)对作业区层面,重点开展班组对标、实时分析和持续改善,强调作业长的成本管理责任落实。作业区、班组通过相关主要消耗指标实时分析,四班对标排名,评选先进班组,总结、宣贯班组先进经验,形成班组"比学赶帮超"共同提升的良好氛围。

2. 强调成本管理"四到班组",实现成本管理全覆盖。通过成本指导到班组、成本分析到班组、成本考核到班组、成本对标到班组的"四到班组"的方法,职能部门和现场形成合力,从十大方面促进现场成本管理水平的提升,主要强调成本管理体系落实到班组。具体落实为:

(1)成本指导到班组,主要是对现场成本管理进行检查和指导,加强财务与业务、业务与业务之间的交流互动,有效诊断和加强现场成本管理的薄弱环节。推进工作开展以来,成本巡导频率从每季度一次增加到每周一次,针对现场基层作业区的体系建设、管理模式、过程控制、数据质量、降本增效等方面进行检查和指导,同时通过每周下午的班前会和生产计划会与各工位的作业长及作业区的班组成员进行交流。

(2)成本分析到班组,主要是对主要技术经济指标刷新和成本控制情况进行跟踪分析,开展作业区、班组成本分析,与历史对标,与最好水平对标,挖掘成本潜力,发现指标波动及时采取针对性措施。通过将周指标对比分析到班组,开展目标对比分析和横向对比分析,及时发现和纠正生产过程中的异常影响因素,保证主要成本指标稳定受控。

(3)成本考核到班组,主要是将成本绩效指标分解到具体岗位,指标和成本实时跟踪,对比目标值与实际值的差异。将作业员工的奖惩与其作业责任成本控制直接挂钩,充分发挥企业员工的积极性、创造性与合作精神。将成本指标纳入绩效考核,并落实具体责任人。例如:炼钢一分厂冶炼作业区针对成本指标,每月将各班组的成本指标进行打分纳入绩效考核中,并落实具体责任人,班组将成本指标纳入到每个员工的绩效考核中。

(4)成本对标到班组,主要是开展四班指标横向对标,四班针对指标差异分析原因,制订整改措施,优化提升。通过调动基层员工的积极性,开展四班指标横向对标,形成各班组自觉开展"比学赶帮超"的劳动竞赛和技能比武的氛围,在现场班组"排名次、争第一"的氛围中推进了现场成本管理和指标改善。

(二)推进"成本炉炉精、效益单单明",实现"数据精细化"

运用标准成本法,以推进"成本炉炉清、效益单单明"为手段,强调数据精细、指标完整,强化价值导向,注重流程管控,实现即时反映,落实精细管理。"成本炉炉精、效益单单明"运用标准成本法的理念,对产品的生产工艺、技术流程以及生产和供销过程的各个方面进行全面分析研究,制定并完善产品的标准成本,从而进行成本的事前控制。将生产过程中发生的实际成本同标准成本进行比较,揭示成本差异进而对成本差异进行分析,从而发现问题、区分责任、分析原因,使成本在生产的进程中得到控制。同时在成本发生时区分标准成本和成本差异,归集和计算产品成本,一方面为效益的计量提供成本资料，另一方面为成本控制、工艺流程的作业控制、绩效评价和公司的计划预算等提供依据。

1. 推进"成本炉炉清"，降低主原料成本。从原来以钢号核算的成本管理粗放型方式，转化为炼钢产线通过按炉号跟踪金属料消耗和主原料成本等精细化管理，通过对每炉钢冶炼成本与费用消耗细化跟踪，建立跟踪台账，形成标准成本，做到数据细化，指标清晰，成本的关键控制点找得准，摸得着，找到了改进措施，促进了原材料结构优化，降低了主原料成本。

2. 实现"效益单单明"，支撑营销接单和经营决策。由于特钢产品的特点是产品规格多、加工工艺复杂、生产周期长、成本差异大，所以原有的粗放型的成本核算方式使各种因素综合反映的成本对产品经营决策的难度很大。为了更清晰地反映销售接单的经营情况，公司开展了效益单单明的细化工作。通过对每单产品全流程的审视，按钢种明细跟踪全流程成材率和成本费用情况并细化分析、按合同接单测算盈利能力，促进跨工序、全流程的部门间合作协同降本，推动产销结合、结构优化，提升产品盈利能力，实现全流程效益最大化。

3. 结合信息化手段，利用大数据，提升"三化"推进效率。"成本炉炉清、效益单单明"在最初信息系统还不能满足"成本炉炉清"工作要求的情况下，根据冶炼区域特点手工设计相关跟踪台账与分析报表满足"成本炉炉清"数据精细化管理的要求。后又通过信息化系统解决了"成本炉炉清"数据精细化支撑要求，通过明细产品全流程标准成本与明细产品盈利能力分析等系统，对大数据进行归集和分析，使"成本炉炉清、效益单单明"得以系统实现，支撑了公司经营决策。

（三）推进价值管理，实现"价值可视化"

以作业成本法为基础，通过直观手段，强调视觉冲击，激发各部门降本增效和价值管理意识。通过作业改善，挖掘降本潜力，促进成本下降。梳理精细数据，挖掘现场潜力，做到价值可视、动因关联。可视化不是简单地堆砌信息，而是强调能够充分理解数据，并能够轻易向他人解释数据时，数据才有所价值。通过可视化互动或其他数据使用方式可以探寻每一个生产动作背后发生的价值变化，因此，将作业成本动因关联到价值可视化至关重要。有效的可视化可以明确目标、清晰流程，抓住价值链过程的核心，促进价值管理信息的整合和沟通。

1. 通过直观手段，强调视觉冲击，实现价值可视。根据作业动因，编制"价值可视化"卡片，并印刷张贴。设计作业动因跟踪表，按月进行跟踪、分析，消除不增值的作业，优化各项成本作业。通过公司宣传平台以及成本例会等会议，对"价值可视化"推进工作进行宣传和推广。通过提升员工的价值意识，提高员工操作精细化与工作的责任心，使作业区与班组员工充分认识到自己的每一个动作的粗心与失误，都会对企业带来价值损失，从而改变员工的操作习惯，提升员工的操作水平。

2. 跟踪重点作业动因，促进作业改善。主要工序形成重点作业动因跟踪分析表格，按月对各工序作业动因变化情况及成本改善实绩进行跟踪分析，通过作业动因改善促进成本改善。

（四）形成网络化管理，全方位组织推进

1. 做好组织和制度保障，形成网络化管理模式。公司层面成立了领导小组，由公司领导亲自挂帅。公司成本管理委员会是公司"三化"成本管理推进工作的最高机构，主要职责有：决定和批准公司"三化"成本管理制度；集中审定公司"三化"成本管理体系推进中的重要事项。对推进过程中存在的问题，下达改进的要求和措施。经营财务部会同各厂部主管成本领导成立了推进小组。经营财务部是公司"三化"成本管理的综合管理部门，负责策划、组织、协调及推进工作，指导各部门推进、完善"三化"成本管理体系的建立和应用，对各部门"三化"成本管理推进工作进行考评。按照公司管理要求，组织各厂、部开展公司范围内现场成本管理巡检工作，以制度形式明确"三化"成本管理推进方法、要求和评价检查标准。各厂部是公司"三化"成本管理的责任部门，负责本部门"三化"成本管理的推进、运用、检查和评估，以产品和成本责任中心两个维度推进"三化"成本管理，最终形成纵横结合的网络化成本管理模式。

2. 点面结合、体系推进，不断完善"三化"成本管理工具。先以炼钢厂为试点，推进"三化"成本管理，试行一年，形成较完善的做法和评价标准，完善固化后转化形成整体推进方案全面推开。在推进过程中月度编写"三化"推进工作简报，不定期召开专项推进会议，开展季度成本例会针对"三化"推进工作进行专项小结，对各部门"三化"成本管理推进情况进行检查评估，对优秀做法进行肯定及固化，对差异及时进行修正。由经营财务部牵头，定期对各部门三级分厂（产线）进行"三化"成本管理推进落实的情况开展检查和评选，并对优秀分厂予以表彰，通过推进与检查，固化了"三化"成本管理工具。"三化"成本管理推进验收标准见表 3-2-1。

表 3-2-1　　　　　　　　"三化（SRV）"成本管理推进验收标准

项目	评价标准	分值
一、责任体系化	Responsibility Systematization	25
1. 总体情况	◆"三级管控、四到班组"覆盖率	10
2. 推进效果	◆主要技术经济成本指标刷新； ◆可控成本降本达到预算目标	15
二、数据精细化	Data Refinement	25
1. 总体情况	◆"成本炉炉清、效益单单明"推进情况	10
2. 推进效果	◆"成本炉炉清"支撑改善成本； ◆"效益单单明"支撑盈利决策	15
三、价值可视化	Value Visualization	25
1. 总体情况	◆"价值可视化"推进情况	10
2. 推进效果	◆指标价值可视分解落实到岗位情况； ◆作业动因持续改善情况	15
四、其他		25
1. 材料组织	◆观点正确、鲜明、结合现状； ◆重点清晰、明确和逻辑严密； ◆数据正确、文字简短精炼	5
2. 汇报效果	◆语言规范、表达流畅和准确； ◆表现力强、气氛活跃、互动性强； ◆汇报时间	5

续表

项目	评价标准	分值
3. 典型案例	◆总结和推广先进经验； ◆宣传力度； ◆优秀员工和班组评选	15
合计		100

在体系推进"三化"成本管理工作的同时，以项目为载体推进公司级降本增效工作，创造"真金白银"效益。每月召开降本增效推进会，跟踪检查降本增效项目月度效益及KPI指标完成情况，分析与目标产生差异的原因，落实各项降本增效举措。同时为发挥基层员工降本增效的主观能动性，鼓励基层员工立足岗位开展降本增效活动，开展了降本增效"金点子""银点子"评选活动，做到降本增效"西瓜要抱、芝麻也要捡"。

3. 宣传发动，夯实成本管理基础，形成成本管理文化。形成各种宣贯材料如《基层成本管理推进手册》《"价值可视化"案例宣贯材料》，并在公司宣传平台及公司成本例会上予以宣传及推广；定期对现场推进情况进行巡检；组织"标杆班组"评选，对优秀"标杆班组"予以表彰，发挥"标杆班组"的示范作用。结合公司劳动竞赛的推进，对优秀"标杆班组"颁发流动红旗。各生产单元月度对推进工作进行小结和分析，季度选取班组参与公司"标杆班组"评选。在季度评选基础上评选年度优秀成本管理"标杆班组"，在实现班组成本管理全覆盖的同时，激发基层员工成本管理的主观能动性。班组成本管理评选标准见表3-2-2。

表3-2-2　　　　　　　　班组成本管理评选标准

项目	评价标准	分值
一、"四到班组"推进情况		40
1. 成本指导到班组	◆指标设定合理，全部分解到作业区班组； ◆指标准确性、数据来源可追溯，统计方法及定义科学； ◆有巡检记录和月度巡检报告，有降本项目或劳动竞赛活动	10
2. 成本分析到班组	◆指标跟踪到作业区、班组，指标跟踪公开、透明、合理； ◆作业区对指标波动形成月度分析小结，分析全面及时，方法正确、思路清晰； ◆班组有月度分析，对指标波动提出改进措施，措施已实施，有较好效果	10
3. 成本考核到班组	◆作业区、班组有年度目标值及对标分析，与年度目标值对标及差异分析有改进措施并取得较好效果； ◆指标分解有对标排序、结果有说明分析，综合得分有班组排名，排名有持续性、合理性	10
4. 成本对标到班组	◆工序或作业区有内部同工序班组横向对标的分析； ◆有与集团内外企业类似工序的对标分析； ◆作业区有优秀班组点评，有先进经验总结，有先进操作法成果； ◆指标持续刷新	10
二、"金点子""银点子"评选情况		20
1. 总体情况	◆积极参与、推进有序； ◆员工参与度	10

续表

项目	评价标准	分值
2. 推进效果	◆"金点子""银点子"降本增效项目总体效益； ◆获选次数	10
三、价值可视化推进情况		20
1. 总体情况	◆"价值可视化"推进情况； ◆相关指标制定和跟踪情况； ◆指标分析和改进举措； ◆提升员工意识	10
2. 推进效果	◆相关指标价值可视分解落实到岗位情况； ◆作业动因持续改善情况	10
四、其他		20
1. 材料组织	◆观点正确、鲜明、结合现状； ◆重点清晰、明确和逻辑严密； ◆数据正确、文字简短精练	5
2. 汇报效果	◆语言规范、表达流畅和准确； ◆表现力强、气氛活跃、互动性强； ◆汇报时间	5
3. 典型案例	◆总结和推广先进经验； ◆宣传力度； ◆优秀员工和班组评选	10
合计		100

四、取得成效

（一）完善成本管理体系，提升现场成本管理水平

通过建立和完善厂部、分厂、作业区/班组三级成本管理，促进成本改善，责任体系实现班组全覆盖。指标分解"不腾空"、指标跟踪"不漏项"、指标异动"不放过"，主要技术经济指标得到持续刷新。作业区（或班组）推行班组对标、实时分析、持续改善，通过成本管理"四到班组"，从多方面促进了现场成本管理水平的提升。

（二）结合信息化手段，提升成本管理效率

形成了多项信息化系统，通过信息化系统解决了"成本炉炉清"数据精细化支撑要求，通过明细产品全流程标准成本体系与明细产品盈利能力分析等系统，对大数据进行归集和分析，使"效益单单明"得以实现，支撑了公司经营决策。"价值可视化"通过作业成本模型的搭建，分析和改善作业动因，优化了产品成本。如，感应冶炼产线生产核电产品，跟踪每炉钢的投料消耗与料成本情况并对波动情况进行分析，主要关注料耗与料结构变动。通过对现场操作的改善，及时跟踪反映，每一炉成本都得到了改善。核电产品金属料消耗从原来的 1 105 吨/千克下降到 1 079 吨/千克；主原料成本下降了 2.37%。再如，重大合同项目 8 825 产品，通过对每单合同从冶炼、熔铸、热轧、冷轧卷的全流程成材率、成本及盈利情况进行跟踪分析，做到了"效益单单明"，指出该产品是板带产线应该重点发展的战略产品，支撑了公司经营决策。在每月营销接单会上提供产品效益优先级排序，支持了营销接单。

(三) 促进成本改善，提升全员成本管理意识

通过推进"三化（SRV）"成本管理体系，在促进成本改善的同时，各生产厂结合现场实际推出的系列管控举措，各项成本"算得清""说得明""降得下"，形成了良好的成本管理文化，提升了成本信息知晓度，提高了全员降本增效意识。通过价值可视化的推进，激发了员工的降本积极性，为基层成本管理提供了有效工具，由"要我降本"变成"我要降本"。如，通过"价值可视化"，促使银亮钢厂员工了解到润滑剂一包25千克，单价10.45元/千克，按照酸洗两台皂化缸每缸一包的配置，每天的润滑剂支出为523元，使酸洗员工们意识到每天随缸排放掉的是"真金白银"，改进措施为在原来的生产过程中增加一个清水缸，延长缸体使用周期。由于原两台皂化缸现在一台改做了清水缸，润滑剂的消耗量从每班2包降至1包。

(四) 搭建平台，促进协同降本

通过"责任体系化""数据精细化""价值可视化"的全面推进，在基层搭建了成本管理标杆班组评选的平台，通过班组间对标及外部对标，形成成本管理"比学赶帮超"的良好氛围。通过成本管理巡检，形成了财务和业务、工序之间互动的平台，促进了跨工序、全流程协同降本和主要技术经济指标的持续优化。通过"效益单单明"推动了产销结合、结构优化，支撑了营销接单和经营决策，促进企业产品全流程效益最大化。公司各项技术经济指标逐年优化，公司实施"三化"成本管理后3年分别环比实现降本增效效益1.6亿元、2.1亿元、2.5亿元。

案例示范 3-3
基于平台建设的汽车全价值链精细化成本管理

【本案例介绍了价值链成本管理在汽车制造企业中的应用。案例单位的成本管理是其实施成本领先战略、应对国际市场挑战的需要。该单位以追求最大盈利和最大价值、消除一切浪费、实现供应链共赢为目标,以全价值管理(Total Value Management,缩写 TVM)为切入点,以成本管理体系为主导,以成本管理运作平台建设为基础,打造了以内部价值链成本管理为核心、兼顾上下游全价值链的精细化成本管理架构,推动了整个价值链的良性发展。】

一、背景描述

(一) 单位基本情况

甲汽车股份有限公司(以下简称"公司")多年来一直位居全国工业企业 500 强、中国制造企业 100 强、中国上市公司 20 强。经过多年发展,公司现拥有 12 个全球生产基地、32 个整机及发动机工厂、10 个重点海外市场,形成宽系列、多品种的整车谱系及发动机产品。

(二) 存在的主要问题

公司从 20 世纪 80 年代开始生产汽车起就制定了"低成本"发展战略,以高性价比的产品占领市场。为此,公司先后实施了"面向成本的设计""成本领先工程"等成本控制举措。经过 20 多年的持续成本控制,使得公司全体员工的成本控制意识不断增强,生产成本得到很好的控制,也取得了很多成本控制经验。但从整体上看,公司的成本控制能力与国内外先进水平相比,仍然存在一定的差距,主要表现在以下五个方面:一是员工的成本控制意识还有待增强,以实现成本控制的常态化和长效化;二是成本控制主要从内部价值链入手,需要将先进的成本控制理念和战略目标拓展到包括供应链上中下游的整个价值链;三是传统的成本管理主要控制直接成本,但很多成本往往是潜在成本,因此需要将成本控制的措施拓展到潜在成本控制;四是成本控制模式和技术均需要创新,需要以平台为核心进行成本管理;五是产品生命周期成本控制还有待完善,需要由时期成本向周期成本、传统成本向战略成本转变。

(三) 选择全价值链成本管理的主要原因

公司认为,制造企业的成本管理涉及到市场分析、产品定位、产品开发、生产制造、市场销售、售后服务、质量管理、物资采购、物流、人力资源等方方面面,在每个环节中都要花费大量的成本。公司目前有 1 000 多家上游供应商和 400 多家下游分销和服务商,要实现全价值链的共赢,成本控制就不应仅涉及到企业内部价值链,还应该扩展到企业的外部价值链(包括上游的供应价值链和下游的销售及服务价值链)。通过加强全价值链成本管理,拉动供销,才能提升供应链整体经济效益,实现供应链企业之间的共赢。基于上述需求,公司从 2×08 年起,在原有成本管理成果的基础上逐步推进"基于平台建设的汽车全价值链精细化成本管理",取得明显的效果。

二、总体设计

公司针对汽车全价值链成本管理的客观需求和存在的五大问题,在原有成本控制成果的基础上，通过建立先进成本管理的理念，拓展成本管理内涵，以追求最大盈利和最大价值、消除一切浪费、实现供应链共赢为目标，以全价值链降本为切入点，以成本管理体系为主导，以成本管理运作平台建设为核心，以价值链成本控制手册为工具，全面、持续、深入地推进成本领先战略，打造了以内部价值链成本管理为核心、兼顾上下游全价值链，以"一个管理体系、四个支撑平台、一套应用手册"为主要内容的全价值链精细化成本管理架构，在切实提升公司内部成本核心竞争力的同时，引领供应商、销售服务商等上下游企业实现共赢，带动整个价值链的良性发展。

具体完成的工作内容包括：一是构建了包括成本管控组织机构、成本控制目标体系、成本管理制度和8大机制为主要内容的全价值链精细化成本管理体系；二是搭建了先进的成本文化宣贯平台，通过该平台的运行，面向全价值链树立了全员成本领先理念，强化了成本控制意识，拓展了成本控制的内涵，为精细化成本控制打下坚实的基础；三是搭建了成本项目管控平台，从成本项目的立项、监控、评估、考核、总结等五个方面建立了闭环化的管理流程，全面实现了成本项目管控的精细化；四是搭建了成本控制方法工具平台，建立了零部件精准成本模型、CPM模型、设计成本占比分析模型、产品全生命周期模型、成本预警模型、四维成本控制等模型，以及精细物流成本控制、销售服务表卡管理等成本控制工具，该平台提供的模型和工具已在公司及其供应链企业得到全面的推广应用；五是搭建了成本信息管理平台，包括零部件战略规划子系统、全面价值管理点子子系统、供应链一体化信息管理子系统、零部件占比与量价计算子系统、ERP成本信息管理子系统、PDM成本控制子系统、经销商协同管理子系统和经销商资金管理子系统等，通过该平台实现了成本信息的集成化管理；六是编制了价值链总成本精益控制手册，该手册包括理论篇、体系篇、控制篇、工具篇和实践篇等五部分内容，为公司价值链各环节的成本精细化管控提供了实际应用工具。

公司在多年的成本控制实践中，逐渐形成一个结构合理的精细化成本管理体系，包括运行有效的成本管控组织机构、切实可行的成本控制目标、健全完善的成本管理制度和机制，并将精细化成本控制的理念和做法不断向上游和下游拓展，实现全价值链精细化成本管理（见图3-3-1）。

三、应用过程

（一）拓展价值链成本管理内涵，构建精细化成本管理体系

1. 建立成本管控的组织机构。为了强化成本控制活动的组织管理，结合公司"成本领先行动"的推进，在公司层面成立成本领先的组织机构。成本领先推进工作组织机构共分为三个层次，分别为成本领先推进工作领导小组、成本领先推进办公室、多元化成本控制团队。成本领先领导小组由以公司总裁为首的整个高管团队组成，财务副总主持日常工作，负责成本控制的资源配置和重大项目的决策；成本领先推进办公室由财务副总为主任，财务部长为副主任，负责成本管理制度、办法、管理体制的建立，以及成本领先项目的总体推进和考核；多元化成本控制团队由专业团队、模块团队及项目团队组成，负责各单位成本领先项目的具体推进，为促进供应链上下游企业协同控制成本，公司还督促和帮助供应链企业建立类似的成本控制组织机构。

2. 制定成本控制的系统目标。公司按照"目标—责任—方法"的闭环管理架构逐步完善成本控制的目标体系。目前已陆续完成设计、配置、采购、经营四大业务板块的指标体系、成本费用管控标准、上限设计成本、投入产出比等相关成本控制目标体系，为成本项目的管控提供了努力的方向和控制标准。在设置成本控制目标和标准时，改变以往强制

供应链企业接受的方式,从共赢的角度出发,加强与供应链企业的沟通,使确定的成本控制目标和标准能够得到供应链企业的理解、响应和支持。

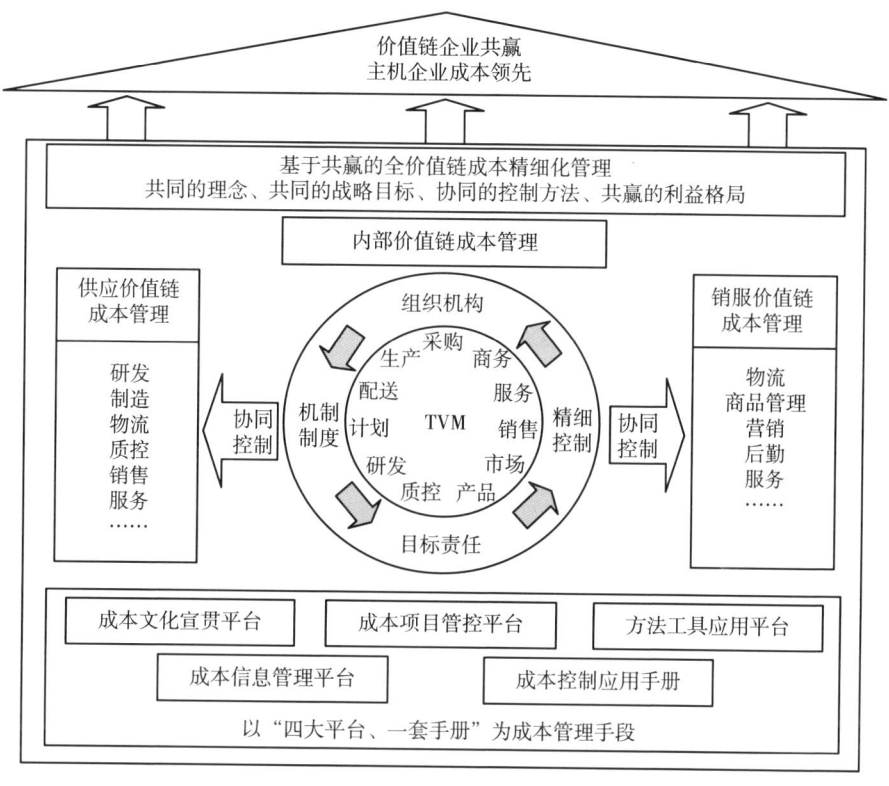

图 3-3-1 基于平台建设的汽车全价值链精细化成本管理体系

3. 完善成本管理的成套制度。为了实现价值链精细化成本控制,公司以制度体系建设为抓手,建立以产品和价值链环节为核心的成套成本控制制度体系,并制定相应的制度、流程和标准,如采购环节的低成本供应商准入成本分析管理规范、供应商技术优化项目管理及奖励办法等制度共 40 余个,研发环节的上限设计成本管理规范等制度共 60 余个,营销环节的销售价格管理规范、新产品三包政策制定管理程序等制度共 50 余个,为成本领先项目的管控提供了强有力的制度保障,促进实现成本的精细化管理。在制定成本管理制度时,凡是涉及到供应链企业的部分,都要与之进行充分的沟通,取得理解和共识。

4. 固化成本管理的八大机制。为了推进成本领先战略,公司以财务部为核心明确"财务引导业务、业务反作用于财务"的成本控制思路,建立八大管理机制,即五到位机制、联合办公机制、定期例会机制、整体协调机制、动态监控机制、滚动评估机制、成本督办机制、激励约束机制。所制定的八大机制不仅在公司内部得到落实,还有选择性地向部分供应链企业宣讲和推广。

(二)搭建成本文化宣贯平台,树立全员成本领先理念

1. 成本文化宣贯平台架构。为系统深入地宣贯成本理念,在整个价值链上全面培育浓厚的成本控制氛围,公司通过搭建成本文化宣贯平台(见图3-3-2),培育先进的成本控制意识、成本效益原则、价值链成本思想、成本优生法则、持续改进观念和技术、减半

和趋零等成本领先战略，并通过此平台开展一系列成本战略宣贯工作，如在价值链上下游分别对供应商和经销商进行定期培训和交流；在公司内部开展成本月周日活动、发布成本月刊、制作成本工作简报、定期进行成本交流和对标。由此，公司通过转变观念，以价值创造为导向，以大面积培训为手段，不仅在公司内部树立起全员成本领先理念，还大大提升和带动价值链上下游的成本管理意识和水平，为企业间的共赢构筑了共同的理念和思想。

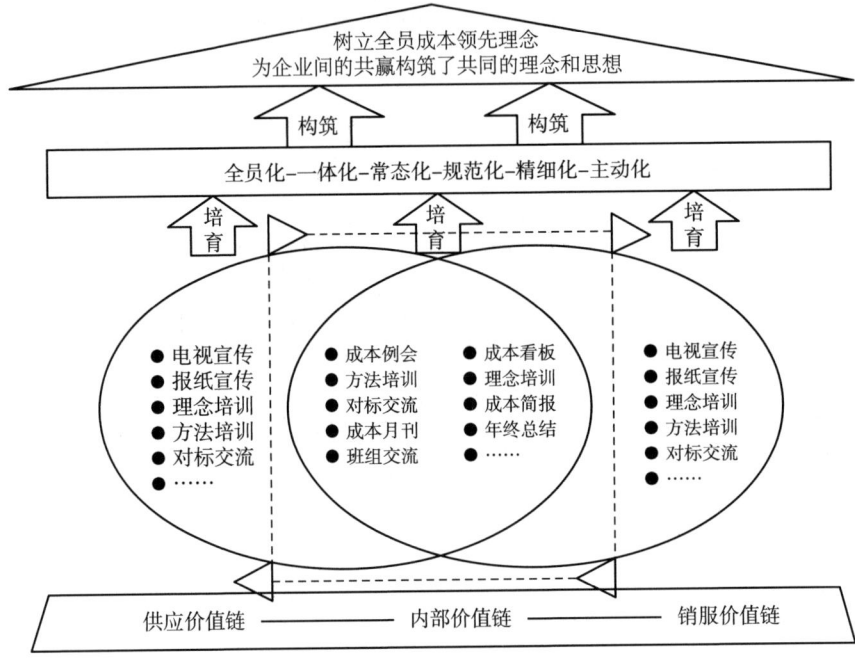

图3-3-2 成本文化宣贯平台

2. 转变观念，强化潜在成本控制意识。潜在成本是企业在决策、管理或从事某项业务活动过程中，由于管理和决策出现偏差或失误，造成未来发生的各种不必要的成本费用支出，这种成本是一种巨大的浪费。为实现成本的全面控制，公司首先从观念上发生了转变，加强对潜在成本的讨论和分析，并采取了一系列措施，如通过成本月刊介绍先进案例，灌输先进理念和方法，从而影响决策成本；通过黑皮书和白皮书的发布，对研发成本控制和采购成本的决策起到了支撑作用；"成本月周日"活动引导了全员成本领先的氛围和意识，在潜移默化中实现潜在成本控制。

3. 以价值创造为导向，树立价值链成本控制理念。传统的成本控制将主要精力放在企业内部的生产成本控制方面，通过现场管理和采购活动控制制造成本。目前，企业内部的制造成本控制已经比较成熟，可挖掘的潜力已经不大。因此，公司将成本控制理念拓展到整个价值链，从新产品立项、投资、研发、生产、采购、物流、销售、质量、服务等各个环节内部价值链和供应链各企业进行直接成本和潜在成本的全面控制。为此，公司以"成本月周日"活动、成本费用管控标准、班组成本管理、成本月刊、全面价值管理点子平台为载体，以价值创造为导向，全方位营造成本管控的意识和氛围，树立起价值链成本控制的先进理念。

4. 开展大面积培训,树立精细化成本控制理念。公司借助成本文化宣贯平台,不仅在集团、公司、分厂、车间和班组等各个层级,还在供应商、经销商层面上,通过培训、交流、总结等方式,增强全价值链成本控制的意识,树立全员精细化成本控制理念,全面提升全价值链成本管控能力。公司通过面对面交流、实地调研、网上培训等多种方式对供应商董事长、总经理,经销商的销售顾问培训,内容涉及服务、业务、技术指导、资质认证等;公司内部从 2×08 年至今,组织各类、各层次的培训共 3 000 余次,参加培训人数 6 万余人次;公司还对下属企业进行定期培训,将公司的成本管理理念宣贯到集团公司,提升集团公司的整体管理水平。

(三)搭建成本项目管控平台,实施价值链成本闭环控制

1. 成本项目精细管控的平台架构。公司通过搭建成本领先项目管控平台(见图 3-3-3)培育自己的核心竞争力——成本领先优势。该平台以成本领先项目为载体,每年通过项目管控的形式推动全价值链成本管理,按照立项、监控、评估、考核、总结的流程进行严格的闭环控制,从而实现价值链精细化成本管理。公司每年按照采购、研发、制造、销售、物流、质量和售后服务等价值链各环节设定 20~40 个成本领先项目,其中 2×09~2×13 年设立 155 个成本领先项目,这些项目涉及供应链环节 40 个,内部环节 79 个,销售服务环节 36 个,在推动中逐渐将成本领先项目成果进行沉淀、固化,并在内外部价值链的各个环节推广应用,在巩固内部价值链成本竞争力的同时,也带动了上下游价值链的共同发展。

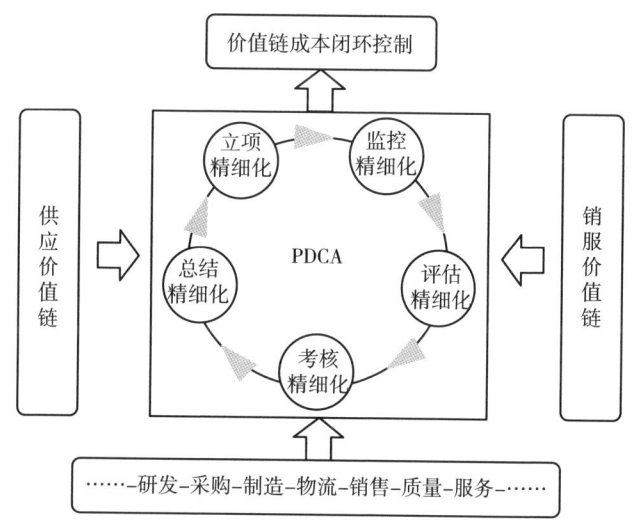

图 3-3-3 成本项目精细管控平台

2. 成本项目立项的精细化。公司每年 10 月初启动成本项目立项工作,到 12 月底完成。一是由成本领先办公室牵头,基于公司战略需要,采取自上而下、自下而上和结合下达等三种方式拟定年度总体目标;二是按照覆盖全价值链各环节的原则,以战略影响为关注点,以价值链薄弱环节为突破口,将总体目标进行分解,并落实到各个成本领先项目;三是由公司内、外成本专家和技术专家对各项目进行严格的筛选、评估,初步确定成本领先项目;四是将总体目标和具体推进项目形成初稿,报公司领导审批;五是将公司领导审批通过的总体目标和成本领先项目以公文的形式下发,并与责任单位签订任务书,实现了

立项工作的精细化。

3. 成本项目监控的精细化。成本领先项目的监控工作在项目立项并启动后开始，该工作贯穿于项目的实施周期，由成本领先办公室牵头，建立项目攻关团队和成本领先办公室两级的跟踪、监控管理机制，运用"五到位"、月度里程碑、周例会、周动态表、会议纪要工作要求落实跟踪表、月度汇报、成本督办等精细化管理机制，实时进行全过程的监控、督促和落实，确保每个项目、每种降本方案、每个环节、每个人都按照要求开展工作，并取得预期效果。

4. 成本项目评估的精细化。成本领先项目的精细化评价工作贯穿于项目的实施周期，分为对行动计划的评估和项目总体进度的评估两部分。项目启动后，项目组要每周对项目行动计划、措施及推进情况等进行滚动评估、论证、预警、调整和评价，确保项目推进进度及目标完成；成本领先推进办公室每月总结各成本领先项目的推进情况，评估其经济成果及措施缺口，分析存在的问题，并提出下一步改进要求。

5. 成本项目考核的精细化。成本领先项目精细化考核的总体原则以正向激励为主，分为季度滚动激励约束和年度考核两种形式。每个季度，成本领先办公室将根据项目组的实际完成情况与月度里程碑目标对比，对达成目标的项目组给予奖励，对未完成目标的项目组进行警告；年度末，成本领先办公室根据项目组完成情况与年度目标对比，对达成目标的项目组给予奖励，反之则将项目完成目标与项目组领导的职业发展通道进行挂钩。

6. 成本项目总结的精细化。在成本领先项目结题时，一是由各攻关团队牵头，在梳理和总结完成本管理工作成果及经验后，通过反复讨论和修改，形成成本管理方法论初稿；二是由成本领先办公室和管理信息部等部门对方法论初稿进行审核，提出修改意见，返回攻关团队进行完善；三是由公司领导对修改后的方法论进行审议、作出评价及决策，并由攻关团队根据决策意见进行修改；四是由攻关团队将成本管理方法论修改完善后，提交管理信息部，形成标准化的成本管理方法论程序文件；五是公司将标准化的成本管理方法论程序文件在公司进行推广、应用，提升成本管理水平、降本增效。

（四）搭建方法工具应用平台，推行模型化工具化成本管理

1. 成本控制方法工具平台架构。公司经过多年的实践和发展，通过不断创新、完善和沉淀，搭建并优化成本控制方法工具平台（见图3-3-4），如模型类的产品目标利润下的资源配置模型（以下简称"CPM模型"），工具类的销售服务表卡管理等。公司多年以来坚持成本控制方法的创新和应用，坚持走模型化、工具化成本管理之路，并逐渐向供应价值链、销售服务价值链全方位渗透，为持续推进成本领先战略，实现全价值链精细化成本管理、增强公司及其供应链的成本竞争力提供了坚实的支撑。

2. 成本控制模型。成本控制的要害是建立各种控制模型，基于此，公司先后建立零部件精准成本模型、CPM模型、设计成本占比分析模型、产品全生命周期模型、成本预警模型、四维成本控制等模型，为成本精细化管控提供强有力的支撑。以下重点介绍CPM模型、零部件精准成本模型、产品全生命周期成本模型和设计成本占比分析模型。

（1）CPM模型。

CPM模型，即在满足企业生存发展所需产品目标利润下的价值链各环节的资源配置模型。该模型是在顶层设计思想指导下，以满足企业利润目标为前提，从公司整个成本管控系统出发，严格控制各板块成本费用，将复杂的成本构成简单分为材料成本和费税成本两个环节，以现有公司各成本目标平台为基础，倒挤压出各平台车型的费税成本，并以此来建立全新的费用预算控制标准，层层分解，真正构建以产品为核心、以盈利为导向的全新

资源配置模型（见图3-3-5）。

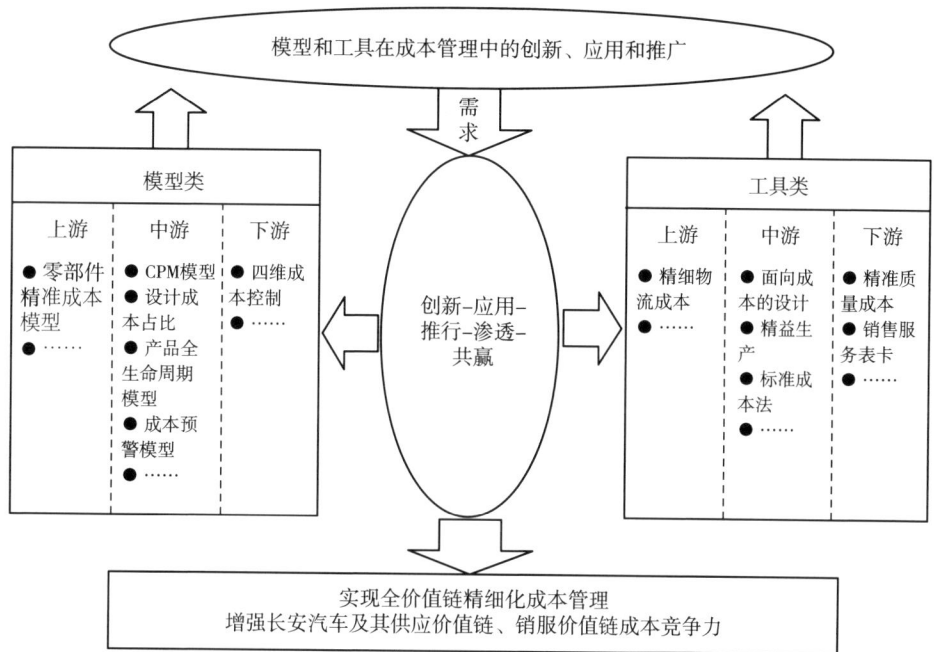

图3-3-4 成本控制方法工具平台

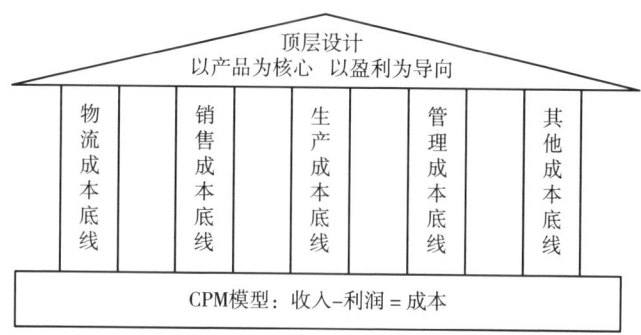

图3-3-5 CPM模型

CPM模型是将资源进行合理分配、实现降本增效的重要管理工具，其重要意义主要体现在以下几个方面：一是体现了"顶层设计""成本底线"等管理理念，能够有效分解落实战略成本目标；二是该模型是以产品为核心的价值链管理标准体系，体现了精细化管理理念；三是有利于引导业务模式创新，从模式上降低成本、创造价值，这也是CPM模型的根本目的及意义所在。

通过对以产品为核心的全价值链资源配置标准的进一步细化和优化，将深入引导公司和上下游企业对产品全价值链成本模式的思考与创新，提高资源的利用能力，最终实现产品成本目标。随着该模型首先在公司推行，并逐渐在整个集团推广及应用，效果初显。

（2）零部件精准成本模型。

零部件精准成本模型是按照零部件成本构成属性建立的成本测算模型。该模型是公司基于多年的采购实践，通过对标先进行业，综合考虑产品定位、平台搭建、零部件通用化以及产能布局等因素搭建而成，可以确保同等质量下成本最优，同等成本下质量最优，具有通用性、可扩展性、易于操作，支持成本后续检查和分析等特点，是建立零部件成本最优价值管理的基础和前提条件，是战略成本的基准点，是零部件成本测算的基础工具，是实现供应链协同控制的重要依据。公司以零部件精准成本模型为切入点，推进与战略供应商合作，从倒逼公司内部管理、合作模式及授权管理等方面突破来提升供应商能力，建立"一对一"的战略客户管理，共同推进零部件通用化、平台化，形成互信的零部件精准成本模型，助推供应商的转型升级，努力培育一批极具竞争力的供应商，实现主机厂和供应商共赢。

公司通过对零部件的生产原材料工艺等成本数据的大量收集分析，已完成主要产品关重件零部件精准模型建设，供应商全价值链的成本协同管控能力也得到提升，其中 2×11 年到 2×12 年累计取得效益 2 亿元以上。

（3）产品全生命周期成本模型。

产品全生命周期成本模型是一个以产品效益为核心，以产品平台为基础，从价值链和产品生命周期两个维度建立的成本模型，即在保证企业利润的前提下，在乘用车、商用车、发动机等大类产品下细分若干平台，分别按导入期、成长期、成熟期、衰退期等四个阶段，在研发、采购、制造、物流、质量、销售、服务等价值链各环节设立标准，实现最优的资源配置。该模型有利于破解成本与交付、成本与质量、成本与资源投入的矛盾，有利于缩短产品开发周期，降低产品开发成本，使企业成本逐渐由时间成本向周期成本、传统成本向战略成本转变，建立更具成本竞争力的低成本运营业务模式，从而提升企业自身的盈利能力和行业竞争力。

（4）设计成本占比分析模型。

设计成本占比分析模型是指零部件采购成本占采购总成本的比例。即在新开发车型的精细化设计时，首先从预测售价中剥离去利润和管理成本后得到零部件总成本，再将零部件总成本按照底盘、电器、冲压、总装、内外饰、发动机六个模块分解成模块目标成本，再将模块目标成本逐级向下分解为专业系统总目标成本、部件目标总成本和零件目标成本，最终形成从整车预测售价到每一个零部件的目标成本体系，利用该体系就可以得到各个零部件的占比系数。

该模型主要包括占比计算及管理、标杆创建与管理、新品开发目标成本管理和基础管理等四大子系统。四大子系统相互关联，相互支撑，对每一个零部件进行全方位的成本监控。根据设计占比分析模型，对零部件之间、成本费用之间、各类加工工艺之间进行横向对比，核实零部件材料成本，确定需要重点调查和潜力最大的模块，最终找出降价潜力最大的零部件对象。另外，根据同行业、同模块零部件成本占比的对比分析等划分零部件的合理材料占比区间，确定合理的成本控制方案，推动供应商参与设计、价值分析，从而在产品设计环节做到最优。

3. 成本控制工具。公司结合现代企业成本管理的新思路、新方法，发扬探索精神，立足于实战，从公司研发、采购、制造、物流、销售、售后服务等全价值链各环节建立工具和方法，并推行工具化成本管理，从而提升公司精细化成本管理水平。以下重点介绍精细物流成本控制、销售服务表卡管理等成本控制工具。

（1）精细物流成本控制。精细物流成本控制基于供应物流、生产物流和销售物流等主要大类成本，从全价值链物流成本重点环节出发，总结以往的成本管理经验，制订控制标准及方法,建立一套完整的物流成本控制工具,不断降低物流成本,最终实现全价值精细物流成本管控。该工具从2×11年建立后与物流降本工作紧密结合,截至2×12年底,累计实现物流成本降低2亿元。

(2) 销售服务表卡管理。公司在销售、服务两个层面分别建立三表一卡,帮助销售服务商提升运营管理能力,降低运营成本,提高盈利能力。销售三表一卡,即展厅来店(电)客户登记记录表、有望客户销售推进表、营业日报表和客户信息卡。销售商借助客户管理表/卡分析各时段来店用户数量,将销售资源进行有效投放,提高资源使用效率,创造更多利润。服务三表一卡,即维修客户回访统计表、维修客户统计分析表、维修不满意客户跟踪表和每日店面检查卡。服务商通过对用户三包内外的划分,了解来店用户的性质;通过跟踪用户具体不满意项目的数量,以此评价各种服务工作的提升效果;通过跟踪客户车辆在维修服务过程中各个服务项目的感受或评价,掌握客户的车辆使用情况;通过对客户的跟踪式服务,拉近与用户之间的距离,从而发现新的销售机会。

销售服务表卡管理是对销售服务商运营效果进行评估的有效工具,通过对销售服务商的各项运营情况进行量化的评估检查,帮助其发现运营中所出现的问题,并及时提供整改意见,将销售资源合理匹配,降低运营成本,使投入产出效益最大化,最终通过销售服务商整体管理水平的提升,拉动终端销售增长,实现厂商共赢。

(五) 搭建成本信息管理平台,保障成本信息集成与应用

公司基于价值链精细化成本管理,结合公司实际,通过引进、借鉴和自创等方式,搭建并完善从战略顶层到业务基层、从业务活动到财务管理、从企业内部到企业外部的一体化成本信息管理平台,如战略成本类的零部件战略规划子系统、公司首创的全面价值管理点子子系统,以及支撑类的供应链一体化信息管理子系统、零部件占比与量价计算子系统、成本信息管理子系统、成本控制子系统、经销商协同管理子系统和经销商资金管理子系统等。公司通过成本信息子系统的搭建和使用,实现和保障了成本信息在整个汽车价值链上的集成与应用,不仅提高了自身成本管理的效率和质量,更为规范上下游企业的管理和带动其快速发展发挥了巨大的作用。以下重点介绍零部件战略规划子系统、全面价值管理点子创新子系统、供应链一体化信息管理子系统和经销商资金管理子系统。

(六) 编制成本控制应用手册,实现常态化精细成本管理

公司以全价值链13大模块为主线、以隐性成本和显性成本同时控制为重点、通过实施全价值管理(Total Value Management,缩写TVM),总结成本管理经验,编写了价值链总成本精益控制手册(以下简称"TVM手册")。TVM手册是以成本管理精细化、系统化为指导思想,以企业生产经营业务活动和业务流程为对象,以成本价值流分析为手段,以消除浪费、创造价值、提升效益为目的,以供应、内部、销售服务等"三维"价值链为支撑,覆盖企业生产经营价值链各个方面的成本控制工具体系,以"明确成本关键点、梳理成本控制流程、建立成本控制措施、效果评估"为总体思路,实现常态化精细化成本闭环控制,并带动整个集团成本管理水平的跨越式提升。

1. 明确成本的关键点。成本控制的关键是确定控制点,甲公司针对公司运营价值链上的关键业务环节,确定了13个成本控制模块,运用成本价值流工具,分析提炼出各业务环节的关键成本控制点,包括:成本控制要素56个、成本控制业务节点250个、关键节点120个、一般节点130个;针对关键节点建立成本控制规范120个、成本控制流程120个、成本控制措施1 200条。对一般节点建立直接成本控制措施420条、潜在成本控制措施720条,提出2 080个控制要求和技术,真正实现了价值链成本的精细化控制。

2. 梳理成本控制流程。成本控制关键是在过程中进行控制，因此需要建立以成本为核心的控制流程。甲公司以实现财务和业务的有机结合为目标，追求成本管理的系统化和精细化。首先分析各个环节的业务流程，提炼成本控制"基因"，再在业务流程的基础上归纳出123个成本控制流程，其中涉及供应链环节37个，内部环节54个，销售服务环节32个。如：设定成本指标、分析影响成本指标的成本控制要素，挖掘影响成本控制要素的业务节点，剖析每个业务节点的直接成本和潜在成本，再针对关键业务节点建立成本控制流程和标准，并提供控制策略和措施。

3. 编写精细化成本控制手册。在明确成本关键点和梳理成本控制流程的基础上，编写了价值链总成本精益控制手册，该手册包括理论篇、体系篇、控制篇、工具篇和实践篇等五部分。理论篇论述全新的成本控制理论方法以及美日两种典型的成本管理模式——作业成本法和成本企划法的对标分析等内容；体系篇包括价值链成本精益管控的基本理念、层次结构、体系结构、文件结构、体系运行模式、运行保障以及体系推进有效性和先进性的评估等内容；控制篇包括各业务流程的关键成本控制点、绘制控制流程以及对流程的过程控制等内容；工具篇包括当前应用广泛的各种成本控制前沿工具等内容；实践篇包括国内外具有影响力的汽车公司在成本管理实践方面的典型做法等内容。该应用手册的编写为公司价值链各环节的精细化成本管控提供了实际应用工具。

4. 推广应用精细化成本控制手册。为了发挥该手册在成本控制实践中的应用，制定了推进路线图。公司依托成本领先推进办公室，从2×11年开始在公司内部全面推广应用TVM手册，大幅提升了整个集团的精细化成本管控水平。

四、取得成效

（一）运营成本得到大幅降低，企业经济效益显著提高

通过实施全价值链成本精细化管理，公司的整体运营成本得到大幅度降低，极大助推了公司经济效益的提升，自2×09年以来，公司在成本管理方面累计取得直接经济效益142亿元，为价值链上下游企业的协同共赢作出了贡献。

（二）性价比得到有效提升，企业竞争能力明显提升

近年来，公司在保障产品质量和性能的同时，实现了产品性价比最大化，扭转了自主轿车产品在上市当年材料成本占比无法达标的困境，大大提高了产品成本的综合竞争力。例如千台维修频次指标，自主轿车提升50%以上，合资产品目前已属于全球一流水平。由于综合材料成本的有效控制，以及质量和性能等指标的提升，公司的竞争力也得到持续增强，年产销量从2×09的140万辆年增长到2×12年的175万辆，稳居国内汽车行业第一阵营。

（三）供应链素质得到显著增强，科学发展得以逐步实现

全价值链精细化成本管理的实施，促进了各关联企业管理水平的同步提升，使价值链企业全员成本控制意识得到极大增强。目前，公司的供应商已高达一千多家，经销商由2×06年的几十家增加到现在的几百家，带动了一大批上下游企业的经济增长，实现了共赢；在企业内部，通过实施成本领先战略，研发过程成本得以有效控制，如在产品质量和成本得到保障的前提下，新产品研发周期大大缩短，为快速响应市场打下了基础。

案例示范 3-4
目标成本法在汽车企业成本管理中的应用

【本案例介绍了目标成本法在汽车制造企业成本管理中的应用。针对因成本过高导致新产品定价高于市场价格、公司市场竞争力下降等问题,案例单位在产品开发成本管理中应用目标成本法,对产品开发设计过程中的业务和财务流程进行了再造,促进了业务和财务的协同管理,实现了产品成本的事前设定目标,事中分析执行,事后评价结果的全过程控制。】

一、背景描述

(一) 单位基本情况

甲有限公司(以下简称"公司")是在国家新的汽车产业政策的引导和支持下,于2×04年10月通过强强联合,实现中中合作的国内汽车制造企业。公司注册资金20亿元人民币,主营汽车、发动机底盘及汽车零部件生产和销售并提供相关售后服务,兼营实业性投资及自营和代理各类商品和技术的进出口业务。

(二) 存在的主要问题

公司原先是按照顾客需求、质量和性能等要求完成产品研发和设计,再计算设计出来的产品成本,再以该成本对应的价格水平卖出产品。在新产品上市前,公司主要采用两种定价模式:一是为了保证产品盈利水平,以成本为导向制定销售价格,过高的成本导致新产品定价高于市场价格,无法获得市场认可;二是为了保证市场占有率,新产品定价低于市场价格,产品盈利能力差或无盈利能力。公司无论采用哪种方式,都将导致公司市场竞争力下降。

(三) 选择目标成本法的主要原因

近年来,随着国内汽车行业竞争越来越激烈,产品性价比成为获得市场认可的最重要的指标。如何使产品既在市场竞争中保持一定的市场占有率,又能保证既定的盈利水平?汽车制造企业必须控制产品成本,这是企业获得核心竞争力的关键之一。产品的全生命周期包含了成长期、成熟期和衰退期三个阶段。企业在三个阶段的成本控制重点是有区别的,分别是设计成本、制造成本、销售服务成本和人力成本。产品的研发和设计是制造、销售的源头,产品一旦完成研发,其材料成本、人工成本便已基本确定。统计数据表明产品成本的75%以上是在产品的设计阶段确定的,故而要控制产品的成本,关键是设计阶段的成本控制。而目标成本法,是以企业以市场为导向,以目标售价和目标利润为基础确定产品的目标成本,从产品设计阶段开始,通过各部门、各环节乃至与供应商的通力合作,共同实现目标成本的成本管理方法。这种方法使得成本成为产品开发过程中的积极因素,而不是事后消极的结果,对于公司成本管理具有重要的意义。

二、总体设计

(一) 应用目标成本法的管理目标

应用目标成本法以不断变化的市场信息为导向和满足消费者需求为前提,同时保证目标利润的实现。公司实施的目标成本法,主要应用在了产品研发和设计阶段成本控制,其旨在通过目标成本的设定和实现,尽最大可能在设计阶段就降低产品成本,提升产品的性价比,强化产品的市场竞争力。

(二) 应用目标成本法的总体思路

1. 确定一个有市场竞争力的总目标成本。在应用目标成本法的过程中,公司主要设定两个层级的总目标成本。首先是战略层级的目标成本,"市场容许成本=目标售价-目标利润",即从战略层次保证产品的可盈利性和成本可控性;其次是产品层级的目标成本,"可实现的目标成本降低=市场容许成本-当前产品预计成本",即明确产品设计的成本降低目标。

2. 确定零部件级的目标成本。产品层级的目标成本确定后,需将目标进行分解至装置、模块、总成、零件,直至将目标分解落实到了最末端的责任主体。

3. 目标成本的执行和落实。工程师和设计师协同营销、采购、财务等结合市场需求和目标成本筛选、评审、确定设计方案。

4. 目标差异分析和制定措施。设计方案初步确定后,对设计方案进行成本估算,分析成本结果是否在目标成本范围内。如果超出目标成本,要制定成本降低的措施并实施。

(三) 应用目标成本法的内容

目标成本法的核心工作是制定目标成本,并且通过各种方法不断地改进产品与设计,以最终使得设计出来的产品成本小于或等于其目标成本。这一工作需要由包括营销、开发与设计、采购、制造、财务与会计、甚至供应商与顾客在内的工作团队来完成。

三、应用过程

(一) 公司组织架构与目标成本管理组织机构的设立

1. 公司组织架构。公司经过多年的治理结构建设,已初步建立起由股东会、董事会、监事会和企业经营层组成的多层次的公司治理结构。董事会下设产品及投资规划委员会、财务及审计委员会和薪酬委员会,主要负责协助董事会审定经营层提出的投资计划、财务策略和薪酬策略等。

2. 目标成本管理组织机构的设立。新产品开发与设计的目标成本管理必须与项目管理协同,公司确定新产品项目后,以公司名义下发正式文件,成立项目组织机构,明确项目组织机构人员和工作职责。

(二) 目标成本管理参与部门和人员配置

目标成本管理这一工作需要由包括营销、开发与设计、采购、制造、财务与会计、甚至供应商与顾客在内的工作团队来完成。故而目标成本管理至少必须包含营销、开发与设计、采购、财务、制造部门的人员,并且要明确各成员的工作职责和工作内容。公司通过多年的新产品开发实践,结合公司实际情况已建立起由公司领导、各职能部门、各项目小组横纵向结合的多层次项目管理组织结构。目标成本的制定,目标成本的下发,目标成本的组织执行和落实主要由组织机构中的成本专责组负责,而成本专责组又由财务部门主导。

(三) 应用目标成本管理的部署要求

1. 建立组织机构保证实施。无论是哪个层次的目标成本的确定下发,都是一个"从上而下"又"从下至上"的管理过程,因此,必须要有一个"上下结合"的组织架构保证实施。

2. 建立流程制度保证实施。建立及完善目标成本管理的相关制度文件,覆盖目标成本制定、目标成本分解、目标成本下达、目标成本调整、目标成本执行、目标成本分析、考核评价等过程,指导目标成本管理工作。

3. 与绩效管理相结合。建立一个完善的奖惩制度，将目标成本管理水平纳入企业负责人、项目组、部门、员工的绩效考核中，带动起员工的积极性，提高目标成本管理效益。

（四）目标成本法的具体应用

下面以公司一个新车型开发为例，具体说明目标成本法的应用过程。

1. 通过市场调研和技术分析，经公司董事会批准，决定开始研发新产品，该新车型于2×13年开始研发，计划于2×15年底上市。根据市场调查报告和营销部门的市场对比分析，基本确定该车型的配置和对应的消费者可接受的目标售价，目标售价为12万元/辆。由公司的中长期发展规划确定，长期平均边际利润率为18%，按照现有条件最终确定新车型目标边际利润率为20%。按照"市场容许成本＝目标售价－目标利润"计算，设定新产品目标成本：$12×(1-20\%)=9.6$（万元）。

2. 为实现上述目标成本，由财务部牵头，采购中心、开发中心、营销公司和制造部共同组建新产品目标成本控制小组。开发中心和制造部根据营销公司输入的新车型配置要求，搭建产品研发零部件清单，并且根据技术模块进行模块化分类。

3. 财务部根据产品研发零部件清单和初始技术状态，通过与目前在产车型零部件的技术状态进行对比，初步将目标总成本分解到每个零部件，然后召集采购人员和开发人员，根据初始技术状态，分析每个零部件预计的成本，汇总之后比对与目标成本之间的差距（见图3-4-1）。

序号	模块	新车型 零件名称	层级	目标单位（元）	定额	目标成本（元）豪华型	在产车型 零件名称	材质	零件重量（千克）	单价（元）	分析 技术状态差异点描述	成本差异估算（元）	是否满足目标
1	车身内饰	地毯系统	—										
2	车身内饰	地毯	01	350	1	350	地毯总成	针刺无纺布+PE复膜+半固化毛毡	5	372	材料一样，尺寸：2224*1372		
3	车身内饰	右后搁脚垫	01	45.21	1	45.21	右搁脚垫块总成	PS/EP+PET无纺布	0.387	45.21			
4	车身内饰	左后搁脚垫	01	45.21	1	45.21	左搁脚垫块总成	PS/PE+PET无纺布	0.361	45.21		620	N
5	车身内饰	右前搁脚垫	01	60	1	60				0			
6	车身内饰	左前搁脚垫	01	60	1	60				0			
13	车身内饰	空气室加强横梁装置	—	0	—					0			
15	车身内饰	空气室加强横梁总成	01	150	1	150				0	特殊材料，新增，尺寸：30*20，重量1.6千克		
16	车身内饰	空气室加强横梁	02	0	1	0				0		145	Y
17	车身内饰	空气室加强横梁安装板	02	0	2	0				0			

图3-4-1 零部件目标成本分解和成本估算

4. 发现与目标成本之间的差距后，财务部要求开发人员、采购人员对存在差距的零部件进行技术状态的详细对标和分解，同时寻找降低成本的方法（比如材料替代、工艺优化、减重、功能集成、寻找新的供应商等等方法），最后确定并下发目标成本。产品层次的目标成本一般分为三个层级：模块目标、装置目标、零部件目标，新产品项目负责人、项目总监、各模块经理都与公司签署成本责任状。

5. 财务部在整个研发过程都要全程监控目标成本的执行情况，确定零部件成本目标主要是为了对外购的零部件设置一个合理的购买价，把公司的成本压力转移到供应商身上。故而每个外购零部件采购价格的确定都必须达成成本目标，并经由财务部签字后才能生效。对于现阶段不能达成目标成本的零部件，需组织开发人员和采购人员再次进行技术对标，持续寻找降本空间。

6. 建立目标成本修正调整机制，在整个目标成本的执行过程中，目标并不是一成不变的，在市场需求、技术方案、采购市场信息、质量要求等有变化的情况下，会适时调整。由于发生上述变化，再次分析评估后，原确定的目标成本仍无法达成，目标成本责任部门或责任人向项目经理或项目总监提出调整申请，并给出分析讨论后的调整建议，项目经理或项目总监有权批准权限范围内的调整申请，由成本专责组依据签批后的调整意见下发新的目标成本。

7. 对目标成本完成情况进行定性和定量的评价，根据公司的考核评价标准，进行相应的绩效考核，奖励先进、惩戒落后，充分调动员工工作的积极性，鼓励员工尽量将所有的精力都运用到工作中去，积极提出有利建议，鼓励创新。

（五）实施过程中遇到的主要问题和解决办法

由于目标成本是以市场导向和消费者需求为前提的，那么在市场信息发生剧烈变化时会对产品销售价格、产品配置产生一定的影响，从而造成实际成本与目标成本的较大差异，有些变化甚至会影响到新产品的开发时间，造成企业的巨大损失。为应对上述问题，公司采用的方法是，在制定目标成本时，在总目标成本中预留一定金额的备用金（一般为总目标成本的5%），作为机动资源来应对突发的变化。备用金由财务部总体控制，不分解到单个零部件。

四、取得成效

在应用目标成本法之前，公司基本采用传统的成本管理方法，先将产品设计出来，基于公司实际所有的生产和管理能力的基础上进行成本管理，主要在制造和管理过程中降低成本。应用目标成本法后，公司以市场为导向，以市场可获得的信息及公司的长期发展计划为制定成本目标的基础，实现了产品研发及设计阶段对成本的控制，拓展了产品成本控制范围，提升了市场竞争力。同时，结合目标成本分层次管理和项目组织机构设置，将对单一部门的成本绩效评价改变为跨部门模块组与部门职能专责组相结合的成本绩效评价，成本绩效指标的责任主体从部门负责人改变为和目标成本层次对应的责任主体，包含项目负责人、项目总监、各模块经理、模块组专员和部门负责人，有效促进成本绩效管理。

案例示范 3-5
标准成本法在油库费用管控中的应用

【本案例介绍了标准成本法在石油仓储企业成本管理中的应用。针对油库费用管控方式粗放、成本分析不足、缺乏统一的费用管控标准等问题，案例单位通过制定可控费用定额标准，并以此为依托，搭建了"预算编制、成本管控、费用考核、财务分析、定额修正"五位一体的油库费用管控模式，实现了预算科学、成本可控、考核量化、决策支持的目标。】

一、背景描述

（一）单位基本情况

甲公司（以下简称"公司"）是油库专业化管理机构，对全省22个油库进行集中管理，经营范围为石油制品仓储。仓储分公司负责履行全省22座油库（含股权库）专业化管理职能，主要负责制定油库规章制度和油库规范达标管理，参与油库规划建设，负责油库数质量管控，负责油库检维修管理，指导油库生产作业流程优化，负责油库HSE（即，健康安全环境）工作和作业许可管理，负责油库人、财、物管理。目前，仓储分公司设五个管理科室，分别为综合管理科、人事组织科、仓储运行科、工程设备科、质量安全环保科，员工总数为40人。借助油库集中管理契机，公司抓住油库18项可控日常生产运行费用，建立油库费用定额标准，推行标准成本法费用管控，有效实现全省油库的低成本运行，进一步推动公司精细化管理。

（二）存在的主要问题

一是石油寒冬及行业微利大环境对油库运行成本控制提出了挑战。对于石油销售企业，油品销售微利时代到来，在国家深化能源改革的浪潮中，石油行业将逐步消除垄断，石油企业的效益型发展形势严峻，成本管理水平经受着前所未有的考验。

二是在油库集中管理模式下，亟须统一的费用管控标准。公司在实行全省油库集中统一管理后，22座油库从属地二级公司剥离出来，划归公司统一管理，由于各油库所处地理位置、生产能力、设施设备、人员构成等基础条件各不相同，在费用管控方法、列支口径等方面存在较大差异，亟须一种科学、规范、统一的费用开支标准。

三是费用管控方式粗放，成本分析不足，无法提供强有力的决策支持。全员成本控制意识淡薄，油库开支带有任意性，存在一定程度的浪费现象。机关管理部门在预算下达和日常费用控制上基本是"经验型"管理，只有事后的成本核算和简单的成本通报，缺乏科学的事前成本预测、事中成本控制和事后成本分析考核。不同油库之间缺乏横向比较，无法客观、公正地评价油库预算执行以及费用发生的合理性。对费用发生的动因分析和规律研究不够，难以寻找制约管理的根本因素，无法更深层次地挖掘科学管理的空间，为油库的整体规划和生产配置提供决策依据。

（三）选择标准成本法的主要原因

一是油库的生产运行特点适合于标准成本法。油库对油品进行"收、存、发"的生产运行方式简单、固化，虽然22座油库地理位置、生产规模不同，但是日常开支成本却具有共性。在全部运行成本中，剔除运费、折旧折耗等不可控费用外，维修费、电费、水费等18项费用可控，且具有普遍的规律性。因此，可以通过对18项费用的开支动因进行分析，结合统计学分析手段，抽象出计算模型，分别确定定额标准。因此，采取标准成本法是一种适合油库费用管控的手段。

二是公司专业化、集约化管理及财务职能转型要求引入管理工具。公司对油库进行专业化、集约化管理，是一种先进的管理理念和方式，其主旨本身就是研究和制定管理标准，提升油库整体运营质效。与此同时，随着信息化技术的发展，省级财务共享中心建立，财务的职能也在从财务会计向管理会计转型。基于上述两方面的背景，通过标准成本法管控费用，开展多维度成本分析，寻找制约管理的根本因素，实现财务向业务的延伸，引导和督促各油库在生产作业中自觉引入定额概念，自觉优化作业流程，提高生产效益，从财务的角度对油库生产运行进行科学分析，为油库生产资源的配置提供决策依据。

二、总体设计

（一）应用标准成本法管控费用的目标

通过特定的测算办法，探索油库日常运行费用与背后动因之间的关系，以"一切成本都可以优化增效"理念为指导，制定出各项费用的定额消耗和支出标准，按照"制定、应用、修订、应用"的循环方式来不断优化，进而固化为标准成本管理体系，形成以费用定额标准为依托的"预算编制、成本管控、费用考核、财务分析、定额修正"五位一体的费用管控模式，将费用控制与预算管理、绩效评价、财务分析有效融合，实现费用支出事前、事中和事后的全过程管理，实现油库费用管控更加精细化，切实达到降本增效、提升油库运营效益的目的。

（二）应用标准成本法管控费用的总体思路

标准成本法的应用总体思路是：围绕"规范、增量、降本、增效"的要求，选定油库运行性和管理性两大类共计18项费用，通过强化组织，科学把握原则，数据采集、分析、论证，合理编制定额。推行标准成本法，严格执行定额，按季开展定额通报、财务分析、费用考核、成本控制，定期根据执行情况修订定额标准，从事前、事中、事后三个阶段规范费用管控流程，完善费用控制节点，对费用实行全过程、动态控制与监督。

三、应用过程

（一）单位组织架构基本情况

在推进标准成本法管控费用的过程中，建立起公司、地区公司和油库三个层级的管理体系。公司费用定额管理领导小组是定额费用标准管理的责任主体，主要履行以下职责：一是制定和修订油库费用定额标准管理办法及标准；二是收集、整理、分析影响费用动因的基础数据，提出油库费用定额标准调整方案；三是组织开展费用定额指标对标分析和评价；四是负责定额管理先进油库经验的复制和推广。各地区公司财务部门是油库费用定额的归口管理部门，主要履行以下职责：一是负责相关成本费用标准的实施；二是检查和分析油库费用定额管理标准执行情况。各油库是油库费用定额标准管理的执行部门，主要履行以下职责：一是负责配合公司、二级公司制定或调整费用定额标准；二是负责配合二级公司财务从源头分析执行差异的业务动因，提出改进的合理化建议；三是负责油库费用定额标准管理中的先进管理经验的总结提炼。

（二）参与部门和人员

油库费用定额管理是一项系统工程，涉及油库生产运行管理的各方面，2×12年，公司利用全省油库集中管理契机，将油库费用定额管理纳入公司重点工作运行大表，全面启动油库费用定额管理。成立由公司总经理为组长、总会计师为副组长,包含财务、人事、工程、质安等5个职能部门、油库及属地二级公司财务部门共同组成的费用定额管理小组。为确保项目实施的理论科学性,公司还邀请高校财务专家、油库管理专家全程参与,为项目推进把脉、诊断、提出建设性意见。在推进过程中,针对部分油库认识不足、重视程度不够的问题,我们充分利用会议、板报和网站等载体,加强舆论宣传,灌输定额管理意识,利用稽查、面授、发文等手段营造全员科学降本压费氛围。2×14年,为指导基层油库开展费用定额管理,公司下发《油库费用标准化建设指导意见》,并通过建立QQ工作群,及时帮扶和解决定额管理推进中遇到的各种难题,确保了整项工作稳步推进,形成了公司财务总牵头、业务部门与属地二级公司齐抓共管、油库积极配合落实的良好格局。

(三) 应用标准成本法管控费用的部署要求

公司在原有财务管理、集中报销等信息系统的基础上,陆续又上线了固定资产维修管理等单项费用管理系统,并尝试模拟建立单库核算模型,这为油库定额费用管理的全面推广创造了条件。传统模式下定额费用管理主要依靠手工建立各项费用的备查台账,劳动强度大,不易及时发现费用超标情况,只能在小范围进行推广。而信息系统的运用刚好可以解决这一问题,预先将定额标准在费用集中报销系统中进行设定,便可自动预警各项开支,同时通过不同的角色设定,可以满足不同层级用户的需求。在当下大数据时代背景下,信息系统强大的数据处理和多维度分析功能,不仅方便用户查询,还能及时为管理者提供决策依据,为定额费用管理的有效实施搭建平台。

(四) 应用标准成本法管控费用的内容

1. 科学测算,制定标准。在前期详实调研的基础上,明确运用管理会计工具的主要方法是制定费用定额标准,并从定性和定量两方面确定科学的指标。结合划分的费用类别,主要采用平衡分值法、统计分析法、技术指标法、经验评估法四类方法测算出费用定量标准,努力实现既兼顾各油库特点,又体现可比、统一。

(1) 统计分析法。这是以历年发生的实际费用为依据,研究因变量(发生费用)对自变量(费用影响因素)的依存关系,从而得到影响变量的参数,再根据今年自变量的具体情况对因变量(即费用定额项目)做预测估计的一种经济分析方法。通过研究,我们发现具有线性关系的费用为:电费、水费、绿化环境卫生费、低值易耗品及日常警卫消防费五项。油库耗电量与油库周转量直接相关,而耗水量、低值易耗品费用、日常警卫消防费与油库规模直接相关,绿化环境卫生费与库区绿化面积直接相关。因此分别按照周转量大小将油库分为五档,分别确定各档次电费定额标准。按照油库库容将油库分为五档,分别确定各档次水费、低值易耗品及日常警卫消防费定额标准。按照油库绿化面积的大小将油库划分为五档,分别确定各档次绿化环境卫生费。针对公司通过业务外包的方式签订了警消、绿化合同的油库,日常警消费及绿化环境卫生费按照合同价格执行。

(2) 技术指标法。此法是指管理人员深入现场利用鉴定设备、数据统计、科学测算等,对影响费用的物资消耗进行类别划分、单独设定消耗标准的一种费用测算方法,适用于按照定员定编确定的通信费、办公费、差旅费、劳保费、检测费以及购置灭火器材费的计算,此法的核心是确定各项单位费用标准,按照公司定员定编方案中各油库人数确定需要费用。通信费包含座机、防爆对讲机、学习机等费用,按其单台月租下达定额。对办公费、差旅费、劳保费各大类细分明细费用,分别确定明细费用定额标准,再分别乘以定员定编数量或者实际使用人数，即为费用金额。如，劳保费的计算流程为，分别确定个人小劳保 360 元/人·季度、防静电服 1 200 元/人·年、劳保鞋 400 元/人·年、安全帽等 240 元/人·年，按照实际使用人员计算即测算出全年定额费用。购置灭火器材费按灭火器容积分类，综合考虑单次充装费用、数量及充装频次确定定额标准。

（3）平衡分值法。原指将财务指标和非财务指标相结合建立的策略性评价指标体系，实现企业战略使命和绩效考核有机结合，适用于受非关联、多变量影响的费用，如信息系统维护费。

首先以油库库容、周转量和八大核心自动化系统的应用程度三项指标为依据，对油库自动化等级进行划分。其中八大核心系统的评价按"基础分＋系数分＝总评分"计分，按照油库单项系统的有无确定是否给予基础分，按照信息系统数量所占比率确定系数分，由此得出各油库总评分。再按总评分将油库信息化程度划分为四个等级，按照平衡记分卡的计算方法，确定每个等级分值，Ⅰ级油库 10 万元/年，Ⅱ级油库 5.8 万元/年，Ⅲ级油库 3.6 万元/年，Ⅳ级油库 1.5 万元/年。

（4）经验评估法。此法是通过油库历史运行经验，对可能发生的各种情况做评估，进而确定定额的方法。适用于受单一、关联变量少、容易判断的因素影响的日常费用的计算，如宣传费、图书资料费、党团活动费、物料消耗费、租赁费、日常修理费、车辆运行费等。通过研究确定，物料消耗和日常维修费油库资产规模、设施设备数量、资产成新率等因素相关。根据历史资料测算，物料消耗按新建油库 3.5 万/年、技改油库 4 万/年、一般油库 5 万元/年分别下达定额。而日常维修费相对较复杂，确定一般油库基本标准为 10 万元/万立方米，在此基础上新建库前三年的费用需乘以资产新旧系数 10%~30% 确定，技改油库按照"五年不修，八年不改"的要求，结合资产新旧系数 40%~60% 标准确定。车辆运行费中车辆用油及车辆维修费按照车型不同分别在 2 万~3 万元，1.5 万~3 万元范围内下达，而车辆保险、路桥费（不含消防车）、审验费 3 类不论车型统一标准，分别按照 0.45 万元/年，0.1 万元/年，0.09 万元/年执行。宣传费按照标杆油库 5 000 元/年，非标杆油库 3 000 元/年下达。图书资料费包含报刊杂志和专业类书籍共计 1 800 元/年。党团活动费统一标准为 200 元/年，房屋土地租赁费按照租赁合同执行。

2. 分布推广，定期修订。按照"先局部试行，后全省推广"的方式，首先在成都地区 4 座油库试点运用。在推广过程中运用定期通报与绩效激励相济的方式，保证推进效果。按季度对定额预算执行情况进行考核通报，对预算执行差异率连续三个月在 20% 以上的单位，财务科会同定额执行单位认真分析原因后向公司书面报告。定期对油库费用定额进行核定修正，并坚持定期收集执行反馈，深挖各项费用在不同油库的降费空间，不断推进油库运行降本增效。

（五）具体应用模式和应用流程

标准成本法在具体应用上，采取财务业务协同过程管控的模式，宏观上采取"大预算"管控，在具体控制上采取费用归口管理的方式，由业务归口管理职能进行过程控制。

1. "大预算"管控费用。强化全面预算管理，树立"先有业务预算，再有财务预算"的成本控制意识，杜绝预算外费用项目，坚持成本与效益同步分析、同步预算制度，明确成本标准和效益目标，实现成本与效益配比。建立预算控制责任网络，细化控制项目，确保预算控制"层层有责任，人人有目标，项项有措施"，使预算管理能够进一步做精做细、能够真正上升到全员参与、全过程控制、全要素反映的"大预算"管理高度。

2. 职能部门对费用归口管理。将 18 项费用划分到生产运行科、质量安全环保科、综合管理科、工程设备科、人事组织科 5 个职能部门进行归口管控,由职能部门负责源头控制和过程管理。建立重点费用预警制度,对于临近费用控制界限和开支异常的费用,财务部门以书面形式通知归口管理部门及时查找异常原因,制定整改方案。由于职能部门对油库实际运行状况和费用动因更了解,更能科学判断费用发生的合理性和必要性,有效改变了以往财务通过事后控制效果不佳的状况,避免"财务卡费用"造成财务部门与其他部门的消极对立的现象。

(六) 在实施过程中遇到的主要问题和解决方法

在实施过程中遇到的最大的问题包含两方面,一是定额费用标准从理论过渡到实践,存在标准不够科学的问题,导致个别油库、个别费用实际执行与标准存在偏差;二是各相关部门对费用定额管理工作积极性不高,未能对费用支出的必要性起到全面审核的作用,定额执行考核存在难度,针对考核结果缺乏奖惩机制。针对上述两方面问题,主要采取下面两种解决方法。

1. 适时修正,优化油库定额费用标准。进一步调整油库费用定额指标,特别针对水电费定额标准,剔除地域水电费价格差异的影响,通过观测水电费的实际消耗量,来增强油库之间的可比性,进一步提高油库定额管理工作的水平。

2. 建立考核配套奖惩制度。推行标准成本法管控费用,必须建立与之相适应、相配套的量化考核体系。公司以油库定额费用为基础制定油库的考核目标值,以实际完成率计算考核分值,并将考核结果与年度效益工资挂钩。通过严考核、硬兑现,充分发挥了考核激励机制的作用,也提高了油库执行定额标准的积极性。

3. 控费案例复制推广。加强财务、业务与油库的三方联动,及时向定额费用执行先进油库挖掘经验、总结做法,4 年共提炼 7 个专业线的 32 个优秀案例、18 个创新成果,制作完成《降本增效优秀案例汇编》,在全省范围推广,一方面提升全员降本增效意识,另一方面将优秀的节费措施在全省油库推广复制,群策群力从细微处"省钱",促使员工树立"省下的就是赚到的"理念,调动油库降本压费积极性。

四、取得成效

(一) 油库运行成本降幅明显,单位费用使用效能有效提升

自 2×13 年开始应用标准成本法管控费用以来,油库费用定额执行偏差率均控制在 5% 以内,在吞吐量增长 78.10 万吨的情形下,18 项可控费用增幅小于 1%,费用增幅远远小于吞吐量的增幅。尤其是 2×13~2×15 三年,效果尤其显著,吨油费用实现"三连降"。2×16 年,在人工成本刚性上涨、大规模安全环保投资投入的客观制约下,吨油费用仍维持略有上涨,油库单位费用使用效益显著提升。

(二) 有利于开展多维度费用分析,科学评价费用开支情况

推行油库标准成本法管控费用以来,公司以定额通报为突破口,开展了横向对标分析、纵向趋势分析、单座油库费用评价、单项费用分析,实现从传统的宏观、模糊、定性、经验向过程受控、微观、精确、定量转变,实现了资源优化配置。以 2×16 年为例,从费用项目看,18 项可控费用较定额节约 75.65 万元,主要系管理性费用节约,生产性费用略高于定额;从单座油库执行看,过半油库将费用控制在定额内,13 座油库费用开支节约 407.34 万元;从同比趋势看,18 项可控费用同比下降 154.19 万元,降幅 3.07%,其中 6 项生产性费用下降 27.54 万元,12 项管理性费用降低 126.66 万元。

(三) 有效提升降本增效意识,涌现大批节费的优秀做法

公司将财务的管理理念和方法向业务环节传递,与业务部门同算同干,通过优化管

理，挖掘降费空间。如，后勤管理上通过精简会议、视频培训、来访接待在食堂就餐、统一采购办公耗材及清洁用品、调整机关管理人员工服由一年一配变为两年一配等方式，实现公司劳保及办公性费用同比降低 78.36 万元，降幅 15.49%。以创新为驱动，向技术攻关要效益，大力推行生产运行、工程设备技术攻关、"四小成果"创造，运维管理上通过创造性加装液位仪防雷防浪涌保护装置节约维修费 60 万元。

第三部分 成本管理

案例示范 3-6
标准成本法在制造企业中的应用

【本案例介绍了标准成本法在制造企业成本管理中的应用。案例单位为科研生产型企业。针对成本管理颗粒度不细、对事前和事中的成本控制力度不够、成本控制指标设置不尽合理等问题,该单位以分阶段、分步骤、试点先行、全面推进的总体设计思路,通过建立组织保障体系、制定产品标准成本、搭建标准成本信息化平台、进行成本控制与差异分析等手段,建立起标准成本应用体系,为合理控制成本提供了可靠依据。】

一、背景描述

(一) 单位基本情况

甲公司(以下简称"公司")是一家具有百年历史的老国有企业,以研发中心为平台,按照强强联合、优势互补、互惠互利、合作共赢的原则,通过"产学研"结合,与国内三十多所科研机构、重点院校和企事业单位建立了战略伙伴关系,形成了合作对象广、合作领域宽、合作层次深的开放型科研开发创新体系。

(二) 存在的主要问题

公司一直受传统成本管理模式的影响,企业成本管理的理念、方法与手段相对落后、缺乏系统性,成本管理较为粗放。主要表现在:

一是成本管理仅限于分厂级,没有下沉到各个班组、各个工序,各项基础管理工作薄弱。目前,成本数据仍通过手工产品移转单、交库单等进行流转、归集,不但工作量很大,而且极大地影响了数据的及时性与准确性;设计、工艺、物管、车间、人力参与度很浅,成本管理更多的只是财务部门的工作,各业务部门之间的协同较少。

二是成本核算不精细,对在产品只能核算到生产分厂和每一件产品,未能细化到各产品零部件,实际成本与定额成本的差异无法分解到产品零部件,成本核算和差异分析仍停留在十分粗放的层面上,无法真正对成本实际的形成原因进行分析,更无法达到管理成本、降低成本的目的。

三是成本管理更多的是对成本的事后归集与反映,而对于事前和事中的成本控制力度不够;成本控制指标设置不尽合理,一般是根据上年实际数为基数再考虑预期计划增长比例确定;缺乏完善的考核机制,导致成本的控制与考核存在较大的随意性并易受人为因素影响,企业成本难以得到有效的控制和降低。

(三) 选择标准成本法的主要原因

目前,公司正处于一个快速发展的时期,经济规模持续增长。但由于公司长期受计划经济的影响,管理仍然比较粗放,企业在规模快速增长的同时并没有实现质量效益的同步增长,"企业办社会"费用高,历史包袱重;受国家宏观经济政策和国内经济下行压力加大的影响,公司的主要原材料价格继续上涨,劳动力成本上升,融资成本上升,公司的经营面临严峻挑战,传统的成本管理模式已无法适应公司当前发展的要求,迫切需要新的成本管理模式来取代。只有转变粗放型的管理模式,以价值创造为理念,通过推进精细化成本管理,实现对人、财、物、产、供、销等过程的管控,提升精益管理水平,才能适应竞争激烈的市场环境,实现内涵式发展。

二、应用过程

(一) 标准成本体系的构建

1. 建立组织保障体系。

为确保标准成本法实施工作的顺利推进,公司建立了专门的组织保障体系。一是成立了以总会计师为组长,相关部门负责人为成员的标准成本法实施领导小组,使该工作成为名副其实的"一把手"工程。领导小组负责标准成本实施方案的审定,协调处理标准成本推进过程中的问题及重大事项的决策,对实施进度进行监督和考核;二是成立了专门的工作推进小组,由财务部组织各相关业务部门具体负责标准成本法工作的推进;三是研究制定了具体的实施方案,主要包括:相关部门职责、确定成本中心、标准的收集和制定、信息化平台的构建与实施、标准成本相关知识培训、标准成本的上线运行、标准成本的控制与差异分析、标准成本法制度建设等工作。

2. 制定试点产品标准成本。

(1) 试点产品的确定。公司根据现有产品的特点,选取了近两年订货稳定、批量大、价值高、原材料成本占整个产品成本的70%以上的4种产品作为标准成本试点产品。

(2) 标准成本的制定方法。公司在制定标准成本时,以定额成本为基础,综合考虑产品实际制造过程中影响资源耗费的各种因素,结合成本历史数据与实际的生产条件来确定直接材料、直接人工、制造费用的标准成本。

①直接材料标准成本的制定。

单位产品直接材料标准成本 = $\sum$ 每种材料标准用量 × 该种材料标准单价

材料标准用量是指单位产品消耗的原料及主要材料的标准数量。公司材料标准用量由工艺技术部组织、生产管理部及相关生产单位共同参与制定,其所选定的试点产品的工艺流程和生产路线均经过了生产的检验。因此,公司以材料消耗定额为基础,考虑材料在使用过程中发生的必要损耗,再综合分析产品历史实际成本、生产条件的变化及材料供应状况、工艺技术进步等影响材料耗用的因素,按照产品的零部件将材料消耗定额修正为材料标准用量,使其基本符合现有的工艺技术条件和生产实际情况,同时按产品、零部件、工序等明细进行统计、汇总,最终形成了产品的材料标准用量。

材料标准单价由公司经营规划部组织、物流管理部共同参与制定。军用品原材料价格相对比较稳定,材料标准单价以实际采购价格(或平均采购价格)为基础,考虑未来可能变动因素来确定购买材料应当支付的价格作为企业的计划价格。此次物流系统升级,经营规划部组织对全部物料计划价格进行了调整,使其更加接近实际水平、更趋合理。

②直接人工标准成本的制定。

单位产品直接人工标准成本 = 单位产品的标准工时 × 小时标准工资率

单位产品的标准工时,即工时标准耗用量,指直接生产工人生产单位产品的标准工时。公司单位产品的标准工时由人力资源部组织、工艺技术部在现有的产品工时定额基础上,结合现在的生产技术及工艺方法,综合考虑劳动效率的提高、生产工人生理上必要的休息时间、设备停工清理的时间,再按照产品生产加工所经过的程序将工时消耗定额进行修正,并按产品、零部件、工序等明细进行统计、汇总,最终形成了单位产品的标准工时。

小时标准工资率由经营规划部、人力资源部根据企业的薪酬预算和产品的工时消耗定额,参考历史工时单价后予以确定。

③制造费用标准成本的制定。

制定制造费用标准成本，首先由公司财务部根据近两年制造费用的历史数据及生产分厂、产品零部件的各个加工工序工时总额，确定小时费用率标准，然后统计各生产分厂、各个产品零部件的工时标准耗用量后，再将各生产分厂加工该产品的单位产品制造费用加以汇总，最终计算得出该产品制造费用的标准成本。

3. 搭建标准成本信息化平台。

标准成本法的实施涵盖多个业务部门及多种基础数据，对业务数据需求及分析要求高，工作量很大，需要借助信息化手段，构建标准成本信息化平台实现业财联动，确保成本数据的准确性、完整性和规范性，以满足标准成本管控的要求。由财务部牵头，组织各相关业务部门开展标准成本信息化工作：

一是对物流管理系统进行了升级，对原有的物料编码、名称规格、计量单位等基础数据进行规范、整合，对全部物料计划价格进行了调整，价格更切合实际，同时实现了与标准成本系统的对接，为标准成本法的实施提供了数据支撑。

二是把前期已经准备的产品物料清单（BOM）、工艺路线、材料标准消耗量、工时标准耗用量、标准价格、成本中心、成本项目及费率等基础数据在标准成本法管理系统进行初始化工作，形成了产品 BOM 结构树、生产工序、零部件工艺路线、加工中心、零部件材料标准消耗量、工时标准耗用量等基础数据体系。

三是通过软件自动计算生成零部件直接材料标准成本、直接人工标准成本、制造费用标准成本，并最终汇总生成试点产品的标准成本数据库。

4. 成本控制与差异分析。

一是成本的闭环管理。实际成本、标准成本共同构成公司的成本管理体系，二者采用相同的数据结构，按相同口径进行核算，保证数据的可比性。公司依托标准成本和实际成本的一体化设计与应用，通过实际成本与标准成本、预算管理系统的集成，实现成本的闭环管理与控制，有助于分析成本差异，评价成本管理水平。实际成本发生时，标准成本提供"标准用量×标准单价"数据，而实际成本系统根据当期实际发生，提供"实际用量×实际单价"数据，因此，能够实现用量差异、价格差异和总差异的计算，根据不同成本项目计入不同的差异科目，然后作结转处理。

二是差异分析与持续改进。根据各成本项目的标准成本差异，采用差异分析法按成本项目对直接材料成本差异、直接人工成本差异、制造费用成本差异进行影响因素分析，找出产生差异的原因，并需落实到相关责任部门对差异的影响因素进行深入分析，并制定改进措施。如，在采购环节产生的采购价差由采购部门负责、在生产环节产生的生产耗费成本差异由生产部门负责，通过这种较为客观、准确的对比分析，可以落实管理责任，更为重要的是促进了成本管理水平的持续提升。

三是标准成本作为一种事前计划成本，成为本期发生的间接成本分配的一种方式，对于完工产品，可以实现标准成本与实际成本的对比分析，从整个产品全生产周期角度，分析偏离计划情况，为下一步合理控制成本提供依据。

（二）实施过程中遇到的问题及解决办法

在成本管理实施中遇到的问题主要包括：一是成本管理的广度深度不够。由于公司成本管理基础薄弱，只能循序渐进地推动标准成本建设工作，成本中心仍为生产分厂，没有真正下沉到各班组、各工序及设备机台，专用工装、能源消耗还没有建立标准成本，成本精细化管理水平有待进一步提升。二是标准成本的先进性有待提高。目前实施的标准成本是基于定额成本、历史成本制定的，执行相对阻力较小，但与严格意义上的标准成本还有一定的差距。三是技术系统数据应用效率低。公司现有的计算机辅助工艺规划软件与标准成本系统不兼容，需要将该软件中已有的产品树形结构、工艺路线等资料在标准成本系统中再次手工录入，重复工作影响效率。四是成本管控制度不完善。由于成本管理方式改变，公司原有的成本管理制度已无法适应标准成本法的需要，特别是缺少成本信息化管理、成本分析与考核等方面的制度，难以真正发挥标准成本法应有的作用。

采取以下方法予以解决：一是循序渐进，在全员形成标准成本意识的基础上，逐步过渡到作业标准成本，以各项作业为成本核算对象，建立和标准化作业流程紧密联接的作业标准成本，推进更加精细、更加科学的标准成本管理。二是在标准成本推进时，及时发现差异，进行差异分析，及时组织对标准成本进行修订，不断提高标准成本先进性、合理性。三是积极向信息化专业机构取得技术支持，解决系统不兼容、数据不能直接转换的问题。四是确定制度修订与编制节点，组织进一步完善现有的成本管理制度，补充标准成本、成本预测、成本分析与考核、标准成本信息化等方面的制度，将标准成本的理论、方法、流程等固化，形成制度化、规范化、常态化的标准成本管控体系，确保标准成本法的有效执行。

三、取得成效

（一）经济效益和经济运行质量持续改善

2×15年成本费用占营业收入比重同比降低0.67个百分点；近三年销售收入大幅增长；职工收入稳步提高，年均增长率达到25%以上；利润总额不断增加，年均增幅为10.52%；核心指标EVA连年增长，年均增幅达12.92%。公司整体经营能力持续提高，价值创造能力显著增强。

（二）提供了有力的成本管理工具和方法

标准成本管理体系构建到应用，促进了成本规划、控制、考核等成本管理工作的有效开展，以及各项成本的有效降低；同时，基于信息化集成的标准成本系统平台，极大促进了财务、业务指标的标准化和规范化，大大提升了数据稽核的准确性和直观性、系统追溯查询业务数据的便捷性和准确性，极大改善了会计核算的质量和效率，为成本的精细化管理提供了有力保障和坚实基础。

（三）为预算的编制提供了有力的数据支撑

标准成本建立和应用后，用标准成本及以标准成本为基础的预算成本取代了以往的历史成本，充分体现以业务配置资源，使公司资源分布更加有效、更加满足业务需求，显著提高了预算编制的准确性、科学性、可行性，真正发挥预算对生产经营的管控功能。

（四）为定价分析和决策提供了可靠的信息来源

标准成本数据库的建立使公司的产品量本利分析更加科学，为公司产品的报价提供了合理的成本信息，为制定正确的价格决策提供了依据。

案例示范 3-7
双维多级变动成本法在医院成本管理中的应用

【本案例介绍了变动成本法在医院成本管理中的应用。案例单位为公立医院,属于行政事业单位。针对成本管理认识不充分、成本核算对象不清晰、成本数据运用不高效等问题,该单位总结出了一套适合医院行业特点的双维多级闭环变动成本法,即以变动成本法为主维度,将成本核算范围覆盖院级、科室级、项目级三个层次,形成了"核算、分析、决策、优化"的闭环管理模式,有效降低运营成本、改善成本结构。】

一、背景描述

(一) 单位基本情况

截至 2×17 年底,甲医院(以下简称"医院")共有职工 8 000 余人。其中,高级职称 600 余人,享受国务院政府津贴专家 96 人,双聘院士 5 人。医院设有临床医技科室 44 个,10 个国家重点(培育)学科和 25 个国家临床重点专科,拥有一大批在国内外有广泛影响的优势学科群。截至 2×17 年,医院共有编制床位 5 000 张,门急诊量 570.3 万人次,住院量 22.7 万人次,手术量 12.1 万台次。2×17 年,医院以开展成本核算与管控为切入点,以提高财务数据的决策支持能力为目标,开展医疗服务项目成本核算,完成 49 个科室 7 056 项科室级、3 431 项院级医疗服务项目成本核算。

(二) 存在的主要问题

一是成本管理认识不充分,重业务、轻管理。医疗卫生主管部门,对公立医院考核目标以医疗水平的业务管理为主,对经济管理工作的考核力度不够。从目前大部分公立医院运营现状来看,在公立医院的经营决策方面,技术含量优先被考虑而其成本问题不被重视,对成本管理也不够重视,容易出现重业务、轻管理的现象。

二是成本核算对象不清晰,重全成本、轻重点项目。成本管理重点在于完善成本费用管理控制制度,按照成本核算对象有效控制物耗成本、医疗服务成本等成本支出项目,关注医疗服务过程的成本管理,未能抓住成本管控的重点因素和环节。医院对医院成本费用进行全成本核算,对物耗、资产损耗、人力等成本管控重点部门、重点领域管控力度不够。

三是成本数据运用不高效,重核算、轻分析。从成本数据来看,公立医院开展了不同程度的成本管理和核算工作,采集的基本成本数据未实现分析、管理的数据挖掘作用,存在重核算、轻分析的现象,未能向医院管理层提供准确数据支持。

(三) 选择变动成本法的主要原因

一是国家医改政策要求加大成本管控力度。从国家政策层面来看,已全面取消医院药品加成收入,医疗保险付费方式由单一支付方式向混合支付方式转变,只有建立在单病种成本核算基础上的定价才更科学;从综合财务报告改革层面来看,要求实施权责发生制,要求建立成本核算体系,医院成本管理的强化可以为政府制定相关政策和医院自身的长期发展提供较为客观准确的信息。

二是医院行业管理要求构建成本控制框架。医院管理科室作为成本控制的主导来制定政策,业务科室作为业务管理部门来落实政策。一方面,相关管理科室要构建出较为完善的医院成本管理制度体系，从全成本核算、院科两级考核到单病种成本核算等，建立符合自身医院特点的考核模式。另一方面，业务科室要根据既定的成本控制指标和制度，结合本科室情况制定并实施相应的成本管理核算办法，同时落实好日常医疗工作，降本节支。

三是单位成本控制要求加强成本控制力度。医院的综合目标责任制考核制度将成本核算作为重要指标纳入工作考核，但成本核算工作流程繁杂，将分配向内部管理优质的部门和个人倾斜，体现奖优罚劣的导向作用不足。同时，医院成本分析与控制不足，有必要加强成本管理，控制物资消耗项目与数量，提升医院成本控制系统的有效性，切实降低医院运行成本。

二、总体设计

（一）应用目标

遵守国家政策安排，落实医院全成本核算。公立医院已全面取消药品加成，医院收入来源由原有的财政补助、医疗服务收费、药品加成三渠道变为财政补助、医疗服务收费两渠道。医院要建立健全医院成本核算体系，细化科室成本核算，建立医院、科室、项目三级核算体系：在医院成本核算层面，计算总成本和单位成本，以确定医院真实成本水平，加以控制和考核；在科室成本核算层面，以医院科室为单位，归集和分配医疗总成本；在项目成本核算层面，划分项目作业池，分析每个作业消耗的人力成本、材料、设备折旧等，汇总形成项目成本，从医疗项目的成本核算角度提供医院经营决策的分析，实现病种成本核算，通过比较分析医院实际病种成本与标准成本差异，优化临床治疗行为。

（二）总体思路

医院设计了双维多级闭环的变动成本法应用模式（见图3-7-1）。双维，即变动成本法和作业成本法两个维度；多级，即成本核算范围覆盖院级、科室级、项目级三个层次；闭环，即形成了"核算、分析、决策、优化"的闭环管理模式。

医院成本按归集对象不同，可以分为科室成本、医疗服务项目成本、病种成本、床日和诊次成本等。成本核算的对象，与成本核算的类别相对应，以医院、科室、医疗服务项目等作为核算对象。采用的变动成本法是融合了作业成本法中对于间接成本的资源消耗计算方法，将这部分成本作为固定成本，与约束性固定成本一并作为期间费用。

1. 核算院级成本。医院以会计核算为基础，分期划分各期成本。全成本核算要求医院将科教项目支出、政府补助支出所形成的固定资产折旧、无形资产摊销纳为成本核算范围。

2. 核算科室成本。归集各科室的直接成本以及分配归集到各成本科室的间接成本。把科室分为临床服务类、医疗技术类、医疗辅助类和行政后勤类四大类。各类科室成本应本着相关性、成本效益关系及重要性等原则，按照分项逐级分步结转的方法进行分摊。先将行政后勤类科室的管理费用向临床服务类、医疗技术类和医疗辅助类科室分摊，然后将医疗辅助类科室成本分摊给医疗技术类科室，最后将医疗技术类科室成本分摊给临床服务类科室。

3. 核算项目成本。医疗项目成本核算使医院了解医疗项目的实际成本及收益情况、成本构成情况，实现医院和科室的精细化管理。

4. 核算病种成本。病种成本核算是以病种为核算对象，按一定流程和方法归集相关费用计算病种成本的过程，核算办法是将为治疗某一病种所耗费的医疗项目成本、药品成本及单独收费材料成本进行叠加。病种成本核算中常见方法是根据临床路径来核算管理成

案例示范 3-7 双维多级变动成本法在医院成本管理中的应用

本，涵盖临床路径规范、治疗效果明确的常见病和多发病领域，主要流程包括：确定病种及临床路径→识别临床服务项目并核算成本→加总各项服务项目成本、可收费材料成本及药品成本并得出最终病种成本（见图3-7-2）。

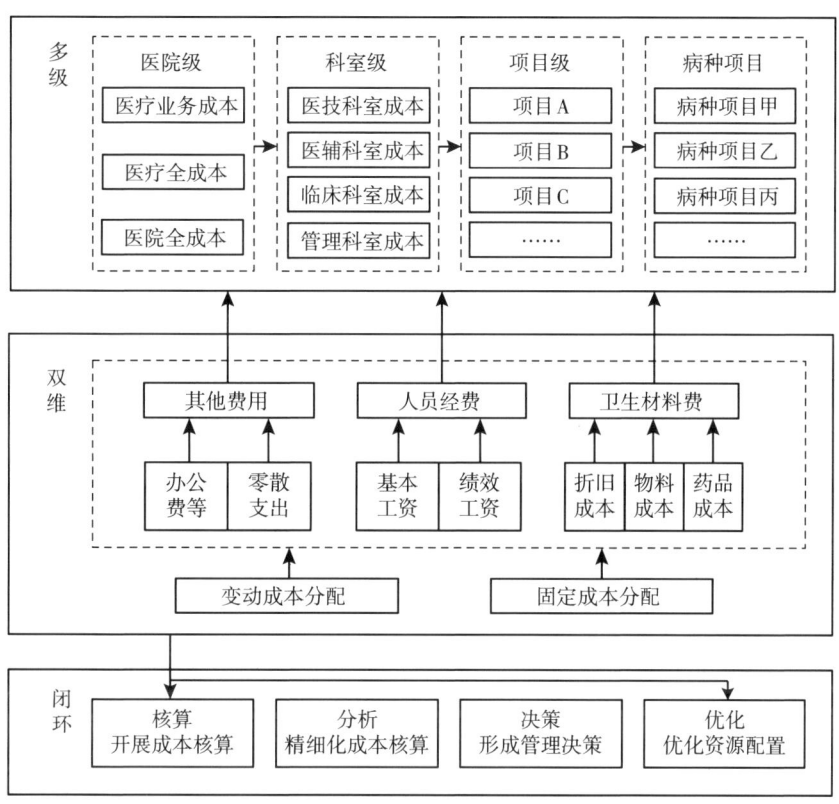

图 3-7-1 双维多级闭环变动成本法

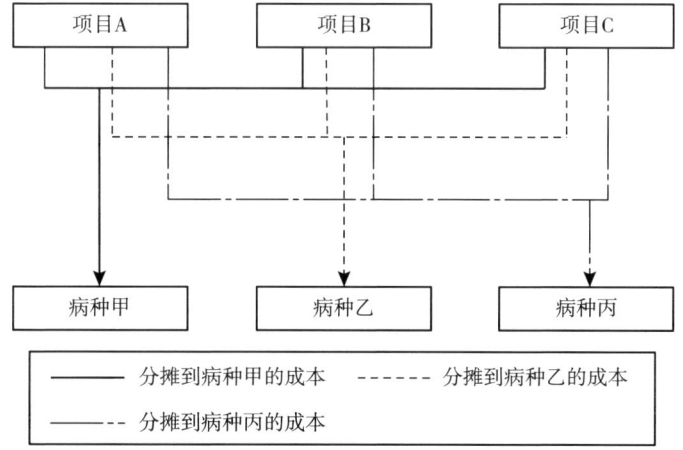

图 3-7-2 医院成本分配流程图

三、应用过程

(一) 整合财务体系，支撑成本核算工作

1. 医院统一整合相关财务制度。财务部积极与业务部门协同配合，以科室发生的费用为对象，获取成本信息，为相应收支成本核算制度提供制定依据。建立健全相关核算制度，确定分配间接费用的标准体系；根据后勤、器械及药房提供材料及药品的支出情况，建立健全药材、药品管理制度；人事部门和财务部协调合作，核算工作人员工资福利待遇，明确相关财务管理制度。

2. 财务部建立健全业务相关组织。医院构建统一领导、集中管理的财务管理体制，医院所有经济活动在院长及总会计师领导下，由财务部门集中管理，为医疗、教学、科研等工作的开展提供财务保障。财务部门下设会计科、结算科、物价科、财务管理科、经济改革办公室、医疗保险办公室、国有资产办公室，在收入归集、会计核算、预算管理、绩效分配、物价管理、医保管理、国有资产管理等方面开展工作。

(二) 建立信息系统，形成成本池与作业库

1. 医院构建内部成本信息平台。医院资源计划系统（HRP）将医院现有的信息资源进行整合，建立各个部门间信息共享、互通有无且利于统一合作的全面系统化医院资源管理平台。医院为成本核算提供了成本信息平台。优化成本管理流程。目前已使用医院综合运营管理系统、医疗机构成本核算一体化系统，满足集团化和病种核算成本。自助结算系统使自助服务多元化，移动支付便捷化，提高收入数据获取效率，加强了资金管理的安全性。财务服务综合平台。将日常报销、在线答疑、综合查询和政策宣讲等工作由线下迁移至线上平台，以服务临床为中心，提升报销审批效率，业务流程覆盖全面，将管控融入流程，形成管控体系协同运作。

2. 财务部构建成本信息系统。医院重视财务信息化建设，构建了成本项目核算系统，专门用于成本归集、计算、分析。成本核算系统包含业务数据管理、直接成本计算、资源成本计算、作业成本计算、单位成本管理、项目成本报表、基础信息维护等模块，高效地搜集成本原始数据，进行成本归集和分析。同时，根据导致成本发生的事项，确定不同的作业，并以此为依据形成作业库，便于确定变动性固定成本。另外，成本项目核算系统与医院的其他系统进行交互，如HIS系统、薪资系统、物资系统、资产管理系统等，高效地获取基础成本数据。借力信息化，通过打造精专业、懂业务的财务团队，强化风险管控，服务医院医疗、教学、科研工作，实现价值创造。

3. 各部门确定三级成本核算池。医院开展三级成本核算，将成本在医院全成本、科室级责任中心、医疗业务成本间进行归集。（1）医疗业务成本。医疗业务成本分为六类，分别是：人员经费、卫生材料费、固定资产折旧费、无形资产摊销费、计提医疗风险基金和其他费用。（2）科室级责任中心。科室级责任中心共四类，分别是：医疗科室、医技科室、医疗辅助科室和管理科室。（3）医院全成本。医院全成本包括财政、科教项目支出形成的固定资产折旧、无形资产摊销、医疗成本、科室成本。

立足于医院全成本的视角，从临床、医技科室成本来核算医疗服务项目成本。医疗业务服务项目涉及临床类科室和医疗技术类科室，因此医疗服务项目成本核算的范围包含全院所有临床服务类和医疗技术类科室执行的医疗项目。各科室的成本按照医院业务活动中所发生的各种消耗以科室为核算对象进行归集和分配。最后在临床、医技、科室的基础上，将每个医疗业务服务项目按照各科室工作量加权平均计算院级单位成本。

"医院-科室-病种"三级成本归集方向，有利于医院管理人员准确分析医院不同层

级的运营情况，正确制定经营决策，科学进行成本计划、成本控制和成本评价与考核等。对医院进行精细化管理、优化医疗资源配置具有重要意义。

4. 实施多级成本核算管理。医院从院级、科室级、病种级三个层次逐级递进，以综合成本运营管理 BI 系统为支撑，实施多级式成本核算系统管理（见图 3-7-3）。

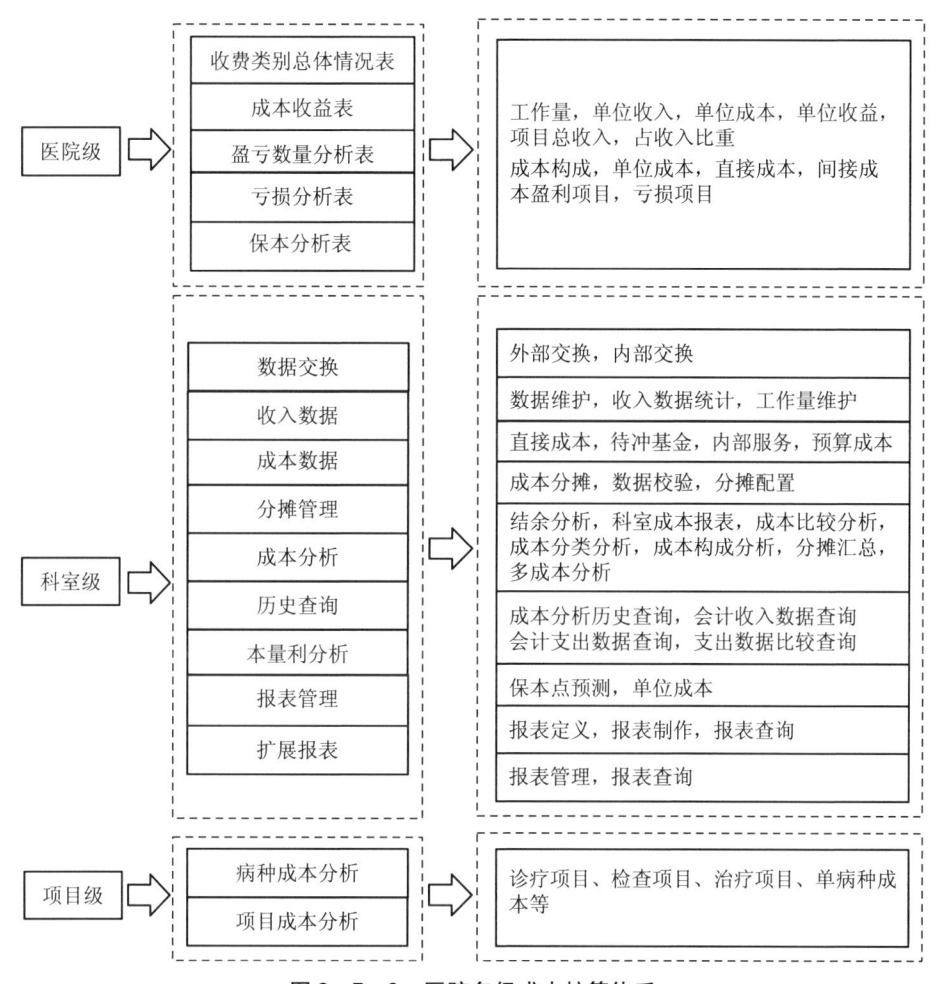

图 3-7-3 医院多级成本核算体系

院级层面，综合成本运营管理 BI 系统借助于一系列成本效益分析、盈亏平衡分析、保本分析等分析版块，从收入、成本和收益多重角度识别医疗服务项目的盈利项目和亏损项目；科室级层面，综合成本运营管理系统在基础数据采集完整的基础上，对归集的科室成本加以分摊，形成科室医疗服务项目成本，并进行成本分析、本量利分析等，便于报表管理和预测决策；项目级层面，医院在项目成本核算的基础上，对医疗项目实施叠加，视为所有项目收费的总和。病种级层面作为项目成本的具体应用，首先要确定临床路径，以项目成本进行核算，其基本核算路径如下：病种成本 = 医疗项目成本 + 药品成本 + 单独收费材料成本。科室成本核算和项目成本核算是病种成本核算的基础。

（三）分解成本，进行成本性态分析

医院按照成本性态，对各项成本进行分解，将医院常见成本按相应标准进行分类（见表3-7-1）。

表3-7-1　　　　　　　　　医院常见成本分类情况

总成本	固定成本	约束性固定成本	工资福利支出（不含绩效工资）
			离退休人员费用
			维（护）修费
			固定资产折旧
			无形资产摊销
		变动性固定成本	物业管理费
			租赁费
			水电费
	变动成本		绩效工资
			卫生材料费
			提取医疗风险基金
			其他材料费
			药品费
	混合成本		后勤服务成本等

1. 变动成本，是指业务量在一定范围内增减变动，其总额发生相应的正比例变动，而单位成本不受业务量变动的影响而保持不变的成本。医院的药品费和卫生材料都是典型的变动成本。

2. 固定成本，是指业务量在一定范围内增减变动，其总额保持不变，而单位成本则随着业务量的增加而相对减少的成本。又分为约束性固定成本和变动性固定成本。约束性固定成本用来维持医院日常运营，一般不能在短时间内改变，其总额轻易不能降低，只能通过扩大服务量来降低单位成本。如折旧费用、摊销费用等。变动性固定成本受决策行为影响，通常可以在不同时期改变或降低其总额。这部分成本可以根据作业库中的作业，重新划分为变动性固定成本，与具体作业挂钩，与作业成比例同向变动，更加细化了成本。如业务费、水电费等。

3. 混合成本，是指总额随业务量变动但不成正比例变动的那部分成本。医院后勤服务的人力成本属于混合成本，其中按人社部门核定的基本工资及医院承担的"五险一金"具有固定成本属性，但奖励性绩效工资具有变动成本属性。

综上所述，将医院运营过程中发生的成本划分为固定成本和变动成本，变动成本具有单位成本不可变的特点，异常变动的成本可以被视为成本控制的警报信号。如果某个产品或项目的变动成本发生了较大变化，可由变动成本的单位成本不变性去探究其原因，并对某一时期成本发生数额较大的变动，如药品成本，实施重点监控。

（四）确定"医院、科室、项目"三级成本，形成成本闭环管理

1. 采集基础数据，形成医疗业务成本。以医院超声科2×17年7~9月开展的两个医

疗服务项目为例：临床操作的彩色多普勒超声引导和介入治疗的超声心动图监视，对变动成本法具体实施进行说明。财务部门从医院各系统中采集基础数据，将成本根据事先确定好的成本分类标准进行归集，形成医疗业务成本。

（1）从 HIS 系统获取收入数据和工作量数据，确定医疗服务项目收入和工作量（见表 3-7-2）。

表 3-7-2　　　　　　　　　　　收入明细举例

医疗服务收费项目名称	开单科室	执行科室	收入金额（元）	工作量（例）	单价（元）
临床操作的彩色多普勒超声引导*	各临床科室	超声科	213 400	2 134	100
介入治疗的超声心动图监视*	各临床科室	超声科	14 880	124	120

（2）采集超声科全成本原始数据（见表 3-7-3）。医院在该期间全成本为 13 692 986.38 元，其中包括变动成本、变动性固定成本、约束性固定成本。

表 3-7-3　　　　　　　　超声科科室成本（不含药品费）　　　　　　金额单位：元

成本项目名称	医院全成本 (1)+(2)	医疗成本（二级分摊）(1)			财政和科教补助支出形成的固定资产折旧和无形资产摊销 (2)
		科室直接成本	分摊管理费用	分摊医辅成本	
人员经费	7 278 628.61	6 228 872.34	1 049 756.27	0	0
卫生材料费	2 332 092.76	2 332 069.80	22.96	0	0
固定资产折旧	3 072 443.66	2 883 515.31	81 615.24	0	107 313.11
无形资产摊销费	11 448.32	0	11 448.32	0	0
计提医疗风险基金	36 791.20	36 791.20	0	0	0
其他费用	961 581.83	248 956.91	712 624.92	0	0
合计	13 692 986.38	11 730 205.56	1 855 467.71	0	107 313.11

（3）从医院各相关系统中，导入各类成本数据。超声科的成本数据大致来源于以下三个途径：从薪资系统导入科室不同职称类型人员的工资数据、从物资系统导入材料成本数据、从资产管理系统导入科室设备等资产数据。在各项成本中，超声科医疗服务项目变动成本为超声科科室直接成本中可直接计入或直接计算计入的医疗服务项目的成本；项目固定成本分为不能直接计入项目的科室直接成本以及管理部门、医辅部门分摊的成本，即变动性固定成本；和与医疗项目服务无关的成本，即约束性固定成本。

2. 明确责任中心，归集科室医疗业务成本。

（1）归集变动成本。以超声科项目人力成本为例，对变动成本的归集进行举例说明（见表 3-7-4）。

表 3-7-4　　　　　　　　　　　单位直接人工成本计算举例　　　　　　　　金额单位：元

职称	职称总时长（分钟）(1)	直接人力成本 (2)	分钟工资率 (3)=(2)/(1)	临床操作的彩色多普勒超声引导*		介入治疗的超声心动图监视*	
				职称工时（分钟）(4)	单位直接人工成本 (5)=(3)*(4)	职称工时（分钟）(6)	单位直接人工成本 (7)=(3)*(6)
主任医师	398 457	801 775.18	2.01	15	30.18	40	80.49
副主任医师	404 238	506 469.79	1.25	15	18.79	40	50.12
主治医师	459 880	1 061 890.51	2.31	30	69.27	40	92.36
住院医师	1 474 175	1 081 385.98	0.73	5	3.67	5	3.67
护士	383 550	50 019.91	0.13	5	0.65	5	0.65
合计	3 120 300	3 501 541.36			122.57		227.29

其中，超声科的直接人力成本涉及主任医师、副主任医师、主治医师、住院医师、护士五类职称人员。每类职称的总成本根据科室提供的各类职称人员的薪资系统取得，每类职称人员每个项目操作时间通过调研获得。

某一职称分钟人力成本＝某职称总人力成本/某职称总操作时间

某一医疗服务项目直接人力成本＝∑职称操作时间×职称每分钟人力成本

除人力成本外，将其他各类直接成本以类似方法进行划分和归集，得到超声科科室变动成本数据。

（2）以各项业务的作业为依据，对固定成本性态进行划分，得出变动性固定成本。医院财务部门根据导致成本发生的事项，确定不同的作业，并以此为依据形成作业库，便于确定变动性固定成本。作业库具体见表3-7-5。

表 3-7-5　　　　　　　　　　　　作业库示意图

作业库							
临床类科室		医技类科室					
门诊类	住院类	手术类	检验类	放射类	检查类	麻醉类	
分诊 诊断 治疗	医生查房 医生交接班 医生开医嘱 护士交接班 护士扫床 病房治疗 床位使用	术前准备 术中操作 术后处理	取材 标本处理 标本接收接种 检测 后期处理 出报告 签报告	登记 扫描 照相 辅助检查 出报告 签报告	登记 检查 综合治疗 出报告 签报告	麻醉操作 麻醉恢复	

作业库的设置，将复杂的业务和成本结合，将固定成本中的一部分归集为变动性固定成本进行核算，提高成本核算的准确性和实用性。财务信息使用人员能更清晰地看出各项目的成本，从医院、科室、项目三个层面对成本进行分析，增强财务决策的全面性。医院在充分调研医疗业务流程的基础上划分出医疗服务过程中具有相对独立意义的重要活动和

行为,形成不同的作业。经过调研,梳理超声科的工作流程,涉及的作业为三项,分别是登记、检查、出报告。选取工作量作为对固定成本性态进行分类的依据,即各作业成本池的计算公式为:

某变动性固定成本 = 某作业工作量 × (总变动性固定成本/所有工作量之和)

各作业工作量占比见表3-7-6。

表3-7-6　　　　　　　　　　　各作业工作量占比

作业	工作量	工作量占比	作业成本(元)
登记	76 710	0.32	1 891 962.75
检查	76 710	0.32	1 891 962.75
出报告	86 665	0.36	2 137 491.22
合计	240 085	1.00	5 921 416.72

(3) 将变动成本、约束性固定成本、变动性固定成本加总、整合,形成科室医疗业务成本(见表3-7-7)。

表3-7-7　　　　　　　　医疗服务项目单位成本举例　　　　　　　　金额单位:元

项目编码	项目名称	单位成本	单位变动成本	单位变动性固定成本		
				登记	检查	出报告
120237	临床操作的彩色多普勒超声引导*	278.22	156.21	24.66	70.88	26.47
120249	介入治疗的超声心动图监视*	473.09	351.08	24.66	70.88	26.47

(4) 对出院病人在院期间为治疗某单病种所耗费的医疗项目成本、药品成本及单独收费材料成本进行叠加,形成单病种成本。在确定临床路径的前提下,以医疗服务项目成本进行核算的,基本思路为:病种成本 = 医疗服务项目成本 + 药品成本 + 单独收费材料成本。医院以计划性剖宫产为例进行成本计算。

3. 助力分析决策,把控院级医疗业务成本。

通过上述步骤,核算出医院科室级医疗业务成本。在此基础上,每个医疗服务项目按照各科室工作量加权平均计算某一医疗服务项目院级单位成本。从成本收益表中,可看出超声科开展医疗服务项目共31项,盈利项目25项,亏损项目6项。盈利项目总收入2 137万元,总成本996万元,总收益1 141万元、利润率53.39%;亏损项目总收入133万元,总成本238万元,总亏损105万元。某期间内超声科执行的31个项目中,6个亏损项目中的5个都有保本点,有保本点的项目增加业务量有可能扭转亏损的局面。普通心脏M型超声检查是唯一一个没有保本点的亏损项目,但是业务量非常大,样本期间项目量高达27 167例。该项目的收费是14元,单位变动成本是16.24元,项目成本31.7元,其中直接成本17.83元,登记变动性固定成本4.56元,检查变动性固定成本4.48元,出报告变动性固定成本4.83元。由此可见该项目如果不是政策性亏损项目,只能考虑提高项目收费标准才能弥补亏损,否则做一例亏损一例。

准确核算"医院、科室、项目"三级医疗业务成本,强化病种成本的核算,为医疗价格补偿提供数据基础；有利于医院更清楚地了解各种医疗项目、病种实际成本及成本组成状况；对不同科室相同的运营成本存在的差异进行分析，可以帮助医院更有针对性地提升资源配置效率，从而进一步推动医院精细化管理。

四、取得成效

（一）明确真实成本信息，加强成本风险管控

医院变动成本法简化了成本计算工作，增强成本分摊工作的客观性，使其有规可循，项目成本信息更加准确可靠。以真实成本信息为基础，对项目成本进行风险管理。变动成本法强化对医疗服务成本的管控，有效降低医疗项目成本的日常消耗，实现整体降本节耗的目标。

（二）真实反映运营状况，有助医院管理决策

医院发挥变动成本法的成本模型构建和分析优势，揭示成本与业务量之间的依存关系，利用变动成本法测算院级成本、科室级成本、医疗服务项目的"盈亏平衡点"，从而为日后开展新的医疗服务项目和成本控制判断提供保障。

（三）构建新成本控制体系，提高医院经营效率

医院搭建以"双维多级闭环"为主体的成本控制体系，从变动成本法和作业成本法双层维度渗入到院级、科室级、项目级成本核算，在加强业务技术能力的同时，采用先进管理手段进行财务管理工作，提高医院的经营效率。

案例示范 3-8
作业成本法在煤炭企业的应用

【本案例介绍了作业成本法在煤炭企业成本管理中的应用。针对预算成本与实际生产经营情况脱节、无法准确反映生产环节成本、成本控制能力差等问题，案例单位通过深入剖析成本费用形成动因、科学分析作业、优化作业流程，以成本指标分解为导向，制定了责任主体明确、职责分工细化、单项要素强化的业绩评价考核机制，构建了以作业成本法为基础的核算与绩效评价的作业单元成本管控模型，提升了煤炭产品成本要素的管控效果。】

一、背景描述

（一）单位基本情况

乙集团主要经营煤炭采掘及煤化工产业，下属有82家二级子公司、9家分公司及独立核算机构，涉及行业有煤炭开采、发电、氧化铝生产、煤化工、建筑安装、运输、房地产等。甲煤矿（以下简称"煤矿"）是乙公司下属的分公司，设计能力180万吨/年，核定能力220万吨/年，在册员工共有4 430人，矿井采用斜井开拓方式，混合式通风，主采煤层为侏罗纪中统下段组2-1、2-3煤，水文地质条件中等，矿井属瓦斯矿井，煤层易自燃，煤尘具有爆炸性危险。

（二）存在的主要问题

煤矿在责任中心的成本控制和考核时，直接把煤炭产品作为成本核算的对象，所提供的会计信息不能满足成本控制的需要，内部管理者无法知道哪个环节的成本高，更无法进行有效控制。存在的主要问题：

一是在核算上，无法准确反映各个生产环节的成本。按照目前煤炭生产核算方法，核算的煤炭生产单位成本是所有成本投入的总体反映，只从报表的煤炭单位成本上不能客观、准确地反映生产矿井当期实际的成本情况，成本费用的发生和改进环节以及降低和消除作业不清晰，导致矿井成本费用的投入缺乏科学性和成本效益的相关性，进而影响成本费用管控的效果。

二是在成本控制上，对成本管理缺乏实质控制力。按照预算成本目标管理的方法和手段，以利润倒逼成本反映的是根据经济承受能力确定的投入水平。成本管理事后核算多，事中控制协调和事前预算控制少，缺乏实时的过程控制。治理措施多，技术措施少，致使成本控制措施不力。煤炭生产单位受自然和技术手段制约，生产的超前计划性与实际状况存在较大差距，使得总体成本投入的预算控制性较差，财务成本预算与生产预算不匹配，成本投入的随意性较强。

三是在绩效考评上，预算成本目标责任考核，仅仅面向当期成本，缺乏长效考核机制，不利于生产矿井的持续发展、统筹发展、安全发展能力的稳步提升。同时煤炭企业产品单一，间接成本都计入当期生产成本，难以划分到各个责任成本中心，致使责任中心的考评效果不能满足管理要求。

（三）选择作业成本法的主要原因

煤炭企业作为一个能源开采行业，与其他一般制造业相比有其特殊性，成本的构成具有以下几方面的特性：首先，原材料不构成产品实体，辅助材料成本费用较高；其次，活劳动成本支出比较大；再次，制造费用的构成与一般企业也存在很大差异，在成本管理过程中应区别对待；最后，由于煤炭企业生产和产品的特殊性，并不存在规模经济。综合考虑我国煤炭企业生产工艺等各方面特征及煤矿当前成本控制方面存在的问题，作业成本法的引入和应用是切实可行的：

一是生产作业易于区分，便于成本核算对象的确认。煤炭企业的生产过程比较清晰，各项作业易于区分，而且各项作业都要对资源进行一定的消耗，从成本管理的角度来看，可以以作业为中心进行成本归集，通过作业这一成本中心计算产品成本。同时，还可以将作业中心的实际成本与目标成本进行分析对比，及时发现问题并采取有效措施，提高增值作业的效率，消除非增值作业，这样可以起到持续改善、消除浪费、降低成本的目的。最后，通过对各作业中心成本与目标成本的分析可以提高作业业绩评价考核的有效性，极大地调动员工降低成本的工作热情。

二是煤炭企业成本结构稳定，便于作业成本核算。煤炭企业的生产成本主要包括工资、材料、电力、修理费等一些可控项目，变动因素较少，有利于分作业进行成本核算。

三是从成本管理的角度看，煤炭企业的生产过程可以分为采煤、掘进、运输、通风、排水等若干个环节，每一环节又可分为若干工序，每道工序都要消耗一定量的资源。因此，可以以工序为作业，把每一个环节确定为一个作业中心，按工序计算作业成本，按环节汇集作业成本。从而实现作业成本的确认和计量，实现作业业绩的考核。

四是先进成本管理理念的冲击以及其他企业的成功经验使得煤炭企业员工不断要求创新成本管理方法，作业成本法也逐渐得到企业管理者的认同。作业成本法并不局限于某个行业或某个类型的企业，作为活劳动成本比较大的煤炭企业，也可以成功引进，它可以从整体上带动整个产业管理模式的变革。

综上所述，煤矿在当前成本管理模式下引入作业成本法，对于解决其在煤炭生产过程中的成本核算、成本控制、绩效考核等问题具有重要作用。

二、总体设计

（一）作业成本法的预期目标

应用作业成本法，要在决策层面、管控层面和业务层面分别达到如下目标：

1. 在决策层面，填补在决策支持信息化方面的空白。以预警机制、绩效考评、多维分析等管理手段为基础，建立简捷实用的图、表、文一体化的信息窗口，及时为领导提供信息，达到"看得见"的目的。采用审批权限和流程控制等信息技术手段进行动态追踪，达到"管得住"的效果，并逐步形成科学的决策支持与分析模型，提高决策质量。

2. 在管控层面，将作业成本和内部市场化管理有机结合，逐步完善运行机制，通过管理信息系统的有力支持，及时准确地查询、提取、筛选基层各类业务数据，借助动态监控、追溯分析、对标分析等功能，找出管理中的问题和差距，通过政策引导，制度规范，改进工作流程，落实预算目标，达到加强集中管控的目的。

3. 在业务层面的重点就是成本管理。采取标准、定额、编码管理等有效管理工具，控制成本发生，减少跑冒滴漏；通过优化作业流程，减少无效作业，提高劳动效率，实现科学的作业成本管理；明确管理责任，健全工作标准，将生产任务与预算目标紧密结合，实现岗位价值的标准化；完善管理制度，提高制度的可操作性。

（二）作业成本法的总体思路

煤矿实施作业成本法的总体思路为：依托正在实行的内部市场化，把目标成本管理和作业成本法结合起来，使目标成本分解到的成本中心和按作业划分的作业中心协调一致，相互对应，实行成本中心和作业中心协调控制。

煤矿采用的全面预算管理制度，设立了以各部门、区队和班组为基层预算单位的成本中心，同时成本中心又作为责任中心，编制责任预算，控制可控成本。鉴于煤矿生产和机构设置的特点，按部门作业成本法的基本理论将作业中心与现行的成本中心协调一致，使其相互对应，由责任中心（成本中心）考核预算的执行情况，作业中心考核作业成本的实际发生情况，然后将责任中心和作业中心的考核结果相互对比，分析差异，找出差异发生的原因。

（三）作业成本法的核算内容及实施步骤

作业成本法以作业为成本核算对象，核算内容包括：以作业为中心，作业的划分从采煤工作面投产设计开始，到原材料供应；从生产流程各个环节到装车发运销售全过程，通过对作业及作业成本的确认、计量，最终计算出以作业为基础的产品成本。同时，经过对各个作业环节的跟踪，消除非增值作业，优化作业链和完善价值链，为企业决策者提供有价值的信息，促进成本的降低和改进，进而提高决策、计划、控制能力，全方位提升企业价值。煤炭企业在应用作业成本法的过程中，必须结合实际情况分步骤实施。其操作步骤如下：

1. 作业调研。详细了解煤炭企业的经营环节和作业过程，理清煤炭企业导致成本发生的因素，了解各个部门对成本的责任，进而设计作业以及责任控制体系。

2. 作业认定。作业成本法以作业为核心，依托"产出消耗作业，作业消耗资源"的理念，将煤炭企业所有成本费用按照资源动因和作业动因进行归集，由于煤炭企业成本结构稳定且材料投入不构成产品实体，因此便于运用作业成本法进行核算。按照煤炭产品的形成过程，从材料采购到原煤生产再到产品销售，各环节均纳入作业成本管理体系范围，尤其是煤炭生产环节，由于该环节所耗用的材料较多，且未能构成煤炭产品的实体，其成本支出占据吨煤成本的80%左右，在整个作业环节属于成本的核心控制阶段，因此需要根据生产流程细化采、掘、机、运、通等作业环节。

3. 测算作业环节定额。定额是指在一定的生产技术和管理水平下，对消耗的人、财、物所规定的标准量。煤炭定额体系是有效配置生产资源和计划生产的重要依据，对于煤炭企业降低成本，提高经济效益具有重要的促进作用。煤炭生产过程中，要想实现过程控制，必须明确各作业环节的成本管理目标，这就需要详细测算各作业环节的定额标准，通过定额标准制定成本管控目标。

完整的煤炭定额体系包括消耗定额、劳动定额和费用定额。消耗定额主要包括材料消耗定额（材料主要指配件、油脂、木材、支护用品等直接材料消耗）、水消耗定额、电力消耗定额等，如煤矿材料消耗定额是指生产煤矿在一定的地质条件、开采工艺、劳动组织条件下，开采单位煤炭产品或完成单位生产任务所必须消耗材料的数量标准，在定额的制定过程中，通过分析、计算各作业环节的材料消耗来最终确定定额标准。煤矿劳动定额主要包括工时定额和产品定额；费用定额主要包括管理费用定额、销售费用定额、财务费用定额。

煤炭企业在测算和编制定额体系的过程中，要根据自身的煤层赋存条件、地质构造、生产工艺和基础数据的完善程度选择合适的定额编制方法。各作业环节定额测算的关键步骤是：①划分作业环节，确定作业内容；②根据生产工艺和技术条件，分析作业消耗影响因素，确定定额制定内容；③选择定额编制方法（如经验估计法、现场查定法、技术测定法等），测算定额标准；④确定修正系数，完善定额标准。

4. 成本归集。可以通过现有的计量指标直接进行分配，例如将材料成本归集到消耗材料的加工作业中。然后根据作业的类型和资源成本的性质来确定成本动因。

5. 分配资源，建立成本库。按照作业中心将资源分配到各项作业中，同时将相关的成本归集起来，建立成本库。成本库可以归集人工、直接材料、机器设备折旧、管理性费用等。按多个作业动因分配制造费用是作业成本计算与传统成本计算相比的优越之处。

6. 运行分析。在建立作业成本核算体系的基础上，输入相关作业量和费用标准等具体数据，生成作业成本。对作业成本的计算结果进行分析与解释，如成本偏高的原因，成本构成的变化等。

7. 优化改进。对作业成本实施过程中发现的问题采取相应措施，实现持续的作业改进，如考核组织和员工，再造企业生产经营流程，消除非增值作业，提高增值作业运行效率等等。

三、应用过程

（一）设置作业成本管理机构

为进一步加强煤炭成本管控，煤矿在全矿推行作业成本法，并出台了《煤矿作业成本管理实施方案》。同时，为确保作业成本法正常推进，煤矿成立由矿长、书记为组长、管理矿长及各系统分管矿领导为副组长的作业成本管理领导小组，成员科室包括财务科、企审科、调度室、劳资科、供应科、生产科、安检科、通风科、防冲科、地测科、综采车间、机电科、运销科、煤质科、后勤中心等，作业成本管理领导小组下设管理办公室，管理办公室设在财务科，考核办公室为企管科。

（二）岗位责任分工

为进一步推行和实施作业成本法，煤矿对11个直接相关的职能部门的岗位职责进行了明确分工和界定（见表3-8-1）。

表3-8-1　　　　　　甲煤矿实施作业成本法相关职能部门分工情况

部门	职责
生产科	填充生产掘进、回采、井巷修理、安装回撤作业单元及工作量、计划单位成本、计划成本总额
调度室	填充单项工程、矿车运输作业单元、工作量、计划单位成本及计划成本总额
防冲办	填充防冲击地压作业单元、工作量、计划单位成本及计划成本总额
通风科	填充通风系统作业单元、工作量、计划单位成本及计划成本总额
地测科	填充防治水作业单元、工作量、计划单位成本及计划成本总额
供应科	填充作业成本管理表材料表实际计划单位成本、实际计划成本总额及资金来源
机电科	填充作业成本管理表电费表计划实际耗电量及资产占用表中机电设备计划实际租赁费及实际机电设备折旧费
综采车间	填充作业成本管理表资产占用表综机设备租赁费计划实际数
财务科	填充作业成本管理其他费用及除机电设备折旧费以外的折旧费，并汇总分析形成财务分析报告
劳资科	填充作业成本管理表工资表里耗用工数、成本总额计划实际数
企管科	作业成本管理工作的月度考核

（三）确定业务流程

在作业成本法应用实施过程中，煤矿结合现有管理基础，引入作业成本法，制定了基于作业管理的业务流程，由相关生产科室以每月作业生产计划为依据确定详细作业单元，再由供应科、劳资科、机电科、财务科对表格数据进行填充完善，最后由财务科汇总归纳形成书面文字分析。

1. 每月末由生产科、调度室及财务科把下个月的作业在系统中进行录入。
2. 各个职能科室按作业把计划数据填报。
3. 次月末按实际工作量，对涉及工作量的作业进行实际工作量的录入。
4. 各个职能科室按系统中的实际作业及工作量按作业分类别把成本数据录入。
5. 财务科进行数据的汇总与简要分析并按要求进行考核，然后对相关部分进行再分析。

（四）收集作业信息

煤炭成本消耗不构成产品实体，间接成本占到成本总额的60%以上。通过对成本项目的深度剖析，根据生产流程、成本性态以及投入效果等方面对成本项目进行剖析，针对不同类型的成本项目，明确不同的预算成本控制措施和业绩评价导向。

煤矿组织生产、技术、企管、财务等多个部门对成本现状进行全面梳理分析，对水文地质灾害情况和煤层附存状况进行深度剖析，健全内部生产、安全、地质、水文等基本信息资料，明确成本管控的重点和方向。

（五）认定主要作业

煤矿在吸取兄弟单位工作经验的基础上，结合自身实际，将作业单元划分为原煤生产和洗选煤生产两大类，原煤生产过程又可根据变动过程和固定过程分为生产掘进、回采、井巷修理、一通三防、防治水、防冲击地压、避险系统、矿车运输、通风系统、加工修理、仓储及材料供应、单项工程、煤质检验、后勤服务、机关费用等十五类。

（六）确定定额

煤矿结合实际生产条件，借鉴国家定额、集团公司相关定额，采取技术测定、统计资料分析、经验估计相结合的方法，经过认真分析、讨论，制定了作业定额手册。该手册通过六个方面进行定额，分别为劳动定额、材料定额、电力定额、租赁定额、制修定额和矿车运输定额。

（七）成本归集

按照"分要素、列过程、定来源、谁主管、谁负责"的原则，分别按照不同要素，对成本管理对象生产的耗费进行归集和分配，结合全矿生产实际，以"突出重点、分步推进、全面管控"为原则，按照成本过程归集成本耗费。归集的成本要素为在企业生产过程中耗费的，且在成本总额中占比较大，归口管理明确，基础信息完善，有条件相对准确反映各过程成本耗费的要素，包括材料、人工、电费、资产使用费、外购劳务费用及其他可明确分配到生产过程的费用，具体如下：

1. 材料，是指煤炭生产领用的各种材料。根据物资供应系统的材料出库明细，按照生产经营过程对材料进行归集和分配。首先，供应科在发料时，在系统中标明每项材料的使用部门，项目分类（开拓巷道、准备巷道、回采巷道、回采工作面、井巷维修、瓦斯治理、防治水、井下运输、四大运转等），用于井下生产的还需要具体到使用地点。

2. 人工，包括工资、福利费、工资附加、社保费。结合市场化工资结算，按照生产经营过程对工资进行分配，相应的工资附加、福利及社保按工资口径进行分配。

3. 电费，是指煤炭生产耗用的全部电力。根据各个生产环节和部门的耗电量，按照生产经营过程进行归集和分配。

4. 资产使用费,包括折旧费用(设备部分)、设备租赁费。

5. 外购劳务费用,是指委托外部单位进行开拓准备巷道、巷道维修及其他生产过程产生的劳务费,根据结算单按照生产经营过程进行归集和分配。

按过程对各成本要素归集后,依据会计制度要求和安全、维简、折旧等专项资金计划,严格区分资本化和费用化,归口列入专项储备、在建工程或成本费用。

其他不需按成本过程分配的费用,包括地面塌陷费、修理费、采矿权及土地使用权摊销、税费、非设备类固定资产及非生产性支出等。

(八)分配资源明细、建立成本库

按资源明细分配到各个作业中心,建立成本库(见表3-8-2)。

表3-8-2　　　　　　　　　作业中心资源类型划分

区队(作业中心)	作业类型(按资源类型划分)	资源明细
开拓一队	破岩作业	风钻
		空气压缩机
	装岩作业	耙岩机
	运岩作业	无极绳绞车
		调度绞车
	支护作业	锚杆钻机
掘进一队	掘进作业	风钻
	运输作业	皮带
	支护作业	支架
综采队	液压支架作业	液压支架
	割煤机作业	割煤机
		刮板输送机
	运输作业	转载机
		刮板输送机
		下巷皮带

(九)运行分析

2×15年,煤矿生产系统面临运输战线长、环节多、投入人员和设备量多、生产集中、开采强度大、巷道支护困难、维修量大等问题,2×16年煤矿试行作业成本法,根据成本预算目标,将各项成本指标进行分解,划分责任中心,明确权责范围,对各作业中心具体问题具体分析,达到了良好效果。具体分析如下:

1. 材料方面:直接材料同期单耗下降516.67元,与定额相比单耗下降233.77元。这是由于实施作业成本法后发现其他巷道作业中心的该项费用比该巷道低,查找资源动因,发现2×15年21 162下巷使用的锚网索架36U复合支护的成本较高,其他巷道替换为强力锚网(索)无架棚支护,成本明显下降。2×16年21 162下巷优化了该材料,使用了强力锚网（索）无架棚支护，每米可节约支护材料费375元。

2. 运输方面：通过对比发现21 162下巷的运输费用比其他巷道偏高，原因是由于原2 112石门运输环节多。因此改造2 112石门，弃用原2 112石门，简化了运输环节，减少一级提升，每年可节约费用60.67万元，其中，一是减少人工费用31.5万元；二是减少一台提升绞车的租赁费用0.96万元；三是减少绞车材料消耗及维护费用28.21万元；同时，由于21 162工作面合理选择层位，变更设计留底煤1~1.5m掘进，保证巷道支护稳定可靠，以达到良好的支护效果，减少重复扩修的费用，其他巷道学习借鉴后，成本得以减少。

3. 电力方面：优化用电环节，"避峰填谷"，利用峰谷电价措施，降低综合电价。2×16年生产用电避开了尖峰时段（18：00~22：00）和4个小时的高峰时段（8：00~12：00），根据井下涌水情况，合理安排排水时间，尽量把各个泵房开泵时间安排在低谷时段（00：00~8：00），无特殊情况严禁在尖峰时段（18：00~22：00）开泵，每天通过电力监控系统对井下各个用电单位进行监控。

4. 防冲方面：掘进工作面压风自救装置间距由原来50米，调整为100米，每年可减少28组，节约成本投入26 880元；用炮土代替封堵剂，每年可减少4 800箱，节约成本投入33 600元；用废旧皮子代替防护网，每年可减少1 500块，节约成本投入96 000元。

5. 一通三防方面：煤矿在优化防火材料方面下功夫，采取多种措施优化，优化防火材料成胶速度、提高材料利用率，碳铵与泡花碱的比例由1∶2.5改为1∶2；并通过对比，发现在巷道灌浆中使用阻化剂与不使用阻化剂防火效果上没有明显变化，减少了阻化剂的使用量185吨。

（十）优化改进

煤矿针对作业环节的运行情况，从增值作业和非增值作业两个方面进行了优化处理，其中增值作业主要从开拓、掘进作业中心设计优化（节约费用24.06万元）、回采作业中心优化（增加效益450万元、节约费用560万元）、运输作业中心优化（节约费用60.67万元）、通风作业中心优化（节约费用174万元）、一通三防作业中心优化（增效10余万元）等环节开展优化，非增值作业通过井巷修理作业中心优化（节约费用16万元）。通过以上作业成本优化措施，提升增值作业价值，减少或消除非增值作业部分价值，降低成本，该月吨煤制造成本为172.21元/吨，较计划175.44元/吨下降3.23元/吨，节支1.87%。

四、取得成效

通过实施作业成本管理，在煤价断崖式下跌的态势下，煤矿实现了矿井持续平稳健康发展，呈现出安全平稳、产量增加、效率提升、效益攀升、队伍稳定的良好态势。通过一系列务实有效的安全监管措施，煤矿矿井安全生产形势持续稳定。

一是成本得到有效控制。截至2×16年底作业成本法实施一年多来，煤矿各项成本呈现下降趋势。成本总额、可控成本、不可控成本均呈现下降趋势。尤其是可控成本中占比较高的电费、租赁费、材料费在2×16年得到了有效控制。2×16年，煤矿电费同比、同口径减少20万元/月，租赁费同比减少40万元/月，吨煤材料费降低3元以上，很大程度上源于作业成本法在煤矿的有效实施。

二是经营状况明显好转。2×16年，在作业成本法实施的一个完整年度内，煤矿在煤炭产量同比下降15%的前提下，实现利润7 000多万元，同比减亏增盈超过1亿元。2×15年，在煤炭价格持续下降及国家推行煤炭行业"三去一补一降"的政策下，煤矿经营出现亏损。然而，通过作业成本法的应用实施，煤矿2×16年较好地实现了成本控制，同时在煤炭价格上涨的利好影响下,实现减亏增盈。

　　三是生产效率大幅提升。根据企业发展实际需要,科学进行定责、定岗、定编、定员,将全矿机构由54个合并压减到35个。实现了机关精干、辅助精减、一线充实的预定目标。机关和区队地面人员减少了,生产一线人员更加集中,提高了生产效率。2×16年,全矿出勤率同比增加3%,掘进工效同比提高8%,全员工效提高5%。

第三部分　成本管理

案例示范3-9
作业成本法在大型设备施工项目成本管理中的应用

【本案例介绍了作业成本法在大型设备施工项目成本管理中的应用。案例单位为工程施工企业。针对成本管理意识薄弱、成本标准弹性大、成本管理重点模糊等问题，该单位通过施工项目作业流程分析，分解项目成本构成、构建成本库、寻找成本动因，探索降低项目施工成本的路径，完成了以项目为基础的作业成本管理体系构建，提升了工程成本计算的准确性、促进了施工管理与成本控制的耦合，有利于推动技术创新与变革。】

一、背景描述

（一）单位基本情况

甲公司是乙交通建设公司全资子公司。公司经过60多年的发展壮大，现已成为一家融设计、施工、科研、资本运作于一体，以路桥、港航、铁路、城市轨道交通、市政工程施工为主业，"大土木"、多元化经营的大型工程建设企业，市场遍布全国各地以及亚洲、欧洲、非洲、南美洲的13个国家和地区。丙设备分公司（以下简称"丙公司"）是甲公司属的分公司，是一家集大型特种设备施工承包、管理、使用、维护、安装为一体的专业化公司，拥有大型起重设备安装改造维修的A级资质。至2×15年末，丙公司大型设备68台套，其中盾构设备26台套，盾构设备原值占总资产规模达44.82%。

（二）存在的主要问题

丙公司的成本管理模式是单机、单项目核算模式。近几年，公司承接的城市轨道交通项目较多，大多以盾构工法为主。盾构项目成本，包括为施工前准备、施工作业和施工结束所发生的全部人、财、物费用。实践中，由于盾构工法不易从外部观察其成本耗费情况，其项目成本受施工的环境、技术和操作的影响较大，成本数据主要依靠施工现场统计形成。现场的财务人员仅仅采集现场作业数据，其职能是向丙公司财务部门传递基础的财务数据，无法发挥现场成本控制作用，导致成本管理制度执行无力。其主要问题包括：

一是成本标准弹性大。成本标准弹性大体现在缺乏盾构标准成本的策划问题上。目前主要是参考同行业或以往年度的"定额"标准，但是企业的经营状况是随着内外部的环境变化而动态变化的，因此这样的"定额"标准显然是缺乏说服力的，也难以满足企业的经济发展需要。

二是成本管理重点模糊。成本管理一般瞄准资源耗费的关键点。盾构作业的技术性强和机械化程度高，恰好给财务人员增加屏障，使之参与机会少。由于缺乏日常成本管理控制关键点，根据目前的成本核算方法，成本控制的对象是完整的施工项目，未能深入到施工工程的每个作业环节中，无法分析出有效与无效成本，不易于找出降低成本的途径。

三是成本管理工具不足。大型设备一般是单机核算，采取完全成本法，在目前的管理会计实践中，缺少对该领域的关注。由于缺乏先进理论体系做支撑，盾构施工日常管理中，往往是临时遇到问题才想到寻找分析工具或方法，缺乏系统性和连续性，具有一定盲目性。

（三）选择作业成本法的主要原因

一是行业竞争激烈，成本控制无力。我国内地具备盾构施工能力的施工企业数量众多。因此，无论从项目的承揽还是到项目的管理直到标后服务，行业内的各主要企业之间可能存在激烈的竞争和协作关系，加上盾构施工方式广泛使用，其成本构成已经较为稳定，成本信息完全透明，施工企业的利润极薄。因此，苦练"内功"，降低成本是目前盾构施工企业提高竞争能力和获取订单的主要议题。成本管理问题已经被企业管理层高度重视，已上升到公司发展战略高度，并在项目施工过程中日益受到重视。丙公司针对H项目执行过程中存在成本控制意识薄弱、成本定额随意和资源浪费现象，决定借助内外部专家协同丙公司业务部门，运用价值链和作业成本法等管理会计工具，改进现有成本核算和管理体系，推动项目单位进行技术创新，实现施工业务流程再造，达到控制成本提高盈利水平的目标。

二是传统的成本管理方法的局限性。随着大型设备科技含量的提高，机械设备的维护费、折旧费持续增加，设备运行间接费用在成本构成中的比例大幅提高。在这样的背景下，传统成本核算方法已不能实现对间接费用的合理分配，易于引致成本费用的高估或低估。特别对于地下交通建设的重要工法——盾构法来讲，其工程造价总体非常昂贵，进行有效成本管理就显得尤为重要。而作业成本法正是基于作业的价值链分析，为消除不增值作业提供了思路。

二、总体设计

（一）应用作业成本法的目标

目前，施工企业一般采取完全成本法，按照履约进度确定成本与收入，往往是施工成本实际掌握在技术设计和施工部门，而成本费用的归集和分配掌握在财务部门。在技术、施工与核算三个部门没有协同作战的情况下，成本管理和控制工作很难落到实处，有必要突破现有的成本管理格局，建立新的成本管理体系。盾构工法在我国城市轨道交通建设中广泛使用，具有大型设备作业的代表性。盾构作业成本是整个项目成本的关键，尝试采用作业成本法来优化大型施工设备成本管理体系，以实现以下两大目标：

一是改进大型设备公司的成本管理模式。目前，基础设施特种装备行业仍采取传统的粗放型成本管理模式，不能有效降低成本和节约资源。而价值链由一系列能够满足顾客需求的价值创造活动组成，它将财务、人力资源、生产等方面充分结合起来，贯穿于企业生产运营的全过程。基础设施的项目施工同样涉及到施工、财务和人力资源诸要素的整合。基于企业价值链分析和成本优化理念，从整个作业流程的每一个环节开展成本控制，寻求降低成本的路径。这对于降低大型施工企业的产品成本，提升企业竞争能力，推动其管理创新和技术创新具有重要的理论意义。

二是拓宽利润空间。当前施工企业项目利润空间不断缩减，为在激烈的竞争中胜出，必须在确保履约的前提下不断降低成本。如果成本管理不够精细，许多项目最终结算利润为负数，工程收款缓慢和应付款结算难，导致许多工程公司难以维系。因此，控制成本是扩大企业利润空间的重要举措。在市场竞争日益激烈的状况下，识别施工过程中的价值链及其包括的价值作业，通过对作业活动进行增值性分析，对其采用不同的方法进行优化处理。这对于大型施工企业降低资源占用和消耗，提高作业效率，帮助企业改善经营决策水平，具有重要的现实意义。

（二）应用作业成本法的总体思路

丙公司应用作业成本法的总体思路为：作业成本法组织实施人员与工程项目管理人

员、施工人员和财务人员深度沟通与合作，在对丙分公司成本管理现状充分调研的基础上，结合该公司盾构项目的作业流程，分析其资源耗费，划分为若干个作业中心，并对每个作业中心的作业活动进行详细分解，寻找作业活动和作业成本动因，预计各项盾构作业和作业中心的成本费用，找出不增值的作业及其产生原因，同时提出相应的建议，以改进公司现有的盾构成本管理体系。

三、应用过程

（一）组织机构及运作方式

丙公司通过甲公司内部指定的方式承接施工项目，签署内部专业承包施工合同，项目承接后，分公司成立项目策划管理小组，开始进行施工组织设计、制定施工计划、调配设备与资源。分公司下设各职能部门，分工具体，责任明确。各部门参与项目的全程业务管理，分公司根据实际情况成立项目部。鉴于每个项目的技术差异，丙公司一般是采取项目部制进行工程管理和单个项目核算工程成本和利润，进行业绩考评。丙公司采用扁平化的项目财务管理模式，由公司财务人员收集、审核各项目业务资料与信息，提交甲公司财务共享中心集中核算，资金支付由丙公司财务集中办理。

（二）参与主要部门和人员

丙公司成立以甲公司总会计师、总法律顾问为组长的课题小组专注于盾构工法的成本控制问题。该小组成员包括甲公司财务资金部、丙公司项目部的财务管理人员、技术设计负责人、现场施工负责人和其他骨干人员等，其任务是通过作业技术研究以优化成本结构。在外部专家的指导下，尝试使用作业成本法对H项目开展作业成本核算实践。

（三）应用作业成本法的基础条件与方法

1. 了解作业流程。了解盾构项目的作业流程是实施作业成本法的基础条件。根据作业成本的基本原理，在对施工项目成本进行分解时，需要对项目的作业链进行整合、找出关键作业点，分析每项作业的必要性，查明作业消耗资源的动因。为了把握盾构项目的作业链、关键作业及动因，项目组采取了半结构访谈方式与公司和有关项目人员进行交流，收集相关信息和数据，对成本库的建立和成本动因的选择有了基本思路。

2. 梳理作业关键点。盾构设备单位价值大、体积大、仪器精密、技术含量高、机械化程度高，一般用于地下施工，地面上无法观察。通过工程技术部了解关键作业点和技术难点，包括项目的谈判内容、项目施工的临建工作、设备的准备工作、施工过程和设备的退出等。

3. 数据挖掘。作业成本办法的实践离不开数据的分析，而数据有不同的来源，因此，对数据的质和量有一定的要求。丙公司采用访谈、原始数据分离和加工的方法来挖掘数据。公司领导极其重视案例资料的真实性和可靠性，组织了一批有财务经验和技术水平的人员协助案例数据的采集、整理和归类，保证所有数据的真实性。数据来源包括各项目部设备使用的日常记录档案资料，如人工考勤、设备运转日志、设备履历、材料领用单信息、维修保养记录，这些为作业成本法的运用提供了有效支持。

4. 成本库建立。现有管理会计实践对于盾构设备施工的作业成本运用是一个空白。因此，如何分解盾构设备施工的作业链，找出关键作业点，确定同质成本库，选择合理的成本动因是应用的技术难点。项目组采取头脑风暴法，发挥技术人员和项目管理人员自由联想和讨论的作用，进行技术攻关。通过现场讨论、QQ和微信等多种方式开始思维启发，引导项目组成员进行创新。在经历了无数次讨论和观点碰撞之后，头脑风暴的效果明显，甲公司、丙公司和项目组所有参与人员实现了知识与经验的互相交流和融合，完成了成本库的建立，找出了合理的成本动因，取得了较理想的效果，达到了预期的目标。

（四）作业成本法在H项目的具体应用

1. 盾构项目工程概况——H地铁项目。2×12年10月23日，甲公司总承包中标H市轨道交通1号线一、二期工程土建8标，项目合同总额为238 147.74万元，合同工期为2×13年1月18日至2×14年6月30日。项目业主为H城市轨道交通有限公司，由甲公司实施分包。丙公司于2×13年10月29日与甲公司签订关于盾构施工的《工程施工专业工程分包合同》，具体负责盾构左线掘进以及掘进过程中的盾构相关资源组织与管理，区间左线掘进合同额4 816万元，计划掘进工期为2×13年9月1日至2×15年3月25日。区间位于H市包河区，为1站2区间，1站为花园大道站，2区间分别为花园大道站~锦绣大道站区间（左线）全长1 942.25米；花园大道站~大连路站区间（左线）全长857.241米。

2. 丙公司项目部资源配置情况。项目承接后，丙公司于2×13年3月4日成立工程丙分公司H市轨道交通1号线一、二期工程8标地铁隧道盾构项目部（简称"项目部"），由项目部负责施工管理与项目实施。项目成立后，丙公司组织项目前期策划，由丙公司各资源管理部门负责项目资源需求的配置工作。其中，丙公司人力资源部负责人员的调配，工程管理部负责劳务分包队伍的招标与分包合同签订。丙公司为建设H地铁项目采用的盾构施工设备由丙公司设备物资部组织配置。

3. 施工管理。根据盾构施工特点，采用施工连续生产的组织原则，每周7个工作日。盾构作业循环均采用2班制，即每天2个班掘进，每个掘进班每天工作12小时。设备保养按照保养计划分日常保养和停机保养。日常保养为每班强制进行，停机保养利用换班时间或依据停机计划进行。期间，由于高压电通电延迟、洞门准备时间过长、洞门凿除滞后、大连路接收井延迟交付等因素的影响，实际掘进时间为2×14年4月9日至2×15年6月24日。根据项目施工需要，丙公司工程管理部组织技术与施工管理部门研究技术方案，确定施工前期准备和施工作业计划，制定施工流程图。

4. 项目成本核算与管理。

（1）盾构成本构成。依据成本性质划分，盾构项目成本既包括直接费、也包括间接费和税金。其中，直接费又包含人工费、材料费和机械费及其他直接费，间接费主要指项目部发生的现场管理费用，包括办公费、生活区的水电费、差旅费等。依据成本类别划分，盾构法施工成本包括：盾构机进出场及转场费用、盾构机组装调试及解体吊运费用、盾构机掘进费用（主要指掘进过程中各种材料耗费含周转料、人工、配套设备机械费、盾构机及配套设备的维修保养费、折旧费）、同步注浆及管片防水费用、二次注浆费用、手孔封堵及用管片嵌缝费。依据控制程度划分，盾构项目成本可以划分为可控成本和非可控成本。对于盾构项目来说，可控成本是能为责任单位或个人的行为所制约的成本，如与技术相关的人工和材料费用等；非可控成本是不能为责任单位或个人的行为所制约的成本，如与气候相关的误工延期人工成本和设备费用。

（2）丙公司会计核算方式。目前，丙公司实行的是单机、单项目会计核算方式：①单机核算：通过"机械作业"将大型设备的折旧费、修理费、调遣费、安装拆卸等费用按单台设备进行归集，对部分共同发生的费用按业务部门提供的分配率分配到单台设备进行核算。②单项目核算：月末将"机械作业"结转至"工程施工"，同时选择辅助核算项"××项目

案例示范 3-9 作业成本法在大型设备施工项目成本管理中的应用

部",实现单项目成本核算。

5. 作业的划分与成本库建立。项目组将盾构作业流程按照作业成本思路分解成不同的作业,构建了多个作业库,找出成本动因,形成了一整套作业成本核算资料。确定并整合同质作业,建立作业中心成本库。根据作业成本法基本原理,该小组按施工工艺流程来确定关键的作业。盾构工程的施工工艺流程为:盾构始发及试掘进、盾构正常掘进、管片拼装、同步注浆、盾构到达,并梳理出 63 个作业的作业性质及成本动因。经过深入讨论,在 63 个作业点基础上进行作业合并,建立作业中心成本库。合并作业的前提是两个或多个作业的成本与作业量对应的作业才能合并,并且可以直接相加构成新的作业。一般情况下,合并的作业动因都是一样的。经过合并,形成了新的盾构作业中心成本库(见表 3-9-1)。

表 3-9-1 作业中心成本库表

作业中心成本库	相关作业库	作业动因	合并作业
准备作业库	临建作业库	人工工时	临建设施搭建、临建设施拆除
	场地硬化作业库	人工工时	盾构吊装场地硬化、龙门吊基础施工、砂浆搅拌站基础施工
	施工场地准备作业库	人工工时	渣土坑施工、冷却水池、充电池施工
	盾构机基座安装作业库	人工工时	接收托架拆除、盾构始发托架安装、反力架安装、临时轨道铺设、接收托架安装
	洞门施工作业库	人工工时	洞门密封施工(含风井洞门)、洞门凿除(含风井洞门)
大型设备进出场及安拆	龙门吊安拆作业库	机械台班	龙门吊安装、龙门吊拆除、轨道等周转材料拆除
	砂浆搅拌站安拆作业库	人工工时	砂浆搅拌站安装、砂浆搅拌站拆除
	盾构机进出场运输作业库	运输距离	盾构机及后配套运输、退场运输
	盾构机及后配套安拆作业库	人工工时	电瓶车下井、盾构机后配套台车下井、盾构机下井、盾构机组装、盾构机调试、盾构机及后配套设备拆除、电瓶车吊出
盾构掘进	盾构始发及试掘进作业库	机械台班	负环管片拼装(含风井负环)、盾构机推进(负环段)、盾构始发掘进、掘进参数调整、盾构姿态调整、盾构掘进渣土改良、施工测量、监测
	盾构机正常掘进及到达作业库	机械台班	盾构正常掘进、负环管片(含风井)、反力架、始发托架拆除、盾构到达掘进、盾构机到达并推入接收托架、盾构掘进渣土改良、施工测量、监测
	盾构机通过过风井作业库	人工工时	盾构机过风井、施工测量、监测
	送料作业库	人工工时	电瓶车编组进隧道等待、电瓶车编组始发井口装料、等待
	出渣作业库	人工工时	电瓶车编组装满渣土出隧道、电瓶车编组渣土吊装口卸土
	龙门吊工作作业库	机械台班	管片、油脂及其他材料下井、渣土斗卸土

续表

作业中心成本库	相关作业库	作业动因	合并作业
盾构掘进	掘进保障作业库	人工工时	走道板及护栏安装、通风管道、电缆、光缆、水管随盾构掘进延伸、轨道延伸
管片拼装	管片预制作业库	预制数量	管片预制、管片场外运输
	准备作业库	人工工时	防水密封条、管片螺栓质量检测、管片质量检验、防水密封条粘贴、管片场内卸车、存放
	管片拼装作业库	人工工时	管片拼装（含螺栓安装）
	管片拼装保障作业库	人工工时	管片拼装质量检验
	管片嵌缝作业库	人工工时	隧道内手孔封堵及管片嵌缝、防水堵漏
同步注浆	准备作业库	人工工时	同步注浆浆液配比试验、浆液制作
	同步注浆作业库	注浆方量	盾构同步注浆
	注浆保障作业库	注浆方量	二次注浆、清洗注浆管路及设备
现场管理及服务	现场管理作业库	作业成本	隧道内部清理、项目管理

6. 资源耗费统计与分配。

（1）资源耗费统计。统计各项资源耗费价值，如：人工费、劳务费、水费、电费、折旧费、材料费、租赁费、维修费、调迁费、安拆费、其他专属成本、现场管理费、企业管理费等。其中，人工费、劳务费、水费、电费、折旧费、维修费、管理费为需要进行作业动因分配的成本；材料费、租赁费、调迁费、安拆费等为不需要进行作业动因分配的直接成本。

（2）资源的分配。本步骤是确定各项资源动因，将各资源库中汇集的资源价值分配到各作业成本库，主要是对人工费、劳务费、折旧费、水电费按照资源动因进行分配。本工程各成本库的资源动因按经验法确定。①人工费和劳务费按工日数作为资源动因进行分配；②折旧费按设备原值及使用的机械台班作为资源动因进行分配；③电费按设备的功率和使用时间作为资源动因进行分配；④各作业成本库归集的专属费用直接计入作业库成本。

7. 作业成本计算。作业成本将资源分配到各作业，最后形成施工工程成本。施工作业成本的分配动因由技术、施工和财务人员根据相关性进行选择，最终得出工程总成本计算表。

工程实耗成本＝作业库成本合计/提供作业动因×经验作业动因

不增值成本＝作业库成本合计－工程实耗成本

以盾构机正常掘进及到达作业库为例说明如下：

作业动因分配率＝作业库成本/提供作业动因

工程实耗成本＝经验作业动因×作业动因分配率

不增值成本＝作业库成本－工程实耗成本

现场管理作业库成本按工程实耗成本与不增值成本比例进行分配。直接成本、作业库工程实耗成本之和为工程总成本。

四、取得成效

（一）工程成本计算更加准确

按照传统的成本计算方法，丙公司财务部根据项目部提供的数据进行成本核算，由于远离实施现场，无法判定数据的合理性，财务部门仅仅发挥核算作用，管理和监督作用无法发挥。经过作业成本法实践，成本管理的中心下移到项目部的技术、施工和财务部门，成本管理活动落到实处，推动了丙公司的管理会计实践。本次实践结果表明，如果对H项目实施作业成本法，项目部找出了优化作业流程的方法，可节约施工成本79.5万元。根据管理人员普遍反馈，经过作业成本法计算后，企业了解自身成本水平，掌握工程的利润空间，有利于制定更加灵活的投标策略，提高中标几率，另外也为中标后指导项目成本管理提供了新思路，更进一步提高项目效益空间。

（二）促进了施工管理与成本控制的耦合

作业成本法的实施，加强了丙公司员工的成本意识，各个部门积极开展成本控制活动，实施全程成本管理。特别是项目技术和施工管理部门，对作业中的增值作业成本和非增值作业成本进行分析，寻找节约成本的路径。根据H项目经验：不增值成本主要由合同约定、施工环境、技术流程和现场管理导致。合同约定主要是合同签订时对可能增加施工成本和影响施工进度的外部因素估计不足，没有采取相应的预防措施，如上游单位误工或违约等；施工环境会影响盾构机的连续作业，造成窝工，从而导致人工费、劳务费、折旧费、维修和保养费增加；技术流程本身存在可以消除的不增值作业环节，通过作业流程的优化可以节约成本；施工现场管理不协调，造成设备重复移动或资源配置不合理，导致不增值成本。H项目因以上原因导致了工期的大量延误，增加了人工成本和设备的折旧费用。这些经验有利于后期施工管理和成本控制。

（三）为项目选择与决策提供依据

盾构设备承担的施工项目一般工期长、金额大。工程发包方依据行业经验核定工程报价，而项目的施工技术和成本除了作业流程本身影响之外，还受地质条件和气候等因素影响，这些成本因素往往不在项目发包方考虑之内。由于无法对施工环节进行成本分析，造成许多施工项目亏损。采取作业成本法后，项目谈判多了一个依据，项目管理部门可以会同技术和生产部门对标的工程进行初步的作业分析，将外部环境可能发生的成本作为不可控成本进行预测与管理，将作业中心成本库与工程清单匹配，找出施工的难点、确定成本预算，为项目谈判和决策提供支持。同时在施工管理的全过程中，将已发生的成本与合同报价进行比较，有利于项目管理。

（四）有利于推动技术创新与变革

盾构工法具有一般的工作原理，但因项目不同从而导致流程上有差别。运用作业成本法对项目的作业点和成本进行分解，给技术和生产部门开展创新活动提供了机会。在H项目中，曾经因为解决作业难题的流程改造活动获得了4项省级创新奖。在对H项目进行分析时，技术人员发现了许多消除作业的路径，如人员的配置、设备维护和工序安排方面，这些具体的建议有利于优化作业流程、减少作业环节，降低资源消耗，节约施工成本。

案例示范 3-10
估时作业成本法在保险公司理赔中心的应用

【本案例介绍了估时作业成本法在保险公司理赔中心的应用。案例单位为保险公司，属于金融行业。针对大量服务成本为间接成本，较难准确分摊的问题，该单位通过实施估时作业成本法，定位了理赔服务成本改进的切入点，将降低成本的压力传递到成本产生的源头，帮助公司优化流程提高效率，通过流程优化实现了可持续的成本节约，提高了市场响应速度，提升了客户满意度。】

一、背景描述

（一）单位基本情况

甲保险公司（以下简称"公司"）业务范围包括机动车辆险、农险、短期意外健康险、责任险、船舶货运险、财产险等，覆盖国民经济与人民生活的各个领域，2×15年，公司总保费收入 2 816.98 亿元，同比增加 11.3%，市场份额为中国财产保险市场的 33.4%。公司目前的组织架构为总、省、地、县的四级架构，拥有超过300个地（市）级承保、理赔、客服和财务中心，2.4万个乡镇保险服务站和28万个村级保险服务点，服务范围遍及大江南北、城市乡镇、偏远农村，建立了以区域、产品及渠道为成本核算对象的多维管理会计成本核算和报告体系。公司坚持以价值增长为导向，不断探索新型管理模式，实施成本领先战略，优化资源配置，调整业务结构，降低运营成本。

（二）存在的主要问题

公司之前成本核算精细化程度有待提高，较难用于指导业务决策、提高运营绩效，在有效管理和持续降低成本方面缺乏有效手段，主要体现在以下几个方面：一是传统的成本核算模式，要依靠管理层的经验确定系数或根据保费、赔款等数据分摊间接成本，分摊依据可能与实际情况存在一定偏差，难于准确进行产品、渠道成本和盈利性分析；二是传统的成本核算模式只能提供会计科目级次的信息，无法揭示成本产生的过程，资源分配合理性有待提高，在此基础上取得的成本节约成效较难持续；三是传统的成本管理模式无法与业务有机结合，不能提供与流程改进相关的成本信息，较难在企业优化流程提高效率方面起到作用。

（三）选择估时作业成本法的主要原因

为了解决传统成本管理方式存在的问题，实现产品客户盈利性分析、区分增值和非增值作业、优化流程提高效率，并通过流程的优化和重组策略性地降低成本，公司决定引入作业成本法计量运营成本。此外，为克服初期作业成本法访谈调查时间长、数据存储处理成本高、不易更新的局限性，决定采用估时作业成本法。

二、总体设计

（一）应用估时作业成本法的目标

我国保险业正处于发展和转型的关键时期，市场竞争格局逐渐从单纯的价格竞争过渡到内在管理品质和生存能力的竞争，面对新的竞争形势，公司传统的成本管理模式固有的弊端开始逐步显现，实施估时作业成本法的目标包括以下几方面：

1. 提高运营效率，实现成本领先。通过估时作业成本法准确核算各渠道、各产品、各

案例示范 3-10　估时作业成本法在保险公司理赔中心的应用

客户群服务成本,为各级机构提供成本管理的有效工具,用于识别具有最大成本降低机会的业务和流程,甄别审核产生成本的作业活动,发现降低成本、提升效率、促进和提高作业价值的一切机会,从而引导业务部门采取流程改进、重组、提高自动化程度等措施提升工作效率,并为其提供管理工具,进而策略性地降低投入成本,实现成本领先。

2. 准确计量作业成本,理顺价值传递链条。通过估时作业成本法准确计量公司内部成本,并以此为基础制定内部转移价格,在公司实行内部市场化,将外部客户的需求通过内部服务价值的传递,转化为内部利润中心对后援支持部门的服务需求,形成对市场变化的快速传导机制,降低内部沟通协调成本,减少信息漏损和反应时滞,共同提高对客户需求的满足度。

3. 产品服务差异化定价,提升市场占有率。通过实施估时作业成本法取得公司各项流程(包括理赔服务流程)较为准确的成本数据,推动公司形成独有的核心竞争力,即基于准确的分产品、分渠道和分客户群的成本数据实现服务的差异化和产品定价的差异化,进而提高市场占有率。

(二) 应用估时作业成本法的总体思路

公司以估时作业成本法为基础建立成本管理模型,对两家分公司理赔中心的业务流程进行梳理、对成本进行还原,撰写成本分析诊断报告,提出有针对性的改进建议,并制定标准成本作为参照,辅以成本节约分享激励机制,激发理赔中心人员不断改善流程,提高工作效率,实现可持续的成本节约。

1. 确定实施范围,制定实施方案。综合考虑流程是否标准化、产品和客户差异化程度、间接成本大小、数据可获取性等主要因素,理赔部门直接对前端业务部门提供服务,业务流程标准化程度较高,同时服务于不同种类的产品和客户,且服务成本中的间接成本占比很高,从理赔系统中能够获得一部分可用数据,基本符合实施条件。公司在对理赔部门的组织架构、岗位设置、业务流程和成本结构等相关情况进行充分调研的基础上,制定了实施估时作业成本法的工作方案,在理赔中心分批实施。

2. 构建作业成本管理模型。成本管理模型是实施估时作业成本法的核心,它围绕"作业成本=岗位产能成本率×产能"的公式进行搭建。以计算标准作业成本为例:岗位产能成本率根据梳理后的岗位成本除以各岗位合理工作时间计算;产能通过建立活动估时模型测算。

3. 正式实施。作为估时作业成本法在公司的首次应用,为保证实施效果,在综合考虑赔案数量、理赔人员数量、地形、面积、管理水平等因素后,选取了 2 家具有代表性的分公司理赔中心先行实施,实施期限为一个会计年度。实施小组对理赔各环节、各险种、各岗位的流程进行了梳理,对不同理赔作业的工作时间进行现场计时,对账面成本进行了还原和测算,出具了 2 家分公司理赔中心的成本诊断分析报告,计算下达了 2 家理赔中心标准年度预算,作为全年费用执行标杆,同时通过模型测算出现行工作模式下各岗位所需标准人数,用于指导人员合理调配。总公司还专门制定了成本节约分享激励机制,鼓励理赔中心人员不断改善流程,提高工作效率,实现可持续的成本节约,从而分享节约成果。

三、应用过程

公司目前的组织架构为总、省、地、县的四级架构,拥有超过 300 个地(市)级承保、理赔、客服和财务中心。公司电子财务系统可提供作业成本法实施所需的财务信息,车险和非车险理赔系统以及移动查勘定损系统均在使用,可提供业务方面的大部分数据,项目实施具备了数据基础。理赔中心实施估时作业成本法是由总公司财会部牵头成立项目组,理赔事业部配合,经过1年多的研究、访谈和准备,于2×15年起在两家分公司理赔中心正式施行。在分公司层面,由理赔部门单独成立车险理赔、非车险理赔、人伤、人力财务、信息技术及理赔管理六个执行小组,在总公司项目组的指导下,分别负责推进各项工作举措,监控理赔流程,整理财务及业务数据等工作。具体应用步骤如下:

(一) 作业流程梳理

流程梳理的目标是清晰地定义理赔中心提供的各项服务的具体内容,为确定每项服务的标准成本建立基础。具体工作步骤包括确认标准流程、梳理流程活动、梳理岗位职责、建立活动估时模型等。

1. 梳理流程活动。项目组对理赔中心每一险种业务流程中的活动(实际业务流程中的处理环节,例如车险理赔服务的查勘环节)的认定标准和具体工作内容进行了梳理。在这一阶段明确了每一活动的定义、分类和具体描述,并填制了相应表格。为了较为准确地体现实际工作中的关键活动环节的处理步骤以及花费时间的差异性,可以将一级活动进一步拆分成二级甚至三级活动(如,车险中的人伤处理流程可拆解成人伤跟踪、医疗审核环节),但同时也需考虑分拆后带来的工作量加大和经济性的问题,需要在二者之间找到平衡。

2. 梳理岗位职责。组成流程的作业活动都是由具体岗位来完成的,而成本也是由各岗位耗用的,岗位是串联流程和成本的关键环节,因此,一个很重要的工作就是梳理岗位职责,找出岗位与活动的具体对应关系,将岗位与活动相匹配,主要依据理赔中心现有的岗位说明书,并与访谈相结合进行。如:理赔中心的非车险赔案处理,往往是一个岗位对应多个作业活动,针对这类情况,需要描述清楚该岗位的工作职责,以免在今后岗位成本与活动进行匹配时出现错误。

3. 建立活动估时模型测算标准作业时间。实施估时作业成本法的一个关键步骤就是计量各流程活动标准时间,其基本原理是在其他因素不变的情况下,完成活动花费的时间越长,相应的成本耗费越多。计量执行一个作业活动(如查勘、定损等)的耗时,可采取如下一种或几种方法相互验证最终取得,如通过访谈岗位人员得到经验数据,通过现场抽取一定样本量进行跟踪记录,通过现有系统获取数据支持等。但实践证明理赔工作的标准作业时间不能通过直接观测和访谈获取,为了准确展现各作业活动的时间花费长短,抽取影响时间大小的关键因素(动因),形成"时间方程"实现计量,该方程还可用于今后的流程优化和成本分析。通过观测和访谈,取得了各项作业的所有影响动因。在确定这些因素影响作业时间的具体值时,同样很难运用直接观察法(卡表法)和访谈法取得,在实地采集的2万条作业样本基础上,根据各因素对作业的影响程度,相应选取数理统计模型计算出每一因素的影响时间,从而建立活动估时模型,计算出了不同情况下的标准作业时间和全流程耗时。

(二) 成本还原梳理

成本还原梳理的目的是在作业流程梳理的基础上确定每类作业在一段时期内发生的实际成本。由于会计核算规则和执行的精细化程度不一,目前公司按部门归集的成本费用不可直接用于计算作业成本,需要在一些方面进行调整,以保证将来计算得到的标准成本真实反映其对资源的耗用程度,有更高的完整性和合理性。如:印花税、办公用品开支等可能统一核算在财会部和办公室项下,在核算中不需按照实际使用情况归集或还原到具体部门,这种情况对核算结果无影响,但在作业成本法分摊时会造成部门的账面成本无法真实反映其服务对资源的耗用,从而影响后续制定标准成本的准确性。因此,成本梳理的第一步,是将该部门的账面成本进行还原,将账面成本转化为项目实施可使用的实际成本,但

案例示范 3-10　估时作业成本法在保险公司理赔中心的应用

是，具体到哪类费用是否进行还原，还需考虑影响金额占总成本的比重，即成本效益原则。主要从以下几个方面还原了各部门实际成本：

1. 对归口管理费用进行还原。以各部门对该费用的实际受益和使用金额为分摊依据，将统一计入归口管理部门的费用还原到相应受益部门，分为两种情况：一是剥离的方式，若理赔中心承担归口管理职能，需将费用分摊到费用实际发生部门；二是还原的方式，需将归口管理费用还原至理赔中心范围内。

2. 明确部门间分摊规则并调整分摊费用。有一些公共费用，应由多个部门共同承担，因此核算时可能需要按照相对合理的规则分摊计入各部门成本，该分摊规则可以按人数、办公占用面积、银行流水笔数等依据来制定，并且在同一个会计年度内不可随意变更。在计算作业成本前，第一步，先查阅各部门公共费用预先商定的分摊规则，分析其合理性，如不合理或不具备可行性，应先对核算规则进行调整，对于规则制定不合理的，应对其进行调整；第二步，应检查其执行结果，如果执行结果不符合规则或规则不合理，还应对执行结果进行进一步调整，最终形成合理可靠的分摊结果，据此计算交易主体应承担的金额，以此作为计算该部门公共分摊费用的依据。在实际执行时应考虑的公共费用有：固定资产折旧、无形资产折旧、广告费、业务宣传费、房产税、印花税、水电费、绿化费、物业管理费、安全防卫费、银行结算费等。

3. 建立成本库执行费用分摊。当账面成本被还原为实际成本后，为计算标准成本，下一步要做的工作就是将成本分摊到各岗位，为了便于操作，提高效率，需要先将费用划分为不同的成本库，从而区分不同成本库进行分摊。具体步骤如下：

（1）建立成本库的规则。建立成本库，并对成本费用进行归类，可以最大程度地降低信息收集处理的时间。根据导致成本消耗的动因不同，可形成不同类别的成本库。划分成本库的原则包括：一是事项相关性，影响每类费用变动的因素基本一致，是划分成本库的首要标准；二是决策相关性，即该类成本与成本分析决策目的是否相关，如要将某类成本作为重点削减项目，也可将其作为单独的成本库归集；三是成本重要性，如果一类成本的金额占比太小，比如低于总量的10%，根据重要性原则，则应尽量将这类成本与其他成本归入同一成本库；四是服务相关性，按照费用与完成日常服务工作的关系紧密程度，将直接成本和间接成本分开；五是成本习性，即按成本变动与业务量变化之间的关系将变动成本与固定成本划分到不同成本库，为今后用于标准成本差异分析做准备。

（2）成本库的具体分类。根据上述原则，通过对公司费用科目的逐项分析，公司直接成本分成4个成本库，即：人工成本库、营业场地成本库、车辆相关成本库、管理成本库，另外还有1个与维持日常经营活动不直接相关的间接成本库（见表3-10-1）。

表3-10-1　　　　　　　　　　　成本库划分

成本分类	成本库类别	对应费用类别
直接成本	人工成本库	变动成本
	营业场地成本库	固定成本
	车辆成本库	变动成本
	管理成本库	变动成本
间接成本	间接成本库	固定成本

(3) 费用分步分摊。依据成本库的类型，选择相应的分摊规则将费用分步分摊到各岗位，由于资源是由业务操作岗位耗用的，因此分摊到管理和支持岗位的费用最终还应再次分摊到业务岗位。

（三）建立成本管理模型

前述准备工作完成后，便可搭建成本管理模型用于计算服务的标准成本、分析历史成本以及建立标准员工需求模型。模型由数张表单组成，分为"输入表"和"输出表"，其中，"输入表"要求模型使用者按要求填入各类成本、理赔案量、各时间影响因素等基础数据；"输出表"按照前文所述的方法固化成公式，根据"输入表"中的相关数据进行计算，无需人工填写和改动。

1. 计算标准成本和历史成本。

(1) 标准成本。标准成本计算公式为：

某项作业的标准成本 = 某工作组产能成本率 × 某项作业标准产能 = $\frac{某工作组单位时间内成本总额}{某工作组单位期间内合理产能}$ × 某项作业标准产能

其中，"某工作组单位时间内成本总额"是经过梳理和还原后各工作组的年实际成本，"某工作组单位期间内合理产能"一般是某工作组全年合理工作时间，"某项作业标准产能"一般指该工作组完成全年的工作所需要的标准时间（产能一般指时间，也有少部分费用的产能是车辆行驶里程、面积等）。

项目组从公司财务系统中取得年度间接理赔费用报表，根据实际情况进行还原后，按不同成本库分摊或归集到各岗位工作组，计算出每个工作组的年实际成本，合理工作产能依据每天工作八小时计算；标准产能是通过活动估时模型将案量及相关因素数量代入直接计算得出的。如，理算工作组共有10位理算人员，则一年的产能为52（周）×5（天）×10（人）×8（小时）= 20 800 小时，经过梳理和还原，理算工作组年实际成本为200万元，则该岗位的产能成本率约为96元/小时。通过活动估时模型计算，理算组完成全年工作的标准产能是20 000 小时，则理算环节全年的标准成本等于96元/小时×20 000 小时 = 192万元。

(2) 历史成本。历史成本计算公式为：

某项作业的实际成本 = 某工作组产能成本率 × 某项作业实际产能 = $\frac{某工作组单位时间内成本总额}{某工作组单位期间内实际产能}$ × 某项作业实际产能

其中，"某工作组单位时间内成本总额"与计算标准成本时相同，"某工作组单位期间内实际产能"一般指工作组全年实际工作的时间，实际产能一般是完成相应作业全年实际的工作时间，实际工作时间可根据公司考勤记录或相关系统记录整理得出（如上文所述，产能一般指时间，也有少部分费用的产能是车辆行驶里程、人数等）。

项目组将各工作组耗费的实际成本金额、全年实际工作时间、各项作业年耗用时间代入模型，即可将原来以会计科目维度的成本转化为作业环节维度的成本，作为后续历史成本诊断的参考依据。如，理算岗的实际产能成本率是100元/小时，不涉及人伤资料收集环节全年实际工作时间为22 000 小时，涉及人伤资料收集环节全年实际工作时间为25 000 小时，那么前者实际成本为220万元，后者为250万元。

2. 计算标准人数。

根据标准人数模型，预测未来需要的业务操作岗位员工数量，为管理层合理调整各理赔业务岗位员工结构提供决策依据，人事部门还可以提前进行人员招录和培训安排。

根据业务人员预计的未来（通常为下一年度）理赔案量和相关因素，成本管理模型即可计算完成全年理赔工作所需的标准时间（已考虑正常休息时间），除以每个岗位全年合理工作时间，即可得到每个岗位应配备的标准人数。当然，利用模型测算出的标准人数是在现有业务流程和管理水平不变的情况下的结果，一旦相关影响因素发生较大变化，原有标准人数将不再适用，因此，管理层在运用标准人数时，应尽可能考虑未来期间可能发生的各种变化，在此基础上再进行各岗位人员的安排。

（四）基于估时作业成本法实现成本管理升级

1. 成本分析诊断。

（1）使用作业成本信息管理成本。依据作业成本信息进行成本分析、成本削减等管理活动，建立成本效益矩阵是一种较为简单直接的方法。首先对各作业环节占用的成本按高低排序，再对每一作业活动的价值高低进行评价，即可将每一作业活动按成本效益大小置于矩阵内，根据其所处的象限，即可确定采取何种行动。由于成本已被锁定到其产生的作业环节，接下来就可以通过流程调整、重组、提高工作效率等方法降低相关成本。如图3-10-1所示。

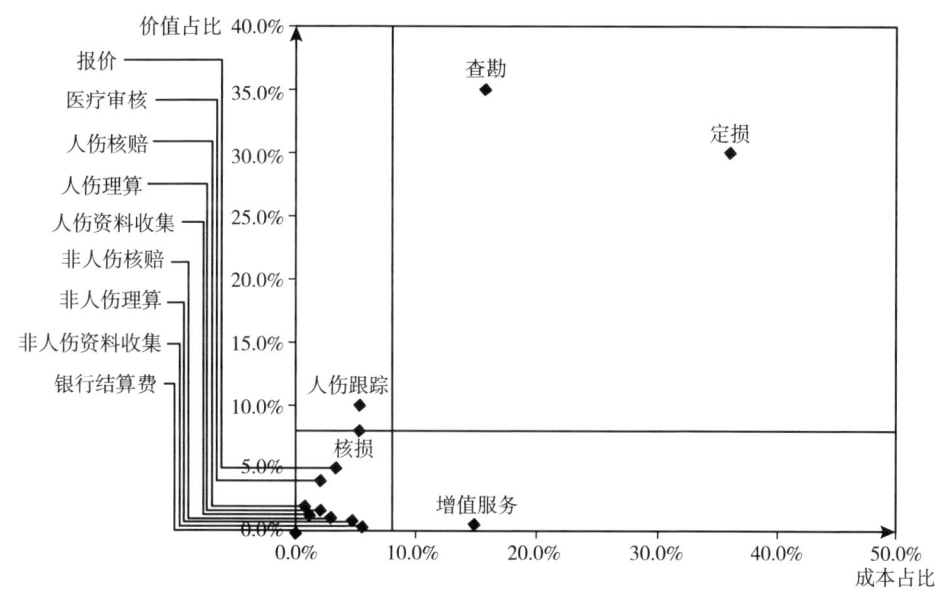

图3-10-1　作业的成本与价值矩阵分析

如图3-10-1所示，作业成本信息清晰地体现了每个理赔环节所耗费的财务资源，理赔费用由传统以费用科目展现的方式转变为以业务环节展现，给管理者提供了一个新的更准确的视角分析管理成本。如该分公司图上所示情况，定损环节耗费成本最高，其次为查勘环节，两者耗费成本合计占比超过50%，因此需进行详细分析和深入研究，找出能够适当减少成本或进一步提高效率和效果的方法。成本耗费的大小主要受工作时间长短影响，而定损人员的时间包括实际作业时间、路程用时、准备和休息时间以及空置时间等，采用先进技术手段控制关键风险、适当简化或优化工作流程，将在一定程度上缩短上述实际作业时间和路程时间，对节约总作业成本可起到显著效果，如开展针对优质客户和小额案件的远程定损，可节约路程时间和人力成本，提高工作效率。人伤跟踪属于成本相对低、价值较高的作业，管理者应着重先考察分公司目前人伤跟踪环节实际发挥的作用与其价值是否匹配，在此前提下再考虑采取措施缩减成本或是加大资源投入。此外，非人伤资料收集、非人伤理算环节属于成本相对高、价值相对较低的作业，首先可考虑其作业价值能否转移到其他岗位，如将核赔的部分职能和责任转移到核损，如果该作业活动是必须的且不能转移，再考虑改善效率或者采取自动化等措施来降低成本；对资料收集环节，公司采取了改善作业流程和向非理赔人员外包的方法，在实现同等甚至更好效果前提下成本投入小于目前成本。如，测算得出车险不涉及人伤的资料收集变动成本平均为50元/件，若请他人代为收集，可以50元为基础与对方协商定价，从而有效解放理赔自身人力。同时，外包收集也对质量进行了约定，也即对方交付的应是合格件而不仅是完成收集，这样才能全面减少理赔人员花在检查、沟通等方面的时间耗费并节约成本；对非人伤理算，公司采取建设理算工厂，集中化、自动化的方式，降低理算成本，同时减小风险。

（2）分析各产品理赔费用情况。公司使用估时作业成本法对A分公司理赔费用进行了重新计算，发现使用作业成本法的计算结果，与目前的会计核算结果有一定的差异，表现为该分公司车险理赔费用成本被低估281万元，非车险中财产险被高估300万元；根据作业成本法计算的各险种理赔费用使用情况显示：车险全年发生理赔费用，占用了全部理赔费用成本的91%，其承保利润占比为43%；非车险全年发生理赔费用仅占全部理赔费用成本的9%，其承保利润占比为57%。在车险理赔服务方面的资源消耗方面均显著多于非车险理赔，车险方面存在一定优化节约空间。根据作业成本法计算的各险种间接理赔费用使用情况为：车险全年发生9 327万元间接理赔费用，占用了全部成本的91%，占已赚净保费的比率为2.69%，其承保利润占全部的比重为43%；非车险全年发生868万元间接理赔费用，占用了全部成本的9%，占已赚净保费的比率为1.8%，其承保利润占比为57%。由上述数据可见，A分公司在车险理赔服务方面的资源消耗均显著多于非车险理赔，车险方面存在一定优化节约空间。因此，分公司在当年对车险与非车险的资源投入结构进行了进一步的优化，加大了非车险理赔人才培养和资源投入力度，充实了非车险专家队伍，为未来非车险发展做好储备和布局，同时对车险方面的人员结构进行了一定调整精简。

2. 根据标准人数模型合理调配员工。根据标准人数模型，可以预测未来需要的业务操作岗位员工数量，不仅能指导管理层合理调整各理赔业务岗位员工结构，还可以提前进行人员招录和培训安排。如，通过标准人数模型测算出2×14年查勘定损岗现有人数与标准人数相比少37人，非车险案件处理岗少12人，而人伤理赔服务人员体现为有4人冗余，与实地观察结论基本相符。因此，在项目组的建议下，该分公司增配了一部分查勘定损岗和非车险案件处理岗人员，弥补现有人员的不足，同时采用创新手段在风险可控情况下减少查勘在路程上的时间耗费量，在一定程度上减轻了一线理赔人员的劳动负荷；另一方面，人伤团队对于案件的提前介入非常重要，根据成本诊断结论，分公司进一步明确和细化了人伤理赔工作，对人手进行了重新安排，加强人伤跟踪的过程管理，特别是加大提前介入力度，提升了人伤理赔工作在防骗、减损、服务等方面的价值。

3. 编制标准作业成本预算，实现标杆管理。公司使用估时作业成本法相关结论，并根据下一年度预计各险种案件数量和类型编制了理赔费用的标准成本预算。它以业务环节、岗位、险类和费用类型进行多维度列示，作为下一年度费用使用的参照物和标杆，当案件数量变化时标准值也随之变化。公司在全年费用执行过程中，可参照标准值，定期分析各维度费用使用情况，能及时发现问题并加以改善。使用估时作业成本法编制的预算，是建

案例示范 3-10　估时作业成本法在保险公司理赔中心的应用

立在一套客观严密的程序预测的基础上的，克服了传统预算方法的主观性、随意性，不容易被挑战，也更具执行力；另一方面，为了降低企业的管理监督成本，鼓励分公司努力采取各种创新举措提高工作效率不断降低和节约成本，激发员工工作的主动性、创造性，公司建立了成本节约分享机制，即把理赔中心成本节约的一部分根据员工贡献及工作业绩奖励给员工的分享机制，形成成本节约的长效机制，实现组织和个人双赢。

在实施估时作业成本法过程中，两家分公司理赔中心利用成本管理模型，根据成本分析诊断结果，定期与标准成本预算比较分析，群策群力，完成了一系列工作，除前文所述调整人员结构、建立理算工厂等举措外，还包括如下内容：广泛开展宣传动员，对项目理念、成果共享机制进行宣导，调动员工积极性；在保证理赔质量的前提下，开展了大量能够节约成本和提高工作效率的创新性工作。一方面是改进理赔流程，提升工作效率的举措，该类举措对于节约外出时间成本、沟通时间成本、工作时间成本、车辆使用费用和通信费用等有较为显著的效果，主要包括：搭建在线查勘定损平台，推行小额案件快速处理，实施差异化理赔服务，提升客户满意度；借力支公司和4S店驻店网点等平台外包理赔接单，减少单证收集成本；提高核损、报价、非人伤理算和非人伤核赔环节处理自动化率，减少人工成本投入；推行快赔、"极速理赔"等服务举措，有效减少赔案流转环节，提升内部处理时效。另一方面是通过加强日常管理直接节约费用的举措，主要包括：下发《征集节能增效金点子的通知》，群策群力，鼓励员工提出成本改进建议，分享节约成果；签订车辆管理责任状，实行车辆使用费用台账公开制，加强群众监督，提高费用透明度；重新规划管理职场电子设备，提高资产使用效率；定期分析办公用品采购情况，定岗申领，以旧换新，加强领用管理；签订"理赔查勘移动设备使用承诺书"，明确使用规定和保管职责，延长设备使用寿命；与通信供应商重新洽谈通讯套餐内容，获取最优价格；加强县域理赔分部费用审核，进一步规范分部机构费用列支等。

4. 准确对分支机构分摊费用和考评。利用估时作业成本法计算出了每个险种每个环节的理赔服务成本。公司在编制县支公司考核管理报表时使用相关成本信息，相比以往用保费、赔款占比分摊理赔费用的方法，利用估时作业成本法计算的结果能够更准确地反映各县支公司盈利情况。根据不同县支公司发生各险种赔案数量以及各种因素来分摊，各县支公司应分摊的理赔服务成本数据比以往更准确，用它来评价各分公司的经营成果，更有说服力，也减少了双方在理赔资源占用量上可能产生的分歧。

四、取得成效

(一) 人员配置更为合理，人均劳效显著提高

以估时作业成本法为基础建立的理赔业务员工标准配置模型，测算出了每个业务岗位的未来员工需求量，使人力配置更为合理，提高了人均劳效。通过实施估时作业成本法，管理层充分考虑了理赔案件中各类因素对工作时间的影响以及案件处理的难易程度，对每个岗位工作量的测算较为准确，以此为依据配置的岗位数量信服度和接受度较高。

(二) 有效提升工作效率，实现成本节约可持续

通过实施估时作业成本法，定位了理赔服务成本改进的切入点，将降低成本的压力传递到成本产生的层面，帮助公司优化流程提高效率，并通过流程的优化实现了可持续的成本节约。公司下辖两家分公司实施估时作业成本法后，在保证理赔质量的前提下，各环节工作时间得到明显缩减，工作效率得到显著提高，相应人力成本、车辆使用成本及其他成本也得到了有效节约。

(三)促进理赔质量提高,提升客户满意度

估时作业成本法的实施,旨在通过业务流程的改善来提升企业的管理水平,因此,理赔中心推行的各项举措对于理赔质量的提升也有较为显著的成效:一是基于较为准确的各类理赔服务各环节成本,通过不同的搭配、组合,实现理赔服务的差异化,公司通过为优质客户提供高品质、更快捷的理赔服务,以增加客户粘性,提升了续保率。为普通客户提供标准化的理赔服务,以合理控制成本;二是自动化率的提升以及"极速理赔"等举措的推行,提高了简单小额案件处理效率,缩短了赔案处理内部流转时效,提升了客户满意度。

案例示范 3-11
基于估时作业成本法的成本管理模式构建与实施

【本案例介绍了估时作业成本法在工程技术企业成本管理中的应用。针对成本管理目标单一、产品成本核算不准确、成本控制范围不全面、产品定价基础不可靠等问题，案例单位以"时间"作为成本动因、以"作业"为成本管理对象，通过加强和改进能够增加客户价值的作业，从而实现持续降低产品作业成本的目标，提高了产品成本核算信息的准确性、销售定价的可靠性、成本控制措施的针对性和生产经营决策的科学性。】

一、背景描述

（一）单位基本情况

甲工程科技有限公司（以下简称"公司"）主要从事固井技术、钻井液技术的研究与开发，油井水泥外加剂、钻井液处理剂的制造销售和应用服务，海上固井工程和钻井液作业服务，以及技术服务和咨询等业务，是集科研开发、产品制造、技术服务为一体的高新技术企业，为国内 26 个油田、海外 26 个国家 66 个项目提供水泥浆技术和服务。公司现有固定资产 20 952 万元，拥有研究仪器 361 台套、固井工程设备 31 台套、生产配套设备 85 台套，共有生产线 13 条，年生产油井水泥外加剂和钻井液处理剂等产品 28 000 吨。

（二）存在的主要问题

一是成本管理目标单一。公司以产品为重心的成本管理模式，成本管理的目标主要围绕降低生产成本展开，没有延伸到前期的产品设计和后期的产品售后服务领域。在这单一成本管理目标导向下，导致公司为了降成本而降成本，不能够从成本效益的角度去分析成本的效用，甚至容易通过降低产品质量、牺牲顾客价值来换取降低成本的目的，忽视了从业务流程的优化和作业链的改善角度来加强成本管理。

二是产品成本核算不准确。公司原来采用的成本核算方法不能反映真实产品生产成本，主要问题包括：公司化工厂生产人员的工资可以追踪到产品，应直接计入产品生产成本，而不应计入制造费用再进行二次分配；生产线折旧费用应当分摊到产品生产成本，作为产品的直接成本进行归集，也不应计入制造费用再分摊到产品成本；以产品直接材料价值占当月产品所消耗直接材料总额的比重分摊制造费用，未考虑制造费用分配的因果关系，直接材料价值越高，产品分摊的制造费用越多，造成产品成本信息的扭曲，导致所提供的产品成本信息已经失去了决策相关性。

三是成本控制范围不全面。公司成本控制措施拘泥于产品生产环节，没有深入到企业生产作业层面，也没有向前端的设计和后端的销售环节延伸。产品材料成本在最初设计阶段已经确定，在实际生产过程中能够控制的成本范围非常小，不能达到持续降低产品成本的目的。另外，公司成本管理重心放在产品制造成本上，往往忽视了产品的销售成本、管理部门的管理费用等非生产性成本控制，且管理手段上更多的是侧重于成本的事后管理，忽视了成本的事前预测和事中控制。

四是产品定价基础不可靠。产品定价的基础和底线是产品的生产成本，如果产品生产成本核算不准确，势必会误导业务部门对外报价。公司销售部门制造产品最低销售价格时，主要参考往年财务部门提供的产品的直接材料和分摊的制造费用信息，由于制造费用本身分配不合理，进而使产品定价的基础数据不可靠。耗用原材料价格高的产品因分摊了过多的制造费用而导致产品定价过高，在当今产品价格机制日趋理顺的经营环境下，可能会使公司本来具备良好竞争力的产品，因定价不合理而丧失市场机会，甚至会因此放弃有竞争力前景的产品。

（三）选择估时作业成本法的主要原因

一是生产模式定制化，对成本核算提出了更高要求。在生产模式上，公司主要按订单生产，采取以销定产、以产定购的管理模式，属于典型的多品种、小批量定单生产企业。在传统成本方法下于制造费用的分摊，先按生产部门进行归集，然后再采用直接材料、直接人工或机械工时为基础的分摊到产品。这种分摊方法在过去生产模式下，以占产品成本比重较大的直接材料或直接人工分摊在产品成本中所占比重较小的制造费用，对产品成本信息的扭曲程度很小。随着制造费用在产品成本中所占比重不断上升，再继续按照传统的制造费用分摊方法，势必造成产品成本信息的扭曲，批量越大、工艺越简单、生产所需时间越短的产品，成本信息被高估的可能性越大；批量越小、工艺越复杂、生产所需时间越长的产品，成本信息被低估的可能性越大，致使传统成本会计系统所提供的信息已经失去了决策相关性。

二是经营管理精细化，对成本控制提出了新的挑战。无论市场环境如何变化，以及企业处于生命周期的哪个阶段，成本管理已经成为企业管理的重要组成部分。成本管理方法伴随着技术的进步和经济的发展，经济环境的巨大变化以及激烈的竞争，促使企业不仅要进行资源费用的计算，还需要为提高经营决策水平和市场竞争力提供可靠成本信息支持。特别是2014年以来，国际油价断崖式下跌，给石油相关企业带来了巨大影响，各大油田公司纷纷压缩投资，工程技术服务企业工作量锐减，服务价格也出现不同程度下滑，公司生存空间受到不断挤压，实施低成本战略成为第一选择。

三是实施作业成本法，对企业提升管理的意义深远。通过实施作业成本管理，能够提高公司产品成本信息的相关性和可靠性，进而弥补传统成本管理的信息缺陷；以增加顾客价值和增加企业利润为成本管理目标，解决了传统成本管理模式的目标缺陷；以作业为成本管理对象，通过消除非增值作业和改善企业增值作业方式以降低成本，从而解决传统成本管理的行为缺陷。研究作业成本法的成本计算和管理思想，并将其应用到管理实践，对企业加强成本控制，更好地实施低成本战略和提高市场竞争力，具有十分重要的现实意义。

二、总体设计

（一）应用估时作业成本法的目标

在对估时作业成本法基本原理深入研究的基础上，针对公司成本管理现状和存在的问题，通过运用估时作业成本这一管理会计工具，提出适合公司实际的基于估时作业成本法的成本管理改进方案，提高公司产品成本核算信息准确性、成本控制措施针对性、产品定价依据可靠性和经营决策科学性的目标。

（二）应用估时作业成本法的总体思路

通过研究作业成本法的基本概念、基本原理和存在缺陷，引入估时作业成本法，对估时作业成本法相关概念、基本原理和实施流程进行分析和梳理。在此基础上结合公司生产经营特点，拟订公司基于估时作业成本法的成本管理提升方案，制订总体实施框架，开展作业流程梳理、确定资源成本库、估时作业成本计算和应用效果分析，最后对整体实施情况进行总结,提出优化和改进建议。

三、应用过程

(一) 总体实施方案

公司机关设6个职能科室、4个直属单位,现有员工175人,其中生产人员80人。公司根据其生产经营特点,设计了"产供销一体化"的建设方案,对应在工程技术ERP系统中新增生产制造和成本核算模块,实现对产品生产、销售、成本核算等业务进行全程管理。公司按订单生产,生产部门根据销售订单安排生产计划,生产计划审批后下达正式生产订单,在ERP系统生成物料清单(BOM)和订单生产计划。采购部门根据物料需求计划进行采购申请、收货和发货;生产车间根据订单生产计划,进行领料并安排生产,生产完工后根据实际生产时间在ERP系统进行报工,录入产品实际生产耗时。直接材料费按订单BOM领料并对应计入所生产具体产品成本;直接人工作业、生产设备作业和辅助生产作业成本,先在直接成本中进行归集,然后按照实际消耗的人工工时、机械工时,乘以相应的单位作业成本分配率,计入订单所生产产品成本。

(二) 作业流程梳理

根据产供销一体化实施方案,公司主要业务流程包括接收订单、安排生产、物资采购、生产执行和销售交货等。根据公司的组织机构设置及职责划分,结合公司主要业务流程,共拟建立六大作业中心(见表3-11-1)。其中,接收订单与销售交货业务都是由销售部门提供,统一设置为产品销售作业中心;生产执行业务具体包括人员生产作业和机械生产作业,为了更好地分配直接人工和机械使用费,分拆建立人工生产作业和机械生产作业两个作业中心。

表3-11-1   业务流程及作业中心

业务流程	作业中心
接收订单	产品销售作业
安排生产	辅助制造作业
物资采购	物资采购作业
生产执行	直接人工作业
	生产设备作业
销售交货	产品销售作业
管理部门	管理支持作业

(三) 建立资源成本库

实施估时作业成本法,首先计算投入的资源能力成本。在确定资源成本库时,要充分考虑资源消耗与作业动因之间的相关性,据此选择不同类型资源的分配方式。根据公司的组织架构设置和职责划分,财务部门利用公司财务管理系统进行成本中心辅助核算,对各部门和车间发生的费用进行归集。对照公司所确定的作业成本中心,相应建立了六个资源成本库(见表3-11-2)。

表 3-11-2　　　　　　　　　作业中心与资源成本库对应表

序号	作业中心	资源成本库
1	产品销售作业	销售费用成本库
2	辅助制造作业	制造费用成本库
3	物资采购作业	物资采购成本库
4	直接人工作业	直接人工成本库
5	生产设备作业	折旧费用成本库
6	管理支持作业	管理费用成本库

（四）实施估时作业成本法

在完成总体实施方案设计、作业流程梳理和确定资源成本库的基础上，逐步完成估时作业成本法的实施工作。

1. 估计作业中心实际产能。

（1）产品销售作业。产品销售作业中心主要指固井技术分公司下属的市场部，其有销售人员10人，按照每天工作8小时，每月平均工作20天，按15%扣除必要休息、参加会议和学习培训等非有效工时，该作业中心每月实际产能：$5 \times 8 \times 20 \times (1-15\%) = 680$小时。

（2）生产设备产能。生产设备作业中心主要负责产品生产，其实际产能即为机械设备的有效产能，即机械工时；辅助生产作业中心主要为化工厂综合部，职责是管理化工厂生产车间，协调组织生产，故其实际产能与机械生产作业保持一致；管理支持作业与辅助生产作业类似，也是为公司正常生产运行提供服务保障，其实际产能也按照机械生产作业产能计算。机械生产作业共有11条生产线，每天运转8小时，每月平均生产20天，生产线维护保养安排在非工作日进行，故每月机械工时：$11 \times 8 \times 20 = 1760$小时。

（3）直接人工作业。直接人工作业中心为化工厂固井车间直接从事生产的生产人员。固井车间共有生产人员50人，按每天工作8小时，每月工作20天，并扣除15%的非有效工时，直接人工作业中心每月实际产能：$50 \times 8 \times 20 \times (1-15\%) = 6800$小时。

（4）物资采购作业。物资采购作业中心主要是指化工厂所属采购部，其具体负责物资的采购管理工作，共有采购人员5人，按每天工作8小时，每月工作20天，并扣除15%的非有效工时，直接人工作业中心每月实际产能：$5 \times 8 \times 20 \times (1-15\%) = 680$小时。

2. 计算作业中心产能成本分配率。

根据产能成本分配率的定义，为作业中心资源成本与实际产能之间的比率。实际产能在估计作业中心实际产能中，已经进行了估算；作业中心资源成本数据，根据公司成本中心和部门辅助核算，可查询获取，每项作业产能成本分配率计算见表3-11-3。

表 3-11-3　　　　　　　　　各作业中心产能成本分配率计算表

序号	作业中心	资源成本库	资源成本（元）	实际产能（小时）	产能成本分配率（元/小时）
1	产品销售作业	销售费用成本库	50 000	680	73.53
2	辅助制造作业	制造费用成本库	80 000	1 760	45.45

续表

序号	作业中心	资源成本库	资源成本（元）	实际产能（小时）	产能成本分配率（元/小时）
3	物资采购作业	物资采购成本库	60 000	680	88.24
4	直接人工作业	直接人工成本库	300 000	6 800	44.12
5	生产设备作业	折旧费用成本库	200 000	1 760	113.64
6	管理支持作业	管理费用成本库	150 000	1 760	85.23

3. 计算单位作业时间。

单位作业时间是完成每个作业所需要花费的时间，计算单位作业时间主要是为了确定每项作业耗时，在此基础上计算单位作业成本分配率。对单位作业时间的估计，主要依据观察、访谈等，不要求精确，只要相对准确即可。

（1）产品销售作业。产品销售作业主要包括前期市场调研分析、销售订单管理、销售合同管理、销售出库管理、销售退库管理、销售结算管理和销售收款作业。通过对销售经理的访谈、相关管理流程的跟踪等估测，销售部门花费在销售订单上的时间估计见表3-11-4。

表3-11-4　　　　　　　　　　销售订单耗时估测表

序号	作业名称	作业估时（小时）	备注
1	市场调研分析	20	客户跟踪走访
2	销售订单管理	1	流程略
3	销售合同管理	3	流程略
4	销售出库管理	1.5	流程略
5	销售结算管理	1	流程略
6	销售收款管理	2	流程略
	小计	28.5	
7	销售退库管理	1	流程略
	合计	29.5	

（2）直接人工作业。可以根据生产工艺路线和生产作业要求，结合工艺路线耗时和人员需求进行统计。实际执行中，由固井车间生产人员在完成每班生产作业后，根据实际出勤人员和作业时间进行登记，月末进行人工工时报工。

（3）生产设备作业。可以根据生产工艺路线要求，将每道工序耗时加总后形成单位产品生产时所需机械工时。实际执行中，由固井车间生产人员在完成每班生产作业后，根据实际生产线实际运转时间进行登记，月末进行机械工时报工。辅助制造作业和管理支持作业共用生产设备作业数据。

（4）物资采购作业。物资采购作业包括采购计划管理、采购价格管理、采购合同管理、采购入库管理、采购结算管理、采购付款管理和采购退库管理等7个主要环节。通过对销售经理的访谈、相关管理流程的跟踪等估测，物资采购部门花费在采购订单上的时间估计见表3-11-5。

表3-11-5　　　　　　　　　采购订单耗时估测表

序号	作业名称	作业估时（小时）	备注
1	采购计划管理	3	流程略
2	采购价格管理	1	流程略
3	采购合同管理	6	流程略
4	采购入库管理	2	流程略
5	采购结算管理	2.5	流程略
6	采购付款管理	2	流程略
	小计	16.5	
7	采购退库管理	2	流程略
	合计	18.5	

4. 作业动因量统计。各企业管理中心作业动因量统计见表3-11-6。产品销售作业的销售订单数量作业动因和物资采购作业的采购订单数量作业动因，通过公司财务系统获取；生产设备作业的机械工时作业动因，由生产负责人在完成产品生产后根据生产线的运转时间进行登记，月末以报工方式录入财务系统；直接人工作业的人工工时作业动因，也是通过生产负责人在完成产品生产后，根据作业人数和每个人作业时间汇总登记，月末以报工方式录入财务系统。

表3-11-6　　　　　　　　各作业中心作业动因量统计表

序号	作业中心	作业动因	计量单位	G1	G2	G3	G4	G5	合计
1	产品销售作业	销售订单	个	5	4	2	1	8	20
		订单耗时	小时	29.50	29.50	29.50	29.50	29.50	
		作业工时*	小时	148	118	59	30	236	590
2	辅助制造作业	机械工时	小时	500	350	280	100	400	1 630
3	物资采购作业	采购订单	个	7	6	3	2	12	30
		订单耗时	小时	18.50	18.50	18.50	18.50	18.50	
		作业工时*	小时	130	111	56	37	222	555
4	直接人工作业	人工工时	小时	1 500	1 000	1 100	600	2 000	6 200
5	生产设备作业	机械工时	小时	19	19	19	19	19	93
6	管理支持作业	机械工时	小时	19	19	19	19	19	93

注*：产品销售作业和物资采购作业此处进行了简化处理，在实际工作中，每个订单的处理流程是有差异的，因此需要对差异部分按照时间方程进行计算获取。

5. 作业中心实际负担资源成本计算。

根据产能成本分配率和产品消耗的动因量，通过计算可以得出每个作业中心实际作业应负担的产能资源成本。具体计算过程见表 3-11-7。

表 3-11-7　　　　　作业中心实际负担资源成本及闲置产能成本计算表

序号	作业中心	作业动因	产能成本率（元/小时）①	实际作业工时（小时）②	负担作业成本（元）③=①×②	资源总成本（元）④	闲置资源成本（元）⑤=④-③	资源闲置比例⑥=⑤/④
1	产品销售作业	销售订单	73.53	590	43 382.7	50 000	6 617.3	13.23%
2	辅助制造作业	机械工时	45.45	1 630	74 083.5	80 000	5 916.5	7.40%
3	物资采购作业	采购订单	88.24	555	48 973.2	60 000	11 026.8	18.38%
4	直接人工作业	人工工时	44.12	6 200	273 544	300 000	26 456	8.82%
5	生产设备作业	机械工时	113.64	1 630	185 233.2	200 000	14 766.8	7.38%
6	管理支持作业	机械工时	85.23	1 630	138 924.9	150 000	11 075.1	7.38%

6. 产品实际负担作业中心资源成本计算。

根据作业中心产能成本分配率和各产品实际耗用各作业中心工时，可以计算得出每个产品实际应负担的各作业中心资源成本，然后将产品耗用的各作业中心资源成本汇总，即可得出每个产品实际生产成本。

7. 产品生产成本计算。

在计算得到每个产品实际负担各项作业成本的基础上，加上材料所消耗的直接材料成本，即可得到产品实际生产成本；用产品实际生产成本除以当月产量，可以计算得到每个产品的单位生产成本。

(五) 在实施过程中遇到的主要问题和解决方法

1. 作业中心划分问题。公司产品都是按照标准生产工艺流程生产，不同类型的产品适用不同的生产工艺路线，不同类型产品的生产工艺路线包含的工序存在较大差异，在确立作业成本中心时，是否需要具体到每道工序。如合成反应类液体产品生产线工艺流程，需要经过开机、溶料、中和、引发、聚合、终止、调质和包装8道工序，是否应当比照生产工序分别相应建立8个作业中心。针对这一问题，项目实施小组经过研究，认为虽然公司不同产品适用不同的工艺路线，不同的生产工艺路线包含不同的生产工艺流程，但每道工序间不是相互独立的，整个工艺路线是一个整体，同时考虑成本效益原则，暂不将每道工序设置作业中心。

2. 生产工时计算问题。对于生产工时计算问题，有两种方案可供选择：一是使用标准工时，将每个生产工艺路线，按照生产工序顺序，逐一确定每道工序生产所消耗工时，然后利用时间方程模型计算,得到生产每单位产品所消耗的标准工时,并按工序维护到财务系统,实现系统自动报工;二是通过人工统计,在每次产品生产完成后,由当班生产负责人根据生产线实际运行时间和当班实际使用的生产工人进行统计并登记,月末通过报工方式录入到财务系统。针对公司生产运行实际,以及对财务系统操作和维护的熟练程度,项目组决定以人工报工方式为主,同时按工艺路线将标准工时维护到财务系统,作为参考数据,待系统运行成熟后,再完善标准工时,逐步取代人工报工。

3. 闲置产能处理问题。对于人力资源和机械设备等资源,在现实生产中并非按理论产能进行作业,产能闲置问题普遍存在。在估时作业成本法实施过程中,如何恰当核算闲置产能成本也是需要研究的问题。最终如何界定期间费用的范围,取决于管理人员的主观判断以及成本信息的主要用途。公司经营管理人员经过讨论,认为产品成本核算信息主要用于生产决策,需要真实反映产品盈利水平,对闲置产能不再二次分配记入产品成本。

四、取得成效

(一)提高了产品成本信息的合理性和准确性

从表 3-11-8 两种成本计算方法下产品成本差异对比表可以看出,G4 产品和 G3 产品单位成本在传统成本计算法下,比估时作业成本法分别少 4 365 元和 1 019 元,差异比例分别达到了 86.12% 和 14.31%;G1 产品在传统成本计算法下,单位成本比估时作业成本法下高出 703 元,差异比例为 9.07%;G2 产品和 G5 产品在两种成本计算方法下差异较小。

表 3-11-8　甲公司传统成本法与估时作业成本法产品成本差异对比表

序号	费用类型	G1	G2	G3	G4	G5	合计
1	直接材料	—	—	—	—	—	—
2	直接人工	51 750	8 440	-19 852	-21 942	8 060	26 456
3	机械费用	21 800	-4 734	-12 699	-8 344	18 744	14 767
4	制造费用	8 723	-1 892	-5 078	-3 337	7 500	5 917
5	采购成本	12 159	717	839	-2 359	-329	11 027
产品生产成本(元)		94 432	2 532	-36 791	-35 982	33 975	58 166
6	销售费用	8 809	83	442	-1 414	-1 303	6 617
7	管理费用	16 350	-3 551	-9 524	-6 258	14 058	11 075
产品完全成本(元)		119 591	-935	-45 873	-43 654	46 730	75 858
单位生产成本(元/吨)		703	-7	-1 019	-4 365	156	—

为进一步分析产品成本差异原因,对单位产品所消耗的机械工时进行了计算,从表 3-11-9 可以看出,G4 和 G3 产品每生产一吨所需要的时间分别为 10 小时和 6.22 小时,远超其他产品所耗工时。经查阅其生产工艺流程,发现其生产工序复杂、机械加工作业相对较多,虽然其产量相对较少,但消耗了大量的机械工时,最终导致负担较高的产品制造成本和辅助管理成本。而在传统成本计算方法下,产品应负责的制造费用和管理费用,主要取决于所使用的原材料价值和产品生产数量,单位价值高和产量大,所分摊的费用就多。估时作业成本法较传统成本计算方法而言,根据作业动因将资源成本分摊至产品,提高了产品成本信息的合理性和准确性,避免单一分摊方法导致的成本信息扭曲。

表 3-11-9　　　　　　　　　　单位产品消耗工时计算表

序号	费用类型	G1	G2	G3	G4	G5
1	生产设备作业工时（小时）	500	350	280	100	400
2	当期产量（吨）	170	130	45	10	300
3	每吨产品消耗工时（小时/吨）	2.94	2.69	6.22	10	1.33

（二）提升了单位管理决策有用性

经营决策科学与否，取决于决策所依据的信息是否真实准确，错误信息只会误导决策，更谈不上有用性。从公司在两种成本计算方法结果对比中可以看出，G4 和 G3 产品成本被严重低估，如果基于之前的核算数据，公司很可能误认为这两种产品是主要盈利产品，加大生产投入，使企业陷入进一步亏损；而对于成本被高估的 G1 产品，可能会消减产量，使本来盈利的产品退出生产。估时作业成本法一方面从作业时间这一动因入手，使产品作业消耗的资源成本合理地分摊，提高了产品成本信息的准确性和科学性；另一方面，估时作业成本法引入实际产能指标，通过计算作业实际消耗的有效工时，揭露企业闲置能力的分摊，提高了产品成本信息的准确性和科学性；另一方面，估时作业成本法引入实际产能指标，通过计算作业实际消耗的有效工时，揭露企业闲置产能并计算出闲置产能成本。从这两方面来看，估时作业成本法提升了单位管理决策的有用性。

（三）提高了单位绩效管理水平

估时作业成本法不仅仅是一种成本计算方法，还可以应用到作业成本预算、作业成本控制等管理领域，如通过对增值作业与非增值作业的分析，消除非增值作业，提升作业效率，进而提升公司绩效管理水平。

第四部分

营运管理

管理会计应用指引第 400 号
——营运管理

第一章 总 则

第一条 为了促进企业加强营运管理，提高营运效率和质量，实现营运目标，根据《管理会计基本指引》，制定本指引。

第二条 营运管理，是指为了实现企业战略和营运目标，各级管理者通过计划、组织、指挥、协调、控制、激励等活动，实现对企业生产经营过程中的物料供应、产品生产和销售等环节的价值增值管理。

第三条 企业进行营运管理，应区分计划（Plan）、实施（Do）、检查（Check）、处理（Act）等四个阶段（简称 PDCA 管理原则），形成闭环管理，使营运管理工作更加条理化、系统化、科学化。

第四条 营运管理领域应用的管理会计工具方法，一般包括本量利分析、敏感性分析、边际分析、内部转移定价和多维度盈利能力分析等。

企业应根据自身业务特点和管理需要等，选择单独或综合运用营运管理工具方法，以更好地实现营运管理目标。

第五条 企业应用营运管理工具方法，一般按照营运计划的制定、营运计划的执行、营运计划的调整、营运监控分析与报告、营运绩效管理等程序进行。

第二章 应 用 环 境

第六条 企业营运管理的应用环境包括组织架构、管理制度和流程、信息系统以及相关外部环境等。

第七条 为确保营运管理的有序开展，企业应建立健全营运管理组织架构，明确各管理层级或管理部门在营运管理中的职责，有效组织开展营运计划的制定审批、分解下达、执行监控、分析报告、绩效管理等日常营运管理工作。

第八条 企业应建立健全营运管理的制度体系，明确营运管理各环节的工作目标、职责分工、工作程序、工具方法、信息报告等内容。

第九条 企业应建立完整的业务信息系统，规范信息的收集、整理、传递和使用等，有效支持管理者决策。

第三章 营运计划的制定

第十条 营运计划，是指企业根据战略决策和营运目标的要求，从时间和空间上对营运过程中各种资源所作出的统筹安排，主要作用是分解营运目标，分配企业资源，安排营运过程中的各项活动。

第十一条 营运计划按计划的时间可分为长期营运计划、中期营运计划和短期营运计划；按计划的内容可分为销售、生产、供应、财务、人力资源、产品开发、技术改造和设备投资等营运计划。

第十二条 制定营运计划应当遵循以下原则：

（一）系统性原则。企业在制定计划时不仅应考虑营运的各个环节，还要从整个系统的角度出发，既要考虑大系统的利益，也要兼顾各个环节的利益。

（二）平衡性原则。企业应考虑内外部环境之间的矛盾，有效平衡可能对营运过程中的研发、生产、供应、销售等存在影响的各个方面，使其保持合理的比例关系。

（三）灵活性原则。企业应当充分考虑未来的不确定性，在制定计划时保持一定的灵活性和弹性。

第十三条 企业在制定营运计划时，应以战略目标和年度营运目标为指引，充分分析宏观经济形势、行业发展规律以及竞争对手情况等内外部环境变化，同时还应评估企业自身研发、生产、供应、销售等环节的营运能力，客观评估自身的优势和劣势以及面临的风险和机会等。

第十四条 企业在制定营运计划时，应开展营运预测，将其作为营运计划制定的基础和依据。

第十五条 营运预测，是指通过收集整理历史信息和实时信息，恰当运用科学预测方法，对未来经济活动可能产生的经济效益和发展趋势作出科学合理的预计和推测的过程。

第十六条 企业应用多种工具方法制定营运计划的，应根据自身实际情况，选择单独或综合应用预算管理领域、平衡计分卡等管理会计工具方法；同时，应充分应用本量利分析、敏感性分析、边际分析等管理会计工具方法，为营运计划的制定提供具体量化的数据分析，有效支持决策。

第十七条 企业应当科学合理地制定营运计划，充分考虑各层次营运目标、业务计划、管理指标等方面的内在逻辑联系，形成涵盖各价值链的、不同层次和不同领域的、业务与财务相结合的、短期与长期相结合的目标体系和行动计划。

第十八条 企业应采取自上而下、自下而上或上下结合的方式制定营运计划，充分调动全员积极性，通过沟通、讨论达成共识。

第十九条 企业应根据营运管理流程，对营运计划进行逐级审批。企业各部门应在已经审批通过的营运计划基础上，进一步制定各自的业务计划，并按流程履行审批程序。

第二十条 企业应对未来的不确定性进行充分的预估，在科学营运预测的基础上，制定多方案的备选营运计划，以应对未来不确定性带来的风险与挑战。

第四章 营运计划的执行

第二十一条 经审批的营运计划应以正式文件的形式下达执行。企业应逐级分解营运计划，按照横向到边、纵向到底的要求分解落实到各所属企业、部门、岗位或员工，确保营运计划得到充分落实。

第二十二条 经审批的营运计划应分解到季度、月度，形成月度的营运计划，逐月下达、执行。各企业应根据月度的营运计划组织开展各项营运活动。

第二十三条　企业应建立配套的监督控制机制,及时记录营运计划执行情况,进行差异分析与纠偏,持续优化业务流程,确保营运计划有效执行。

第二十四条　企业应在月度营运计划的基础上,开展月度、季度滚动预测,及时反映滚动营运计划所对应的实际营运状况,为企业资源配置的决策提供有效支持。

第五章　营运计划的调整

第二十五条　营运计划一旦批准下达,一般不予调整。宏观经济形势、市场竞争形势等发生重大变化,导致企业营运状况与预期出现较大偏差的,企业可以适时对营运计划作出调整,使营运目标更加切合实际。

第二十六条　企业在营运计划执行过程中,应关注和识别存在的各种不确定因素,分析和评估其对企业营运的影响,适时启动调整原计划的有关工作,确保企业营运目标更加切合实际,更合理地进行资源配置。

第二十七条　企业在作出营运计划调整决策时,应分析和评估营运计划调整方案对企业营运的影响,包括对短期的资源配置、营运成本、营运效益等的影响以及对长期战略的影响。

第二十八条　企业应建立营运计划调整的流程和机制,规范营运计划的调整。营运计划的调整应由具体执行的所属企业或部门提出调整申请,经批准后下达正式文件。

第六章　营运监控分析与报告

第二十九条　为了强化营运监控,确保企业营运目标的顺利完成,企业应结合自身实际情况,按照日、周、月、季、年等频率建立营运监控体系;并按照PDCA管理原则,不断优化营运监控体系的各项机制,做好营运监控分析工作。

第三十条　企业的营运监控分析,是指以本期财务和管理指标为起点,通过指标分析查找异常,并进一步揭示差异所反映的营运缺陷,追踪缺陷成因,提出并落实改进措施,不断提高企业营运管理水平。

第三十一条　营运管理监控的基本任务是发现偏差、分析偏差和纠正偏差。

(一)发现偏差。企业通过各类手段和方法,分析营运计划的执行情况,发现计划执行中的问题。

(二)分析偏差。企业对营运计划执行过程中出现的问题和偏差原因进行研究,采取针对性的措施。

(三)纠正偏差。企业根据偏差产生的原因采取针对性的纠偏对策,使企业营运过程中的活动按既定的营运计划进行,或者按照本指引第五章对营运计划进行必要的调整。

第三十二条　企业营运监控分析应至少包括发展能力、盈利能力、偿债能力等方面的财务指标,以及生产能力、管理能力等方面的非财务内容,并根据所处行业的营运特点,通过趋势分析、对标分析等工具方法,建立完善营运监控分析指标体系。

第三十三条　企业营运分析的一般步骤包括:

(一)明确营运目的,确定有关营运活动的范围;

(二)全面收集有关营运活动的资料,进行分类整理;

(三)分析营运计划与执行的差异,追溯原因;

（四）根据差异分析采取恰当的措施，并进行分析和报告。

第三十四条 企业应将营运监控分析的对象、目的、程序、评价及改进建议形成书面分析报告。分析报告按照分析的范围及内容可以分为综合分析报告、专题分析报告和简要分析报告；按照分析的时间分为定期分析报告和不定期分析报告。

第三十五条 企业应建立预警、督办、跟踪等营运监控机制，及时对营运监控过程中发现的异常情况进行通报、预警，按照PDCA管理原则督促相关责任人将工作举措落实到位。

第三十六条 企业可以建立信息报送、收集、整理、分析、报告等日常管理机制，保证信息传递的及时性和可靠性；建立营运监控管理信息系统、营运监控信息报告体系等，保证营运监控分析工作的顺利开展。

第七章　营运绩效管理

第三十七条 企业可以开展营运绩效管理，激励员工为实现营运管理目标作出贡献。

第三十八条 企业可以建立营运绩效管理委员会、营运绩效管理办公室等不同层级的绩效管理组织，明确绩效管理流程和审批权限，制定绩效管理制度。

第三十九条 企业可以以营运计划为基础，制定绩效管理指标体系，明确绩效指标的定义、计算口径、统计范围、绩效目标、评价标准、评价周期、评价流程等内容，确保绩效指标具体、可衡量、可实现、相关以及具有明确期限。

第四十条 绩效管理指标应以企业营运管理指标为基础，做到无缝衔接、层层分解，确保企业营运目标的落实。

第八章　附　　则

第四十一条 本指引由财政部负责解释。

管理会计应用指引第 401 号
——本量利分析

第一章 总 则

第一条 本量利分析,是指以成本性态分析和变动成本法为基础,运用数学模型和图式,对成本、利润、业务量与单价等因素之间的依存关系进行分析,发现变动的规律性,为企业进行预测、决策、计划和控制等活动提供支持的一种方法。其中,"本"是指成本,包括固定成本和变动成本;"量"是指业务量,一般指销售量;"利"一般指营业利润。

第二条 本量利分析的基本公式如下:

营业利润 =(单价 – 单位变动成本)× 业务量 – 固定成本

第三条 本量利分析主要用于企业生产决策、成本决策和定价决策,也可以广泛地用于投融资决策等。

第四条 企业在营运计划的制定、调整以及营运监控分析等程序中通常会应用到本量利分析。

第五条 企业应用本量利分析,应遵循《管理会计应用指引第 400 号——营运管理》中对应用环境的一般要求。

第二章 应 用 程 序

第六条 本量利分析方法通常包括盈亏平衡分析、目标利润分析、敏感性分析、边际分析等。

第七条 盈亏平衡分析(也称保本分析),是指分析、测定盈亏平衡点,以及有关因素变动对盈亏平衡点的影响等,是本量利分析的核心内容。盈亏平衡分析的原理是,通过计算企业在利润为零时处于盈亏平衡的业务量,分析项目对市场需求变化的适应能力等。

盈亏平衡分析包括单一产品的盈亏平衡分析和产品组合的盈亏平衡分析。

第八条 单一产品的盈亏平衡分析通常采用以下方法:

(一)公式法。

盈亏平衡点的业务量 = 固定成本 ÷(单价 – 单位变动成本)

盈亏平衡点的销售额 = 单价 × 盈亏平衡点的业务量

或 盈亏平衡点的销售额 = 固定成本 ÷(1 – 变动成本率)

或 盈亏平衡点的销售额 = 固定成本 ÷ 边际贡献率

边际贡献率 = 1 – 变动成本率

企业的业务量等于盈亏平衡点的业务量时,企业处于保本状态;企业的业务量高于盈亏平衡点的业务量时,企业处于盈利状态,企业的业务量低于盈亏平衡点的业务量时,企业处于亏损状态。

（二）图示法。

企业可以使用本量利关系图进行分析。本量利关系图按照数据的特征和目的分类，可以分为传统式、贡献毛益式和利量式三种图形（具体的图示法分析见附录）。

第九条 产品组合的盈亏平衡分析通常采用以下方法：

产品组合的盈亏平衡分析是在掌握每种单一产品的边际贡献率的基础上，按各种产品销售额的比重进行加权平均，据以计算综合边际贡献率，从而确定多产品组合的盈亏平衡点。

某种产品的销售额权重＝该产品的销售额÷各种产品的销售额合计

盈亏平衡点的销售额＝固定成本÷（1－综合变动成本率）

或　盈亏平衡点的销售额＝固定成本÷综合边际贡献率

综合边际贡献率＝1－综合变动成本率

企业销售额高于盈亏平衡点时，企业处于盈利状态；企业销售额低于盈亏平衡点时，企业处于亏损状态。企业通常运用产品组合的盈亏平衡点分析优化产品组合，提高获利水平。

第十条 目标利润分析是在本量利分析方法的基础上，计算为达到目标利润所需达到的业务量、收入和成本的一种利润规划方法，该方法应反映市场的变化趋势、企业战略规划目标以及管理层需求等。

目标利润分析包括单一产品的目标利润分析和产品组合的目标利润分析。单一产品的目标利润分析重在分析每个要素的重要性。产品组合的目标利润分析重在优化企业产品组合。

第十一条 企业应结合市场情况、宏观经济背景、行业发展规划以及企业的战略发展规划等确定目标利润。

第十二条 企业要实现目标利润，在假定其他因素不变时，通常应提高销售数量或销售价格，降低固定成本或单位变动成本。单一产品的目标利润分析公式如下：

实现目标利润的业务量＝（目标利润＋固定成本）÷（单价－单位变动成本）

实现目标利润的销售额＝单价×实现目标利润的业务量

或　实现目标利润的销售额＝（目标利润＋固定成本）÷边际贡献率

企业在应用该工具方法进行如何提高销售量的策略分析时，可以根据市场情况的变化对销售价格进行调整，降价通常可能促进销售量的增加，提价通常可能使销售量下降；在市场需求极为旺盛的情况下，可以通过增加固定成本支出（如广告费、租赁设备等）、扩大生产能力来扩大销售量。

第十三条 产品组合的目标利润分析通常采用以下方法：

在单一产品的目标利润分析基础上，依据分析结果进行优化调整，寻找最优的产品组合。基本分析公式如下：

实现目标利润的销售额＝（综合目标利润＋固定成本）÷（1－综合变动成本率）

实现目标利润率的销售额＝固定成本÷（1－综合变动成本率－综合目标利润率）

企业在应用该工具方法进行优化产品产量结构的策略分析时，在既定的生产能力基础上，可以提高具有较高边际贡献率的产品的产量。

第十四条 敏感性分析参见《管理会计应用指引第402号——敏感性分析》。

第十五条 边际分析参见《管理会计应用指引第403号——边际分析》。

第三章 工具方法评价

第十六条 本量利分析的主要优点是：可以广泛应用于规划企业经济活动和营运决策等方面，简便易行、通俗易懂和容易掌握。

第十七条 本量利分析的主要缺点是：仅考虑单因素变化的影响，是一种静态分析方法，且对成本性态较为依赖。

第四章 附　　则

第十八条 本指引由财政部负责解释。

管理会计应用指引第402号
——敏感性分析

第一章 总 则

第一条 敏感性分析,是指对影响目标实现的因素变化进行量化分析,以确定各因素变化对实现目标的影响及其敏感程度。

敏感性分析可以分为单因素敏感性分析和多因素敏感性分析。

第二条 敏感性分析具有广泛适用性,有助于识别、控制和防范短期营运决策、长期投资决策等相关风险,也可以用于一般经营分析。

第三条 企业在营运计划的制定、调整以及营运监控分析等程序中通常会应用到敏感性分析,敏感性分析也常用于长期投资决策等。

第四条 企业应用敏感性分析,应遵循《管理会计应用指引第400号——营运管理》中对应用环境的一般要求。

第二章 在短期营运决策中的应用程序

第五条 短期营运决策中的敏感性分析主要应用于目标利润规划。

第六条 短期营运决策中的敏感性分析的应用程序一般包括确定短期营运决策目标、根据决策环境确定决策目标的基准值、分析确定影响决策目标的各种因素、计算敏感系数、根据敏感系数对各因素进行排序等程序。

第七条 在利润规划敏感性分析中,利润规划的决策目标是利润最大化,有关公式如下:

利润 = 销售量 × (单价 − 单位变动成本) − 固定成本总额

第八条 在确定利润基准值时,企业通常根据正常状态下的产品销售量、定价和成本状况,使用本量利公式测算目标利润基准值。

第九条 企业根据本量利公式分析和识别影响利润基准值的因素,包括销售量、单价、单位变动成本和固定成本。

企业在进行敏感性分析时,可视具体情况和以往经验选取对利润基准值影响较大的因素进行分析。

第十条 企业在进行因素分析时,通过计算各因素的敏感系数,衡量因素变动对决策目标基准值的影响程度。企业可以进行单因素敏感性分析或多因素敏感性分析。

第十一条 单因素敏感性分析,是指每次只变动一个因素而其他因素保持不变时所做的敏感性分析。敏感系数反映的是某一因素值变动对目标值变动的影响程度,有关公式如下:

某因素敏感系数＝目标值变动百分比÷因素值变动百分比

在目标利润规划中，目标值为目标利润，变动因素为销售量、单价、单位变动成本和固定成本。敏感系数的绝对值越大，该因素越敏感。

第十二条 多因素敏感性分析，是指假定其他因素不变时，分析两种或两种以上不确定性因素同时变化对目标的影响程度所做的敏感性分析。

企业在进行目标利润规划时，通常以利润基准值为基础，测算销售量、单价、单位变动成本和固定成本中两个或两个以上的因素同时发生变动时，对利润基准值的影响程度。

第十三条 企业应根据敏感系数绝对值的大小对其进行排序，按照有关因素的敏感程度优化规划和决策。

有关因素只要有较小幅度变动就会引起利润较大幅度变动的，属于敏感性因素；有关因素虽有较大幅度变动但对利润影响不大的，属于弱敏感性因素。

在短期利润规划决策中，销售量、单价、单位变动成本和固定成本都会对利润产生影响，应重点关注敏感性因素，及时采取措施，加强控制敏感性因素，确保利润规划的完成。

第十四条 在对利润规划进行敏感性分析时，企业应确定导致盈利转为亏损的有关变量的临界值，即确定销售量和单价的最小允许值、单位变动成本和固定成本的最大允许值，有关公式如下：

销售量的最小允许值＝固定成本÷（单价－单位变动成本）

单价的最小允许值＝（单位变动成本×销售量＋固定成本）÷销售量

单位变动成本的最大允许值＝（单价×销售量－固定成本）÷销售量

固定成本的最大允许值＝（单价－单位变动成本）×销售量

第三章　在长期投资决策中的应用程序

第十五条 长期投资决策中的敏感性分析，是指通过衡量投资方案中某个因素的变动对该方案预期结果的影响程度，作出对项目投资决策的可行性评价。

第十六条 长期投资决策敏感性分析的一般步骤参考本指引第六条。

第十七条 长期投资决策模型中决策目标的基准值通常包括净现值、内含报酬率、投资回收期、现值指数等。

企业通常需要结合行业和项目特点，参考类似投资的经验，对决策目标基准值的影响因素进行识别和选取。决策目标基准值的影响因素通常包括项目的期限、现金流和折现率。

第十八条 长期投资决策中的敏感性分析，通常分析项目期限、折现率和现金流量等变量的变化对投资方案的净现值、内含报酬率等产生的影响。

第十九条 以净现值为目标值进行敏感性分析的，可以计算投资期内的年现金净流量、有效使用年限和折现率的变动对净现值的影响程度；也可以计算净现值为零时的年金净流量和有效使用年限的下限。

第二十条 以内含报酬率为基准值进行敏感性分析，可以计算投资期内的年现金净流量和有效使用年限变动对内含报酬率的影响程度。

第四章 工具方法评价

第二十一条 敏感性分析的主要优点：方法简单易行，分析结果易于理解，能为企业的规划、控制和决策提供参考。

第二十二条 敏感性分析的主要缺点：对决策模型和预测数据具有依赖性，决策模型的可靠程度和数据的合理性，会影响敏感性分析的可靠性。

第五章 附　　则

第二十三条 本指引由财政部负责解释。

管理会计应用指引第 403 号
——边际分析

第一章 总 则

第一条 边际分析，是指分析某可变因素的变动引起其他相关可变因素变动的程度的方法，以评价既定产品或项目的获利水平，判断盈亏临界点，提示营运风险，支持营运决策。

第二条 企业在营运管理中，通常在进行本量利分析、敏感性分析的同时运用边际分析工具方法。

第三条 企业在营运计划的制定、调整以及营运监控分析等程序中通常会应用到边际分析。

第四条 企业应用边际分析，应遵循《管理会计应用指引第 400 号——营运管理》中对应用环境的一般要求。

第二章 应 用 程 序

第五条 边际分析工具方法主要有边际贡献分析、安全边际分析等。

第六条 边际贡献分析，是指通过分析销售收入减去变动成本总额之后的差额，衡量产品为企业贡献利润的能力。边际贡献分析主要包括边际贡献和边际贡献率两个指标。

边际贡献总额是产品的销售收入扣除变动成本总额后给企业带来的贡献，进一步扣除企业的固定成本总额后，剩余部分就是企业的利润，相关计算公式如下：

边际贡献总额 = 销售收入 − 变动成本总额

单位边际贡献 = 单价 − 单位变动成本

边际贡献率，是指边际贡献在销售收入中所占的百分比，表示每 1 元销售收入中边际贡献所占的比重。

$$边际贡献率 = \frac{边际贡献}{销售收入} \times 100\% = \frac{单位边际贡献}{单位} \times 100\%$$

第七条 企业面临资源约束，需要对多个产品线或多种产品进行优化决策或对多种待选新产品进行投产决策的，可以通过计算边际贡献以及边际贡献率，评价待选产品的盈利性，优化产品组合。

第八条 企业进行单一产品决策时，评价标准如下：

当边际贡献总额大于固定成本时，利润大于 0，表明企业盈利；

当边际贡献总额小于固定成本时，利润小于 0，表明企业亏损；

当边际贡献总额等于固定成本时，利润等于 0，表明企业保本。

第九条 当进行多产品决策时，边际贡献与变动成本之间存在如下关系：

综合边际贡献率 = 1 - 综合变动成本率

综合边际贡献率反映了多产品组合给企业作出贡献的能力，该指标通常越大越好。

第十条 企业可以通过边际分析对现有产品组合进行有关优化决策，如计算现有各条产品线或各种产品的边际贡献并进行比较，增加边际贡献或边际贡献率高的产品组合，减少边际贡献或边际贡献率低的产品组合。

第十一条 安全边际分析，是指通过分析正常销售额超过盈亏临界点销售额的差额，衡量企业在保本的前提下，能够承受因销售额下降带来的不利影响的程度和企业抵御营运风险的能力。安全边际分析主要包括安全边际和安全边际率两个指标。

安全边际，是指实际销售量或预期销售量超过盈亏平衡点销售量的差额，体现企业营运的安全程度。有关公式如下：

安全边际 = 实际销售量或预期销售量 - 保本点销售量

安全边际率，是指安全边际与实际销售量或预期销售量的比值，公式如下：

$$安全边际率 = \frac{安全边际}{实际销售量或预期销售量} \times 100\%$$

第十二条 安全边际主要用于衡量企业承受营运风险的能力，尤其是销售量下降时承受风险的能力，也可以用于盈利预测。安全边际或安全边际率的数值越大，企业发生亏损的可能性越小，抵御营运风险的能力越强，盈利能力越大。

第三章 工具方法评价

第十三条 边际分析方法的主要优点：可有效地分析业务量、变动成本和利润之间的关系，通过定量分析，直观地反映企业营运风险，促进提高企业营运效益。

第十四条 边际分析方法的主要缺点：决策变量与相关结果之间关系较为复杂，所选取的变量直接影响边际分析的实际应用效果。

第四章 附 则

第十五条 本指引由财政部负责解释。

附录：

本量利关系图指标计算说明

1. 传统式本量利关系图是最基本、最常见的本量利关系图形（见图1）。绘制方法如下：
（1）在直角坐标系中，以横轴表示销售量，以纵轴表示成本或销售收入。
（2）在纵轴上找出固定成本数值，即以（0，固定成本数值）为起点，绘制一条与横轴平行的固定成本线。
（3）以（0，固定成本数值）为起点，以单位变动成本为斜率，绘制总成本线。
（4）以坐标原点（0，0）为起点，以销售单价为斜率，绘制销售收入线。
（5）总成本线和销售收入线的交点就是盈亏临界点销售量。

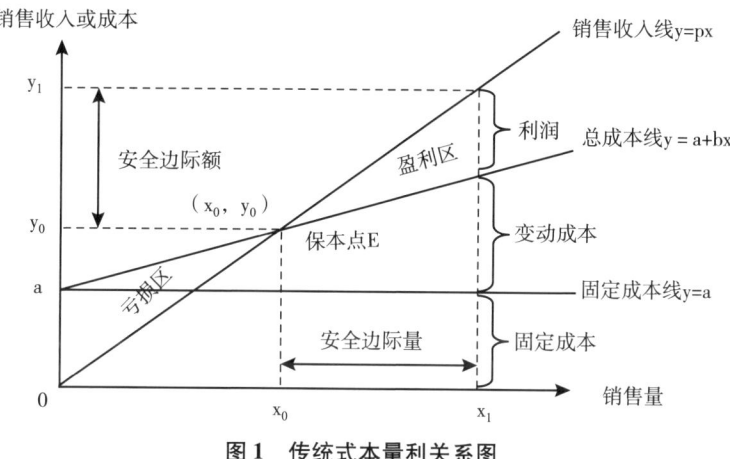

图1 传统式本量利关系图

2. 贡献毛益式本量利关系图是将固定成本置于变动成本之上，能够反映贡献毛益形成过程的图形（见图2）。绘制方法如下：

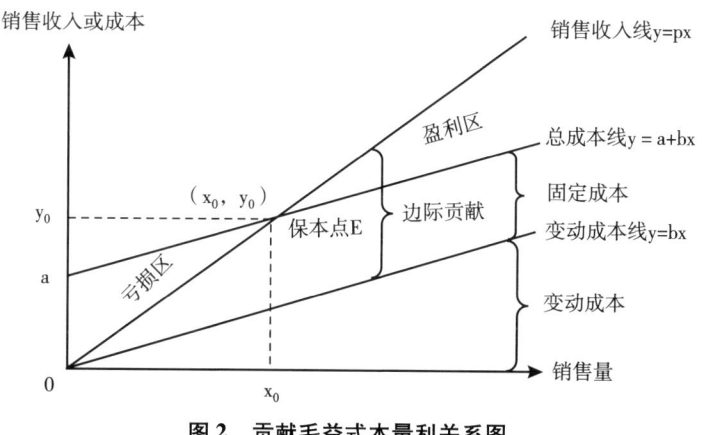

图2 贡献毛益式本量利关系图

(1) 在直角坐标系中，以横轴表示销售量，以纵轴表示成本或销售收入。

(2) 从原点出发分别绘制销售收入线和变动成本线。

(3) 以纵轴上的（0，固定成本数值）点为起点绘制一条与变动成本线平行的总成本线。

(4) 总成本线和销售收入线的交点就是盈亏临界点销售量。

3. 利量式本量利关系图是反映利润与销售量之间依存关系的图形（见图3）。绘制方法如下：

(1) 在直角坐标系中，以横轴代表销售量，以纵轴代表利润（或亏损）。

(2) 在纵轴原点以下部分找到与固定成本总额相等的点（0，固定成本数值），该点表示销售量等于零时，亏损额等于固定成本；从点（0，固定成本数值）出发画出利润线，该线的斜率是企业贡献毛益。

(3) 利润线与横轴的交点即为盈亏临界点销售量。

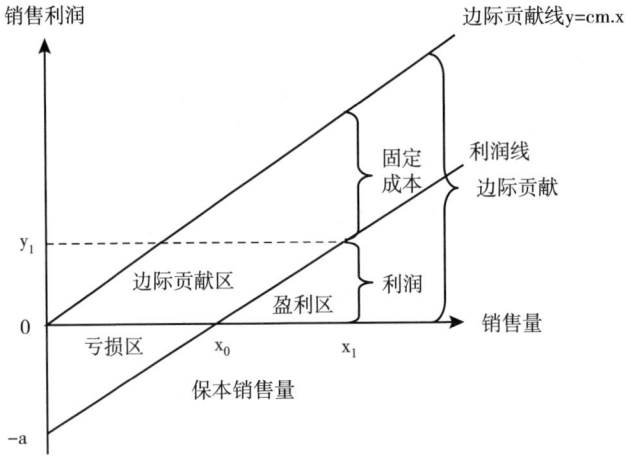

图3　利量式本量利关系图

管理会计应用指引第 404 号
——内部转移定价

第一章 总 则

第一条 内部转移定价，是指企业内部转移价格的制定和应用方法。

内部转移价格，是指企业内部分公司、分厂、车间、分部等责任中心之间相互提供产品（或服务）、资金等内部交易时所采用的计价标准。

责任中心，是指企业内部独立提供产品（或服务）、资金等的责任主体。

第二条 企业应用内部转移定价工具方法的主要目标，是界定各责任中心的经济责任，计量其绩效，为实施激励提供可靠依据。

第三条 内部转移定价主要适用于具有一定经营规模、业务流程相对复杂、设置了多个责任中心且责任中心之间存在内部供求关系的企业。

第四条 企业应用内部转移定价工具方法，一般应遵循以下原则：

（一）合规性原则。内部转移价格的制定、执行及调整应符合相关会计、财务、税收等法律法规的规定。

（二）效益性原则。企业应用内部转移定价工具方法，应以企业整体利益最大化为目标，避免为追求局部最优而损害企业整体利益的情况；同时，应兼顾各责任中心及员工利益，充分调动各方积极性。

（三）适应性原则。内部转移定价体系应当与企业所处行业特征、企业战略、业务流程、产品（或服务）特点、业绩评价体系等相适应，使企业能够统筹各责任中心利益，对内部转移价格达成共识。

第二章 应 用 环 境

第五条 企业应用内部转移定价工具方法，应遵循《管理会计应用指引第 300 号——成本管理》《管理会计应用指引第 400 号——营运管理》中对应用环境的一般要求。

第六条 企业一般由绩效管理委员会或类似机构负责搭建内部交易和内部转移价格管理体系，制定相关制度，审核、批准内部转移定价方案，并由财务、绩效管理等职能部门负责编制和修订内部转移价格、进行内部交易核算、对内部交易价格执行情况进行监控和报告等内部转移价格的日常管理。

第七条 企业应建立与所采用的内部转移定价体系相适应的内部交易管理信息系统，并及时获取所需的内部转移价格，灵活确定有关定价方式，客观反映各责任中心绩效。

第三章 应用程序

第八条 企业应用内部转移定价工具方法，一般按照明确责任中心、制定与实施转移价格、分析与评价内部转移价格等程序进行。

第九条 企业应根据所属行业的特征、业务流程、组织结构等情况和实际需要明确各责任中心及其主要责任。

一般情况下，企业可将直接对外销售或有一定销售决策权的责任单位设置为内部利润中心，内部利润中心是既对成本费用负责、又对利润负责的责任中心；将中间产品（或服务）、辅助产品（或服务）的提供方设置为内部成本中心，内部成本中心是主要对成本费用负责的责任中心。企业出于管理需要，也可以将中间产品（或服务）、辅助产品（或服务）的提供方设置为模拟的内部利润中心，该中心除降低成本外还承担优化品种结构、提高产品（或服务）质量、降低资金占用等责任。

第十条 企业绩效管理委员会或类似机构应根据各责任中心的性质和业务特点，分别确定适当的内部转移定价形式。内部转移定价通常分为价格型、成本型和协商型。

（一）价格型内部转移定价，是指以市场价格为基础制定的、由成本和毛利构成内部转移价格的方法，一般适用于内部利润中心。

责任中心所提供的产品（或服务）经常外销且外销比例较大的，或所提供的产品（或服务）有外部活跃市场可靠报价的，可以外销价或活跃市场报价作为内部转移价格。

责任中心一般不对外销售且外部市场没有可靠报价的产品（或服务），或企业管理层和有关各方认为不需要频繁变动价格的，可以参照外部市场价或预测价制定模拟市场价作为内部转移价格。

没有外部市场但企业出于管理需要设置为模拟利润中心的责任中心，可以在生产成本基础上加一定比例毛利作为内部转移价格。

（二）成本型内部转移定价，是指以标准成本等相对稳定的成本数据为基础，制定内部转移价格的方法，一般适用于内部成本中心。标准成本的制定参见《管理会计应用指引第302号——标准成本法》。

（三）协商型内部转移定价，是指企业内部供求双方为使双方利益相对均衡，通过协商机制制定内部转移价格的方法，主要适用于分权程度较高的情形。协商价的取值范围通常较宽，一般不高于市场价，不低于变动成本。

第十一条 除以外销价或活跃市场报价制定的内部转移价格可能随市场行情波动而变动较频繁外，其余内部转移价格应在一定期间内保持相对稳定，以使需求方责任中心的绩效不受供给方责任中心绩效变化的影响。

第十二条 企业可以根据管理需要，核算各责任中心资金占用成本，将其作为内部利润的减项，或直接作为业绩考核的依据。

第十三条 责任中心占用的资金一般指货币资金，也可以包括原材料、半成品等存货以及应收款项等。占用资金的价格一般参考市场利率或加权资本成本制定。

第十四条 金融企业内部转移资金，应综合考虑产品现金流及重定价特点、信息技术手段及管理需求等因素，分析外部金融市场环境，选择适当的资金转移定价和收益率曲线，获取收益率曲线中特定期限的利率，确定资金转移价格。资金转移定价主要包括指定利率法、原始期限匹配法、重定价期限匹配法、现金流匹配定价法等。

（一）指定利率法，是指以单一利率作为某类资金转移价格的方法。一般适用于无确定期限、利率类型为不定期调整类型的资金业务，以及缺乏数据累积的最初阶段。

（二）原始期限匹配法，是指对有明确期限的资金，按照其期限制定与其匹配的转移价格，且在到期之前转移价格保持不变的定价方法。一般适用于定期存贷款及银行贴现票据等到期支付全部本息的固定利率类型的资金业务。

（三）重定价期限匹配法，是指按照资金重定价的期限获取收益率曲线上对应利率，将该利率作为资金的转移价格，且在重定价期限内保持不变的定价方法，其主要作用是分离资金重定价周期中的利率风险。一般适用于浮动利率类的资金业务。

（四）现金流匹配定价法，是指按照现金流的特性，先针对每一笔现金流按照原始期限匹配法或重定价期限匹配法制定转移价格，再对每笔现金流的转移价格加权平均得出转移价格，且在期限内（或重定价期限内）保持不变的定价方法。一般适用于能够合理估计未来现金流分布的资金业务。

第十五条　企业应及时对内部转移定价形成的结果进行汇总分析，作为考核责任中心绩效的依据；同时，应监测内部转移定价体系运行情况，协调、裁决交易中的争议，保障内部转移定价体系运转顺畅。此外，企业应定期开展内部转移定价应用评价工作，根据内外部环境变化及时修订、调整定价策略。

第四章　工具方法评价

第十六条　内部转移定价的主要优点：能够清晰反映企业内部供需各方的责任界限，为绩效评价和激励提供客观依据，有利于企业优化资源配置。

第十七条　内部转移定价的主要缺点：可能受到相关因素影响，内部转移定价体系产生的定价结果不合理，造成信息扭曲，误导相关方行为，从而损害企业局部或整体利益。

第五章　附　　则

第十八条　本指引由财政部负责解释。

管理会计应用指引第 405 号
——多维度盈利能力分析

第一章 总 则

第一条 多维度盈利能力分析，是指企业对一定期间内的经营成果，按照区域、产品、部门、客户、渠道、员工等维度进行计量，分析盈亏动因，从而支持企业精细化管理、满足内部营运管理需要的一种分析方法。

第二条 多维度盈利能力分析主要适用于市场竞争压力较大、组织结构相对复杂或具有多元化产品（或服务）体系的企业。企业应用多维度盈利能力分析工具方法，还应具备一定的信息化程度和管理水平。

第二章 应 用 环 境

第三条 企业应用多维度盈利能力分析工具方法，应遵循《管理会计应用指引第 400 号——营运管理》中对应用环境的一般要求。

第四条 企业应用多维度盈利能力分析工具方法，应按照多维度建立内部经营评价和成本管理制度，并按照管理最小颗粒度进行内部转移定价、成本分摊、业绩分成、经济增加值计量等。

管理最小颗粒度，是指企业根据实际管理需要与管理能力所确定的最小业务评价单元。

第五条 企业应用多维度盈利能力分析，通常需构建多维度盈利能力分析信息系统、模块或工具，制定统一的数据标准和规范，及时、准确、高效地获取各维度管理最小颗粒度相关信息。

第三章 应 用 程 序

第六条 企业进行多维度盈利能力分析，一般按照确定分析维度、建立分析模型、制定数据标准、收集数据、加工数据、编制分析报告等程序进行。

第七条 企业应根据组织架构、管理能力，以及绩效管理、销售管理、渠道管理、产品管理、生产管理、研发管理等管理需求，确定盈利能力分析各维度的类别，通常包括区域、产品、部门、客户、渠道、员工等。

第八条 企业应以营业收入、营业成本、利润总额、净利润、经济增加值（EVA）等核心财务指标为基础，构建多维度盈利能力分析模型（见附录1）。

业财融合程度较高的企业可将与经营业绩直接相关的业务信息，如销售量、市场份额、用户数等，纳入多维度盈利能力分析模型。

金融企业在构建多维度盈利能力分析模型时，可加入经风险调整后的经济增加值（EVA）、风险调整资本回报率（RAROC）等指标。

第九条 企业应根据盈利能力分析各维度的分类规则和所构建的分析模型制定统一的基础数据标准和数据校验规则，保证各维度盈利能力分析数据基础的一致性和准确性，并通过系统参数配置、数据质量管控等在信息系统中予以实施。

第十条 企业应根据管理最小颗粒度确定数据源的获取标准，并从信息系统中收集基础数据。有条件的企业可建立数据仓库或数据集市，形成统一规范的数据集。

第十一条 企业根据管理需求对收集的数据进行加工，一般包括以下几个方面：

（一）按照管理最小颗粒度进行内部转移定价、成本分摊、业绩分成及经济增加值计量等，并根据盈利能力分析模型，生成管理最小颗粒度盈利信息。

1. 企业应遵循《管理会计应用指引第404号——内部转移定价》的一般要求，确定内部转移价格。

2. 企业应遵循"谁受益、谁负担"原则，通过建立科学有效的成本归集路径，将实际发生的完全成本基于业务动因相对合理地分摊到管理最小颗粒度。

3. 企业应依据业绩匹配原则，合理选择佣金法、量价法、比例法等方法，对业务协同产生的业绩进行分成。

4. 企业应遵循《管理会计应用指引第602号——经济增加值法》的一般要求，计量经济增加值。

（二）企业根据设定的数据标准，按管理最小颗粒度与区域、产品、部门、客户、渠道、员工等维度的归属关系进行分类汇总，生成各维度盈利信息。

第十二条 企业应根据管理需求，进一步整理、分析多维度盈利能力分析信息，综合使用趋势分析法、比率分析法、因素分析法等方法，从不同维度进行盈利能力分析，编制多维度盈利能力分析报告。

企业应根据报告使用者需求确定多维度盈利能力分析报告的具体内容，一般包括多维度盈利目标及其在报告期实现程度、整体盈亏的多维分析、各维度具体盈亏状况及其驱动因素分析（如区域下各产品、渠道盈利分析等）、各维度下经营发展趋势分析及风险预警、下一步的建议措施（如优化资源配置）等。

第十三条 企业编制多维度盈利能力分析报告时，可采用排序法、矩阵法、气泡图、雷达图等方法（见附录2）对各维度盈利能力进行评估与分类。

第四章 工具方法评价

第十四条 多维度盈利能力分析的主要优点：可以灵活地支持企业实现精细化内部管理，为客户营销、产品管理、外部定价、成本管控、投资决策、绩效考核等提供相关、可靠的信息。

第十五条 多维度盈利能力分析的主要缺点：对企业管理能力、内部治理的规范性和数据质量等要求较高。

第五章 附 则

第十六条 本指引由财政部负责解释。

附录1：

多维度盈利能力分析模型示例

项目	区域		产品		部门		……
	大区	城市	型号	批次	××部	××部	……
市场占比							
销售量							
销售收入							
减：销售折扣与折让							
营业收入							
减：营业成本							
营业毛利							
减：销售费用							
管理费用							
财务费用							
……							
营业利润							
……							
利润总额							
减：所得税							
净利润							
……							
经济增加值（EVA）							
……							

注：本表可根据企业管理决策需要，增加或减少显示项目。

附录2：

评 估 方 法

1. 排序法，是指将一定期间内各维度下的指标值进行排序，既可以按利润贡献度排序，也可以按综合指标总分排序，由高到低或按设定的标准分段。

2. 矩阵法，是指将一定期间内各维度下的指标值纳入盈利矩阵的相应位置，以表示其盈利能力的类型。通常盈利矩阵以成本类指标为横坐标，以利润类指标为纵坐标，组合成四个象限。

3. 气泡图，是指将一定期间内各维度下的指标值按其数值大小，以气泡大小列示于坐标图中，以直观表示其盈利能力。

4. 雷达图，是指将一定期间内各维度下重要指标值纳入雷达形状的图中，同时展示各维度下盈利能力。

案例示范 4-1
本量利分析在作业成本法中的应用

【本案例介绍本量利分析在作业成本法中的应用。案例单位为油田开发企业。在实施作业成本法过程中，该企业创新应用了基于作业的本量利分析模型，通过对成本性态、保本作业量、保本产量的分析，对作业改进及管理决策提供了明细化的依据，改进了成本动因，减少和消除低效、无效作业，有效分析了企业的最优经济产量及作业量，推动了油田成本降低和整体管理水平的提高。】

一、背景描述

甲油田是由 52 个油气田组成的国有控股特大型企业，业务范围主要包括勘探开发、工程技术、工程建设、生产保障、装备制造、油田化工、矿区服务等，具有较为完整的业务体系和综合一体化优势，现有员工 24 万人，资产总额 3 700 多亿元。

经过 50 多年的开发，甲油田已进入综合含水和采出程度"双特高"阶段，油田稳产难度不断增大。随着国际油价的持续低迷，开发效益面临前所未有的挑战，低成本发展战略成为企业的必然选择。2000 年以来，甲油田在作业成本法研究与应用方面持续进行探索与实践，取得了一定成效。通过将"作业链——价值链"理念引入企业生产经营管理中，建立责任中心成本考核奖惩机制，使全员参与成本管理的意识增强，形成了财务与业务、管理与技术相统一的闭环成本管理体系。在这一过程中油田创新应用了基于作业的本量利分析模型，通过对成本性态、保本作业量、保本产量的分析，对作业改进及管理决策提供了明细化的依据，并提出了"人"作为"活动因"的作业改进方法，改进成本动因，减少和消除低效、无效作业，有效分析企业的最优经济产量及作业量，评价油藏区块的综合经济效益，推动了企业整体管理水平的提高。

二、应用过程

（一）作业动因成本性态划分

1. 作业中心的确定。

甲油田油气开采的基本流程是：地下的原油经过抽油机、电泵、螺杆泵等采油方式被开采上来，首先经计量站的简单处理和计量，被送到联合站；联合站对原油进行油气水分离，其中原油和天然气经过各自系统处理后用于自用及外输，污水输送至污水处理站进行净化，最后通过注水站的配水间注入地层以保持地层压力。为了保证生产的正常进行，还要求进行井下作业施工，以实现对油气资产的维护和增加产量。

甲油田按照油气生产流程，结合油田的实际，将油气开采过程分为五个基本生产作业系统，作为作业中心，即采出作业系统、集输作业系统、注水作业系统、井下作业系统、运输作业系统。

2. 基于作业的成本性态划分。

甲油田结合油田企业生产成本构成特点，将油气生产成本划分为直接变动成本、间接变动成本和固定成本三类，并按照不同成本的构成因素分析研究各类型成本的变化特点、变化规律和变化趋势等成本性态。

直接变动成本短期内直接与产量成比例关系。运输作业系统成本与井下作业系统成本,这两类作业依据历史数据的产油量进行分摊,成本直接随产油量的变动而变动,形成吨油变动成本,可以将其划分为直接变动成本。

间接变动成本与产量变动间接相关,并随作业量的变动而变动,是周期性较长的成本。一般情况下,本期作业量的变动并不一定立即引起本期长期变动成本的相应变化,其影响可能到下一期或更长时间内才会表现出来。采出作业成本、注水作业成本、集输作业成本这三项在较长的生产时间内,与各自的作业量即采液量、注水量、油气处理量成比例变动,而这三种作业量又与产油量密切相关,因此划分为间接变动成本。

固定成本在一个给定的时期内不随产量或作业量的变动而变动。在油气生产过程中折旧折耗摊销受会计政策、储量变动等客观因素影响较大,短期内变动可能性小,划分为长期固定成本。

人工成本与经济形势、企业效益、薪酬制度密切相关。对于石油企业,在国际油价持续波动的形势下,实行工效挂钩机制后,人工成本变动较大,因与产油量和作业量相关性较小,相对于折旧折耗,可划分为短期固定成本。

管理性支出是为油气开采而间接发生的成本,与产油量及作业量无关,是企业年度预算的一部分,单独体现,划分为短期固定成本。

各类作业动因成本性态划分明细见表4-1-1。

表4-1-1　　　　　　　　作业动因成本性态划分明细表

作业动因成本性态	成本类型	具体内容
直接变动成本	运输作业成本	材料、燃料、维修、税费
	井下作业成本	材料、燃料、电、维修
间接变动成本	采出作业成本	材料、电、维修
	注水作业成本	材料、水电、药剂、维修
	集输作业成本	材料、电、维修
固定成本	短期固定成本	人工成本、管理性支出
	长期固定成本	折旧折耗及摊销

3. 基于作业的本量利分析模型。

在作业成本性态划分的基础上,结合油田经营管理的实际,在产销平衡前提下,建立基于作业的本量利分析模型,即:

税前利润=销售收入-直接变动成本-间接变动成本-固定成本=产量×单价-吨油变动成本-(采出作业成本+注水作业成本+集输作业成本)-(人工成本+折旧折耗及摊销+管理性支出)

用公式可表示为:

$$R = PQ - MQ - V_1S_1 - V_2S_2 - \cdots - V_nS_n - F = PQ - MQ - \sum_{i=1}^{n} V_iS_i - F$$

其中:R 为税前利润,P 为单价,Q 为产销量,M 为单位产量变动成本,$V_1 \sim V_n$ 为单位作业成本,$S_1 \sim S_n$ 为作业量,F 为固定成本。

各项作业量 $S_1 \sim S_n$ 与产量 Q 存在一定线性关系,具体根据所在区块的油藏、地质、开发情况,由相关技术部门提供,在实际应用中,作业量可直接取得。

(二) 模型应用

以甲油田乙采油厂为例,该厂所管辖区域属于甲油田外围低渗透率油藏,已探明油气田 14 个,油气区块高度分散、间距大,呈现"小、散、差、杂、低、深"的特点。全厂共有油、气、水井 5 000 余口,建成各类站库 260 余座。2×13 年原油产量 80 万吨,桶油操作成本 29 美元/桶。以作业成本法及本量利分析模型为基础,分别从保本产量、保本作业量、边际贡献等方面分析论证,各项作业动因及成本见表 4-1-2:

表 4-1-2　　　　　　　作业动因成本划分及分配明细表

作业名称	作业动因	动因计量单位	作业动因数	作业总成本(万元)	单位动因费用分配率
注入作业	注水量	万吨	2 000	27 200	13.60
采出作业	产液量	万吨	1 800	35 800	19.89
油气处理	处理量	万吨	100	24 800	248.00
井下作业	产油量	万吨	80	19 000	237.50
运输作业	产油量	万吨	80	3 200	40.00
折旧折耗				180 000	
管理性支出				12 000	
人工成本				75 000	
合计				377 000	

注:原油价格 4 500 元/吨。

1. 基于作业的保本产量。

在作业成本不变的情况下,达到损益平衡时的产销量,即成本临界点时的产量。根据本量利分析模型计算保本产量公式:

$$Q = \frac{F + \sum_{i=1}^{n} V_i S_i}{P - M}$$

将表中数据带入公式得出:

$Q = (267\ 000 + 87\ 800)/(4\ 500 - 237.5 - 40) = 84$(万吨)

经计算得出在作业成本不变的情况下,2×13 年保本产量为 84 万吨,而当年实际产量为 80 万吨,低于保本产量,出现亏损。

2. 基于作业的保本作业量分析。

在边际贡献、固定成本一定的情况下,保本间接变动成本(作业成本)为:

$$\sum_{i=1}^{n} V_i S_i = (P - M)Q - F$$

将表中数据带入公式得出:

$$\sum_{i=1}^{n} V_i S_i = (4\ 500 - 237.5 - 40) \times 80 - 267\ 000 = 70\ 800\ (万元)$$

案例示范 4-1　本量利分析在作业成本法中的应用

计算结果表明，2×13 年保本作业成本为 70 800 万元，而当年实际作业成本为 87 800 万元，高于保本作业量水平，一定程度上存在低效、无效作业，应进行作业成本的改进，提高作业效率和效益。

3. 基于作业的边际贡献率分析。

根据模型的建立以及边际贡献的定义，用公式表示为：

$$边际贡献率 = (PQ - MQ - \sum_{i=1}^{n} V_i S_i)/PQ$$

将表中数据带入公式得出：

2×13 年边际贡献 = [(4 500 - 277.5)×80 - 87 800]/360 000 = 69%

计算结果表明，乙采油厂 2×13 年边际贡献率低于外围采油厂平均 76% 和公司平均 79%，单位作业成本高。

（三）发现问题

通过对乙采油厂 2×13 年基于作业的本量利分析，发现生产经营中存在以下主要问题：

1. 固定成本所占比重较大，2×13 年乙采油厂固定成本占总成本的 71%，其中折旧折耗及摊销占总成本的 48%，远高于企业平均水平，存在投资规模过大、结构不合理等问题。

2. 作业工作量大，单位成本高，效率低。全年作业成本高于保本作业量的 24%，但实际产量却低于保本产量，作业效率低，存在部分低效、无效作业。

3. 产能规划不合理，缺乏效益意识。以大额的成本投入为代价，片面追求产量最大化，导致投入产出不合理，出现经营亏损。

（四）解决方案

针对以上问题，乙采油厂转变成本控制观念，坚持人是生产力中最能动的要素，明确责任人和责任环节，细作业价值链，围绕改进目标，实施组织优化、采购管理、科技应用等九大基本活动和辅助活动，配套服务制度保障，全面梳理业务流程，强调关键节点控制，优化作业结构，消除低效、无效作业。为确保工作有效落实推进，该厂专门成立领导工作小组和办公室，由财务部门牵头组织、各业务部门、基层单位共同配合完成。主要措施方法：

1. 在动因分析上，坚持人是生产力中最能动的要素，抓住"以人为本"这一根本动因。

（1）加大宣传力度。以多种形式向员工灌输作业管理理念和成本控制思想，同时制定并完善以"开源节流、降本增效"为核心的奖励约束机制，将员工的奖惩与作业成本控制直接挂钩，提高全员参与成本管理的积极性和创造性。

（2）夯实基本功，提高"三基"工作水平。丰富和完善以岗位责任制为基础的管理制度，推进以"技术创新和管理提升"为主导的新型岗位责任制，加强"两册"管理，制定并完善《基层站队管理手册》和《岗位标准化操作手册》，有效提升基层班组的操作水平和管理效率。

（3）加大科技投入和支持力度，鼓励员工创新增效。通过建立劳模工作室、持续开展"创新创效"竞赛、定期举办科技成果发布平台等活动，激发了员工的创新动力和创造热情。

2. 在作业改进上，全面梳理业务流程，强调关键节点控制，优化作业结构，消除低效、无效作业。

（1）井下作业系统方面，乙采油厂利用新工艺、新技术提高井下作业的质量，强化油井措施方案的优化，加强作业过程的监督。2×14 年在本量利分析模型的基础上，制定投入产出比措施方案，即对产出投入比大于 5 的井，优先实施措施；对产出投入比在 2~5 的井，先培养后措施；对产出投入比小于 2 的井，暂时不实施措施。全年共实施油井压裂、补孔等措施137口，在措施增油达到方案设计的同时，比2×13年少实施77口，节约成本3 080万元。

（2）采出、注水和集输三大系统的作业成本与作业量直接相关，而受作业量影响较大的成本要素就是作业系统的能耗。从油田的历史成本水平分析，电费支出呈上升趋势，在油气生产成本中占有较大的比重。通过对低效流程进行改造、推广应用节能新技术、及时调整油井生产参数、提高机采系统效率等措施，节约用电成本。

在采出作业系统：乙采油厂对机采井实施调参、换泵、间歇采抽等作业措施2 823口井次，平均系统效率上升2.74个百分点，2×14年当年实现节电807.50万千瓦时，节约成本520万元。

注水作业系统：通过坚持油水井同步优化调整，水井加大精细方案调整力度，油井实施压、补、堵等措施相结合，缓解层间平面矛盾，降低低效无效作业。2×14年共实施节能措施252井次，节水20.98万立方米，节电72.18万千瓦时，节约成本180万元。

集输作业系统：将电加热集输流程改造为掺水流程，改造后，电加热油井由431口减少至74口，电加热器总台数由原来的156台减少至28台，电加热管线长度由原来的110千米减少至21千米，减少耗电528万千瓦时，节约成本350万元。

（3）人工成本的控制上，对现有小队、班、组进行业务重组，以区域为单元，分系统、分专业创立"大班组"管理模式，减少管理层级，提升管理水平，缓解了用工需求逐年增长的矛盾。2×14年在井数同比增加274口的情况下，与全厂定员相比少用工57人，单井综合用人仅为0.52，人工成本同比增长1.07%，基本与上年持平。

（4）折旧折耗的控制上，对所属高成本区块实行油气资产减值，降低油气资产折耗。同时加强对资产投资规模的控制，从源头上控制固定成本，优化投资结构，避免新的闲置和低效资产形成，2×14年投资支出同比下降7.5%，现金贡献明显好转。

3. 开展合理产量规模研究。

基于作业的本量利分析模型的建立，可从经济临界产量角度确定产量预算，研究经济临界产量可促使油藏区块单元平衡好产量与效益的关系，做到产量与效益的统一。2×15年乙采油厂地质部门进行"十三五"产量规划时，共设计三种方案，在合理预测油价的基础上，同时考虑各项操作成本要素和作业工作量的变动因素，利用本量利分析模型，计算各方案的税前利润，对比情况见图4-1-1和图4-1-2。

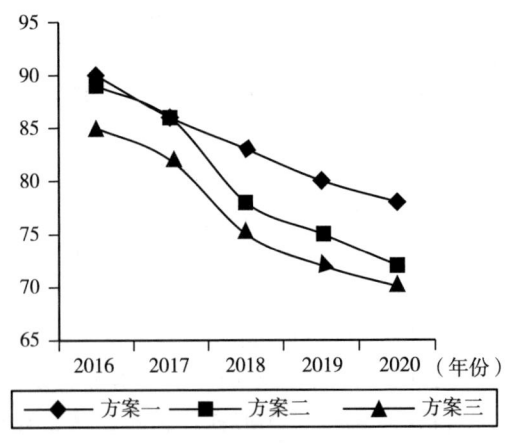

图4-1-1 不同方案下产量对比情况

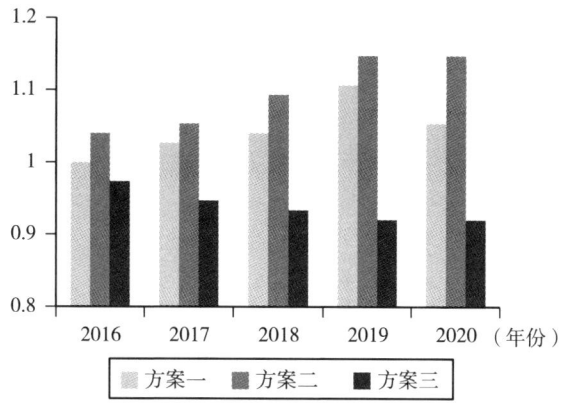

图 4-1-2 同方案下利润倍数对比情况

经分析对比,确定方案二产量较高,且各项作业量适中,经济效益最好,可作为乙采油厂"十三五"期间的产量规划方案。

三、取得成效

经过作业改进、优化作业投入、开展合理调整产量规模,2×14 年乙采油厂在完成规划产量的基础上,成本快速增长的势头得到有效控制,当年桶油操作成本同比下降 2.5 美元/桶,新增油气资产同比减少 5.2 亿元,扣除油价变动因素,桶油利润同比增加 6 个百分点,一定程度上实现了"量增、效增、成本降"。此外,通过把"两册"管理与落实岗位责任制深度融合,有效提升了基础工作管理水平,使油田生产管理更加制度化、标准化、信息化,在维护和保障员工根本利益的前提下,大幅减少了员工劳动强度,提高了全员参与成本管理的积极性和创造性。

案例示范 4-2
本量利分析在产品定价上的具体应用

【本案例介绍了本量利分析在产品定价上的应用。案例单位为汽车配件产品研发生产企业。由于行业竞争激烈,恰当的价格策略是保障公司长久发展的重要手段。为此,案例单位从市场重要性、竞争态势、地理位置三个方面分析销售数量与价格的关系,并以目标利润分析为主线,结合不同竞争策略的定价目标,构建了最优价、目标价、机会价、成本价、底限价、回款价六级价格管理体系,从而使价格决策更加规范、更加准确,利润率得到较大的提高。】

一、背景描述
（一）单位基本情况

甲公司是一家主要从事车配件产品研发生产的集团公司,在全国多个省份设有子、分公司作为生产工厂,拥有 2 300 多个销售网点,业务范围覆盖全国 1 300 多个县市,2×17 年实现销售收入约 100 亿元。

（二）存在的主要问题

甲公司目前的产品定价实行"公司统一指导,区域自行调控"的原则。对于销售区域,甲公司主要考核销售额与销售数量,并未将销售价格作为专门的因素进行考核。因此,一方面,可能出现区域负责人为了完成经营任务指标,定价低于生产边际成本的情况,导致亏损;另一方面,各区域各自为营,不利于公司整体的产销平衡。营销人员只需保证每月销售平均价格的大小不低于月度基准价格,不会对单次销售价格进行控制,容易导致每月销售价格波动范围的增大,降低了市场价格的稳定性。

二、应用过程
（一）参与部门和人员

甲公司职能部门主要包括销售部、市场部、财务部等,其中与产品的生产与定价相关的部门主要为各生产子分公司、销售部、市场部、采购管理部、财务部。

在各区域价格体系的计算阶段,由财务部相关人员牵头,各生产子分公司、销售部、市场部、采购管理部相关人员配合,共同开展生产与销售等基础数据整理、各市场区域量价关系分析、各市场区域的六级价格体系计算等工作。在价格体系的指导应用阶段,贯彻"统一指导、分级审批"原则,不同级别的产品价格分别对应不同的审批权限。

应用本量利分析进行定价决策,由公司统一制定各区域的价格体系,与原先的销售定价模式在流程上存在很大差异,需要各职能部门按规范的流程获取数据并计算,要求营销人员对于价格调整按流程进行事前报批。甲公司积极梳理价格管理体系的构建与实施流程,出台《价格体系与审批管理办法》,积极开展信息化建设工作,未来将进一步探索适合价格管理体系的绩效考核指标,完善产品定价的管理环境。

（二）本量利分析应用流程

1. 构建多级价格管理体系。

甲公司以本量利分析中的目标利润分析为主线,由于不同市场区域的市场份额、竞争态势不同,往往需要根据营销规划实施不同的定价策略。甲公司结合实际管理需要,构建

案例示范 4-2　本量利分析在产品定价上的具体应用

分区域、分职权的多级价格管理体系。具体包括：

（1）最优价，是根据经济学原理中垄断下的最优定价公式计算的，能保证公司在区域市场的利润最大化，是销售价格和销售量的最佳配比。

（2）目标价，是以年度预期利润率为基础，结合目标利润分析进行定价，能满足正常生产并可实现预期利润。

（3）机会价，是以资金的机会成本为基础，结合目标利润分析进行定价，能满足正常生产并弥补资金成本，保证运转效率。

（4）成本价，是包括料工费、总部营销费用、工厂固定支出、总部管理费用、总部财务费用、总部研发支出等的总额，能保证产品的全成本和期间费用得到补偿。

（5）底限价，是包括甲公司的料工费、总部营销费用等在内的变动成本，能保证产品的变动成本得到补偿。

（6）回款价，以收入最大为基础，不考虑成本，短期内能保证公司在某区域市场的收入最大，适用于短期资金回笼的需要。

2. 确定目标利润分析中产品销量与价格的关系

传统本量利分析假设产品销量和价格没有关联，为了更准确地确定甲公司在各市场区域的销售价格以满足市场竞争需要，应当分析各市场区域中产品销量与价格的相关关系。

（1）销售市场归类。

经研究论证，甲公司从市场重要性、竞争态势、地理位置三个方面对各类区域市场进行重新归类。

①市场重要性方面。

通过比对各县级市场的市场容量与全国总容量，对各县级市场进行了重新划分，区分出关键市场、重要市场、一般市场。

三类市场中，关键市场的数量占比 6%，产品销量占比 32.43%；重要市场的数量占比 31.13%，产品销量占比 52.11%；一般市场的数量占比 62.87%，产品销量占比 15.35%。

②竞争态势方面。

从全国范围看，车配件行业为寡头垄断市场。从各个县级市场角度判断，主要存在垄断竞争和寡头垄断两种竞争态势。根据甲公司在各县级市场的市场份额比例，可将这两种竞争态势进一步可以细分为五类竞争态势，其中，甲公司属于市场领导者的寡头垄断态势占比 14.58%；甲公司属于市场跟随者的寡头垄断态势占比 18.00%；甲公司属于寡头之一的寡头垄断态势占比 55.31%；甲公司不属于寡头之一的寡头垄断占比 8.34%；垄断竞争态势占比 3.77%。

③地理位置方面。

不同地理位置的县级市场，其气候、经济、消费习惯等因素的差异也会造成市场需求的变化。甲公司根据气候、经济、地理、消费习惯等因素，将全国划分为华东、华北、华南、西南、西北和东北等区域。

综合上述市场重要性、竞争态势及地理位置三方面因素，甲公司对其全国县级市场进行重新归类，分析每类区域市场中销售数量与价格的关系，并结合本量利分析中的目标利润分析构建价格管理体系，为产品定价提供决策支持。

（2）确定各类区域市场的需求曲线。

根据甲公司历史销售数据，同时考虑淡旺季因素，利用虚拟变量回归方法，求解得出各类区域市场的需求曲线。以 A 类区域市场 B 产品为例,根据其过去 24 个月的销售数据,经过回归分析,得出其需求曲线为 $P = -0.0000153 \times Q + 41.16149$(其中 P 为价格,单位为元,Q 为数量,单位为个)。

3. 构建六级价格管理体系。

在确定各类区域市场的需求曲线基础上,计算各县级市场价格体系,主要包括以下几个步骤:

(1) 确定县级市场的需求曲线。

分析县级市场的市场重要性、竞争态势、地理区域,根据销售市场归类情况得出该县级市场所属的区域市场类别,从而确认其市场需求曲线。以 C 县 B 产品为例,经查询 C 县的市场重要性、竞争态势、地理区域,C 县属于 A 类区域市场,可得出 C 县 B 产品的市场需求曲线为 $P = -0.0000153 \times Q + 41.16149$(其中 P 为价格,单位为元,Q 为数量,单位为个)。

(2) 计算县级市场的单位变动成本。

根据各生产工厂的单位变动成本、各工厂往区域市场的发货情况,计算出某区域市场产品的单位变动成本。以 C 县 B 产品为例,该县市场主要由山西、四川等四个工厂发货。根据这四个工厂的单位变动成本,以 2×17 年这四个工厂发往 C 县的产品数量比例为权重,计算出 2×17 年 1~12 月 C 县 B 产品的单位变动成本。

(3) 计算县级市场的六级价格。

以 C 县 B 产品为例,计算出 C 县 B 产品 2×17 年 6 月的六级价格。

最优价按照市场需求曲线 $P = -0.0000153 \times Q + 41.16149$(其中 P 为价格,单位为元,Q 为数量,单位为个),结合经济学原理中垄断下的最优定价法则计算。

目标价、机会价应用本量利分析中的目标利润分析求解。对于目标价,以甲公司预期利润率作为目标利润率代入本量利分析模型中求解。此处验证模型以 2×17 年净利润率作为甲公司目标利润率,根据 2×17 年财务报表甲公司净利润率为 1.91%,将其作为甲公司目标利润率代入本量利模型 $X = \dfrac{P \times Q - UVC \times Q - FC}{P \times Q}$(其中 X 为目标利润率,P 为价格,单位为元,Q 为数量,UVC 为单位变动成本,FC 为固定成本,单位为个)中计算出目标价。未来实际应用模型时,目标价可以以股东会或董事会认可的预期利润率为基础进行计算。对于机会价,以甲公司资金的机会成本作为目标利润率代入本量利分析模型求解。甲公司的资金成本根据甲公司的融资成本与存货周转率计算,融资成本假设为 10%,存货周转次数取值 9.4。因此,在考虑存货周转的情况下甲公司资金的机会成本约为 1.06%。以 1.06% 为目标利润率代入本量利模型 $X = \dfrac{P \times Q - UVC \times Q - FC}{P \times Q}$ 计算出机会价。

成本价、底限价按照成本加成定价法求解,其中完全成本包括料工费、总部营销费用、工厂固定支出、总部管理费用、总部财务费用、总部研发支出,变动成本包括料工费、总部营销费用。根据对甲公司固定成本、期间费用分摊的分析,计算出甲公司 C 县完全成本为 93.62,底限价为 76.60。

回款价以收入最大为基础,不考虑成本,根据市场需求曲线 $P = -0.0000153 \times Q + 41.16149$ 计算而得,短期内能保证甲公司在某区域市场的收入最大,适用于短期资金回笼的需要。

4. 六级价格下经营效益对比。

以 D 类区域市场中 E 产品为例计算出该区域市场 2×17 年 6 月的六级价格及相应的经

营效益，与该区域市场的实际销售情况对比见表4-2-1。

表4-2-1　D类区域市场E产品的六级价格经营效益对比

价格类别	含税单价（元）	销量（个）	不含税收入（元）	边际贡献（元）
最优价	84.69	144 604.68	11 040 024.68	1 444 936.22
目标价	83.07	249 109.47	17 805 875.06	1 276 482.81
机会价	82.31	298 784.54	21 035 105.65	1 209 577.74
成本价	82.09	312 920.87	21 863 334.94	1 099 805.47
底限价	77.57	608 581.21	40 381 754.56	0.00
回款价	69.80	1 116 471.79	66 606 103.32	-7 476 186.55
实际价格	82.65	293 306.00	20 718 434.95	1 256 429.41

由表4-2-1可见，当D类区域市场价格定为最优价84.69元时，甲公司不含税收入为1 104.00万元，边际贡献为144.49万元，此时的边际贡献最大即利润最大。当价格定为目标价83.07元时，甲公司不含税收入为1 780.59万元，边际贡献为127.65万元。当价格定为机会价82.31元时，可弥补甲公司资金的机会成本，此时不含税收入为2 103.51万元，边际贡献为120.96万元。当价格定为成本价82.09元时，可弥补甲公司料工费、总部营销费用、工厂固定支出、总部管理费用、总部财务费用、总部研发支出等完全成本，此时不含税收入为2 186.33万元，边际贡献为109.98万元。当价格定为底限价77.57万元时，甲公司仅可维持正常生产，不含税收入为4 038.18万元，边际贡献为0。当价格定为回款价69.80元时，甲公司可取得最大收入，不含税收入为6 660.61万元，但是同时也会造成较大的亏损。

5. 六级价格管理体系的应用。

在甲公司计算出各县级市场六级价格的基础上，营销人员根据所负责市场的竞争需要按照六级价格体系调整销售价格，当销售价格降低至一定幅度时，按六级价格对应的管理职权，向不同层级管理人员提出申请并说明相应的理由，申请通过后方可降价。

（三）在实施过程中遇到的主要问题和解决方法

在实施遇到的主要问题包括，一是市场调查信息没有准确核实、及时更新；二是信息系统中存在数据遗漏、错误；三是部分地区有效样本不足，难以准确估算销量与价格关系。

甲公司为解决以上问题，一是至少每季度开展一次市场调查，并对市场调查结果进行核实；二是规范信息系统录入标准，并梳理信息系统历史错误；三是当区域市场某类别产品的有效样本不足时，甲公司通过销量数据完整的其他类别进行对比分析求解六级价格，再依据各工厂目标类别产品与该产品之间的生产成本差异，估算目标类别产品的价格体系。

三、取得成效

甲公司突破了传统本量利分析产品销量和价格没有关联的假设条件，有效解决了公司销售指导价格缺乏数据支撑、不够科学合理的问题。同时，价格管理体系的建立，有效避免了甲公司营销人员对价格的随意调整，降低人为因素对市场价格的干扰，规范各销售区域的价格管理工作。

甲公司使用本量利分析制定价格基准后,无论是区域市场需求曲线的确定,还是单位生产成本的确定都有大量实际数据支撑,决策更为科学可靠;大多数县级市场的产品价格相较之前均有所增长,部分县级市场的竞争态势有所缓和。此外,随着定价策略的调整,甲公司的经营效益也有所好转;通过对营销人员实际销售价格与六级价格体系进行对比,完善了公司对各部门及子分公司的考核指标,也有助于考核营销人员的定价合理性。

案例示范 4-3
基于本量利分析的限量成本投入优化方法应用

【本案例介绍了本量利分析在油气田企业中的应用。案例单位为处于中后期开发的油气田企业。为了在成本空间有限的情况下优化配置，提高油井成本效益，案例单位从不同下属单位、不同油田、不同开发单元、不同措施内容四个层面上，应用本量利分析计算各种油气田企业措施成本投入的边际贡献率，据此优先满足边际贡献率最高的成本中心的产能资金需求，有助于单位管理决策，降本增效。】

一、背景描述

（一）单位基本情况

甲油田是某国有大型能源集团的下属地区公司，主营业务包括油气勘探、开发、科研、集输和销售，下辖乙、丙两个油气开发下属单位，共负责 A、B、C、D、E 等五个油田的油气开发工作。

（二）存在的主要问题

随着采出程度的不断提高，甲油田部分主力开发单元措施潜力逐年下降。2×15 年，在油价断崖式下跌的严峻形势下，甲油田面临着产量和成本双重压力，如果由乙、丙两个下属单位独立组织油气开发工作，可能会出现要么成本出现大幅超支或无法完成全年产量任务的后果。为此，甲油田在传统本量利分析的基础上，研究制定了"限量油井措施成本投入优化方案"。油井措施成本是按作业成本法规则计量的每次油井治理所发生的井下作业施工费、材料费、技术服务费等资源耗费；措施产量是对油井实施措施作业后，在措施有效期内，其单井日产量超过实施措施作业前一段时间内单井平均日产量的增量产量。

二、应用过程

甲油田以"相同的成本投入取得更高的边际贡献"和"相同的边际贡献投入更少的成本"作为总体工作思路。

（一）本量利工具方法有关指标和创新方法

油气产品生产不同于传统的机械制造业，产品产出受到客观地质条件的限制，投入与产出无法实现真正的配比。为此，甲油田计算单井的边际贡献额，评价单井营利能力。

甲油田油井措施的销售收入使用油价与措施产量进行了模拟计算，变动成本包括直接措施成本、其他增量技术性变动成本，在此基础上计算单井的边际贡献额、全部油井措施的边际贡献总额及边际贡献率等指标。

甲油田通过定义不同的组合，分别在下属单位、油田、区块、单井以及措施内容上，计算出不同的经济有效率。其中，单井边际贡献>0 的，定义为措施经济有效；单井边际贡献≤0 的，定义为措施经济无效。

限量资本决策是企业在资本限定的情况下，如何通过投资项目的组合来获得最大收益的决策，决策标准就是使得可行的投资项目组合的总净现值最大或加权现值指数最大。对于甲油田这种由总部核定了从紧预算指标的油气生产企业，开展限量油井措施成本投入优化，是内部挖潜利润空间最有效的途径。

（二）参与部门和人员

甲油田专门在公司层面和乙、丙两个下属单位层面分别设立了专职经济效益分析评价部门,由公司财务部门领导,地质开发部门、工程工艺部门和生产管理部门定期联席决议。对于油井措施成本投入,先行由该部门进行效益评估,油井措施完成后,通过本量利分析工具计算油井措施的实际效益,并与预评估结果进行比较,查找导致偏差的原因,进而有效地引导下一步开发生产。

(三)具体应用流程与应用前后情况对比

1. 应用流程。

甲油田通过对 $2\times11\sim2\times14$ 年的历史油井措施经济效益进行评价,研究编制了包括不同下属单位、不同油田、不同开发单元以及不同措施内容四个方面的成本投入优化方案。

首先,根据模型的定义,计算历史油井措施的边际贡献额、边际贡献率及经济有效率等指标。

其次,沿着成本中心这条主线,在纵向对所辖油井措施的历史边际贡献额和边际贡献率进行统计分析;沿着措施作业内容这条主线,在横向上计算不同措施内容的经济有效率。

再次,将各个成本中心按照边际贡献率进行排序,将不同的措施作业内容按经济有效率进行排序。

然后,在有限的措施成本下,优先满足边际贡献率最高的成本中心的产能资金需求,剩余资金再在次优成本中心优化分配。

最后,在不同的成本中心措施作业过程中,又优先满足经济有效最高的资金需求,剩余资金再在次优措施作业内容上进行优化分配。

2. 应用前后情况对比。

通过开展经济效益评价,甲油田采取了一系列措施成本投入优化举措,取得了很好的经济效益。2×15 年甲油田平均单位措施增油成本由 2×14 年的 2 239 元/吨下降至 1 869 元/吨;整体措施边际贡献额达到 41 745 万元,同比提高 7 883 万元;边际贡献率达到 57.79%,同比提高 3.22 个百分点;油井措施经济有效率达到 55.9%,同比提高 3.2 个百分点。具体优化措施及效果如下:

(1) 不同下属单位措施成本投入优化。

乙单位主要负责 A 油田的开发工作,A 油田储量相对较高,整体措施潜力大,平均单井边际贡献额高。甲油田在 2×15 年措施成本的分配中,优先满足了乙单位最大措施产能需要,全年措施成本投入同比增加 1 014 万元,占甲油田总措施成本投入比重提高了 0.9%,使乙单位边际贡献总额提高了 360 万元。

(2) 不同油田措施成本投入优化。

丙单位主要负责 B、C、D、E 四个老油田的开发工作,历史措施效益经济效益评价结果显示,B 油田措施边际贡献额、边际贡献率高于其他几个油田,C 油田因有新的储量发现,措施边际贡献呈明显增长趋势,具有较大的效益潜力。在优化方案的引导下,丙单位的油井措施成本优先满足了 B 油田和 C 油田的资金需求,使 B、C 两个油田的边际贡献额均大额增长,而减少投入的 C 油田和 D 油田,边际贡献额也有了大幅提高,减少了成本浪费无效成本支出。丙单位 2×15 年实现的措施边际贡献同比提高 7474 万元,边际贡献率达到 44.04%,同比提高 13.48%。

(3) 不同开发单元措施成本投入优化。

在确定不同油田措施成本投入框架下,甲油田还根据各开发单元历史的油井措施经济效益情况,进一步对措施成本在各开发单元,特别是丙单位的主要开发单元的分布上进行了优化。一方面,增加对 B-1 区、C-1 区、B-2 区及 C-2 区四个历史边际贡献率较高的开发单元的措施成本投入，使其边际贡献额同比增加 4 351 万元，增幅 113.2%；边际贡献率达到 59.8%，同比提高 14.25%；同时，适当减少对 B-3 区、B-4 区两个历史边际贡献率较低的主力开发单元的措施成本投入，使其边际贡献率同比提高了 0.36%，成本支出效能得到明显改善。

（4）不同措施内容措施成本投入优化。

由于受到油井措施潜力下降这一客观因素的影响，一些传统增油措施内容的增油效果呈快速下降趋势，甲油田通过限制经济有效率较低、高风险低效益的解堵和防砂等措施工作量，减少高风险投入 1 094 万元，整体措施经济有效率达到了 55.9%，同比提高 3.2%。在这一较大的措施成本投入优化下，吞吐措施边际贡献额同比增加 2 058 万元，整体边际贡献率同比提高 3.51%。

三、取得成效

甲油田在经济效益方面和管理提升方面都取得了较好的成效。一是为优选兼顾长短期效益的措施内容提供有力的引导，并将生产管理部门和财务管理部门等平行运行的部门有机融合起来，有效地推进了"一体化"管理；二是为深入开展经济有效配产提供了有力的参考，为甲油田深入贯彻落实集团总部低成本战略打下了坚实的基础；三是进一步提高了各部门业绩指标的综合性和引导性。

案例示范 4-4
通过敏感性分析进行盈利测算

【本案例介绍了敏感性分析在铝业企业中的应用。案例单位为电解铝公司，成本管理是经营管理的重心之一。针对行业产能过剩、企业自身综合经营成本较高等问题，案例单位采用敏感性分析，分别测算在扩大产能、债转股、单位制造成本下降等情况下能否实现盈利，为投资方是否继续对该企业进行支持提供决策参考。】

一、背景描述
（一）单位基本情况

甲公司是一家生产铝制品的混和所有制的股份制企业，成立于 2×12 年 2 月 22 日。营业范围是：铝制品、碳素制品生产、制造、销售；投资管理、资产管理、电力开发。该公司于 2×15 年中投产。甲公司目前已启动的铝产品年产能为 4 万吨左右，全部设备产能超过 10 万吨，规划产能为 20 万吨。甲公司所处的电解铝及铝制品行业在全国范围虽属产能过剩行业，但对西南地区来说产品仍有较大的市场空间，因此目前销售情况尚好。

（二）存在的主要问题

目前，由于甲公司投产时间较短，资金主要投向了固定资产，流动资金周转出现了困难。为此，本案例对甲公司扩大生产规模后的盈利能力进行测算分析，为股东是否进行 4 亿元债转股以降低企业经营成本，以及是否进一步扩大投资的有关决策提供参考。

二、应用过程
（一）组织测算过程

在本次盈利测算过程中，组织、测算过程如下：

1. 项目组织。

在测算工作开始前，甲公司牵头成立测算小组，甲公司财务部、工程部、生产部分别负责提供财务、资产、生产数据，会计师事务所项目组负责测算结论。

2. 数据获取。

由于甲公司目前尚未实现全产能生产，本次生产、销售的测算不是从财务环节取得数据，而是从生产环节取得成本消耗量等数据，以市场价确定生产成本，作为测算分析的依据。

（二）测算分析假设

1. 甲公司所遵循的国家现行政策、法律以及当前社会政治、经济环境不发生重大变化，国家宏观政策保持相对稳定。

2. 假设收入和支出对应的现金流均发生在当年。

3. 产量按 2×16 年 7 月生产数据计算，一台电解槽日产铝液 2.93 吨，增加电解槽时以此类推。

4. 电解槽与铸扎卷设备的配比：一台电解槽日产铝液按 3 吨计算（实际略低），一台铸扎卷日产量在 25~28 吨。

5. 固定资产及土地摊销年限：房屋建筑物为 30 年，设备为 15 年，一般设备、电子设备、家具等为 5 年。净残值率按 5%。土地按尚可使用年限 35 年进行摊销，且不留残值。

6. 以应发工资（不含奖金）为计提基数，福利费计提比率为 14%，职工教育经费为 1.5%，工会费为 2%。养老保险、医疗保险、失业保险、生育保险、工伤保险计提基数为应发工资（不含奖金）的 60%，计提比率为 33.8%。

7. 无其他不可抗拒因素和不可预见因素造成重大不利影响。

（三）产能变化的盈利基础数据测算分析

1. 每吨产品制造成本测算。

(1) 生产用固定资产成本测算。

① 截至 2×16 年 6 月 30 日，甲公司拟应折旧的资产账面数为：

固定资产（预转固）科目：房屋建筑物 30 484 409.23 元，机器设备 117 136 388.72 元。

固定资产科目：运输工具、电子设备、办公家具 13 399 286.25 元。

在建工程科目：房屋建筑物 197 784 654.27 元，机器设备 269 983 073.70 元，待摊及其他投资 255 775 742.41 元，预付工程款（房屋建筑物）55 581 307.16 元，预付工程款（机器设备）112 556 203.88 元。

无形资产科目：土地 90 829 798.50 元，其他无形资产 178 503.70 元。

以上金额合计：1 143 709 367.82 元。

② 由于目前公司的在建工程尚未办理结算，本次对应予折旧的房屋建筑物类固定资产原值金额测算过程为：

甲公司在项目完工后自办结算金额 290 966 786.60 元（其中：已送审金额为 175 666 764.40 元，初步审减率为 1.4%），公司已入账 283 850 370.66 元（预转固 30 484 409.23 元，在建工程 197 784 654.27 元，预付款 55 581 307.16 元），分析调增差额 7 116 415.94 元。按送审部分的审减率计算，全部房屋建筑物审减后金额为 286 893 251.59 元。

③ 对尚未入账的机器设备金额的测算：

经对甲公司提供的机器设备采购合同进行清理，应入账而尚未入账金额为 64 881 252.20 元（含税，假设合同金额为应入账金额，以合同价减去已入账金额）。

上述①、②、③资产合计 1 215 707 035.96 元，其中：未办决算部分金额 1 111 299 447.51 元，购入可直接使用部分 104 407 588.45 元。

④ 对上述对应入账而尚未入账的房屋建筑物、机器设备进行调增后，未办理决算的资产金额见表 4-4-1。

表 4-4-1　　　　　　　　　未办理决算资产明细表　　　　　　　　　单位：元

项目	账面数调整后金额	调整后折旧原值	备注
未办决算房屋建筑物	290 966 786.60	286 893 251.59	折旧原值 1.4% 审减
未办决算机器设备	387 119 462.42	387 119 462.42	原为不含税金额
未办决算机器设备	177 437 456.08	151 655 945.37	预付和调增部分，折旧原值为扣除增值税
未办决算待摊投资	255 775 742.41	255 775 742.41	折旧原值以入账成本为准
合计	1 111 299 447.51	1 081 444 401.79	

按房屋建筑物、机器设备分别占两项之和的比例，对待摊投资进行分摊。分摊后房屋建筑物原值金额为 375 767 079.59 元、机器设备 705 677 322.20 元。

⑤ 生产用与管理用固定资产及土地成本分摊的测算。

经调整、分摊后，房屋建筑物原值金额为 384 586 241.39 元（其中：未办决算部分 375 767 079.59 元，购买重庆房产 8 600 000 元，在建工程调整转入 219 161.80 元）；机器设备 705 764 082.88 元（其中：未办决算部分 705 677 322.20 元，购入 86 760.68 元）；购入土地 90 829 798.50 元。购买运输工具、电子设备、办公家具及其他资产 4 671 867.47 元。四项合计 1 185 851 990.24 元，即为甲公司目前已投资完成固定资产及土地的总额。

生产用与管理用固定资产及土地成本分摊假设如下：

房屋建筑物成本分摊：根据现场查看，生产用部分占 5/6，管理用部分占 1/6；在生产用部分中，液态铝占 65%，铸扎卷占 30%，冷扎卷占 5%。

机器设备成本分摊：全部视作生产用资产，其中：液态铝占 65%，铸扎卷占 30%，冷扎卷占 5%。

土地成本分摊：生产厂区占 2/3，管理用部分占 1/3。生产厂区部分中，液态铝占 60%，铸扎卷占 30%，冷扎卷占 10%。管理用部分中，已使用部分占 1/2，未使用部分占 1/2（暂不进行成本摊销）。

其他资产成本分摊：由于主要是办公用资产，全部视作管理用资产。

经成本分摊后，生产用、管理用、未使用固定资产及土地成本见表 4-4-2。

表 4-4-2　　　　生产用、管理用、未使用固定资产及土地成本明细表　　　　单位：元

项目	生产用	管理用	未用
房屋建筑物	313 358 394.79	71 227 846.60	
机器设备	705 764 082.88		
土地	60 553 199.00	15 138 299.75	15 138 299.75
电子设备等其他资产		4 671 867.47	
小计	1 079 675 676.67	91 038 013.82	15 138 299.75

表 4-4-2 中，生产用资产作为计算产品制造成本折旧费用的依据。

（2）产品制造成本中折旧成本（元/吨）的测算见表 4-4-3。

表 4-4-3　　　　　　　　折旧成本测算表　　　　　　　　单位：元

序号	产品	资产类别	资产原值	每月折旧	折旧成本/吨	
					40 台投产	96 台投产
					月产量 3 518.49 吨	月产量 8 438.40 吨
1	液态铝	房屋建筑物	203 682 957	537 497	152.76	63.7
2		机器设备	458 746 654	2 421 163	688.13	286.92
3		土地	36 331 919	86 505	24.59	10.25
		小计	698 761 530	3 045 164	865.47	360.87

续表

序号	产品	资产类别	资产原值	每月折旧	折旧成本/吨	
					6台投产	10台投产
4	铸扎卷	房屋建筑物	94 007 518	248 075	70.51	29.4
5		机器设备	211 729 225	1 117 460	317.6	132.43
6		土地	18 165 960	43 252	12.29	5.13
	小计		323 902 703	1 408 787	400.4	166.95

序号	产品	资产类别	资产原值	每月折旧	折旧成本/吨	
					铸扎卷处理30%	铸扎卷处理50%
7	冷扎卷	房屋建筑物	15 667 920	41 346	11.75	4.9
8		机器设备	35 288 204	186 243	52.93	22.07
9		土地	6 055 320	14 417	4.1	1.71
	小计		57 011 444	242 007	68.78	28.68
	合计				1 334.65	556.5

(3) 每吨产品人工成本（元/吨）测算见表4-4-4。

表4-4-4　　　　　　　　每吨产品人工成本测算表　　　　　　　　　单位：元

序号	产品	资产类别	人工成本/吨	
			40台投产	96台投产
			月产量3 518.49吨	月产量8 438.40吨
1	液态铝	直接人工	240.47	167.11
2		间接工资	51	23.39
3		年度奖金	24.29	15.88
4		福利费	40.81	26.67
5		职工教育经费	4.37	2.86
6		工会费	5.83	3.81
7	液态铝	社会保险	59.11	38.63
	小计		425.88	278.35
1	铸扎卷	直接人工	204.57	100.04
2		间接工资	18.86	8.65
3		年度奖金	18.62	9.06
4		福利费	31.28	15.22
5		职工教育经费	3.35	1.63
6	铸扎卷	工会费	4.47	2.17
7		社会保险	45.31	22.04
	小计		326.46	158.81

续表

序号	产品	资产类别	人工成本/吨	
			铸扎卷处理30%	铸扎卷处理50%
1	冷扎卷	直接人工	62.36	30.77
2		年度奖金	5.2	2.56
3		福利费	8.73	4.31
4		职工教育经费	0.94	0.46
5		工会费	1.25	0.62
6		社会保险	21.08	6.24
		小计	99.55	44.96
		合计	851.89	482.12

特别说明：

①表4-4-4中的年度奖金，按一个月工资计算。

②液态铝生产环节，直接人工成本包括合金一、二车间、辅助车间、动力车间、阳极组装车间的工资。间接人工成本包括质量检验部、生产计划部、自控中心、槽上检修部、宋光学班组的工资。

③液态铝（开96台槽）每吨直接人工成本测算：根据现场了解，剩余56个电解槽全部开工还需增加生产工人130人。人均工资按5月4 338.96元/人·月。增加电解槽时，每吨人工成本以月工资乘以人数，再除以产量计算。

④铸轧卷（开10台设备）直接人工成本测算：根据现场了解，增加一台设备需增加生产工人7人。人均工资按2×16年5月4 443.12元/人·月计算。增加设备时，每吨人工成本以月工资乘以人数，再除以产量计算。

⑤液态铝和铸轧卷（96台槽）每吨间接人工成本测算：根据现场了解，车间管理人员不随增加电解槽而增长。假设因增加设备导致产量上升，假设开96台时增长10%。

⑥由于冷轧卷只有一台机器设备，工资增长假设在铸轧卷处理率为40%时增长10%，在50%时增长20%。

（4）单位产品制造成本（元/吨）测算见表4-4-5。

表4-4-5　　　　　　　　单位产品制造成本测算表　　　　　　　　单位：元

产品	序号	成本项目	单位	2×16年数据（40台槽投产）			96台槽投产	
				单耗	单价	单位成本	单位成本	成本%
液态铝		产量	吨			3 518.49	8 438.40	
	1.1	原材料				4 528.25	4 528.25	41.23%
	1.1.1	氧化铝	吨	1.93	1 709.40	3 295.68	3 295.68	30.01%
	1.1.2	阳极碳块	吨	0.48	2 226.61	1 061.78	1 061.78	9.67%
	1.2	电力消耗	度	15 200	0.35	5 300.51	4 876.47	44.40%

续表

产品	序号	成本项目	单位	2×16年数据（40台槽投产）			96台槽投产	
				单耗	单价	单位成本	单位成本	成本%
液态铝	1.3	职工薪酬	元			425.88	278.35	2.53%
	1.4	折旧费	元			865.47	360.87	3.29%
	1.5	修理费	元			54.33	54.36	0.50%
	1.6	其他费用	元			22.35	20.2	0.18%
		小计				11 196.79	10 118.50	92.13%
铸轧卷	2.1	铝灰	吨	0.02		−81.29	−73.46	−0.67%
	2.2	燃料动力		220.04		166.68	166.68	1.52%
	2.3	原材料		14.42		152.08	152.08	1.38%
	2.4	职工薪酬	元			326.46	158.81	1.45%
	2.5	折旧费	元			400.4	166.95	1.52%
	2.6	修理费	元			36.11	25.09	0.23%
	2.7	包装物	元			50	50	0.46%
	2.8	其他费用	元			2.09	1.28	0.01%
		小计				1 052.53	647.44	5.90%
冷扎卷		产量	吨			1 734.72	4 219.20	
	3.1	燃料动力				84.25	84.25	0.77%
	3.2	职工薪酬	元			99.55	44.96	0.41%
	3.3	折旧费	元			68.78	28.68	0.26%
	3.4	修理费	元			20.34	8.36	0.08%
	3.5	包装物	元			50	50	0.46%
	3.6	其他费用	元			0.65	0.43	
		小计				323.57	216.68	1.97%
		合计				12 572.89	10 982.63	100.00%

特别说明：

①表4-4-5中的电价，来源于2×16年7月执行的最新电价0.408元/度。生产电解铝的电费，因存在基础电耗，产能扩大为96台后，电耗将降低约8%。表4-4-5中投产96台电解槽的电价成本，是电耗下降8%后的成本。

②表4-4-5中的修理费，按机器设备原值的0.1%进行计提。

③表4-4-5中的其他费用，按该生产环节已计算的其他费用的0.2%进行计提。

④表4-4-5中的包装费，按可研报告50元/吨进行计提。

⑤据了解，生产铝材的主要原材料氧化铝的进价，如在资金充裕的条件下现款现货，或在信誉良好的前提下签订长期合同，采购价格还有一定的下降空间。

2. 单位（吨）产品完全成本测算。

单位产品的完全成本,包括产品制造成本,以及分摊的销售费用、管理费用、财务费用。具体测算见表4-4-6。

表4-4-6　　　　　　　　单位(吨)产品完全成本测算表　　　　　　　　单位:元

项目		单位完全成本	
		40台槽投产	96台槽投产
		月产量3 518.49吨	月产量8 438.40吨
液态铝	制造成本	11 196.79	10 118.50
铸轧卷	制造成本	1 052.53	647.44
冷轧卷	制造成本	323.57	216.68
分摊销售费用		230.00	230.00
分摊管理费用		269.07	223.67
分摊财务费用(不债转股)		2 098.15	969.65
合计		15 170.11	12 405.94

3. 不同产能下的盈利能力测算。

(1) 营业收入测算。

销量测算:每台电解槽日产铝液2.93吨,铝液不对外销售,全部加工成铸轧卷。生产的产品当年全部实现销售。2×16年铸扎卷处理为冷扎卷比率为30%,开工96台电解槽时处理率为50%。

售价测算:铝锭按近期长江有色网12 600元/吨(含税),铸轧卷增加600元/吨,冷轧卷在铸轧卷基础上增加1 000元/吨。测算不同产能的收入情况见表4-4-7。

表4-4-7　　　　　　　　营业收入测算表

项目	40台槽投产(年)	96台槽投产(年)
营业收入(元)	487 175 538	1 185 703 384
铸轧卷产量(吨)	42 221.88	101 260.80
铸轧卷销量(吨)	29 555.31	50 630.40
铸轧卷售价(不含税)(元)	11 282.05	11 282.05
冷轧卷销量(吨)	12 666.57	50 630.40
冷轧卷售价(不含税)(元)	12 136.75	12 136.75

(2) 营业成本测算(见表4-4-8)。

案例示范 4-4 通过敏感性分析进行盈利测算

表 4-4-8　　　　　　　　　　营业成本测算表

项目	40 台槽投产（年）	96 台槽投产（年）
营业成本（元）	521 287 896.12	1 101 138 932
铸轧卷销售量（吨）	29 555.31	50 630.40
铸轧卷单位成本（元）	12 249.32	10 765.95
冷轧轧卷销量（吨）	12 666.57	50 630.40
冷轧卷单位成本（元）	12 572.89	10 982.63

(3) 税金及附加测算。

假设增值税按毛利的 17% 计算，税率：城建税 5%，教育费附加 3%，地方教育费附加 2%。税金及附加测算见表 4-4-9。

表 4-4-9　　　　　　　　　　税金及附加测算表　　　　　　　　　　　单位：元

项目	40 台槽投产（年）	96 台槽投产（年）
毛利额	-34 112 357.66	84 564 452.14
应缴增值税		14 375 956.86
城市维护建设税		718 797.84
教育费附加		431 278.71
地方教育费附加		287 519.14

(4) 销售费用测算。

销售费用按 2×16 年上半年的实际数 230 元/吨计算，测算见表 4-4-10。

表 4-4-10　　　　　　　　　　销售费用测算表

项目	40 台槽投产（年）	96 台槽投产（年）
产品产销量（吨）	42 221.88	101 260.80
销售费用（元）	9 711 032.40	23 289 984.00

(5) 管理费用测算。

管理费用分管理人员薪酬和非薪酬两类进行测算。

管理人员薪酬测算：考虑到产能全部利用后，管理人员可能增加，薪酬也将上升。假设 96 台槽投产时在 2×16 年（按年计算）基础上上升 20%。

非薪酬类费用测算：按上市公司南山铝业、中孚实业、云铝股份、中国铝业 2×15 年报中非薪酬费用占营业收入的比例计算平均数为 1.36%，考虑到管理水平相对较低，甲公司按 1.5% 计算。测算结果见表 4-4-11。

表4-4-11　　　　　　　　　　　　　管理费用测算表　　　　　　　　　　　　　单位：元

序号	项目	40台槽投产（年）	96台槽投产（年）
1	管理费用	11 360 629.92	22 649 146.98
1.1	职工薪酬费用	4 052 996.84	4 863 596.21
1.1.1	直接人工	2 773 872.00	3 328 646.40
1.1.2	年度奖金	231 156.00	277 387.20
1.1.3	福利费	388 342.08	466 010.50
1.1.4	职工教育经费	41 608.08	49 929.70
1.1.5	工会费	55 477.44	66 572.93
1.1.6	社会保险	562 541.24	675 049.49
1.2	非职工薪酬类费用	7 307 633.08	17 785 550.77
2	营业收入	487 175 538.46	1 185 703 384.62

（6）财务费用测算。

假设为扩大生产规模，需要贷款1.2亿元营运资金维持公司正常运转（如维持现在40台电解槽的产能，则假定不需新增贷款1.2亿元）。扩大规模后，暂不考虑以盈利偿还贷款，贷款规模维持在114 000万元。利息费用测算见表4-4-12。

表4-4-12　　　　　　　　　　　　　财务费用测算表　　　　　　　　　　　　　单位：元

序号	项目	贷款余额	年利率	应计利息
1	付息债务金额	1 140 000 000		98 187 660.00
2	A小额贷款公司	50 000 000	9.00%	4 500 000.00
3	B信托公司	300 000 000	8.25%	24 750 000.00
4	C银行	150 000 000	7.00%	10 500 000.00
5	D投资公司	10 000 000	15.00%	1 500 000.00
6	E融资租赁公司	110 000 000	6.67%	7 337 660.00
7	F公司借款	400 000 000	10%	40 000 000.00
8	预计增加贷款	120 000 000	8.00%	9 600 000.00

如实施债转股，则假设F公司4亿元借款不计算利息，应付利息金额为58 187 660元。

（7）盈利能力测算（见表4-4-13）。

表4-4-13　　　　　　　　　　　　　利润测算表　　　　　　　　　　　　　单位：元

序号	项目	40台槽投产（年）	96台槽投产（年）
1	营业收入	487 175 538.46	1 185 703 384.62
2	营业成本	521 287 896.12	1 101 138 932.47

续表

序号	项目	40台槽投产（年）	96台槽投产（年）
3	税金及附加		1 437 595.69
4	销售费用	9 711 032.40	23 289 984.00
5	管理费用	11 360 629.92	22 649 146.98
6	息前营业利润	-55 184 019.98	37 187 725.48
7.1	财务费用-利息（不债转股）	88 587 660.00	98 187 660.00
7.2	财务费用-利息（债转股）	79 987 660.00	58 187 660.00
8.1	利润总额（不债转股）	-143 771 679.98	-60 999 934.52
8.2	利润总额（债转股）	-134 171 679.98	-20 999 934.52
9.1	所得税（不债转股）		
9.2	所得税（债转股）		
10.1	净利润（不债转股）	-143 771 679.98	-60 999 934.52
10.2	净利润（债转股）	-134 171 679.98	-20 999 934.52

以上数据为现在的40台电解槽，以及预计开工96台电解槽后盈利预测的基础数据。以下对售价、电价、折旧、利率、冷轧卷加工率进行敏感性分析、盈亏平衡点分析，均在基础数据基础上，假定有关因素单独变化（其他因素不变）时对利润的影响程度。

（四）产品销售价格变化对盈利影响的敏感性分析

由于铝制品的主要原材料为氧化铝和阳极碳块，假设产品售价变化时，氧化铝和阳极碳块呈比例变化。

1. 产品售价降低10%对利润的影响（见表4-4-14）。

表4-4-14　　　　　　　　售价降低10%利润表　　　　　　　　单位：元

序号	项目	40台槽投产（年）	96台槽投产（年）
1	营业收入	438 457 985	1 067 133 046
2	息前营业利润	-84 870 086	-34 443 847
3.1	财务费用-利息（不债转股）	88 587 660	98 187 660
3.2	财务费用-利息（债转股）	48 587 660	58 187 660
4.1	利润总额（不债转股）	-173 457 746	-132 631 507
4.2	利润总额（债转股）	-133 457 746	-92 631 507
5.1	利润总额（不债转股）-变动前	-143 771 680	-60 999 935
5.2	利润总额（债转股）-变动前	-103 771 680	-20 999 935
6	减少利润	-29 686 066	-71 631 573

2. 产品售价涨价10%对利润的影响（见表4-4-15）。

表 4－4－15　　　　　　　　　售价涨价 10％利润表　　　　　　　　　单位：元

序号	项目	40 台槽投产（年）	96 台槽投产（年）
1	营业收入	535 893 092	1 304 273 723.08
2	息前营业利润	－25 497 954	108 819 298.11
3.1	财务费用－利息（不债转股）	88 587 660	98 187 660.00
3.2	财务费用－利息（债转股）	48 587 660	58 187 660.00
4.1	利润总额（不债转股）	－114 085 614	10 631 638.11
4.2	利润总额（债转股）	－74 085 614	50 631 638.11
5.1	所得税（不债转股）		2 657 909.53
5.2	所得税（债转股）		12 657 909.53
6.1	净利润（不债转股）	－114 085 614	7 973 728.58
6.2	净利润（债转股）	－74 085 614	37 973 728.58
7.1	净利润（不债转股）－变动前	－143 771 680	－60 999 935
7.2	净利润（债转股）－变动前	－103 771 680	－20 999 935
8	增加利润	29 668 066	68 973 663.10

（五）**电价变化对盈利影响的敏感性分析**

假设电价下降 1 分钱对利润的影响见表 4－4－16。

表 4－4－16　　　　　　　　　电价下降 1 分钱利润表　　　　　　　　　单位：元

序号	项目	40 台槽投产（年）	96 台槽投产（年）
1	营业收入	487 175 538	1 185 703 385
2	息前营业利润	－49 641 131	49 258 976
3.1	财务费用－利息（不债转股）	88 587 660	98 187 660
3.2	财务费用－利息（债转股）	48 587 660	58 187 660
4.1	净利润（不债转股）	－138 228 791	－48 928 684
4.2	净利润（债转股）	－98 228 791	－8 928 684
5.1	净利润（不债转股）－变动前	－143 771 680	－60 999 935
5.2	净利润（债转股）－变动前	－103 771 680	－20 999 935
6	增加利润	5 542 889	12 071 250

经测算，电价每再增或减 1 分对利润的影响金额相等。

（六）**折旧对盈利影响的敏感性分析**

折旧对应的固定资产是已发生的投入成本，如将其视作对本次决策没有影响的沉入成本考虑（不计提折旧），则对盈利影响，见表 4－4－17。

表 4-4-17　　　　　　　　　　折旧对利润影响明细表　　　　　　　　　　单位：元

序号	项目	40 台槽投产（年）	96 台槽投产（年）
1	营业收入	487 175 538	1 185 703 385
2.1	净利润（不债转股）	-89 610 756	-7 187 662
2.2	净利润（债转股）	-49 610 756	32 812 338
3.1	净利润（不债转股）-变动前	-143 771 680	-60 999 935
3.2	净利润（债转股）-变动前	-103 771 680	-20 999 935
4	增加利润	54 160 923	53 812 272

（七）利率变化对盈利影响的敏感性分析

目前，甲公司目前借款合计 10.2 亿元，其中向 F 公司借款 4 亿元。假设新增产能后，尚需增加 1.2 亿元贷款作为流动资金（基础表利率为 8%）。现假设利率下降到 6.5%（目前综合利率为 8.6%）时，对利润的影响见表 4-4-18。

表 4-4-18　　　　　　　　　　利率变化影响利润表　　　　　　　　　　单位：元

序号	项目	40 台槽投产（年）	96 台槽投产（年）
1.1	财务费用-利息（不债转股）	66 300 000	74 100 000
1.2	财务费用-利息（债转股）	40 300 000	48 100 000
2.1	净利润（不债转股）	-121 484 020	-36 912 275
2.2	净利润（债转股）	-95 484 020	-10 912 275
3.1	净利润（不债转股）-变动前	-143 771 680	-60 999 935
3.2	净利润（债转股）-变动前	-103 771 680	-20 999 935
4.1	增加利润（不债转股）	22 287 660.00	24 087 660
4.2	增加利润（债转股）	8 287 660.00	10 087 660

（八）提高铸轧卷加工成冷轧卷加工率对盈利影响的敏感性分析

经分析，目前一台冷轧卷设备不能满足开 96 台电解槽时将全部铸轧卷加工成冷轧卷的需要，需增加约 2 000 万元的设备。现将开工 40 台、96 台电解槽时冷轧卷加工率提高为 50%、100% 对利润的影响（假设其他因素不变）分析见表 4-4-19。

表 4-4-19　　　　　　　　　　产品结构变化影响利润表　　　　　　　　　　单位：元

序号	项目	40 台槽投产（年）	96 台槽投产（年）
	冷轧卷加工率	50%	100%
1	营业收入	494 392 953	1 228 977 231
2	营业成本	524 020 237	1 113 376 288

续表

序号	项目	40台槽投产（年）	96台槽投产（年）
	其中：增加折旧费		1 266 667
3	营业税金及附加		1 965 216
4	销售费用	9 711 032	23 289 984
5	管理费用	11 468 891	23 298 255
6	息前营业利润	-50 807 208	67 047 488
7.1	财务费用-利息（不债转股）	88 587 660	98 187 660
7.2	财务费用-利息（债转股）	48 587 660	58 187 660
8.1	净利润（不债转股）	-139 394 868	-31 140 172
8.2	净利润（债转股）	-99 394 868	8 859 828
9.1	净利润（不债转股）-变动前	-143 771 680	-60 999 935
9.2	净利润（债转股）-变动前	-103 771 680	-20 999 935
10	增加利润	4 376 812	29 859 762

（九）不同产能下有利因素变化对利润影响的综合分析

1. 目前40台电解槽产能分析（见表4-4-20）。

表4-4-20 40台产能下有利因素变化对利润影响明细表 单位：元

序号	摘要	40台电解槽	
		不债转股利润	债转股利润
1	目前条件下税前利润	-143 771 680	-103 771 680
2	售价增长10%	29 668 066	29 668 066
3	电价降低1分	5 542 889	5 542 889
4	不计提折旧	54 160 923	54 160 923
5	利率降为6.5%	22 287 660	8 287 660
6	提高冷轧卷加工率	4 376 812	4 376 812
7	税前利润	-27 735 330	-1 735 330
8	所得税		
9	净利润	-27 735 330	-1 735 330

2. 开96台电解槽产能分析（见表4-4-21）。

表4-4-21 96台产能下有利因素变化对利润影响明细表 单位：元

序号	摘要	96台电解槽	
		不债转股利润	债转股利润
1	目前条件下税前利润	-60 999 935	-20 999 935
2	售价增长10%	68 973 663	68 973 663

续表

序号	摘要	96 台电解槽	
		不债转股利润	债转股利润
3	电价降低1分	12 071 250	12 071 250
4	不计提折旧	53 812 272	53 812 272
5	利率降为6.5%	24 087 660	10 087 660
6	提高冷轧卷加工率	29 859 762	29 859 762
7	税前利润	127 804 672	153 804 672
8	所得税	18 498 100	24 998 100
9	净利润	109 306 572	128 806 572

上述测算计算所得税时，扣除了应计提折旧再计算应缴所得税。

（十）全口径成本下销售价格盈亏平衡点分析

现在"1. 产能变化的盈利预测分析"基础上，按综合税金附加5.25%，分析价格变化时的盈亏平衡点：

1. 开工40台电解槽的盈亏平衡点：

全年销量42 221.88 吨，其中铸轧卷29 555.32 吨，冷转卷12 666.56 吨。铸轧卷变动制造成本为10 983.45 元/吨，冷转卷变动制造成本为11 238.24 元/吨。每吨销售费用230元，每吨非薪酬类管理费用173.08 元。固定成本分三部分，折旧、利息、管理人员工资，计算见表4-4-22。

表 4-4-22　　　　　40 台产能固定资产明细表　　　　　单位：元

项目	债转股	不债转股
折旧	56 351 499	56 351 499
管理人员工资	4 052 997	4 052 997
利息	48 587 660	88 587 660
合计	108 992 156	148 992 156

经计算，盈亏平衡点的铸轧卷单价为：

债转股：不含税价13 953.34 元/吨，含税价为16 325.41 元/吨，较目前价上涨23.68%。

不债转股：不含税价14 953.21 元/吨，含税价为17 495.25 元/吨，较目前价上涨32.54%。

冷轧卷含税售价在铸轧卷基础上加1 000 元/吨。

2. 开工96台电解槽的盈亏平衡点。

全年销量101 260 吨，其中铸轧卷50 630 吨，冷转卷50 630 吨。

铸轧卷变动制造成本为10 238.13 元/吨，冷转卷变动制造成本为10 426.13 元/吨。

每吨销售费用230元，每吨非薪酬类管理费用175.64 元。

固定成本分三部分，折旧、利息、管理人员工资，计算见表4-4-23。

表 4-4-23　　　　　　　　　　96 台产能固定资产明细表　　　　　　　　　　单位：元

项目	债转股	不债转股
折旧	56 351 499	56 351 499
管理人员工资	4 863 596	4 863 596
利息	58 187 660	98 187 660
合计	119 402 755	159 402 755

经计算，盈亏平衡点的铸轧卷单价为：

债转股：不含税价 11 496.31 元/吨，含税价为 13 450.68 元/吨，较目前价上涨 1.90%。

不债转股：不含税价 11 904.37 元/吨，含税价为 13 928.11 元/吨，较目前价上涨 5.52%。

冷轧卷含税售价在铸轧卷基础上加 1 000 元/吨。

三、取得成效

在目前 40 台电解槽生产条件下，企业始终会亏损。通过敏感性分析，如果扩大产能，甲公司在现有条件下将一定程度上实现减亏。在不进行债转股情况下，铝产品市场行情目前处于底部向上回升点，产品价格上涨约 5.5% 则能实现盈亏平衡，电价如实现 5 分左右的降价也能实现盈亏平衡，利率和产品结构如实现 60% 的调整，则能增加 3 000 多万元的利润。

基于以上分析，考虑到扩大产能后，对地方税收、就业、其他行业、工业园区产业聚集效应的拉动，公司向投资者等方面建议实施债转股，并在必要的条件下对其进行扩大投资予以扶持，将有助于实现国有资产的保值增值[①]。

---

① 韩福恒．京宏源铝业公司：盈利测算为企业指明发展方向［N］．中国会计报，2017-05-26（007）．

案例示范 4-5
煤炭行业产品优化决策分析

【本案例介绍了边际贡献分析在煤炭行业产品优化决策上的应用。案例单位为煤炭生产企业，面临产能过剩的严峻形势，需要不断优化产品结构、提升市场竞争能力。案例单位通过应用边际贡献分析工具，对互斥生产方案进行评价和决策，并优化产品结构，提高了企业的盈利能力。】

一、背景描述

（一）单位基本情况

甲公司注册资本9.5亿元人民币，公司经营范围有煤矿开采、洗选及销售，通用设备及专业设备制造修理，建材加工，化工产品制造等，主要产品为三八块煤、大块煤、沫精煤和筛混煤。

（二）存在的主要问题

2×12年以来，煤炭行业整体陷入了产能过剩、下游需求不足的窘况中。受市场大环境影响，甲公司的煤炭销售价格逐年降低，面临巨大的生存挑战；国家节能减排和环境保护也对煤炭企业灰分排放量提出了明确的排放标准，降低灰分排放量，实行"绿色生产"迫在眉睫；清洁能源的出现和持续发展，客观上导致煤炭的需求量逐步减少。

为了应对这些变化，甲公司的目标客户不再局限于当地，而是逐渐扩展到多个省份；用户类型也从电厂扩展为水泥企业、化工企业。满足客户需要，提升产品质量成了公司发展过程中急需解决的问题。

二、应用过程

（一）甲公司产品品种优化方案的实施步骤

第一步，战略环境分析。甲公司从战略管理的角度出发，结合国家政策和煤炭市场的具体情况，分析其所处的战略环境和煤炭市场的整体发展趋势，深入剖析，作出全面系统的战略定位。

第二步，产品品种优化方案设计。根据对战略环境的分析，制定符合甲公司发展的产品战略目标和产品优化方案。

第三步，产品品种优化决策分析。采用成本边际贡献分析决策方法对方案实施后的经济效益进行分析，验证该产品品种决策的经济可行性，从而保障企业决策的正确性。

第四步，方案实施效果分析。对方案实施后的财务情况及实施效果进行分析，以进一步验证方案决策的合理性。

（二）产品品种优化经营决策经济效益分析

1. 成本性态分析。

甲公司结合自身具体情况，按成本性态对成本进行了划分。具体见表4-5-1。

表 4-5-1   成本性态分类

项目	具体内容	成本性态
材料	采掘及加工过程中耗用的材料费用	其中固定成本为 4 000 万元，其余为变动成本
水电费	生产过程中耗用的水电费用，属于半变动成本	其中固定成本占总成本的比重在 75%~80% 之间
应付职工薪酬	应当支付给职工的工作薪酬，属于半变动成本	其中固定成本所占总成的比重约为 70%
资源成本	主要包括采矿权摊销、水土保持补偿费、土地复垦费等	其中矿权摊销成本为固定成本，其余为变动成本
折旧费用	房屋及设备的折旧费用	固定成本
修理费	机器设备维修费用等	固定成本
销售费用	企业在销售过程中发生的各项费用	变动成本
财务费用	在生产经营过程中为筹集资金而发生的筹资费用	固定成本
外包劳务费	企业外包项目产生的劳务费，其中包含掘进所需费用	掘进费用为变动成本，其余均为固定成本
其他支出	主要包括办公费、咨询费、房产税、土地使用税等	部分为固定成本，部分为变动成本
税金及附加	企业经营主要业务应负担的消费税、城市维护建设税、资源税和教育费附加	变动成本

根据以往成本发生情况预计产品品种优化前后的固定成本与变动成本数额，见表 4-5-2。

表 4-5-2   2×13 年甲公司成本性态

产品类型	固定成本（万元）	变动成本总额（万元）	单位变动成本（元）
原产品	51 138.05	35 146.51	108.29
新产品	62 000	36 000	75

2. 边际分析。

对于甲公司而言，生产大块、中块、三八块和筛混煤与只生产筛混煤和沫精煤两种方案属于互斥方案，需要通过边际分析进行选择。

测算时，原产品的数据来源于 2×12 年报表。新产品的数据主要为 2×13 年的预算数据，主要由财务部、销售部等相关部门根据历年经营情况，并结合对公司未来发展情况的预测，估计相关数据。

在估算其成本时，结合现行财务制度规定的成本开支范围，根据相关矿井设计的采煤方法及生产工艺，以及当地的人工、材料、电力等价格为基础，按成本费用要素进行计算；在估算销量时，根据当地近期煤炭销售情况及临近矿区煤炭价格，考虑市场风险因素进行计算；产品单位收入以 2×12 年商品煤销售单价为基础计算。

具体计算如下：

原有产品盈亏临界点销售量 = 51 138.05/(395.63 - 108.29) = 177.97（万吨）

新产品盈亏临界点销售量 = 62 000/(395.63 − 75) = 193.37（万吨）

甲公司 2×12 年销量为 322.42 万吨，2×13 年商品煤销量为 460 万吨，均远远超出盈亏临界点销售量。

进行边际贡献分析，根据前述数据计算可得：

原有产品边际贡献总额 = (395.63 − 108.29) × 322.42 = 92 644.16（万元）

原有产品边际贡献率 = 287.34/395.63 × 100% = 72.63%

新产品边际贡献总额 = (395.63 − 75) × 460 = 147 489.8（万元）

新产品边际贡献率 = 320.63/395.63 × 100% = 81.04%

甲公司 2×12 年销量为 322.42 万吨，2×13 年商品煤销量为 460 万吨，均远远超出盈亏临界点销售量。

进行安全边际分析，按西方企业评价安全程度的经验标准，见表 4−5−3。

表 4−5−3　　　　　　　　安全边际程度分析表

安全边际率	10%以下	10%~20%	20%~30%	30%~40%	40%以上
安全程度	危险	要注意	较安全	安全	很安全

通过前述数据进行安全边际分析如下：

原有产品安全边际 = 322.42 − 177.97 = 144.45

原有产品安全边际率 = 144.45/322.42 × 100% = 44.8%

新产品安全边际 = 460 − 193.37 = 266.63

新产品安全边际率 = 266.63/460 × 100% = 57.96%

由上述计算可知，甲公司进行产品结构优化，即将大块、中块、三八块和筛混煤改为筛混煤和沫精煤后，边际贡献总额上升，边际贡献率从 72.63% 上升到 81.04%。其次，甲公司在煤矿行业下行的背景下安全边际率保持在 40% 以上，属于安全的经营情况。经过测算，产品品种优化后，甲公司的安全边际将由 44.8% 上升到 57.96%。

综上所述，上述品种结构优化方案不仅能稳定煤质、满足客户的多样化需求，也能够实现产品成本的有效控制，提高企业生产经营的安全性，提升盈利能力。从顾客角度看，可以更好地满足客户对煤质的要求，充分提高性价比；从竞争对手的角度来看，甲公司能够体现出优势；从长远角度来看，基于国家的节能减排政策对企业自身以及周边地区煤炭需求量的影响，更符合未来的市场趋势，是甲公司在当前煤炭行业下行背景下实现触底反弹的有效途径。

三、取得成效

2×12 年，在煤炭经济运行形势下降的大环境下，甲公司进行了产品品种结构优化，2×13 年销售量比 2×12 年增长 35%，销售收入上升了 9.9%，销售利润增加了 11 071.24 万元，符合公司产品结构优化决策的目标需求。2×13 年若不实施品种优化方案，则销售额为 173 267.71 万元，其销售成本 96 500 万元，则其销售毛利为 76 767.71 万元。实施品种优化方案后，其销售额为 181 989.8 万元，成本为 96 500 万元，毛利为 85 489.8 万元，比实施方案前收益高 8 722.09 万元。因而 2×13 年实施品种优化方案更为可行。

案例示范 4-6
边际分析在制造业企业生产经营决策中的应用

【本案例介绍了边际分析在制造企业生产经营决策中的应用。案例单位为某军工企业，针对产品成本控制等问题，该单位运用边际分析，在是否生产某产品等生产经营决策中，从产品设计、工艺技术、人员配置、工辅料消耗、设备及生产线布局、生产组织方式、质量管控等方面进行各种改进，实施精细化管理，降低了成本，提高了盈利能力。】

一、背景描述

甲公司是国家科研产品定点生产企业，特种产品涵盖所有枪械产品及集成武器，民品包括汽车零部件转向、传动、制动系统。

近年来，在激烈的市场竞争中，甲公司主要面临着技术降成本有待进一步加强、产品定价能力逐渐减弱、成本控制压力较大、基础管理需进一步细化提升的问题。为了适应不断变化的内外部环境，支撑各产业快速发展，企业急需运用管理会计工具提升管理水平。

二、应用过程

甲公司运用边际分析工具方法，以决策目标为导向，收集相关信息资料，对亏损产品、零件的自制与外购等从业务角度进行全面分解、剖析，制定可行的改进方案，经公司领导决策后纳入企业经营计划，组织实施并反馈改进，从而提高经济效益。

（一）参与部门和人员

设立决策分析领导小组、决策分析管理办公室和专业分析归口管理部门三级机构，分别负责领导审批、制定方案和实施控制等工作。其中，专业分析归口管理部门承担了大部分实施工作，包含财务、运营、销售、生产、研发、技术、采购、人力、工装、质量、设备能源等部门及其相应人员。

（二）具体应用流程

边际分析通常需要根据多方信息，采取科学的分析方法，经过周密的分析和计算，全面衡量得失后作出最佳选择，一般按以下步骤进行。

1. 确定决策目标。针对 A 产品，甲公司的决策分析目标为：是否生产 A 产品；如果生产 A 产品，A 产品涉及的零件是自制还是外购，如何降低生产成本？

2. 收集、整理信息资料，进行初步分析。各专业分析归口管理部门根据其归口管理的业务收集并提供相应的信息资料，根据信息资料初步分析如下。

A 产品预计订货 20 万件，预计售价 580 元/件。甲公司具有生产 A 产品的能力，且生产 A 产品不再投入专属设备；如果不生产 A 产品，公司产能有剩余，且剩余产能无法转移。A 产品目前的单位成本为 954 元（其中：单位变动成本 646 元、单位固定成本 308 元），单位边际贡献为 -66 元。按照销量 20 万件计算，A 产品的边际贡献 = (580 - 646) × 20 = -1 320 万元，如果接受该订单，公司将增加亏损 1 320 万元；换言之，A 产品的投产不仅不能对弥补固定资产投资带来贡献，反而额外亏损 1 320 万元的变动成本投入。主要原因一是 A 产品的销售价格低，二是 A 产品单位变动成本中自制成本相对较高。

3. 制定改进方案，提供决策支撑。各专业分析归口管理部门，从业务层面进行深层次分析后发现：材料材质、标准、规格型号、包装方式、生产工艺、人员配置等均有改进空间,零部件在各生产工序上的成本可进一步压缩。改进后预计产品性能的提升可以提升议价能力,提高产品美誉度及售价,且在保证质量的前提下降低产品成本,使产品性价比达到最佳。因此,各专业分析归口管理部门应制定改进方案并进行论证,为经营层进行决策提供支撑,具体见图4-6-1。

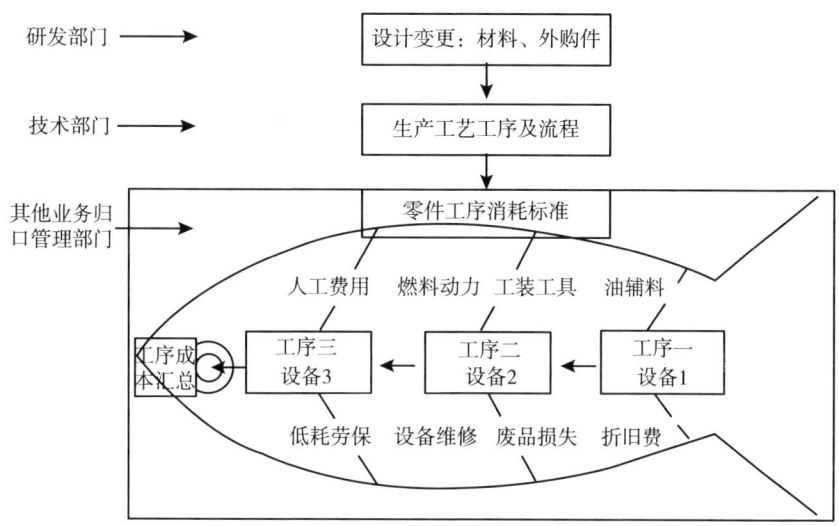

图4-6-1 方案改进流程图

(1) 研发部门:梳理目前A产品的实际材料及外购件等情况,在质量可控的范围内,改进设计,经试验、论证成功后修订验收规范,具体见表4-6-1。

表4-6-1　　　　　　　　　　A产品设计变更情况表

零件名称	变更前		变更后	
	外购与自制	材质、规格、标准	外购与自制	材质、规格、标准
零件H	外购件	材质标准:粉末冶金件	自制件	材质标准:锻件
零件K	自制件	材质标准:国J标	外购	材质标准:J标
零件M	自制和外购		外购	
零件N	自制件	规格型号:D1	自制件	规格型号:D2
包装箱	外购件	包装标准:10件/箱	外购件	包装标准:15件/箱
……				

(2) 技术部门:一是根据研发部门的设计变更,重新编制生产工艺及流程,为生产制造提供技术支撑;二是优化制造工艺手段,降低制造成本;三是进行毛坯精化,降低材料消耗,减少机械加工余量。

(3) 人力部门:根据技术部门的生产工艺,制定作业时间、工时、效率标准等进行人员配置,制定人工成本标准。

(4) 工具管理部门:按照技术部门的生产工艺,根据设备工装消耗的实际情况,选择性价比高的工装,列出工装消耗明细,确定工装标准寿命,按生产工序制定工装消耗标准。

(5) 辅料管理部门:按照技术部门的生产工艺,根据设备辅料消耗的实际情况,列辅料消耗明细,制定各生产工序辅料消耗标准。

(6) 设备能源部门:按照技术部门的生产工艺,根据设备能源消耗的实际情况,制定能源消耗标准。

(7) 采购部门:根据研发部门的设计变更,在充分了解供应商的发展规划、经营状况、资金情况、生产能力、质量情况等信息的情况下,向供应商进行询价,且在保证质量的前提下,以最优价格采购生产需要的零件。

(8) 质量管理部门:根据技术部门的生产工艺以及零件加工难易程度,结合企业实际零件的报废情况,制定废品成本标准。

(9) 销售部门:在充分了解A产品的市场需求情况、竞争对手情况以及客户的发展规划、经营状况、资金情况、付款条件等的情况下,与客户进行价格谈判,销售价格由原来的580元/件提高到620元/件。

专业分析归口管理部门分析、制定改进方案后,A产品各零件的成本具体见表4-6-2。

表4-6-2　　　　　A产品各零件单位成本对比情况表　　　　　单位:元

零件名称	变更前		变更后		节约成本	建议选择
	状态	单位成本	状态	单位成本		
零件H	外购件、粉末冶金件	57.42	自制件、锻件	28	-29.42	变更后
零件K	自制件、国J标	39.54	外购、J标	35	-4.54	变更后
零件M	自制和外购	20.27	外购	16	-4.27	变更后
零件N	自制件、型号D1	44.27	自制件、型号D2	35	-9.27	变更后
包装箱	外购件、10件/箱 每个箱子150元	15	外购件、15件/箱 每个箱子180元	12	-3	变更后
…						

根据各零件的成本进行计算,A产品的单位成本预计为682元(其中:单位变动成本563元、单位固定成本119元),单位边际贡献预计为57元。按照20万件计算,预计边际贡献 = (620 - 563) × 20 = 1 140万元。因此,建议接受A产品订货,并按专业分析归口管理部门的改进方案实施改进。

4. 实施方案及反馈结果。方案确定后,将其纳入公司计划并组织实施。实施方案时,存在着各种各样难以预测的不确定性因素,各专业分析归口管理部门在执行过程中不断发现问题,并反馈到原来的方案上来,找出偏差,采取有效措施及时进行改进,保证方案目标圆满完成,具体见表4-6-3。

案例示范 4-6 边际分析在制造业企业生产经营决策中的应用

表 4-6-3　　　　　　　　　A 产品单位边际贡献对比情况表　　　　　　　　　单位：元

序号	项目	改进前实际	改进方案预计	改进后实际	同比增减	
					改进后实际与改进前比	改进后实际与改进方案比
1	一、销售单价	580	620	620	70	0
2	二、单位产品成本	954	682	660	-294	-22
3	（一）单位变动成本	646	563	547	-99	-16
4	直接材料	94	29	32	-62	3
5	外购件	262	397	392	130	-5
6	铜柱	19	2	3	-16	1
7	职工薪酬	166	73	68	-98	-5
8	工装工具	25	18	16	-9	-2
9	能源费	28	19	17	-11	-2
10	辅助材料	21	15	10	-11	-4
11	废品损失	5	3	3	-2	0
12	变动制造费用	26	7	6	-20	-1
13	（二）固定成本	308	119	113	-195	-6
14	折旧费	147	54	56	-91	2
15	社会保险	62	28	25	-37	-3
16	交通费及工作餐	18	8	6	-12	-2
17	固定制造费用	81	29	26	-54	-3
18	三、单位边际贡献	-66	57	73	-139	16

（三）在实施过程中遇到的主要问题和解决方法

在实施过程中遇到的主要问题包括，一是企业成本管理范围狭窄，忽略了技术阶段、供应链环节以及其他非财务方面的成本管理；二是各业务归口管理部门常常为了自己小团队的利益出现推诿扯皮、不实事求是等现象，使方案不能达到预期目标。

为此，甲公司强化全方位成本管理，不以"成本压倒一切"为导向，而以高效益为目标，服从并服务于公司战略；不仅仅把成本管理放在产品生产阶段，更重要的是把成本管理放在基础调研、产品设计、生产工艺等技术阶段，通过设计更改、工艺优化等技术手段提高公司经济效益；不限于产品财务管理方面，更加重视企业所需的资源、作业、产品、材料、客户、销售市场、销售渠道等非财务方面的管理；充分考虑供应商和销售商的情况，重视企业外部价值链成本。同时，加强组织领导，完善精细化工作相关制度，建立定期沟通协调机制；建立工作业绩评价机制，督促各业务管理部门完成方案目标。

三、取得成效

甲公司边际分析工具运用中的主要创新体现在：专业分析归口管理部门从其业务的角度，在产品设计、工艺技术、人员配置、工辅料消耗、设备及生产线布局、生产组织方式、质量管控等方面制定改进方案，测定改进后的相关成本，实施改进，取得了较好的效果，增强了产品的市场竞争力，提升了产品的盈利能力和企业的影响力。

案例示范 4-7
内部资金转移定价在商业银行的应用

【本案例介绍了内部资金转移定价在商业银行中的应用。案例单位为某商业银行。为有效进行资金优化配置和风险管理,该单位建立了内部资金转移定价体系与风险管理相结合的组织架构和应用流程,通过内部资金转移定价体系提供不同的内部成本,将资金配置到盈利水平高而风险相对低的区域、产品和业务,从而引导客户经理在业务拓展过程中对各种业务进行排序,最终实现资源的优化配置。】

一、背景描述
(一) 单位基本情况

甲银行是一家全球领先的国际银行,于19世纪50年代进入中国上海,2×07年成为第一批中国本地法人银行之一。目前,甲银行在全国近30个城市拥有超过100家营业网点。截至2×15年底,甲银行(中国)有限公司(或称甲银行中国区)的资产总规模为人民币1 792亿元,在中国营业收入为人民币67.03亿元,营业利润12.11亿元。

(二) 存在的主要问题

在中国经济增速放缓、息差收窄情况下,甲银行主动去除过剩产能行业风险,减少发放贷款、垫款和可供出售金融资产的规模,使资产负债表继续保持高流动性。尽管甲银行具有稳健的管理模式,但受经济环境影响,近年来仍出现了收入和利润的连续下滑。同时,银行监管机构对银行流动性管理的标准不断提升,要求银行更加关注可持续的现金流及其风险。

二、应用过程
(一) 参与部门和人员

甲银行资产负债管理委员会负责实施资本规划和资本充足率管理目标的具体工作,对董事会负责;同时,下设资产负债管理部,每个工作日公布常用产品一年内常用期限的内部转移定价,一对一提供不经常用的期限或非常规产品的内部转移定价,确保资金转移定价机制符合集团规程。

业务部门使用内部资金转移定价进行决策。在为目标客户设计产品方案时,需在内部资金转移定价及客户信贷评级的基础上预估产品的风险资产回报率,确保其达到银行对风险资产回报率的最低要求。在银行授信的持续期内,客户经理需对客户的信贷评级进行定期复核,对有恶化倾向的客户根据风险状况和实时的内部资金转移价格采取提价或暂停提款等相应措施。

在交易时,对于定期存款、贷款、贸易融资或贸易项下的垫款,财务共享服务中心需要与资产负债管理部门逐笔确认该交易的内部转移定价并输入系统中。对于活期存款、协定存款和提前通知存款,内部资金转移价格由资产负债管理部和财务部于月末统一计算和分配。

(二) 具体应用流程

甲银行内部资金转移定价体系的创新集中体现在将风险管理融入了内部资金转移定价体系,实现可接受风险水平的整体收益最大化和资源的优化配置。内部资金转移定价的运

案例示范 4-7 内部资金转移定价在商业银行的应用

用贯穿于甲银行有风险敞口的产品销售的全过程，通过对风险敞口的产品的售前准入、售中监控及售后回顾将风险始终控制在可接受水平。

1. 内部资金转移定价在客户准入操作流程中的应用——预估风险资产回报率。

甲银行对每一种授信产品都有"产品说明"和"本国产品补充说明"，严格审核并确保信贷产品在风险特征、流程、定价等方面符合中国市场的实际状况和监管要求。业务部门负责监督贷款资金贷后使用情况。客户经理需定期对客户进行实地访问，提交客户年度检查报告等。倘若客户发生危及本集团信贷资产安全的状况，客户经理需及时提交预警报告。业务部门对产品定价时，需在内部资金转移定价的基础上预估客户的风险资产回报率，并使其达到银行对风险资产回报率的最低要求。

客户或潜在客户的信贷评级是影响客户风险资产回报率的关键因素。甲银行执行内部信贷评级（CG）方法，采用一套按字母与数字评分的评级系统来量化和交易对手有关的风险。这项评分根据一系列数量和质量方式来分析客户违约的可能性。数字级别由 1 至 14，评级数字较低的交易对手被评估为违约可能性较低。在原有数字评分之上配以 A 至 B 或 A 至 C 的级别，以更精确地识别违约可能性，从而得出更细致的风险评估、风险控制及定价。对履约的客户均给予信贷评级 1A 至 12C；对不良（或违约）的客户则给予信贷评级 13 或 14。一般信用评级（CG1-11）的客户属于业务和信贷部门所共管范围；而潜在违约和实质性违约客户将可能被定予较低信用评级（CG12-14），或须转交特殊资产管理部门集中管理。甲银行的内部信贷评级系统已将客户的所在国风险即国别风险纳入其中。国别风险是指由于某一国家或地区的经济、政治、社会变化，导致该国家或地区的借款人没有能力或者拒绝偿付本集团的债务，使本集团遭受损失的风险。

2. 内部资金转移定价在存贷款等业务操作流程中的应用——计算风险资产的内部价格。

对客户的授信在系统中批准后，在该客户项下授信详细信息，包含额度的种类、名称、价格、提款条件等，这些信息将共享给贷款操作部或贸易操作部作为提款条件的控制。资产负债管理部门将在每个工作日公布人民币、美元等常用币种的存款、贷款、垫款产品的内部资金转移定价的基础价格。这些基础价格通常为期限一年内的逐月报价。超过 12 个月或不在每个工作日公布的范围内的资产负债，则需要逐笔和资产负债管理部门确认内部资金转移定价的基础价格。

在银行授信的持续期内，客户经理需对客户的信贷评级定期复核，对有恶化倾向的客户根据风险状况和实时的内部资金转移价格采取提价或暂停提款等相应措施。客户经理需要定期对每个客户的风险资产回报率进行回顾，对于达不到原先预期的客户，需要和客户协商提高风险资产回报率的方案。

由于银行产品众多，本案例将主要介绍几种常用产品的内部资金转移定价的构成，及其相应操作流程：

第一，定期存款。通常 12 个月内的定期存款的基础价格即为内部资金转移价格，12 月以上的定期存款内部资金转移价格需要和资产负债管理部门逐笔确认。在交易时，存款业务操作的共享服务中心需要通过邮件与资产负债管理部门逐笔确认内部价格并输入系统中。系统将在月底时计算出该笔交易的内部利润。由于吸收存款为银行鼓励的方向，定期存款目前在中国通常没有其他附加成本。

第二，活期存款、协定存款、七天通知存款。由于该类存款没有明确的到期日，通常采用历史数据分析和平滑法来逐月计算内部价格。对于活期存款、协定存款来说，数据分析主要包括两方面：第一，将活期存款分为核心及非核心两大类；第二，对核心存款，进一步区分期利率敏感度。例如，某客户在甲银行的活期存款余额为 1 000 万元人民币，经数据统计，其中 400 万元变动大，进出频繁，而剩余的 600 万元相对稳定，会留存一年或更长时间，那么这 600 万元将被定义为核心存款。而如果 600 万元中的 300 万元，客户对利率敏感性高，那么这 300 万元连同 400 万元非核心存款将使用短期的内部资金转移价格，而对利率敏感度不高的 300 万元将适用较长时间的内部资金转移价格。

在实际操作中，一般在每月末参考 1 个月和 12 个月的定期存款的内部价格对核心存款和非核心存款按权重比计算出活期存款的内部价格。而对于七天通知存款，通常采用对一个月定期存款的内部价格进行平滑处理。同定期存款一样，活期存款与七天通知存款一般没有其他附加成本。

第三，贷款。资产负债管理部门通常会在每个工作日公告 12 个月内各币种贷款的基础价格，除基础价格外，贷款通常有流动性成本和税金等附加成本。而中长期贷款在市场环境变化时，除流动性成本及税金外，还可能被计入流动性贴水。贷款的内部价格中的附加成本在月末计算和分配。由于人民币存贷比等监控指标的要求，通常人民币贷款的流动性成本会远高于美元等外币贷款的流动性成本。在实际提款时，贷款业务操作的共享服务中心需要向资产负债管理部门逐笔确认每笔贷款内部价格中的基础价格，输入系统，在月末与附加成本一起计算每笔贷款的内部收益。

第四，贸易融资或贸易项下的垫款。同贷款一样，12 个月内基础价格由资产负债管理部门于每个工作日公布。附加成本通常为流动性成本和税金。贸易融资或其他贸易项下垫款由于其风险较贷款低，经常会在流动性成本分配时比贷款享受更多的优惠。比如在特定时期，免去贸易融资的流动性成本使其在市场中更具体价格上的竞争力。贸易融资或贸易项下的垫款由贸易操作部及其后的共享服务中心负责交易。共享服务中心需要在交易时逐笔和资产负债管理部门确认交易的基础价格并输入系统。

3. 内部资金转移定价在绩效评价操作流程中的应用——计算部门业绩。

每月末，资产负债管理部和财务部门将在系统中分配流动性成本和税金等成本。在次月中旬左右将业绩发送给各业务部门及各客户经理。客户经理如发现有误则反馈给财务部门复查。同时，在系统中，各客户经理也可以看到自己上个月的业绩、平均存款、贷款等各方面指标及与去年同期相比较的情况。

（三）在实施过程中遇到的主要问题

甲银行内部资金转移定价体系着眼于风险管理和优化资源配置，在实际使用过程中尚存在以下问题：

第一，资金的来源结构、相应成本和银行对风险资产回报率的要求决定了资金运用的成本基础，因此某些产品在内部资金转移定价体系中显得不具备成本优势，相对不受业务部门青睐。例如一年以上的贷款，由于中长期贷款较之短期贷款往往意味着更为稳定的收入来源，甲银行短期贷款占贷款总额比例较大的状况将导致收入的较大波动。

第二，从额度审批到客户提款会有 3~6 个月甚至更长的时差，原先所预估的内部利润及风险资产回报率可能会在实际提款时有较大差异。这种差异主要源于从额度申请到额度使用过程中内部资本成本的提高。因此，可能会出现实际风险资产回报率低于预估的情况，导致业务部门绩效达不到预期水平。

第三，在银行对某些产品进行促销而豁免流动性成本等时，容易一窝蜂涌上而出现过犹不及的情况。由于数据统计有一定滞后性，这种群体行为可能会导致银行在资产的整体配置上失衡。

第四，整个过程中涉及手工输入，难免出现错误。只能通过复核等方式尽量避免，耗费大量人力。

三、取得成效

通过内部资金转移定价体系，甲银行实现了分类计价并与风险管理相衔接。首先，按产品的不同种类分别确定内部资金转移定价，以此平衡资金筹集和运用的收益水平。在经营过程中，甲银行可根据战略发展导向和业务调控需要实时调整内部资金转移定价。其次，甲银行内部资金转移定价与风险管理息息相关。对有贷款需求的客户，甲银行设置了准入门槛，其中一项即为对风险资产回报率的要求。此外，内部资金转移定价体系还为甲银行以绩效为导向的经营文化提供了基础支持，使对个人的薪酬激励与个人的业绩、个人所属的职能部门的运营情况，乃至整个集团和股东的利益直接相关，促使个人和各部门主动配合总行层面的业务调整战略，最终实现整体战略。

案例示范 4-8
"模拟市场"内部转移定价在钢铁企业的应用

【本案例介绍了内部转移定价在钢铁企业的应用。案例单位为某大型综合钢铁制造企业,具有生产流程长、工艺复杂的突出特点,为应对日益激烈的市场竞争,建立了"模拟市场核算,实行成本否决"为主要内容的内部转移定价管理制度,引入内部竞争机制,借助市场变化倒逼企业管理提升,有助于推进公司扁平化改革、转型升级,以及为产品差异化定价提供依据,提高公司盈利水平。】

一、背景描述
(一)单位基本情况
甲公司于20世纪50年代建厂,现有职工2万人,17个主体生产厂,28条轧钢线,总资产过千亿元,已具备年产1 300万吨优质钢综合生产能力,是我国重要的优质板材和优质型棒线材生产基地。

(二)存在的主要问题
20世纪90年代金融危机以后,中国钢铁开始出现供大于求的局面,钢价下滑,钢厂效益下降,甚至出现了局部亏损乃至全行业亏损。甲公司为了保生存、求发展,大力研发高端产品、开发高端客户,实行内部转移定价管理制度,借助市场变化倒逼企业提升管理。

二、应用过程
20世纪90年代,甲公司采取的是总厂(公司)下辖若干生产分厂的管理架构,经过长时期的探索,在原有架构基础上,根据产品与市场的关系,设置了四个事业部和两个研究中心,确定内部转移定价,核算每个责任中心的效益,进行绩效考核。

(一)参与部门和人员
首先,设置两中心四产线,分别是:铁前研究中心、能源高效利用中心、汽车家电板事业部、薄板事业部、中厚板事业部、型棒线事业部(以下简称"两中心四事业部"),业务分别覆盖铁前工序,包括能源、焦化、烧结、球团、炼铁;炼钢工序,包括转炉、精炼;轧钢工序,包括一次加工成材、二次加工成材、三次加工成材以及剪切配送等。

两中心四事业部分别由公司分管副总任总指挥,主要管理部室一把手及相关二级生产单位的主管领导任经理或副经理,各二级生产单位按照对应产品的生产流程,划归不同事业部。

两中心四事业部相关的销售人员、技术人员在原有管理部室的范畴之上,全部划归事业部统一管理,以产品为龙头,集合生产、技术、销售、客户服务、财务核算于一身。甲公司依托强大的ERP系统,通过合理的运用内部转移定价,将两中心四事业部与外部市场及内部沟通有效的连接起来。

(二)具体应用流程
1. 建立责任中心。

两中心四事业部中具有代表性的是铁前研究中心、能源高效利用中心、薄板事业部,下面进行详细的说明:

(1)铁前研究中心。

铁前研究中心的技术团队负责铁前技术经济指标的优化，生产单位负责生产任务的完成，其产品为焦炭、烧结矿、球团、铁水，财务部门核算成本并评价铁前研究中心的绩效。

铁前研究中心作为成本中心，考核以成本完成情况为主，下属各分厂是二级成本中心，分厂内部根据工序不同还有三级成本中心，相应设置成本型内部转移定价，月末将实际成本与内部转移定价对比，差异考核各成本中心当月奖金总额。同时，将二、三级成本中心的差异汇总到铁前研究中心，按照总差异百分比考核事业部经理当月预支工资。

（2）能源高效利用中心。

能源高效利用中心将外购水、电、气和内部循环利用的有关能源全部整合在一起，外购能源包括河水、生活水、天然气、电，内部循环能源包括煤气、蒸汽、循环水、发电、各种气体等能源介质。能源中心主要以成本完成情况为主，下有三家生产厂作为能源中心的二级成本中心，每个厂生产不同的产品对应不同的三级成本中心，月末，根据实际成本与标准成本的差异汇总后对二级单位和事业部经理分别进行考核。

（3）薄板事业部。

薄板事业部作为利润中心，下属各二级分厂作为相应的成本中心，各产线对应产品分别设二级成本中心，单独核算产线成本，相应设置内部转移定价，月末，将实际成本与内部转移定价对比，根据差异确定相应成本中心的奖金总额。同时，将差异汇总到薄板事业部，调整薄板事业部当期实际利润，与公司目标利润进行对比考核。

2. 梳理核算流程。

根据大型钢铁联合企业集中统一管理的特点，实行以公司总部核算为中心，二级专业核算为基础的两级核算制。即由公司制定一套内部计划价格，各二级厂根据公司给它制定的内部计划价格核算它的成本和内部利润。一个会计期间结束后，将每道工序实际成本与计划成本的价差进行调整和必要的费用分配、调整，然后分步结转计算出公司的实际成本，这个成本作为计算盈亏、编制报表的最终依据。例如，烧结工序的原料是铁精粉，产品是烧结矿，那么烧结矿作为铁水的原料进行投料的时候，需要设定一个内部转移价，日常管理中以内部转移价向下成本替代，根据一个会计期间一次加权平均，计算烧结矿实际成本与内部转移价的价差，再还原到铁水成本中。

根据不同的业务，内部转移定价类型主要分为以下几个方面：

（1）对外购大宗原燃料、外购半成品、合金料、耐火料等，业务流程比较简单，其入库成本依托信息化系统采用移动平均价的方式，每一次出入库都做一次移动加权平均。

（2）对铁水、钢坯、一次材等自制半成品，参照活跃的市场价格来制定。目前国内权威的价格发布网站价格根据活跃市场交易情况每天进行更新。

（3）对辅助生产分厂，能源系统的产品多按标准成本来进行定价。原因是，能源系统的产品大都属于自产自用，很难取得相应的市场价格资料；同时，能源系统生产模式在一定时期内如果没有大的工艺调整，标准消耗基本平稳，所以，能源系统自产产品按照标准成本来进行定价，外购产品按市场价定价。

（4）对生产中出现的废品、废料，可以参照市场价格制定，但为了控制废品、废料的大量产生，一般回收废料的价格按低于外购废钢的市场价格确定。

（5）内部转移定价应为不含税价格。

3. 内部转移定价的具体应用。

（1）铁前研究中心主要应用计划价和模拟市场价。

对于铁前研究中心来说，焦炭、混匀料、球团属于过渡产品，应当以实际成本向下替代。但在实际操作过程中，根据各自独立的工序产生的半成品，仍然需要设置一个内部转移定价，可以根据年度预算测算的成本再加上一个对后期合理的预估来设置，可以理解为成本型内部转移定价。比如，焦炭的年度预算成本为 1 552.13 元/吨，预计未来焦炭市场将会是一个波动上涨的趋势，那么可以把焦炭的内部转移定价按照计划成本设置为 1 580 元/吨，根据焦炭的实际成本和计划成本有 21.87 元/吨的价差，这个价差根据每一次货物移动累计计算，最后结转到铁水成本中。同理，烧结矿、球团也是如此。

对于铁前研究中心和不同事业部之间的交易产品铁水来讲，还需要设置内部转移定价，这个价格的设置与市场紧密相连，具体做法是：根据我的钢铁网上当期周边市场铁水交易的实际价格，加上价格研究部门对后期市场的一个合理预估，确定当期铁水的价格，该价格被称为模拟市场价；由于铁水没有库存，价格变化不会对前期库存产生影响，当权威发布网站公布周边市场价格变化较大时，可以每月末调整一次铁水的内部转移定价，使炼铁板块紧密贴近市场。

（2）能源高效利用中心主要应用标准成本价。

能源高效利用中心的主要产品是风、水、电、气。经过对能源系统标准消耗的核定，反复循环测算，能够得到一个相对稳定的能源实际成本，在正常生产周期内不会产生太大的变化。对于外购水、电、气来讲，都有较稳定的政府指导价格。所以，能源系统采用标准成本价，这个价格每年制定一次。

（3）薄板事业部、型棒线事业部、中厚板事业部、汽车家电板事业部主要应用市场价和模拟市场价。

这四个事业部覆盖了全部炼钢和轧钢生产线，内部各个子生产单位的产线和四个事业部交叉联系。每个钢厂生产的品种都不一样，想要在我的钢铁网上拿到所有品种的报价是不现实的。所以，在企业内部还需要用到成本加成和品种加成。同时，甲公司为了管理需要，适当考虑鼓励生产因素，相应向上调整了中高端产品的内部转移定价，鼓励生产单位多生产中高端产品。

这四个事业部分别生产不同坯料，以普碳板坯为例，通过应用市场价作为内部转移定价，普碳板坯在我的钢铁网上有活跃的交易价 3 200 元/吨（含税），可以确定普碳板坯的内部转移定价为 2 759 元/吨（不含税），以普碳板坯的价格作为基价，其他品种与普碳板坯的成本差作为品种加价，再考虑部分品种的管理需求，就得到了不同品种的内部转移定价。可以看出，内部转移定价还区分了不同类型的产品，用于引导生产单位生产高端产品。

（4）利用信息系统编制内部转移定价。

钢铁企业所包含的物料品种成千上万，甲公司通过两种方法来编制内部转移定价，一是运用 Excel 批量导入，对不同类别的物料分开编制内部转移定价，适用于物料数量较少的情况，多用于编制市场价、模拟市场价和标准成本价；二是合理制定成本加成规则，通过程序实现自动批量修改。

4. 建立绩效考核方法。

每月月度终了总结一次各责任中心的绩效考核，结合公司年度绩效评价办法，其主要步骤是：

（1）确定当期产量；

（2）确定当期原料价格，分别计算各责任中心的毛利情况，主要分为能源辅助系统，生产主体系统两大部分：

能源系统预算完成公式为：当期成本 = 产量 ×（实际成本 − 标准成本）

生产主体系统预算完成公式为：毛利总额 = $\sum$ 各品种产量×（品种售价－品种成本）+ 废次材产量×（废次材结算价－废次材计划价）（原料价格为当期周边活跃市场报价，品种售价为当期实际结算价格）

(3) 月度毛利考核办法。

通过以上方法核算出各责任中心的实际毛利总额，与预算情况对比后，确定其当期考核毛利完成情况，公式如下：

月度预算考核毛利＝月度实际毛利总额－月度预算毛利总额

每月将预算考核情况上报公司，根据公司绩效考核办法进行考核。

5. 支撑会计报表分析。

内部考核报表和会计主体报表中的利润表是有联系的。内部考核侧重于在价格确定的情况下，指标完成情况的好坏，对成本利润的影响。利润表中主营业务成本是经过成本还原后的实际成本。通过内部考核报表的绩效考核结果，运用标准成本加差异分析的方法，可以清楚的知道，利润表中的成本和收入来自哪些责任中心，进而为公司生产经营提供有效的支撑。

（三）在实施过程中遇到的主要问题和解决方法

内部转移定价在实施中仍然存在一些问题，主要包括：一是只解决了内部单位与市场接轨问题，成本高低主要取决于各项技术经济指标，只有各种消耗降下来，成本才能降下来。所以，在确定内部转移定价以后，还要运用"倒推"的方法进行效益否决。二是对管理水平提出了较高的要求，需要适度把握内外部关系。

三、取得成效

通过市场倒逼企业深挖内部潜力，确定每一个产品的目标成本和目标利润，使二级厂被推向市场，打破了分厂吃公司大锅饭的局面，转变为现在的改善指标，降低消耗；既保数量，又保质量；既讲产量，又要效益的精细化管理，极大地调动了员工的积极性、创造性，使企业很快走出了困境。同时，没有设置内部转移定价之前，所有效益在商品材上才能够最终体现出来，各业务板块不能有效地与市场对接，采用活跃市场价为基础的内部转移定价后，将炼铁板块、炼钢板块、轧钢板块与市场对接，每个板块的盈利能力水平都能够清晰地显示出来，从而实现与市场快速对接，有效提高企业整体效益。

案例示范 4-9
多维度盈利能力分析在商业银行的应用

【本案例介绍了多维度盈利分析在商业银行的应用。案例单位是某国有上市商业银行。为从海量数据中筛选有用信息，提升经营管理的决策水平，该银行构建了利润贡献度分析系统（PA 系统），全面涵盖外部利息收支、内部资金转移计价、税费分摊、中间业务收支、减值准备、内部分配/联动记账、经济资本成本等各项内容，为业务分析及管理层决策奠定了重要的数据基础，实现了建立在最小颗粒度基础上的利润展现，能够提供机构、部门、产品、客户等多维度的盈利信息，有助于提升精细化管理水平。】

一、背景描述

（一）单位基本情况

甲银行是大型国有上市商业银行，主要经营商业银行业务，包括公司金融业务、个人金融业务和金融市场业务。

（二）存在的主要问题

近年来同业竞争日趋激烈，甲银行收入增长压力日益增大，亟须深化业务转型，加强产品创新，更好地为客户提供综合服务，提升精细化、专业化的经营管理水平。该行虽从 2×02 年起推进实施分产品、分客户核算，但受限于尚未构建全面覆盖的业务系统，产品、客户等维度的盈利信息未能得到有效应用和推广，仍侧重于以财务会计数据为基础的机构、部门维度管理，不能为精细化内部管理提供信息支持。

二、应用过程

（一）参与部门和人员

1. 总行参与部门。

会计信息管理部门：牵头负责多维度盈利分析相关工作，确定盈利分析维度、建立盈利分析模型、归集财务及业务数据、加工并发布多维价值计量基础数据，推广多维价值计量数据应用；负责 PA 系统的日常业务运维及管理。

财务管理部门：牵头制定客户关系（R）、产品管理（P）、渠道管理（C）联动评价机制及业绩分成、成本分摊规则，提供相关管理会计信息系统业务需求，本条线内推广多维价值计量数据有关应用。

司库部门：牵头制定内部资金转移定价规则，提供相关管理会计信息系统业务需求，本条线内推广多维度价值计量数据有关应用。

人力资源部门：负责按部门职责建立并维护机构、部门、员工信息。

渠道管理部门：负责线上、线下渠道管理，制定相关渠道分类规则。

信息科技部门：负责根据技术方案、业务需求进行系统开发、升级改造；负责管理会计信息系统的生产运营管理。

公司、个金等各业务条线主管部门：负责本业务条线的数据质量管理，通过主管业务系统等及时、准确记录和提供管理会计所需基础信息。参与管理会计信息系统建设，在本业务条线积极应用管理会计信息，推进实施精细化内部管理。

2. 各分支机构。

负责本行数据质量管理，加强数据源头质量管控，落实数据质量问题的整改。参与管理会计信息系统建设，在客户营销、产品管理等方面积极应用管理会计信息，推进实施精细化内部管理。

（二）具体应用流程

开展多维度盈利分析一般包括确定分析维度，建立分析模型，制定数据标准，收集、加工、归集基础数据，信息应用等程序。

1. 确定分析维度。

经审慎评估，该行决定针对机构、部门、产品、客户等维度等进行盈利分析，此外，还开展了业务条线、渠道、员工等维度的盈利分析工作，以满足不同业务层级的管理信息需求。

（1）机构维度。

机构指商业银行对外开展金融业务的各级分支机构。按机构进行盈利分析，可为分支机构布局、绩效管理等提供信息支持，目前应用的重心已拓展至各营业网点，即对各基层营业网点的盈利情况进行分析。

（2）部门维度。

部门是商业银行内部经营管理基本单位，一般可按成本中心、利润中心、投资中心等进行分类管理。按部门进行盈利分析，可为部门绩效管理、成本管理等提供信息支持。

（3）产品维度。

产品是商业银行服务客户、创造价值的基础。对各类产品进行盈利分析，可为定价管理、产品研发等提供信息支持。

（4）客户维度。

客户是商业银行实现盈利、创造价值的直接来源。对客户进行盈利分析，可为客户营销、定价管理等提供信息支持。

（5）业务条线维度。

业务条线通常是商业银行对同类型部门、产品、客户等进行的组合，如对公条线、对私条线等。对业务条线进行盈利分析，可为战略规划、资源配置、绩效管理等提供信息支持。

（6）员工维度。

员工是商业银行经营管理活动的主体。对产品经理、客户经理等进行盈利分析，可为员工绩效管理等提供信息支持。

（7）渠道维度。

渠道是商业银行客户营销和产品交互的媒介，如电子渠道、物理渠道等。对渠道成本、收入及交易笔数等进行分析，可为渠道效能评价等提供信息支持。

2. 建立多维度盈利分析模型。

风险调整绩效评价方法（RAPM，Risk - Adjusted Performance Measurement）是银行业广泛使用的风险收益均衡模型，该模型改变了以净资产收益率为核心的传统模式，体现了风险、资本在银行绩效评价中的重要性。RAPM有两个常用核心指标，即风险调整后资本收益率（RAROC）和经济增加值（EVA），其核心是通过计算经济资本来进一步反映商业银行面临的非预期风险。其中：

RAROC是经风险调整后的资本净收益与经济资本占用的比率。其中，分子"风险调整后净利润"是在经营净收入的基础上，利用预期损失加以风险调整计算所得；分母则为经济资本占用。

RAROC 指标的计算公式如下,见图 4-9-1。

RAROC = 风险调整后净利润/经济资本 =(净收入 - 预期损失)/经济资本 =(收入 - 资金成本 - 营运成本 - 预期损失 - 所得税)/经济资本

EVA 是经风险调整后的经济价值增加值。其计算公式如下:

EVA = 经风险调整后的税后净利润 - 资本支出 = 收入 - 资金成本 - 运营成本 - 预期损失 - 所得税 - 经济资本 × 最低资本回报率

或:EVA = 经济资本 × RAROC - 最低资本回报率

其中,最低资本回报率通常以商业银行的资本成本为基础确定。

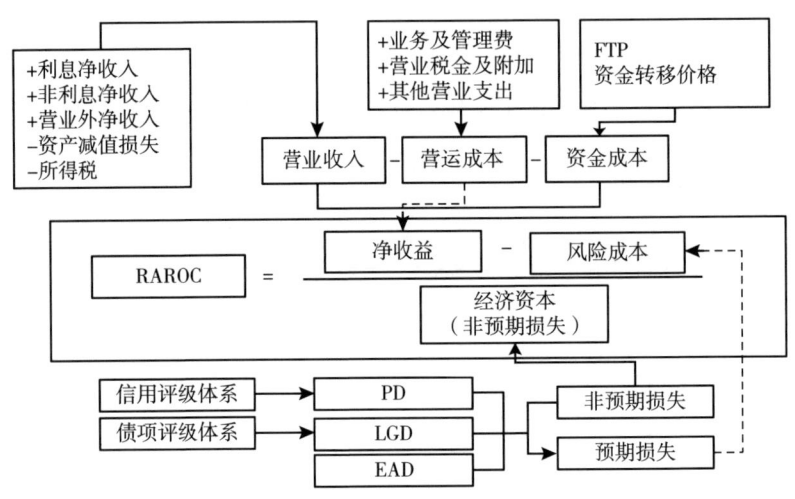

图 4-9-1 RAROC 计算方式

注:PD 为违约概率,LGD 为违约损失率,EAD 为违约时的敞口。

3. 制定计量标准。

为保证数据的可比性,统筹规划、制定了多维度价值计量标准,在各维度内,对档案编制具备唯一性的代码,并通过参数配置、数据读取等,在各业务应用系统及管理会计系统中统一实施。

机构:在人力资源管理系统中编制机构代码,维护上下级机构、所在地区等机构信息。

部门:在人力资源管理系统中编制部门代码,维护所属机构、职能、人数等机构信息。

产品:产品管理部门牵头建立统一的产品体系,对产品分类,实施分层管理并编制代码。

客户:由核心银行系统统一编制客户代码。对客户按属性、规模、行业等分类或分层管理。

业务条线:由银行总部及各辖属机构根据内设各部门的工作职责,将部门按产品部门、客户关系部门及后线综合管理部门进行分类核算及管理。

员工:根据员工工作职责,按照客户经理、产品经理、账户经理等进行分类管理。

渠道:区分各线上、线下渠道进行分类管理。

4. 按最小颗粒度收集原始数据。

根据既定的规则,通过 PA 系统按最小颗粒度(账户、交易等)从数据仓库中归集财务、业务等管理会计原始数据(一般包含各账户、交易的外部利息收支、手续费收支、估值损益、资产减值损失等信息),并将各账户或交易等归属至对应的机构、部门、产品、客户等维度,形成统一规范的数据集。

为保证数据质量,PA 系统具备与财务会计系统对账功能,确保财务会计、管理会计数据的一致性。

5. 按最小颗粒度加工基础数据。

通过 PA 系统中的资金转移定价、成本分摊、业绩分成和经济资本管理等模块,按账户、交易计量内部收支(一般包含各账户、交易的内部资金转移利息收支、运营成本分摊、业绩分成等信息)、经济资本和经济资本成本等信息。根据盈利分析模型,在多维度盈利分析模块中按最小颗粒度整合外部利息收支、内部利息收支、运营成本、经济资本占用等信息,加工生成各账户、交易的盈利信息,见图 4-9-2。

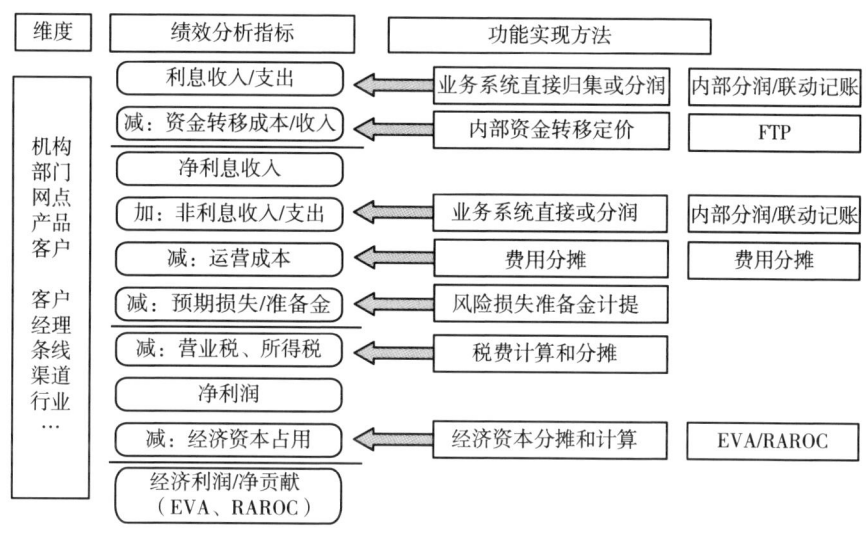

图 4-9-2　各维度绩效分析指标及功能实现方法

(1) PA 系统内部资金转移定价模块。

内部资金价格转移(FTP)是甲银行内部资金中心与业务经营单位按照一定规则全额有偿转移资金,达到核算业务资金成本或收益等目的的一种内部经营管理模式。甲银行实施全额资金管理,即将全行资金的来源及运用统一至总部管理,对于内部资金划转实施逐笔内部计价,核算内部利息收支。

PA 系统内部资金转移定价模块根据全额内部资金转移定价模式,对资产负债表中的各个项目,在最小颗粒度(账户)上确定内部资金转移价格,并计算内部资金利息收支,见图 4-9-3。

(2) PA 系统费用分摊模块。

与工业企业相比,商业银行间接成本的比例更高,种类更多。要准确计量各责任中心的业绩贡献,需要建立相对准确的成本归集分摊模型,按运营成本发生动因,将其分摊至各账户或交易。

甲银行将人事费用、业务费用、折旧费用等运营费用,按照"谁受益、谁承担"的原则,合理区分费用类别,根据毛收入、资产负债均值、交易笔数等分摊动因,采用瀑布式分摊的方式,分摊至机构、产品、客户(账户/交易),形成各层面和维度统一口径的费用视图。

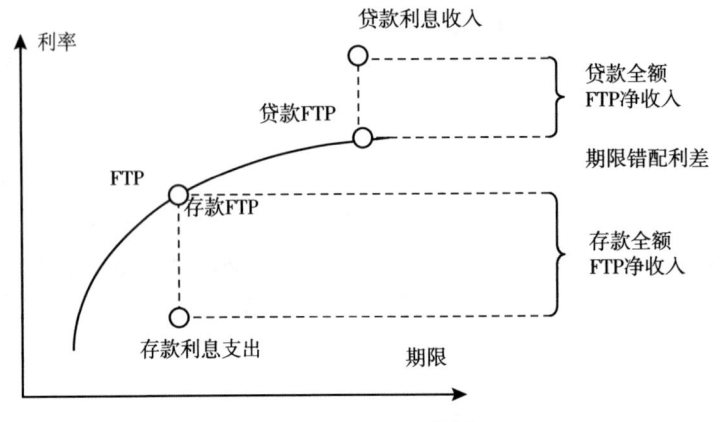

图 4-9-3 FTP 曲线

费用分摊能促进各部门关注产品、客户等维度的净收益贡献,避免资源需求盲目求多、不计产出效率的现象。能引导前后台部门协作,培养成本节约意识,协同优化业务流程,分析新产品、新服务投入的必要性,明确业务发展的优先次序,不断提高成本投入效率。

(3) PA 系统内部分润/联动记账模块。

在商业银行中,机构、部门、产品、客户经理间等联动营销普遍存在,这就需要按照既定的规则,将实现的总体收益在各相关利益方之间进行分润,以科学地体现利益相关方的贡献情况。

为规范利润分配机制,公平反映各方收益,协助绩效考核,PA 系统内部分润/联动记账模块将在业务/会计系统中收益体现在某方,但其他合作方亦有显著贡献的业务,按特定规则对各方利润贡献度进行调整。

(4) PA 系统 EVA/RAROC 模块。

经济资本是银行用来承担非预期损失和保持正常经营所需的资本,主要包括信用风险、市场风险和操作风险的非预期损失。根据监管要求,商业银行需要制定经济资本计量标准,并依托风险计量、经济资本管理系统落地实施,计量经济资本占用及成本。

PA 系统从风险加权计量系统中读取资产账户的经济资本占用及成本,根据盈利分析模型,按最小颗粒度整合外部利息收支、内部利息收支、运营成本、经济资本占用等信息,加工生成各账户、交易的 EVA/RAROC 盈利信息。

6. 归集最小颗粒度基础数据,生成各维度盈利分析基础数据

根据设定的数据标准,通过 PA 系统按各账户、交易等与机构、部门、产品、客户、渠道等维度的归属关系,对账户、交易盈利信息进一步分类汇总、加工,生成多维度盈利分析基础数据,即各机构、部门、产品、客户等维度的 EVA、RAROC 盈利信息。

7. 发布、应用多维度盈利分析数据。

每月月初,通过 PA 系统及其他信息平台将各维度盈利分析数据发送有关机构或部门,或直接将多维价值计量信息发送预算管理、绩效计量等系统。各业务主管部门及各分支机构,根据自身管理需要,进一步整理、加工多维价值计量基础信息,从不同角度进行应用及分析。

此外,在应用多维度盈利分析时,还可根据管理需要,从不同角度进行交叉维度组合盈利分析,编制多维度盈利分析报告。

三、取得成效

多维度盈利分析已成功应用于预算管理、绩效考核、网点管理、客户/产品定价、客户关系管理等方面,为经营决策提供了科学量化的信息支持。

在预算及绩效考核方面,多维度盈利分析为不同维度预算、绩效评估提供一致基准,提升激励考核的科学性;在网点管理方面,落实网点转型升级发展战略,为网点业绩排序提供各网点效益心指标,对网点业绩进行科学、准确计量;在客户/产品定价方面,适应创新产品和服务的复杂性、多样性以及非常态性要求,开发了综合收益定价系统全面考虑客户与该行各种业务往来的成本和收益,因客定价,深化交叉销售,提升运营效率和盈利能力;在客户关系管理方面,构建了客户忠诚度及流失预警等数据分析模型,进行了产品交叉销售统计分析等,做到根据客户需求提供有针对性的产品和服务,改善客户体验,提升客户忠诚度;在提供决策支持方面,定期及非定期为业务及管理部门提供大量数据支持、数据分析及挖掘服务,为各级管理人员提供条线业务分析、网点业务分析、交叉销售、客户忠诚度等分析报告,为管理提供决策支持。

案例示范 4-10
阿米巴经营模式在制造业企业的应用

【本案例介绍"阿米巴"经营模式在制造业企业应用。案例单位为金属制品制造业企业。为应对市场竞争加剧,充分调动员工积极性,案例单位建立"阿米巴"经营模式,通过划小核算主体、开放经营信息,让更多的一线员工担任起"小总经理"的角色,采用经营者的方式来思考工作,激发了广大员工的主人翁精神与创造力,有效推动了组织变革。】

一、背景描述

(一) 单位基本情况

甲公司是某钢铁集团全资子公司,2×07 年整合产业公司、钢制品事业部、汽贸、线材制品等业务的基础上组建而成,注册资本 40.55 亿元人民币。甲公司是集团的产业孵化器,现有金属包装(两片式易拉罐、彩印铁)、工业气体、金属制品(精密线材、弹簧钢丝、冷敦钢丝)、新业务(环保、新材料)等核心业务板块。

(二) 存在的主要问题

近年来金属包装行业产能(含在建)大大超过实际需求,产品价格每年降价 10% 以上,钢铁延伸加工板块盈利能力也在激烈竞争中不断下滑,工业气体业务受下游影响也是量价双跌。外部竞争加剧要求企业内部进一步调动员工的工作积极性,建立了解企业经营状况、关心企业发展、提升价值创造水平的企业文化和工作氛围。

(三) 选择阿米巴工具方法的主要原因

阿米巴经营模式是由日本京瓷公司(Kyocera Corp.)创造的管理模式,这种模式将一个大的公司划分成更小的核算单元,公司针对每个核算单元培养具有经营意识的经营者,参与公司的经营,实现"人人都是经营者"的经营氛围。采用阿米巴模式有利于充分调动员工工作积极性,激发广大员工的主人翁精神与创造力。

二、应用过程

(一) 完善组织保障,夯实基础工作

1. "一把手"工程。

推行阿米巴经营模式涉及企业经营的方方面面,包括组织架构、核算方式和业绩评价等,"牵一发而动全身",所以一定要有高管的重视为基础,尤其一把手要亲力亲为,是典型的"一把手"工程。甲公司成立了由董事长任组长的阿米巴推行领导小组,同时成立由部门负责人组成的工作小组,从组织上保障决策与执行的效率。

2. 优良的企业文化。

京瓷集团公司从建立到现在一直盈利,稻盛和夫总结为两个轮子:一个是阿米巴经营模式,另一个是公司有良好的经营哲学,两个轮子缺一不可。而且两个轮子的关系可以理解为经营哲学是基础,是企业经营的土壤,阿米巴能否落地生根取决于土壤是否肥沃。

3. 良好的管理基础和信息化准备。

阿米巴经营单元的业绩结果和报告需要及时提供,便于阿米巴负责人和成员及时了解所在阿米巴的经营情况,及时进行 PDCA 循环,找出实际与计划的差异,及时调整后面的行动。甲公司经过 7 年多的管理提升,在全面预算管理、标准成本、价值管理、KPI 管

理、精益生产、成熟度管理、网络式工作、信息系统建设等各方面都取得显著成效,具备满足实施阿米巴的管理基础和信息化准备。

4. 灵活应用。

阿米巴经营模式是为企业提升管理水平、培养经营者和调动员工积极性的工具,没有固定的模式和套路,关键是要适合企业实际,所以公司应借鉴阿米巴的精髓,灵活应用,建立适合公司实际的个性化的阿米巴经营模式,不能"生搬硬套"。

5. 财务人员应有正确的定位,做到参与阿米巴不越位、不缺位。

首先,财务人员要"不越位"。即不包办一切,要调动业务人员的积极性,发挥阿米巴长的作用。其次,财务人员要"不缺位",即要积极组织、积极参与。最后,财务人员要积极学习理解相关理念;了解试点公司的主要做法,思考本公司特点;在阿米巴的划分、内部定价、核算表的设计上发挥关键作用;培训、指导阿米巴长编制、使用和分析核算表,培养经营意识,提供必要的数据支撑。

(二) 合理设立阿米巴,建立正确、简洁的核算表

1. 成为阿米巴的必要条件。

(1) 能够成为独立核算的组织。

划分后的阿米巴应成为利润中心,培养中心负责人的经营意识,使经营结果可视化,所以阿米巴应是独立核算的组织,至少可以核算阿米巴的收入、成本、费用等指标。

(2) 能独立完成一定业务的单位。

划分后的阿米巴的职能和责任要非常清楚,阿米巴之间没有"交叉地带",能独立完成一定业务的单位,经营数据有管理基础,其收入与成本、费用可以按月、周或者按日统计。

(3) 能够贯彻公司整体的目标和方针。

阿米巴的经营负责人的经营行为要与公司的战略目标一致,要能够贯彻公司整体的目标和方针,比如销售阿米巴的划分,是按照地区划分还是按照产品系列划分,可以结合公司的战略目标和产品的特性确定,保证公司目标的实现。

按照上述条件,甲公司下属的乙制罐公司在生产部门以班组为单位成立了四个生产阿米巴小组,包括A班阿米巴、B班阿米巴、C班阿米巴和D班阿米巴;乙公司的销售部按照产品成立包括碳酸饮料阿米巴、茶饮料阿米巴和啤酒阿米巴等三个销售阿米巴小组。其阿米巴架构见图4-10-1。

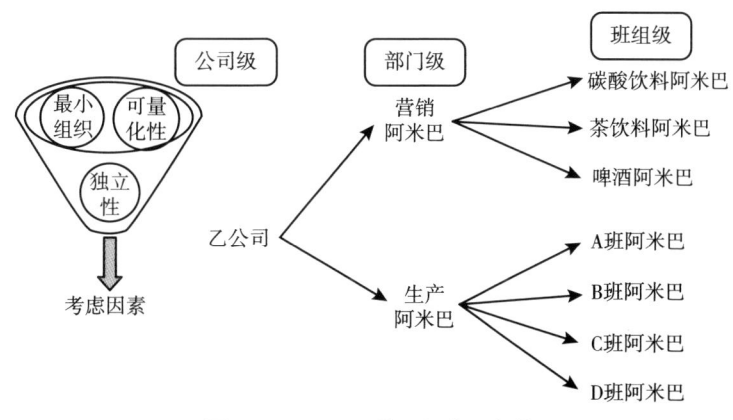

图4-10-1 乙公司阿米巴架构

2. 阿米巴的类型。

京瓷集团的阿米巴分为核算型阿米巴和非核算型阿米巴。核算型阿米巴被定义成"利润中心",在阿米巴经营中通常被称为"核算部门",是企业中直接对利润负责的部门;非核算型阿米巴被定义成"非利润中心",在阿米巴经营中通常被称为"非核算部门"。为了企业正常运作,非核算型阿米巴部门虽不直接对利润负责,但有其存在的必要性。无论核算型阿米巴还是非核算型阿米巴,除了以"利己"的行动原理来追求自身实绩数据提升以外,同时需要具备"利他精神",要考虑其他部门的利益。特别是阿米巴负责人,应站在公司立场进行经营思考、开展经营活动,不应该为了达成自己的预定目标,而忽略对其他部门提供支援,甚至损害其他部门的利益,从公司文化角度来说是不被允许的。

结合国资委对国有企业考核的 EVA 制度要求,甲公司的核算表上将折旧费作为生产型阿米巴的成本组成,将营运资金的占用成本作为销售型阿米巴的成本组成。

3. 核算表的设计。

(1) 生产型阿米巴核算表的设计原则。

①人工成本不纳入,产品结算按销售模式或收取加工费模式均可。

②按成本效益原则,按日取数有困难的非主要成本项目,可采用月计划用量、计划价格、月计划成本等方式代替。

③存在工序半成品时,也可增加资金成本项目。

生产型阿米巴核算表见表 4-10-1。

表 4-10-1　　　　　　　　　　　生产型阿米巴核算表示例

类别	核算项		数量	单价	金额	说明
收入	产品收入					产品销售结算模式
	加工费收入					加工费结算模式,如 B 公司酸洗阿米巴
	其他收入					
	收入合计					
费用	主要材料	1				加工费模式时不包括主材成本
		2				……
	辅助材料	1				不能以领代耗
		2				……
	能源	气				天然气、蒸气
		水				……
		电				按班或按日取数
	折旧费					按月取数
	备件与维修费用					……
	部门费用分摊					按月取数
	质量异议赔款					
	费用合计					……

续表

类别	核算项	数量	单价	金额	说明
工时	正常工作时间				……
	加班工作工时				……
	扣除工时				由公司自定范围
	工时合计				……
当日价值贡献					……
当日单位时间价值贡献核算					……

（2）营销型阿米巴核算表的设计原则。

①存货、应收款资金成本纳入；

②收入确认按买断模式或者按收取佣金模式均可；

③资金成本计算分两种模式，一是对总金额进行计费，二是仅对超过设定控制值的部分计费；

④数据统计频率按日或按周。

营销型阿米巴核算表见表4-10-2。

表4-10-2　　　　　　　营销型阿米巴核算表示例

类别	核算项		数量	单价	金额	备注
收入	产品销售收入					
	佣金收入	基本佣金				
		差价奖励				
	其他收益					如转单收益
	收入合计					
支出	采购成本					购入产品的成本，佣金模式下不涉及
	运输仓储费					买断模式时
	资金成	原料库存				
		成品库存				
		应收账款				
	坏账损失					
	费用	业务招待费				
		差旅费				
		部门费用				
	费用合计					

续表

类别	核算项	数量	单价	金额	备注
工时	正常工作时间				
	加班工作时间				
	扣除工时				
	工时合计				
本日/周价值贡献					
单位时间价值贡献核算					

（三）确定阿米巴内部定价体系

1. 市场价格法。

在产品（包括产成品和自制半成品）有市场价格的情况下，将市场价格作为阿米巴之间的结算价格，这种方法比较容易确定价格，也有说服力，也能体现对标管理的思想。

2. 边际贡献三分法。

在产品（包括产成品和自制半成品）有市场价格的情况下，公司创造性地提出了边际贡献三分法，即将产品的边际贡献进行第一次分配时，其中的"一分"分给职能部门，可以使职能部门实现收支平衡；"一分"分给生产部门，"一分"分给销售部门，第二次分配时，生产部门和销售部门这两个部门在内部进一步分配的结果要确保人均小时价值贡献的初始值一致，这样后面在经营的过程中通过人均小时价值贡献的结果进行横向和纵向比较。阿米巴模式的内部定价结构图见图4-10-2。

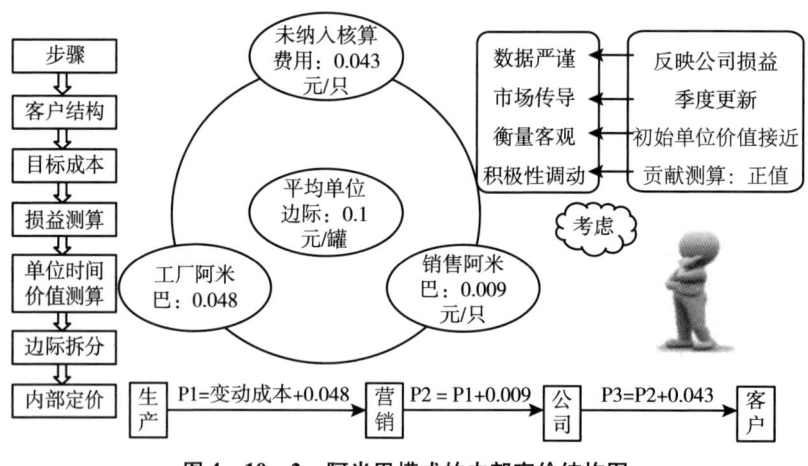

图4-10-2 阿米巴模式的内部定价结构图

乙制罐公司定价思路举例见图4-10-3。

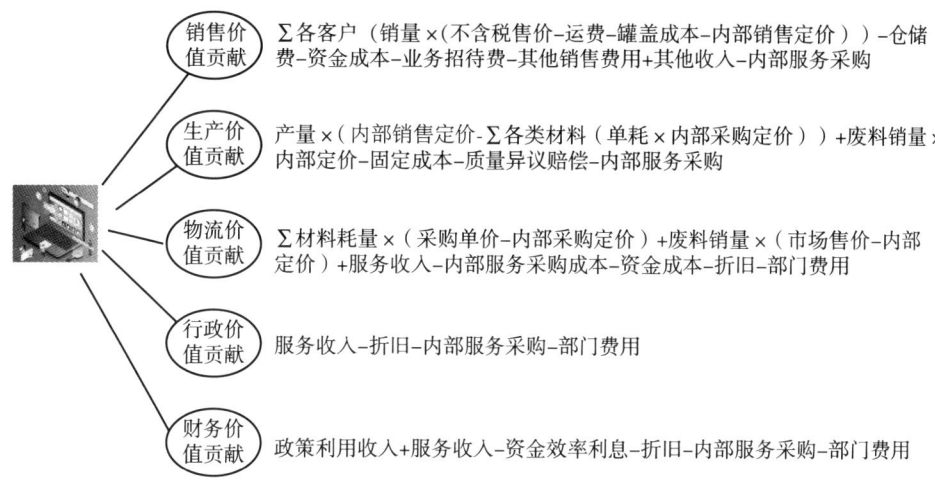

图 4-10-3 乙制罐公司定价思路举例

（四）结合标准成本分析阿米巴经营的业绩成果

甲公司在阿米巴经营结果的分析中引入标准成本法的思路，对经营结果进行深度分析。

1. 在阿米巴经营成果的分析中引入标准成本分析的思路。

在阿米巴经营成果的分析中引入标准成本分析的思路，实现 PDCA 循环。

（1）制定年度计划：通过年度计划描述梦想；数据来源于现场，同时又体现了决策层的方针；年度计划必须完成；让员工学会掌握公司的整体动向；让员工切身体会到经营的魅力。

（2）制定月度计划：年度计划是制定月度计划的基础；数据是自下而上汇总起来的；每月调整月度计划；树立远大目标；用发展的眼光看待能力；制定计划比追究结果更重要。

（3）执行计划：重视现场；亲自确认；在会议上不断重复各项数据；通过核算把握现状。

（4）反馈结果：每天进行数字反馈；结账后立即公布结果；趁热打铁进行反思；报把公司的现状传达给所有的员工；公布全公司的经营业绩。

（5）评估结果：严格审查；数据体现结果；不掩饰业绩不好的事实；使用结果进行验证；允许失败；奖励方式是委以重任。

标准成本的运行框架见图 4-10-4。

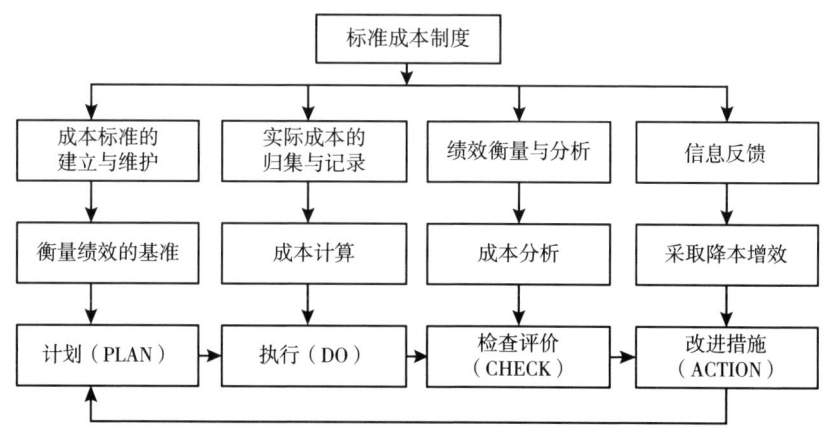

图 4-10-4 标准成本运行框架

2. 在阿米巴模式分析中，采取价值树层层剥笋式分析，从结果到底层影响因素进行层层解剖。整体分析思路见图 4-10-5，分析框架与关键点见图 4-10-6。

3. 结合价值树分析模型，建立阿米巴目标差异分析模型。具体分析思路见图 4-10-7。

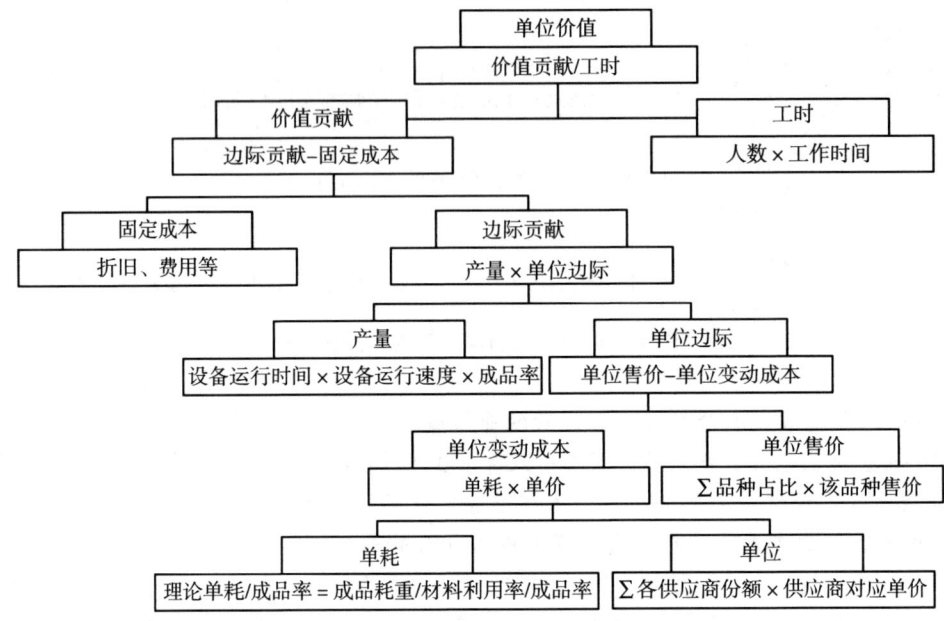

图 4-10-5　阿米巴模式运用中的价值树分析示例

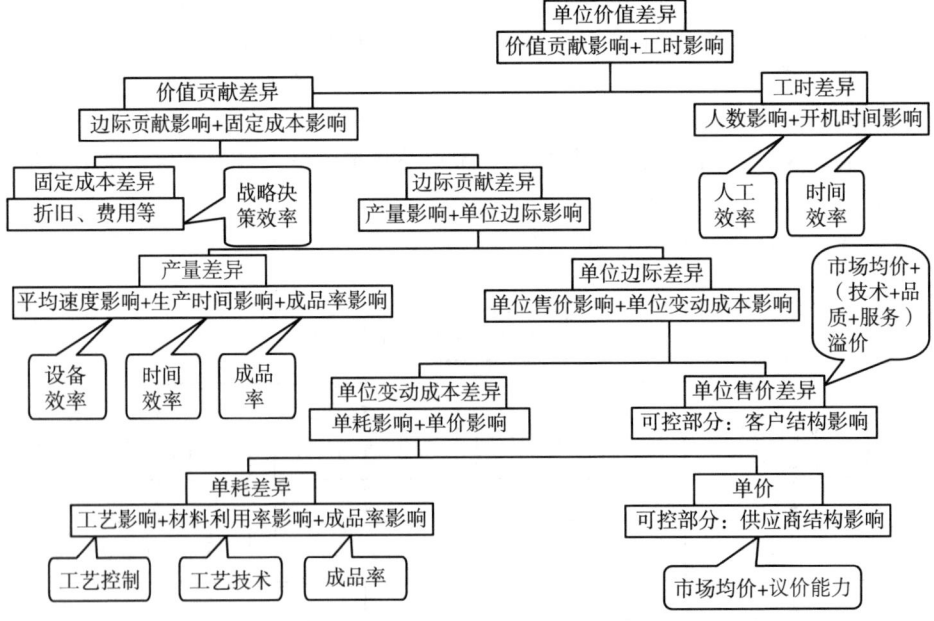

图 4-10-6　价值树分析框架示例

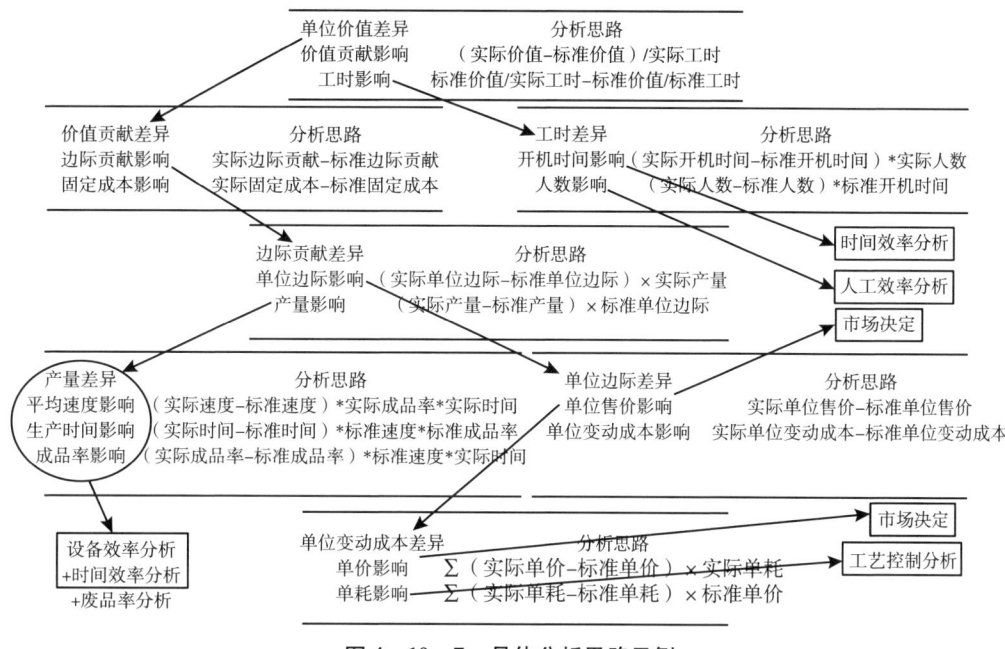

图4-10-7 具体分析思路示例

(五) 信息化和数据化是阿米巴核算和分析的基石

对阿米巴经营状况进行及时的分析是建立阿米巴经营模式的非常重要的目的，所以信息化和数据化是阿米巴核算和分析的基石，是阿米巴经营会议的基础。阿米巴会议对于参加经营会议的阿米巴负责人来说，需要认识到经营会议是一个让所有经营高层和阿米巴负责人思考如何使公司往更好的方向发展的场所，需要如实汇报现状，抱着谦虚求学的积极心态比什么都重要。往往对于不好的信息，大家会找各种各样的借口和理由。但是阿米巴负责人首先需要考虑的是："让经营高层作出毫无事实根据的判断有没有意义""我已经绞尽脑汁了，所以如果还有其他更好的方法请传授于我"。阿米巴负责人需要以这种坦率、纯朴的心态来对待不好的信息。甲公司专门针对阿米巴经营模式开发出应用程序，每个阿米巴负责人可以及时进行核算和分析，可以每天做到PDCA循环，及时发现经营中的问题。

(六) 阿米巴值作为绩效考评的依据

阿米巴目标达成与基层阿米巴的绩效评价紧密合，是持续有效推进阿米巴模式的重要保障。可以统一内部语言和评价标准，避免不同要求让一线团队无所适从。

1. 绩效考评内容的变化。

以乙制罐公司为例，原有以KPI为主的绩效考评内容分为五个部分，产量、成品率、质量、单耗及安环与工厂管理，分值见表4-10-3。

表4-10-3　　　　　　　　　原绩效考核评价内容及分值

考评内容	分值
A1 产量	20%
A2 成品率	20%
A3 质量	30%

续表

考评内容	分值
A4 单耗	15%
A5 安环与工厂管理	15%

引入阿米巴后，绩效考评内容及分值见表 4-10-4。

表 4-10-4　　　　　现绩效考核评价内容及分值

考评内容	分值	与原评价体系对比
B1 阿米巴值	60%	对应 A1、A2、A4
B2 品质管理	25%	对应 A3
B3 安环与工厂管理	15%	对应 A5

通过以上调整，将阿米值纳入日常绩效评价，让公司上下都关注阿米巴值的波动，通过分析去发现问题，改善操作和管理，提升经营绩效。

2. 建立阿米巴长胜任模型。

为综合评价阿米巴长应用阿米巴经营模式的水平，帮助阿米巴长养成有效行为模式，明确阿米巴长能力成长的阶段性要求，公司建立了阿米巴长胜任能力模型。

阿米巴长胜任模型由九段制成长阶梯组成（见表 4-10-5），每级阶梯有三个维度，胜任力关键事件积分、阿米巴价值贡献及阿米巴组织变性。阿米巴长根据阿米巴值的完成率，胜任能力的分值及阿米巴与其他阿米巴之间是否能实现分合变性来实现段位的提升及职业的发展。

表 4-10-5　　　　　阿米巴长段位成长标准

序号	段位	成长通关			关键词	描述
		胜任力积分	阿米巴贡献	阿米巴组织变形		
1	九段	4 050	目标达成率超过100%	阿米巴与其他阿米巴之间实现分和变形	入神	"变化莫测，且能先知"，阿米巴长水平已达到高深莫测、出神入化的境界
2	八段	3 240	目标达成率超过98%		坐照	"不劳深思而不意灼然在目"，阿米巴长能准确判断并把握经营本质和市场格局
3	七段	2 520	目标达成率超过96%		具体	"人各有长，未免一偏，能兼众人之长"，阿米巴长对阿米巴经营的"十八般武艺样样精通"
4	六段	1 890	目标达成率超过94%		通幽	"心虚灵洞沏"，阿米巴长思维敏捷，并已深谙阿米巴经营之道

续表

序号	段位	成长通关			关键词	描述
		胜任力积分	阿米巴贡献	阿米巴组织变形		
5	五段	1 350	目标达成率超过92%	正常运营小型阿米巴	用智	"用智深算",阿米巴长不局限于阿米巴经营之术,已在探求阿米巴经营之智慧
6	四段	9 00	目标达成率超过89%		小巧	"纵横各有巧妙",阿米巴长善于灵活运用各种方法和工具,达成阿米巴贡献目标
7	三段	5 40	目标达成率超过86%		斗力	"力战于野",阿米巴长遇到任何困难都不服输,全力相抗,并有"一力降十会"的实力
8	二段	270	目标达成率超过83%		若愚	"虽如愚,然而实,其势不可犯",阿米巴长善于发挥自己的长处,"集中优势兵力",攻坚克难
9	初段	90	目标达成率超过80%		守拙	"守我之拙,彼巧无所施",阿米巴长扎实于每个阿米巴经营细节,稳扎稳打,步步为营

（1）先看第一个维度,胜任力积分是多少分？如：A班的阿米巴长得到1 890分,那么他就有可能得到六段,但是还要满足其他两个维度的要求；

（2）然后看这位阿米巴长的第二个维度,阿米巴贡献目标达成率。如A班阿米巴长的目标达成率也达到了94%,则可以评为六段；若目标达成率低于92%,那么只能评为五段。

（3）最后看这位阿米巴长的第三个维度,阿米巴组织变形。如A班阿米巴长的积分得到1 890分,目标达成率也达到了94%,但是没有对阿米巴进行分合变形,那么也不能评为六段,而只能将为五段。

阿米巴长根据胜任能力的分值、阿米巴值的完成率及阿米巴与其他阿米巴之间是否能实现分合变形来评定阿米巴长的段位,实现段位的提升及职业的发展。阿米巴勋章见图4-10-8。

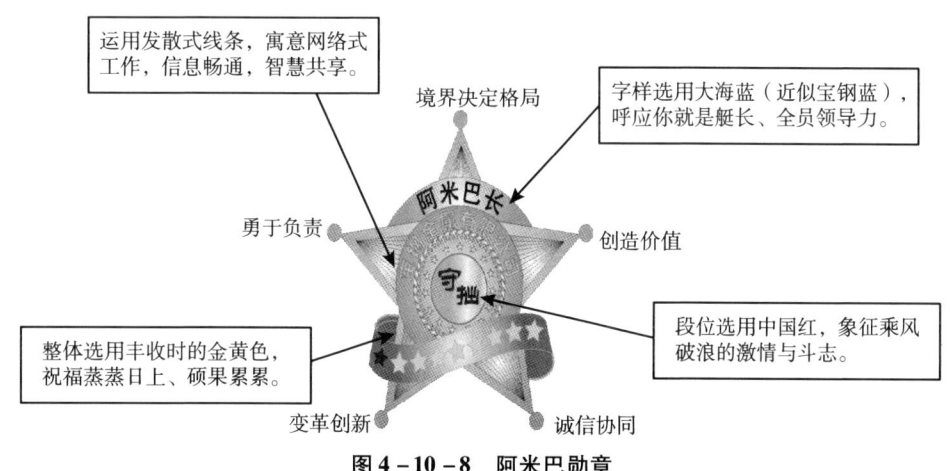

图4-10-8 阿米巴勋章

3. 阿米巴长胜任力模型效果。

通过在我们下属 A 公司推进阿米巴长胜任力模型，极大地调动了阿米巴长的积极性，效果如下：

（1）有一位最基层的一线阿米巴长，通过两年阿米巴的推进，他不但胜任力积分得到提高，而且阿米巴贡献也达到 90%，因此被提升为工厂部副部长；

（2）中等阿米巴长也得到提升，如：工厂部部长被提升为副总经理，他以前关心的是产量、成材率，自从推进阿米巴后，他关心的是阿米巴值，他问下一级的阿米巴：今天你赚了么？赚了多少？与目标相比，是多了还是少了？

（3）高层阿米巴长也得到提升，如：副总提升为总经理，总经理提升为上一级公司的副总经理，他们不但收获了阿米巴的经营业绩的胜利果实，还得到了进一步的精神激励。

总之，我们构建了阿米巴长胜任力模型，制定了段位成长标准。阿米巴长胜任力模型既是阿米巴长的指引、指南，也是操作手册，更是阿米巴长努力的方向和改善的空间。

三、取得成效

甲公司通过采用阿米巴模式，将经营目标分解至各阿米巴长，通过内部授权，各阿米巴长展开相对独立的经营，使得各阿米巴的努力方向与公司的价值方向总体一致，取得以下成效：一是实现组织架构的变革，通过建立阿米巴组织方式，并对阿米巴长进行授权，实现了"把决策的权利交给了真正的信息拥有者"，调动了全员的积极性，使"人人成为经营者"，各内部单位的日常运营需要协调和干预的事项大大减少，提高了员工主人翁责任感和各层级决策效率；二是通过信息化和数据化，大大提升了管理效率，阿米巴依靠信息化、系统化的支撑，阿米巴长只需照例完成每班的日常数据输入，系统可以产生报表、自动揭示差异，每天都可以计算出价值贡献，通过与标准成本结合应用，每个阿米巴及时地进行分析，找出差异，调整后面的行动；三是升了经济效益，在阿米巴经营模式的分析运用中引入标准成本，并采取价值树层层展开剥笋式分析，不仅对阿米巴经营模式的进行了丰富和发展，也实实在在促进了经营效益的提高。甲公司运用阿米巴以来，在人才培养和经营意识、管理者运用数字化思维方面的提升非常明显，同时公司的财务业绩也得到了很大的改善，公司无论是生产效率还是经济效益提升最为显著。

第五部分

投融资管理

管理会计应用指引第 500 号
——投融资管理

第一章 总 则

第一条 为了促进企业加强投融资管理，健全投融资决策机制，降低投融资风险，提高投资效益，根据《管理会计基本指引》，制定本指引。

第二条 投融资管理包括投资管理和融资管理。

投资管理，是指企业根据自身战略发展规划，以企业价值最大化为目标，对将资金投入营运进行的管理活动。

融资管理，是指企业为实现既定的战略目标，在风险匹配的原则下，对通过一定的融资方式和渠道筹集资金进行的管理活动。

企业融资的规模、期限、结构等应与经营活动、投资活动等的需要相匹配。

第三条 企业进行投融资管理，一般应遵循以下原则：

（一）价值创造原则。投融资管理应以持续创造企业价值为核心。

（二）战略导向原则。投融资管理应符合企业发展战略与规划，与企业战略布局和结构调整方向相一致。

（三）风险匹配原则。投融资管理应确保投融资对象的风险状况与企业的风险综合承受能力相匹配。

第四条 投融资管理领域应用的管理会计工具方法，一般包括贴现现金流法、项目管理、情景分析、约束资源优化等。

第二章 投资管理程序

第五条 企业应建立健全投资管理的制度体系，根据组织架构特点，设置能够满足投资管理活动所需的，由业务、财务、法律及审计等相关人员组成的投资委员会或类似决策机构，对重大投资事项和投资制度建设等进行审核，有条件的企业可以设置投资管理机构，组织开展投资管理工作。

第六条 企业应用投资管理工具方法，一般按照制定投资计划、进行可行性分析、实施过程控制和投资后评价等程序进行。

第七条 企业投资管理机构应根据战略需要，定期编制中长期投资规划，并据此编制年度投资计划。

（一）中长期投资规划一般应明确指导思想、战略目标、投资规模、投资结构等。

（二）年度投资计划一般包括编制依据、年度投资任务、年度投资任务执行计划、投资项目的类别及名称、各项目投资额的估算及资金来源构成等，并纳入企业预算管理。

第八条 投资可行性分析的内容一般包括该投资在技术和经济上的可行性、可能产生的经济效益和社会效益、可以预测的投资风险、投资落实的各项保障条件等。

第九条 企业进行投资管理，应当将投资控制贯穿于投资的实施全过程。投资控制的主要内容一般包括进度控制、财务控制、变更控制等。

进度控制，是指对投资实际执行进度方面的规范与控制，主要由投资执行部门负责。

财务控制，是指对投资过程中资金使用、成本控制等方面的规范与控制，主要由财务部门负责。

变更控制，是指对投资变更方面的规范与控制，主要由投资管理部门负责。

第十条 投资项目实施完成后，企业应对照项目可行性分析和投资计划组织开展投资后评价。投资后评价的主要内容一般包括投资过程回顾、投资绩效和影响评价、投资目标实现程度和持续能力评价、经验教训和对策建议等。

第十一条 投资报告应根据投资管理的情况和执行结果编制，反映企业投资管理的实施情况。投资报告主要包括以下两部分内容：

（一）投资管理的情况说明，一般包括投资对象、投资额度、投资结构、投资风险、投资进度、投资效益及需要说明的其他重大事项等；

（二）投资管理建议，可以根据需要以附件形式提供支持性文档。

第十二条 投资报告是重要的管理会计报告，应确保内容真实、数据可靠、分析客观、结论清楚，为报告使用者提供满足决策需要的信息。

第十三条 企业可定期编制投资报告，反映一定期间内投资管理的总体情况，一般至少应于每个会计年度编制一份；也可根据需要编制不定期投资报告，主要用于反映重要项目节点、特殊事项和特定项目的投资管理情况。

第十四条 企业应及时进行回顾和分析，检查和评估投资管理的实施效果，不断优化投资管理流程，改进投资管理工作。

第三章　融资管理程序

第十五条 企业应建立健全融资管理的制度体系，融资管理一般采取审批制。

企业应设置满足融资管理所需的，由业务、财务、法律及审计等相关人员组成的融资委员会或类似决策机构，对重大融资事项和融资管理制度等进行审批，并设置专门归口管理部门牵头负责融资管理工作。

第十六条 企业应用融资管理工具方法，一般按照融资计划制定、融资决策分析、融资方案的实施与调整、融资管理分析等程序进行。

第十七条 企业对融资安排应实行年度统筹、季度平衡、月度执行的管理方式，根据战略需要、业务计划和经营状况，预测现金流量，统筹各项收支，编制年度融资计划，并据此分解至季度和月度融资计划。必要时根据特定项目的需要，编制专项融资计划。

年度融资计划的内容一般包括编制依据、融资规模、融资方式、资本成本等；季度和月度融资计划的内容一般包括年度经营计划、企业经营情况和项目进展水平、资金周转水平、融资方式、资本成本等。企业融资计划可作为预算管理的一部分，纳入企业预算管理。

第十八条 企业应根据融资决策分析的结果编制融资方案，融资决策分析的内容一般包括资本结构、资本成本、融资用途、融资规模、融资方式、融资机构的选择依据、偿付能力、融资潜在风险和应对措施、还款计划等。

第十九条 融资方案经审批通过后，进入实施阶段，一般由归口管理部门具体负责落实。如果融资活动受阻或者融资量无法达到融资需求目标，归口管理部门应及时对融资方案进行调整，数额较大时应按照融资管理程序重新报请融资委员会或类似决策机构审批。

第二十条 企业融资完成后，应对融资进行统一管理，必要时应建立融资管理台账。企业应定期进行融资管理分析，内容一般包括还款计划、还款期限、资本成本、偿付能力、融资潜在风险和应对措施等。还款计划应纳入预算管理，以确保按期偿还融资。

第二十一条 融资报告应根据融资管理的执行结果编制，反映企业融资管理的情况和执行结果。融资报告主要包括以下两部分内容：

（一）融资管理的情况说明，一般包括融资需求测算、融资渠道、融资方式、融资成本、融资程序、融资风险及应对措施、需要说明的重大事项等；

（二）融资管理建议，可以根据需要以附件形式提供支持性文档。

第二十二条 融资报告是重要的管理会计报告，应确保内容真实、数据可靠、分析客观、结论清楚，为报告使用者提供满足决策需要的信息。

第二十三条 企业可定期编制融资报告，反映一定期间内融资管理的总体情况，一般至少应于每个会计年度出具一份；也可根据需要编制不定期报告，主要用于反映特殊事项和特定项目的融资管理情况。

第二十四条 企业应及时进行融资管理回顾和分析，检查和评估融资管理的实施效果，不断优化融资管理流程，改进融资管理工作。

第四章 附　　则

第二十五条 本指引由财政部负责解释。

管理会计应用指引第 501 号
——贴现现金流法

第一章 总 则

第一条 贴现现金流法,是以明确的假设为基础,选择恰当的贴现率对预期的各期现金流入、流出进行贴现,通过贴现值的计算和比较,为财务合理性提供判断依据的价值评估方法。

第二条 贴现现金流法一般适用于在企业日常经营过程中,与投融资管理相关的资产价值评估、企业价值评估和项目投资决策等。

贴现现金流法也适用于其他价值评估方法不适用的企业,包括正在经历重大变化的企业,如债务重组、重大转型、战略性重新定位、亏损或者处于开办期的企业等。

第二章 应用环境

第三条 企业应用贴现现金流法,应对企业战略、行业特征、外部信息等进行充分了解。

第四条 企业应用贴现现金流法,应从战略层面明确贴现现金流法应用的可行性,并根据实际情况,建立适宜贴现现金流法开展的沟通协调程序和操作制度,明确信息提供的责任主体、基本程序和方式,确保信息提供的充分性和可靠性。同时,企业应考虑评估标的未来将采取的会计政策和评估基准日时所采用的会计政策在重要方面是否基本一致。

第五条 企业应用贴现现金流法,应确认内外部环境对贴现现金流法的应用可提供充分支持,如现金流入和现金流出的可预测性、贴现率的可获取性,以及所有数据的可计量特征等。通常需要考虑以下内容:

(一)国家现行的有关法律法规及政策、国家宏观经济形势有无重大变化,各方所处地区的政治、经济和社会环境有无重大变化;

(二)有关利率、汇率、税基及税率等是否发生重大变化;

(三)评估标的的所有者和使用者是否完全遵守有关法律法规,评估标的在现有的管理方式和管理水平的基础上,经营范围、方式与目前方向是否保持一致;

(四)有无其他不可抗拒因素及不可预见因素对企业造成重大不利影响。

第三章 应用程序

第六条 企业应用贴现现金流法,一般按以下程序进行:

(一)估计贴现现金流法的三个要素,即贴现期、现金流、贴现率;

(二)在贴现期内,采用合理的贴现率对现金流进行贴现;

（三）进行合理性判断；

（四）形成分析报告。

第七条 企业应充分考虑标的特点、所处市场因素波动的影响以及有关法律法规的规定等，合理确定贴现期限，确保贴现期与现金流发生期间相匹配。

贴现期可采用项目已有限期，亦可采用分段式，如以 5 年作为一个期间段。企业在进行资产价值评估时，尤其要注意标的资产的技术寿命期限对合同约定期限或者法定使用期限的影响。

第八条 企业应用贴现现金流法，应当说明和反映影响现金流入和现金流出的事项和因素，既要反映现金流的变化总趋势，也要反映某些重要项目的具体趋势。

（一）企业应用贴现现金流法进行资产价值评估，要基于行业市场需求情况、经营风险、技术风险和管理难度等，分析与之有关的预期现金流，以及与收益有关的成本费用、配套资产等；并合理区分标的资产与其他配套资产或者作为企业资产的组成部分，所获得的收益和所受的影响；同时，要准确评估标的资产使用权和收益权的完整性，并评估其对资产预测现金流所产生的影响。

（二）企业应用贴现现金流法进行企业价值评估，一般按照以下程序进行：

1. 从相关当事方获取标的企业未来经营状况和收益状况的预测资料，充分考虑并分析标的企业的资本结构、经营状况、历史业绩、发展前景和影响标的企业生产经营的宏观经济因素、标的企业所在行业发展状况与前景，以及未来各种可能性发生的概率及其影响，合理确定预测假设和权重，进行未来收益预测。

2. 确定预测现金流中的主要参数的合理性，一般包括主营业务收入、毛利率、营运资金、资本性支出、成本及费用构成等，尤其要注意企业会计盈余质量对企业估值所产生的影响，需要调整并减少企业的非经常性损益、重组成本、非主营业务对会计报表的影响。

3. 确定预测现金流，应区分以企业整体还是以所有者权益作为企业价值评估的基础。通常，企业整体价值评估采用企业自由现金流作为预测现金流的基础；企业所有者权益价值评估采用股权自由现金流作为预测现金流的基础。

（三）企业应用贴现现金流法进行项目投资决策，需要充分考虑并分析项目的资本结构、经营状况、历史业绩、发展前景，影响项目运行的市场行业因素和宏观经济因素，并要明确区分项目的预测现金流，同时要合理区分标的项目与其他项目，或者作为企业的组成部分，所获得的收益和所受到的影响，尤其要注意可能存在的关联交易，包括关联交易性质及定价原则等对预测现金流的影响。

第九条 贴现率是反映当前市场货币时间价值和标的风险的回报率。贴现率的设定要充分体现标的特点，通常应当反映评估基准日类似地区同类标的平均回报水平和评估对象的特定风险。同时，贴现率应当与贴现期、现金流相匹配，当使用非年度的时间间隔（比如按月或按日）进行分析时，年度名义贴现率应调整为相应期间的实际贴现率。

（一）资产价值评估采用的贴现率，通常根据与资产使用寿命相匹配的无风险报酬率进行风险调整后确定。无风险报酬率通常选择对应期限的国债利率，风险调整因素有政治风险、市场风险、技术风险、经营风险和财务风险等。

（二）进行企业价值评估采用的贴现率，需要区分是以企业整体还是以所有者权益作为价值评估的基础。通常，企业整体价值评估采用股权资本成本和债务资本成本的加权平均资本成本作为贴现率的确定依据；企业所有者权益价值评估采用股权资本成本作为贴现率的确定依据。

资本成本，是指筹集和使用资金的成本率，或进行投资时所要求的必要报酬率，一般用相对数即资本成本率表达。

企业的股权资本成本通常以资本资产定价模型为基础进行估计，综合考虑控制权程度、股权流动性、企业经营情况、历史业绩、发展前景和影响标的企业生产经营的宏观经济因素、标的企业所在行业发展状况与前景等调整因素。

（三）项目投资决策采用的贴现率，应根据市场回报率和标的项目本身的预期风险来确定。一般地，可以按照标的项目本身的特点，适用资产价值评估和企业价值评估的贴现率确定方法，但要注意区分标的项目与其他项目，或者作为企业组成部分所产生的风险影响，对贴现率进行调整。

第十条 企业应用贴现现金流法进行价值评估，一般从以下方面进行合理性判断：

（一）客户要求。当客户提出的特殊要求不符合市场价值为基础的评估对有关贴现期、现金流或贴现率的相关规定时，其估值结果是基于客户特殊要求下的投资价值而不是市场价值。

（二）评判标准。贴现现金流法作为一项预测技术，评判标准不在于贴现现金流预测最终是否完全实现，而应关注预测时的数据对贴现现金流预测的支持程度。

第十一条 贴现现金流法分析报告的形式可以根据业务的性质、服务对象的需求等确定，也可在资产评估报告中整体呈现。当企业需要单独提供贴现现金流法分析报告时，应确保内容的客观与详实。贴现现金流法分析报告一般包括以下内容：

（一）假设条件。贴现现金流法分析报告应当对贴现现金流法应用过程中的所有假设进行披露。

（二）数据来源。贴现现金流法分析报告应当清楚地说明并提供分析中所使用的有关数据及来源。

（三）实施程序。编制贴现现金流法分析报告一般按照以下程序进行：合理选择评估方法；评估方法的运用和逻辑推理；主要参数的来源、分析、比较和测算；对评估结论进行分析，形成评估结论。

（四）评估者身份。当以内部评估人员身份开展评估工作时，评估人员与控制资产的实体之间的关系应当在评估报告中披露；当以外部评估人员身份开展评估工作且以盈利为目的的为委托方工作时，评估人员应当对这种关系予以披露。

第四章 工具方法评价

第十二条 贴现现金流法的主要优点是，结合历史情况进行预测，并将未来经营战略融入模型，有助于更全面地反映企业价值。

第十三条 贴现现金流法的主要缺点是：测算过程相对较为复杂，对数据采集和假设的验证要求繁复，资本成本、增长率、未来现金流量的性质等变量很难得到准确的预测、计算，往往会使得实务中的评估精度大大降低。

第五章 附 则

第十四条 本指引由财政部负责解释。

管理会计应用指引第 502 号
——项目管理

第一章 总 则

第一条 项目管理,是指通过项目各参与方的合作,运用专门的知识、工具和方法,对各项资源进行计划、组织、协调、控制,使项目能够在规定的时间、预算和质量范围内,实现或超过既定目标的管理活动。

第二条 本指引适用于以一次性活动为主要特征的项目活动,如一项工程、服务、研究课题、研发项目、赛事、会展或活动演出等;也可以适用于以项目制为主要经营单元的各类经济主体。

第三条 企业进行项目管理时,一般应遵循以下原则:

(一)注重实效,协同创新。项目应围绕项目管理的目标,强调成本效益原则,实现项目各责任主体间的协同发展、自主创新。

(二)按级负责,分工管理。项目各责任主体,应当根据管理层次和任务分工的不同,有效行使管理职责,履行管理义务,确保项目取得实效。

(三)科学安排,合理配置。严格按照项目的目标和任务,科学合理编制预算,严格执行预算。

第二章 项目管理的基本程序

第四条 企业应用项目管理工具方法一般按照可行性研究、项目立项、项目计划、项目实施、项目验收和项目后评价等程序进行。

第五条 可行性研究,是指通过对项目在技术上是否可行、经济上是否合理、社会和环境影响是否积极等进行科学分析和论证,以最终确定项目投资建设是否进入启动程序的过程。

企业一般可以从投资必要性、技术可行性、财务可行性、组织可行性、经济可行性、环境可行性、社会可行性、风险因素及对策等方面开展项目的可行性研究。

第六条 项目立项,是指对项目可行性研究进行批复,并确认列入项目实施计划的过程。

经批复的可行性研究报告是项目立项的依据,项目立项一般应在批复的有效期内完成。

第七条 项目计划,是指项目立项后,在符合项目可行性报告批复相关要求的基础上,明确项目的实施内容、实施规模、实施标准、实施技术等计划实施方案,并据此编制项目执行预算的书面文件。

通常情况下,项目执行预算超过可行性研究报告项目预算的 10% 时,或者项目实施内容、实施规模、实施地点、实施技术方案等发生重大变更时,应重新组织编制和报批可行性报告。经批复的项目计划及项目执行预算应作为项目实施的依据。

项目可行性报告的内容一般包括项目概况、市场预测、产品方案与生产规模、厂址选择、工艺与组织方案设计、财务评价、项目风险分析,以及项目可行性研究结论与建议等。

第八条 项目实施,是指按照项目计划,在一定的预算范围内,保质保量按时完成项目任务的过程。通常,应重点从质量、成本、进度等方面,有效控制项目的实施过程。

(一)企业应遵循国家规定及行业标准,建立质量监督管理组织、健全质量管理制度、形成质量考核评价体系和反馈机制等,实现对项目实施过程的质量控制。

(二)成本控制应贯穿于项目实施的全过程。企业可以通过加强项目实施阶段的投资控制,监督合同执行,有效控制设计变更,监督和控制合同价款的支付,实现项目实施过程的成本控制。

(三)企业应通过建立进度控制管理制度,编制项目实施进度计划,制定项目实施节点;实行动态检测,完善动态控制手段,定期检查进度计划,收集实际进度数据;加强项目进度偏差原因分析,及时采取纠偏措施等,实现对项目实施过程的进度控制。

第九条 项目验收,是指项目完成后,进行的综合评价、移交使用、形成资产的整个过程。

项目验收一般应由可行性研究报告的批复部门组织开展,可以从项目内容的完成情况、目标的实现情况、经费的使用情况、问题的整改情况、项目成果的意义和应用情况等方面进行验收。

第十条 项目后评价,是指通过对项目实施过程、结果及其影响进行调查研究和全面系统回顾,与项目决策时确定的目标以及技术、经济、环境、社会指标进行对比,找出差别和变化,据以分析原因、总结经验、提出对策建议,并通过信息反馈,改善项目管理决策,提高项目管理效益的过程。

企业应比对项目可行性报告的主要内容和批复文件开展项目经济后评价,必要时应参照项目计划的相关内容进行对比分析,进一步加强项目管理,不断提高决策水平和投资效益。

第三章 项目财务管理

第十一条 项目财务管理,是指基于项目全生命周期的项目财务活动的归口管理工作,是对项目营运过程中财务资源使用的全流程管理活动。

在项目营运过程中,企业应当重视并严格执行项目预算管理、项目执行成本控制、项目会计核算、资金管理与项目结算、项目决算和项目经济后评价等。企业可根据项目规模、周期、经费额度等指定专人负责上述工作,并参与项目论证与评估等工作。

第十二条 企业进行项目预算管理,一般应从项目预算编制、预算执行控制、项目预算调整等方面开展。

(一)项目预算编制。

1. 企业应基于项目的重要性和成本效益考虑,制定项目预算管理制度,可以指定项目预算管理分管领导、设置项目概预算专职人员。

2. 企业应依据总量控制、分项预算的总体框架,按照需要与可能、局部与全局、重点与一般、当前与长远相结合的编制原则,编制项目预算。

3. 企业应在充分调研和论证的基础上,强调项目预算编制的明细化和标准化,明确预算的编制内容、编制依据和编制方法,实现项目预算与会计核算科目的配比性。

（二）预算执行控制。

1. 企业应分解落实项目实施各阶段的预算执行计划，明确项目各阶段的预算控制目标。

2. 在项目执行过程中，企业应以项目预算执行计划和目标为依据，定期对项目预算执行情况进行核查、比对、分析。

（三）项目预算调整。

1. 企业应依据外部环境变化、项目实施进展和项目方案优化要求等，不断修正和完善项目各阶段的预算执行计划和预算控制目标。

2. 在项目预算管理中，企业可采用滚动预算方式，以项目执行前一阶段的预算调整，作为下一阶段项目预算控制的目标，按照时间（如年、月、日）或项目单元编制，依次分解，滚动预算。

第十三条　企业进行项目执行成本控制，一般应从项目费用定额表、项目合同管理、项目执行成本变更等方面开展。

（一）项目费用定额管理。企业应根据项目自身特点，制定项目费用定额表，如物资消耗费、工时定额等，形成项目执行成本控制的依据。

（二）项目合同管理。项目执行过程中涉及合同管理时，财务管理人员一般可以参与合同的论证、签订、审查和履行、变更、解除等，负责审查并履行合同支付职能，定期了解合同方的资信和履约能力，建立合同管理台账。

（三）项目执行成本变更管理。项目执行成本原则上不得随意变更，因特殊情况需要调整时，需根据相应的批报程序，报原审核部门核定，按照先批准、后变更的原则进行处理。

第十四条　项目执行过程中，应按照国家统一的会计制度进行会计核算。项目收支应分项目、分要素进行明细核算，确保会计核算制度与项目预算管理相衔接。

第十五条　企业应建立健全资金管理和项目结算制度，设立项目专款账户对资金的使用进行管理，正确区分会计期间，规范成本列支，统一对项目进行收支与结算。项目结算一般包括项目月度结算、年度结算和完工结算。

第十六条　企业应建立项目决算审计制度，明确项目决算报表内容、格式要求和填报口径，严格执行项目决算数据材料的收集、审核、汇总，形成项目决算报告，同时提交审计部门进行项目审计。

项目决算报告一般包括项目决算说明书、项目决算报表、项目成果和费用支出的对比分析等。项目决算报告和项目审计意见应作为项目验收的依据。

第十七条　企业应在对比项目可行性研究的基础上进行项目经济后评价，并编制项目经济后评价报告。

经济后评价报告一般包括项目资金收入和使用情况、重新测算项目的财务评价指标、经济评价指标等。经济后评价应通过投资增量效益的分析，突出项目对经济价值和社会价值的作用和影响。

第四章　项目管理的工具方法

第十八条　项目管理的工具方法一般包括挣值法、成本效益法、价值工程法等。

第一节　挣　值　法

第十九条　挣值，是指项目实施过程中已完成工作的价值，用分配给实际已完成工作的预算来表示。

挣值法，是一种通过分析项目实施与项目目标期望值之间的差异，从而判断项目实施的成本、进度绩效的方法。

第二十条 挣值法广泛适用于项目管理中的项目实施、项目后评价等阶段。挣值法的评价基准包括成本基准和进度基准，通常可以用于检测实际绩效与评价基准之间的偏差。

第二十一条 进度偏差，是在某个给定时点上，测量并反映项目提前或落后的进度绩效指标。

进度偏差可以采用绝对数，表示为挣值与计划成本之差（偏差量＝挣值－计划成本）；也可采用相对数，表示为挣值与计划成本之比（偏差率＝挣值÷计划成本）。

企业应用挣值法开展项目管理时，既要监测挣值的增量，以判断当前的绩效状态；又要监测挣值的累计值，以判断长期的绩效趋势。

计划成本，是指根据批准的进度计划或预算，到某一时点应当完成的工作所需投入资金的累计值。企业应用挣值法进行项目管理，应当把项目预算分配至项目计划的各个时点。

第二十二条 成本偏差，是在某个给定时点上，测量并反映项目预算亏空或预算盈余的成本绩效指标。

成本偏差可以采用绝对数，表示为挣值与实际成本之差（偏差量＝挣值－实际成本）；也可采用相对数，表示为挣值与实际成本的比值（偏差率＝挣值÷实际成本）。

实际成本，是指按实际进度完成的成本支出量。企业应用挣值法开展项目管理时，实际成本的计算口径必须与计划成本和挣值的计算口径保持一致。

第二十三条 挣值法的主要优点是：一是通过对项目当前运行状态的分析，可以有效地预测出项目的未来发展趋势，严格地控制项目的进度和成本；二是在出现不利偏差时，能够较快地检测出问题所在，留有充足的时间对问题进行处理和对项目进行调整。

第二十四条 挣值法的主要缺点是：一是片面注重用财权的执行情况判断事权的实施效益；二是属于事后控制方法，不利于事前控制；三是存在用项目非关键路径上取得的挣值掩盖关键路径上进度落后的可能性，影响项目绩效判断的准确性。

第二节 成本效益法

第二十五条 成本效益法，是指通过比较项目不同实现方案的全部成本和效益，以寻求最优投资决策的一种项目管理工具方法。其中，成本指标可以包括项目的执行成本、社会成本等；效益指标可以包括项目的经济效益、社会效益等。

第二十六条 成本效益法属于事前控制方法，适用于项目可行性研究阶段。

第二十七条 企业应用成本效益法，一般按照以下程序进行：确定项目中的收入和成本；确定项目不同实现方案的差额收入；确定项目不同实现方案的差额费用；制定项目不同实现方案的预期成本和预期收入的实现时间表；评估难以量化的社会效益和成本。

第二十八条 成本效益法的主要优点是：一是普适性较强，是衡量管理决策可行性的基本依据；二是需考虑评估标的经济与社会、直接与间接、内在与外在、短期与长期等各个维度的成本和收益，具有较强的综合性。

第二十九条 成本效益法的主要缺点是：一是属于事前评价，评价方法存在的不确定性因素较多；二是综合考虑了项目的经济效益、社会效益等各方面，除了经济效益以外的其他效益存在较大的量化难度。

第三节 价值工程法

第三十条 价值工程法，是指对研究对象的功能和成本进行系统分析，比较为获取的功能而发生的成本，以提高研究对象价值的管理方法。

本方法下的功能，是指对象满足某种需求的效用或属性；本方法下的成本，是指按功能计算的全部成本费用；本方法下的价值，是指对象所具有的功能与获得该功能所发生的费用之比。

第三十一条 价值工程法可广泛适用于项目设计与改造、项目实施等阶段。

第三十二条 企业应用价值工程法，一般按照以下程序进行：

（一）准备阶段。选择价值工程的对象并明确目标、限制条件和分析范围；根据价值工程对象的特点，组成价值工程工作小组；制定工作计划，包括具体执行人、执行日期、工作目标等。

（二）分析阶段。收集整理与对象有关的全部信息资料；通过分析信息资料，简明准确地表述对象的功能、明确功能的特征要求，并绘制功能系统图；运用某种数量形式表达原有对象各功能的大小，求出原有对象各功能的当前成本，并依据对功能大小与功能当前成本之间关系的研究，确定应当在哪些功能区域改进原有对象，并确定功能的目标成本。

（三）创新阶段。依据功能系统图、功能特性和功能目标成本，通过创新性的思维和活动，提出实现功能的各种不同方案；从技术、经济和社会等方面评价所提出的方案，看其是否能实现规定的目标，从中选择最佳方案；将选出的方案及有关的经济资料和预测的效益编写成正式的提案。

（四）实施阶段。组织提案审查，并根据审查结果签署是否实施的意见；根据具体条件及内容，制定实施计划，组织实施，并指定专人在实施过程中跟踪检查，记录全程的有关数据资料，必要时，可再次召集价值工程工作小组提出新的方案；根据提案实施后的技术经济效果，进行成果鉴定。

第三十三条 价值工程法的主要优点是：一是把项目的功能和成本联系起来，通过削减过剩功能、补充不足功能使项目的功能结构更加合理化；二是着眼于项目成本的整体分析，注重有效利用资源，有助于实现项目整体成本的最优化。

第三十四条 价值工程法的主要缺点是：要求具有较全面的知识储备，不同性质的价值工程分析对象涉及的其他领域的学科性质，以及其他领域的广度和深度等都存在很大差别，导致功能的内涵、结构和系统特征必然具有实质性区别。

第五章 附 则

第三十五条 本指引由财政部负责解释。

管理会计应用指引第503号
——情景分析

第一章 总 则

第一条 情景分析,是指在对企业经营管理中未来可能出现的相关事件情景进行假设的基础上,结合企业管理要求,通过模拟等技术,分析相关方案发生的可能性、相应后果和影响,以作出最佳决策的方法。

第二条 情景分析一般适用于企业的投融资决策,也可用于战略目标制定、风险评估等。

第二章 应用环境

第三条 企业应用情景分析工具方法,应重点考虑对决策事项有重大影响的事件情景,评价事件情景与分析方案、决策事项关联程度,并将情景分析建立在合理假设的基础上。

第四条 企业应用情景分析工具方法,应考虑与决策事项有关的参数、边界条件等的完整性及可获取性,尤其应考虑宏观环境因素的可测性,如产业政策、行业状况等。

第三章 应用程序

第五条 企业应用情景分析工具方法,一般按照确认决策事项、确认影响因素、设定情景、分析方案和分析实施后果等程序进行。

第六条 企业应用情景分析工具方法,应根据决策目标和决策需求确定决策事项。同时,决策事项应存在多种可量化的影响因素及其不同的实现路径。

第七条 企业应用情景分析工具方法,应对决策事项的影响因素进行全面分析,并根据重要性原则明确决策事项的主要影响因素,以此作为设置情景的主要内外部影响因素。

(一) 在进行投融资决策时,通常应考虑投资额、资本成本等影响因素;

(二) 在进行战略目标制定时,通常应考虑消费者信心指数、市场占有率等影响因素;

(三) 在进行风险评估时,通常应考虑利率、汇率等产生可承受最大损失的影响因素。

第八条 企业通常应根据决策事项设定不同的情景,这些情景应能提供有意义的测试环境,以便后续制定多个可选择方案。

(一) 根据历史情况设定情景时,通常可以选取最优、最差或基准的历史情况作为情景,或者以历史特殊事件作为情景,如重复进行的标准历史事件;

(二) 根据其他假设设定情景时,通常使用人为假设、专家认定或者数据模拟等方法来设定情景。

第九条 企业应在情景设定的基础上，建立影响因素与决策目标之间的逻辑关系。通过搜集相关数据，对不同情景下决策事项的总体发展状况进行分析，或对不同情景下决策事项可能产生的经济后果进行测算，制定出各种情景下的对策和实施方案。

企业应建立情景变化监测机制，及时调整情景分析中的主要影响因素，修正对策和实施方案。

第十条 企业在应用情景分析工具方法后，通过梳理总结决策事项、影响因素、情景设定、情景分析结果、应对措施设置等，并考虑情景假设设定的基本原则及理由，不断完善情景分析工具方法。

第四章 工具方法评价

第十一条 情景分析的主要优点是：注重情景发展的多种可能性，降低决策失误对企业造成的影响，对决策事项的可参考性较强。

第十二条 情景分析的主要缺点是：情景假设的主观性较强，对于情景数据的准确性、逻辑性及因果关系的建立要求较高。

第五章 附　　则

第十三条 本指引由财政部负责解释。

管理会计应用指引第504号
——约束资源优化

第一章 总　则

第一条 约束资源优化，是指企业通过识别制约其实现生产经营目标的瓶颈资源，并对相关资源进行改善和调整，以优化企业资源配置、提高企业资源使用效率的方法。

约束资源，是指企业拥有的实际资源能力小于需要的资源能力的资源，即制约企业实现生产经营目标的瓶颈资源，如流动资金、原材料、劳动力、生产设备、技术等要素及要素投入的时间安排等。

第二条 约束资源优化一般适用于企业的投融资管理和营运管理等领域。

第二章 应用环境

第三条 企业应用约束资源优化工具方法，约束资源的缺口一般应相对稳定。

第四条 企业应用约束资源优化工具方法，相关数据一般应完整并可获取，必要时提供信息技术的支持。

第三章 应用程序

第五条 企业应用约束资源优化工具方法，一般按照识别约束资源、寻找突破方法、协同非约束资源、评价实施效果等程序进行。

第六条 企业应用约束资源优化工具方法，应识别出管理过程中制约既定目标实现的约束资源，并对约束资源进行定量分析。在约束资源难以进行定量分析时，可以通过内部评审法、专家评价法等，识别出管理过程中的约束资源。

内部评审法，是指企业通过内部组织开展评议、审查识别约束资源的方法。企业通常应组建满足约束资源识别所需的，由财务部门、生产部门和其他相关部门人员组成的内部评审小组或类似评审组织，通过集中研讨等方式，识别出管理过程中的约束资源。

专家评价法，是指利用专家的经验、知识等识别约束资源的方法。对于企业既定目标的实现形成重大制约影响的约束资源，企业通常采用此方法进行综合评判。

第七条 在识别约束资源的基础上，企业应比较约束资源的资源能力差距，搜集约束资源的相关数据等信息，系统分析约束资源形成的原因和涉及的实施责任主体，制定约束资源优化的实施方案，建立实现约束资源优化的长效机制，促进约束资源的资源能力提升。

（一）当约束资源是流动资金时，通常采取企业资金内部调剂、缩短应收账款回收周期、加快存货周转、延长付款周期等方法消除流动资金缺口,也可以通过外部融资扩大企业的资金来源,如债务融资、权益融资等。

(二)当约束资源是原材料时,通常采取设置库存缓冲、确保原材料的及时供应等方法消除原材料缺口。

(三)当约束资源是劳动力时,通常采取招聘新员工、增设新岗位、其他岗位借调等方法消除劳动力瓶颈。

(四)当约束资源是生产设备时,通常采取提前安排设备购置计划、或寻找委托加工方式补充产能的不足。

(五)当约束资源是技术时,通常采取技术研发、引进新技术等方法来消除技术瓶颈。

(六)当约束资源是要素投入的时间时,通常在明确各项作业的关键路线和关键工序的基础上,重新安排各项作业的工作流程,利用时间缓冲进行优化,确保要素投入的时间不受影响。

第八条 企业应根据约束资源优化的解决方法和解决方案,重新安排其他资源和活动,确保非约束资源的协同利用。通常情况下,企业需要根据约束资源的运作节奏,调整和改变原有的管理政策和其他资源的配置,利用倒排的方法对其他资源进行调整,确保非约束资源的运作与约束资源同步,实现各个环节的衔接,协调整个管理流程。

第九条 企业应评价并确认原有约束资源的资源能力得到改善,确保原有约束资源不再制约企业实现既定目标,重新梳理各项作业流程,识别新的约束资源,寻找相应的突破方法,进一步实现资源优化配置。

第四章 工具方法评价

第十条 约束资源优化的主要优点是:促进企业不断地发现、分析和解决企业发展的关键瓶颈,提高企业资源配置效率。

第十一条 约束资源优化的主要缺点是:涉及多个部门、多个责任主体,协调沟通难度大;对相关数据的量化要求较高。

第五章 附　　则

第十二条 本指引由财政部负责解释。

案例示范 5-1
净现值法在项目投资决策中的应用

【本案例介绍了净现值法在项目投资决策中的应用。案例单位为油田公司,属于油气行业,主营业务包括油气勘探、开发、科研、油气集输、油气销售以及油田工程技术等。针对采油项目投资决策中,气举采油项目投资与传统采油项目投资两个方案的选择问题,案例主体选择净现值法,根据两个方案投入与产出折现,然后根据净现值的大小来评价项目投资方案,建成了国内滩海人工岛大规模增压气举采油系统,提高了油田开发速度和采油效率。】

一、背景描述

(一) 单位基本情况

甲油田是某石油天然气集团下属地区公司,主营业务包括油气勘探、开发、科研、油气集输、油气销售以及油田工程技术等为油田配套、保障、支持和服务业务。

(二) 存在的主要问题

甲油田作为勘探上游板块的企业,油气生产成本是油田主要成本支出,占总成本支出80%左右。甲油田的主力开发区块南区油田,产量占油田总产量的70%左右,该区块的油气操作成本预算占油田总预算的65%。因此,采油开发项目投资如何决策,油气操作成本如何控制,将直接影响甲油田全年预算指标的完成。

(三) 选择净现值法的主要原因

从采油项目投资决策角度来看,气举采油项目投资与传统采油项目投资是两个互斥方案,只能选择其一。项目投资决策利用净现值法,根据两个方案投入与产出,按照一定的折现率折现,然后根据净现值的大小来评价项目投资方案。

二、应用过程

(一) 参与部门和人员

本案例项目评价主要由财务部门牵头,技术部门和生产部门配合评价。财务部门负责应用财务系统以及甲油田单井成本分析系统查询提取财务数据,包括材料费、动力费、作业费、清蜡费等运行成本以及设备投资额、折旧额等投资成本。技术部门负责对气举采油的技术适用性进行评价,包括排量、泵深、井下状况等技术条件。生产部门提供生产数据,包括产量、液量、开井时间、含水率等生产指标。经项目评价小组汇总各相关数据,应用净现值法评价选出最优方案,最终将评价结果上报公司决策层。

(二) 具体应用流程

1. 前期投入费用。气举采油和传统采油前期投入主要的差异在于气举采油需要购置压缩机,而传统采油方式需要购置抽油机等设备。人工岛天然气压缩机采取租赁方式投入,单台压缩机年租赁和生产保运费用约184万元,按照目前实际租赁6台压缩机满足开井87口计算每年投入资金1 104万元。若该区采用直线抽油机开采,按照购买安装抽油机每台50万元,开井87口需要一次性投入资金4 350万元。

2. 生产运行费用。气举井在生产过程中的主要费用主要为动力费、作业费、清蜡费、材料费等。与传统采油方式相比,除清蜡费用较高外,其他主要费用均低于传统采油成本。以 2×16 年数据为例,气举采油相比传统采油方式生产单位产量的运行成本降幅达到 25.3%。

综合前期投入和后期运维费用情况,在人工岛生产规模不变的前提下,按照设备报废年限为 8 年测算,气举采油吨液成本与传统采油相比降低 74.99 元,全年可节约费用超过两千万元,具有明显的经济效益。

举升方式应从技术可行性角度进行初选,并对初选的结果进行经济效益评价,在此基础上实施对举升方式的优选。假定以滩海人工岛气举采油方式与传统采油方式进行对比评价,以净现值为依据,按照两个互斥方案进行项目决策,选择孰优方案投资。净现值大于零则方案可行,且净现值越大,方案越优,投产效果越好。

计算依据:根据油田 2×13~2×16 年的财务数据和生产数据,利用人工岛相关数据与油田整体平均水平对比,按人工岛各年产油量进行测算分析。按照人工岛产油量、产气量和原油、天然气平均销售价格确定现金流入,传统采油初始投入按照购置设备(抽油机)、气举采油初始投入按照融资租赁(天然气压缩机)和后期运行吨油成本确定现金流出,分别计算两种采油方式的净现金流量。参考市场平均资本成本率 7.5% 作为贴现率,对净现金流量进行折现,确定净现值。最后计算出两种采油方式的净现值,净现值较高者为孰优方式。

经计算气举采油方式的净现值 $NPV_1 = 54.5$ 亿元;传统采油的净现值 $NPV2 = 53.4$ 亿元。$NPV_1 > NPV_2$,因此气举采油方式更具有经济效益。气举采油方式虽然前期投入购置天然气压缩机资金量较大,可选用融资租赁方式购入设备,但由于后期维护运行成本较低,后期成本会明显低于传统采油方式,从长远看气举采油经济效益明显。

三、取得成效

气举采油技术自在甲油田人工岛推广应用以来,建成了国内滩海人工岛大规模增压气举采油系统,已经建成了目前国内大型气举生产平台。通过应用净现值法对气举采油的经济评价,达到了提升公司绩效管理水平的目的。一是严格控制投资规模。勘探方面,精细井位论证,提高方案符合率和探井成功率;开发方面,坚持产建部署的优化与调整,强化方案设计的优化简化。二是重点突出投资效益,所有投资项目均要进行效益评价,列入投资计划的项目必须达到基准内部收益率,坚决杜绝低效和无效投入。三是加强投资控制考核,进一步明确和强化对投资管理过程中的激励约束机制和责任追究机制,以严格的考核兑现,确保投资回报水平的提升。

案例示范 5-2
以流程管控为核心的投资决策体系

【本案例介绍以流程管控为核心的投资决策体系在工程施工企业的应用。案例单位为国有大型上市企业,在大型水电项目整体施工组织方面具有强大的综合实力,投资业务涵盖交通、水泥、民用爆破、能源、环保、高端装备制造和金融等多个领域。针对投资项目众多,投资分散,亏损严重等问题,案例单位在组织架构、管理方式和流程管控方面进行创新,构建了以流程管控为核心的投资决策体系,实现了投资决策体系的成功转型。】

一、背景描述
（一）单位基本情况

甲公司是隶属于国务院国资委的国有大型上市企业。甲公司在大型水电项目整体施工组织方面具有强大的综合实力,公司总资产突破千亿元,员工 4 万余人,拥有包括水利水电工程施工总承包特级在内的各类高等级资质 100 余个,甲公司先后在全国 20 多个省、市、自治区整体或部分承建 100 余座大型水电站和核电、机场、路桥、堤防等工程 2 000 多项。甲公司历经上市、改革、合并后成为一个新型企业集团,拥有三大主业,八大板块,十个工程项目的业务类型。近年甲公司借助上市公司的强大融资能力,抓住国家水电大开发的机遇,积极实施投资开发战略,拓展产业链相互依托的投资业务。甲公司的投资业务涵盖交通、水泥、民用爆破、能源、环保、高端装备制造和金融等多个领域,年投资规模逾 200 亿元,投资管理保障产业布局,产业发展又带动投资提升,实现了投资管理与产业布局双赢,投资综合效益不断显现。

（二）存在的主要问题

甲公司在市场初期,采用子公司自主投资决策模式,造成子、分公司自主投资活动频繁,实业投资遍地开花,普遍存在"乱投资、乱贷款、乱担保"的状况,企业资源严重分散、整体亏损严重、一度处于破产边缘。在市场中期,总公司收回投资决策权,辅助建筑承包业务,但总体工作重心仍偏重于传统的建筑承包施工主业,对投资开发的重视不够、投入不足;抢抓资源的意识和能力还不强;投资管理还不够精细,没有建立完善的全过程投资管理体制和机制,投资业务效益不明显,仅仅作为拉动建筑承包的辅助力量。

（三）选择流程管控为核心的投资决策体系的主要原因

集团企业转型的不断推进给投资决策体系的完善和发展提出了更高的要求。甲公司投资决策采取简单层层审批决策程序,无法满足企业进一步发展的需要。投资决策体系需尽快完成转型,提高投资质量和决策效率,为实现集团的资产保值增值和可持续发展提供有力支撑。甲公司明确提出投资业务"明确责任主体、规范管控程序、加强风险控制、追求投资回报"的基本原则,并对各投资领域提出了明确操作策略,在宏观及微观层面为投资决策体系的优化发展指明了道路。因此,为确保公司整体战略目标的实现和项目投资决策的效率,甲公司选择流程管控为核心的投资决策体系。

二、应用过程

（一）总体思路

以流程管控为核心的投资决策体系的总体思路是，根据甲公司发展战略，调整投资决策组织结构，制定投资指导原则，建立科学系统的投资决策流程，并规范投资行为。构建以董事长办公会为核心的投资决策管理架构，优化投资决策流程，构建合理授权、分级实施的决策体系，通过投资项目的立项、评审、决策、实施监督四个环节对投资决策进行程序控制。在投资决策审查中，以重点流程审查作为投资决策的关键。

（二）具体应用流程

以流程管控为核心的投资决策体系的构建包括流程管控和投资决策体系两部分内容，在构建完整投资决策体系的同时优化投资决策流程，注重投资决策体系完整的梳理和构建，不断降低决策风险，提高决策效率，构建效益和规模并重的发展路径。

1. 调整组织机构。根据业务选择、投资决策和经营管理工作的需要，建立以责任中心为基础，多层次的组织机构。甲公司设立由投资管理部、企业管理部、财务产权部、风险控制部等部门负责人组成的投资委员会，并且建成项目决策前的三道"关卡"：投资主体委员会筛选评估、投资委员会综合评价、项目评审会防范风险，从组织结构上保证投资决策的实施。

2. 确定投资原则。企业要确定符合公司战略发展目标的投资指导原则，同时加强内控。2×13年，甲公司发布《实施意见》，提出"明确责任主体，规范管控程序，加强风险控制，追求投资回报"这一基本投资原则，从制度上优化了投资决策流程，增强了投资决策流程的有效性。

3. 捕捉投资项目。运用公司全体的智慧与想法，结合工作实际，提出可行的投资方向，为之后的筛选做准备。员工们主动研究市场、研究投资企业，寻找潜在的投资项目。在项目管理工作中分析投资企业和市场，看能否实现业务的拓展或已有项目追加投资的机会。另外，也可寻求之前的合作伙伴进行新一轮投资。

4. 项目评估与筛选。依托公司的信息平台，各个评审小组可以对投资方案进行多渠道、多方面、多形式的评估。这些意见相对独立，互不影响。这样，决策者可以相对全面、客观、专业地给出相关建议，作出决策。

5. 进行投资决策。经过层层筛选后，投资项目最终提交公司董事长办公会，董事长办公会审议通过后提交公司董事会（股东大会）决策。通过由下至上层层推进的工作程序，从经营单位的负责人到董事会，充分发挥每个推进环节的相关负责人的作用，选择投资方案。

6. 实施投资方案。构建投资决策体系的主要目的，就是为了降低投资风险，保障投资方案的顺利实施，为公司带来效益。投资主体作为经营管理中心，具体落实投资方案。项目投资主体享受投资收益，承担投资风险，对投资成败负责，提高了员工的工作积极性，大大降低了管理人员的负担。

7. 监控投资决策。决策——实施——监控，这三个重要环节是一个有机整体。为了增强投资决策体系的执行效力，严格的监控必不可少。公司审计部门对投资项目进行财务审计，对流程执行情况进行管理审计，做投资后评价，进一步建立管理审计和投资项目后评价为主的监控机制，提高投资决策体系的整体性能，使之不断反思、更新、完善。

投资决策具体内容见表5-2-1。

表 5-2-1　　　　　　　　　　　　投资决策具体内容

投资决策过程	具体过程	效果
1. 调整组织机构	由投资管理部、企业管理部、财务产权部、风险控制部部门负责人组成投资委员会，设立项目决策前的三道"关卡"：投资主体委员会筛选评估、投资委员会综合评价、项目评审会防范风险	建立责任分明、适应流程管控需要的组织机构
2. 确定投资原则	2013 年发布《实施意见》，提出"明确责任主体，规范管控程序，加强风险控制，追求投资回报"这一基本投资原则	确定了符合公司战略发展目标的投资指导原则，优化了投资决策流程，增强了投资决策流程的有效性
3. 捕捉投资项目	各投资主体结合工作实际，积极寻找投资方向，捕捉投资项目	使各投资主体有充分的投资项目进行筛选
4. 项目评估与筛选	投资项目经由投资主体本单位的董事会决策、职能部门初步评估、投资委员会的综合评估、召开项目评审会后，方可提请投资委员会进行审议。随后，交由项目评审会进行风险评估	对各投资项目进行筛选，给出相对全面、客观、专业的相关建议，减轻董事会负担
5. 进行投资决策	经过层层筛选，投资项目最终提交公司董事长办公会，董事长办公会审议通过后提交公司董事会（股东大会）决策	由下至上层层推进，使各环节相关负责人充分发挥作用，对投资方案进行选择，保证投资成功率
6. 实施投资方案	投资主体作为经营管理中心，具体落实投资方案。项目投资主体享受投资收益，承担投资风险，对投资成败负责	投资主体直接对投资方案负责，承担一切后果，有利于提高投资主体实施项目的积极性
7. 监控投资决策	公司审计部门对投资项目进行财务审计，对流程执行情况进行管理审计，做投资项目后评价	建立监控机制，提高投资决策体系的整体性能，使之不断完善

（三）实施过程

1. 明确投资主体为责任中心。在以流程管控为核心的投资决策体系中，投资主体作为经营管理中心，具体落实投资方案，被授予很大的权力和责任。公司所有对外投资项目必须明确投资主体。项目投资主体享受投资收益，承担投资风险，对投资成败负责。

2. 构建合理授权、分级实施的决策体系。项目投资决策流程是投资决策管理的主要流程。所有新项目投资、原有项目的整合或增资扩股决策，都必须遵守这一流程，通过项目立项、项目评审、项目决策三个程序实现流程控制，发挥投资委员会和职能部门的决策支持效用。投资主体综合考虑职能部门独立意见等因素，讨论决定是否继续推进决策程序，重大投资方案还要提请投资委员会进行评审，最后由董事长办公会批准投资方案，交付执行，在这一过程中，投资委员会起到了项目过滤和把关的关键作用。如表 5-2-2 所示，投资管理部、企业管理部、财务产权部、风险控制部等部门负责人作为投资委员会委员评估投资方案，职能部门有权对不符合公司发展战略及主业定位、经济效益差、项目风险大的项目提出否决意见。

表 5-2-2 合理授权、分级实施的决策体系

责任中心	职能	决策支持作用
投资主体	筛选投资项目、进行项目论证、筹措项目资金、实施项目建设、管理项目运营（或销售）、确保预期回报	根据需要将大量前期工作落实到位，给予投资主体、职能部门、决策机构充足时间去酝酿和沟通，确保决策科学性
职能部门		
投资管理部	审核、把控投资指标	从公司整体层面就战略匹配进行把关
企业管理部	审核投资指标	从公司整体层面就战略匹配进行把关
财务产权部	审核投资融资方案	对资金配置和财务风险防范把关
风险控制部	对不符合要求的项目提出否决意见	对法律风险的防范

3. 构建 4-3-2-1 多级规章制度，固化投资决策流程。近年随着投资兴业的不断深入，甲公司将决策流程以规章制度的形式进行了固化。如表 5-2-3 所示，这些规章制度分别适用于不同的投资对象以及投资的不同阶段，按照决策流程和要求对投资项目做到全覆盖，并涵盖项目投资全周期，真正做到投资主体开展投资工作有章可循，有制度可依。同时，甲公司严格执行上级单位的投资管理制度，将遵守制度作为投资工作的红线，对没有按制度规定履行审批决策程序的投资主体，严格按照约束性指标进行考核，规避了投资决策中的盲点。

表 5-2-3 投资决策流程以规章制度形式的固化要点

规则体系	规则制度	固化投资决策流程
1 个投资决策体系	出台了一系列的规章制度，以规章制度形式固化、形成了以流程管控为核心的投资决策体系	固化了以流程管控为核心的投资决策体系
2 个规定	《对外投资审批管理暂行规定》（2013）《基建项目投资管理暂行规定》（2014）	固化了对外投资审批手续和基建项目投资管理程序
3 个细则	《招标管理实施细则（试行）》（2008）《投资项目建设管理实施细则（试行）》（2008）《投资项目后评价实施细则（试行）》（2008）	固化了招标、投资项目建设和投资项目后评价的流程
4 个办法	《投资管理暂行办法》（2008）《投资建设项目竣工管理办法》（2011）《BT 项目投资管理暂行办法》（2012）《技术改造管理办法（试行）》（2012）	固化了投资管理、投资建设项目竣工管理、BT 项目投资管理和技术改造管理等流程
投资工作红线	严格执行上级单位的各项投资管理制度	将上级单位的制度作为投资工作红线

4. 审查项目重点流程，提升决策效率。甲公司根据长期实践，改变了以往耗费大量人力物力财力，介入项目全过程的做法，总结投资项目重点流程审查的要点，审查项目重点

流程是关键，投资决策抓住了项目决策的牛鼻子，从微观操作过渡到宏观管理，提升了决策效率，同时把控住了关键环节。

5. 重视项目决策前风险评估，做好投资项目"前评价"。投资决策科学与否，要有项目评估作保障，这是投资决策的重要环节。在甲公司以流程管控为核心的投资决策体系中，在提交董事长办公会决策前共设有多个"关卡"，多方面评估投资方案。

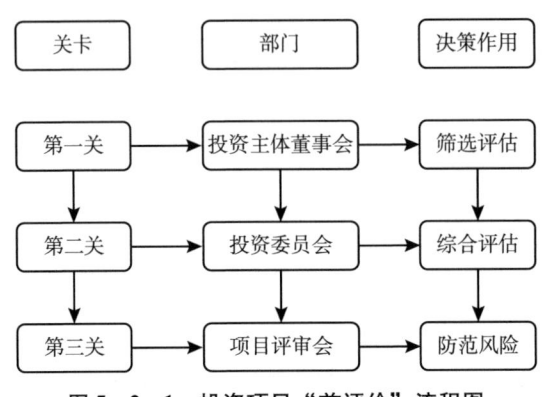

图 5-2-1　投资项目"前评价"流程图

6. 强项目审批时的决策程序，优化投资决策五阶段流程。流程控制是内控管理的重要形式，其核心是规范管理，落实责任，控制风险。甲公司在总结多年投资实践的基础上，建立了适合集团特点的投资决策流程系统，依照不同的投资内容优化了投资决策流程、投资项目前期工作子流程等投资决策管理流程，以加强决策前期过程控制、减少投资风险。甲公司建立了一套符合企业实际并兼顾决策实效的投资决策流程：投资主体立项申请——公司同意项目立项——尽职调查和可行性研究——专家评审——投资委员会审议——董事长办公会审议——上级单位审批——董事会（股东大会）决策（见表 5-2-4）。投资项目的审批主要分立项、评审、决策三个阶段。

表 5-2-4　甲公司的投资决策流程

阶段	责任主体	投资决策流程	具体部门/参与内容	重点审查项目
项目立项	投资主体	1. 编制预可研报告 2. 经内部程序觉得立项 3. 向公司提出立项申请	投资主体编制预可研报告	
	公司投资管理部	初审同意项目立项	公司投资管理部对投资指标进行把控，对项目评估把关	重点审查项目的有关条件，包括运作方式、交易条件、履约保障、调整变更、权利义务等边界以及投资主体投资能力、项目是否符合公司及投资主体发展战略等因素
	投资委员会	立项审查	投资委员会进行综合审议，并有权提出否决意见	

续表

阶段	责任主体	投资决策流程	具体部门/参与内容	重点审查项目
项目评审	投资主体	1. 进行可行性调查研究 2. 编制可行性分析报告	投资主体编制可行性分析报告	重点审查项目的可行性，包括项目运作模式及投资回报方式、经济指标、投融资方案、风险及应对措施等
	公司投资管理部	1. 审核可行性分析报告 2. 提交公司投资委员会	投资管理部进行项目把关	
	公司投资委员会	对项目进行审议	投资委员会综合审议，并有权提出否决意见	
项目决策	公司董事长办公会	公司董事长办公会审议并通过	公司董事会进行审批，将申报之前就不符合公司政策、不符合预期收益的项目拒之门外	重点审查项目风险评估与防控，包括收益实现的保障度、融资风险、市场风险、合同风险、变更及退出机制、风险应对措施的可靠性等
	上级单位	审批		
	公司董事会	公司董事会决策	董事会根据审批结果作出决策	
项目实施		经济评价的各种方法		
项目监控	公司审计部	财务审计 对流程执行情况进行管理审计	重点审查流程执行情况，并检验投资项目是否达到了预期方案标准	审计部调查投资企业经营活动的合法性、合规性、资产的安全性、完整性和效益性，内部控制制度的建立和执行情况，管理和经营活动的各业务环节是否符合公司的管理规定和流程等
		投资项目后评价	审计部检查投资项目实施后效果是否达到投资方案的设计标准，检验投资方案是否科学合理	

7. 注重投资决策体系的全过程监控，做好投资项目后评价。决策——实施——监控，是甲公司投资决策体系的三个重要环节，是一个有机整体。甲公司进一步建立的以管理审计和投资项目后评价为主的监控机制（见表5-2-5），增强投资决策体系的执行效力。

表5-2-5　　　　　　　　　　投资决策体系的监控机制

监控机制	监控重点	监控具体内容
财务审计	财务活动	围绕公司战略目标和工作重点，对内部财务监控机制的有效性进行监督检查，确保财务控制有效运行及财务信息质量，为投资决策所需数据的可靠性提供保障
管理审计	流程执行情况	着重调查投资企业经营活动的合法性、合规性，资产的安全性、完整性和效益性，内部控制制度的建立与执行情况，管理和经营活动的各业务环节是否符合公司的管理规定和流程，流程本身是否合理和有效，各项投资决策是否按流程严格执行等
投资项目后评价	检查投资项目实施后的效果	检查项目实施后的效果是否达到了投资方案的各项设计标准，检验投资方案是否科学合理。以此作为对经营单位和责任项目经理进行考核和奖惩的依据，并将后评价情况作为以后相关投资决策的参考

8. 以董事长办公会为核心，构建投资决策管理架构。流程执行和控制是要靠组织机构来实现，建立能够保障管理工作有序开展的组织机构，是构建与实施以流程控制为核心的投资决策体系必须要解决的问题。甲公司根据业务选择、投资决策和经营管理工作的需要，确立了以董事长办公会为核心、以投资管理委员会和专项评审委员会及职能部门为支撑、以外力外脑为辅助的投资管理决策架构（见表5-2-6）。

表5-2-6　　　　　　投资管理决策三层架构

投资决策管理架构		功能/地位	作用/职能
董事长办公会		核心	投资决策
投资管理委员会		支撑	专项评审委员会规范专家评审
专项评审委员会	PPP项目专业委员会		
	投资开发专业委员会		
	房地产开发专业委员会		
职能部门			
外力外脑		辅助	建立中介机构库提供决策辅助

三、取得成效

投资决策管理是投资管理的重要组成部分，甲公司通过构建与实施以流程管控为核心的投资决策体系，从管理方式和运行机制上为投资管理工作的科学化、规范化奠定了坚实的基础，显现出良好的效果。实施以流程管控为核心的投资决策体系以来，甲公司资产规模迅速扩大，与投资规模实现双赢增长，提升了企业的业务分类培育水平，增强了企业盈利能力。

甲公司的决策管理体系将投资风险前移，有效降低了由于投资时机不正确、投资回报率低及行业市场大环境把握错误等带来的风险，提高了决策效率与效果。在流程关键环节都设置了风险控制措施，坚持责权利一致原则，决策参与者的主观能动性、员工的责任意识都明显增强，有利于控制决策风险，保障公司权益，实现国有资产的保值增值。

案例示范 5-3
价值工程法在项目成本控制中的应用

【本案例介绍了价值工程法在大桥工程项目中的应用。案例单位是交通建设企业，在对某大桥施工工程的项目管理中，针对工程建设项目投资较大，工期较长，涉及专业领域全面，例外事项较少等情况，以价值工程法实现成本控制与绩效评估，在项目实施中不断进行审视、比较与分析，实现了相应的社会效益与经济效益。】

一、背景描述

甲公司经营范围包括公路工程施工总承包、市政公用工程施工总承包、桥梁工程专业承包一级、公路路基工程专业承包。

案例项目投资较大，工期较长，涉及专业领域全面，例外事项较少，属于甲公司具有代表性的一类重大工程项目。基于公司"项目管理加强"的发展战略，公司认为可以考虑实施一些系统性的、创新性的财务、会计管理手段，为其他项目起到探索规律与总结经验的作用。结合工期较长、涉及各项资源的优化配置，可以考虑以最优路径为切入点；结合投资较大、资金占用较多、物资管理复杂，可以考虑以资金价值管理（结合资金时间价值、资金成本匹配控制）等方法；结合重点项目、涉及专业领域与管理领域较多，公司考虑使用控制成本优化（如无效成本、工程变更分析）以及价值工程法来综合控制成本，评价项目实施效益。

二、应用过程

（一）项目实施及应用准备

在组织体系上，甲公司挑选管理经验、施工经验丰富的人员成立领导班子及"八部二室"机构，各部室职能划分明确。项目管理实施参与部门：公司财务总监及财务部负责人、综合办公室、工程部、合约部、物资部、设备部、项目财务部等共10个部室。具体岗位包含子公司财务总监、财务部负责人、项目部经理、办公室主管、工程部主管、项目财务主管、物资主管、合约主管。

从公司整体管控的层面，制定了项目实施的会议制度与审批制度，规定由"八部二室"定期对工程重大节点、重大现金流、重大成本的发生必须讨论并审批。根据重要性原则，确定了可由项目部自行决定、公司财务部参与确定、"八部二室"共同讨论后确定的重要项目。

通过前期宣传动员与工程实践结合管理实践的调研，就本项目而言，致力于形成"方法落实专人抓，具体实施专人跟，效果分析专人管"的新局面。结合项目实际情况，从项目投标的相关财务测算开始，相关人员须对可能涉及的管理会计方法与经济技术方法进行学习、讨论，形成合理的知识框架，并对项目部经理及项目财务人员、相关部门人员进行培训、传达与交流。

在前述相关准备的基础上，由公司财务部牵头、项目部配合，专业人员与技术人员共同讨论相关管理方法在本项目全过程中的应用草案，并报公司分管财务领导审批。由于项目的动态性，不排除在具体实施过程中会存在必要的调整。

（二）具体应用流程

项目的完成以及价值实现，离不开关键的几大经济指标，即工期、造价、利润等。因此，相关控制也必须从这几个指标入手。首先从"利润＝收入－成本"可见，成本是利润形成的关键要素，在分析了资金、成本的相关控制后，进行成本控制与项目评价是本项目经济指标实现的关键方面。

1. 动态成本控制，致力于降本增效。从全成本的角度而言，本项目的成本包括建安成本、工、料、机及协作费、其他直接费用等，也包括税金及附加、管理费用、财务费用等。建安成本是本项目的最主要成本，占总成本费用的90%以上，因此也是成本控制的主要方面。例如，在常规成本控制上，项目严格按照集团相关规定进行物资的采购。根据集团采购相关制度进行采购流程，符合招投标的项目进入统一招采环节。如本项目的大宗物资商品砼、钢材等均按照统一招采模式进行，以公司批量采购行为来降低采购成本。

成本控制重点在于把握可控成本，减小或消除无关成本或无效成本，对于本项目发生的无效成本或变更带来的成本变化密切关注，使成本指标具有技术经济性。

（1）严控无效成本。界定无效成本的思路，严控无效成本。无效成本是指工作失误或者能力原因导致的返工、窝工等没有必要发生的成本。就本项目而言，具有代表性的无效成本如：北岸架梁过程中遇到高压电线导致箱梁架设施工、下部结构施工停工30天，人员设备窝工费用约100万元。项目在此之前曾上报此处高压线影响施工的问题，并提出了具体的最迟改线时间，但业主未能在此之前完成改线。

无效成本是典型的非增值作业造成的成本，因此应从正常成本中剔除。在本项目中，无效成本通过责任成本分析，找出无效成本发生的原因，如因业主方原因造成的，则需要向业主方进行索赔（如上例）；如系公司操作失误，则应分析原因，追究责任单位或个人；如系客观条件发生变化，则应结合实际情况进行分析。就本项目而言，上述因业主原因导致窝工费用发生100万元的无效成本后，项目部已积极向业主单位上报费用索赔，索赔工作正在进行中。

（2）合理分析各类变更。本项目的变更一直是业主和公司均高度关注的重点。合同条款中的工程变更是指设计文件或技术规范修改而引起的合同变更，它具有一定的强制性。变更的关键要素在于变更的合理性与责任归属。变更既可能涉及工期的调整（如因主客观原因导致工期的变化），也可能涉及成本的调整（如因主客观原因对工程项目的调整导致成本增加）。由于控制得力，项目由于施工工艺等原因导致的变更均在重要性水平以下，故对变更的主要关注点在于业主原因或客观原因导致的变更行为。合理的变更一方面要考虑成本的可控，另一方面要着眼全局进度，避免风险，取得社会效益。

2. 动态成本具体分析。

（1）静态分析。本项目变更与索赔均存在相关的流程与手续，部分内容还存在一定的不确定性。结合相关索赔的金额重要性，从稳健角度出发，目前将此类成本暂考虑在项目实际成本中。通过与成本预算的分析，项目整体预算节约1 285.08万元，成本控制有效。但增加的成本中25万元（变更项目1）、184万元（变更项目2）、100万元（无效成本）、8.5万元和18.02万元（其他追索项目）正在与业主申请索赔。

结合索赔后最理想的成本推测，实际成本可能相比预算节约1 620.65万元，这一方面说明成本控制是有效的，另一方面更说明对无效成本和变更导致的成本如能明确非项目方原因，如能够顺利完成索赔，将使实际成本更低（降低335.57万元），此时预实差异率为－5.02%。

（2）动态分析。由于项目变更中存在着非关键节点的调整，因此，必然涉及成本产生时点与现金流出时点的变化，因此，对成本产生及现金流出的时间价值分析也是必要的。

需要结合此动态因素考虑项目变更的合理性。

项目成本控制较好，预算数与实际数的差别小，且全过程累计现金流出的折现值小于成本折现值，成本折现值小于成本预算折现值，说明成本控制是有成效的。

3. 价值工程法在项目绩效中的应用。

本项目使用价值工程来评价项目是否完成或达到了预期的目标。在项目预测的基础上，上级将项目以《责任书》的形式下达经济责任指标和其他生产指标，故以预测方案相关经济指标为主并考虑非经济指标进行对比。

第一步：进行功能分析。针对项目实际其功能归纳：（1）质量；（2）安全；（3）实现经济效益（分解为净利润指标与回款指标）；（4）项目工期在规定范围内。

选取关键指标作为功能指标，选择质量、安全、利润、回款、工期作为关键指标。

第二步：对实际项目指标与预测指标进行重要性系数测算。上述5个功能指标，其重要性客观上存在着区别，通过重要性系数（f_i）来反映，即各功能对总功能指数影响的权重。对 f_i 值的确定采用4分制一对一比较打分法，相比较，重要的一方可得 3~4 分，另一方则得 1~0 分；两功能重要性相当，则各得 2 分。功能重要性计算见表 5-3-1。

表 5-3-1　　　　　　　　　　　项目功能重要性评价表

功能	一对一比较打分					累计得分 s_i	功能重要性系数 $f_i = \dfrac{s_i}{\sum s_i}$
	质量	安全	利润	回款	工期		
质量	—	2	3	3	3	11	0.275
安全	2	—	3	3	3	11	0.275
利润	1	1	—	2	3	7	0.175
回款	1	1	2	—	3	7	0.175
工期	1	1	1	1	—	4	0.1
总计						40	1

第三步：进行项目实际情况与考核指标的功能评价系数测算，见表 5-3-2。

表 5-3-2　　　　　　　　　　　项目功能评价系数计算表

评价对象	各功能评分及重要性系数					功能累计得分 t_i	功能评价系数 F_i
	质量	安全	利润	回款	工期		
	0.275	0.275	0.175	0.175	0.1		
	评分	评分	评分	评分	评分		
项目实际情况（分项打分）	10	10	10	10	10		
实际情况功能得分（加权）	2.75	2.75	1.75	1.75	1	10	0.525155

续表

评价对象	各功能评分及重要性系数					功能累计得分 t_i	功能评价系数 F_i
	质量 0.275	安全 0.275	利润 0.175	回款 0.175	工期 0.1		
	评分	评分	评分	评分	评分		
考核指标情况（分项打分）	10	10	5.48[注1]	10	8.33[注2]		
考核指标功能得分（加权）	2.75	2.75	0.959	1.75	0.833	9.042	0.474845

说明：各功能评分（t_i）采用10分制，方案该项功能最佳得分10分。方案累积功能系数 $T_i = f_i \times t_i$

注1：利润指标的换算。考核方案的利润指标为25 380 248.00元，项目实际为46 310 637.00元。以实际数取10分，则按比例换算考核方案指标为5.48分。

注2：工期指标的换算。考核方案的工期指标为35个月，项目实际为30个月，缩短5个月，则以实际数取10分，按比例换算考核方案指标为30－5/30，即8.33分。

第四步：计算成本及成本系数，见表5－3－3。

表5－3－3　　　　　　　　成本及成本系数计算表　　　　　　　　单位：万元

	建安成本	税金	管理费用	财务费用	全成本费用（B_i）	成本指数 $C_i = \dfrac{B_i}{\sum B_i}$
项目实际成本	31 010.20	1 385.24	1 402.00	22.00	33 819.44	0.4901229
考核成本指标	32 295.28	1 405.24	1 452.00	30.00	35 182.51	0.5098771

第五步：计算价值系数，进行比较与考核，见表5－3－4。

表5－3－4　　　　　　　　　价值系数的计算与比较

	功能评价系数 F_i	成本指数 C_i	价值指数 $V_i = \dfrac{F_i}{C_i}$
项目实际	0.525155	0.4901229	1.071476
考核指标	0.474845	0.5098771	0.9312932

通过对实际与考核指标5项功能指标折算出功能评价系数，并根据实际指标与考核指标的成本指数计算出价值指数可知，项目实际的价值指标为1.071476＞1，且大于考核指标的0.9312932，可以得出项目实际优于考核指标的基本结论。在此基础上，结合各类指标实现情况，与公司考核责任制挂钩，致力于公司发展战略的实现。

三、取得成效

根据价值工程法在本项目的实践，成本控制在公司的成本指标范围内并无突破，且保证了工期与质量，实现了项目的社会效益，有利于展示公司承担社会责任的社会形象。

案例示范 5-4
精益成本管理在国际工程项目管理中的应用

【本案例介绍了精益成本管理在工程项目管理中的应用。案例单位为国际工程建设企业。针对海外业务受到政治风险、环境差异、汇率风险等因素的影响较大,仅依靠目标成本法很难实现成本管理目标的问题,该单位运用精益成本管理思想,在项目的投标策划、前期策划、标后预算、施工过程管理、竣工收尾等项目管理的不同阶段,优化方案,开展成本分析,持续改进,降低浪费,提高了企业效益。】

一、背景描述

(一) 单位基本情况

甲公司是一家融设计、施工、科研、资本运作于一体,以路桥、港航、铁路、城市轨道交通、市政工程施工为主业,以"大土木""多元化"经营为特点的特大型跨国工程建设公司。拥有公路工程施工设计、总承包特级、港口与航道工程设计、施工总承包特级、市政公用工程施工总承包一级和城市轨道交通工程专业承包等资质。甲公司的市场遍布全国 31 个省(直辖市、自治区)和 30 多个国家、地区,拥有 9 家子公司、12 家分公司、20 余家投资及房地产项目公司、30 余家经营性分公司和海外经营办事处。现有员工近 9 000 人,其中经营管理和专业技术人员近 7 000 人;拥有各类大型工程船舶近百艘,施工机械设备 4 000 余台(套)。

(二) 存在的主要问题

甲公司的产品主要是大型基础设施工程。基础设施工程具有以下特点:产品单一、合同造价高、消耗资源多、施工条件复杂、技术要求高、建设周期长、风险大、成本管理的难度大。长期以来,基建行业处于"高消耗、低效益"的粗放式状态,成本居高不下,毛利率普遍偏低。甲公司国内项目通过采用目标成本管理方法,取得了较好的成效,但是,国际工程项目受政治风险、环境差异、汇率风险、HSE(健康安全环境)要求等因素的影响大,仅仅依靠目标成本法管理会计工具,很难实现成本管理目标。未来,甲公司致力成为世界一流企业,力争产值利润率居行业前列。持续扩大海外业务,创新海外工程项目成本管控模式,实现精益管理,向管理要效益,促进企业全面提质增效,是甲公司成本管理面临的新挑战。

(三) 选择项目精益成本管理的主要原因

甲公司沙特 S 工程项目,采用设计施工总承包模式(D&B),甲公司为水工部分分包商,合同实行总价包干模式,合同总额 5 947 万美元,合同工期为 22 个月,主要施工内容为 3 个 7 万吨级重力式泊位,总岸线长度为 923.5 米,项目建设单位为沙特国家某局,咨工为阿拉伯工程咨询中心。该项目面临的环境异常复杂:一是沙特政府贸易保护主义严重,同等条件下,优先选择当地企业中标,工程主材优先选择沙特本国企业供应;二是项目投标竞争激烈,参与投标的单位既有国际一流工程承包商又有当地政府背景企业;三是技术上主要采用欧标、美标,项目实施难度大,且 HSE 要求高,合同工期严;四是自然环境十分恶劣,项目地处沙漠地带,夏季地表的最高温度可达到 70 摄氏度。

对该项目而言,要实现项目正常履约,并取得一定经济效益,难度很大,成本管理稍有疏忽，项目成本管理极易失控，极可能造成巨额亏损，过去，中资企业产生巨额亏损的案例屡见不鲜。面对复杂的国际环境，甲公司吸取了中资企业国际工程项目成本管理失败导致严重亏损的教训，从项目投标开始，将精益思想融入到项目管理全过程，全方位控制价值链成本，消除不增值的管理作业，减少浪费，在向客户提供满意产品的同时，使建造成本最低，提高盈利能力。

二、总体设计

（一）管理目标

甲公司S工程项目的施工环境异常复杂，制约因素多，成本管理难度非常大。该项目管理团队提出了"精益管理、超前策划、强化执行、消灭浪费、全方位控制价值链成本"的精益成本管理思路。将精益思想融入到项目管理全过程，达到正常履约，为客户提供优质的产品；有效管控项目的成本，取得较好的经济效益；培养一批具有精益管理思想的国际工程项目综合管理人才等管理目的，助推甲公司海外战略落地。

（二）总体思路

精益思想的原则是精确定义产品的价值，识别产品的价值流，使价值不间断地流动，让客户从生产者方面拉动价值，追求尽善尽美。在"最大化满足顾客需求"的基础上，实现企业浪费最小化和利益最大化。该项目管理团队提出的总体思路是：把精益管理思想融入项目管理的全过程，从投标策划、项目前期策划、施工组织设计方案编制、标后预算、施工过程成本管控、竣工收尾等不同阶段实施精益管理，通过优化设计、方案比选、成本分析与改进，考核与激励等管理措施，持续不断地寻找改进方法，消灭不增值的操作，控制价值链成本，使项目建造每一步操作耗费的资源最少、方案最优、项目成本最优。

三、应用过程

（一）组织架构情况

甲公司S工程项目由甲公司的直属项目部负责，即甲公司为实施该项目而专门成立的管理机构，代表甲公司从事该项目的投标、设计、施工等管理活动并承担相应的权利义务。该项目组织架构见图5-4-1。

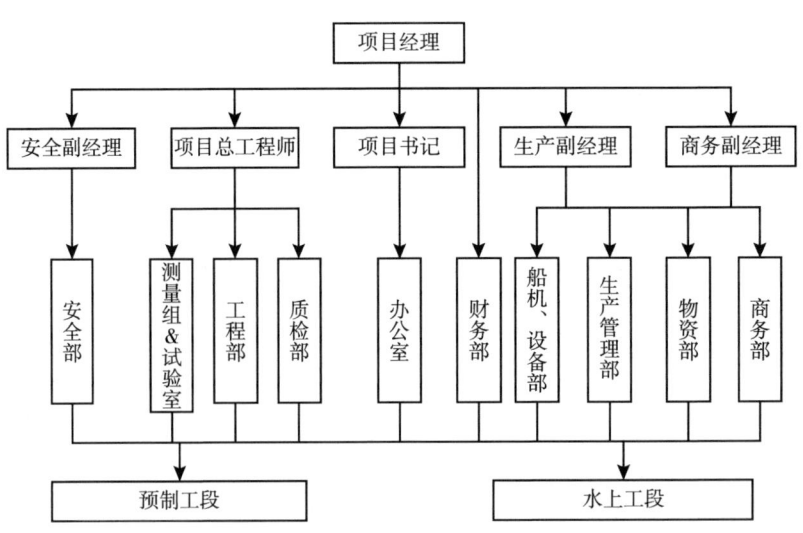

图5-4-1 S工程项目组织架构

案例示范 5-4 精益成本管理在国际工程项目管理中的应用

(二) 项目精益成本管理模式的具体应用

1. S 工程项目精益成本项目管理流程。

根据项目管理的过程和特点,项目精益成本管理分为 6 个阶段,见图 5-4-2。

图 5-4-2　　项目精益成本管理模式流程

2. S 工程项目精益成本项目管理应用实践。

(1) 成立精益成本管理小组。项目投标之初,由公司工程部、商务部、财务部相关人员组成的精益投标小组,负责投标管理工作。项目中标后,成立项目精益成本管理小组,项目经理担任组长,项目班子其他成员为副组长,组员包括前期精益投标小组成员、项目工程管理部、商务部、设备部、安全生产部、财务部、现场管理及综合办公室负责人等。精益成本管理小组负责项目建设全过程领导和监督,是精益成本管理模式实施的组织保障。

(2) 投标策划精益管理。沙特的建筑市场主要由当地家族企业垄断,中国企业只能在中、低端市场参与竞争,尽管如此,仍然有大批的建筑企业涌入到沙特市场。面对激烈的竞争市场和诸多投标限制因素等不利局面,S 工程项目精益投标小组深入市场,仔细分析、严密策划、有效应对,成功中标。甲公司 S 工程项目投标时,有多家国际企业及沙特当地企业参与竞标,项目投标组在认真分析竞争对手的情况后,针对业主关心的技术难点"超深棱体条件下钻孔桩穿透超厚抛石层技术"做了重要论述,突出竞争对手不具备、公司特有的设备优势和技术实力等,凸显公司竞争优势。在投标小组的精密策划下,该项目成功中标。

(3) 项目前期策划精益管理。客户授标后,公司第一时间组织精益投标小组成员以及项目部主要成员进行项目前期策划。项目前期策划主要内容包含:一是组建项目领导班子及管理人员,确定人员调遣计划,尽快办理出境手续,保证人员及时进场;二是统筹公司的船舶及陆上设备资源,采取调遣费用最低,调遣时间最快的方式尽快调遣项目所需设备;三是尽快确定项目物资和大宗材料集中采购方案,根据工期计划提前采购;四是根据公司合同管理制度,尽快进行项目分包招标,选用合格价低的分包商;五是提前做好砼生产模板的设计和生产工作、做好零星材料和小型机具的计划和采购工作;六是做好项目风险评估工作,并提前做好处理预案,降低风险发生的概率和损失。

(4) 标后预算精益管理。标后预算是指 S 工程项目根据甲公司标后预算管理制度,测算出完成项目建设所需要的全部成本费用。标后预算是项目精益成本管理的目标,是项目管理层的绩效考核的重要依据。标后预算由项目商务部牵头,精益成本管理小组共同参与,根据工程设计图纸、工程量清单、施工组织设计方案、资源的市场价格等,采用实测法,测算出具有一定挑战性的、操作性强的、详细的成本管理目标,见表 5-4-1。

表 5-4-1　　　　　　　　S 工程项目标后预算成本汇总表

序号	名称	单位	合同总额	标后预算
1	人工费	美元	11 709 790	10 951 343
2	材料费	美元	32 526 373	30 828 386
3	船机使用费	美元	7 314 646	6 836 118
4	实验检测费	美元	162 026	151 426
5	调遣费	美元	1 336 049	1 248 644
6	HSE 专项费用	美元	301 219	281 513
7	现场管理费	美元	3 591 912	3 356 927
8	营地	美元	904 685	845 500
9	保险	美元	441 375	412 500
10	财务费用	美元	160 500	150 000
11	上级管理费	美元	372 446	348 080
12	兑现费用	美元	650 000	650 000
13	合计	美元	59 471 021	56 060 437

（5）施工过程精益管理。施工过程的精益管理是项目管理的重中之重。项目精益成本管理小组根据公司审批后的施工组织方案、项目前期策划方案等，结合施工的具体环境等，在项目实施过程中，对施工方案、工期、施工进度、人员、材料、设备等实施精益管理、持续改进，确保生产过程中没有浪费，项目工期最短、项目成本最低、工程质量最优。具体如下：

①施工方案的精益管理。在施工过程中，以客户需求为核心，持续改进和优化设计施工方案，节约工期、消灭浪费、创造价值，以最低的成本为客户建造最优的产品：一是改进设计方案，提高工程质量，降低成本；二是优化施工方案，规避返工风险，节约工期，降低材料损耗率，避免无效作业，降低成本；三是增加基槽超挖计量，项目初期，针对基槽超挖导致石料量增加，客户坚持对超出设计部分不予计量，通过过程中水深测量、书面签认，研究英文及阿文合同文件，反复与咨工沟通，最终联合商务部门成功索赔约 100 万美元。

②船机设备精益管理。一是严格执行公司管理制度，加强设备日常管理，提高设备利用率，减少设备维修费用，消灭浪费，提高项目效益；严格执行公司的设备招议标制度，完善设备管理制度，如《船舶星级管理实施办法》等。二是做好设备日常管理。规范设备申报使用流程，建立健全设备使用管理台账和设备使用动态表，及时调整设备资源配置，合理安排设备日常保养及维修等措施。三是对设备进行动态管理，设备管理人员和现场管理人员按期对现场所有设备进行巡视和调度。四是加强船机设备日常保养，减少设备故障频率，降低维修费用，提高设备利用率。

③工程材料的精益管理。工程材料成本约占项目总成本费用的 40%~60%，工程材料的精益管理是项目成本费用管理的重点。S 工程项目提前策划、科学采购和管理，消灭浪费，从单价和数量两方面控制材料成本，创造效益。工程材料的精益管理措施具体有：一是系统编制材料需求清单，明确规定各项主材的损耗率指标，分析采购需求。二是规范采

购行为，强化采购成本管控，以零库存为目标，快速反映，精准采购。三是深入了解材料的市场行情，掌握市场动态，控制和降低材料单价。四是因地制宜，科学选择供应商，保证材料稳定供应，降低材料成本。五是严格物资核销和效能监察，实时监控现场材料消耗，定期对主材进行损耗分析，及时调整主材进场量。通过上述控制措施，项目材料损耗率均控制在目标损耗率内，见表5-4-2。

表5-4-2　　　　　　　　　　　主材损耗分析表

序号	项目策划物资资源配置（图纸用量）					实际物资资源配置				实际损耗率	目标损耗率	成本变化	备注
	名称	型号	单位	数量	采购方式	名称	型号	数量	采购方式				
1	钢筋	环氧	T	3 582	外购	钢筋	T	3 739	外购	4%	5%		
2	混凝土		m³	160 862	外购	混凝土	m³	161 103	外购	0.15%	2%		
3	石料		m³	332 249	外购	石料	m³	341 700	外购	2.84%	10%		

④人工成本精益管理。人工成本是项目成本的重要组成部分，S工程项目科学组织，精益用工，提高用工效率，消灭浪费，降低用工成本。综合考虑内控要求、当地用工政策、合同制约因素等，压缩管理层级，提高管理人员综合素质，调整用工方式，控制管理人员数量，避免浪费，降低人工成本。一是组建综合素质高、精干高效的项目管理团队；二是严格控制作业人数量和出入境时间，提高作业效率，控制人工成本；三是公开招标，精选国内劳务分包商；四是因地制宜，调整用工模式，既满足当地政府要求和项目施工的需要，又降低了用工成本；五是培训国内的设备操作人员，替换外籍设备操作人员；六是加强管理措施，提高劳动效率，避免浪费，降低成本。

⑤工期精益管理。科学计划，动态控制，剖解关键工序施工任务，夯实月度计划流程管理。国际工程项目在施工过程中，干扰因素多，实际进度与计划进度常有偏差。工期风险普遍存在，工期的延误会导致成本增加和面临业主的罚款。S工程项目采取系统的控制措施，发现偏差，及时采取纠偏措施，尽量缩短工期。

⑥财务精益管理。一是资金管理方面，加快计量支付速度和频率。如，开工前期，项目部一方面积极与业主协商、调整计量规则，每月上报一次计量资料改为每半个月上报一次计量资料，大大缩短支付周期。二是汇率管理方面，选择有利的结算货币。如，S工程项目与业主签订的是美元合同，施工期间，美元汇率持续走低，项目部选择以美元作为结算货币，支付外籍供应商货款，规避汇率下降产生的汇率风险。

⑦项目现场管理费用的精益管理。S工程项目现场管理费用精益管理的具体措施有：一是精简管理机构，规范费用报销流程，严格控制业务费等各项非生产性开支。二是加强行政资产管理。对行政办公用的财产物资，建立保管卡制度，一律登记使用，防止损坏和流失。三是制定餐费、车辆、出差等管理办法，严格控制标准。

（6）竣工收尾阶段精益管理。项目竣工收尾阶段，成本管理不可放松，组织不好可能会产生浪费和潜在的管理风险。项目收尾阶段，精益成本管理的措施有：

①组织人员整理现场，完善竣工资料和最终结算资料，及时交工验收。组织编写竣工资料，装订成册。整理结算资料，完成对分包商的结算及与业主的最终结算。

②对各类工程材料、周转材料、工具等进行分类整理。对报废的工具及废旧钢材归

类，根据废旧物资处理办法进行处理，回收资金冲抵成本。对周转材料清理干净，集中存放，上交公司统一管理，本项目只承担折旧费用。对工具及零星材料，按公司处理办法，归类打包，转入公司或调至下一个项目，按一定比例收取调拨材料费，冲抵成本。

③质保期到期后，及时组织回收质保金或保函，防范资金风险和降低资金成本。

④及时组织设备和人员有序退场，降低人工成本和设备成本。

（7）成本分析与改进。成本分析与改进，是精益成本管理的重要手段，S工程项目定期分析影响成本的因素，不断寻找改进措施，减少浪费，创造价值。

①以标后预算为目标，建立"项目经理、商务部、精益成本管理小组、作业班组四级管控"的成本管控体系。

②每周末，由商务部牵头，项目经理主持，精益成本管理小组、作业班组人员共同参与，召开成本分析周例会。按分部分项工程，分析标后预算成本与实际成本的差异，找出潜在盈利点或减亏点，实时纠偏，调整施工措施和管理方案。

③按季度举行经济活动分析会议。根据公司指导，财务部牵头，项目经理主持，精益成本管理小组参加，召开季度经济活动分析会议，详细分析成本费用超支、节约情况，并责成相关部门落实改进措施。会议内容包括：项目总成本更新情况分析；单价和单项价格执行情况，是否符合成本管理制度；商务索赔的总结；对施工成本进行挖潜，并考虑具体的实施办法，督促各部门执行；如有大的亏损项，及时找出原因并向上级汇报，及时采取改进措施；项目后期成本的预测；填写成本动态分析表格；财务部门汇报项目总成本执行情况。

④项目成本控制过程中，主要关注成本的异常情况，对偏离测算成本较大的情况及时反馈总结，查明原因，及时改进。

（8）考核与激励。考核与激励是精益成本管理不可缺少的一部分。通过考核与激励，使项目部全体成员充分发挥主动性和成本管理潜能，消灭浪费，创造更多价值。S工程项目考核与激励措施有：

①建立科学的薪酬结构制度：兑现考核制和结构工资制相结合。公司对项目管理层实行兑现考核制。即项目部管理层与公司签订《管理目标责任书》，明确项目管理的各项指标。项目管理层的收入与责任书中考核指标完成情况、项目经济效益情况挂钩。项目部的普通员工采取以岗位绩效为基础的结构工资制，其薪资构成为：岗薪+绩效薪资+工龄工资+职称（技能）工资+津（补）贴；项目部对普通员工进行月度绩效考核，发放绩效工资，绩效工资的算法依照以下公式：月度绩效工资=奖金基数×奖金系数×岗位系数×个人考核系数，其中奖金系数根据项目产值完成情况确定=完成月产值/计划月产值（形象进度比）；个人考核系数为部门负责人、分管领导和项目正职评分的加权平均得出。通过薪酬与绩效挂钩，岗位、责任、业绩与收入挂钩，充分激发了员工的主动性和积极性。

②健全考核体系，严格考核程序，提高员工积极性。为充分发挥绩效考核的导向作用，以"岗位有职责，工作有标准，管理有程序，信息有反馈，实施有结果，结果有考核，考核有奖惩"为指导思想，实行岗位工资与绩效工资分离，定性和定量相结合，风险和收益对等、激励与约束结合、责权明晰、管理科学的工程项目绩效考核体系。考核做到有责任、有指标、有考核、有激励。每月末、年末，依据项目领导审定的月、年度工作目标，个人岗位职责，分别从行为作风方面：组织纪律、团结协作、工作态度、遵章守纪等；从履行职责和工作业绩方面：工作计划、岗位职责、现场指导与监督、基础工作、工作任务完成与工作业绩等对员工定期考核。考核流程严格遵循从下到上的顺向原则，下级

考核者未评分，上级考核者不得评分。考核手册填写或者评分结束，考核手册不得逆向返回部门或被考核者。考核结果用于工作反馈、薪酬管理、职务调整、岗位调配、评先评优和改进工作等重要参考依据。科学的项目考核制度，最大限度地调动了员工的工作激情，挖掘员工潜力，促进工作效率和工作质量的提高。

③创新激励机制。S工程项目部根据海外特点，制定了完善的职工薪酬制度和员工休息休假制度，以及签证管理制度，为整个项目的正常运行提供人力支持。

④建立双向互动的沟通机制。定期召开项目管理讨论会、项目部工作例会等途径进行领导层和普通员工之间的互动交流，了解和发现员工的个人需要、价值观，使领导层与普通员工双方的目标、价值取向逐步统一。充分启发和调动员工的积极性、创造性及工作潜能，促使项目整体效率提高，避免浪费。

四、取得成效

（一）取得良好的经济效益

S工程项目是竞争性低价中标项目，通过精益成本管理模式的成功实施，项目成本有效降低，经济效益良好，实际成本比标后预算成本降低了6.68%、节约成本374万美元，超额完成了公司下达的经济指标。

（二）取得良好的社会效益

S工程项目精益成本管理模式成功实施，不仅取得了良好的经济效益，而且为客户提供了合格满意的产品，安全、质量、环保均得到认可。一是在安全方面，重大责任死亡事故为零；死亡率为零；重伤率为零；重大机海损责任事故为零；重大火灾事故为零；1、2级危险源控制整改合格率100%；噪音、矽肺病得病率为零，防护用品利用率100%；特种设备安全生产许可证获证率100%；特种作业人员持证率100%。二是在质量方面，合同履约率100%，单位工程合格率100%，工序一次验收合格率100%，返工损失率为零。三是在环保方面，在施工过程中制定了完善的环保、水保措施，废水、废油、弃渣、泥浆以及工程垃圾均按规定排放、处理，无环境及沿线水域污染和破坏。四是提高了甲公司在沙特市场的影响力，辐射经营一方市场。

（三）加快"走出去"战略步伐，提振信心

在我国经济进入新常态、"一带一路"倡议的宏观政策下，甲公司提出了"三分天下"、海外优先战略。但是，国际工程项目面临的成本管理风险更大，国内企业在国外的施工项目出现巨额亏损的情况屡见不鲜。中资企业海外巨额亏损案例，对甲公司"走出去"的战略产生了一定的负面影响。S工程项目精益成本管理模式的成功运用，为甲公司积累了国际工程项目成本风险管理的经验，让决策层坚定了"走出去"的信心，并积极拓展海外市场。

案例示范 5-5
情景分析在水务投资企业的应用

【本案例介绍情景分析工具方法在水务投资企业的应用。案例单位为水务投资企业;针对市场竞争日趋白热化、投资项目复杂程度高、风险大等问题,该公司采用情景分析工具方法,在一般情况下的投资模拟测算基础上考虑不同情景,充分论证各情景特别是不利情景发生时自身的承受情况,综合考虑有关建议,精细化作出项目投资决策,提高了决策的精准度,促进了企业战略目标实现。】

一、背景描述

(一) 单位基本情况

甲公司是一家集产业投资、建设、运营、技术服务与资本运作为一体的水务投资公司,重点业务领域包括市政水务、水环境综合治理、环卫及固废处理等。2×17 年实现年营业收入约 70 亿元,截至 2×17 年末总资产达 300 亿元,在全国拥有近 300 座污水处理厂、自来水厂、再生水处理厂等。

(二) 存在的主要问题

1. 行业市场集中度不高,竞争日趋白热化。水务行业市场集中度不高,最大的供水企业市场占有率仅 3.1%,最大的污水处理企业市场占有率仅 5.5%,市场分散程度高,且越来越多的资金和企业涌入环保水务投资市场,导致该行业技术进步及服务集约化程度低,市场竞争极为激烈,企业要想脱颖而出,必须进行精细化投资管理,实施精准投资决策。

2. 投资项目复杂程度高、风险大。

水务行业投资特点是投资金额高,大多为亿元以上;运营期长,一般可达 30 年,涉及业务多样包括污水、供水、水环境、环卫及固废处置等多方面,投资复杂程度高。此外,从投资方看,投资方的项目收入主要为政府方支付的合理投资回报,其支付与运营期的绩效考核挂钩,使项目的投资、建设以及运营成为一个有机的整体。甲公司定位为以长期持有资产为目的的投资型公司,以获取长期稳定运营利润为目标,且项目均为环保类项目,关系国计民生,这些都要求在前期投资决策时更加关注运营期的风险、收益及社会效益,增加了项目的复杂程度和相应风险。投资项目复杂程度高、风险大,要求投资决策机制能够有效识别高质量项目。

(三) 选择情景分析工具方法的主要原因

从投资管理角度讲,情景分析工具方法使企业能够在对未来可能出现的相关事件情景进行假设的基础上,通过模拟等技术,分析相关投资方案发生的可能性、相应后果和影响,作出最佳决策。

甲公司所处行业竞争日趋白热化,需要对投资、建设以及运营一体考虑,进行投资决策时就要模拟出投资和营运这一长期过程中的有关情景,精准、快速、有效地进行投资决策。采用情景分析工具方法有助于甲公司合理判断项目长期风险,预估长期收益,作出最佳投资决策。

此外,甲公司现阶段组织架构完备,专业技术中心能够提供项目分析所需的投资运行成本及工艺论证情景,建设管理中心能够提供详细的建设工期、施工难度等建设相关情景等,具备提供情景分析的所需要的模拟基础数据的能力。

二、应用过程

(一)参与部门和人员

甲公司设有投资决策委员会,牵头组织公司投资决策及投资风险管控工作,对所有投资事项作出决策;风险控制部作为投资风险管理的职能部门,具体负责投资决策前的各项投资评审工作,是运用情景分析工具方法的核心部门;技术、建设和财务等业务和职能部门在公司投资决策委员会领导下,配合风险控制部开展投资评审及决策工作。

(二)具体应用流程

1. 项目前期调研。在通过公开渠道获得某项目招标信息后,业务部门第一时间组织技术、建设、财务以及法律等业务和职能部门进行前期深入调研,为投资评审及决策阶段的情景分析提供基本数据来源。

其中技术调研主要针对项目工艺、项目总投资、运营各项成本以及设备设施缺陷提出技术专业意见;建设调研主要针对项目建设工期及施工建设提出意见;财务调研主要针对标的公司是否存在财务及税务问题,以及项目融资是否存在障碍提出意见;法律调研主要针对标的公司、项目合同是否存在法律风险,以及项目前期的合规性问题是否存在瑕疵提出风险提示。以上调研均需出具书面意见,以备风险控制部将相关数据应用在投资决策中。

2. 进行一般情况下投资模拟测算。完成前期调研工作后,各部门将调研成果提交至风险控制部,风险控制部根据项目业务模式搭建投资测算模型,进行一般情况下投资模拟测算。

以 A 污水处理项目投资为例,需要模拟测算一般情况下财务报表和关键指标:一是预测利润表,根据技术部门提供的日处理量、水价及水价涨幅、超量比例、低量比例等假设,模拟测算各年收入;根据技术部门提供的单位耗电量、电费、电费增长率、装机功率、各类药剂费、维修费用等,以及财务部门提供的人工、折旧摊销等各类成本费用假设模拟测算各年成本;根据财务部门提供的各类税费假设模拟测算各类税费和融资利息费用等,最终形成预测利润表。二是根据投融资情况和现金流情况假设,形成模拟预测资产负债表和现金流量表。三是根据预测财务报表,测算全投资内含报酬率、自有资金内含报酬率、全投资静态回收期、全投资项目净现值、运营期平均净资产收益率、投资回报率等关键指标,见表 5-5-1、表 5-5-2。

表 5-5-1　　　　　　　　　项目全周期关键指标汇总表　　　　　　　　　单位:万元

关键指标	投资期	第一年	第二年	第三年	第四年	第五年	……
净利润	—	3 675.60	3 630.90	3 581.60	3 538.00	3 497.35	……
净现金净流量	-62 766.25	4 287.95	5 088.40	5 047.70	5 011.30	4 977.95	……
ROI	—	5.97%	5.70%	5.64%	5.62%	5.55%	……
ROE	—	10.24%	11.05%	11.23%	12.15%	12.78%	……

表 5-5-2　　　　　　　　　　　项目关键指标表

关键指标	指标数值
全投资内含报酬率	7.09%
自有资金内含报酬率	8.73%
全投资静态回收期	13.19 年
运营期平均 ROE	12.19%
运营期平均 ROI	4.73%

3. 确认影响一般情况的因素。项目有关部门应根据调研情况，从政策、技术、区域、社会等方面，按照自身战略、资源、能力、核心竞争力等内部环境因素要求，识别影响项目偏离一般情况的重大影响因素。按照此原则，甲公司识别 A 工程项目的重大影响因素包括提标、水量不足、水质不达标、低温等。

4. 设定不同情景，进行全面分析。风险控制部针对不同影响因素的边界条件，按照各重大影响因素发生的可能性，分析这些因素发生情境下对一般情况的影响。

针对 A 工程项目提标因素，被投资项目目前厂区污泥通过重力浓缩，经压滤机脱水至 75% 后外运至垃圾填埋场填埋。按当前环保政策趋势，未来政府可能对脱水率提出降低要求，届时需要对现有污泥处理系统进行升级改造，可能增加投资和运营成本。

针对水量不足因素，厂区设计规模 20 万吨/日，当前实际进水量仅 16 万吨，将来进水量大幅增加的可能性相对不大，存在水量不足情景，导致运营成本偏高。

针对水质不达标因素，当前项目进水仅居民生活污水，雨污合流，处理效果较好，实际进水水质无超标风险。若接入工业废水，水质指标变化不能保证出水稳定达标。

针对低温因素，因项目地处东北地区，参考同地区项目，冬季大概率有冰雪进入，导致生化池水温偏低，活性菌生长受到限制，不能保证出水稳定达标。

5. 提出投资决策建议。根据项目不同情景下的分析情况，甲公司风险控制部在一般情况基础上进一步测算不同情境下相关报表和指标，按不同发生概率模拟相关情景发生时对各核心指标的影响程度，为投资决策提供依据。其中，A 工程项目经提标因素和水量不足因素调整后各关键指标见表 5-5-3。

表 5-5-3　　　　　　　　　　　项目关键指标表

关键指标	指标数值
全投资内含报酬率	6.18%
自有资金内含报酬率	7.22%
全投资静态回收期	15.32 年
运营期平均 ROE	10.84%
运营期平均 ROI	4.13%

同时，有关部门配合风险控制部针对相关情景给出相关决策建议：

针对水质不达标因素，建议项目谈判时保证工业废水接入量不超过总水量的 15%，尽量不接入工业废水，并加强管网、园区废水监测，保证出水达标。

针对低温因素,建议冬季低温时开启二期生化池,增加污水停留时间,但因无法再增加进水量,建议项目谈判时严格限定冬季进水量。

6. 进行投资决策。甲公司根据自身区域战略布局、资源配置需要、融资能力、盈利要求等,充分论证各情景特别是不利情景发生时自身的承受情况,综合考虑有关建议,作出项目投资决策。

针对 A 工程项目,东北地区是甲公司的重要战略区,A 工程项目投资金额大、涉及范围广,具有很强的示范效应,不利情境下项目各指标仍能满足公司盈利要求并覆盖融资成本,初步决定投资该项目,最终是否投资视谈判情况再行决定。

三、在实施过程中遇到的主要问题和解决方法

使用情景分析的关键在于对未来各情景进行模拟,但各情景发生的概率判断具有很大不确定性,预估的数据来源也无法做到准确。针对此问题,一是投资决策后应定期进行项目后评估,不断总结历史项目经验数据,形成投资数据库,促进后续项目预估数据更加精准;二是情景分析所需资料的提供方应尽量保证其独立性,不应经过投资人员主观加工,应在组织架构设计、投资流程管理以及绩效考核等方面保证数据提供方的客观性、公正性。

四、取得成效

甲公司在创业初期并未选取情景分析工具方法进行投资决策,但当时的市场成熟度尚低,属蓝海市场,对精细化投资决策要求不高。随着市场逐步饱和、行业竞争加剧,甲公司采用情景分析工具方法进行投资决策,充分考虑未来可能出现的相关事件情景,建立了完善各类投资模拟技术,能够充分估计各种可能性、相应后果和影响,降低了决策失误对企业造成的影响,提高了决策的精准度,促进甲公司从地方性企业发展为全国具有一定规模的水务投资企业,并且不断将成熟投资模式在其他相关行业进行复制,孵化、孕育了环卫、固废等领域环保平台,有力促进战略目标的实现。

案例示范 5-6
约束资源优化在纺织工业企业的应用

【本案例介绍约束资源优化工具方法在纺织工业企业的应用。案例单位是以汽车内饰产品为主要产品的纺织工业企业。针对生产能力严重不足、管理水平无法适应企业需要等问题，该公司采用约束资源优化工具方法，识别初期投入资本受限、投后管理资源受限、适应市场能力受限等约束资源，并制定相应方案，突破其瓶颈并对资源进行整合，大大缩短了公司新厂建立和投产的培育期，有效落实了公司战略目标。】

一、背景描述

（一）单位基本情况

甲公司是以汽车内饰产品为主要产品的纺织工业企业，公司总资产108亿元，净资产34亿元，净利润2亿元，控股子公司17家、联营企业3家，生产规模、综合开发能力、技术装备、市场占有率以及主要经济效益指标等均居国内同行业前列。

（二）存在的主要问题

1. 生产能力严重不足。随着近十几年中国汽车业的长足发展，汽车相关产业日益成熟，利润率不断下滑。甲公司制定了2×20年"汽车内饰位居全球前三"的战略目标，旨在通过规模发展，实现规模效益，降低成本，提升利润水平。在此战略下甲公司须大力提升自身生产能力，通过全国布局建厂、兼并收购等手段走低成本快速扩张之路，快速扩充产能实现生产目标，保持市场竞争力。虽然甲公司生产规模位居国内前列，但与国际上主要市场领先者还有很大差距，生产能力仍严重不足，要在2×20年实现"汽车内饰位居全球前三"的目标任重道远。

2. 管理水平无法适应企业需要。作为快速发展中的传统纺织制造企业，甲公司管理水平还很低下，管理机制、管理人员素质、信息化管理系统、国际化水平等各方面均与国际领先企业存在不小差距，尚无法适应企业快速扩张的需要。

（三）选择约束资源优化工具方法的主要原因

约束资源优化有助于企业通过识别制约其实现生产经营目标的瓶颈资源，并对相关资源进行改善和调整，以优化企业资源配置、提高企业资源使用效率。针对生产能力不足、管理水平较低等问题，甲公司采用约束资源优化工具方法，识别战略落实过程中的瓶颈问题，对相关资源进行改善调整，有助于落实企业战略。

二、应用过程

甲公司为实现战略目标，制定了相应的"全国布局，海外发展"战略布局，一是广泛运用"销地产"模式进行全国布局，跟随整车厂建立汽车内饰配套厂，以迅速扩张规模并且降低平均成本；二是通过收购合并海外汽车内饰行业优质资源，扩大市场占有率，提升品牌效应。通过运用约束资源优化工具方法，甲公司识别战略布局过程中各个阶段的制约因素，并制定相应方案，有效突破其瓶颈并对资源进行整合。

（一）识别约束资源

甲公司采用内部评审法识别约束资源。甲公司组织投资部门、财务部门、生产部门和其他相关部门人员组成内部评审小组，通过多轮集中研讨，从战略全局和系统的角度审视企业所拥有的各种资源和能力，逐一识别资金、产品、市场、生产、管理、人员、信息系统等各方面，找出全国布局各个阶段制约战略目标实现的不利因素，最终识别出初期投入资本受限、投后管理资源受限、适应市场能力受限等涉及全局性、关键性的约束资源。

1. 初期资本投入受限。跟随整车厂"销地产"发展，跟随整车厂外阜建厂，是甲公司重要战略布局，有利于实现规模效应，并控制支出占比较大的运输成本。汽车内饰的行业特点决定了这个行业需要大量的刚性资本投入，公司快速扩张之时，资本投入的受限成为约束分、子公司前期快速发展的原因。

2. 投后管理资源受限。跟随整车厂的发展设立分、子公司只是落实战略的第一步，甲公司整体管理水平不高，尚无法适应企业快速扩张的需要，向管理要效益、要质量、做好分、子公司的投后管理是接下来必将面临的问题。

3. 适应市场能力受限。随着各地的快速扩张和管理的集约化，分、子公司层面缺乏维护客户能力，无法适应市场变化，客户持续改进的需求逐渐成为分、子公司发展的约束。

（二）制定优化方案

在识别约束资源的基础上，甲公司比较约束资源的资源能力差距，搜集约束资源的相关数据等信息，系统分析约束资源形成的原因和涉及的实施责任主体，制定约束资源优化的实施方案。

1. 通过减少营运资金占用、争取工业优惠用地、降低设备投入成本等手段突破资本投入约束。

（1）减少营运资金占用。甲公司各分子公司建立时，营运资金方面基本上未向母公司寻求资金支持，而是运用自身的融资能力，充分利用企业以往与各方建立的良好信誉，运用与供应商协商延长付款周期，与银行续贷等方法来解决了现金资本投入的困难。营运资金占用的减少无形中支持了外地建厂的资金需求。

（2）争取工业优惠用地。甲公司各分、子公司建立时，在充分理解当地政策的情况下，通过与当地政府的充分沟通，努力争取到工业用地的优惠，并尽可能租赁现有的工业园区或地方招商引资提供的价格比较低廉的土地资源，尽最大努力降低企业投建成本。

（3）降低设备投入成本。一是甲公司以出售设备方式向子公司进行机器设备调配。首先，实现对总厂老旧机器设备的高效利用。各地建厂初期常常生产不足，旧设备虽然生产效率相对较低，但仍可以满足轻负荷生产能量的需要。其次，将这些机器设备分配至分、子公司，总厂可以更新换代设备，满足满负荷生产需要，提高了公司整体层面设备利用效率。最后，新厂建设从排产、试产到达产需要较长过程，老旧设备维修后快速形成生产能力，有助于协助子公司快速渡过前期生产的机器设备配置不足的困境。

二是通过总公司集中采购，统一调配，货比三家，从采购规模上议价，可以大幅压低设备采购成本，并实现对费用的控制，避免分、子公司在采购环节发生舞弊的可能。

2. 通过加强集团管控手段提升投后管理水平。

（1）以共享为手段，实现远程系统控制。首先，实施财务核算集约化，精简机构设置。各分、子公司会计核算挂靠母公司，即总公司财务部也就是分、子公司的财务部，承担分、子公司的主要财务职能。分、子公司所在地设置兼职财务一名，用于负责对外有关部门的联系工作，如：税务、银行等方面的事务联系，日常少量的现金报销，向总部报账。其他有关的财务成本核算、财务报表等事项都由总公司的财务部门来处理和负责，总公司的财务人员都是兼职外阜会计，对接各分、子公司的业务，指导财务会计工作。

其次，总公司与分、子公司共享财务 ERP 平台，实施远程控制。财务管理上用统一的标准、统一的时间、统一的软件,做到资源上共享、业务上互助,审核流程上标准化、制度化、统一化、程序化,通过系统把企业的所有经济运行所需要的流程、步骤都综合集中起来,使得所有分、子公司在同一台服务器上办理业务、处理数据、统计和分析经营业绩,快捷方便、及时准确。

(2) 剥离分、子公司其他职能,视为成本中心管理。总公司行使集中管理职能,各分、子公司仅作为企业的"成本管理中心"进行运转。总公司集中进行项目上的重大决策,包括采购洽谈、项目规划、工厂建设等各方面,分、子公司按总公司下达的订单组织生产,原材料由总公司采购部负责提供,质量由质检部门负责监管验收,销售由销售部门负责订货及物流,财务核算过程由总公司财务部负责控制和反映,使作为"成本中心"的分、子公司各项管理工作围绕在保证质量的基础上以较少的成本投入产出更多的合格产品,创造出更高的经济效益。

跟随整车厂的发展设立分、子公司,保证了交货的及时和运输成本的下降,生产出的产品不需培育和开发市场,达到生产条件即可投入生产,生产出产品即可销售,且这种向管理要效益,通过减少中间环节、减少运输距离、减少管理成本的模式,实现了投产即可达到盈利。此外通过远程控制和垂直管理,直接将总公司多年总结的管理经验延续到分、子公司的管理中,在分、子公司设立之初便在管理上严格要求,减少了自上而下的管理阻力,有效提升了公司整体管理水平。

3. 通过对系统的不断完善和流程的持续再造提升适应市场能力。

(1) 以整车厂需求为准绳,逐步建立供应商管理系统。供应商管理系统是国内外众多整车厂非常完善的信息化管理系统,整车厂借助此系统可以方便快捷地将采购信息下发给各供应商,并将供应商的供货情况形成的数据流保存下来,作为对供应商评级和考核的依据。甲公司是整车厂的一级供应商,早已是此系统的成员之一,对该系统较为熟悉。2×18年甲公司根据整车厂的管理经验,结合自身需求也建立起了自己的供应商系统。通过该系统甲公司与其供应商可以进行货物的预定、收发、对账、追踪,具体流程如下:

首先,甲公司收到的订单录入到系统,系统自行将订单分解,形成预测计划并自动匹配供应商(供应商的供货比例由甲公司根据供应商的供货能力、供货表现提前预设好),每半个小时就能更新到供应商平台。

其次,生成采购计划。供应商在供应商系统看到订单后进行供货,供应商送货时会生成发货单和物流条码,该物流条码与订单号关联,并且系统中有发货通知,可以进行货物的追踪。

最后,货物入库时,汽车地毯的仓库人员会用扫描枪扫描物流条码,显示对应哪个订单的哪批货物,保证一一对应,便于控制订单的到货情况。

通过供应商管理系统,供应商输入自己的实时库存,甲公司可以及时掌握供应商的存货量,更好地安排自己的采购计划。同时,此系统运用"以销定产"的思路,以销售为导向进行采购,杜绝了人工操作可能存在的问题,使公司对采购的情况愈加清晰,并且杜绝潜在的商业舞弊行为。

(2) 针对客户个性化需求,配合完善及时供货(JIS)系统运行。面对整车厂的多品种、小批量的生产发展趋势,"批量生产,顺序供货"的模式已变得越来越步履艰难,有些部件已不可能通过成品库存的方式来满足整车厂的要求,必须做到"顺序生产,顺序供货"。"顺序生产,顺序供货"这种模式要求将供应商的零部件生产线"耦合"到整车厂的整车生产线中,使浪费和风险降到最低,这种耦合除了对双方的相对地理位置有一定的要求外，对供应商的供货节拍、生产节拍、响应时间、质量保证等方面，以及供应商的生产、工艺、物流等方面提出严格的要求。整车厂需要定期考核供货商供货能力及产品质量，并按照它的JIS系统要求进行供货，而甲公司各分、子公司对于此系统的掌握及反馈尚达不到要求。

针对此情况，甲公司通过派遣物流、IT、ERP小组成员至分、子公司，与当地工作人员共同协调，一项项梳理并针对高端客户的需求完善了JIS（及时供货）系统的运行，改善了硬、软件技术不足的情况，成功提升了客户满意度。

三、取得成效

甲公司通过积极的约束资源优化手段大大缩短了公司新厂建立和投产的培育期，新投产的分、子公司大多盈利，产能和销量也稳步提升，克服了以往公司投资一个工厂要经过几年的培育期才能实现由亏转盈的现象，有效落实了公司战略目标。

第六部分
绩效管理

管理会计应用指引第600号
——绩效管理

第一章 总 则

第一条 为了促进企业加强绩效管理，激发和调动员工积极性，增强价值创造力，根据《管理会计基本指引》，制定本指引。

第二条 绩效管理，是指企业与所属单位（部门）、员工之间就绩效目标及如何实现绩效目标达成共识，并帮助和激励员工取得优异绩效，从而实现企业目标的管理过程。绩效管理的核心是绩效评价和激励管理。

绩效评价，是指企业运用系统的工具方法，对一定时期内企业营运效率与效果进行综合评判的管理活动。绩效评价是企业实施激励管理的重要依据。

激励管理，是指企业运用系统的工具方法，调动企业员工的积极性、主动性和创造性，激发企业员工工作动力的管理活动。激励管理是促进企业绩效提升的重要手段。

第三条 企业进行绩效管理，一般应遵循以下原则：

（一）战略导向原则。绩效管理应为企业实现战略目标服务，支持价值创造能力提升。

（二）客观公正原则。绩效管理应实事求是，评价过程应客观公正，激励实施应公平合理。

（三）规范统一原则。绩效管理的政策和制度应统一明确，并严格执行规定的程序和流程。

（四）科学有效原则。绩效管理应做到目标符合实际，方法科学有效，激励与约束并重，操作简便易行。

第四条 绩效管理领域应用的管理会计工具方法，一般包括关键绩效指标法、经济增加值法、平衡计分卡、绩效棱柱模型等。

企业可根据自身战略目标、业务特点和管理需要，结合不同工具方法的特征及适用范围，选择一种适合的绩效管理工具方法单独使用，也可选择两种或两种以上的工具方法综合运用。

第二章 应用环境

第五条 企业进行绩效管理时，应设立薪酬与考核委员会或类似机构，主要负责审核绩效管理的政策和制度、绩效计划与激励计划、绩效评价结果与激励实施方案、绩效评价与激励管理报告等，协调解决绩效管理工作中的重大问题。

薪酬与考核委员会或类似机构下设绩效管理工作机构，主要负责制定绩效管理的政策和制度、绩效计划与激励计划，组织绩效计划与激励计划的执行与实施，编制绩效评价与激励管理报告等，协调解决绩效管理工作中的日常问题。

第六条 企业应建立健全绩效管理的制度体系，明确绩效管理的工作目标、职责分工、工作程序、工具方法、信息报告等内容。

第七条 企业应建立有助于绩效管理实施的信息系统，为绩效管理工作提供信息支持。

第三章　绩效计划与激励计划的制定

第八条 企业应用绩效管理工具方法，一般按照制定绩效计划与激励计划、执行绩效计划与激励计划、实施绩效评价与激励、编制绩效评价与激励管理报告等程序进行。

第九条 企业应根据战略目标，综合考虑绩效评价期间宏观经济政策、外部市场环境、内部管理需要等因素，结合业务计划与预算，按照上下结合、分级编制、逐级分解的程序，在沟通反馈的基础上，编制各层级的绩效计划与激励计划。

第十条 绩效计划是企业开展绩效评价工作的行动方案，包括构建指标体系、分配指标权重、确定绩效目标值、选择计分方法和评价周期、拟定绩效责任书等一系列管理活动。制定绩效计划通常从企业级开始，层层分解到所属单位（部门），最终落实到具体岗位和员工。

第十一条 企业可单独或综合运用关键绩效指标法、经济增加值法、平衡计分卡等工具方法构建指标体系。指标体系应反映企业战略目标实现的关键成功因素，具体指标应含义明确、可度量。

第十二条 指标权重的确定可选择运用主观赋权法和客观赋权法，也可综合运用这两种方法。主观赋权法是利用专家或个人的知识与经验来确定指标权重的方法，如德尔菲法、层次分析法等。客观赋权法是从指标的统计性质入手，由调查数据确定指标权重的方法，如主成分分析法、均方差法等。

第十三条 绩效目标值的确定可参考内部标准与外部标准。内部标准有预算标准、历史标准、经验标准等；外部标准有行业标准、竞争对手标准、标杆标准等。

第十四条 绩效评价计分方法可分为定量法和定性法。定量法主要有功效系数法和综合指数法等；定性法主要有素质法和行为法等。

第十五条 绩效评价周期一般可分为月度、季度、半年度、年度、任期。月度、季度绩效评价一般适用于企业基层员工和管理人员，半年度绩效评价一般适用于企业中高层管理人员，年度绩效评价适用于企业所有被评价对象，任期绩效评价主要适用于企业负责人。

第十六条 绩效计划制定后，评价主体与被评价对象一般应签订绩效责任书，明确各自的权利和义务，并作为绩效评价与激励管理的依据。绩效责任书的主要内容包括绩效指标、目标值及权重、评价计分方法、特别约定事项、有效期限、签订日期等。绩效责任书一般按年度或任期签订。

第十七条 激励计划是企业为激励被评价对象而采取的行动方案，包括激励对象、激励形式、激励条件、激励周期等内容。激励计划按激励形式可分为薪酬激励计划、能力开发激励计划、职业发展激励计划和其他激励计划。

薪酬激励计划按期限可分为短期薪酬激励计划和中长期薪酬激励计划。短期薪酬激励计划主要包括绩效工资、绩效奖金、绩效福利等。中长期薪酬激励计划主要包括股票期权、股票增值权、限制性股票以及虚拟股票等。

能力开发激励计划主要包括对员工知识、技能等方面的提升计划。

职业发展激励计划主要是对员工职业发展作出的规划。

其他激励计划包括良好的工作环境、晋升与降职、表扬与批评等。

第十八条 激励计划的制定应以绩效计划为基础，采用多元化的激励形式，兼顾内在激励与外在激励、短期激励与长期激励、现金激励与非现金激励、个人激励与团队激励、正向激励与负向激励，充分发挥各种激励形式的综合作用。

第十九条 绩效计划与激励计划制定完成后，应经薪酬与考核委员会或类似机构审核，报董事会或类似机构审批。经审批的绩效计划与激励计划应保持稳定，一般不予调整，若受国家政策、市场环境、不可抗力等客观因素影响，确需调整的，应严格履行规定的审批程序。

第四章 绩效计划与激励计划的执行

第二十条 审批后的绩效计划与激励计划，应以正式文件的形式下达执行，确保与计划相关的被评价对象能够了解计划的具体内容和要求。

第二十一条 绩效计划与激励计划下达后，各计划执行单位（部门）应认真组织实施，从横向和纵向两方面落实到各所属单位（部门）、各岗位员工，形成全方位的绩效计划与激励计划执行责任体系。

第二十二条 绩效计划与激励计划执行过程中，企业应建立配套的监督控制机制，及时记录执行情况，进行差异分析与纠偏，持续优化业务流程，确保绩效计划与激励计划的有效执行。

（一）监控与记录。企业可借助信息系统或其他信息支持手段，监控和记录指标完成情况、重大事项、员工的工作表现、激励措施执行情况等内容。收集信息的方法主要有观察法、工作记录法、他人反馈法等。

（二）分析与纠偏。根据监控与记录的结果，重点分析指标完成值与目标值的偏差、激励效果与预期目标的偏差，提出相应整改建议并采取必要的改进措施。

（三）编制分析报告。分析报告主要反映绩效计划与激励计划的执行情况及分析结果，其频率可以是月度、季度、年度，也可根据需要编制。

第二十三条 绩效计划与激励计划执行过程中，绩效管理工作机构应通过会议、培训、网络、公告栏等形式，进行多渠道、多样化、持续不断地沟通与辅导，使绩效计划与激励计划得到充分理解和有效执行。

第五章 绩效评价与激励的实施

第二十四条 绩效管理工作机构应根据计划的执行情况定期实施绩效评价与激励，按照绩效计划与激励计划的约定，对被评价对象的绩效表现进行系统、全面、公正、客观地评价，并根据评价结果实施相应的激励。

第二十五条 评价主体应按照绩效计划收集相关信息，获取被评价对象的绩效指标实际值，对照目标值，应用选定的计分方法，计算评价分值，并进一步形成对被评价对象的综合评价结果。

第二十六条 绩效评价过程及结果应有完整的记录,结果应得到评价主体和被评价对象的确认,并进行公开发布或非公开告知。公开发布的主要方式有召开绩效发布会、企业网站绩效公示、面板绩效公告等;非公开发布一般采用一对一书面、电子邮件函告或面谈告知等方式进行。

第二十七条 评价主体应及时向被评价对象进行绩效反馈,反馈内容包括评价结果、差距分析、改进建议及措施等,可采取反馈报告、反馈面谈、反馈报告会等形式进行。

第二十八条 绩效结果发布后,企业应依据绩效评价的结果,组织兑现激励计划,综合运用绩效薪酬激励、能力开发激励、职业发展激励等多种方式,逐级兑现激励承诺。

第六章 绩效评价与激励管理报告

第二十九条 绩效管理工作机构应定期或根据需要编制绩效评价与激励管理报告,对绩效评价和激励管理的结果进行反映。

第三十条 绩效评价与激励管理报告是企业管理会计报告的重要组成部分,应确保内容真实、数据可靠、分析客观、结论清楚,为报告使用者提供满足决策需要的信息。

第三十一条 绩效评价报告根据评价结果编制,反映被评价对象的绩效计划完成情况,通常由报告正文和附件构成。

报告正文主要包括以下两部分:

(一)评价情况说明,包括评价对象、评价依据、评价过程、评价结果、需要说明的重大事项等;

(二)管理建议。

报告附件包括评价计分表、问卷调查结果分析、专家咨询意见等报告正文的支持性文档。

第三十二条 激励管理报告根据激励计划的执行结果编制,反映被评价对象的激励计划实施情况。

激励管理报告主要包括以下两部分:

(一)激励情况说明,包括激励对象、激励依据、激励措施、激励执行结果、需要说明的重大事项等;

(二)管理建议。

其他有关支持性文档可以根据需要以附件形式提供。

第三十三条 绩效评价与激励管理报告可分为定期报告、不定期报告。

定期报告主要反映一定期间被评价对象的绩效评价与激励管理情况。每个会计年度至少出具一份定期报告。

不定期报告根据需要编制,反映部分特殊事项或特定项目的绩效评价与激励管理情况。

第三十四条 绩效评价与激励管理报告应根据需要及时报送薪酬与考核委员会或类似机构审批。

第三十五条 企业应定期通过回顾和分析,检查和评估绩效评价与激励管理的实施效果,不断优化绩效计划和激励计划,改进未来绩效管理工作。

第七章 附 则

第三十六条 本指引由财政部负责解释。

管理会计应用指引第601号
——关键绩效指标法

第一章 总 则

第一条 关键绩效指标法，是指基于企业战略目标，通过建立关键绩效指标（Key Performance Indicator，简称KPI）体系，将价值创造活动与战略规划目标有效联系，并据此进行绩效管理的方法。

关键绩效指标，是对企业绩效产生关键影响力的指标，是通过对企业战略目标、关键成果领域的绩效特征分析，识别和提炼出的最能有效驱动企业价值创造的指标。

第二条 关键绩效指标法可单独使用，也可与经济增加值法、平衡计分卡等其他方法结合使用。

第三条 关键绩效指标法的应用对象可为企业、所属单位（部门）和员工。

第二章 应用环境

第四条 企业应用关键绩效指标法，应遵循《管理会计应用指引第600号——绩效管理》中对应用环境的一般要求。

第五条 企业应用关键绩效指标法，应综合考虑绩效评价期间宏观经济政策、外部市场环境、内部管理需要等因素，构建指标体系。

第六条 企业应有明确的战略目标。战略目标是确定关键绩效指标体系的基础，关键绩效指标反映战略目标，对战略目标实施效果进行衡量和监控。

第七条 企业应清晰识别价值创造模式，按照价值创造路径识别出关键驱动因素，科学地选择和设置关键绩效指标。

第三章 应用程序

第八条 企业应用关键绩效指标法，一般按照制定以关键绩效指标为核心的绩效计划、制定激励计划、执行绩效计划与激励计划、实施绩效评价与激励、编制绩效评价与激励管理报告等程序进行。

第九条 企业通常按《管理会计应用指引第600号——绩效管理》第十条所规定的管理活动制定绩效计划，包括构建指标体系、分配指标权重、确定绩效目标值、选择计分方法和评价周期、拟定绩效责任书等。

第十条 企业构建关键绩效指标体系，一般按照以下程序进行：

（一）制定企业级关键绩效指标。企业应根据战略目标，结合价值创造模式，综合考虑内外部环境等因素，设定企业级关键绩效指标。

（二）制定所属单位（部门）级关键绩效指标。根据企业级关键绩效指标，结合所属单位（部门）关键业务流程，按照上下结合、分级编制、逐级分解的程序，在沟通反馈的基础上，设定所属单位（部门）级关键绩效指标。

（三）制定岗位（员工）级关键绩效指标。根据所属单位（部门）级关键绩效指标，结合员工岗位职责和关键工作价值贡献，设定岗位（员工）级关键绩效指标。

第十一条　企业的关键绩效指标一般可分为结果类和动因类两类指标。结果类指标是反映企业绩效的价值指标，主要包括投资回报率、净资产收益率、经济增加值、息税前利润、自由现金流等综合指标；动因类指标是反映企业价值关键驱动因素的指标，主要包括资本性支出、单位生产成本、产量、销量、客户满意度、员工满意度等。

第十二条　关键绩效指标应含义明确、可度量、与战略目标高度相关。指标的数量不宜过多，每一层级的关键绩效指标一般不超过10个。

第十三条　关键绩效指标选取的方法主要有关键成果领域分析法、组织功能分解法和工作流程分解法。

关键成果领域分析法，是基于对企业价值创造模式的分析，确定企业的关键成果领域，并在此基础上进一步识别关键成功要素，确定关键绩效指标的方法。

组织功能分解法，是基于组织功能定位，按照各所属单位（部门）对企业总目标所承担的职责，逐级分解和确定关键绩效指标的方法。

工作流程分解法，是按照工作流程各环节对企业价值贡献程度，识别出关键业务流程，将企业总目标层层分解至关键业务流程相关所属单位（部门）或岗位（员工），确定关键绩效指标的方法。

第十四条　关键绩效指标的权重分配应以企业战略目标为导向，反映被评价对象对企业价值贡献或支持的程度，以及各指标之间的重要性水平。

单项关键绩效指标权重一般设定在5%～30%之间，对特别重要的指标可适当提高权重。对特别关键、影响企业整体价值的指标可设立"一票否决"制度，即如果某项关键绩效指标未完成，无论其他指标是否完成，均视为未完成绩效目标。

第十五条　企业确定关键绩效指标目标值，一般参考以下标准：

（一）依据国家有关部门或权威机构发布的行业标准或参考竞争对手标准。

（二）参照企业内部标准，包括企业战略目标、年度生产经营计划目标、年度预算目标、历年指标水平等。

（三）不能按前两项方法确定的，可根据企业历史经验值确定。

第十六条　关键绩效指标的目标值确定后，应规定因内外部环境发生重大变化、自然灾害等不可抗力因素对绩效完成结果产生重大影响时，对目标值进行调整的办法和程序。一般情况下，由被评价对象或评价主体测算确定影响额度，向相应的绩效管理工作机构提出调整申请，报薪酬与考核委员会或类似机构审批。

第十七条　绩效评价计分方法和周期的选择、绩效责任书的签订、激励计划的制定，绩效计划与激励计划的执行、实施及编制报告参照《管理会计应用指引第600号——绩效管理》。

第四章 工具方法评价

第十八条 关键绩效指标法的主要优点是：一是使企业业绩评价与战略目标密切相关，有利于战略目标的实现；二是通过识别的价值创造模式把握关键价值驱动因素，能够更有效地实现企业价值增值目标；三是评价指标数量相对较少，易于理解和使用，实施成本相对较低，有利于推广实施。

第十九条 关键绩效指标法的主要缺点是：关键绩效指标的选取需要透彻理解企业价值创造模式和战略目标，有效识别核心业务流程和关键价值驱动因素，指标体系设计不当将导致错误的价值导向或管理缺失。

第五章 附　　则

第二十条 本指引由财政部负责解释。

管理会计应用指引第 602 号
——经济增加值法

第一章 总 则

第一条 经济增加值法，是指以经济增加值（Economic Value Added，简称 EVA）为核心，建立绩效指标体系，引导企业注重价值创造，并据此进行绩效管理的方法。

经济增加值，是指税后净营业利润扣除全部投入资本的成本后的剩余收益。经济增加值及其改善值是全面评价经营者有效使用资本和为企业创造价值的重要指标。经济增加值为正，表明经营者在为企业创造价值；经济增加值为负，表明经营者在损毁企业价值。

第二条 经济增加值法较少单独应用，一般与关键绩效指标法、平衡计分卡等其他方法结合使用。

第三条 企业应用经济增加值法进行绩效管理的对象，可为企业及其所属单位（部门）（可单独计算经济增加值）和高级管理人员。

第二章 应 用 环 境

第四条 企业应用经济增加值法，应遵循《管理会计应用指引第 600 号——绩效管理》中对应用环境的一般要求。

第五条 企业应用经济增加值法，应树立价值管理理念，明确以价值创造为中心的战略目标，建立以经济增加值为核心的价值管理体系，使价值管理成为企业的核心管理制度。

第六条 企业应综合考虑宏观环境、行业特点和企业的实际情况，通过价值创造模式的识别，确定关键价值驱动因素，构建以经济增加值为核心的指标体系。

第七条 企业应建立清晰的资本资产管理责任体系，确定不同被评价对象的资本资产管理责任。

第八条 企业应建立健全会计核算体系，确保会计数据真实可靠、内容完整，并及时获取与经济增加值计算相关的会计数据。

第九条 企业应加强融资管理，关注筹资来源与渠道，及时获取债务资本成本、股权资本成本等相关信息，合理确定资本成本。

第十条 企业应加强投资管理，把能否增加价值作为新增投资项目决策的主要评判标准，以保持持续的价值创造能力。

第三章 应 用 程 序

第十一条 企业应用经济增加值法，一般按照制定以经济增加值指标为核心的绩效计划、制定激励计划、执行绩效计划与激励计划、实施绩效评价与激励、编制绩效评价与激励管理报告等程序进行。

第十二条 企业通常按《管理会计应用指引第600号——绩效管理》第十条所规定的管理活动制定绩效计划。绩效计划是企业开展业绩评价工作的行动方案，包括构建指标体系、分配指标权重、确定业绩绩效目标值、选择计分方法和评价周期、拟定业绩绩效责任书等。

第十三条 构建经济增加值指标体系，一般按照以下程序进行：

（一）制定企业级经济增加值指标体系。首先应结合行业竞争优势、组织结构、业务特点、会计政策等情况，确定企业级经济增加值指标的计算公式、调整项目、资本成本等，并围绕经济增加值的关键驱动因素，制定企业的经济增加值指标体系。

（二）制定所属单位（部门）级经济增加值指标体系。根据企业级经济增加值指标体系，结合所属单位（部门）所处行业、业务特点、资产规模等因素，在充分沟通的基础上，设定所属单位（部门）级经济增加值指标的计算公式、调整项目、资本成本等，并围绕所属单位（部门）经济增加值的关键驱动因素，细化制定所属单位（部门）的经济增加值指标体系。

（三）制定高级管理人员的经济增加值指标体系。根据企业级、所属单位（部门）级经济增加值指标体系，结合高级管理人员的岗位职责，制定高级管理人员的经济增加值指标体系。

第十四条 经济增加值的计算公式为：

经济增加值 = 税后净营业利润 - 平均资本占用 × 加权平均资本成本

其中：税后净营业利润衡量的是企业的经营盈利情况；平均资本占用反映的是企业持续投入的各种债务资本和股权资本；加权平均资本成本反映的是企业各种资本的平均成本率。

第十五条 计算经济增加值时，需要进行相应的会计项目调整，以消除财务报表中不能准确反映企业价值创造的部分。会计调整项目的选择应遵循价值导向性、重要性、可控性、可操作性与行业可比性等原则，根据企业实际情况确定。常用的调整项目有：

（一）研究开发费、大型广告费等一次性支出但收益期较长的费用，应予以资本化处理，不计入当期费用。

（二）反映付息债务成本的利息支出，不作为期间费用扣除，计算税后净营业利润时扣除所得税影响后予以加回。

（三）营业外收入、营业外支出具有偶发性，将当期发生的营业外收支从税后净营业利润中扣除。

（四）将当期减值损失扣除所得税影响后予以加回，并在计算资本占用时相应调整资产减值准备发生额。

（五）递延税金不反映实际支付的税款情况，将递延所得税资产及递延所得税负债变动影响的企业所得税从税后净营业利润中扣除，相应调整资本占用。

（六）其他非经常性损益调整项目，如股权转让收益等。

第十六条 税后净营业利润等于会计上的税后净利润加上利息支出等会计调整项目后得到的税后利润。

第十七条 平均资本占用是所有投资者投入企业经营的全部资本，包括债务资本和股权资本。其中债务资本包括融资活动产生的各类有息负债，不包括经营活动产生的无息流动负债。股权资本中包含少数股东权益。

资本占用除根据经济业务实质相应调整资产减值损失、递延所得税等，还可根据管理需要调整研发支出、在建工程等项目，引导企业注重长期价值创造。

第十八条 加权平均资本成本是债务资本成本和股权资本成本的加权平均，反映了投资者所要求的必要报酬率。加权平均资本成本的计算公式如下：

$$K_{WACC} = K_D \frac{DC}{TC}(1-T) + K_S \frac{EC}{TC}$$

其中：TC 代表资本占用，EC 代表股权资本，DC 代表债务资本；T 代表所得税税率；K_{WACC} 代表加权平均资本成本，K_D 代表债务资本成本，K_S 代表股权资本成本。

债务资本成本是企业实际支付给债权人的税前利率，反映的是企业在资本市场中债务融资的成本率。如果企业存在不同利率的融资来源，债务资本成本应使用加权平均值。

股权资本成本是在不同风险下，所有者对投资者要求的最低回报率。通常根据资本资产定价模型确定，计算公式为：

$$K_S = R_f + \beta(R_m - R_f)$$

其中：R_f 为无风险收益率，R_m 为市场预期回报率，$R_m - R_f$ 为市场风险溢价。β 是企业股票相对于整个市场的风险指数。上市企业的 β 值，可采用回归分析法或单独使用最小二乘法等方法测算确定，也可以直接采用证券机构等提供或发布的 β 值；非上市企业的 β 值，可采用类比法，参考同类上市企业的 β 值确定。

第十九条 企业级加权平均资本成本确定后，应结合行业情况、不同所属单位（部门）的特点，通过计算（能单独计算的）或指定（不能单独计算的）的方式确定所属单位（部门）的资本成本。

通常情况下，企业对所属单位（部门）所投入资本即股权资本的成本率是相同的，为简化资本成本的计算，所属单位（部门）的加权平均资本成本一般与企业保持一致。

第二十条 经济增加值法指标体系通常包括经济增加值、经济增加值改善值、经济增加值回报率、资本周转率、产量、销量、单位生产成本等。

第二十一条 应用经济增加值法建立的绩效评价体系，应赋予经济增加值指标较高的权重。

第二十二条 经济增加值目标值根据经济增加值基准值（简称 EVA 基准值）和期望的经济增加值改善值（简称期望的 ΔEVA）确定。

EVA 目标值 = EVA 基准值 + 期望的 ΔEVA

企业在确定 EVA 基准值和期望的 ΔEVA 值时，要充分考虑企业规模、发展阶段、行业特点等因素。其中，EVA 基准值可参照上年实际完成值、上年实际完成值与目标值的平均值、近几年（比如前 3 年）实际完成值的平均值等确定。期望的 ΔEVA 值，根据企业战略目标、年度生产经营计划、年度预算安排、投资者期望等因素，结合价值创造能力改善等要求综合确定。

第二十三条 绩效评价计分方法和周期的选择、绩效责任书的签订，参照《管理会计应用指引第 600 号——绩效管理》。

第二十四条 经济增加值法的激励计划按激励形式可分为薪酬激励计划、能力开发激励计划、职业发展激励计划和其他激励计划。应用经济增加值法建立的激励体系，应以经济增加值的改善值为基础。

（一）薪酬激励计划主要包括目标奖金、奖金库和基于经济增加值的股票期权。

1. 目标奖金。目标奖金是达到经济增加值目标值所获得的奖金，只对经济增加值增量部分实施奖励。

2. 奖金库。奖金库是基于对企业经济增加值长期增长目标实施的奖励。企业设立专门的账号管理奖金，将以经济增加值为基准计算的奖金额存入专门账户中，以递延奖金形式发放。

3. 股票期权。根据经济增加值确定股票期权的行权价格和数量，行权价格每年以相当于企业资本成本的比例上升，授予数量由当年所获得的奖金确定。

（二）能力开发激励计划主要包括对员工知识、技能等方面的提升计划。

（三）职业发展激励计划主要是对员工职业发展作出的规划。

（四）其他激励计划包括良好的工作环境、晋升与降职、表扬与批评等。

第二十五条　绩效计划和激励计划制定后，执行、实施及编制报告参照《管理会计应用指引第600号——绩效管理》。

第二十六条　企业应用经济增加值法，应循序渐进，在企业及部分所属单位试点的基础上，总结完善后稳步推开。

第四章　工具方法评价

第二十七条　经济增加值法的主要优点是：考虑了所有资本的成本，更真实地反映了企业的价值创造能力；实现了企业利益、经营者利益和员工利益的统一，激励经营者和所有员工为企业创造更多价值；能有效遏制企业盲目扩张规模以追求利润总量和增长率的倾向，引导企业注重长期价值创造。

第二十八条　经济增加值法的主要缺点是：一是仅对企业当期或未来1~3年价值创造情况的衡量和预判，无法衡量企业长远发展战略的价值创造情况；二是计算主要基于财务指标，无法对企业的营运效率与效果进行综合评价；三是不同行业、不同发展阶段、不同规模等的企业，其会计调整项和加权平均资本成本各不相同，计算比较复杂，影响指标的可比性。

第五章　附　　则

第二十九条　本指引由财政部负责解释。

管理会计应用指引第 603 号
——平衡计分卡

第一章 总 则

第一条 平衡计分卡,是指基于企业战略,从财务、客户、内部业务流程、学习与成长四个维度,将战略目标逐层分解转化为具体的、相互平衡的绩效指标体系,并据此进行绩效管理的方法。

第二条 平衡计分卡通常与战略地图等其他工具结合使用。

第三条 平衡计分卡适用于战略目标明确、管理制度比较完善、管理水平相对较高的企业。

平衡计分卡的应用对象可为企业、所属单位(部门)和员工。

第二章 应用环境

第四条 企业应用平衡计分卡工具方法,应遵循《管理会计应用指引第 600 号——绩效管理》中对应用环境的一般要求。

第五条 企业应用平衡计分卡工具方法,应有明确的愿景和战略。平衡计分卡应以战略目标为核心,全面描述、衡量和管理战略目标,将战略目标转化为可操作的行动。

第六条 平衡计分卡可能涉及到组织和流程变革,具有创新精神、变革精神的企业文化有助于成功实施平衡计分卡。

第七条 企业应对组织结构和职能进行梳理,消除不同组织职能间的壁垒,实现良好的组织协同,既包括企业内部各级单位(部门)之间的横向与纵向协同,也包括与投资者、客户、供应商等外部利益相关者之间的协同。

第八条 企业应注重员工学习与成长能力的提升,以更好地实现平衡计分卡的财务、客户、内部业务流程目标,使战略目标贯彻到每一名员工的日常工作中。

第九条 平衡计分卡的实施是一项复杂的系统工程。企业一般需要建立由战略管理、人力资源管理、财务管理和外部专家等组成的团队,为平衡计分卡的实施提供机制保障。

第十条 企业应建立高效集成的信息系统,实现绩效管理与预算管理、财务管理、生产经营等系统的紧密结合,为平衡计分卡的实施提供信息支持。

第三章 应用程序

第十一条 企业应用平衡计分卡工具方法,一般按照制定战略地图、制定以平衡计分卡为核心的绩效计划、制定激励计划、制定战略性行动方案、执行绩效计划与激励计划、实施绩效评价与激励、编制绩效评价与激励管理报告等程序进行。

第十二条 企业首先应制定战略地图，即基于企业愿景与战略，将战略目标及其因果关系、价值创造路径以图示的形式直观、明确、清晰地呈现。战略地图的制定参照《管理会计应用指引第101号——战略地图》。

第十三条 战略地图基于战略主题构建，战略主题反映企业价值创造的关键业务流程，每个战略主题包括相互关联的1~2个目标。

第十四条 战略地图制定后，应以平衡计分卡为核心编制绩效计划。绩效计划是企业开展绩效评价工作的行动方案，包括构建指标体系、分配指标权重、确定绩效目标值、选择计分方法和评价周期、签订绩效责任书等一系列管理活动。制定绩效计划通常从企业级开始，层层分解到所属单位（部门），最终落实到具体岗位和员工。

第十五条 平衡计分卡指标体系的构建应围绕战略地图，针对财务、客户、内部业务流程和学习与成长四个维度的战略目标，确定相应的评价指标。

构建平衡计分卡指标体系的一般程序：

（一）制定企业级指标体系。根据企业层面的战略地图，为每个战略主题的目标设定指标，每个目标至少应有1个指标。

（二）制定所属单位（部门）级指标体系。依据企业级战略地图和指标体系，制定所属单位（部门）的战略地图，确定相应的指标体系，协同各所属单位（部门）的行动与战略目标保持一致。

（三）制定岗位（员工）级指标体系。根据企业、所属单位（部门）级指标体系，按照岗位职责逐级形成岗位（员工）级指标体系。

第十六条 平衡计分卡指标体系构建时，应注重短期目标与长期目标的平衡、财务指标与非财务指标的平衡、结果性指标与动因性指标的平衡、企业内部利益与外部利益的平衡。平衡计分卡每个维度的指标通常为4~7个，总数量一般不超过25个。

第十七条 平衡计分卡指标体系构建时，企业应以财务维度为核心，其他维度的指标都与核心维度的一个或多个指标相联系。通过梳理核心维度目标的实现过程，确定每个维度的关键驱动因素，结合战略主题，选取关键绩效指标。

财务维度以财务术语描述了战略目标的有形成果。企业常用指标有投资资本回报率、净资产收益率、经济增加值、息税前利润、自由现金流、资产负债率、总资产周转率等。

客户维度界定了目标客户的价值主张。企业常用指标有市场份额、客户满意度、客户获得率、客户保持率、客户获利率、战略客户数量等。

内部业务流程维度确定了对战略目标产生影响的关键流程。企业常用指标有交货及时率、生产负荷率、产品合格率、存货周转率、单位生产成本等。

学习与成长维度确定了对战略最重要的无形资产。企业常用指标有员工保持率、员工生产率、培训计划完成率、员工满意度等。

第十八条 企业可根据实际情况建立通用类指标库，不同层级单位和部门结合不同的战略定位、业务特点选择适合的指标体系。

第十九条 平衡计分卡指标的权重分配应以战略目标为导向，反映被评价对象对企业战略目标贡献或支持的程度，以及各指标之间的重要性水平。

企业绩效指标权重一般设定在5%~30%之间，对特别重要的指标可适当提高权重。

对特别关键、影响企业整体价值的指标可设立"一票否决"制度，即如果某项绩效指标未完成，无论其他指标是否完成，均视为未完成绩效目标。

第二十条 平衡计分卡绩效目标值应根据战略地图的因果关系分别设置。首先确定战略主题的目标值，其次确定主题内的目标值，然后基于平衡计分卡评价指标与战略目标的对应关系，为每个评价指标设定目标值，通常设计3～5年的目标值。

第二十一条 平衡计分卡绩效目标值确定后，应规定因内外部环境发生重大变化、自然灾害等不可抗力因素对绩效完成结果产生重大影响时，对目标值进行调整的办法和程序。一般情况下，由被评价对象或评价主体测算确定影响程度，向相应的绩效管理工作机构提出调整申请，报薪酬与考核委员会或类似机构审批。

第二十二条 绩效评价计分方法和周期的选择、绩效责任书的签订、激励计划的制定，参照《管理会计应用指引第600号——绩效管理》。

第二十三条 绩效计划与激励计划制定后，企业应在战略主题的基础上，制定战略性行动方案，实现短期行动计划与长期战略目标的协同。战略性行动方案的制定主要包括以下内容：

（一）选择战略性行动方案。制定每个战略主题的多个行动方案，并从中区分、排序和选择最优的战略性行动方案。

（二）提供战略性资金。建立战略性支出的预算，为战略性行动方案提供资金支持。

（三）建立责任制。明确战略性行动方案的执行责任方，定期回顾战略性行动方案的执行进程和效果。

第二十四条 绩效计划与激励计划执行过程中，企业应按照纵向一致、横向协调的原则，持续地推进组织协同，将协同作为一个重要的流程进行管理，使企业和员工的目标、职责与行动保持一致，创造协同效应。

第二十五条 绩效计划与激励计划执行过程中，企业应持续深入地开展流程管理，及时识别存在问题的关键流程，根据需要对流程进行优化完善，必要时进行流程再造，将流程改进计划与战略目标相协同。

第二十六条 绩效计划与激励计划的执行、实施及编制报告参照《管理会计应用指引第600号——绩效管理》。

第二十七条 平衡计分卡的实施是一项长期的管理改善工作，在实践中通常采用先试点后推广的方式，循序渐进，分步实施。

第四章 工具方法评价

第二十八条 平衡计分卡的主要优点是：一是战略目标逐层分解并转化为被评价对象的绩效指标和行动方案，使整个组织行动协调一致；二是从财务、客户、内部业务流程、学习与成长四个维度确定绩效指标，使绩效评价更为全面完整；三是将学习与成长作为一个维度，注重员工的发展要求和组织资本、信息资本等无形资产的开发利用，有利于增强企业可持续发展的动力。

第二十九条 应用平衡计分卡的主要缺点是：一是专业技术要求高，工作量比较大，操作难度也较大，需要持续地沟通和反馈，实施比较复杂，实施成本高；二是各指标权重在不同层级及各层级不同指标之间的分配比较困难，且部分非财务指标的量化工作难以落实；三是系统性强、涉及面广，需要专业人员的指导、企业全员的参与和长期持续地修正与完善，对信息系统、管理能力有较高的要求。

第五章 附 则

第三十条 本指引由财政部负责解释。

管理会计应用指引第 604 号
——绩效棱柱模型

第一章 总 则

第一条 绩效棱柱模型，是指从企业利益相关者角度出发，以利益相关者满意为出发点，利益相关者贡献为落脚点，以企业战略、业务流程、组织能力为手段，用棱柱的五个构面构建三维绩效评价体系，并据此进行绩效管理的方法。

利益相关者，是指有能力影响企业或者被企业所影响的人或者组织，通常包括股东、债权人、员工、客户、供应商、监管机构等。

第二条 绩效棱柱模型适用于管理制度比较完善，业务流程比较规范，管理水平相对较高的大中型企业。

绩效棱柱模型的应用对象可为企业和企业各级所属单位（部门）。

第二章 应 用 环 境

第三条 企业应用绩效棱柱模型工具方法，应遵循《管理会计应用指引第 600 号——绩效管理》中对应用环境的一般要求。

第四条 企业应坚持主要利益相关者价值取向，建立有效的内外部沟通协调机制，与利益相关者建立良好的互动关系。

第五条 企业应根据主要利益相关者的需求制定战略，优化关键流程，提升组织能力，在满足主要利益相关者需求的基础上分享其作出的贡献。

第六条 企业应用绩效棱柱模型工具方法，一般需要建立由负责战略、人力资源、财务、客户和供应商等有关部门及外部专家等组成的项目团队。

第七条 企业应对人力资源管理、客户关系管理、供应商关系管理、财务管理等系统进行集成，为绩效棱柱模型的实施提供信息支持。

第三章 应 用 程 序

第八条 企业应用绩效棱柱模型工具方法，应遵循《管理会计应用指引第 600 号——绩效管理》中对应用程序的一般要求。

第九条 企业在制定绩效计划时，可采用绩效棱柱模型工具方法。在应用该方法时，一般按照明确主要利益相关者、绘制利益相关者地图、优化战略和业务流程以及提升能力、制定以绩效棱柱模型为核心的绩效计划等程序进行。

第十条 企业应结合自身的经营环境、行业特点、发展阶段、商业模式、业务特点等因素界定利益相关者范围，进一步运用态势分析法、德尔菲法等方法确定绩效棱柱模型的主要利益相关者。

第十一条 企业应根据确定的主要利益相关者，绘制基于绩效棱柱模型的利益相关者地图。

利益相关者地图是以利益相关者满意为出发点，按照企业战略、业务流程、组织能力依次展开，并以利益相关者贡献为落脚点的平面展开图。

利益相关者地图可将绩效棱柱模型五个构面以图示形式直观、明确、清晰地呈现出来。

第十二条 绘制利益相关者地图后，企业应及时查找现有的战略、业务流程和组织能力在满足主要利益相关者满意方面存在的不足和差距，进一步优化战略和业务流程，提升组织能力，制定行动方案并有效地实施。

第十三条 绘制利益相关者地图后，企业还应以绩效棱柱模型为核心编制绩效计划。绩效计划是企业开展绩效评价工作的行动方案，包括构建指标体系、分配指标权重、确定绩效目标值、选择计分方法和评价周期、签订绩效责任书等一系列管理活动。

第十四条 企业应围绕利益相关者地图，构建绩效棱柱模型指标体系。指标体系的构建应坚持系统性、相关性、可操作性、成本效益原则。各项指标应简单明了，易于理解和使用。主要内容如下：

（一）制定企业级指标体系。根据企业层面的利益相关者地图，分别设计出各个构面的绩效评价指标。

（二）制定所属单位（部门）级指标体系。根据企业级利益相关者地图和指标体系，绘制所属单位（部门）级利益相关者地图，制定相应的指标体系。

第十五条 绩效棱柱模型指标体系通常包括以下内容：

（一）利益相关者满意评价指标：与投资者（包括股东和债权人，下同）相关的指标有总资产报酬率、净资产收益率、派息率、资产负债率、流动比率等；与员工相关的指标有员工满意度、工资收入增长率、人均工资等；与客户相关的指标有客户满意度、客户投诉率等；与供应商相关的指标有逾期付款次数等；与监管机构相关的指标有社会贡献率、资本保值增值率等。

（二）企业战略评价指标：与投资者相关的指标有可持续增长率、资本结构、研发投入比率等；与员工相关的指标有员工职业规划、员工福利计划等；与客户相关的指标有品牌意识、客户增长率等；与供应商相关的指标有供应商关系质量等；与监管机构相关的指标有政策法规认知度、企业的环保意识等。

（三）业务流程评价指标：与投资者相关的指标有标准化流程比率、内部控制有效性等；与员工相关的指标有员工培训有效性、培训费用支出率等；与客户相关的指标有产品合格率、准时交货率等；与供应商相关的指标有采购合同履约率、供应商的稳定性等；与监管机构相关的指标有环保投入率、罚款与销售比率等。

（四）组织能力评价指标：与投资者相关的指标有总资产周转率、管理水平评分等；与员工相关的指标有员工专业技术水平、人力资源管理水平等；与客户相关的指标有售后服务水平、市场管理水平等；与供应商相关的指标有采购折扣率水平、供应链管理水平等；与监管机构相关的指标有节能减排达标率等。

（五）利益相关者贡献评价指标：与投资者相关的指标有融资成本率等；与员工相关的指标有员工生产率、员工保持率等；与客户相关的指标有客户忠诚度、客户毛利水平等；与供应商相关的指标有供应商产品质量水平、按时交货率等；与监管机构相关的指标有当地政府支持度、税收优惠程度等。

第十六条　企业分配绩效棱柱模型指标权重，应以主要利益相关者价值为导向，反映所属各单位或部门、岗位对主要利益相关者价值贡献或支持的程度，以及各指标之间的重要性水平。首先根据重要性水平分别对主要利益相关者分配权重，权重之和为100%；然后对不同主要利益相关者五个构面分别设置权重，权重之和为100%；单项指标权重一般设定在5%~30%之间，对特别重要的指标可适当提高权重。

第十七条　企业设定绩效棱柱模型的绩效目标值，应根据利益相关者地图的因果关系，以利益相关者满意指标目标值为出发点，逐步分解得到企业战略、业务流程、组织能力的各项指标目标值，最终实现利益相关者贡献的目标值。各目标值应符合企业实际，具有可实现性和挑战性，使被评价对象经过努力可以达到。

第十八条　绩效棱柱模型绩效目标值确定后，因内外部环境发生重大变化、自然灾害等不可抗力因素对绩效完成结果产生重大影响时，企业应规定对目标值进行调整的办法和程序。一般情况下，由被评价对象或评价主体测算确定影响额度，向相应的绩效管理工作机构提出调整申请，报薪酬与考核委员会或类似机构审批。

第十九条　绩效棱柱模型的实施是一项长期管理改善工作，企业在实践中通常可采用先试点后推广的方式，循序渐进分步实施。

第四章　工具方法评价

第二十条　绩效棱柱模型的主要优点是：坚持主要利益相关者价值取向，使主要利益相关者与企业紧密联系，有利于实现企业与主要利益相关者的共赢，为企业可持续发展创造良好的内外部环境。

第二十一条　绩效棱柱模型的主要缺点是：涉及多个主要利益相关者，对每个主要利益相关者都要从五个构面建立指标体系，指标选取复杂，部分指标较难量化，对企业信息系统和管理水平有较高要求，实施难度大、门槛高。

第五章　附　　则

第二十二条　本指引由财政部负责解释。

附录：

绩效棱柱模型

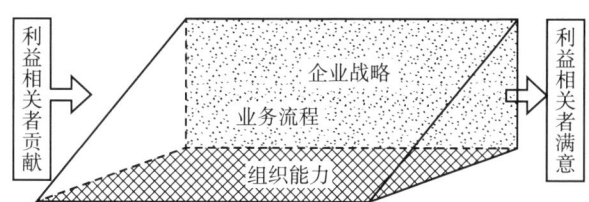

相关工具方法及指标计算说明

一、工具方法说明

(一) 指标权重确定方法

1. 德尔菲法（也称专家调查法），是指邀请专家对各项指标进行权重设置，将汇总平均后的结果反馈给专家，再次征询意见，经过多次反复，逐步取得比较一致结果的方法。

2. 层次分析法，是指将绩效指标分解成多个层次，通过下层元素对于上层元素相对重要性的两两比较，构成两两比较的判断矩阵，求出判断矩阵最大特征值所对应的特征向量作为指标权重值的方法。

3. 主成分分析法，是指将多个变量重新组合成一组新的相互无关的综合变量，根据实际需要从中挑选出尽可能多地反映原来变量信息的少数综合变量，进一步求出各变量的方差贡献率，以确定指标权重的方法。

4. 均方差法，是指将各项指标定为随机变量，指标在不同方案下的数值为该随机变量的取值，首先求出这些随机变量（各指标）的均方差，然后根据不同随机变量的离散程度确定指标权重的方法。

(二) 绩效评价计分方法

1. 功效系数法，是指根据多目标规划原理，将所要评价的各项指标分别对照各自的标准，并根据各项指标的权重，通过功效函数转化为可以度量的评价分数，再对各项指标的单项评价分数进行加总，得出综合评价分数的一种方法。该方法的优点是从不同侧面对评价对象进行计算评分，满足了企业多目标、多层次、多因素的绩效评价要求，缺点是标准值确定难度较大，比较复杂。功效系数法的计算公式为：

绩效指标总得分 $= \sum$ 单项指标得分

单项指标得分 = 本档基础分 + 调整分

本档基础分 = 指标权重 × 本档标准系数

调整分 = 功效系数 × (上档基础分 − 本档基础分)

上档基础分 = 指标权重 × 上档标准系数

$$功效系数 = \frac{实际值 - 本档标准值}{上档标准值 - 本档标准值}$$

对评价标准值的选用，应结合评价的目的、范围、企业所处行业、企业规模等具体情况，参考国家相关部门或研究机构发布的标准值确定。

2. 综合指数法，是指根据指数分析的基本原理，计算各项绩效指标的单项评价指数和加权评价指数，据以进行综合评价的方法。该方法的优点是操作简单，容易理解，缺点是标准值存在异常时影响结果的准确性。综合指数法的计算公式为：

绩效指标总得分 $= \sum$ (单项指标评价指数 × 该项评价指标的权重)

3. 素质法，是指评估员工个人或团队在多大程度上具有组织所要求的某种基本素质、关键技能和主要特质的方法。

4. 行为法，是指专注于描述与绩效有关的行为状态，考核员工在多大程度上采取了管理者所期望或工作角色所要求的组织行为的方法。

(三) β值确定方法

1. 最小二乘法，是指通过最小化误差的平方和，找到一组数据的最佳函数匹配的方法。

2. 回归分析法，是指在掌握大量观察数据的基础上，利用数理统计方法建立因变量与自变量之间的回归关系函数表达式的方法。

3. 类比法（也称比较类推法），是指由一类事物所具有的某种属性，推测与其类似的事物应具有这种属性的方法。

（四）收集信息方法

1. 观察法，是指通过直接观察员工在工作中的表现并予以记录的方法。

2. 工作记录法，是指通过日常工作记录或财务管理、生产经营等业务系统产生的数据，予以收集信息的方法。

3. 他人反馈法，是指收集其他人员对被评价对象的评价信息的方法。

二、评价指标计算说明

1. 投资资本回报率，是指企业一定会计期间取得的息前税后利润占其所使用的全部投资资本的比例，反映企业在会计期间有效利用投资资本创造回报的能力。一般计算公式如下：

$$投资资本回报率 = \frac{税前利润 \times (1 - 所得税税率) + 利息支出}{投资资本平均余额} \times 100\%$$

$$投资资本平均余额 = \frac{期初投资资本 + 期末投资资本}{2}$$

$$投资资本 = 有息债务 + 所有者（股东）权益$$

2. 净资产收益率（也称权益净利率），是指企业一定会计期间取得的净利润占其所使用的净资产平均数的比例，反映企业全部资产的获利能力。一般计算公式如下：

$$净资产收益率 = \frac{净利润}{平均净资产} \times 100\%$$

3. 经济增加值回报率，是指企业一定会计期间内经济增加值与平均资本占用的比值。一般计算公式如下：

$$经济增加值回报率 = \frac{经济增加值}{平均资本占用} \times 100\%$$

4. 息税前利润，是指企业当年实现税前利润与利息支出的合计数。一般计算公式如下：

$$息税前利润 = 税前利润 + 利息支出$$

5. 自由现金流，是指企业一定会计期间经营活动产生的净现金流超过付现资本性支出的金额，反映企业可动用的现金。一般计算公式如下：

$$自由现金流 = 经营活动净现金流 - 付现资本性支出$$

6. 资产负债率，是指企业负债总额与资产总额的比值，反映企业整体财务风险程度。一般计算公式如下：

$$资产负债率 = \frac{负债总额}{资产总额} \times 100\%$$

7. 总资产周转率，是指营业收入与总资产平均余额的比值，反映总资产在一定会计期间内周转的次数。一般计算公式如下：

$$总资产周转率 = \frac{营业收入}{总资产平均余额}$$

8. 存货周转率，是指企业营业收入与存货平均余额的比值，反映存货在一定会计期间内周转的次数。一般计算公式如下：

$$存货周转率 = \frac{营业收入}{存货平均余额}$$

9. 资本周转率，是指企业在一定会计期间内营业收入与平均资本占用的比值。一般计算公式如下：

$$资本周转率 = \frac{营业收入}{平均资本占用} \times 100\%$$

10. 资本性支出，是指企业发生的、其效益涉及于两个或两个以上会计年度的各项支出。
11. 产量，是指企业在一定时期内生产出来的产品的数量。
12. 销量，是指企业在一定时期内销售商品的数量。
13. 单位生产成本，是指生产单位产品而平均耗费的成本。
14. 客户满意度，是指客户期望值与客户体验的匹配程度，即客户通过对某项产品或服务的实际感知与其期望值相比较后得出的指数。客户满意度收集渠道主要包括问卷调查、客户投诉、与客户的直接沟通、消费者组织的报告、各种媒体的报告和行业研究的结果等。
15. 员工满意度，是指员工对企业的实际感知与其期望值相比较后得出的指数。主要通过问卷调查、访谈调查等方式，从工作环境、工作关系、工作内容、薪酬福利、职业发展等方面进行衡量。
16. 市场份额，是指一个企业的销售量（或销售额）在市场同类产品中所占的比重。
17. 客户获得率，是指企业在争取新客户时获得成功部分的比例。该指标可用客户数量增长率或客户交易额增长率来描述，一般计算公式如下：

$$客户数量增长率 = \frac{本期客户数量 - 上期客户数量}{上期客户数量} \times 100\%$$

$$客户交易额增长率 = \frac{本期客户交易额 - 上期客户交易额}{上期客户交易额} \times 100\%$$

18. 客户保持率，是指企业继续保持与老客户交易关系的比例。该指标可用老客户交易增长率来描述，一般计算公式如下：

$$老客户交易增长率 = \frac{老客户本期交易额 - 老客户上期交易额}{老客户上期交易额} \times 100\%$$

19. 客户获利率，是指企业从单一客户得到的净利润与付出的总成本的比率。一般计算公式如下：

$$单一客户获利率 = \frac{单一客户净利润}{单一客户总成本} \times 100\%$$

20. 战略客户数量，是指对企业战略目标实现有重要作用的客户的数量。
21. 交货及时率，是指企业在一定会计期间内及时交货的次数占其总交货次数比例。一般计算公式如下：

$$交货及时率 = \frac{及时交货的订单个数}{总订单个数} \times 100\%$$

22. 生产负荷率，是指投产项目在一定会计期间内的产品产量与设计生产能力的比例。一般计算公式如下：

$$生产负荷率 = \frac{实际产量}{设计生产能力} \times 100\%$$

23. 产品合格率，是指合格产品数量占总产品数量的比例。一般计算公式为：

$$产品合格率 = \frac{合格产品数量}{总产品数量} \times 100\%$$

24. 员工流失率，是指企业一定会计期间内离职员工占员工平均人数的比例。一般计算公式如下：

$$员工流失率 = \frac{本期离职员工人数}{员工平均人数} \times 100\%$$

$$员工保持率 = 1 - 员工流失率$$

25. 员工生产率，是指员工在一定会计期间内创造的劳动成果与其相应员工数量的比值。该指标可用人均产品生产数量或人均营业收入进行衡量。一般计算公式如下：

$$人均产品生产数量 = \frac{本期产品生产总量}{生产人数}$$

$$人均营业收入 = \frac{本期营业收入}{员工人数}$$

26. 培训计划完成率，是指培训计划实际执行的总时数占培训计划总时数的比例。一般计算公式如下：

$$培训计划完成率 = \frac{培训计划实际执行的总时数}{培训计划总时数} \times 100\%$$

案例示范 6-1
以关键绩效指标法为核心的业绩考核体系的设计与实施

【本案例介绍了关键绩效指标法、经济增加值法和360度评价等多种绩效管理工具方法在企业绩效管理中的综合应用。案例单位为工业研发和制造企业。该单位以落实集团战略做强做优、整合资源和统一管理、提高运营效率为目标,借鉴平衡计分卡思想,以关键绩效指标(KPI)考核为主线,将经济增加值(EVA)确定为KPI之一,结合采用360度评价的方法建立了企业业绩考核体系,企业管控能力不断增强,经营管理水平不断提升。】

一、背景描述
(一)单位基本情况

甲集团公司(以下简称"公司")由A、B两家企业合并组建,以设计与工程总包、煤机装备、安全技术与装备、示范工程、节能环保和新能源五大板块为主营业务,拥有工程总承包及工程设计、勘察、监理等十数项甲级资质,致力于拓展自身技术优势,提供更广泛的生产性服务,支撑中国煤炭走新型工业化道路。该公司坚持以煤为本,以培育创新能力、实现引领支撑为原则,提供以客户需求为核心的集成式服务,努力发展成为提供一体化解决方案的工程服务商和装备供应商,建设具有国际影响力和竞争力的大型高科技企业集团。公司拥有21家二级子企业,分布于北京、上海等10多个中心城市,建设有规范的董事会制度,董事会下设战略与投资委员会、提名委员会、薪酬与考核委员会、审计与风险管理委员会和质量、安全与应急管理委员会。现有员工30 000多名,拥有各类专业技术人员10 000多人。

(二)存在的主要问题

公司高度关注业绩考核工作,成立以来建立了较为完整、全面的业绩考核体系,并不断进行优化。

一是建立统一的业绩考核体系是企业整合资源、统一管理的要求。公司成员单位分布于北京、上海、重庆、西安、太原、杭州、武汉、沈阳、南京等。在合并后,如何整合两家资源、统一管理、发挥优势、使合并后的企业尽快度过过渡期、走上快速发展的轨道是摆在管理层面前的首要问题。在统一集团各项审批制度的同时,业绩考核被作为传递集团公司整体战略目标、统一价值取向的重要抓手,用以引导成员单位的经营活动、确保合并后的平稳过渡。

二是强化考核力度是公司"小改制"后新公司高效运营的要求。为更好的适应市场需求、建立现代企业制度。完成合并重组后,公司制定了股份制改造的目标,并于2×11年启动了所属全民所有制企业公司制改造,2×13年完成对集团公司所属全民所有制企业的公司制改造。改制不仅是公司组织形式的变更,同时也是经营目标和经营理念的变更,完整有效的业绩考核体系是企业实现经营目标的有力保障,也是改制后的新公司实现高效运营的有力推动。

三是进一步完善业绩考核制度是落实集团战略、做强做优的要求。企业合并后,公司的业务几乎涵盖了煤炭产业链的所有环节,形成了包含设计与工程总包、煤机装备、安全技术与装备、示范工程、节能环保与新能源五大业务板块,并制定了"立足煤炭行业,并适度相关多元化,延伸产业价值链,成为一体化解决方案的集成工程服务商和装备供应商,建设高标准示范工程,开拓高效低碳能源产业。到 2×20 年,实现销售收入超过 1 000 亿元,利润突破 100 亿元"的战略目标。

(三) 选择建设以关键指标法为核心的业绩考核体系的主要原因

为更好地落实集团战略,发挥考核的绩效引导作用,公司不仅在业绩考核方面进行了修订完善,同时为改变集团公司对所属企业多头考核、指标体系又不全面的局面,借鉴平衡计分卡思想,以关键绩效指标(KPI)考核为主线,将经济增加值(EVA)确定为 KPI 之一,结合采用 360 度评价的方法,积极探索建立综合考核评价体系。

二、总体设计

(一) 吸收平衡计分卡思想

公司吸收平衡计分卡的思想,战略制定除明确了财务目标外,充分体现对了客户服务、产品标准的关注,同时制定《公司人力资源规划》,确立人才与集团公司共同成长的发展观;业绩考核作为战略落地的重要抓手,充分结合本企业的特点,在强调财务业绩的同时、特别注重科技业绩、安全生产、内部协同等方面的考核;建立了以《公司全员业绩考核》为统领,涵盖从集团到二级企业、三级企业,从高管人员、各部门到员工个人的多个考核制度的完整的考核体系,将考核目标层层分解和传递。

(二) 以 KPI 为主线

公司的考核体系以 KPI 为主线。基本运用情况:一是强化考核体系,根据调整后的战略规划要求,强化与战略规划相关的收入、利润等主要经营指标、考核机制;二是根据《公司高级管理人员经营业绩考核暂行办法》,建立考核范围覆盖集团公司全部高管人员的考核体系,将战略规划目标和战略措施有针对性的纳入每位高管人员个人关键业绩指标;三是根据《公司企业负责人年度经营业绩考核暂行办法》,将子企业发展规划中的利润总额、经济增加值、营业收入、科技创新投入等与战略实施相关的指标和工作任务纳入子企业负责人考核。

(三) 整合采用 360 度评价方法

公司在高管人员个人能力素质能力评价、集团公司各职能部门负责人的考核、部门员工的考核中,采用 360 评价的方法。其中,高管人员的评价者是全体董事、党委常委会成员及其他高管人员;总部职能部门负责人进行述职,由集团公司领导人员及总部各部门负责人、所属企业正职参加述职会议并评分;部门员工进行年度工作总结,由部门负责人和其他员工进行评分。

(四) 单项 KPI 采用 EVA 考核的方法

经济增加值作为企业价值的量化体现,成为考核体系的重要组成部分,公司经济增加值的考核办法与国资委的考核办法在内容上基本保持一致,并将其作为考核办法中的基本指标,将其权重比例设置为 30%,在所属二级企业全面推行。公司积极探索完善经济增加值考核理念与方法,结合所属企业实际经营情况,较为有效地将国资委考核集团公司的指标分解为各企业的业绩考核指标,按照权责利相统一的要求,实现了企业负责人经营业绩同激励约束机制相结合,并以此作为职务任免的重要依据。

公司按照季度、半年度、年度分别对集团公司及所属企业的财务状况进行动态分析,经济增加值作为考核下属企业的一项重要指标已在财务动态中列示,并在年底按照各企业经济增加值完成情况进行排名,以引起企业的高度重视。经济增加值指标考核列入集团公司常态化指标管理范围,所属企业中该项指标凡是出现异常变化的情况,均要求对其经济增加值进行分解、分析，找出原因、反映问题、寻求解决方法。

三、应用过程

（一）较为完整的全员业绩考核制度体系建设

1. 全员业绩考核制度体系。

公司确定了"战略导向，分级管理，分类考核，全员覆盖，突出短板，积极创新，注重实效"的全员业绩考核制度建设原则，以集团公司高管人员考核制度为切入点，切实加强了各级企业负责人副职的考核制度建设，制定完善了《集团公司高管人员经营业绩考核暂行办法》《所属企业负责人经营业绩考核暂行办法》《所属企业领导班子和领导人员综合绩效考核暂行办法》等，并以此为契机，全面推进了各级企业负责人副职、职能部门等从业人员的考核工作，有效消除了考核死角，较好实现了全员业绩考核工作的制度覆盖。目前，公司全员业绩考核制度体系已基本健全，制度体系见表6-1-1。

表6-1-1　　　　　　　　　业绩考核制度体系表

制度类别	业绩考核制度	制定单位
集团系统	集团公司全员业绩考核指导意见	集团公司
集团总部	集团公司高管人员经营业绩考核暂行办法	集团公司
	集团公司总部职能部门负责人及员工绩效考核办法	集团公司
二级子企业	二级子企业负责人经营业绩考核办法 所属企业领导班子和领导人员综合绩效考核暂行办法	集团公司
	二级子企业职能部门负责人及员工考核办法	本企业
三级及以下子企业	三级及以下子企业负责人经营业绩考核办法	二级子企业
	三级及以下子企业职能部门负责人及员工考核办法	本企业
其他	其他人员业绩考核办法	主管单位

2. 业绩考核体系与薪酬制度体系等紧密结合。

在建设全员业绩考核制度的同时，公司统筹建设与全员业绩考核制度相关的薪酬制度体系、企业领导人员管理制度体系等关联制度体系的建设。尤其是薪酬管理制度体系，要求与业绩考核制度体系紧密结合，保障薪酬结果与业绩考核结果直接挂钩。公司各级企业能够较好贯彻全员业绩考核政策要求，按照业绩考核制度，实施全员业绩考核工作，有效提升了全体员工的工作积极性，明显改善了企业工作效率。

3. 业绩考核制度备案及实施评估管理机制。

公司建立了所属企业业绩考核与工资管理基础制度备案机制，通过备案方式对各企业业绩考核主要制度进行总体审核与调控。同时，要求各企业根据企业内外情况及有关政策的变化，每年及时对业绩考核制度进行实施评估与制度修订，根据政策变化及制度实施效果，对原有制度进行修订完善，确保制度实施的实用性、有效性。公司在2×10年制定了《公司高级管理人员经营业绩考核暂行办法》（以下简称《高管人员业绩考核办法》），建立了高管人员经营业绩考核机制，并在2×11年度按照此办法进行了高管人员业绩考核工作。2×12年，公司对原有的《高管人员业绩考核办法》进行了修订，在提交董事会审议通过后，形成《公司集团高级管理人员经营业绩考核暂行办法》（修订版）。

（二）对集团高级管理人员的业绩考核工作

1. 遵循的原则。

（1）按照国有资产保值增值、不断提升股东价值及投资回报的总体要求，依据国家法律法规和有关政策规定，对高管人员进行考核。

（2）结果考核与过程评价相统一；激励与约束相统一。考核结果与薪酬挂钩，业绩升、薪酬升，业绩降、薪酬降；保持薪酬水平和企业发展相适应，充分调动高管人员的工作积极性。

（3）坚持年度考核与任期考核相结合，兼顾当期效益与长期效益，不断增强企业发展后劲。

（4）坚持全员业绩考核。考核范围要涵盖集团公司全部高管人员，并以高管人员业绩考核为战略任务落实工作起点，建立完善的、覆盖全体人员的全员业绩考核机制，确保企业资产保值增值的责任和压力从上到下层层传递。

（5）制度创新与平稳过渡相结合，依据政策与企业实际相结合，力求整体考核政策与企业个性化考核的有机衔接。

（6）坚持考核服务于企业科学发展，推动企业提高战略管理、自主创新、资源节约与环境保护、安全生产等水平，不断增强企业核心竞争能力和可持续发展能力。

董事会全面负责高管人员业绩考核工作，按照国资委有关规定，决定高管人员的经营业绩考核等事项。薪酬与考核委员会负责高管人员业绩考核方案制订等工作，拟订高管人员的业绩考核管理办法，考核、评价高管人员的业绩。

2. 高管人员考核指标及评价权重。

根据《高管人员业绩考核办法》，公司规范有效地组织高管人员开展年度业绩考核工作，并通过科技创新、重点工作、个人 KPI 等指标设置与考核，较好保障了高管人员考核的精准性、针对性。每年年初，由总经理组织高管人员按照董事会年度经营业绩考核要求和企业发展规划及经营状况，向董事会提交当年拟完成的经营业绩考核目标建议值。董事会根据国资委考核公司的测评目标值，结合企业科技性质的行业特点，审议确定主要业绩考核指标。

（1）总经理年度业绩考核指标如下所示（见表6-1-2）：

表6-1-2　　　　　　　　总经理年度业绩考核指标表

指标	权重	分项指标	分项权重	评价人	评价人权重
主要业绩	85%	经营业绩指标	80%	董事会	100%
		科技创新能力及重点工作指标	20%		
个人KPI	10%	分管工作指标	100%	董事长	30%
				其他董事	60%
				党委常委会成员及其他高管人员	10%
个人能力素质	5%	素质、能力、态度	100%	全体董事	90%
				党委常委会成员及其他高管人员	10%

(2) 公司副职年度业绩考核指标如下所示（见表 6-1-3）：

表 6-1-3　　　　　　　　　公司副职年度业绩考核指标表

指标	权重	分项指标	分项权重	评分人	评分人权重
主要业绩	70%	经营业绩	80%	董事会成员	100%
		科技创新能力及重点工作	20%		
个人 KPI	20%	分管工作指标	100%	董事长	15%
				党委书记	15%
				其他董事	25%
				总经理	30%
				党委常委、高级管理人员	15%
综合评价	10%	综合评价	100%	董事会成员	30%
				党委常委、高级管理人员	30%
				职能部门、二级企业主要负责人	40%

同时，根据岗位职责及分管工作，董事会组织高管人员开展了个人考核指标的制定工作。各高管人员根据岗位职责及分管工作分别提出个人 KPI，经逐级沟通审核后提交董事会确定。个人 KPI 示例见表 6-1-4：

表 6-1-4　　　　　　　　　　个人 KPI 示例表

序号	个人 KPI
1	集团公司安全生产工作目标
2	集团公司节能减排指标
3	集团公司质量管理体系建设
4	推动实施 6S 等生产管理和安标检测工作

（三）对所属子企业负责人经营业绩考核工作

公司二级子企业正、副职负责人全部纳入考核范围，并根据《公司企业负责人年度经营业绩考核暂行办法》及《所属企业领导班子和领导人员综合绩效考核暂行办法》等制度进行考核。

每年 1~3 月，由公司组织对二级企业负责人上年经营业绩进行考核，并对企业负责人正副职进行综合绩效的考评，最终形成每个领导人员的绩效考核分数。公司所属企业负责人副职的年度薪酬分配系数依据副职考核结果综合确定，总体上划分为三档，最低不少于二档，由各企业在集团公司给出的总体调控线基础上，按照副职绩效评估结果及岗位分工等因素申报方案，由集团公司统一审核调控。

公司所属近20家二级企业主要负责人年度绩效分数分布在80~143分之间，与之挂钩的最高最低年薪倍数达到2倍，较好体现了绩效差距。企业负责人副职年度绩效考核分数主要分布在95至80分之间，薪酬分配系数根据岗位责任、工作业绩等取值范围为0.7~0.9，全部企业的副职均实现了拉开薪酬档次。公司三级及三级以下子企业负责人已全部纳入考核范围，由二级子企业具体组织实施。

（四）有效推进个人业绩与团队业绩紧密结合的职能部门和员工考核工作

公司高度重视职能部门及员工考核工作，以服务企业发展、提高工作质量为核心，形成个人业绩与部门业绩紧密结合、重点工作与岗位履职紧密结合的职能部门及员工的业绩考核特色。职能部门负责人及员工个人业绩考核结果与部门或内设机构考核结果紧密挂钩。个人考核评估内容为业绩、素质、能力，其中业绩考核内容设有部门业绩和个人贡献，将部门或机构的业绩与个人业绩紧密结合。部门业绩和个人贡献评估将重点工作与日常履职评估有效结合。职能部门及员工考核由高管层、中层、服务对象（服务的业务部门及所属企业）以360度评估等方式进行，并根据实际情况适当加大服务对象的评估权重。职能部门负责人及员工的个人综合业绩考核结果与年终奖金直接挂钩，依据业绩考核结果拉开薪酬档次，保障绩效与薪酬紧密挂钩，有效促进了企业员工工作积极性与工作效果。

（五）安全生产和节能减排考核

1. 安全生产方面。

公司在国资委、国家安监总局的领导下，深入开展安全生产年活动，强化安全监管，全面推进6S管理和安全生产标准化达标建设：一是深入推进6S管理，夯实安全生产管理的基础。集团公司10家生产制造企业相继启动6S管理工作，取得了良好效果；二是深入推进安全生产标准化工作，健全安全管理体系。两家研究院通过地方政府组织的安全生产标准化二级达标认证，其他企业正在有序推进。同时，5家设计类企业和生产企业通过三标一体化认证；三是深入开展"安全生产月"活动，推进安全文化建设。组织开展"安全生产月"系列活动，结合今年的安全管理重点工作，制定了详尽的"安全生产月"活动实施方案，创新了活动开展内容和方式。

2. 节能减排方面。

公司认真贯彻落实国家节能减排政策措施，积极响应国家节能减排号召，倡导全员节能减排，进一步提升节能减排工作管理水平。一是严格执行《公司节能减排工作指导意见》，按要求稳步推进各项工作。督促各企业积极开展节能减排，对重点用能企业进行监督监控，特别是对列入"万家企业节能低碳行动"的两家企业进行重点监管，确保其完成节能减排目标。二是组织开展以"践行节能低碳，建设美丽家园"为主题的节能宣传周和全国低碳日活动，通过开展节能宣传教育活动、能源紧缺体验活动，节能"自查、整改、提升"和"我为节能做贡献"等一系列活动，营造企业节能减排的良好氛围。集团未发生重大违规和环保事故。

（六）科技创新考核

1. 考核基本形式。

科技业绩考核采用责任书完成情况与重点指标相结合的方式进行考核。责任书完成情况是公司与所属企业负责人签订科技业绩责任书，对责任书中规定的考核指标完成情况进行量化计分；重点指标考核是对科技创新的重点指标进行量化计分，根据每项指标的完成数量，按级别给予权重系数，加权或按规定公式计算总分。最终科技业绩考核结果由责任书完成情况得分和重点指标考核得分组成,其中责任书完成情况占 60%,重点指标占 40%。也就是责任书考核指标得分是基础分,反映本企业的科技工作是否合格,重点指标得分反映本企业的科技工作是否优秀。

2. 考核指标设置。

责任书中考核项目设立 2 个一级指标,13 个二级指标,2 个三级指标(见表 6-1-5):

表 6-1-5　　　　　　　　　责任书考核指标明细表

一级指标	权重	二级指标	权重
1. 科技创新收入与投入	50%	1.1 科技创新收入	10%
		1.2 新产品收入	5%
		1.3 科技投入	25%
		1.3.1 R&D 投入	15%
		1.3.2 其他科技投入	10%
		1.4 科技投入占主营业务的比例	5%
		1.5 科技投入增长率	5%
2. 科技创新能力	50%	2.1 纵向科技项目立项数	12%
		2.2 省部级以上科技奖励	10%
		2.3 专利等情况	8%
		2.4 标准规范	8%
		2.5 论文和论著	4%
		2.6 科技项目完成率	5%
		2.7 科技信息发布量	1%
		2.8 科技创新管理	2%

重点指标考核设立 3 个一级指标,11 个二级指标(见表 6-1-6):

表 6-1-6　　　　　　　　　责任书重点指标考核明细表

一级指标	权重	二级指标	权重
1. R&D 投入	30%	1.1 纵向经费投入	15%
		1.2 自主研发投入	15%
2. 科技产出	60%	2.1 科技项目立项数	12%
		2.2 省部级以上科技奖励	10%
		2.3 专利等情况	8%
		2.4 标准规范	8%
		2.5 论文和论著	8%
		2.6 新产品数	6%
		2.7 验收(鉴定)项目数	8%

续表

一级指标	权重	二级指标	权重
3. 创新影响	10%	3.1 国内外学术活动	5%
		3.1 政府战略咨询	5%

3. 考核程序。

（1）责任书考核指标的确定。

"两上两下"的原则。首先由各单位按照公司年度科技创新业绩责任书考核指标目标值确定的原则和本单位发展规划及经营状况，对照同行业国际国内先进水平，提出本年度拟完成的年度科技创新业绩考核目标值，再由公司依据"十三五"科技发展规划中的发展目标，参考"十二五"期间及上年度科技创新业绩，提出指导意见并返还各所属单位，各所属单位结合自身实际最终确定，确定的目标值不能低于集团公司指导意见最低值。确定目标值后进行责任书签订，一式两份，公司与二级子企业各持一份。

（2）数据采集。

各所属单位通过公司科技信息管理平台报送本年度各项考核指标涉及内容，如新承担的项目信息，知识产权、标准、奖励、论文著作等科技成果信息，并上传相关证明材料。通过单位审核和公司审核作为有效数据。各所属单位填报的各项信息，通过计算机系统，统计分析后，形成本单位年度科技信息统计表，该表内数据作为业绩考核各项指标实际完成值的计算依据。各所属单位核对无误后，提交本年度科技信息统计表。

（3）考核计算。

依据责任书指标考核标准和重点指标考核标准，以各单位本年度科技信息统计为基础，分别计算各项得分，形成科技业绩考核得分表，该表包含各项考核指标计算公式、原始数据、得分等信息，最终形成各单位年度科技业绩考核成绩。

（4）考核标准。

责任书完成情况分值满分值为100分。责任书中的各类考核指标（除科技创新管理）完成值低于目标值50%，该项不得分；完成值不低于目标值50%的，按该项权重计算得分，完成值每超过目标值10%，得分增加权重分的10%，最多加30%，完成值每低于目标值10%，得分减去权重分的10%，最多减30%。科技创新管理评价由公司根据各所属单位年度科技工作总结，按照科技创新管理评价标准进行打分，重点指标得分按照相应的公式计算得出。

（5）考核信息化。

科技业绩考核工作涉及大量数据的处理和确认，工作量繁重，我们将科技业绩考核融合到公司科技信息管理系统，与科技信息统计工作相结合，以统计数据为基础，将责任书和重点指标中所涉及的考核指标及公式转化成计算机程序，从统计中提取所属考核数据，进行计算。

（6）考核结果应用。

考绩的结果在公司内部公开，使被考核企业了解自己的优点和缺点、长处和短处，从而使考核成绩好的企业再接再厉，继续保持先进；也可以使考核成绩不好的企业心悦诚服，奋起上进。另一方面，还有助于防止考绩中可能出现的偏见以及种种误差，以保证考核的公平与合理。

考核结果分成优秀、良好、中等、差四档。90分以上可评为优秀，80~89分可评为良好，60~79分可评为中等，低于60分可评为差。考核结果应用于企业领导班子和领导人员综合考核，同时与科研项目的立项、奖励申报等挂钩。各等级间有鲜明的差别界限，针对不同的考评成绩将从集团基金项目立项、成果奖励申报等方面差别对待。

四、取得成效

（一）经济运行质量不断提高，综合实力显著增强

公司合并五年来，经济运行质量不断提高，综合实力显著增强。从2×08年到2×13年，营业收入增长134%；利润总额增长127.4%，总资产增长159.5%，净资产增长164.7%。特别是在2×13年经济形势下滑的困难条件下，全年营业收入同比增长17.6%、利润总额同比增长12.9%，均实现了两位数的增长，高于中央企业2013年的平均水平，在中央企业中，增长率名列前茅。

（二）五大板块协调发展，集团战略有效落实

公司确立了五大业务板块，近年来的投资方向基本为主业投资，非主营业务逐渐被限制或剥离。同时，对于一些与公司主业相关度不高、市场竞争力不强的辅业企业，公司逐步予以清理，切实落实了集中精力做强主业、提高经济发展质量的目标。充分发挥科技优势，以科技创新为驱动带动核心技术提升；充分发挥业务之间的协同效应，以工程总承包项目带动煤机装备、安全技术与装备、洁净煤装备的集成供应；同时，加大力度获取煤炭资源并扩充示范基地，着力发展煤炭清洁利用与燃烧技术、装备和产业。

（三）集团管控能力不断增强，管理水平不断提升

经过五年的发展，公司在投融资管理、产权管理、产业结构调整、全面预算管理、降本增效与精益管理、绩效管理、质量管理、人力资源管理、科技创新等方面的工作都取得了长足的进展，现已完成公司下属全面所有制企业的公司制改造工作，信息化水平不断提高、资金集中系统已经试点上线，全面风险管理、内控建设和评价均有序进行，公司对所属企业的管控能力不断增强，整体经营管理水平不断提升。

案例示范 6-2
基于责任中心的业绩管理体系建设

【本案例介绍了在责任会计为基础上的企业业绩管理体系建设。案例单位为研发和制造企业。针对传统层级制管理对基层授权不清晰、公司规模扩大致使决策效率降低等问题，该单位构建了以责任中心设置的持续优化、责任核算体系的日益深化、注重劳动生产率的责任预算、提升基层自主权的决策授权、强化目标刚性的预算控制及分享利润创造、按绩取酬的考核机制等为特征的业绩管理体系，明显改善了公司主要财务指标，提升了公司管理决策的有用性。】

一、背景描述

（一）单位基本情况

乙集团通过将传统丝绸与文化创意、高科技相结合，在传统丝绸面料、丝绸服饰的基础上，拓展开发出了丝绸文化产品、高端丝绸装饰品及丝绸艺术品三大创新领域，确立了"一主两翼"发展战略，以丝绸纺织、文化创意为主业，辅以金融管理和资产经营两个方向的产业，形成了实体经营与资本运作互动发展的稳定格局。为实现管理转型目标，乙集团以旗下甲股份公司（以下简称"公司"）为试点探索构建以责任中心设置的持续优化、责任核算体系的日益深化、注重劳动生产率的责任预算、提升基层自主权的决策授权、强化目标刚性的预算控制及分享利润创造、按绩取酬的考核机制等为特征的业绩管理体系。

（二）存在的主要问题

一是传统层级制管理对基层授权不清晰，公司规模扩大致使决策效率降低。随着公司规模的扩大，公司组织机构也不断扩张，组织内管理层级越来越多，导致信息传达速度下降，信息反馈效率滞后，直接影响了管理层的决策效率。管理制度、层级流程僵化，面对瞬息万变的市场，基层管理人员不能自主作出有效决策。这要求公司治理要突破原有管理思想的束缚，树立分权管理思想，建立与之相适应的组织结构和授权决策体系。

二是传统发展模式受阻。公司销售模式以企业个性化定制团购为主。在中国经济进入新常态的背景下，传统的发展模式遭到了严峻的挑战。2×13年以来丝绸礼品业绩增长放慢，甚至收入和利润双双下降。这要求公司向管理要效率，通过科学的绩效管理体系，减少成本费用中心，增加价值创造的自豪与使命感；日益深化责任核算，让基层员工直观地看到自己的工作成果及其与预算目标的差距；以劳动生产率提升为目标，完善责任指标体系，克服预算松弛，增强预算控制刚性。

三是关键核心人才稀缺，企业快速发展的同时需要一支强大的团队和核心管理人才。然而很多情况下人才培养跟不上企业的发展需要。企业缺少具备管理较大团队、知识和能力全面的关键人才。此外，随着员工创业意识的提高，越是关键核心人才，越想分享企业发展红利，然而传统的管理模式，往往无法留住创业型核心人才。

（三）选择建设基于责任中心的业绩管理体系的主要原因

由于公司传统的管理、考核方式，强调流程化、标准化，缺乏灵活性，无法激发创新活力，要求公司进一步划小责任中心，选拔能胜任其管理要求的基层负责人，借以培养具备管理较大团队、知识和能力全面的关键人才。同时，改进考核分配体系，让经营团队分享利润创造。

二、总体设计

（一）成立强有力的工作领导小组

公司组建了以董事局主席为试点领导小组组长、副总裁为试点领导小组副组长管理会计项目组，抽调18位相关部门的人员进入项目组，为顺利开展工作提供组织支持。

（二）确定工作目标和重点解决的管理会计问题

一是持续优化责任中心设置（减少管理层级建立高度扁平化的组织、进一步划小核算单位、增加利润中心减少成本费用中心）；二是进一步深化责任核算体系；三是构建以劳动生产率提升为核心的责任预算指标体系；四是提升基层自主权的决策授权；五是强化目标刚性的预算控制；六是分享利润创造、按绩取酬的考核机制。

三、应用过程

（一）管理会计专门组织机构及运作方式

公司与管理会计相关的专门组织机构与运作主要由财务中心承担。财务中心有员工19人，财务总监1人，分设财务、信息、审计和销售财务四个部门，其中财务部门8人，信息部门3人，审计1人，销售财务6人。另外，各分子公司设有出纳岗位和会计岗位，分子公司会计和出纳岗位行政上隶属于相应的分子公司，业务上接受财务中心的指导。

（二）参与部门和人员

绩效管理是全员参与的核心工作，从公司高管到基层员工的各级管理者和员工，在绩效管理的实施中都应有明确的分工与责任，直线经理为其所属部门的第一责任人。公司相关职能部门在绩效管理中有明确的分工：战略规划主要由管理中心（企管部）分管，经营管理目标与计划、绩效监控由管理中心（企管部）和财务中心共同管理，绩效考核中的员工个人考核由管理中心（人力资源部）分管，而对企业内部组织绩效考核则由管理中心（企管部）分管，考核结果的应用由管理中心（人力资源部）分管。

企业高层在绩效管理中的责任：明确使命追求，确定企业战略规划；组织开发和设计战略成功关键要素和财务评价标准；组织制定企业年度经营管理策略目标，提供资源和政策支持；组织制定企业一级KPI变动状况，发现问题及时组织评估；定期召开经营检讨会，对阶段性经营管理状况进行检讨，制定对策；指标分解到部门，审核部门二级KPI，并确定绩效考核指标的权重；部门签订业绩合同和目标责任书；组织开展中高层管理人员的中期述职。

中层管理者在绩效管理中的责任：依据企业发布的战略规划及一级KPI体系，明确本部门年度及季度的策略目标和经营管理重点；设计部门二级KPI，从部门职责响应企业战略和一级KPI体系；根据审核通过二级KPI与企业签订业绩合同和目标责任书；依据企业发布的战略规划及一级KPI体系，明确本部门年度及季度策略目标和经营管理重点；设计部门二级KPI，从部门职责响应企业战略和一级KPI体系；根据审核通过二级KPI与企业签订业绩合同和目标责任书。

（三）具体应用模式

1. 责任中心设置的持续优化。

2×15年始，公司大幅度调整了公司组织架构，调整组织架构，建立高度扁平化组织，设置了最高管理机构：经营管理委员会。下设的三大事业部、5大职能中心，全部由经营委员会成员直接管理。下设各经营单位，直接由经营管理委员分管，减少了层级，从而能够快速解决基层反映的问题，做到快速反馈与决策。同时利用微信群、办公系统等信息手段协调资源、解决问题。

公司自 2×12 年至 2×15 年间,通过对组织架构的不断改变和完善,使责任中心在持续改进中不断得到优化,进而为公司创造价值发挥了重要的作用。公司积极增加利润中心,减少成本中心。根据不同的职能和职责划分了不同的责任中心,将销售部门和产品开发营运部门划分为了利润中心;将设计中心由成本中心转为半利润中心,并逐步过渡到完全利润中心;将各职能部门由成本中心转为半利润中心。一定程度可逐步实现"消灭成本单元、增加利润单元"的目标,从而达到提升公司价值创造能力的目的。公司由 2×14 年的 14 个核算单元,发展到 2×15 年的 29 个核算单元,直至 2×16 年的 39 个核算单元,责任中心逐年细分。责任中心层级见表 6-2-1。

表 6-2-1 责任中心的层级

	一级责任中心	二级责任中心	三级责任中心	四级责任中心
成本中心	财务中心	部门	团队	个人
	设计中心	部门	团队	个人
	品牌中心	部门	团队	个人
	管理中心	部门	团队	个人
	营运中心	部门	团队	个人
利润中心	团购事业部	子公司/部门	部门/团队	个人
	整合事业部	渠道、零售、线上部门	团队	个人
	发展事业部	部门	团队	个人
	银行事业部	部门	团队	个人
	健康产品事业部	部门	团队	个人
	艺术品项目部	部门	团队	个人
	高端品牌项目部	部门	团队	个人
	华服项目部	部门	团队	个人

2. 责任核算体系的日益深化。

(1) 为责任中心开设账套理清核算主体。根据 2×15 年的组织架构以及管理需求,财务中心建立了以下责任账套:北京、上海等 13 家驻外机构分别设置了账套,健康产品事业部单独成立了艺术品有限公司单独账套核算,其他销售组织的账务放在公司核算,总部的五大中心的经济业务核算在公司账套中。

(2) 通过辅助核算量化每个责任主体创造的价值。根据公司经营管理的特点以及组织机构设置,将经营团队划小为 24 个责任中心。通过对核算主体进行部门+业务员的辅助核算,可以实现销售组织的每一个业务员实现的收入、产生的费用以及实现的利润。13 个驻外分子公司分别设置了独立账套进行核算,每一笔销售业务再通过客户+部门+业务员三个维度进行辅助核算,以便认定该笔销售业务客户,实现该笔销售业务的部门和业务员,为业绩评价提供依据数据。这些驻外分支机构在当地银行开设账户、在当地有纳税行为,经济业务发生后的账务处理集中在后台进行,即将所有票据寄回公司财务中心,进行会计核算。

（3）通过内部核算计量责任主体的利润。现有的责任主体可以分为三类：团购事业部下的各驻外分子公司、服务支撑部门以及公司核算的销售事业部。各驻外分子公司设有单独账套，发生费用容易确定费用归属，各驻外分子公司根据当期发生的收入和费用核算公司利润。在公司中核算的各销售单元通过内部核算确定各销售单元的价值。通过收入和费用的内部核算，各个销售责任主体的利润能够量化。这为责任主体的预算分析、考核评价、责任控制提供了核算基础。

（4）销售财务岗位的设置为各类责任报告提供了数据支持。通过设置销售财务岗位，能有效地将业务和财务联系起来，销售财务的职责主要有：负责各销售单元销售出库（发出商品）、货款结算、业务开票、销售汇总、管理应收账款、账龄分析等关联事宜，制作月度销售财务报表；汇总统计并制作公司各类销售财务报表。销售财务岗位提供的责任报告包括业务员销售排名、前二十大客户排名、各销售单元销售情况表、产品销售情况表、各销售单元业务员人均销售表等。

3. 注重劳动生产率的责任预算。

责任预算是以财务指标或非财务指标或两者兼有的方式将短期目标进行量化的表现形式，以便确定企业在预算期内为实现目标所需要的资源和应该进行的活动。全面预算是企业对预算期内的经营决策目标的全面综合的财务表述，一般包括经营预算和财务预算两大组成部分。编制预算有助于管理层重视企业问题与优势，合理配置资源；有助于个人、部门、企业之间建立以预算为经营准绳的沟通协调机制；可作为企业业绩评价的基础。公司的经营者目标责任体系由三大类指标构成：财务指标、任务指标和辅助指标，三者占比分别70%、15%和15%。其中，任务指标包括科技创新（5%）、人事管理（5%）和财务控制（5%），辅助指标包括安全生产（5%）、社会稳定（3%）、行政事务（3%）和工作配合（4%）。财务目标的构成指标见表6-2-2。

表6-2-2　　　　　　　　　　2×15年主要预算指标

编制单位：　　　　　　　　　　　　　　　　　　　　　　　　　　　　单位：万元

序号	项目	目前全年累计数	剩余期间预估数	本年合计	2×15年预算	2×15年与本年比较	
						增长额	增长率
1	一、营业收入						
2	减：营业成本						
3	毛利率						
4	税金及附加						
5	销售费用						
6	销售费用占收入比率						
7	管理费用						
8	管理费用占收入比率						
9	财务费用						
10	财务费用占收入比率						
11	二、营业利润						
12	加：营业外收入						

续表

序号	项目	目前全年累计数	剩余期间预估数	本年合计	2×15年预算	2×15年与本年比较	
						增长额	增长率
13	减：营业外支出						
14	三、利润总额						
15	减：所得税						
16	四、净利润						
17	销售利润率						
18	五、回笼资金						
19	六、付现工资薪金						
20	七、人数（个）						
21	八、人均收入						
22	九、人均费用（管理+销售）						
23	十、人均利润总额						
24	十一、应收账款周转天数						
25	十二、存货周转天数						

4. 提升基层自主权的决策授权。

（1）赋予各责任中心产品与服务的选择权。通过赋予各责任中心产品与服务的选择权，使公司内部形成了一个市场，销售部门可以选择设计部人员，也可以选择产品，有利于内部良性竞争。

（2）全面梳理并修订了决策授权相关制度。公司按照《公司法》等现行法律、法规的相关规定，结合公司的具体经营管理情况，制定了各项管理办法和制度。从而明确管理责任，规范对子公司的管理行为。近年来，公司加大了创意产品和高端健康产品的开发与销售。随着组织规模的不断扩大，公司通过逐渐改进组织构架、推进优化责任中心达到扁平化管理目的进而提升公司价值创造的能力。为此，在集团现有规章制度框架下，公司逐步实现了分权管理的模式。各责任中心相关的决策制度见表6-2-3。

表6-2-3　　　　　　　　　　各责任中心与决策制度联系

性质	责任中心	主要采用的决策制度	
费用中心	财务中心	财务管理制度、费用报销管理制度、合同管理制度、价格管理制度、开发新品类产品跨部门销售管理制度	客户关系管理制度和办公系统
	设计中心	费用报销管理制度、合同管理制度、价格管理制度、开发新品类产品跨部门销售管理制度	
	品牌中心	财务管理制度、费用报销管理制度、合同管理制度、价格管理制度	
	管理中心	财务管理制度、费用报销管理制度	
	营运中心	财务管理制度、费用报销管理制度	

续表

性质	责任中心	主要采用的决策制度	
利润中心	互联网营运事业部	财务管理制度、费用报销管理制度、合同管理制度、价格管理制度	客户关系管理制度和办公系统
	团购事业部	财务管理制度、费用报销管理制度、合同管理制度、价格管理制度	
	银行事业部	财务管理制度、费用报销管理制度、合同管理制度、价格管理制度	
	渠道事业部	财务管理制度、费用报销管理制度、合同管理制度、价格管理制度	
	发展事业部	财务管理制度、费用报销管理制度	
	旅游事业部	财务管理制度、费用报销管理制度、合同管理制度、价格管理制度	
	健康产品事业部	财务管理制度、费用报销管理制度、合同管理制度、价格管理制度	
	高端品牌事业部	财务管理制度、费用报销管理制度、合同管理制度、价格管理制度	

5. 强化目标刚性的预算控制。

控制和预算有密切联系，预算是控制的重要依据，控制是执行预算的手段。通过预算控制，能够合理保证企业经营活动资料的真实和完整；保证企业各类资产的安全完整，保证财务报告的质量，落实公司的战略方针，促进企业目标和战略的实现。控制过程中，强调预算目标的刚性，除因外界形式、企业内部因素和遭遇突发事件等发生变化而需要修改KPI，公司原则上避免修正或更改KPI。公司在预算控制方面主要采取了如下做法：一是职能部门根据管理制度定期检查考核各责任主体的执行预算过程；二是月度进行管理会计报表反馈；三是季度召开预算执行分析会，各预算单位汇报预算执行情况，差异原因分析，下步完成预算的措施。四是严格执行预算管理相关制度，规范责任主体经营活动。

6. 分享利润创造、按绩取酬的考核机制。

（1）绩效考核体系完整，主辅指标结合，不同业务分层对待。公司依据《公司经营者考核管理办法》和《经营者年度目标责任书》，考核分季度考核与年度考核，季度考核时间为次季度第一个月的前20天，年度考核在次年1月底前完成，考核结果以百分比形式体现。考核以各公司核心工作为主，以财务预算为基本依据，实行定量与定性相结合，以定量为主。包括：财务指标，任务指标，辅助指标三部分，具体比重及项目设置见表6-2-4。考核结果直接与经营者年度薪酬挂钩。经营者月度工资及年度工资必须经集团考核后，方可依据集团考核工资通知发放工资，经营者年薪的60%在月度正常发放，40%作为考核基数。

表 6-2-4 经营者每月百分制考核表（生产型企业）

考核期	年 月 ~ 年 月
被考核单位	
被考核人	

项目		分值	考核标准（扣分直至扣完为止）	考核得分	考核部门、考核人
财务主考指标 70 分	销售收入	20	销售收入按完成计划的比例进行打分（按季平均累进考核），超出分值的部分不作为加分，但可以冲抵其他项目考核上的扣分		集团财务
	利润	20	利润按完成计划的比例进行打分（按季平均累进考核），超出分值的部分不作为加分，但可以冲抵其他项目考核上的扣分		
	资金回笼	15	资金回笼计划按完成计划的比例进行打分（按季平均累进考核），超出分值的部分不作为加分，但可以冲抵其他项目考核上的扣分		
	应收及存货	10	1. 应收账款及存货控制每超过指标1%扣1分； 2. 到期应收账款逾期6个月未按固定格式（附件4）报法律事务部的，每笔扣2分		
	管理费结算	5	延期支付管理费的，每延期支付1%扣1分；未及时办理资金结算手续的每次扣1分		
任务指标 15 分	科技创新	5	根据新产品和科研项目开发计划（附件5），市级项目未完成的每项扣2分、省级及专利项目未完成的每项扣1分		科技管理部
	人事管理	5	1. 按人力资源部要求提供人事报表或人事信息，应该无误的信息没有或错误，采用倒扣法；提供不出规定资料1次扣2分，不规范或未及时更新1次扣1分； 2. 人力成本控制率，（实际人力成本率/计划人力成本率）×100%，按制人工成本。每升降1%，增减1分。 计划销售人力成本率＝计划工资总额÷计划销售收入×100% 实际销售人力成本率＝实际工资总额÷实际销售收入×100%		财务、人资部
	财务控制	5	1. 财务人员聘用未经计划财务部同意的，发现1人扣1分； 2. 经营者指令会计人员违规设立会计账务或进行账务处理的每笔扣2分； 3. 由于经营者原因使应上报集团的财务计划、报告延迟，每延迟一天扣0.5分		财务部
辅考指标 15 分	安全生产	5	1. 消防安全设施器材不健全或管理不善发现一次扣1分，安全事故无大小，发生一起扣3分； 2. 责任区域内发生治安事件每次扣1分、发生刑事案件每次扣3分； 3. 卫生包干区及责任区域每发现一处有垃圾、油污、物品堆放混乱的扣1分； 4. 事故无大小，责任区域内发生工伤事故未致残的每次扣1分、致残的每次扣3分，责任区域外发生工伤事故未致残的每次扣0.5分、致残的每次扣1.5分		物业管理部

续表

项目		分值	考核标准（扣分直至扣完为止）	考核得分	考核部门、考核人
辅考指标 15分	社会稳定	3	每发生一起员工集体上访事件，5人以下（含5人）一次扣1分，5人以上一次扣2分		分管上级、集团办公室、物业管理部
	行政事务	3	1. 每年7月16日和1月16日按固定表格（附件6）向总裁述职一次，不及时扣1分、内容空洞扣1分、少一次扣2分； 2. 每月未按通讯员管理办法向集团公司提供稿件扣2分，少1篇扣1分； 3. 购买电脑网络硬件或实施新系统未征求信息部意见并备案的每次扣1分		分管上级、集团办公室
	工作配合	4	1. 对集团指令、制度不执行的每次扣2分，执行不到位且不及时反馈的每次扣1分； 2. 对集团公司以书面形式要求配合的各种临时工作不配合的每次扣1分		分管上级、集团办公室、总裁办
合计		100	抵扣：		
被考核人签字：					
考核评议小组签字：					
总裁签字：					

说明："按季平均累进考核"指：年度指标÷4×当期月份。

公司层面有总体的薪酬管理制度，针对不同的责任中心，分别设计一些针对性的补充制度，如团购事业部月度基础薪资构成按照公司统一的薪酬管理制度执行，另外针对总监制订补充薪酬管理办法，针对团购业务人员制订业务人员薪酬管理办法。指标性质上，既有财务指标（营业收入、净利润、回笼资金、人均利润），也有非财务指标，如离职率等。这种设计，有助于公司内部鼓励不同部门积极性、提升工作热情，体现个人利益与团队利益、公司利益有机结合，体现收入与管理水平、贡献大小的相关性，有助于公司短期与长期目标的实现。

需要特别指出的是，对公司财务负责人、主办会计和会计人员、出纳由公司进行考核。集团对财务人员的考核办法根据平衡计分卡原理分为四大类指标进行考核：财务、客户、内部运行、学习发展，每一类指标根据不同的岗位职责分为若干项进行量化考核，满分为100分。

（2）公司采用分享利润创造、按绩取酬的薪酬政策。该政策有助于引入竞争机制，激发员工的内在积极性，不仅保障了员工的收入，更主要的为公司营收与利润的不断增长提供持续的动力。如，公司设计管理办法，2×15年薪酬激励过渡政策，采用市场导向、按绩取酬的政策，从高底薪低激励向中底薪中高激励的模式转变。在落实机制上，实行期间考核（月度与季度）与年度考核结合，及时跟踪管理控制监督预算落实情况，并将预算执行结果与薪酬直接挂钩。如对事业部总经理的考核：

月度工资＝岗位年薪×60%/12

季度考核工资＝岗位年薪×40%/4×季度期数×(考核分数/100)－上季度累计季度考核工资

年终考核工资＝累积季度考核工资×年度综合考核系数

其中，年度综合考核系数＝各季度考核系数算术平均×20%＋年终综合考核系数×80%

这里的考核系数就是实际相对于预算的完成程度，通过这样把预算执行程度与考核、薪酬有机结合起来，提升经营者积极性，按步实施，过程透明，保障公司目标的实现。

四、取得成效

公司积极践行责任中心为基础的绩效管理体系改革措施，使经营管理发生很大变化，调动了员工积极性和创新意识，各项效益值得到了明显提升。

（一）主要财务指标明显改善

改革前后，公司主要财务指标明显改善。其中，销售增长率由2×13、2×14年的－2.32%、－14.16%增长到2×15年、2×16年6月的32.35%、39%；利润增长率由2×13、2×14年的－67.04%、－11.81%增长到2×15年、2×16年6月的138.62%、52%。

（二）解决了管理中若干重大问题

通过实施管理会计工具的应用和提出的解决办法，公司的管理工作取得了明显的改善。组织机构高度扁化，强化了管理层与执行层的沟通，提高了工作效率，员工对管理层、对职能部门的满意度提高了，同时职能部门的服务意识也得到了提高。例如通过管理微信群，每个员工遇到的问题都可在群里提出来。各部门负责人会及时关注、及时解决，不用像原来一线人员那样，要打很多电话、逐级汇报解决。而且，还明确每个部门由一个员工专门收集问题，直接反馈给各需要解决问题的部门最高负责人，解决了执行力问题。通过这些措施，一线员工满意度大大提升。

（三）有力地支持了公司上市战略

绩效管理是企业战略的落地工具，企业战略目标的达成状况有赖于企业绩效管理的水平，绩效管理水平越高，企业战略目标达成的可能性越大。公司的主要战略是中国丝绸的引领者，实现3年内IPO成功。围绕公司的上市战略，公司完善内部控制制度，修订、完善了绩效管理制度、授权制度等相关内部管理制度，成功扭转前两年业务下滑局面，实现业绩大幅增长，确保公司的改革有序实施，根据上市财务要求规范管理。

案例示范 6-3
建筑工程企业绩效考核体系设计

【本案例介绍战略地图、平衡记分卡在建筑行业的应用。案例主体单位为非上市国有建筑安装企业公司，属于建筑行业，主业是房屋建筑工程总承包、市政公用工程施工总承包。针对过去绩效管理中存在的财务指标与公司战略联系不深入、指标之间对应关系模糊、绩效考核方法激励性不强、绩效目标和绩效考核等问题，案例单位采用战略地图、平衡记分卡等工具方法，有针对性地在公司战略目标的基础上建立平衡计分卡体系，分析了平衡记分卡的优势与不足，制定了一套符合企业发展阶段的绩效考核体系，弥补传统绩效考核体系的不足，有效地适应企业发展需求，达到成本控制最优，实现企业价值最大化。】

一、案例背景

（一）单位基本情况

甲公司是从集团公司一个总承包事业部分立成立的新公司，是一家以房屋建筑工程总承包、市政公用工程施工总承包为主业的非上市国有建筑安装企业公司。公司拥有丰富的人力资源、高效的经营管理团队、雄厚的资金实力、现金的及技术装备和完善的市场网络，当前的公司充分利用了建筑安装主业的优势，努力发展延伸业务，赢得了社会各界的广泛赞誉。

总承包公司将经营业务进行拆分或是组合，由各个分公司负责具体业务的经营。面对日益激烈的市场竞争，公司管理层充分利用了人才优势以及人力储备，积极实施企业经营调整与转变，积极提升公司核心竞争力。

截止到 2×17 年，公司总资产 15.11 亿元，净资产收益率仅为 1.65%；营业收入 16.60 亿元，比 2×16 年增长了 3.16%，而净利润从 2×16 年的 301.86 万元增长到 2×17 年的 425.63 万元，增长率为 41%；2×14~2×17 年，所属集团的年均新签合同额增长率为 32.94%，高出所处省建筑企业新签合同额增长率 11.57 个百分点，集团市场占有率的增加对于子公司立足于省内市场甚至省外都起到了至关重要的作用。这些数据说明总承包公司业务发展形势良好，在未来具备发展潜力与增长空间。但是公司的绩效考核一直处于粗放式管理状态，企业绩效评价一直未被重视，一般只是简单的选择一些财务指标以及零散的非财务指标进行评价，既无法合理得出绩效评价结果，又实现不了绩效评价的价值，公司绩效考核体系的滞后性不能适应当前自身的发展状况。

（二）存在的主要问题

1. 财务指标与公司战略联系不大。

公司现有的财务指标仅从利润指标、经济增加值指标、营业收入指标以及资本占用考核效益指标这几个传统指标进行考核，缺乏自上而下进行分析的过程，对战略描述的完整性和深入性不够，对于公司偿债能力、营运能力和盈利能力等方面还缺乏考核，不能全面反映企业整体资产的运行效果。

2. 指标之间对应关系模糊。

公司现采用的计分考核法以年度目标为基准，达标为满分，绩效多是以预定完成额度作为目标，而不是根据战略逐步分解，各个指标之间缺乏核心的目标作为指导且相互独立，难以形成指标之间的价值联系。对于完成战略需要明确的目标也没有清晰的认识使得公司对于指标之间相互推动、相互影响的关系没有太多的考虑，即使考核结果不理想，也没有办法从考核中找到问题根源。

3. 绩效考核方法激励性不强。

原考核体系中将各财务数据的总额进行计算，使得企业的长短处难以发现，即使发现了问题也难以寻找根源，导致员工之间缺乏有效的监督和竞争意识，降低工作积极性以及发掘潜力的动力，绩效考核的导向性发挥不出来。

4. 绩效管理目标制定有问题。

一是项目目标与企业目标联系不紧密。总目标不能全面地分解到项目之中，多数只考虑项目技术经济指标而不制定涉及企业发展大局的人才培养人际关系和精神文明建设、顾客满意度等方面的目标；二是目标的科学性不够。由于对项目基础数据的计算和环节较为薄弱，不掌握工程预算成本，计划成本效益目标等数据，目标制定具有一定的随意性，至使目标制定过高或过低。在制定目标时未能与项目经理和执行人员有效沟通和协商，而是由领导制定，达不到调动项目人员积极性的目的；三是目标实现的内部公平竞争机制难以形成。由于工程从中标到开工的时间往往较为紧迫，或者企业内部有实力的项目经理人才较少，企业获得任务后，在选择项目经理和项目队伍时，多数情况是由行政决定，而不是项目经理通过参加内部竞标上岗，使项目经理在工程实施过程中，当工程出现目标难以完成时，讨价还价，推诿责任，所制定的目标也就很难完成；四是在制定目标和目标责任状的签订滞后。由于工程设计图纸不全，工期紧迫等原因，难以在工程正式开工之前完成责任状的签订，有的甚至是在工程完工后才补签，失去了绩效目标管理的意义。

5. 项目绩效考核有问题。

一是重结果轻过程。绩效目标设立与项目部签订目标责任状之后，未对分部分项或工程重大节点的情况进行考核，而只是在工程竣工交付业主，完成决算之后，组织项目财务审计，以盈亏情况代替考核结果，作为奖罚的依据，使项目在施工过程中好的经验不能更好地发挥，存在的不足和问题不能及时地纠正和避免，绩效考核的改善和提高功能难以充分发挥；二是考核流于形式。走过场事先没有制定科学细致的考核方案，过程考核中定性多，定量少，只对主要指标进行考核，无准确数据支持，缺乏对数据的分析，在考核中只听取项目主要人员的汇报，对业主意见监理意见及员工和相关方的信息，未作有效的收集，使考核结果不够全面和充分，考核结论难以做到精确，客观和全面。三是考核机构建立有待加强。有的以领导班子成员替代考核小组，没有建立涵盖项目管理各流程方面人员组成的考核小组，考核小组的责任义务不明确，成员的素质不高，对整个绩效管理的目的意义不掌握，难以对考核对象作出客观、公正、准确的评价考核打分过于草率随意，难以让项目及被考核人员信服，造成考评困难。

绩效考核体现的缺陷会影响绩效与薪酬的结合，造成公司利润分配不公，最终影响企业的良性发展。因此，公司现亟需构建一套符合企业自身特色和企业发展战略的绩效考核体系。

（三）重构基于平衡计分卡绩效考核体系的原因

在我国经济发展的转折时期，传统产业供给能力大幅超出需求，人口老龄化的发展使得富余劳动力减少，环境的承载能力已经接近上限，高速的经济发展模式已经不再适应现实环境的需要。在此种新常态下，面对不断加大的经济下行压力，必然带来各行业的业绩增幅下滑。因此，在这样的社会背景下，各行业想要平稳健康发展，需要对自身的管理模式有深层次的研究和思考。由于建筑行业自身的特点，要稳固建筑行业的地位及实现持续发展，建筑企业必定需要进行改革。一方面，建筑企业施工周期长、工作环境不稳定以及粗放型管理模式的特征，使得建筑企业面临很大的挑战；另一方面，建筑行业除了国内企业间的激烈竞争，还增加了来自国外企业进驻中国抢占市场的压力。在机遇与挑战并存的行业背景下，要求建筑企业不断地进行改革与创新。

在公司内部管理中，绩效考核作为企业管理的一个重要组成部分，对于增强企业的发展能力和竞争能力起到了推动作用，是企业改革创新的重点。在众多绩效考核体系中，战略绩效评价体系在企业间的应用最广，包括关键业绩指标法和平衡计分卡法，这两种方法的结合应用考虑到了行业之间、企业之间的差别性，根据企业制定的长期战略目标和规划进行分解，成为业绩评价的指标，通过逐步完成短期目标，最终实现企业的持续发展。

在长期的实践工作中，平衡计分卡综合了财务指标、客户指标、内部运营指标、学习与成长指标的评价方式赢得了大多数企业的赏识，它充分的弥补了传统财务评价模式的不足，通过增加非财务指标对财务指标进行补充，使得企业的考核内容更全面，更利于企业找到企业未来发展的全面的目标和整体规划。且能够弥补公司现实财务指标比重过大且未细化、非财务指标设置有待优化整合、缺少反映核心技术的指标这些特性问题。因此选择了平衡计分卡重构本公司的绩效考核体系。

二、重构总承包公司绩效考核体系的应用过程

（一）总体目标

公司面临着激烈的行业竞争，通过多年的积累和努力，公司已具备了较强的经济实力和社会影响力，公司管理者需要从多个方面、多个角度努力进行改进和提高。建立高效的绩效考核体系优化工作流程，提高业务板块多元发展的成效，提高员工对于绩效考核结果的满意度，激发员工的工作积极性，重整并优化企业资源，最终完成公司的战略目标。

（二）重构平衡计分卡绩效评价体系的具体内容

1. 平衡计分卡各维度战略目标构建。

平衡计分卡以过程管理和目标管理并重为绩效考核的重点，有利于企业对于待解决问题作出先后处理的安排，针对薄弱的内部环节进行流程再造。下面将以公司的企业战略目标为导向，使用平衡记分卡的四个维度来建立公司的绩效考核体系，根据公司主要业务板块的特点和经营状况进行考核，增加指标的适应性和贴切度，更准确的体现公司的绩效成果以及经营问题。

（1）财务维度战略地图的构建。

建立平衡计分卡可以促使各业务单位把自己的财务目标与整个公司的战略相联系。财务目标成为其他三各维度的目标和指标核心，这些指标都是因果关系链的一环，最终目的就是提高公司业绩。平衡计分卡应当反映战略的全貌，从长远的财务目标开始，将四个维度的行动方案联系在一起，实现了长期经济业绩。在财务维度，根据公司1亿净利润的财务目标，实现该维度目标的关键成功因素可分为提高盈利水平、优化资产管理、控制财务风险。

①提高盈利水平。

盈利水平指企业获取利润的能力。公司属于建筑施工类企业，工程项目周期长导致投资的回收期较长，企业的经营成本居高不下。企业要想提高生产力，创造更多的价值，就必须严格采用标准成本制度等先进的成本控制体系来降低产品和服务的成本。公司在2×15~2×17年三年间，期间费用呈持增长趋势，期间费用率2×17年增长了22.16%，见表6-3-1。同时，为公司参与更广阔的市场带来更多的机会，公司应组建更强业务开拓队伍，增大业务市场开拓区域和力度，加强和东南亚各国之间的合作，寻找新的市场空间。因此，设置"降低成本费用"和"增加收入"作为财务维度的战略目标。

表6-3-1　　　　　　　　2×15~2×17年公司费用情况表　　　　　　　单位：万元

项目	2×16年		2×17年	
	金额	占比	金额	占比
管理费用	4 733.73	91.49%	5 660.55	89.56%
财务费用	440.37	8.51%	660.08	10.44%
期间费用	5 174.10	100%	6 320.63	100%

②优化资产管理。

公司作为建筑施工企业，与施工相关的机械设备还有与经营相关的基础设备等固定资产较多，再加上施工地点的流动性较强，在管理上存在较大的难度，因此，如何保证资产的利用效率，是完成公司财务战略的关键因素。因此，设置"提高资产利用率"作为战略目标。

③控制财务风险。

由于建筑业有着很强的产业关联性，公司对建筑原材料价格以及劳动成本波动的影响较大，成本的增加以及较长的施工周期使得公司难以有效控制成本，从而增加财务风险。另外，垫资施工的现象以及融资渠道受限也加剧增加公司的债务规模。因此，设置"降低财务风险"作为战略目标。

结合企业的实际情况，对公司财务维度的目标的进行了分析与设定，并形成财务维度的战略地图见图6-3-1。

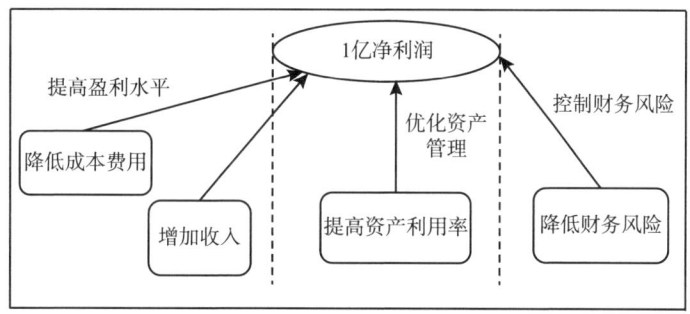

图6-3-1　财务维度战略地图

企业价值最大化是企业长期的财务目标，通过合理经营，在保证企业长期稳定发展的基础上，使企业总价值达到最大以满足各方利益关系。将公司15亿净利润的长期财务目标分解成提高盈利水平、优化资产管理以及控制财务风险三大要素，其中包含降低成本费用、增加收入、提高资产的利用率和降低财务风险四个短期财务目标。长期财务目标作为指导，短期财务目标作为支撑，各目标之间相互影响，构成公司财务维度的战略地图。

（2）客户维度战略地图的构建。

公司想要取得长期卓越的财务业绩，不仅需要集中精力提高内部能力，强调产品性能和技术创新，还需要将目光转向外部，通过客户和市场的需求，提供符合它们偏好的产品和服务。该维度将企业战略转化为客户和市场为基础的目标,协助企业辨别并衡量制定给目标客户和细分市场的产品需求。因此,实现该维度目标的关键成功因素可分为建立良好的企业和品牌形象、提高市场份额和提高客户满意度。

①建立良好的企业和品牌形象。

公司所属集团为全国500强企业,自身的业务也扩展到了埃塞俄比亚、泰国等区域。但是,公司的市场空间目前仍集中在省境内,企业知名度还没有能够让公司在区外以及海外市场得到社会大众的广泛认可及信赖,要想顺利完成多元化发展目标和扩张战略,需要公司注重对品牌的经营。因此,设置"提高企业知名度"作为战略目标。

②提高市场份额。

企业的市场占有率,反映了企业的市场地位,公司的建筑安装业务在区内市场占有较大的份额,但是毛利率比较低且多年来保持稳定,根据公司的"十三五规划",公司将拓展轨道交通、路桥、水利等资质,提升公司整体发展能力。因此,设置"增加市场份额"作为战略目标。

③提高客户满意度。

客户是公司经营存在的根本,公司的发展需要站在客户的角度去规划发展目标。客户评价是企业注重对外界反映的表现,当出现客户投诉时,公司能从中发现自身产品及服务与客户和市场不相符的地方,并及时进行修正,通过提高质量保持客户对公司良好的业务评价。只有当企业提供的产品和服务使顾客满意时,才能提高企业的利润和进一步拓展市场,增强竞争力。因此,设置"提高服务质量"作为战略目标。

下面结合公司的实际情况,对企业客户维度的目标进行了分析与设定,并形成了客户维度的战略地图,见图6-3-2。

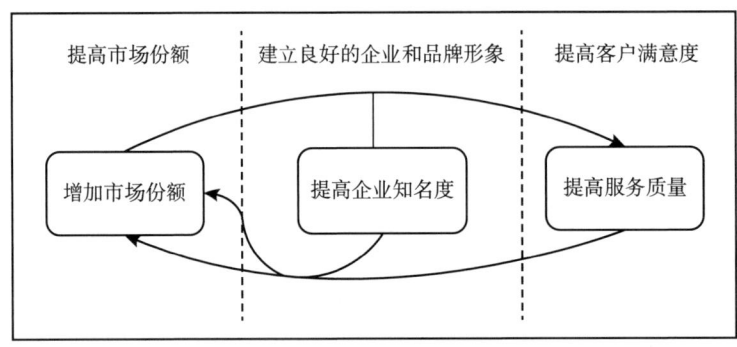

图6-3-2 客户维度战略地图

提升目标市场份额是公司客户维度的长期目标,可将实现该长期目标分为三个关键成功因素:提高市场份额、建立良好的企业和品牌形象以及提高客户满意度。其中包含增加市场份额、提高企业知名度和提高服务质量这几个短期目标,它们是长期目标得以实现的基础。企业知名度和服务质量的提高有助于公司市场占有率的增加,反过来随着市场份额和企业知名度的提升,督促着企业不断提升自身的服务质量,这对于维护企业形象和增强竞争力有重要作用。

(3)内部业务流程维度战略地图的构建。

企业的内部流程维度旨在通过改善自身内部业务流程,来最大程度地满足客户和财务方面的需求,该维度既是实现客户目标和财务目标的保障,同时对企业的学习与成长维度也起到一定的指导作用。企业的盈利既得益于社会经济的发展,也依托社会环境而生产,在企业收获盈利的同时承担社会责任是企业回报社会的有效方式。因此,实现该维度目标的关键成功因素可分为保证运营流程通畅、良好的客户管理流程以及加强责任管理,具体图解见图6-3-3。

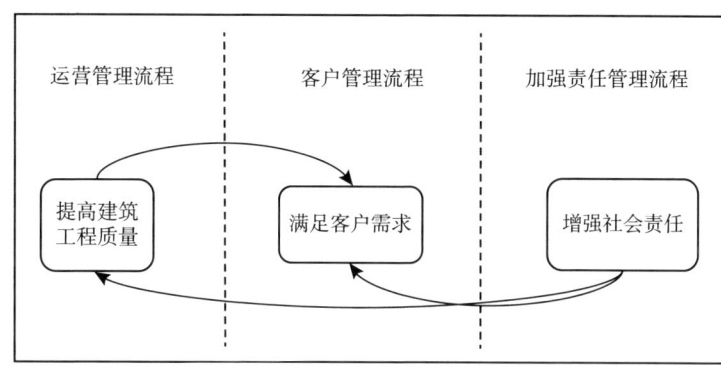

图6-3-3 内部业务流程维度战略地图

①保证运营流程通畅。

运营管理流程是公司最基本的日常工作流程,运营管理解决了公司的项目勘察、设计、组织、实施、检验、验收等各个环节,可以直接决定公司产品和服务的质量和成本。在及时完工的前提下,要保证项目的质量和建造过程中的安全,这对甲公司的各项业务流程提出了更高的要求。因此,设置"提高建筑工程质量"作为战略目标。

②良好的客户管理流程。

客户管理流程主要为拓展客户、建立并加深与客户之间的关系。公司应不断完善自己的产品和服务,提高项目工程质量的同时,也需要注意客户的个性化需求,进行定制化服务,提高客户的满意度,维持稳定的客户关系。因此,设置"满足客户需求"作为战略目标。

③加强责任管理流程。

纳税是企业的社会责任,一个优秀的企业会将社会责任视为超越利润的企业目标。税收是政府的主要财政来源,税收的稳定能保障国家建设需要,企业经营得越好,盈利越高,所要缴纳的税款就越多,社会责任随着企业的良性发展而变大,潜移默化中推动了中国经济的发展。因此,这里设置"增强社会责任"目标。

社会责任转变了企业只以利润为目标的传统理念,它强调了企业对社会和人的关注,履行社会责任能树立企业的良好形象,提升企业内涵,同时这也是企业可持续发展的有效途径。提高流程通畅度作为内部流程维度的总目标,指导着客户管理流程、责任管理流程的实施方向。社会责任意识以及提高工程质量的增加能帮助企业更好的满足客户需求,提高客户满意度。另外,企业注重对社会责任的履行会将发展重心转移到对工程质量的把控上,促进加大的市场份额的增加,为实现上一级客户维度的目标奠定了基础。

(4)学习与成长维度战略地图的构建

学习与成长维度作为平衡计分卡的最后一个维度,在财务、客户和内部流程维度的目标确定了之后,就要考虑企业需要做哪些努力才能获得突破性的业绩。学习与成长维度为其他三个维度提供了基础框架,是其他维度的驱动因素。

平衡计分卡强调对未来投资的重要性，企业不能只关注例如产品、设备研发这类传统领域的投资，还需要对员工、管理系统等进行投资，对非传统领域的投资往往是不能在短期内获得利润，但是企业要想获得长期的财务增长目标，必须关注这方面的投资。因此，实现该维度目标的关键成功因素可分为完善人力资源体系、增强企业文化、提高信息化能力。

①提高信息化能力。

公司想要使员工在激烈的竞争环境中发挥应有的作用，就必须在管理模式、交易方式以及经营流程中加入信息化，企业的信息化促进了企业的运行效率，企业的组织竞争力也得到提高。一方面，方便员工全面、准确、及时地了解客户信息，并且能快速得到产品和服务的反馈；另一方面，信息技术的广泛应用促进了企业的运行效率，使得业务流程更规范，优化内部的沟通与协调。因此，设置"提高信息化程度"作为战略目标。

②增强企业文化。

企业文化是生产经营和管理活动中所创造的具有该企业特色的精神财富和物质形态。内在文化使公司内部的竞争处于一种良性的状态，而不是形成员工间的恶性竞争，公司在平时应该多注重为员工提供企业文化交流平台，加强对企业文化感，树立企业的价值观和理念，提高企业员工的凝聚力和认同感，打造具有甲公司特色的企业文化，促进增强内部凝聚力和外部竞争力企业文化的形成。因此，设置"提高员工素质"作为战略目标。

③完善人力资源体系。

企业的发展不仅需要基础员工专业技术的提升，更需要一支业务素质过硬的领导团队的领导，人是企业发展进程中的中流砥柱，员工的专业能力和管理水平，都直接影响到企业未来的发展，总承包公司加大对于员工培训的投资势在必行。因此，设置"增强员工培训"作为战略目标。

下面结合企业的实际情况，对企业学习与成长维度的目标进行了分析与设定，并形成了学习与成长维度的战略地图，见图6-3-4。

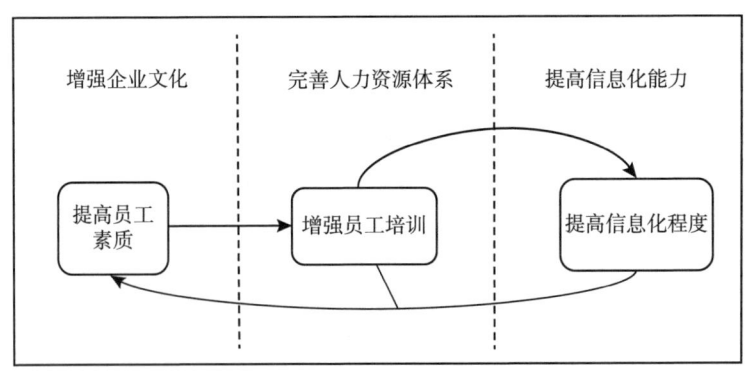

图6-3-4 学习与成长维度战略地图

学习与成长维度包括增强企业文化、完善人力资源体系和提高信息化能力三个方面，企业的竞争说到底是人才的竞争，即公司应建立一流的员工团队，激发公司的创造力，提升公司的竞争力，该维度将以员工培训作为长期目标，持续加强员工的综合素质以及对信息化系统操作的熟练程度。因此，通过提高员工素质、增强员工培训以及提高企业信息化程度这几个战略目标的达成，能够使企业不断地成长并实现建立高素质人才队伍的长期目标。

2. 公司战略地图。

将上述四个维度的战略地图进行整合，得到公司完整的战略地图。战略地图包含财务、客户、内部业务流程、学习与成长四个维度，四个维度环环相扣，使企业顺利完成对战略的规划、战略地图绘制以及实施的过程，实现战略的落地执行。图6-3-5为公司的战略地图。

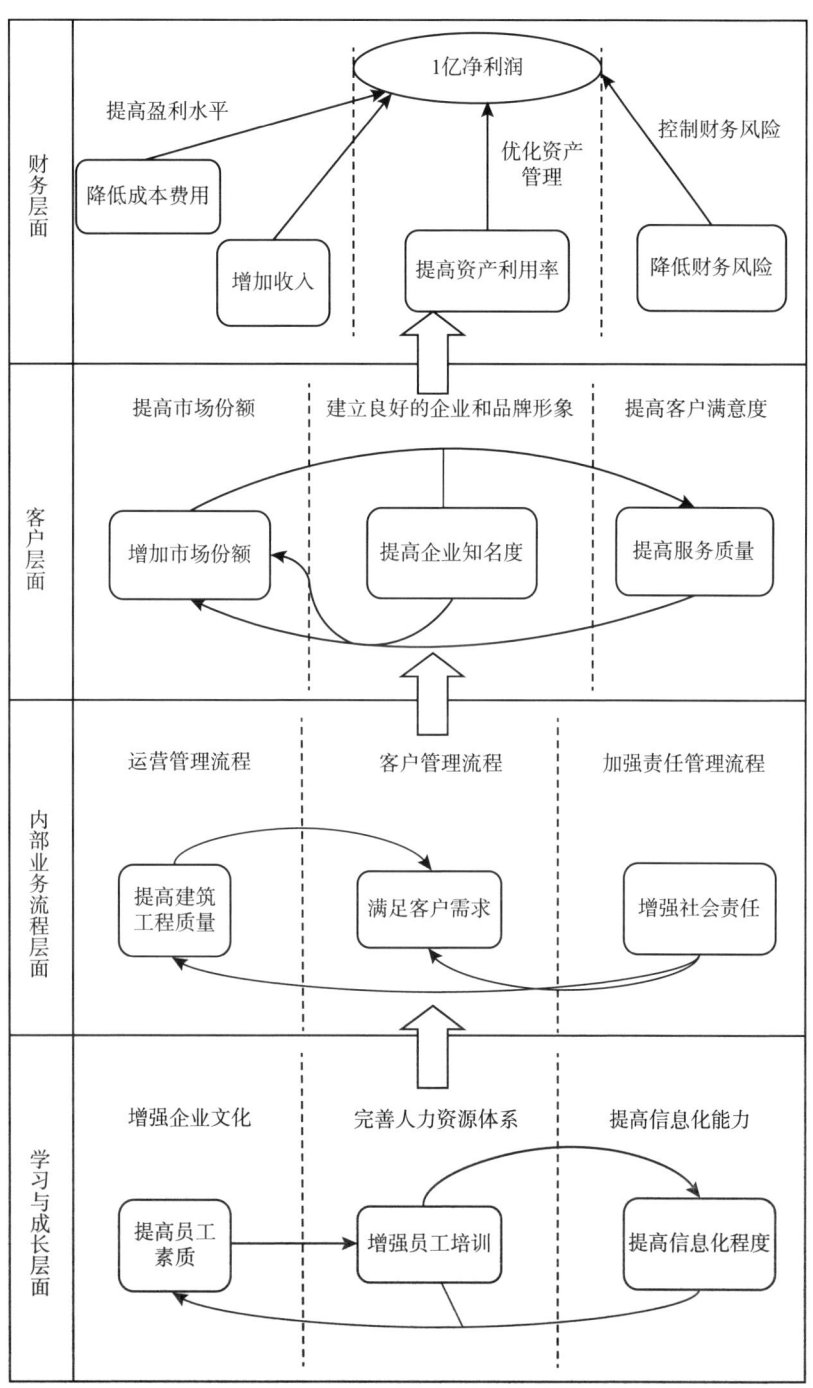

图6-3-5 公司战略地图

自上而下来看,平衡计分卡每个层次都是上一层次的具体化,而要整个实现整个体系的功能,则要自下而上地来实现。企业的管理者的意图是要通过这个系统将企业的战略作为员工的努力方向,促使他们不断地朝着企业的既定战略目标前进。因此,从抽象的企业战略到具体的指标和目标,最后再到关乎员工切身利益的薪酬,企业管理者的意图在这个体系中,自上而下地得到了有力地贯彻和执行。另一方面,员工受到薪酬体系引导,努力实现各维度的目标,无形中自动地朝着企业战略目标在努力,既起到了战略导向作用,又节约了管理成本,而且通过不断地实现目标,还能激发员工的积极性。因此,战略地图的作用是通过这种上下互动的过程,使公司能够有效地实施以战略为导向的绩效管理。

3. 指标构建。

根据上述公司战略地图的构建,从四个维度将公司战略进行层层分解,得出实现每个维度目标的关键成功因素,再结合这些因素分析得出每个维度的战略目标,最后衍生出具体的考核指标,完成对平衡计分卡的构建。以下为公司四个维度关键成功因素鱼骨图,见图6-3-6。

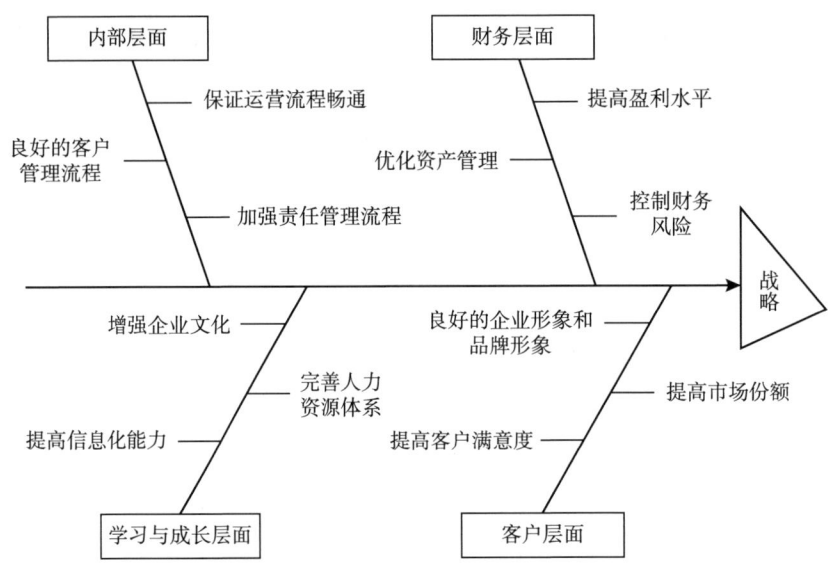

图6-3-6 公司关键成功因素鱼骨图

(1) 财务维度指标的设计。

财务维度的指标设计主要根据公司的财务战略目标进行设计,主要内容为降低成本费用、提高利润率、降低资金回收期以及拓展资金筹集渠道。

①提高盈利水平。

在"提高盈利水平"这一关键因素中,分为"增加收入"和"降低成本费用"这两个短期目标,见表6-3-2。其中:

收入增长率 = (本期主营业务收入 - 上期主营业务收入)/上期主营业务收入 × 100%

净资产收益率 = 税后利润/所有者权益 × 100%

EVA = 经济增加值 ÷ 所占用的资本总额 × 100%

成本费用利润率 = 利润总额/成本费用总额 × 100%

表 6-3-2　盈利水平绩效衡量指标

一级	二级	三级	指标属性
财务维度	增加收入	收入增长率	定量
	降低成本费用	净资产收益率	定量
		EVA 率	定量
		成本费用利润率	定量

②优化资产管理（见表 6-3-3）。

表 6-3-3　优化资产管理绩效衡量指标

一级	二级	三级	指标属性
财务维度	提高资产利用率	资产现金回收率	定量
		存货周转率	定量

资产现金回收率 = 经营现金净流量/平均资产总额 × 100%
存货周转率（次数）= 销货成本/平均存货余额 × 100%

③控制财务风险（见表 6-3-4）。

表 6-3-4　控制财务风险绩效衡量指标

一级	二级	三级	指标属性
财务维度	降低财务风险	资产负债率	定量
		现金流动负债率	定量

资产负债率 = 负债总额/资产总额 × 100%
现金流动负债率 = 年经营现金净流量/年末流动负债 × 100%

(2) 客户维度指标的设计。

①建立良好的企业和品牌形象（见表 6-3-5）。

表 6-3-5　企业和品牌形象绩效衡量指标

一级	二级	三级	指标属性
客户维度	提高企业知名度	工程竣工验收合格率	定量
		QC 活动成果数量	定量

工程竣工验收合格率 = 一次性通过验收项目数/申请验收项目总数 × 100%

②提高市场份额（见表6-3-6）。

表6-3-6　　　　　　　　　市场份额绩效衡量指标

一级	二级	三级	指标属性
客户维度	增加市场份额	市场占有率	定量
		新签合同额增长率	定量

市场占有率 = 销售收入/广西行业总产值×100%
新签合同额增长率 = （本期新签合同额 − 上期新签合同额）/上期新签合同额×100%
③提高客户满意度（见表6-3-7）。

表6-3-7　　　　　　　　　客户满意度绩效衡量指标

一级	二级	三级	指标属性
客户维度	提高服务质量	施工进度滞后次数	定量
		保修金支出占比	定量

保修金支出占比 = 当年支出的保修金总金额/当年总成本×100%
（3）内部流程维度指标的设计。
①保证运营流程通畅（见表6-3-8）。

表6-3-8　　　　　　　　　运营流程通常绩效衡量指标

一级	二级	三级	指标属性
内部流程维度	提高建筑工程质量	质量事故次数	定量
		每万平方米收入率	定量

每万平方米收入率 = 营业收入/当年竣工面积×100%
②加强责任管理流程（见表6-3-9）。

表6-3-9　　　　　　　　　责任管理流程绩效衡量指标

一级	二级	三级	指标属性
内部流程维度	增强社会责任	上交税值增长率	定量

上交税值增长率 = 应交税费增长额/上年应交税费×100%
③良好的客户管理流程（见表6-3-10）。

表6-3-10　　　　　　　　　客户管理流程绩效衡量指标

一级	二级	三级	指标属性
内部流程维度	满足客户需求	优质工程数量	定量

(4) 学习与成长维度指标的设计。
①提高信息化能力（见表6-3-11）。

表6-3-11　　　　　　　　　信息化能力绩效衡量指标

一级	二级	三级	指标属性
学习与成长维度	提高信息化程度	信息化管理能力	定量

信息化管理能力评分标准：逐步完善和应用的共建共享公司数据中心为依据，使用公司已统一建设信息管理系统的应用，并取得成效。

②完善人力资源体系（见表6-3-12）。

表6-3-12　　　　　　　　　人力资源体系绩效衡量指标

一级	二级	三级	指标属性
学习与成长维度	增强员工培训	从业人员人均利润	定量
		培训支出率	定量

从业人员人均利润＝利润总额/全年平均从业人数
培训支出率＝培训费用/总支出×100%

③增强企业文化（见表6-3-13）。

表6-3-13　　　　　　　　　企业文化绩效衡量指标

一级	二级	三级	指标属性
学习与成长维度	提高员工素质	职称人员比例	定量

职称人员比例＝获得职称的员工数/总员工数×100%
注：职称人员指单位一级建造师、高级职称人员、中级职称人员。

4. 公司考核指标汇总（见表6-3-14）。

表6-3-14　　　　　　　　　公司平衡计分卡指标集

指标维度	目标	具体考核指标
财务	增加收入	收入增长率
		净资产收益率
	提高资产利用率	资产现金回收率
		存货周转率
	降低成本费用	成本费用利润率
		EVA
	控制财务风险	资产负债率
		现金流动负债率

续表

指标维度	目标	具体考核指标
客户	提高企业知名度	QC活动成果数量
		工程竣工验收合格率
	提高市场份额	市场占有率
		新签合同额增长率
	提高服务质量	施工进度滞后次数
		保修金支出占比
内部流程	提高建筑工程质量	质量事故次数
		每万平方米收入率
	增强社会责任	上交税值增长率
	满足客户需求	优质工程数量
学习与成长	增强员工培训	从业人员人均利润
		培训支出率
	提高信息化程度	信息化管理能力
	提高员工素质	职称人员比例

5. 考核指标权重的确定。

分别从财务、客户、内部业务流程和学习与成长四个维度对公司设计了考核指标后，运用软件结合层次分析法计算各个指标的权重。

（1）层次分析法基本步骤。

①构建层次结构模型。构建公司绩效考核指标体系的层次结构模型，公司战略作为最高层，统领着企业的发展方向；平衡计分卡的四个维度作为中间层，将企业的战略层层分解；考核指标作为最底层，用以考核公司战略的完成情况。

②构建判断矩阵。层次结构模型能明确战略、四个维度以及指标之间的隶属关系，然后根据设计的指标构建判断矩阵，将各指标按重要性程度进行两两比较，最后按照指标的重要性程度为其打分。

③得出计算结果。按照以上步骤，根据层次分析法的计算原理，运用yaahp软件计算得出平衡计分卡四个维度的权重分别为：财务维度0.4197、客户维度0.2892、内部流程维度0.1678、学习与成长维度0.1233，见表6-3-15。

表6-3-15　　　　　　　　公司四个维度权重表

大型国际化企业	财务	客户	内部流程	学习与成长	权重（wi）
财务维度	1.0000	2.0000	3.0000	2.0000	0.4197
客户维度	0.5000	1.0000	2.0000	3.0000	0.2892
内部流程维度	0.3333	0.5000	1.0000	2.0000	0.1678
学习与成长维度	0.5000	0.3333	0.5000	1.0000	0.1233

(2) 具体指标权重（见表6-3-16）。

表6-3-16　　　　　　　　　　　　具体指标权重

目标层	中间层	权重	末层	权重	一致性比率	总权重
大型国际化企业	财务维度	41.97%	收入增长率	7.88%	0.0784＜0.1	4.73%
			净资产收益率	21.77%		9.14%
			资产现金回收率	10.94%		9.12%
			存货周转率	7.89%		3.31%
			成本费用利润率	7.47%		3.13%
			EVA率	17.65%		7.41%
			资产负债率	13.64%		5.72%
			现金流动负债率	12.76%		5.35%
	客户维度	28.92%	QC活动成果数量	23.10%	0.0378＜0.1	6.68%
			工程竣工验收合格率	12.62%		3.65%
			市场占有率	27.43%		7.93%
			新签合同额增长率	15.17%		4.39%
			施工进度滞后次数	14.43%		4.17%
			安全生产费用占比	7.25%		2.10%
	内部流程维度	16.78%	事故次数	28.10%	0.0639＜0.1	4.72%
			每万平方米收入率	36.45%		6.12%
			上交税值增长率	11.97%		2.00%
			优质工程数量	23.48%		3.94%
	学习与成长维度	12.33%	职称人员比例	12.48%	0.0745＜0.1	1.54%
			从业人员人均利润	42.88%		5.29%
			培训支出率	21.68%		2.67%
			信息化管理能力	22.96%		2.83%

（三）具体应用模式与过程

以2×17年的数据为例，结合公司发展情况进行绩效考核，其中，财务维度的指标以国资委发布的建筑安装业绩效评价标准值作为参考，计算该维度各指标的实际值，乘以权重得出实际得分；客户、内部业务流程、学习与成长维度则划分得分等级作为参考，采用实际值与目标值的比值情况配合权重，得出各个指标的得分。另外，根据加权平均法先计算四个维度的得分，汇总相加得到2×17年公司的绩效分数。最后，结合公司2×17年的发展情况逐个维度进行分析，验证重构后的绩效考核体系对于公司的适用性。

1. 财务维度的评价。

（1）评价方法。

财务维度的绩效评价使用功效系数法，该方法根据多目标规划的原理，给每一个指标确定一个优秀值和较差值，优秀值为上限，较差值为下限，评价标准值的范围一般是由优秀、良好、平均、较低、较差值组成，满分为 100 分，再利用设定好的公式计算各指标实现优秀值的程度，最后经过加权平均进行综合得分。功效系数法变量的计算公式如下所示：

极大变量单项功效系数 = $\frac{实际值 - 较差值}{优秀值 - 较差值} \times 40 + 60$（实际值 < 满意值）

极大变量单项功效系数 = 100（实际值 ≥ 满意值）

极小变量单项功效系数 = $\sum$ 单项功效系数 × 权数（实际值 > 满意值）

极小变量单项功效系数 = 100（实际值 ≤ 满意值）

综合功效系数 = $\frac{实际值 - 较差值}{优秀值 - 较差值} \times 40 + 60$

功效系数法是通过计算模型代入实际值与标准值得出评价得分，减少了评价的主观因素，在一定程度上就保证了评价结果的有效性和可信度，企业要想取得综合得分的高分需要保持各个指标的平衡。因此，公司进行财务维度绩效评价时，运用功效系数法进行评价可以客观得出公司财务维度各个指标与行业标准值的差距，找出具体原因进行改进。

（2）财务维度具体评价过程。

①计算指标实际值。查找 2×17 年公司报表中的相关数据，通过计算求出财务维度各指标的实际值，见表 6-3-17。

表 6-3-17　　　　　　　　　公司财务指标实际值

指标名称	指标实际值
收入增长率	3.17
净资产收益率	1.65
资产现金回收率	4.16
存货周转率（次）	4.13
成本费用利润率	0.35
EVA 率	-0.12
资产负债率	79.71
现金流动负债率	4.96

②确定指标评价标准值。参照国务院国资委财政监督与评价局制定的 2×17 年建筑业中大型企业绩效评价标准值，见表 6-3-18：

表 6-3-18　　　　　　　　2×17 年企业绩效评价标准值

项目	优秀值	良好值	平均值	较低值	较差值
收入增长率（%）	19.2	12.2	6	-1.5	-8.4
净资产收益率（%）	22.7	15.2	7.1	1.6	-4.7
资产现金回收率（%）	7.6	4	1.6	-1.1	-5.3
存货周转率（次）	6.2	4.5	3.9	1	0.3
成本费用利润率（%）	4.1	2.6	2	1.4	-2.3

续表

项目	优秀值	良好值	平均值	较低值	较差值
EVA 率（%）	5.2	4	0.5	-1.4	-5.9
资产负债率（%）	59	65	70	87	90
现金流动负债率（%）	7.9	4.9	1.7	-2.1	-6.6

③计算各个财务指标的得分。

$$\text{收入增长率得分} = \frac{4.13\% - 0.3\%}{6.2\% - 0.3\%} \times 40 + 60 = 76.77$$

$$\text{净资产收益率} = \frac{0.35\% + 2.3\%}{4.1\% + 2.3\%} \times 40 + 60 = 69.27$$

$$\text{资产现金回收率} = \frac{-0.12\% + 5.9\%}{5.2\% + 5.9\%} \times 40 + 60 = 89.33$$

$$\text{存货周转率} = \frac{79.71\% - 90\%}{59\% - 90\%} \times 40 + 60 = 85.97$$

$$\text{成本费用利润率} = \frac{3.17\% + 8.4\%}{19.2\% + 8.4\%} \times 40 + 60 = 76.56$$

$$\text{EVA} = \frac{1.65\% + 4.7\%}{22.7\% + 4.7\%} \times 40 + 60 = 80.83$$

$$\text{资产负债率} = \frac{4.16\% + 5.3\%}{7.6\% + 5.3\%} \times 40 + 60 = 73.27$$

$$\text{现金流动负债率} = \frac{4.96\% + 6.6\%}{7.9\% + 6.6\%} \times 40 + 60 = 91.89$$

④计算综合得分。依据各个指标在财务维度的权重，将指标功效分数与各自对应权重相乘，将各个指标评分加总就是财务维度的评价分数，见表 6-3-19。

表 6-3-19　　　　　　　　　　　　财务指标得分

指标名称	指标得分	权重	综合得分
收入增长率	76.77	7.88%	6.05
净资产收益率	69.27	21.77%	15.08
资产现金回收率	89.33	10.94%	9.77
存货周转率	85.97	7.89%	6.78
成本费用利润率	76.56	7.47%	5.72
EVA 率	80.83	17.65%	14.27
资产负债率	73.27	13.64%	9.99
现金流动负债率	91.89	12.76%	11.73
总计	—	100%	79.39

2. 客户维度、内部业务流程维度和学习与成长维度的评价。

客户维度、内部业务流程维度、学习与成长维度的评价参考上述评价体系设置的评分标准，运用实际值与目标值的比值来检查公司是否完成相关计划，再利用考核指标的加权平均计算各维度的得分。

（四）应用评价结果

综上计算方法以及结果，将客户维度、内部业务流程维度以及学习与成长维度三个非财务指标维度的最后得分转化为百分制得分，财务维度的得分为 79.39，客户维度的得分为 66，内部流程维度的得分为 69，学习与成长维度的得分为 67。最后，将四个维度的得分进行加权平均计算公司在 2×17 年的绩效得分为：$79.39 \times 41.97\% + 66 \times 28.92\% + 69 \times 16.78\% + 67 \times 12.33\% = 72.25$ 分，这表明 2×17 年公司的整体绩效一般，待进一步的改进与提高的空间较大。

1. 财务维度。

2×17 年公司的财务维度绩效综合得分为 79.39 分，评价结果比较理想。分析数据显示资产现金回收率、存货周转率和现金流动负债率分别达到 4.16%、4.13% 和 4.96%，高于行业平均值，这些指标都说明公司在 2×17 年度在经营过程中注重经营管理，内部运营过程把控到位，特别是对经营性现金的把握来看，公司的资产获现能力较强，能保障流动资金的利用和对到期债务的偿还。净资产收益率、成本费用利润率、EVA 率以及资产负债率这四个指标都没有达到行业平均水平，净资产收益率在较低值的等级，究其原因在于公司的业务类型较少，公司的收入来源以建筑安装施工为主，其占比在 95% 以上，由于恶性竞争、压价等现象造成该行业利润较低。

2. 客户维度。

客户维度的得分为 66，相对于其他三个维度，客户维度的绩效得分较低。市场占有率、新签合同额增长率、安全生产费用占比这三个指标都只达到基本分，说明在 2×17 年这三个指标增长幅度较小。随着建筑市场结构的变化以及大量央企和区外建筑企业的涌入，使得广西建筑行业竞争加剧，公司原有的市场优势有所丧失，市场占有率面临萎缩的风险。建筑市场激烈的竞争以及建筑企业的弊病，使得公司承受着高负债、成本费用增加等压力，发展后劲不足。同时，建筑行业具有劳动力密集的特性，使得在工程中往往伴有多家施工单位、各工种工人交叉施工的现象，为公司施工安全管理以及成本核算与控制工作带来一定难度。因此，公司要达到客户期待值以及超越竞争对手依然任重道远。

3. 内部业务流程维度。

内部流程维度的得分为 69，该维度绩效结果不太理想，自主科技创新能力有待进一步加强。从各个指标的得分来看，每万平方米收入率得分最低，这是因为甲公司拥有的核心技术成果不多，直接影响了经济效益的增加和对高端市场的竞争能力，也制约了公司在超高层、地铁、路桥、水利等高端市场的发展。另一方面，钢材、水泥等建筑材料的成本在建筑施工项目中占比较高且当前建筑材料的市场价格波动较大，再加上工程项目施工周期较长、垫资施工的行业特点，导致公司的成本不稳定。另外，"营改增"的全面推行也增加了甲公司的税负压力，当前存在成本精细化以及规范化管理的缺陷也是造成该维度绩效得分低的重要原因。

4. 学习与成长维度。

学习与成长维度的得分为 67，绩效得分不太理想。一方面，公司现在的人才队伍建设还不能满足企业发展。专家型、复合型等人才较为短缺，截止到 2×17 年，公司持有一级建造师、中高级职称的人员共 232 人，占比员工总数不到 2.5%，专业人才比例的失调制约了企业的进一步发展，现阶段公司内部工程师队伍的培养、使用和储备与发展要求不相适应，公司引进人才的力度和制度尚需健全。另一方面，从培训支出率以及信息化管理能力指标的得分来看，分别为 60 分和 66 分，这说明甲公司对于内部职工的培训重视程度较低。员工考证意愿和积极性不高，企业管理层对于员工的督促也不到位，两个因素造成了公司对员工培训资金投入不足，牺牲员工的工作时间参与培训对于企业来说是一种损失，但是，这种短期的损失恰恰能决定企业未来绩效的好坏。因此，重视员工学习与成长是公司下一步要努力的方向。

三、取得的成效及分析

新构建的考核方法在一定程度上降低了各分公司的惰性，关注到了以往忽略公司是否还有剩余的能力和资源的情况，提高资源的利用率，抓住了创造更大的企业价值的时机。

案例示范 6-4
经济增加值法在油田公司的应用

【本案例介绍经济增加值法在油气行业的应用。案例单位为大型油气生产供应企业，主要从事油气勘探、油气开发、炼油化工、销售、科技研发等业务。针对过去绩效管理中存在的生产管理单元、管理职责界面、激励约束机制等需要进一步优化的问题，案例单位从实际出发，主要应用经济增加值法等方法，形成了以价值为导向的全面绩效评价与激励管理体系，促进了案例单位由注重规模速度增长向注重价值增长转变，实现有质量、有效益、可持续发展。】

一、背景描述

（一）单位基本情况

甲公司是集油气勘探、油气开发、炼油化工、销售、科技研发等业务上下游一体化的大型油气生产供应企业。2×17 年，甲营业收入达 397 亿元，资产总额 855 亿元，油气产量当量近 2 538 万吨，合同员工 1 万人，是我国陆上第三大油气田和西气东输主力气源地。

（二）存在的主要问题

随着国内资源环境与经济形势的日益严峻，甲公司在内部管理上仍有很多问题需要进一步完善。主要表现在：一是生产管理单元需进一步优化。甲公司人力资源、地下资源、地面资源配置情况不断发生变化，需进一步科学划分生产管理单元，持续推进机构重组，完善项目管理机制。二是管理职责界面需进一步优化。公司需按照责权利对等原则，加大向基层放权力度，理清决策层、管理层、执行层 3 个层级职责界面，使公司上下合力工作。三是管控能力需进一步强化。公司基础油藏研究与工艺管理力量相对薄弱，需做大做强两个研究院，补强基层油藏研究和工艺管理力量，确保甲方对核心业务和关键技术的全面掌控。四是激励约束机制需进一步优化。甲公司的激励约束机制与国有企业激励约束机制存在通用问题：分配差距不够、激励效果不明显，需突出问题导向，落实责任主体，加大对钻井成功率、产能到位率、综合递减率、投资回报率等关键指标考核激励力度。五是社会责任与经济责任的矛盾日益凸显。公司在追求经济效益最大化、提高价值创造能力的同时，还要高度重视民族团结和地区稳定、加大经济援助和帮扶力度，效益指标和其他非财务指标平衡的问题，成为公司迫切解决的难题。

（三）选择经济增加值法的原因

1. 乙集团公司深化经济增加值（EVA）考核的要求。2×10 年，乙集团公司选择甲公司等 10 家子公司进行 EVA 试点考核。2×11 年，在总结试点经验的基础上，全面实施经济增加值考核，将 EVA 作为企业负责人年度绩效考核的基本指标。同时，制订《经济增加值考核办法》，规范 EVA 考核指标的计算，其核心旨在引导企业转变发展方式、提高发展质量、实现科学发展、关注资本成本和股东价值创造能力。

2. 甲公司推进经营管理机构改革的需要。EVA 有效解决了利润、净资产收益率等纯财务指标不能全面反映企业经营状况的问题，促使公司管理层从驱动 EVA 目标实现的利润、成本费用、开发质量、钻井成功率、综合递减率等关键绩效指标入手，优化经营管理机构设置，理清机构职责界面，迫使内部单位科学组织生产经营、有效控制投资风险、依法合规经营，从根本上纠正不计成本投资、不计成本上产的粗放式管理行为。

3. 甲公司完善激励约束机制的需要。EVA 指标的引入，在更大程度上反映了企业创新创效能力，体现了相对公平。EVA 与全员绩效薪酬直接联系起来，EVA 增值越多，公司管理层及全体员工绩效薪酬也就越高，一定程度上解决了效益与员工收入同步增长的实质问题。

4. 甲公司解决社会责任与经济责任矛盾的需要。EVA 考核过程中优先剔除社会责任与政治责任支出，有效缓解了社会责任与经济责任之间的矛盾，一定程度上解决了甲公司内部企业的后顾之忧。

二、应用过程

（一）组织机构及方式

甲公司成立了绩效管理委员会、EVA 考核领导小组、绩效管理办公室，每年召开三次专题会议研究部署工作，加强了对绩效管理工作的统一领导，形成了由绩效管理办公室统一协调、公司全员参与、上下目标一致、分级分类实施的管理体系，形成了考核政策统一、考核标准统一、工作部署统一、审定结果统一、奖惩兑现统一的"五统一"工作制度，明晰了从拟订绩效合同、制订（考核）方案、职能部门和二级单位确定指标目标（完成）值、广泛征求意见到管理层会议审定的完整运行流程。

甲公司绩效管理委员会和 EVA 考核领导小组由公司高级管理人员组成，绩效管理办公室设在组织人事部门，负责考核日常工作。

（二）参与部门和人员

甲公司绩效管理参与者是指按照公司要求参与绩效管理活动，并在其中承担相应管理职责和义务的机构或人员。绩效管理活动的组织者、绩效信息管理者、考核者和被考核者均是绩效管理活动的参与者，参与者范围主要包括：

1. 绩效管理委员会及 EVA 考核领导小组；
2. 绩效管理办公室；
3. 绩效合同发约人（考核者）和受约人（被考核者）；
4. 绩效指标管理跟踪部门和单位。

（三）资源、环境、信息化条件

甲公司自 2×00 年引入绩效考核工作，为推进 EVA 考核奠定了良好的基础，提供了丰富的资源，创造了良好的文化氛围。甲公司已印发《关于全面推行业绩考核工作的通知》，对考核范围、考核组织机构、考核职责分工、考核时间及程序等方面都进行了明确的界定。2×04~2×17 年先后印发了《关于完善甲公司业绩管理制度的通知》《关于印发全员绩效考核工作考评办法的通知》《关于印发甲公司绩效管理办法的通知》《关于印发甲公司绩效考核细则的通知》等一系列制度文件，这些文件是公司在绩效管理方面不断探索的成果，促使公司绩效管理工作更加具体、准确、科学、可操作。

1×96 年，甲公司自行开发应用人力资源管理系统，其中包括薪酬管理、绩效考核、用工管理等模块；2×09 年，乙集团公司全面推广应用集团公司人力资源管理系统，为甲公司实施绩效考核、薪酬管理提供了良好的信息化平台。甲公司持续探索创新财务管理的体制、机制，构建了全面行业管理、全面预算管理和资金、资产、会计、合同、保险、债务集中管理等"两个全面，六个集中"的财务管理机制，并建立了相应的信息系统，为 EVA 考核提供了信息基础保障。

(四) 应用流程

EVA 是一项高度综合的指标，甲公司根据 EVA 内在的价值驱动因素对指标进行分解和细化，将 EVA 分解为成本、收入、投资等运营相关指标，与甲公司日常经营中的各项经济活动及经营管理职能密切相关，体现了甲公司运营效率和经营管理效果。对上述财务指标进一步分解，又涉及油气产量、储量、钻井成功率、开发质量等关键价值驱动因素。甲公司关键价值驱动因素详见图 6-4-1：

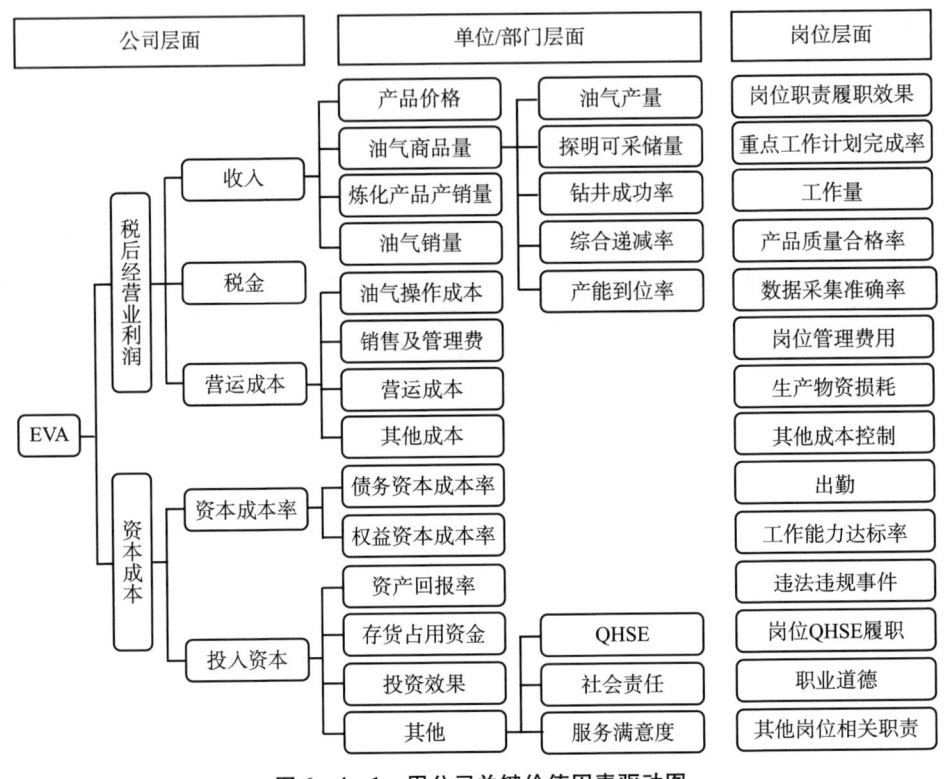

图 6-4-1 甲公司关键价值因素驱动图

EVA 的优劣以及变化趋势，集中反映了单位盈利能力、运营质量和经营管理效率，通过对指标间关联关系及价值驱动因素进行分析，可以综合采用不同的价值提升策略来改善企业的 EVA 水平。对不同层次、不同岗位类别的人员，根据其工作性质和岗位职责的差异，其绩效合同的指标、目标值和权重有所不同。根据 EVA 关键价值驱动因素，公司内部企业继续将本单位关键价值驱动因素分解至各个岗位，甲公司各层级人员主要考核内容如下：

1. 甲公司各单位（部门）正职：生产经营型单位重点考核产（销）量、成本、投资、开发质量、钻井质量、安全环保等指标；科研单位重点考核储（产）量、钻井成功率、开发质量、产能到位率等指标；生产保障单位重点考核成本（费用）、工作完成效果评价、年度重点工作计划完成率、安全环保等指标；职能管理（服务）单位重点考核年度重点工作完成效果、成本（费用）、服务满意率等指标。

2. 单位副职：重点考核与单位（部门）生产经营指标关联的产（销、储）量、成本费用、分管业务重点工作及个人综合表现指标。

3. 科级人员（基层队站负责人）：重点考核与科室（队站）关联的生产经营、成本费用及个人综合表现指标。

4. 技术人员：重点考核科研技术项目的进展、专业技术工作完成情况及个人综合表现指标。

5. 一般管理人员：重点考核工作进度、工作效果完成情况、成本费用指标及个人综合表现指标。

6. 操作服务人员：重点考核工作量、工作任务完成情况及个人综合表现指标。

甲公司延续乙集团公司经济增加值考核办法计算下属单位EVA，见表6-4-1：

表6-4-1　　　　　　　　　　EVA完成情况计算样表

项目	计量单位	财务决算数
一、税后净营业利润	万元	
其中：（1）净利润	万元	
（2）利息支出	万元	
其中：研究与开发费用	万元	
当期确认为无形资产的研究开发支出	万元	
（3）教育培训费用	万元	
（4）勘探费用	万元	
其中：勘探投入费用	万元	
战略并购费用	万元	
储备库投资和运行费用	万元	
（5）信息化费用调整项	万元	
其中：技术服务费用	万元	
（6）非经常性收益调整项	万元	
（7）维稳及履行社会责任支出	万元	
其中：维稳防恐支出	万元	
扶贫、救灾、捐赠等支出	万元	
所得税率	%	
二、调整后资本	万元	
其中：（8）平均所有者权益	万元	
（9）平均负债	万元	
（10）平均无息流动负债	万元	
（11）平均在建工程	万元	
其中：在建工程净额	万元	
地质勘探支出净额	万元	
油气开发支出净额	万元	
工程物资净额	万元	

甲公司EVA计算公式：

EVA = 税后净营业利润 - 调整后资本 × 平均资本成本率

其中：税后净营业利润＝净利润＋(利息支出＋研究开发费用调整项＋教育培训费用调整项＋勘探费用调整项×50%＋信息化费用调整项×50%＋维稳及履行社会责任支出－非经常性收益调整项×50%)×(1－所得税率)

调整后资本＝平均所有者权益＋平均负债－平均无息流动负债－平均在建工程

各单位所得税率按照上年实际值设定目标值，并按照当年国家、地方财税政策变化影响进行调整；年底按照各单位当年实际值考核计算。

为突出核心业务，消除传统会计方法不能真实衡量EVA的部分，甲公司设置利息支出、研究开发费用、勘探等战略性投资费用、教育培训费用、信息化费用、维稳及履行社会责任支出、非经常性收益、无息流动负债、在建工程等EVA会计调整项目。

1. 在油气价格波动较大的年度，根据当年实际油气价格对净利润等项目的影响调整EVA目标值和完成值，确保相对公平。
2. 勘探费用核减50%。
3. 信息化费用核减50%。
4. 维稳及履行社会责任支出全部核减。
5. 研究开发费用、教育培训费用据实调整。
6. 非经常性收益按50%核增。

对于因发生不可抗力或重大政策调整，对EVA计算产生极大影响的情况，甲公司需根据实际情况进行调整。主要如下：

1. 国家、自治区、乙集团公司、甲公司重大政策变化。
2. 会计准则调整。
3. 重大组织机构调整。
4. 地震、洪水严重自然灾害以及其他不可抗力。

其他客观因素原则上不做调整，但影响范围广泛、对考核结果影响较大的，由甲公司绩效管理委员会审议批准后调整。

资本成本率的确定：由于甲公司实施专业化战略，有投资回报产出的主要为油气开发企业，其企业业务特点、经营风险、资产负债较为一致，为与乙集团公司计算口径保持一致，为避免数据的重复计算与统计，甲公司各企业资本成本率平均为7.5%，其他后勤保障、服务等成本中心企业重点考核EVA关键价值驱动因素，不直接考核EVA。资本成本率一经确定，三年不变。

EVA目标值的计算公式：EVA目标值＝基准值＋改善值

其中，EVA基准值指上年实际完成值和前三年实际完成值平均值中的较低值。EVA改善值是当年EVA与上年EVA的差。

EVA改善值计算公式：改善值＝当年EVA－上年EVA

甲公司重点考核EVA改善值，着重提升价值创造能力。为确定合理的目标值，真实反映各单位员工全员的努力程度，甲公司在EVA基本目标的基础上设置挑战目标，挑战目标一般指通过单位全员努力能够实现的、高于基本目标的目标值。

为加强考核结果应用，内部单位年度业绩奖金与EVA等关键指标完成情况挂钩，根据指标完成情况兑现全年业绩奖金，正负激励同步实施；同时对超额完成EVA的单位，按公司专项奖管理规定进行超额激励，超额完成单位根据实际超额总量及比例获取专项激励；考核结果同时纳入领导干部年度考核，作为年度绩效完成情况的最终分值；公司各层级根据员工年度考核结果，对排名前20%的给予表扬、培训深造、岗位晋升、薪酬水平提升、评选先进、贡献疗养等激励，对年度考核排名后 20% 的员工给予通报批评、欠缺技能培训、调整岗位、降低薪酬水平等负激励。

（五）在实施过程中遇到的主要问题和解决方法

EVA 法是适用范围广泛的先进的管理理念，但在国有企业中尚没有成熟的经验可以借鉴，其指标设置、权重分配、目标值确定、激励兑现需要关注和解决以下五个问题：

1. 针对甲公司内部不同单位的先天资源禀赋、业务性质、发展状况、盈利能力的差异实施考核的问题。甲公司各单位发展阶段不同，其资源禀赋、业务性质、盈利水平差异较大，如何将全员目标"聚焦"在企业创效及价值能力的提升上，这就需要对不同单位根据不同业务性质及 EVA 指标的承受能力，筛选 EVA 关键价值驱动因素，绩效合同的指标、目标值和权重应有所不同，有针对性的实施差异化考核。

2. 把握和解决投入与产出的问题。应用 EVA 法考核，迫使公司管理层慎重决策投资项目和规模。在传统考核模式下，大幅增加的投资可以有效扩大规模、提高产量，并且投资折旧属于考核剔除因素，各单位争相追求投资绝对值。应用 EVA 考核指标后，各单位管理层不得不考虑因投资规模增加带来折旧及资本成本的增加，导致 EVA 的减少的因素。因此，实施 EVA 考核后，对投资管理提出了更高要求，有效益的投入成为公司关注的重点。

3. 解决国有企业独有的特殊问题。国有企业在具有独立法人企业公司经济责任外，还肩负大量的政治责任和社会责任。甲公司作为身处南疆的大型国有能源企业，在新疆维稳防恐、扶贫帮困、促进社会经济发展等方面有着不可替代的作用，特殊地位决定了政府对其进行宏观调控的必然性，甲公司独立决策的空间十分有限。如果将 EVA 作为考核指标，又没有足够的灵活性和优惠政策，公司管理层难以把握社会责任、政治责任、经济责任的有机统一，甚至忽视所承担社会责任。因此，需要在剔除考核因素时必须综合考虑。

4. 现行投资、财务核算制度受限的问题。甲公司财务实行统一集中核算，内部各单位定位是生产中心和成本控制中心，投资决策权在乙集团公司、甲公司层面，EVA 法涉及的收入、产量、成本等指标基本无法准确分解落实到内部各单位，EVA 指标目标值的确定、考核难度极大，大量财务核算基础工作需做牢做实。

5. 国有企业薪酬分配制度限制的问题。甲公司工资总额受乙集团公司限制，且当年必须使用完毕，不能形成奖金库，这对 EVA 的延期激励产生一定影响，激励效果难以实现，需对薪酬分配制度同步实施改革。

三、取得成效

甲公司从 2×10 年开始推进 EVA 绩效管理体系。EVA 法将价值管理的理念引入甲公司，其本质与甲公司"两新两高"理念相一致，即追求高水平高效益，实现价值最大化，这对过去单纯追求高产量、低成本的经营理念形成了强大冲击。

甲公司以价值管理为指导思想，持续保持低成本高回报，盈利能力保持同行业国内领先，投资回报率连续十多年超 20%，最高达 60.3%，是乙集团公司盈利能力最强的地区公司之一，也是乙集团公司最具资源潜力、创新活力和发展潜力的油气田，通过甲公司近 5 年 EVA 的变化情况分析，在国际油价持续低迷，大部分国际石油公司巨额亏损的情况下，甲公司的价值创造能力始终保持为正，连续 5 年超额完成乙集团公司下达的任务，其中 3 年超额完成 20 亿元以上、2 年超额完成 10 亿元以上，出色地完成了国有资产保值增值的任务。

案例示范 6-5
平衡计分卡在公用事业企业的应用

【本案例介绍了平衡计分卡在相关公用事业企业绩效管理中的应用。案例单位为供水电暖的公用事业企业。针对绩效评价同战略目标脱节、原有绩效评价未体现出价值管理要求、考核的过程指标选择上缺少因果关系、非财务指标考核难以量化等问题，该单位通过使用战略地图对自身战略作出规划剖析，应用平衡计分卡方法，从财务、客户、内部业务流程和学习与成长四个维度建立 KPI 指标，构建绩效评价体系，提升了财务绩效完成水平，在资产质量、收益质量、债务风险、经营增长等方面与同行业指标相比取得了不同程度的提高。】

一、背景描述
（一）单位基本情况

乙公司（以下简称"公司"）承担着甲汽车集团百余家企业和 30 余万户居民的能源供应，经营的业务范围涉及发电、工业及民用供电、工业及民用自来水供应、工业及民用天然气供应、工业高温水和蒸汽供应、工业和民用采暖供应、工业压缩空气供应。2×15 年公司资产规模 20.28 亿，实现销售收入 18.23 亿，员工 1 937 人，拥有各种动力和传导设备 3 259 台套，发电厂总装机容量 91MW，供热面积居全国城市集中供热前列。

（二）存在的主要问题

在公司采取基于平衡计分卡的绩效管理以前，绩效管理主要包括对外承接集团公司下达的经营目标，对内分解落实集团下达目标，并实现企业经营的多方面工作任务，如安全、生产保障等。主要存在以下问题：

一是自 2×09 年开始，甲集团开始推行经济增加值在绩效管理中的应用，并按照国资委明确的计算方法、剔除因素、资本成本考核下属公司。但公司尚不熟悉 EVA 指标，对于如果落实指标，提升公司价值缺少有效路径。

二是绩效评价同战略目标脱节。公司的战略目标直接受制于集团整体战略安排，就公司而言一方面缺少对于未来发展战略的全面梳理，这使得绩效评价目标的确定缺少战略依据。2×10 年以后，公司开始应用战略地图。

三是在应用平衡计分卡之前，在公司内部层面的考核过多注重结果指标的评价，仅应用了一部分过程指标，而且过程指标选择上有一定的随意性，缺少因果关系，所以非财务指标的选择对于公司目标实现缺少支撑。2×10 年开始，公司开始按照财务、客户、内部业务流程、学习与成长四个维度，建立绩效指标体系。

四是非财务指标考核难以量化，在企业管理中，没有计量就没有真正的管理。因为只有通过计量才能有效实施控制并克服绩效评价的主观随意性，使其在客观公正的状态下进行。公司原有考核体系存在绩效评价的技术不规范，标准衡量尺度的宽严不一，难以避免考核者个人主观倾向等问题。

（三）选择相关绩效管理工具方法的主要原因

公司成立后在不断加强装备水平的同时，积极提升自身的管理能力。动能公司的绩效管理开展情况反映了国资委对国企绩效管理工作的基本要求。按照集团公司整体安排，公司通过使用战略地图对自身战略作出规划剖析，应用平衡计分卡，从财务、客户、内部业务流程和学习与成长四个角度建立 KPI 指标，构建绩效评价体系。公司积极进行组织改革，推行全面预算管理，编制全面预算方案，使能源的生产、供应和经营环节有机结合，有效沟通。选择平衡计分卡的原因在于，平衡计分卡指标体系来自对于战略的分解，指标的确定同战略目标一致，重点关注公司未来发展和当前经营中决定战略实施效果的核心内容。实施基于平衡计分卡的绩效评价体系，将有效解决公司战略落地问题。

二、总体设计

（一）总体思路

1. 前期准备。具体包括：战略分析与战略制定、建立平衡计分卡团队。其中，平衡计分卡团队角色与职责见表 6-5-1：

表 6-5-1　　　　　　　　　　团队角色与职责

角色	主要职责
高层发起人	1. 主导平衡记分卡项目　　2. 提供企业战略等背景信息 3. 保证项目实施所需资源　　4. 在整个企业内部激发对项目的支持和热爱
团队领导人	1. 组织会议；计划、协调各成员工作　　2. 为团队提供平衡计分卡方法的思想指导 3. 向企业高层报告项目情况寻求支持　　4. 指导和支持建立团队
团队成员	1. 提供各有关部门专门知识　　2. 参加会议，分析处理讨论各种指标数据 3. 在所在部门进行宣传，获得支持　　4. 执行团队领导布置的工作

2. 逐步实施。当企业选择平衡计分卡作为绩效管理的工具后，从总体指标框架构成到具体指标选择将经过以下四个步骤：一是构建战略地图；二是选择战略目标指标；三是确定长期目标值；四是平衡计分卡分解。制定公司层面的战略目标和衡量指标后，必须把战略目标逐层分解到下级部门。公司层的平衡计分卡是分级工作的起始点，它服务于公司的整体战略。然后，将公司平衡计分卡所包含的各种目标和指标传递到下一个层次——各业务部门。从而以公司层平衡计分卡为基础，构建部门平衡计分卡；再以部门平衡计分卡为基础，构建员工个人平衡计分卡。各层级平衡计分卡依次构建，保证公司的战略得以贯彻。

（二）公司平衡计分卡内容

1. 公司级平衡计分卡内容。公司每年需依据集团所设定的战略目标来完成相应的公司层级的指标考核，公司级评价指标具体情况见图 6-5-1。

2. 部门级平衡计分卡内容。将公司层级的指标逐一分配到部门层面，设计、选择相应的关键指标。受篇幅限制，仅以部分经营部门 KPI 情况为例，见表 6-5-2。

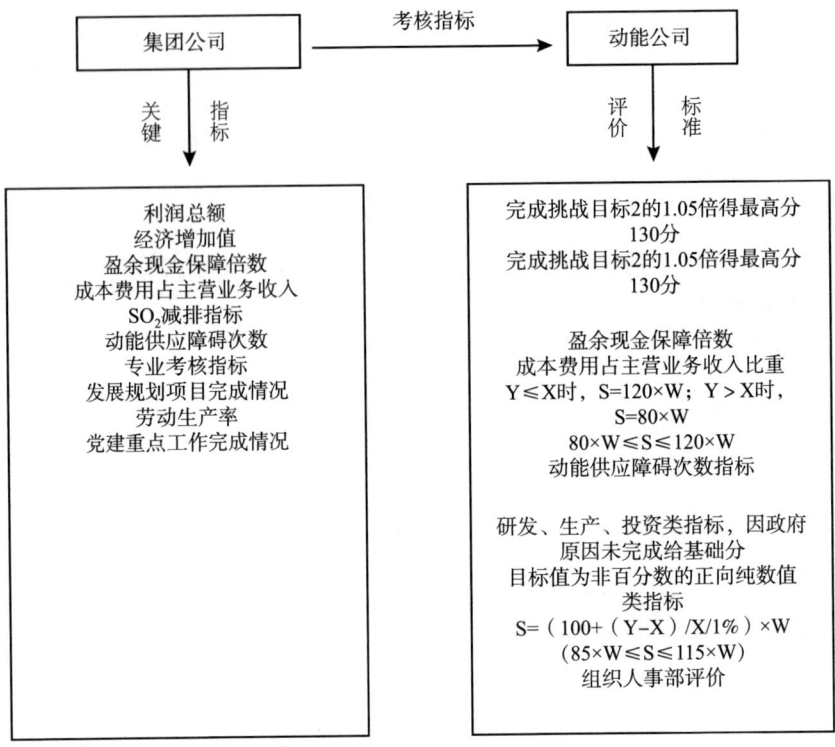

图 6-5-1 公司级评价指标

表 6-5-2　　　　　　　　　部门 KPI 指标（经营部分）

	财务维度	客户维度	内部流程维度	学习与成长维度
财务部	利润总额目标	价格调整	内部控制评价工作完成	ERP 系统升级完成
	EVA 目标		管理工作完成情况	
	成本费用率		财务审批权限管理体系	
规划部		技术咨询反馈率	项目方案通过率	技术授课课时
			规划项目完成情况	
			增容审批流程执行情况	
			项目验收配合工作落实情况	
安全部	安全费控制		人身伤亡事故（事件）频率	安全员教育率
			污染物排放指标	持证上岗率
			不安全因素管控	相关方管理标准化
	排污费		重大危险源应计演练情况	安全管理信息网络化管理
			危险废物处理率	
			危险源辨识率	

续表

	财务维度	客户维度	内部流程维度	学习与成长维度
保卫部	低耗费用控制		火灾事件、刑事、治安案件	
	检测费用控制		治安、火险隐患整改率	
	改造费用控制		消防设施配置完好率	
			法制、消防员工教育率	
			消防应急预案完善、应急演练完成	
			外委施工消防、治安责任合同签约率	
发展部	投资总额限度		项目里程碑目标完成率	
	子项费用额度		工程项目资料验收达标率	
			规划项目完成率	
检测站	全年费用额度		采样率	检测人员岗位技术培训
			化验准确率	
			煤质信息未及时反馈次数	
			生物质燃料检测	
采购部	采购成本降低目标	基层服务满意度	采购平台建设	业务培训完成目标
	存货占用目标		采购合同资料规范	
			采购部ERP系统建设	
			业务外包完成率	
企业管理部	IT设施相关费用		操作岗位评价工作完成情况	人员安置计划完成情况
			管理体系推进完成情况	
			基础框架建设完成情况	
			业务外包工作完成情况	
			薪酬分配制度执行情况	
办公室	固定资产投资指标		工业构建筑物维护完成	
	办公综合费用指标		合同审核率	
			总经理办公会议决策落实	
			构（建）筑物可靠性鉴定	
			内外环境和施工配合情况	
燃料部	原煤库存资金占用		减少卸车延时工作推进	
	预付账款		原煤分区存放工作改进	
			降低入场煤含硫量	
			燃料费用结算及时率	

	财务维度	客户维度	内部流程维度	学习与成长维度
生产技术部	维修费控制目标	动能障碍次数	技术监督完成率	
	标准煤耗率		投资项目阶段目标完成率	
			业务重组工作完成情况	
			现场设备管理情况	

三、应用过程

（一）公司组织基本架构

随着公司的发展，公司对组织机构进行变革，以适应经营管理的需要。公司成立初期，公司下设热电厂、检修部、营销部和13个职能管理部门。2×07年根据公司未来的发展方向，为提高网络经营能力和民用业务效益水平，公司进一步精简机构，将13个职能部门减少为7个部门，将经营体系合并为热电厂、工业动力厂、公用动力厂和北厂。2×12年至今，公司根据业务需要进一步调整公司组织机构，目前保留热电厂、工业动力厂、公用动力厂三个经营体系，以及11个职能部门。

（二）参与部门与人员

公司管理会计应用机构包括专职机构和参与机构。专职机构主要是公司成立了专门的绩效工作小组，由一名副总经理负责，工作结果直接向公司管理层汇报。参与部门主要是财务控制部、企业管理部、各体系的经营管理部门。财务控制部组织开展公司的成本管理、价格管理、预算管理、责任中心绩效管理等工作，配合企业管理部开展绩效管理工作；企业管理部组织开展公司绩效管理工作；各经营管理部门开展部门或分厂内部的成本分析、经营分析、内部管理报告指标管理等工作。实际工作中采取PDCA的业务循环，通过公司领导层参与的经营分析会议，形成内部管理报告，通过目标设定、过程控制、结果跟踪、差异分析等过程，实现业务部门和财务部门的融合。

（三）工具方法具体应用模式和应用流程

1. 建立战略地图。

（1）提炼公司战略。公司绩效评价小组，根据战略分析，提炼公司战略目标。

（2）构建公司战略地图。财务维度方面，面对公司外部市场的不断扩充，如果不能及时跟进客户需求，一方面降低了客户忠诚度，另一方面也会引入其他竞争者。实现增长战略可近似地用销售收入的增长来表示。在扩张规模的同时，公司还要特别关注客户价值的提升，避免规模不经济，实施增长战略解决了公司未来发展问题。引入生产率战略在于解决公司生存问题。公司由于受集团整体战略的制约，在投入方面受到一定限制，为满足产能扩张的资金需求，应当首先进行内部融资，减少资金占用，加快资产周转。生产率战略还要求公司降低成本费用，包括生产环节的成本、供应环节的损失和各项期间费用。

客户维度方面，供应量的提高将摊薄热网固定投资，提高股东价值。通过客户维度的分析，可以看出如何满足客户需求，来自财务维度的分解，而具体措施又需要通过内部业务流程的改进来实现。

内部业务流程维度方面，主要考虑如何通过内部业务流程的调整，满足客户的需求和实现股东价值。通过经营协同，整合采购、生产、设备价值链体系，实现提供优质产品和优质服务，同时还与生产率提高挂接，降低成本提高资产利用效率。能源供应需要保持良好的装备状态，由于公司的装备水平与同行业相比并不占优势，所以日常对于设备的维护尤为重要，装备水平直接影响客户经营。为了保证持续供应，各种原料必须保证供应渠道的畅通，尤其是作为重要战略资源的煤炭和天然气，建立良好供应商战略合作关系，对保障客户需求尤为重要。此外，由于公司供应链长，对于生产组织系统提出很高的要求，这方面的指标也应当予以考虑。维护良好的客户管理有利于提高优质服务，其中客户回款情况同财务维度联系。成本控制内容负责财务维度中成本降低内容的展开。

需要特别指出的是，公司作为一家能源企业，履行社会责任也是构成股东价值的重要方面。公司社会责任主要包括四个方面：安全、节能、环保和社区服务。安全生产是企业公民应尽的责任，公司的一些外资客户已经将安全等问题作为供应商资格管理内容的一部分。公司的经营特点是全年不间断连续生产，一旦发生重大安全事故不但影响企业形象，还将直接造成重大经济损失。节能工作的进展直接减少公司能源消耗，同时还增加供出能力。环保方面已经成为行业准入条件，达不到环保标准将面临高额的环境补偿费用甚至无法继续经营。社会责任的部分内容已经通过客户维度的优质服务和财务维度的成本减低体现，其余内容在内部业务流程维度中反映。

学习与成长维度方面，主要考虑员工胜任能力和企业文化建设的内容，由于公司现有员工年龄偏大，而生产经营过程中各种新技术不断应用，提高员工胜任能力尤其是符合集团统一人力资源需求，显得很有必要。在企业文化建设内容方面，良好的企业环境需要员工的高度认可；公司作为国有企业，党务工作的开展情况是企业文化建设的重要组成内容。

2. 建立公司平衡计分卡。

（1）识别关键成功要素。公司采用自上而下的方式，由公司统一制定平衡计分卡再进行层层分解。公司首先在公司内部各层面上进行关键成功要素（CSF）的识别。关键成功要素，是确保战略目标必须做好的事情，是对战略目标的分解和实现战略目标路径的具体诠释。对于关键成功要素的筛选和整理，可形成绩效评价指标。关键成功要素不仅是公司层面绩效评价指标的依据，也为其他层面评价指标的选择提供蓝本。

公司各部门和各经营体系依据公司长远战略目标、公司当年预算目标及本部门的工作职责，从财务层面、客户层面、内部业务流程层面、学习与成长层面分析和提炼关键成功要素。确定关键成功要素应务求穷尽，必须包括所有本部门可能的CSF，以免遗漏。CSF在提炼过程中可以分一级、二级、三级，以体现CSF的不同层次，一级CSF包含了相应的二级CSF内容，二级CSF包含了相应的三级CSF内容。CSF具体到每个部门应该是具有针对性，这样有助于后续设计关键绩效评价指标，因此备选CSF应尽量细化。备选CSF应尽量覆盖财务层面、客户层面、内部业务流程层面、学习与成长层面四个层面，但也允许个别层面没有CSF的情况存在。通过汇总，形成67个关键成功因素，关键成功因素是对战略地图的细化，为确定评价指标提供依据。

（2）确定平衡计分卡指标。在确定关键成功因素的基础上，由公司绩效评价工作小组逐一对应战略地图、关键成功因素，形成各维度上的指标体系。首先，指标选择应当结合公司实际情况，能源行业经营特点不同于其他行业，选择的指标应能反映行业特性，不能简单照搬其他类型企业的指标。其次，指标选择还应紧密联系战略目标，选择最能促成战略目标达成的指标。最后，指标选择需要考虑可操作性和可理解性，平衡计分卡虽然是近些年来在公司绩效评价领域出现的新工具，但是综合评价企业经营绩效的管理思想已经在公司管理中有所体现。因此选择的绩效评价指标不是对现有评价项目的否定，应充分利用现行指标，便于公司内部的操作和员工的理解。

公司绩效评价小组通过分析，形成17个指标组成的公司平衡计分卡指标体系。公司平衡计分卡指标体系见表6-5-3。

表6-5-3　　　　　　　　　　公司平衡计分卡指标体系

维度	战略目标分解	评价指标
财务维度	股东价值最大化	利润总额
		经济增加值（EVA）
	增长战略	销售收入增长率
	成本改善	成本费用率
	提高资产利用效率	资产周转率
		应收账款周转率
客户维度	提供优质产品	客户价值增长率
	建立品牌	客户满意度
内部业务流程维度	经营协同	重大动能供应障碍小时数
		煤炭合同履约率
	客户管理	供应平衡率
	加强成本控制	发电煤耗
		供热煤耗
	履行社会责任	节能减排项目完成率
学习与成长维度	加强员工培训	员工培训次数
	企业文化建设	员工满意度
		党建工作计划达成率

（3）确定指标权重。平衡计分卡中的平衡关系主要通过指标权重实现。确定权重方法主要分为主观赋值法和客观赋值法两种。主观赋值法主要依据权威专家的个人主观意见确定权重，这种方法客观性差，但是便于解释指标之间的次序安排。客观赋值法指通过评价矩阵进行数学统计方法确定权重赋值，该方法在大多数情况下精确度高，但有时同实际情况偏差较大，而且对于数据要求高，计算相对复杂。

公司建立的平衡计分卡中部分评价指标初次使用，缺少以往数据，无法进行数值计算。公司绩效评价小组经公司决策层同意，决定采用主观赋值法确定指标权重。首先由绩效评价小组以集团评价指标权重指导意见为基础，根据公司实际情况，对四个维度指标权重进行调整。集团对于下属公司绩效评价权重指导意见：财务维度60%、客户维度10%、内部业务流程维度10%、学习与成长维度20%。公司战略定位于支撑、服务和社会责任，股东价值最大化不仅体现在财务指标完成情况，更体现在对于集团内其他企业能源供应的保障程度上。因此应适当调低财务维度权重，提高代表能源供应情况的内部业务流程维度权重。最终经绩效评价小组调整后的各维度权重为财务维度50%、客户维度10%、内部业务流程维度30%、学习与成长维度10%。公司指标权重见表6-5-4。

表 6-5-4　　　　　　　　　　　　　公司指标权重

维度	评价指标	权重
财务维度 50%	利润总额	8
	经济增加值（EVA）	15
	销售收入增长率	8
	成本费用率	9
	资产周转率	5
	应收账款周转率	5
客户维度 10%	客户价值增长率	4
	客户满意度	6
内部业务流程维度 30%	重大动能供应障碍小时数	9
	煤炭合同履约率	4
	供应平衡率	5
	发电煤耗	4
	供热煤耗	4
	节能减排项目完成率	4
学习与成长维度 10%	员工培训次数	4
	员工满意度	4
	党建工作计划达成率	2

（4）经营管理层面指标分解。公司形成公司层面的平衡计分卡以后，还需要逐层分解，建立经营层面、业务单元层面和岗位层面的评价指标。经营层面包括职能部门和各经营体系，公司的经营活动主要通过各体系开展，职能部门为体系提供支持和服务。绩效评价小组对照平衡计分卡评价项目，寻找指标承接单位，将所有公司层面的指标分解给部门和各经营体系，为经营体系层面确定评价指标确定依据。绩效评价指标责任分解情况见表 6-5-5。

表 6-5-5　　　　　　　　　　　绩效评价指标责任分解

维度	评价指标	财务控制部	生产技术部	发展规划部	企业管理部	采购部	安全部	党委工作部	热电厂	工业动力厂	公用动力厂	北厂
财务	利润总额	▲	▲	▲	▲	▲	▲	▲	▲	▲	▲	▲
	经济增加值（EVA）	▲	▲	▲	▲	▲	▲		▲			
	销售收入增长率									▲	▲	▲
	成本费用率	▲	▲		▲	▲			▲	▲	▲	▲
	资产周转率	▲	▲			▲						
	应收账款周转率	▲								▲	▲	▲

续表

维度	评价指标	财务控制部	生产技术部	发展规划部	企业管理部	采购部	安全部	党委工作部	热电厂	工业动力厂	公用动力厂	北厂
客户	用户价值增长率									▲	▲	▲
	用户满意度									▲	▲	▲
内部业务流程	重大动能供应障碍小时数		▲						▲	▲	▲	▲
	煤炭合同履约率					▲						
	供应平衡率								▲	▲	▲	▲
	发电煤耗								▲			
	供热煤耗								▲	▲		▲
	节能减排项目完成率			▲			▲					
学习与成长	员工培训次数				▲							
	员工满意度				▲							
	党建工作计划达成率							▲				

建立经营层面绩效评价指标的过程同建立公司层面绩效评价指标过程相同。首先根据公司战略目标分解建立部门或者经营体系的战略地图,经营层面的指标也要基于财务、客户、内部业务流程、学习与成长四个维度。然后确定影响战略路径实现的成功要素,在此基础上确定各部门评价指标内容。选择指标应考虑以下因素,一是指标确定应参照公司层面评价指标,不能简单照搬公司层面考核指标,应反映本部门或者本体系的经营管理特点,比如热电厂主要负责生产成本的控制,工业动力厂主要关注销售平衡率的水平;二是指标应当同公司目标关联,公司层面的关键指标应当在经营层面指标中有所体现,如利润指标和经济增加值涉及公司所有部门和体系,应当作为所有部门和体系的评价指标;三是指标受控,影响绩效评价指标的结果的成因应当被部门或经营体系控制。

四、取得成效

(一) 财务绩效指标显著提升

为便于比较公司实施平衡计分卡前后财务绩效完成水平,进行行业指标对比。

1. 资产质量指标。实施平衡计分卡期间,资产周转率平均为1.07次,按汽车行业全行业标准值对比,介于优秀1.5次与良好1.0次之间;应收账款周转率2×15年为87.69次,显著优于行业优秀标准23.6次;流动资产周转率平均为2.12次,优于行业良好水平2.10次。

2. 盈利质量指标。盈余现金保障倍数2×15年为6.48,明显好于行业优秀水平1.9。

3. 债务风险指标。2×15年资产负债率为28.68%,显著优于行业优秀水平50%。

4. 经营增长指标。2×15年销售增长率平均为9.09%,介于行业良好5.1%和行业优秀11.4%之间。

以下以流动资产周转率为例说明具体情况。公司为解决应收账款占用资金问题,通过流动资产周转率的分解,明确管理责任和数据传递渠道,将经营压力传递给经营管理部门,定期反馈跟踪应收账款管理等指标,应收账款周转率从 2×10 年的 19.15 提高至 2×15 年的 87.69 次(见表 6-5-6)。

表 6-5-6　　　　　　　　　　　应收账款周转率对比

评价指标	计量单位	2×1×年	2×11年	2×12年	2×13年	2×14年	2×15年
营业收入	万元	155 529	156 153	160 759	181 704	186 095	178 284
应收账款	万元	6 034	5 306	4 739	7 615	1 681	2 386
应收账款周转率	次	19.05	27.54	32.01	29.42	40.03	87.69

(二)公司管理问题得到不同程度的解决

公司采用平衡计分卡和关键绩效评价指标来建立绩效管理体系以后,公司管理问题得到不同程度的解决:一是大量基于战略目标的过程指标的应用,丰富了评价内容,体现了实现结果目标的过程路径;二是为了保证绩效评价工作的推进,公司成立跨部门的工作小组,各组员除了履行所在部门的职责,还要从公司的角度审视绩效工作;三是虽然面临集团给予公司战略定位变化的困难,但定期的战略地图梳理,使得公司决策层和管理层对于目标的理解实现某种程度的统一;四是对于非财务目标难以量化的问题,公司剔除部分无法有效计量的指标,并对可计量的非财务指标,由各指标审核部门以书面方式明确数据来源、指标计算、确认过程;五是对于考核刚性问题,工作小组明确了指标确认及调整办法,在严肃计算办法的前提下,依据必要的流程可剔除意外因素的影响;六是在公司尚不具备绩效数据系统的前提下,建立数据库,依靠预算数据、生产数据的支撑,初步整合相关数据。

(三)公司绩效管理水平得到提升

公司实施基于平衡计分卡的绩效管理取得的成果,主要体现在经营成果的改进和绩效评价结果的应用上。公司完成集团下达绩效目标情况,逐步提高(见表 6-5-7)。

表 6-5-7　　　　　　　　　　2×11~2×15 年绩效指标统计

序号	内容	2×11年	2×12年	2×13年	2×14年	2×15年
1	绩效评价分数	99.642	108.338	115.285	116.521	117.92
2	指标个数	9	10	9	11	10
3	完成指标个数	4	6	8	8	8
4	未完成指标个数	5	4	1	3	2

案例示范 6-6
平衡计分卡在石油石化企业中的应用

【本案例介绍了平衡计分卡工具方法在石油化工企业的应用。案例单位是大型综合炼化企业，主业是炼油、化工、装备制造、工程建设、检维修及后勤服务。针对原体制下绩效管理体系过分关注财务指标，缺乏战略导向性，不能满足新形势新体制需要的问题，案例单位引入平衡计分卡，按照标准化建设、本土化改进、制度化完善的设计思路，有计划分阶段建立起多层次覆盖全员的平衡计分卡战略性绩效评价体系，并逐步发展为公司绩效管理和战略管理工具，激发了广大员工的积极性、主动性和创造性，促进了公司战略目标的实现和经营业绩的不断提升。】

一、背景描述

（一）单位基本情况

甲公司是集炼油、化工、工程建设、检维修及后勤服务为一体的大型综合炼化企业，是地处中国西部重要的炼油化工生产基地，总资产342亿元，年营业收入700亿元左右，截至2×15年6月在册员工2.5万人，现有13个业务处室，10个直属单位和26个二级单位。甲公司年原油加工能力1 050万吨，年乙烯产能70万吨。现有各类炼化生产装置90余套，能生产汽煤柴油、润滑油基础油、合成树脂、合成橡胶、炼油催化剂等多种系列石化产品。

（二）存在的主要问题

甲公司经历了多次重组整合于2×07年最终实现上市业务与未上市业务统一规范管理和一体化运作。重组整合前，上市业务实行以关键业绩指标法为主的绩效评价办法，考核结果按完成率均与被考核单位的绩效奖金挂钩，基层员工没有建立对应的量化考核指标体系。现行考核方法和考核模式与平衡计分卡管理思想存在较大差距，突出表现在：重眼前轻长远，关注当期经营目标而忽视长远发展目标，战略导向性不强，与企业发展战略脱钩；重结果轻动因，强调利润、收入等结果性指标，对员工素质提升等驱动绩效目标实现的指标重视不够，忽视影响效益产出的经营过程指标；重考核轻反馈，简单将绩效考核视同为绩效管理，作为绩效管理重要环节的沟通反馈、持续改进的作用没能充分发挥出来。

（三）引入平衡计分卡的主要原因

2×06年，甲公司上市业务以承担中澳合作"中国国有企业领导人才绩效评估体系"研究课题为契机，初步认识到平衡计分卡是一种集战略管理和绩效管理为一体的管理工具。2×07年随着甲公司上市业务与未上市业务重组整合后一体化运作的现实需要，迫切需要重新明确企业的战略定位、经营策略和业务优先发展方向，迫切需要尽快实现企业管控模式、运营模式和绩效评价方式相统一。

针对上述企业管理现状和一体化运作的客观要求，甲公司通过对各种绩效管理工具的比较研究决定引入平衡计分卡，运用和发挥平衡计分卡管理工具的优势，应对日益激烈的市场竞争环境，重视无形资产在企业价值创造的作用，实现企业经营业绩提升和可持续发展。

二、甲公司平衡计分卡应用过程

(一) 组织机构及方式

平衡计分卡体系搭建阶段,甲公司专门成立了由总经理任组长、主管副总经理任副组长、人事、财务、规划计划、生产运行等部门主要负责人为成员的领导小组,组建了由从事人力资源、财务管理、规划计划、生产运行等多部门业务骨干参加的研发团队。平衡计分卡试点运行和推广应用阶段,甲公司成立由总经理任主任企业领导班子成员参加的绩效管理委员会,下设主管副总经理任组长各部门主要负责人参加的绩效管理领导小组和人事处处长任主任的绩效考核办公室,各试点单位和推广应用单位按进度相应成立了单位主要负责人为组长的工作团队。

(二) 资源、环境、信息化条件

1. 培训骨干。甲公司通过邀请中国人民大学、中山大学等知名专家教授进行绩效管理专题讲座、选派业务骨干参加国内外平衡计分卡业务培训,向研发团队成员配发《平衡计分卡》《战略地图》《战略性绩效管理》等相关书籍、举办公司内部专题培训班等形式,培训骨干人员800多人次,为成功开发提供了人员保证。

2. 研究方法。甲公司组织研发团队成员对关键业绩指标法、标杆管理法、经济增加值、平衡计分卡等各种绩效管理工具进行比较研究,学习借鉴国内外成功案例,重点学习研究如何运用平衡计分卡把公司的战略转化为具体的可量化的目标、指标及行动方案。

3. 开发信息系统。指标库建立、绩效合同拟定、数据采集、结果反馈与薪酬兑现等大量信息单纯依靠手工处理,工作量特别大,效率低且准确性不高,应用过程中必须开发建设信息管理系统。

(三) 应用流程

甲公司开发应用平衡计分卡主要经历了四个阶段:第一阶段(2×06年1~12月),体系搭建,以构建平衡计分卡框架体系为重点;第二阶段(2×07年1~12月),试点运行,以优化指标体系为重点;第三阶段(2×08年1~12月),推广应用,主要以完善制度健全机制为重点;第四阶段(2×11年10月~2×13年12月),信息化建设,以规范运行提高效率为重点。主要包括以下关键环节。

1. 现状分析,方法论证。

考核评价方法是否科学,决定着考核结果是否客观公正、准确可靠地反映了考核评价对象的绩效水平;考核评价标准是否量化具体,具有可操作性,直接关系着考核评价工作的科学性和有效性。甲公司通过专家访谈、发放调查问卷等形式,对原有考核体系运行的效果进行广泛调研和诊断评估,评估认为,原有考核体系对公司愿景缺乏有效的层级分解,没能很好地处理短期目标和长远目标的关系,没能对企业和员工进行全方位、全要素的评价,有一定的局限性。在具体实施过程中,存在倚重财务指标、忽视员工发展等问题。甲公司组织研发团队成员集体讨论学习各种绩效管理方法,比较论证关键业绩指标法、目标管理、标杆管理、平衡计分卡、经济增加值等系统绩效考核技术的特点和优劣势,分析借鉴国内外绩效管理的成功案例和典型经验,系统学习平衡计分卡理论,探索将企业的愿景、战略转化为具体的可量化的目标、指标及行动方案。

2. 诠释愿景,明晰战略。

构建平衡计分卡绩效评价体系,首先必须准确把握企业的发展方向,进行战略定位。包括确定使命、愿景、核心价值观、战略目标、战略实施方案等。甲公司在综合分析内外部发展环境及优劣势的基础上,秉承"奉献能源,创造和谐"的宗旨,坚持"以人为本"

的价值理念，确立了"做好做强，做大做精，建设具有国际竞争力的社会主义现代化企业"的愿景，明确了通过实施技术进步、资源节约、员工发展、人员转移和企业文化建设，成为"中油排头、国内领先、世界有名"的大型、先进、高效的石化企业战略目标。

愿景和战略为企业描绘了总目标和方向，如何使其变为现实，甲公司运用平衡计分卡理论当中战略地图这一动态的可视化的工具，经过企业管理层和专业研发团队认真分析，将企业战略目标和经营目标，经过系统梳理，从平衡计分卡财务、客户、内部业务流程、学习与成长四个维度连接为一条因果关系链，使员工、信息、企业文化、领导力等无形资产与运营、客户、创新、法规与社会等价值创造流程联系起来，与战略保持协调一致。绘制形成了甲公司战略地图（见图6-6-1）。

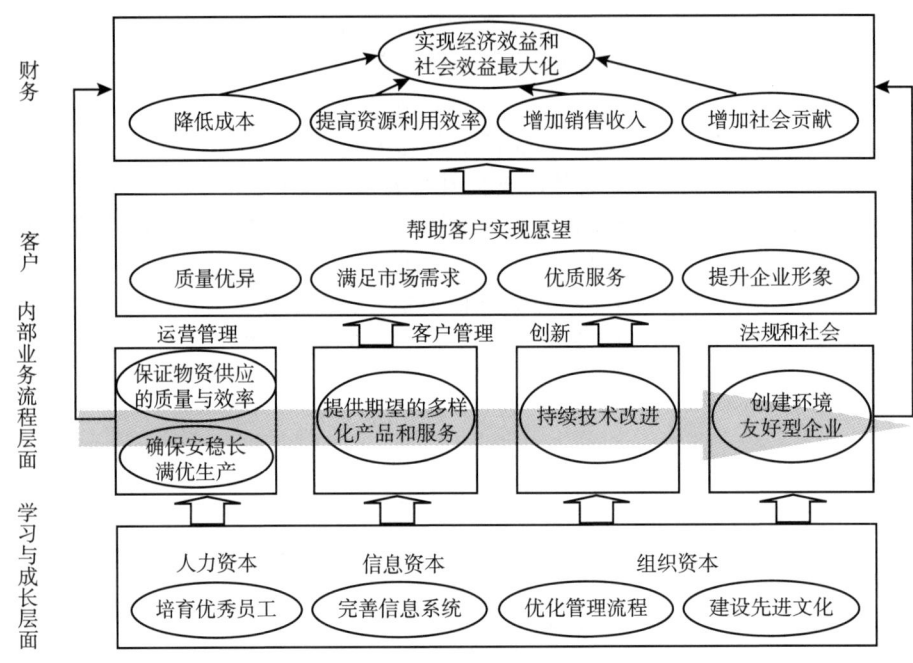

图6-6-1 甲公司战略地图

3. 分解目标，搭建体系。

为了使各级管理人员的目光聚集于公司的战略目标上，使广大员工的力量凝聚于实现公司战略的行动上，战略地图绘制完成之后，甲公司从企业众多的管理流程中选择出对战略执行的少数关键内部流程，形成对愿景实现战略目标达成起决定作用的五大战略主题，即：保证物资供应的质量和效率、确保安稳长满优生产、提供期望的多样化产品和服务、持续技术改进和创建环境友好型企业。（见图6-6-2，"确保安稳长满优生产"战略主题目标分解、指标设置图，其他战略主题指标设置图略），在此基础上甲公司根据各级管理人员的职责分工和责任大小，自上而下构建公司、分厂、车间和员工的逐级考核体系，形成连接公司、分厂、车间及员工的平衡计分卡，把公司的战略目标与指标最终转化为个人的行动，把生产经营的压力和动力传递到各层级员工身上，建立健全目标层层分解，责任层层落实，压力层层传递的责任机制，从而通过个人绩效的实现，确保组织绩效的实现，最终达到公司整体战略目标的实现。具体按三个层次进行平衡计分卡开发设计。

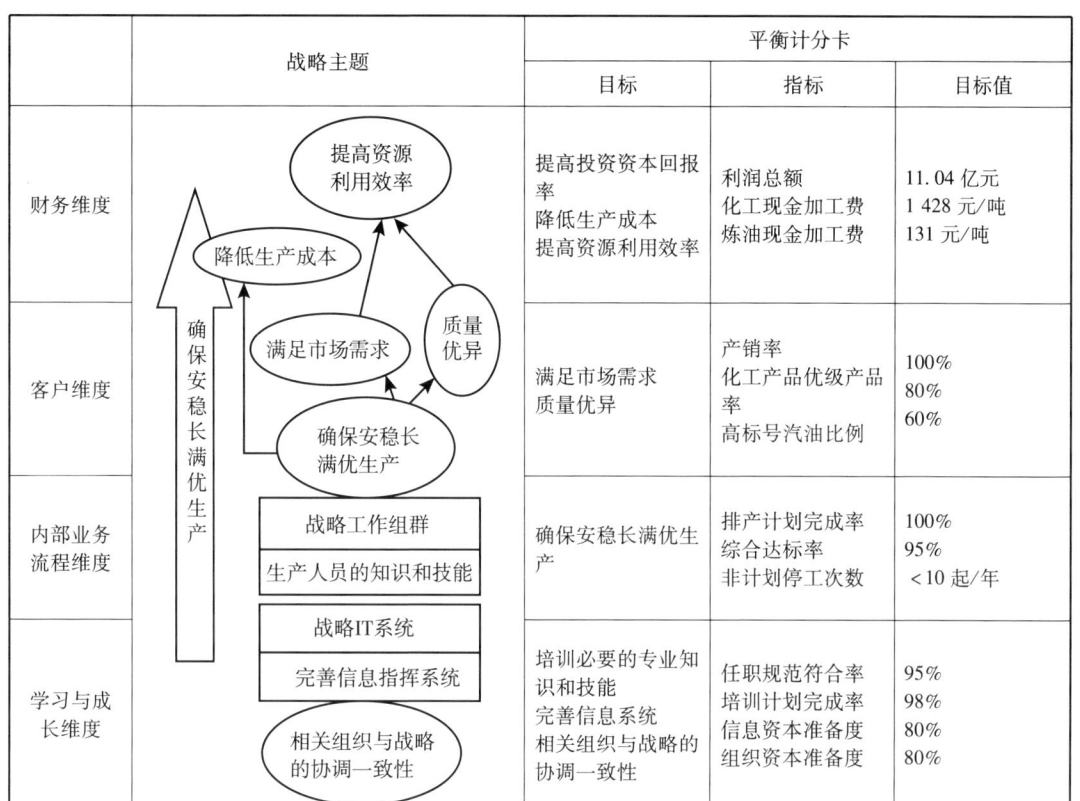

图6-6-2 "确保安稳长满优生产"战略主题目标分解、指标设置

（1）公司级平衡计分卡开发。一是采用头脑风暴法，从四个层面罗列衡量战略地图当中各具体目标的考核指标，然后筛选并控制在25个以内；二是由专业部门遵循SMART原则，对初选指标进行确认；三是依据管理层各成员的业务分工，拟定各业务分管领导平衡计分卡，指标控制在12个以内；四是组织专家采用德尔菲法、层次分析法等对考核指标进行权重分配，权重分配过程中，遵循战略导向、价值贡献的原则，依据受约人对指标的控制力强弱以及承担责任大小确定平衡计分卡指标权重。一般情况下，单个指标权重最高不超过30%，最低不低于5%（下同）；五是经管理层集体讨论，形成公司级平衡计分卡及管理层成员平衡计分卡（见表6-6-1）。

表6-6-1　　　　　　　　××年度甲公司××副总经理平衡计分卡

指标类别	指标名称	权重	单位	目标值
财务维度	平均固定资产回报率	5%	%	炼油：43.79　化工：24.82
	利润总额	20%	万元	炼油：195 500　化工：204 000 股权投资收益：4 069
内部业务流程维度	综合达标率	15%	%	炼油：95　化工：95
	成本费用	10%	元/吨 万元	炼油现金加工费：131元/吨 化工现金加工费：化工类1 428元/吨 化工销售与管理费：81 500万元

续表

指标类别	指标名称	权重	单位	目标值
内部业务流程维度	生产性燃动消耗指标完成率	5%	%	蒸汽1 030万吨/年；自产电16 000万度/年；自产水355万吨/年
	主要产品产量完成率	10%	%	加工原油1 000万吨/年；汽煤柴677万吨/年；化工商品233万吨/年
	产品质量计量抽查合格率	5%	%	100
	员工伤亡事故千人死亡率	10%	‰	0.04
	工艺因素装置非计划停车	10%	次/年	9
学习与成长维度	廉政建设和队伍稳定	5%	分数	党风廉政建设未达到要求的，视情节扣权重分的20%~100%；发生重大舆情事件和突发事件舆情责任的，视情节扣权重分的10%~50%
	员工总量控制	5%	人	合同化用工：上市12 920，未上市14 825市场化劳务用工：上市785，未上市4 716

（2）部门和二级单位平衡计分卡开发。一是向各部门和二级单位下发公司总体目标及平衡计分卡，经过相关性判别分解形成部门和二级单位生产经营目标和平衡计分卡；二是召集各部门和二级单位负责人进行指标提炼；三是结合部门职责和重点工作补充完善指标，进行指标核定，考核指标控制在15个以内，经公司绩效管理委员会审定，形成部门和二级单位平衡计分卡（见表6-6-2）。

表6-6-2　　　　××年度甲公司炼油厂厂长、党委书记平衡计分卡

指标类别	指标名称	权重	单位	目标值
财务维度	炼油板块利润	15%	万元	195 500
	各装置现金单位加工费	10%	元/吨	三套常减压19.43、重油催化69.95、连续重整242.22、
客户维度	内部客户投诉次数	5%	次	0
	产品用户投诉次数	5%	次	0
内部业务流程维度	炼油可比综合商品收率	10%	%	94.38
	轻油收率	9%	%	84/80.5
	炼油综合能耗	10%	千克标油/吨	56.50
	原油加工量	6%	万吨/年	1 000
	吨油耗新水	5%	吨/吨	0.50
	装置操作平稳率	10%	%	99.90
	污水中控合格率	5%	%	97.00
学习与成长维度	培训综合实施率	5%	%	95
	企业文化认知践行度	5%	%	85

(3) 员工个人岗位绩效卡开发。一是开展培训得到员工的理解和支持；二是充分沟通征求员工对所在岗位考评的建议；三是由考核者和被考核者共同参与进行目标分解和指标设计，考核指标控制在10个以内；四是对计分方法进行验证，确保科学合理和可操作（见表6-6-3）。

表6-6-3　××年度甲公司炼油厂润滑油精制联合车间工艺组长岗位绩效卡

指标名称	权重	单位	目标值
现金单位加工费	10%	元/吨	完成车间所属3套装置的加工费指标
能耗物耗控制	20%	千克标油/吨；千克/吨	完成车间所属3套装置的能耗、物耗指标
生产控制	15%	100%	加工损失率：≥0.05%；普通油收率：完成车间所属3套装置指标
中控馏出口合格率	10%	100%	≮98%
排产计划执行率	10%	100%	≮100%
技术更新项目完成率	10%	100%	100%
污染物排放合格率	15%	100%	污水排放合格率：≮96%；废气排放合格率：≮96%
QHSE体系运行	5%		符合QHSE体系标准
员工培养计划完成率	5%	100%	100%

4. 完善制度，规范运行。

甲公司成功搭建完成分层级的平衡计分卡之后，在实施过程中，为了确保平衡计分卡管理工具与企业各项专业管理内容和管理手段协调统一，配套制订了《年度组织绩效评价办法》《员工绩效管理制度》《单项绩效考核评价办法》等一整套制度体系。

(1) 甲公司组织绩效评价体系分综合绩效评价和单项绩效评价两个方面，其中综合绩效评价由平衡计分卡（占100%的权重）、专业管理考核和否决考核（不占权重，直接加扣分）三部分构成。平衡计分卡将公司整体战略目标从财务、客户、内部运营、学习与成长四个层面层层分解到各单位直至员工个人；专业管理考核是将支撑战略目标实现的安全环保、合规经营、风险管控、廉政建设等管理制度和政策要求，细化为专业管理考核条款，作为平衡计分卡考核体系的重要组成部分进行量化考核直接加扣分；否决考核是对发生安全环保事故、出现重大违纪违规事项或出现内控体系重大不符合项的单位，根据事故等级和违规情节否决相关单位和部门10%~100%的综合绩效评价得分，并追究当事人和管理者的责任。

单项绩效评价是为了激励公司关键性和挑战性工作，根据公司发展战略和年度工作重点，设立安全环保无事故、装置长周期运行、新产品开发、技术创新、人力资源优化等重点项目考核办法，是对综合绩效评价的有效补充。

(2) 甲公司员工绩效评价根据职级或岗位不同分为管理人员、专业技术人员和技能操作人员三大类，建立了以业绩、态度和能力为内容与薪酬待遇和个人发展相挂钩的员工绩效评价体系。中层管理人员正职与所在部门（分厂）平衡计分卡一致、基层管理人员正职与所在科室（车间）级平衡计分卡一致，其他员工平衡计分卡（或岗位绩效卡）以分解所在单位或上级平衡计分卡及聚焦本岗位关键职责确定。

（3）平衡计分卡考核结果与绩效奖金直接挂钩。为了确保组织绩效和员工绩效相统一，各级组织的绩效完成情况决定所在单位全员的绩效奖金；为了增强考核结果的可比性，根据风险责任和贡献大小，设置了体现单位风险责任大小的经营管理难度系数（1~1.5）、体现岗位职责和劳动贡献大小的岗序系数（1~4.5）。具体计算公式如下：

单位绩效奖金总额＝奖金基数×在岗人数×单位综合绩效得分×员工平均岗序系数×单位经营管理难度系数

员工个人绩效奖金＝所在单位奖金基数×个人岗序系数×个人当期绩效得分。其中：

①单位综合绩效得分＝平衡计分卡得分＋专业管理得分－否决分

②员工当期个人绩效得分＝$\sum$（平衡计分卡单项指标得分×单项指标权重）

（4）能力素质评价。能力素质评价是对员工履行岗位职责、实现业绩目标应具备的能力素质的综合评价。在衡量平衡计分卡人力资本准备度及对员工态度和能力等行为绩效量化考核过程中，为实现对员工绩效的全方位、全要素考核，甲公司积极构建能力素质模型，开展能力素质评价。具体对中层管理人员和科级管理人员能力素质评价按《甲公司领导班子和领导人员综合考核评价办法》执行，专业技术人员能力素质评价按甲公司专业技术人员综合考核办法的相关要求执行，技能操作人员主要选择敬业负责、专业技能、执行能力、团队合作和学习能力等素质要素进行分级评价。员工能力素质评价结果主要与员工岗位晋升、能力培训和职业发展相挂钩。

5. 开发系统，提高效率。

为提高绩效评价的运行效率，自2×11年起，历时三年，甲公司经过业务梳理、功能定位、技术支持等几个阶段的调研分析及可行性论证，自主设计开发建立了绩效管理信息系统。业务梳理阶段深入公司所属各单位进行需求调研，了解各单位绩效评价及结果运用的具体步骤，从上到下按层级梳理出公司对分厂、分厂对车间、车间对班组、班组对员工的绩效评价与奖金分配等23项业务流程；功能定位阶段针对业务流程需要，开发了系统管理、基础数据管理、组织绩效管理、组织奖金分配管理、员工绩效管理和员工奖金发放管理等六大功能模块，具体包括平衡计分卡指标库建立、指标筛选、目标值确定、合同签订、考核实施、考核得分统计和奖金分配等140项子功能和125个数据库表；技术支持阶段重点从信息集成和信息共享的角度出发，从系统设计之初就考虑绩效管理系统与HR、ERP等现行管理信息系统高效链接，减少数据维护量，增强拓展性，做到系统接口多样、界面清晰友好、数据采集灵活、指标完成情况跟踪预警和业务流程自动控制。经过开发设计、试点应用和推广实施，现行绩效管理系统有效地增强了绩效计划的科学性、绩效实施的可控性、数据传递的及时性和考核结果的准确性。

（四）在实施过程中遇到的主要问题和解决方法

在探索开发"标准化"平衡计分卡框架体系的基础上，有效实施平衡计分卡绩效评价体系，并不是一件容易的事。平衡计分卡所强调的平衡关系和所关注的四个层面，在实际应用过程中，由于单位性质不同、考核对象不同，不能生搬硬套。甲公司力求引进开发与消化吸收相结合，优良传统与先进理念相融合，持续进行"本土化"改造和"特色化"转变。

1. 注重科学合理，不断优化指标体系。

平衡计分卡将企业的愿景和战略转化为一系列可衡量、可执行的指标，如何使指标的选择和设计最能捕捉和传达战略意图是实施过程中遇到的难题之一。只有不断优化指标体系,努力使考核更具有导向性、针对性和有效性,并使得指标信息能够低成本获得。

财务维度的指标选择经历了由"不可控到可控"的转变。最初财务层面对全员都考核利润指标,由于炼化企业对主要原料(原油)和产品(成品油)价格缺乏定价机制,后来将利润指标只与公司管理层成员和中层管理人员挂钩,对基层车间生产装置全体员工则考核其能够控制的成本费用指标。

客户维度的指标选择经历了由"单纯关注产品用户向内外部服务对象兼顾"的转变。最初将客户简单的定位为产品用户而忽略了内部客户或上下游之间的服务和协作关系,经过改进设计了内外部客户投诉次数、服务满意度等指标。

内部业务流程维度的指标选择经历了"由繁到简"的转变。起初指标设置面面俱到,涵盖生产经营的全过程,难以瞄准关键业务流程,之后根据炼化企业特点重点考核能耗、物耗、安全环保等技术经济指标,并每年根据战略重点动态调整增减。

学习与成长维度的指标选择经历了"由模糊到清晰"的转变。受企业管理基础的影响和获取成本的限制,我们始终难以衡量人力资本、信息资本和组织资本准备度,起初只是罗列了培训计划完成率等指标,但无法有效激励员工技能素质的提升,无法有效促进组织效率的提高,经过改进我们尝试设置了培训工作评价、"三基"工作达标、信息系统有效运行、企业文化认知践行度等指标,有效促进了员工技能素质和管理基础的提升。

对不同性质单位或不同岗位的平衡计分卡同样经历了"由标准的四个维度向灵活的少于四个维度"的转变。对生产经营活动直接面向市场的单位设置客户层面指标,对上下游业务或上下工序之间的单位和个人则将客户层面指标调整为服务类指标;对基层岗位员工则不强调严格按四个层面设置指标,但指标设置要充分体现其关键职责,所选指标从下至上要有一定的驱动和支撑关系。

2. 实施对标管理,设置挑战性目标值。

为了保证考核指标更具有先进性、挑战性。公司 2×08 年引入对标管理,建立健全绩效考核指标数据库。在整理出各炼化生产装置加工费、能耗、物耗、收率等考核指标三年实践值和历史最佳值的基础上,利用各种途径和渠道收集国内外同行业可比先进企业的最佳值,并对数据进行统计分析。按照对标目标值要优秀于前三年平均值、上一年实际值、总部考核指标值、装置设计值等四个基本条件,确定基础值和奋斗值两档考核目标值,基础目标值纳入平衡计分卡进行考核,奋斗值进行专项考核奖励,形成具有先进性和挑战性的目标确定机制。

3. 权重分配应体现战略导向性并充分考虑被考核对象的控制力。

"权,然后知轻重;度,然后知长短。"在平衡计分卡开发之初,指标权重分配主要凭经验判断,导向不够清晰,存在避重就轻的现象。在推广实施过程中,甲公司坚持以战略目标为导向并关注各考核指标之间的重要性进行权重分配,让指标权重能够客观反映被考核对象对指标的控制力强弱和所承担责任的大小。一般情况下,单个指标的权重以最高不超过30%、最低不低于5%为宜,考核指标权重设置过大或过小会导致被考核对象在资源和精力分配上只关注权重大的指标而忽视权重小的指标。平衡计分卡考核指标权重的确定可选择或综合运用主观赋权法和客观赋权法。主观赋权法是利用专家或个人的知识与经验来确定指标权重的方法,如德尔菲法、层次分析法等。客观赋权法是从指标的统计性质入手,由调查所得的数据确定权重的方法,如主成分分析法、均方差法等。

4. 制订行动方案,实施重点项目攻关。

平衡计分卡指标设置及目标值确定以后,如何"化战略为行动"成为实施过程中的主要问题,我们首先评估现有的资源配置、技术手段和管理手段能否支持平衡计分卡各项指标达到目标值,对现有条件不具备的,则进行系统梳理,分门别类查找制约因素,然后从增加预算、提升管理、技术改造、优化资源配置等方面制订行动方案,明确改进措施,实施重点项目攻关,从而确保目标实现和战略达成。

5. 不断完善激励约束相宜的绩效管理制度。

绩效评价是有效激励的基础,有效激励又是促进绩效提升的重要手段,有效激励必须把握好激励与约束的尺度,不断完善激励与约束相宜的绩效管理制度,过度强调正激励忽视负激励,与过分注重负激励的威慑力,不注重发挥正激励的积极效应一样,都是不正确和片面的。具体在考核体系设计上,应明确哪些是要进行负向激励的指标,是惩戒性质的;哪些是正向激励的指标,是奖励性质的。不能只奖不惩,让管理者失去约束的手段;也不能惩罚过重,导致惩罚条款形同虚设。还要有机地处理好物质激励和精神激励的关系,只有物质激励一条跑道一定会拥挤不堪,不能达到好的激励效果,在充分利用物质激励的同时,要重视精神激励、文化激励的功能,只有把物质激励和精神道德、社会荣誉、责任力量等有机结合起来,才能充分调动广大员工的积极性、主动性和创造性,才能集中智慧、凝聚力量推动企业科学发展、和谐发展。

三、取得成效

平衡计分卡应用以来,甲公司取得了突破性经营业绩。一是盈利能力和关键技术经济指标不断提升。2×09年炼油和化工利润在集团公司炼化板块双双排名第一;2×13年乙烯综合能耗在国资委组织的石油石化行业中央企业能效对标活动中,荣获30~60万吨/年规模乙烯装置能耗最优值;2×14年500万吨/年常减压、120万吨/年延迟焦化、20万吨/年高压聚乙烯、11万吨/年聚丙烯装置能耗排名集团公司炼化企业第一。二是公司顾客满意度和新产品市场占有率稳步提升。主导产品顾客满意度水平由2×09年91.03%上升到目前的92.88%,顾客忠诚度由2×09年的91.06%上升到目前的95.3%,化工产品专用料由2×09年的28.3%提高到目前的60%。三是员工满意度和队伍整体素质大幅提高。员工流失率由2×09年的0.85%下降到目前的0.4%以下,一线技能人员高级工比例由2×09年的36%提高到目前的58%,在全国行业和集团公司各类技能大赛中获得8金、11银、12铜,8个团体前三名的好成绩。四是科技创新成果显著。研发的环保型充油丁苯橡胶等占领国内高端市场,新型催化剂打入国际市场。

案例示范 6-7
单元成本效益管理在化工企业的应用

【本案例介绍了单元成本效益管理在化工企业经营管理中的应用。案例单位面对严峻的市场挑战,为了夯实基础,降本增效,向内部管理要效益,突破以往成本管理固有模式,全面实施单元成本效益管理,细分核算单元,将相关成本分解到每个单元,使各单元资产全部进入经营管控状态,从成本效益管理出发,解决制约企业发展的核心问题。】

一、背景描述

(一)单位基本情况

甲集团在军品的生产研发上具备110余种炸药产品的生产加工能力,其中30余个品种为国内独有,成为国内同行业中产品品种最多、生产能力最大的国家重点保军企业。在民品的生产研发上,通过引进、消化、吸收、自主研发,逐步掌握和拥有了硝化、光化、氢化等特种化工与精细化工核心技术,具备了年产15万吨TDI、18万吨DNT、12万吨PVC、3.5万吨TDA的生产能力的军工企业。

(二)存在的主要问题

自2×08年金融危机以来,甲集团赖以生存的主导产品长期处于"两头"市场压力环境之中,市场压力愈演愈烈,主要原材料甲苯受石油价格波动上扬影响明显,且周边供货量大幅削减,能源与动力价格也呈走高态势,产品成本上浮压力极大。并且随着国内TDI装置的陆续建成,国内产能急剧扩大,支柱民品TDI相关产业产能过剩加剧,产品内销价格难以提升,收益增长困难,同时由于企业没有形成有效的经济增长点,盈利空间呈不断缩小的趋势。

(三)选择单元成本效益管理的主要原因

面对严峻的市场挑战,企业贯彻国资委对中央企业"始终坚持过紧日子的思想,大力推行精益管理,向管理要效益、要红利,实现效益合理增长"的要求,将发展重心放在内部基础管理上,在外部形势难以把握的情况下,眼睛向内,开展精益生产、精细化管理和合理化建议等活动,夯实基础,降本增效,向内部管理要效益。在此背景下,甲集团突破以往成本管理固有模式,全面实施单元成本效益管理,细分核算单元,将资本成本、资产成本分解到每个单元,使各单元资产全部进入经营管控状态,从成本管理主要矛盾点着手,解决制约企业发展的核心问题。

二、总体设计

(一)管理目标

甲集团通过建立与"两头"市场全面挂钩机制,将外部市场价格导入内部生产经营各环节,划小经营核算单元,贯彻资本成本理念,计算各单元资产占用成本,以简明的管理会计语言,及时、准确、完整地反映及评价各单元"经济利润"创造情况,使员工清晰了解单元经营管理实际状况,以此激发全员参与全过程成本控制的主动性,实现由"利润=售价-成本"向"利润=成本-浪费"管理思路转变,贯彻"销售额最大化,成本费用最小化"的质朴经营原则,增收节支,降本增效,最终实现"透明经营""全员经营"的管理目标,完成员工由被管理者向管理者的转变。

(二) 总体思路

构建划小核算单元的管理理念,合理设置或划分单元,按照单元职责设置个性化的核算指标,建立单元指标真实性、准确性的确认机制和流程,建立以单元核心控制指标为主的考核体系。为了有效进行划小核算单元工作,应建立内部购销机制模拟市场运作。经营单元材料的领用、动力的消耗、各种劳务费用的支出视为"采购",经营单元产品、半成品的交库视为"销售",以"实现销售额最大化和经费最小化,企业附加价值最大化"为经营原则,构建与市场全面挂钩的单元独立核算经营管理体系。通过各单元全面梳理本单元占用的固定资产、流动资产、人力资源状况、设备状况、技术状况,工艺状态等资源。确定完成本单元工作任务所需要的合理资源占用,对超量占用各类资源主动向上一级单元提出解决措施,以降低本单元资源浪费,形成自下而上的管理推动。

三、应用过程

(一) 参与部门和人员

为确保此项工作的顺利完成并取得成效,公司决定成立单元成本效益管理推进领导小组。由公司总经理任组长,公司党委书记、副总经理等任副主任。主要负责单元成本效益管理模式推进工作的统一部署,组织体系建设、资源调配、评价考核。领导小组下设单元成本效益管理模式推进办公室,负责具体方案与办法的制定。办公室设在集团财务金融部,成员包括:人力资源部、改革与经营管理部、发展规划部、技术质量与精益生产部、安全环保部、纪检监察部、审计与风险管理部、党委宣传部、集团工会等。推进办公室负责具体方案和方法的制定,日常实施过程中的指导、协调与推进工作,及时总结、提炼推进经验、固定流程,建立长效机制。

1. 财务金融部门负责指导性方案的制定,各级单元资产价值确认、资产占用成本的核实、中间价格的制定和导入、财务指标的核实和确认。划小核算单元实施过程中重大问题的协调,财务资源的调剂应用。

2. 技术质量与精益生产部门负责对各级单元生产量、产品得率、工艺指标控制、能源运行指标控制、内部产品、半成品、劳务销售量及其销售总额、动力能源消耗、中小修费、运输劳务、装卸劳务、理化分析劳务、仪表校修劳务、劳动保护费、半成品、在制品、各单元资产占用的实物分割等与生产相关的所有项目进行管理。另外负责各级单元工艺、技术创新优化方案的评审确认、负责对原材料消耗、质量成本、工艺指标控制、技术指标控制、科研项目等进行管理。

3. 改革与发展部门负责划小核算单元模式考核指导,经济考核指标的复核审定,还包括负责指导各类资产的单元划分、盘活利用、闲置退出。

4. 人力资源部门负责各级单元人力资源的合理配置,对各单元提出的人力资源问题拿出解决措施,提交公司总经理办公会会议决策。

5. 党委宣传、工会等部门负责划小核算单元基本理念的宣贯、推进工作的督促检查等。

(二) 单元成本效益管理模式的应用流程

1. 单元成本效益管理包含的四个基本要素。一是单元,是根据产品、工序等不同特点,将企业的生产经营管理组织划分为多个独立经营、核算,资产占用清晰的小团体。每个小团体根据自身能力与需求制定经营计划,单元可分、可聚、可不断地优化和改善。二是成本,包含所有的资源耗费和资源使用成本,是单元管理模式所要改善的对象,是主体。各单元以适当的经济效益为目标,对各种资源耗费通过成本控制降低来实现。三是效益,不同于经营利润,在这里效益指的是经济利润,是鼓励单元创造经济增加值。各单元根据实际,寻找确定关键的EVA驱动因素,树立资本成本意识,提升企业价值创造能力。四是管理,单元成本效益模式推行的目标之一是实现全员参与经营管理。与企业财务会计核算不同,它是各经营单元自我核算、自我评价的管理体系。

2. 单元的具体划分。单元成本效益管理根据企业生产经营管理实际和特点,将企业的生产经营管理组织纵向设置班组单元、车间单元、分厂单元,形成上级单元对下级单元数据真实性的确认机制,横向设置为生产单元、管理单元、营销单元、项目管理单元,构建横向单元与纵向单元、大单元与小单元相结合的覆盖企业全价值链的新型管理体系。各单元的单元成本效益针对不同性质的核算单元确定不同的核算方法进行个性化核算,使其核算和管理更贴近实际、更合理、更具有可操作性。

(1) 生产单元。

单元经济利润 = 销售额 - 成本项目 - 资产占用成本 - 人工成本

根据其性质特点按班组单元、分厂管理单元、产品单元、生产线单元细化设置。生产单元依据可控原则将产品转移过程中(包括半成品、最终产出的产成品)或单元间提供劳务所形成的销售额,扣除单元生产过程中所发生的各种耗费、固定资产及库存物资等资产占用成本、人工成本后实现的单元经济利润,与预算目标进行对比,直观反映生产单元生产成本控制情况,以此为依据进行生产过程控制、工艺优化、资产经营,使生产过程成本得到有效控制,实现生产过程精益管理。

(2) 管理单元。

单元经济利润 = 收益额 - 成本项目 - 资产占用成本 - 人工成本

为了鼓励管理单元充分利用国家政策,同时为了激发管理单元管理创新,提升专业管理水平,将当年因积极争取国家政策或专业管理所创造的收益额,减去管理过程中的运行成本费用和不必要的支出、固定资产占用成本以及人工成本后的结果作为衡量管理单元创效水平和管理水平的可靠依据。

(3) 营销单元。

营销单元按业务性质分为采购单元和销售单元。

①采购单元。

单元经济利润 = 总销售额 - 总采购额 - 成本项目 - 资产占用成本 - 人工成本

以精益采购管理为立足点,采购单元采购物资验收入库所形成的销售额减去从外部市场采购物资所发生的采购额后的净额,当净额大于零时,说明采购单元通过集中采购、批量采购等有效措施使采购成本得到有效控制,当净额小于零时,说明采购成本未得到有效控制,采购单元需采取有效措施进行控制。采购净额减去采购过程中的运行成本费用、固定资产占用成本、库存物资占用成本、人工成本后所实现的收益额,与预算目标进行对比,直观反映采购单元采购环节的控制情况,有效促进企业加强物资采购环节过程控制,降低采购成本。

②销售单元。

单元经济利润 = 按实际结算价计算的销售额 - 按月目标定价计算的销售额 - 成本项目 - 资产占用成本 - 人工成本

销售单元销售产品所形成的销售额减去按月目标定价计算所形成的销售额后的净额,当净额大于零时,说明销售单元通过创新商业模式、精准把握客户需求等有效措施增加了企业的销售额,当净额小于零时,说明当期销售额未实现销售目标,销售单元需采取有效措施加大营销力度增加销售额。销售净额减去销售过程中的运行成本费用、固定资产占用成本、应收账款占用成本、人工成本后所实现的收益额，与预算目标进行对比，直观反映销售单元销售环节的控制情况，对企业加强销售环节过程控制，打造精益营销体系起到积极的促进作用。

（4）项目管理单元。

单元成本＝项目资金支出＋资产占用成本＋人工成本

科研项目、建设项目的项目资金支出、科研项目结题或建设项目竣工验收后移交生产的库存项目物资的占用成本、参与科研及建设项目人员的人工成本之和为项目管理单元的单元成本，将其进行核算并与项目概算、项目预算进行对比，直观反映项目的实施进度、项目资金的预算执行情况、项目资金与项目实施进度匹配情况以及项目成本的控制情况，对提升项目精益管理水平发挥重要作用。

3. 单元经济利润核算方法及表单设计说明。

单元成本效益采用统计及管理会计结合的方法进行核算。单元经济利润依据以下步骤分三步计算：

（1）净收入＝单元销售收入－内部采购成本

单元销售收入区分为外销与内销，外销是指销售产品或对外提供服务所形成的各种收入，以及积极争取国家政策或专业管理所创造的收益额；内销是指产品在转移过程中（包括半成品、最终产出的产成品）所形成的收入，单元间提供的各种劳务收入，采购单元将采购物资验收入库所形成的收入，物资管理单元向各单元发放物资所形成的收入等。收入减去内部单元间采购成本（主要包括自制半成品、维修劳务、检测分析劳务、自制动力等），计算出净收入。

（2）增加值总额＝净收入－外部采购成本

净收入减去外购成本费用（包括外购原材料、外购水电费、办公费、差旅费、业务招待费、运输费、产品运输费等），减去固定资产折旧及资产占用成本（包括存货占用成本、应收账款占用成本、固定资产占用成本、货币资金利息等），计算得到本单元创造的增加值总额。它可用以评价衡量一个单元的价值创造能力，为了能够创造更多的附加值，单元员工会重视其中的各项耗费，尤其是对于过去较为陌生的资产占用成本，不再是与己无关，如何利用好现有资产，甚至是转移不用资产，直至对于新资产的增加是否可行，均与员工创造的附加值挂起钩来。

（3）单元经济利润＝增加值总额－人工成本总额

增加值总额减去员工人工成本之差，为单元经济利润。为使员工更直观的理解价值创造，促进员工争创价值，人工成本独立列示于增加值项目之后。

单元成本效益核算简表见表6－7－1。

表6－7－1　　　　　　　　　单元成本效益核算简表

项目		序号	预算目标	实际完成	差异对比	原因分析
总销售额		A				
	外部销售	B				
	内部销售	C				
内部采购		D				

续表

项目		序号	预算目标	实际完成	差异对比	原因分析
	自制动力费	D1				
	自制半成品	D2				
	内部修理费	D3				
	内部检验费	D4				
	……	……				
净收入 E = A – D		E				
外部采购		F				
	原材料费	F1				
	动力费	F2				
	固定资产折旧费	F3				
	办公费	F4				
	差旅费	F5				
	机物料消耗	F6				
	保险费	F7				
	低值易耗品	F8				
	劳动保护费	F9				
	运输费	F10				
	外部修理费	F11				
	外部加工费	F12				
	安全生产费用	F15				
	环境保护费	F16				
	无形资产摊销	F17				
	资产处置损益	F20				
	应收账款（预收账款）占用成本	F21				
	存货占用成本	F22				
	固定资产占用成本	F23				
	……	……				
增加值总额 G = E – F		G				
人工成本总额		H				
经济利润总额 I = G – H		I				

4. 单元成本效益管理可视化看板。

生产单元根据确定的目标指标按天、周、月对班组、工序进行单元成本效益核算，并将核算结果公布在看板上，达到可视化管理目的。单元成本效益看板上列示有"原材料""动力""资产占用成本"等核算内容，其他核算内容可以根据各自经营实际遵循"谁受益、谁承担"的原则进行调整列示,对于原材料、动力等主要直接成本核算内容可按数量、单价及金额的格式进一步细化,直观地反映单元成本效益的核算情况;管理单元每月进行单元成本效益核算,并将当月核算结果在协同 OA 办公系统上看板公示,便于员工查询,利用"鱼骨图"等精益管理工具对比分析,发挥员工的智慧,通过工艺优化、结构调整、技术创新、管理创新等有效措施寻求解决问题的最佳答案,促使企业生产经营管理持续改善。

5. 单元成本效益管理体系的管控。

单元在充分发挥本身最基本职能作用的基础上,按照不同性质的单元,设置本单元个性化、差异化的关键性控制指标,并以单元经济指标为主线,将工艺指标、技术指标、质量指标、动力运行指标、设备运行指标等与单元成本效益有关的指标纳入单元经济指标体系,形成完整的考核内容,同时加大关键性控制指标考核权重,依托个性化的关键性控制指标推动全体员工对单元成本效益核算结果的密切关注。

四、取得成效

经过七年的有序推动,单元成本效益管理模式已实现了在所有生产单元的100%全覆盖,全员经营、透明经营、效益等于成本减浪费等理念已逐步被广大员工接受,已在员工中形成一种潜意识,推动资产结构调整、组织结构调整、人员结构调整、管理产生效益的内生源动力凸显,经营指标完成情况在不断好转。甲集团 2×16 年成本费用率比 2×10 年降低 10 个百分点,经济运行质量明显改善。

案例示范6-8
"客户—产品"预算考评机制在商业银行的应用

【本案例介绍了"客户—产品"预算考评机制在商业银行的应用。案例单位为商业银行省级分行,为实现精细化管理和经营结构转型,通过将客户和产品双线预算,同时纳入部门考评和客户经理考评,强化了"以客户为中心"和"以产品为中心"的效益约束机制,弥补了原来以单一机构进行预算考评为主的管理不足,提升了客户关系和产品管理部门联动营销的积极性,为客户结构和产品结构优化奠定了良好基础。】

一、背景描述

(一) 单位基本情况

甲银行乙省分行是隶属于甲银行总行的省一级分行,是国有控股的股份制上市企业。

(二) 存在的主要问题

近年来,乙省分行总体存贷款业务实现平稳增长,中间业务发展势头良好,但随着利率市场化、银行主体多元化、外部经济增长放缓及网络金融冲击的加剧,银行业务经营日趋激烈,乙省分行面临存贷利息收窄、市场份额下滑、不良资产冒升等经营困难,银行转型成为大势所趋,精细化管理和集约型发展成为乙省分行转型经营的主要方向。

长期以来,乙省分行经营管理主要侧重于机构维度分析及预算考评,客户关系(Relationship,简称R)、产品(Product,简称P)维度由于缺少系统支持,效益核算一直比较薄弱,不利于乙省分行精细化管理和经营结构转型。从经营分析来看,由于缺乏对乙省分行存款、贷款和中间业务产品利润贡献剖析,缺乏对公司客户、个人客户的利润贡献剖析,不能较为准确了解乙省分行到底什么产品、客户赚钱,从而影响乙省分行产品结构和客户结构进程。从预算管理来看,原来乙省分行分条线预算主要按产品维度下达,未下达客户维度的收入预算,不能真实反映客户关系管理部门的业绩及贡献水平。从绩效考评来看,由于一直以来业务部门考评中只设置产品维度效益的考评指标,缺乏客户维度效益的考评指标,导致客户关系部门热衷于营销本条线产品,不能充分调动产品部门与客户关系管理部门联动合作的积极性;由于客户维度效益核算比较薄弱,业务部门对客户经理考核较为粗放,考核指标主要以业务量为主,效益维度考核分值占比不高,客户经理绩效奖金与其给乙省分行带来的创收挂钩度不强,激励导向容易出现偏差。

(三) 选择"R-P预算考评"机制的主要原因

从内部管理看,面对银行业转型发展的要求,乙省分行行领导提出"围绕效益中心,要研究什么产品赚钱,什么客户赚钱,将有限的资源配置到赚钱的产品和客户中,优化乙省分行的产品结构和客户结构"的管理要求,这为R-P预算考评机制在乙省分行应用提供了内在动力。从外部环境看,总行开发的利润贡献度分析系统(以下简称"PA"系统)的开发和不断完善,为乙省分行R-P预算考评机制在乙省分行的应用奠定了良好的应用基础。

基于总行PA系统,乙省分行通过采用R-P预算考评机制,一方面透视乙省分行客户及产品的利润贡献结构,将客户、产品的利润贡献纳入全面预算,通过事前预测、事中监测、事后评价的全方位管理,提升乙省分行重点客户和重点产品方面的创利能力;另一方面将业务部门考评与其所管理的产品、所面对的客户群产生的利润进行挂钩考评,明确产品及客户创利的责任主体,通过权责利挂钩,激励业务发展,提升全行效益水平。

二、总体设计

(一)"R-P预算考评"机制的应用目标

通过R-P预算考评机制的运用,弥补乙省分行在产品、客户领域预算考评方面的不足,有效指导当前和未来的经济活动,并根据投入产出原理,强化产品和客户维度预算管理和绩效考评,明确银行内部责任,优化银行资源配置,调整产品结构和客户结构,最大程度地提升乙省分行的经营效益和市场竞争力。

(二)"R-P预算考评"机制的总体思路

围绕R-P预算考评机制,以PA系统和R-P经营分析为基础,在原来下达部门条线产品创收预算的基础上,对于客户关系部门新增客户创收预算,并将条线产品创收预算及客户关系部门客户创收预算与业务部门考核进行挂钩,提升业务部门条线产品管理和客户联动营销的能力。在客户经理的考评方面,将其所营销的客户贡献的利润与客户经理考核进行挂钩,提升客户经理围绕效益中心进行营销的能力。总体思路如下:

1. 区分部门定位,丰富预算维度。

R-P预算以区分各业务部门不同职能定位为前提,以多维度管理会计数据为基础,在P部门分条线预算的基础上,增加R部门分条线预算,有效推动R、P部门间的联动协作。

2. 突出问题导向,稳妥分步实施。

R-P预算管理工作在梳理各项业务产品的基础上,从解决目前影响条线间协作的主要问题入手,积极推进R-P条线预算工作,逐步扩大预算内容和范围、细化预算单位和维度、优化预算规则和数据。

3. 强化过程监测,深化原因剖析。

围绕R-P预算,紧盯指标执行情况,及时督促业务部门按时间进度完成预算。当预算执行偏离时间进度,及时分析原因,并提出改进措施。

4. 挂钩激励考评,有效运用结果。

将R维度预算执行结果纳入R维度业务部门考评,将P维度预算执行结果纳入P维度业务部门考评,与业务部门负责人的绩效奖金进行挂钩,激励P维度和R维度业务部门营销其所属产品和客户的积极性,强化联动营销。将客户经理营销管理的客户创收与客户经理绩效奖金绩效挂钩,激励其提升在客户维度的创收能力。

(三)"R-P预算考评"机制的主要内容

1. 预算内容和范围。

R-P预算为营业收入口径,包括净利息收入和非利息净收入。净利息收入包括外部利息收支和FTP利息收支,非利息净收入包括手续费净收入、其他业务净收入、净交易收入和证券买卖收益。

2. 预算单位和维度。

R-P预算以各业务部门作为预算单位,并按照各部门主要职责定位分类:一是客户关系(R)部门,包括公司金融部(含中小企业部)、个人金融部、金融机构部,分别承担对公客户、对私客户、同业客户的R维度预算。二是产品(P)部门,包括公司金融部、贸易金融部、金融机构部、个人金融部、银行卡部、金融市场部、投资银行与资产管理部,分别承担所分管产品线的P维度预算。

3. 预算口径和归属。

根据产品管理流程和客户类别，确定各部门核算码、产品码及需进行跨部门分摊的规则。部门归属主要有三类：一是产品在 R/P 维度均归属于单一确定部门的；二是产品在 R/P 维度有跨部门共用的，按照部门提供的业务明细或确定的比例进行分摊，涉及共用核算码且无法区分产品码的资负损益项目，则按照本金相应比例进行分摊；三是无法分解到具体部门或不属于任何部门管理的业务，比如自有银行账户资金、非生息资产、营业外收入等作为其他项，不再进行部门分摊。

4. 预算数据和来源。

2×16 年 R-P 预算编制在总行 PA 系统和乙省分行开发的管理会计分析系统的基础上，引入多维度管理会计数据，从而对现有核算码数据进行细化和补充。其中，净利息收入数据（包括 FTP 利息收支）全部取自乙省分行自身设计的管理会计分析系统，非利息净收入则采取会计核算码与手工拆分结合的方式。

5. 预算分析和监测。

按月监测 R-P 预算执行情况，并对执行偏离情况进行原因剖析。基于 PA 系统，按季撰写产品、客户维度分析报告，分析乙省分行盈利情况。产品分析按照存款、贷款、中间业务三大类，然后逐步往下细分产品中类和产品小类；客户分析将客户分为对公客户、对私客户两大类，通过客户利润集中度、授信结构、规模结构、特殊客户群等维度剖析，为全行 R-P 预算考评提供决策参考。

6. 考评设计和分值。

将 R-P 预算执行结果纳入业务部门的绩效考评体系中，在原来设置 P 维度营业收入考核指标的基础上，增设 R 维度营业收入考核指标；在客户经理考核中，设置客户创造的净利息收入和非利息收入考核指标，采用计分制，激励其围绕提升客户利润贡献的核心目标来开展产品营销工作。

三、应用过程

（一）参与机构和人员

乙省分行是甲银行的省一级分行，具体组织架构为：全行由省行行长领导，下设 27 个省行部门，其中前台业务部门有 11 个，主要包括公司金融部、贸易金融部、金融市场部、金融机构部、中小企业部、金融机构部、行政事业机构部、投资银行与资产管理部、个人金融部、银行卡部、渠道管理与网络金融。前台业务部门负责管理本条线的产品及营销工作，公司金融部（中小企业部）、个人金融部、金融机构部还负责公司、个人和同业客户关系的、营销管理及考评工作。省行设置辖属二级分行 10 家，市直属支行 14 家。

财务管理部是管理会计的牵头部门，主要职责包括管理会计系统建设、内部资金定价管理、管理会计核算分析、多维度预算管理和多维度绩效管理等多个环节的"管理闭环"，相关职能分别落实在财务管理部的信息管理与财务报告团队、流动性与定价管理团队、战略规划与产品分析团队、预算与成本（税务）管理团队和经济资本与考核管理团队。省行各业务部门是管理会计核算数据和下达指标的具体执行部门。

R-P 预算考评机制主要涉及预算管理和绩效考评两个方面。

1. R-P 预算管理运作方式。

一是财务管理部为 R-P 预算编制的牵头部门，负责牵头拟定 R-P 预算规则、方案、口径归属、对 R-P 预算编制和执行情况分析提供数据支持、组织 R-P 预算培训以及其他相关统筹协调工作。二是相关业务部门为 R-P 预算目标的责任主体。对所管辖业务的

R-P预算口径、目标的确定、执行和实施负责,其中R部门应充分发挥客户关系部门统筹协调作用,组织做好与相关产品部门的沟通工作。

2. R-P绩效考评运作方式。

一是乙省分行部门考核由人力资源部总牵头,财务管理部负责各部门效益和业务考评指标的设置、监测和结果测评,业务部门负责效益和业务考评指标的执行、实施,为效益和业务考评指标的责任主体,绩效得分情况直接与部门总经理室成员、部门主管和一般员工的绩效收入挂钩。二是乙省分行客户经理考核由人力资源部总牵头,分别由公司金融部、个人金融部制定对公和对私客户经理考核具体方案、监测、通报和结果测评,客户经理的绩效得分情况直接与客户经理的绩效收入挂钩。

(二)具体应用流程

1. R-P预算编制。

依据2×16年全行预算,首先确定P部门的年度财务预算。其中,净利息收入在各部门口径归属确定的基础上,结合历史情况、新增存贷款业务计划、升降息假设等,按照"存量+增量"及平均利率的方式,确定相关项目的内、外部利息收支;非利息净收入结合历史情况、业务策略、业务量预算、对标可比同业等,确定相关产品的预算目标。然后,以R部门预算为基础,制定R部门预算目标,涉及同一核算码或产品码跨部门分摊的,预算期比例原则上按基期实际比例确定。R-P预算方案确定后,下发征求业务部门意见,并根据相关意见修改,经行长办公会讨论通过后,以行内正式文件下发执行。

2. R-P考评制定。

财务管理部依据相关P部门和R部门的管理职责分工,设置R维度和P维度的营业收入考核指标、分值和计分方法。通过历史数据和预算数据的套算,设定合理的考核计分方法,既要使考评方案具有激励效果,可以适当拉开被考核者的业绩差距,又要使方案具有可操作性和公平性。公司金融部和个人金融部围绕客户维度利润目标、总行考核要求及市场情况,设置客户经理考核实施方案。部门考核方案和客户经理考核方案确定后,下发征求被考核者意见,并根据相关意见修改,经行长办公会讨论通过后,以行内正式文件下发执行。

3. R-P预算考评监测。

财务管理部定期监测各业务部门R-P预算执行情况并进行通报,并对执行偏离情况进行原因剖析。按季进行R-P维度经营情况分析,为经营决策提供参考,定期监测并通报部门效益、业务维度绩效;公司金融部、个人金融部定期监测并通报客户经理绩效及排名情况,提升全辖以产品和客户效益中心进行营销的积极性。

4. R-P预算考评结果应用。

考评结果的应用主要由人力资源部制定。部门考评结果应用包括作为部门改善经营管理状况,提升绩效水平的重要依据;作为部门班子建设的参考;作为确定部门管理层成员绩效考核结果的依据之一;与部门员工绩效奖金总额挂钩等多个方面。客户经理考评结果应用包括作为客户经理职位晋升的重要参考;作为客户经理绩效奖金分配的重要依据。

(三)具体案例展示

根据R-P预算考评的基本思路,乙省分行省行公司金融部既是对公客户关系部门,又是公司产品的管理部门。在2×16年R-P预算时,对公司金融部既下达了P维度预算又下达了R维度预算。在2×16年部门考核中,公司金融部考核指标设置全辖公司业务P维度营业收入,分值17分,主要考核公司金融部作为P部门的条线创收预算完成率,同时增设全辖公司客户 R 维度经营收入，分值 4 分，主要考核公司金融部作为 R 部门营销公司客户所产生全部创收的预算完成率，提升公司金融部营销其他条线的对公理财产品、投资顾问产品、代理保险产品、托管产品、对公贵金属产品、对公结售汇产品等的积极性。在对公客户经理考核中，2×16 年乙省分行将客户带来的净利息收入和非利息收入纳入考评，有效利用分客户核算的数据，激励全辖客户经理围绕客户效益开展业务发展工作，提升乙省分行经营效益和市场竞争力。2×16 年上半年公司金融营业收入预算执行表（P 维度）见表 6-8-1。

表 6-8-1　　　2×16 年上半年公司金融营业收入预算执行表（P 维度）　　　单位：万元

项目	营业收入					
	本期	上年同期	增减额	增减率	全年预算	完成率
公司金融	391 207	436 173	-44 966	-10.31%	919 800	42.53%

2×16 年上半年对公客户营业收入预算执行表（R 维度）见表 6-8-2。

表 6-8-2　　　2×16 年上半年对公客户营业收入预算执行表（R 维度）　　　单位：万元

项目	营业收入					
	本期	上年同期	增减额	增减率	全年预算	完成率
对公客户	549 958	624 438	-74 480	-11.93%	1 248 100	44.06%

2×16 年公司金融部考评指标（效益部分）见表 6-8-3。

表 6-8-3　　　2×16 年公司金融部考评指标（效益部分）

全辖公司业务营业收入	17 分	考核 P 维度预算完成率、进步率和竞争力
全辖公司客户 R 维度营业收入（新增）	4 分	考核 R 维度预算完成率

2×16 年对公客户经理考评方案（效益部分）见表 6-8-4。

表 6-8-4　　　2×16 年对公客户经理考评方案（效益部分）

效益	净利息收入	资产类（贷款）利息收入	奖励标准 = 400 分/万元/年
		负债类（存款）利息收入	奖励标准 = 500 分/万元/年
	非利息收入	代理中银保险手续费收入	奖励标准 = 2 000 分/万元/年
		代理其他保险手续费收入	奖励标准 = 1 000 分/万元/年
		账户相关收入	奖励标准 = 300 分/万元/年
		低风险类收入	奖励标准 = 200 分/万元/年
		较高风险类收入	奖励标准 = 100 分/万元/年

(四) 实施中遇到的主要问题及解决办法

在实施 R-P 预算考评过程中，由于公司金融部、金融机构部、个人金融部既是产品部门、又是客户关系部门，存在着 R 部门向其他 R 部门分解任务的情况，出现"既是运动员、又是裁判员"。为体现公平公正，对于既是 P 部门又是 R 部门的，其 P 维度收入不再分解至其他 R 部门。

在实施 R-P 考评过程中，由于从 PA 系统中采取的非利息收入未分核算码，无法判别其收入的具体条线及类别，乙省分行通过信息科技部另行加工获取分核算码数据。非利息收入中部分通过总行分润获取，无法分摊至客户名下，因此在客户收益中缺失该块数据，导致部分客户经理核算该指标数据时偏小。

四、取得成效

实施 R-P 预算考评以来，乙省分行业务部门在关注本条线产品营销的同时，条线之间的协同作战能力进一步增强，联动效应更为明显，给客户提供多种产品选择的全方位营销服务能力明显增强，充分体现出"以客户为中心"的理念。以代理保险为例和表外理财为例，上半年，乙省分行实现代理保险收入 2.13 亿元，同比增长 98.62%，实现表外理财收益 8.28 亿元，同比增长 13.13%。

通过在客户经理考核中设置客户效益指标，使客户经理在叙做业务时关注为行内的创收情况，关注客户的收益率，而不是单以业务量论英雄，为提升乙省分行总体效益起到了一定的效果。在考核客户维度创收的背景下，乙省分行客户经理对利润的关注度明显提升，客户经理逐步养成了在叙做业务中测算客户综合收益的习惯，不但开始关注单个产品的盈利，也开始加强产品组合营销。

案例示范 6-9
基于经济增加值的预算管理与绩效优化

【本案例介绍基于经济增加值的预算管理与绩效优化。案例单位为民营塑料薄膜生产企业。针对预算管理中存在预算目标导向不科学、预算考核机制不合理等问题，该企业通过构建以经济增加值（EVA）为目标、以定额标准为基础的预算编制体系、执行控制体系，以比较分析法、比率分析法、因素分析法为主的预算分析体系及以 EVA 为指标的考核与激励体系，形成了基于 EVA 的预算管理体系，使预算与公司的发展协调统一，提高了企业财务管理的水平，促进了产品成本的优化，考核更具有针对性。】

一、背景描述

（一）单位基本情况

甲化工公司是一家由乙企业控股的民营制造业企业，乙企业是一家在上海证券交易所注册上市的以从事包装业务为核心，快速消费品商贸业务、房地产业务和创投业务为辅的集团公司。甲化工公司主要生产 BOPA 薄膜，属于塑料包装行业下的子行业，其 BOPA 薄膜的加工方法为异步拉伸法，是一种较为普遍使用的方法。BOPA 薄膜的生产过程基本包括：熔融、冷却、拉伸、热定型、卷曲、包装等。

（二）存在的主要问题

甲化工公司在过去已经建立起了一套全面的预算体系，经过一段时间的实施后有了一定的经验，也为企业管理作出了贡献，但随着市场环境、企业战略是的不断变化，公司原先建立的预算体系已经不能完全适应企业发展的需要，主要在目标导向、编制方法、考核机制等方面存在问题：

一是预算目标导向不科学。甲公司而预算目标以目标利润为导向，在预算的制定中忽视了资本占用成本，造成企业过于追求短期效益，资源分配不合理，业绩考核出现片面性，不利于企业的长期发展，违背股东的利益。

二是预算编制存在缺陷。甲公司目前主要采用增量预算法编制公司的预算，没有制定单位产品的定额耗费标准，预算主观性强，准确性太低，容易将过去预算期的不合理支出延续到本预算期，导致预算的不科学，错误的估计收入与费用。

三是预算考核机制不合理。首先，公司的考核主要依据净利润，忽视了资本使用成本对公司价值带来的影响，不能科学合理的反映企业经营实现的价值；其次，各部门的考核指标设置不合理，没有针对各个部门的具体业务制定相应的考核指标；最后，在公司的考核指标中设置了非财务指标，但是这些指标在使用时可操作性不强，在计量被考核者的业绩时不能很好地把握评价尺度。

（三）选择基于 EVA 的预算管理方法的主要原因

基于 EVA 的预算管理在价值导向、预算编制及考核与激励方面相比于传统的预算更加科学合理。

一是价值导向更准确。基于 EVA 的预算管理以公司战略为导向，以股东价值最大化为核心，在预算编制过程中采用逆推的方法，从拟实现的 EVA 目标值开始，逐层分解目标，倒逼出符合预算目标的各个项目的预算，从开始阶段即体现出了与公司利益的一致性。

二是预算编制更合理。而基于EVA的预算管理在编制预算时，首先确定单位产品的定额耗费标准，比如单位产品耗用材料数量、直接人工工时等，以单位定额耗费乘以拟实现的销售数量推算出总体预算水平。这种编制方法使预算有据可寻，更趋合理，准确性更强。在预算的执行过程中以定额耗费为驱动因素，便于员工比较与分析各种因素的耗费情况，及时作出调整。

三是考核与激励制度更科学。基于EVA的预算管理以战略目标为导向，价值最大化为核心，将EVA目标值作为预算编制的起点与绩效考核的标准。EVA考虑了资本使用成本对经营结果的影响，相比于净利润等绩效考核指标更能反映出企业真正创造的价值，以此为考核指标更加科学合理。在设计员工激励制度时，财务指标与非财务指标相结合，针对不同的部门设置不同的指标，使考核与激励更具有针对性。激励制度对每一项指标都设计了奖惩计算公式，仅对实现的价值增值部分进行奖励，对未完成部分进行处罚。相比于传统的激励制度，以EVA为基础的激励制度奖惩方法设置更合理，对员工的激励效果更明显。

二、总体设计

（一）应用目标

1. 建立以战略为导向的预算管理体系。

EVA在衡量企业业绩时对会计项目进行调整，且包含了资本使用成本对企业业绩的影响，是一种即可以体现企业短期利益又可以体现长远利益，充分体现了企业经营管理的战略导向及创造股东价值的目标。将EVA融合进预算管理体系中，可以帮助企业建立一种以战略为导向，以价值创造为目标的预算管理体系，促进预算在编制、执行、控制、分析与考核各方面始终围绕企业战略进行。

2. 建立科学的预算编制体系。

预算编制在预算管理系统中具有重要作用，预算的执行控制、分析及考核都是在预算编制的基础上进行的，因此，制定一套科学合理的预算编制体系是基于EVA的预算管理的重要目标。编制预算时以体现企业战略及价值的EVA为起点，以单位产品预算定额为基础，采用逆推方法，从上向下层层分解EVA目标值，倒逼出各项目。并且基于EVA的预算编制包含一个动态优化的过程，对单位产品预算定额及总体预算不断优化调整，以完成确定的EVA目标。无论在编制起点还是编制方法及流程上，基于EVA的预算编制都可以帮助企业实现建立科学预算编制体系的目标。

3. 建立有效的考核及激励制度。

考核与激励制度对预算能否顺利执行，预算目标能否达成至关重要。目前，公司的考核与激励制度在考核导向、考核指标设置上都存在欠缺，对员工的激励效果不明显，无法保证预算的顺利执行及目标的完成。因此，建立一套行之有效的考核与激励制度成为了公司实施基于EVA的预算管理的重要目标。它在考核员工业绩时以真正体现企业价值及战略的EVA为指标，激励制度也与EVA挂钩，相对于以往的考核与激励制度更具有效性。

（二）应用基于EVA的预算管理的总体思路

甲公司应用基于EVA的预算管理的总体思路包括预算编制、执行与控制、预算差异分析、考核与激励、结果评价五个方面的内容。预算管理的应用流程（见图6-9-1）。

图 6-9-1 预算管理流程

1. 以战略为导向、价值为核心、EVA 为起点编制预算。

首先，公司在战略目标及价值最大化的指引下确定拟实现的 EVA 目标值；其次以该目标值为起点，采用逆推的方法，编制业务预算及资本成本预算等，计算得出预算下实现的 EVA 值；再次将通过预算得出的 EVA 值与预设的 EVA 目标值进行对比，若有差异则视差异大小适当的调整 EVA 目标或预算；最后在多次编制预算、比较、调整的动态优化过程中确定最终预算。

2. 执行与控制预算。

在预算编制完成后，根据预算设定的标准定额执行，并在执行过程中辅以必要的控制措施，监督员工的生产过程，及时对偏离预算的状况进行分析调整。在实行控制时，先确定控制的标准，然后计量实际的绩效，再将其与预算定额比较分析，最后采取纠偏措施。在执行与控制过程中要实时对材料耗费情况、人工使用情况、生产工艺等各个方面进行记录，以便于开展预算差异分析。

3. 进行预算分析，寻求预算优化。

首先，将预算的实际执行结果与预算进行总体差异对比、单位定额差异对比等，找出实际与预算存在差异的原因；其次，积极开展经济活动分析，找出预算执行过程中存在的问题，修订降本增效的各项措施方案，不断改进和完善，并且深入进行内部管理分析、成本动因分析、价值链分析、战略定位分析，全面落实企业年度预算目标和战略目标；最后，对企业中各项管理流程进行梳理分析，不断优化业务流程。

4. 制定基于 EVA 的业绩考核和激励制度。

以战略为导向，以价值为核心，分别针对管理层及基层员工制定基于 EVA 的业绩考核及激励制度，并设计具体的薪酬激励方案，对实现的价值增值在员工与企业之间进行分配。

5. 结果评价。

将实施基于 EVA 的预算管理以后的企业实际成本、利润、EVA 值等指标与以前年度进行比较，判断 EVA 下的预算管理体系是否对企业业绩具有优化作用。

三、应用过程

（一）单位组织构架基本情况

公司设总经理一名，由母公司上海乙企业任命，负责整个公司的管理工作。下设营销部、生产部、技术品控部、资财部和设备部分别负责销售、生产、财务和设备维护等工作（见图 6-9-2）。

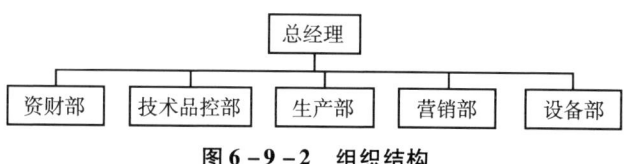

图 6-9-2 组织结构

（二）参与部门和人员

基于 EVA 的预算管理由母公司乙企业牵头，由乙企业管理层提出实施要求及目标，甲化工公司总经理具体负责在公司内部的实施工作。公司设有预算管理委员会与预算管理办公室。管理委员会由公司总经理领导，预算管理办公室设在资财部，主要负责预算的编制、调整、控制、监督和考评等工作。预算的执行工作由营销部、生产部等责任部门负责。

（三）具体应用过程

1. 基于EVA的预算编制。

（1）EVA目标值的确定。甲公司追求的是股东价值最大化，因此建立预算管理的第一要务就是确定本年度的EVA目标值。由于近几年来市场行情不乐观，企业内部管理混乱，甲化工公司一直处于亏损的状态。甲化工公司母公司乙企业为扭转该公司的持续亏损状态，决定在2×15年改变管理方式，在企业内部推行EVA这一管理会计工具。因为EVA是第一年在公司实施，且以前年度持续亏损，所以乙企业在综合考虑甲化工公司的经营状况下，将其EVA目标值定为0。

（2）边际贡献预算的编制。编制预算时，要确定单位产成品的定额预算，包括销售单价、单位材料价格、单位产成品直接材料耗用量、直接人工工时、单位工时工资等。

（3）固定成本预算编制。固定成本由固定制造费用、固定营销费用和固定管理费用组成，其中：固定制造费用按照直接人工工时对产成品进行费用分配，通过单位产成品耗用工时及单位工时耗费计算出单位产成品耗费的固定制造费用，以计算毛利润。固定成本属于企业经营活动的期间费用，不计入产品的直接成本。

（4）资金成本。根据债务资本及权益资本使用数额及资本成本率，计算得出加权平均资本成本及资本使用成本。

（5）EVA预算表编制。EVA预算表的编制是基于EVA的预算管理预算编制的最后一步，根据EVA＝税后净营业利润－平均资本占用×加权平均资本成本，具体编制见表6-9-1。

表6-9-1 EVA预算表

	2×14单位产品实际	单位产品预算	2×14实际	初始预算
单位	元	元	万元	万元
销售数量	—	—	4 206	5 280
其中：销售存货	—	—	371	700
销售本年产品	—	—	3 835	4 580
生产数量	—	—	4 535	5 280
期末库存量	—	—	700	700
存货销售收入	23 954	24 185	889	1 693
存货销售成本	22 088	20 463	819	1 432
主营业务税金及附加	27	29	1	2
存货销售利润	1 839	3 694	68	259
本年产品销售收入	23 954	24 185	9 186	11 077
减：直接原材料	17 964	17 006	8 147	8 979
主营业务税金及附加	29	77	12	40

案例示范 6-9 基于经济增加值的预算管理与绩效优化

续表

单位	2×14 单位产品实际 元	单位产品预算 元	2×14 实际 万元	初始预算 万元
直接人工	441	408	200	215
变动生产制造费用	2 029	1 988	920	1 050
变动管理及销售费用	902	889	409	470
总变动成本	21 365	20 368	9 688	10 754
库存半成品减少	—	—	-161	—
加：期末库存	20 463	20 463	1 432	1 432
本年产品销售贡献	2 589	3 817	1 092	1 755
固定生产制造费用	2 455	2 159	1 113	1 140
本年毛利润	134	1 658	-22	615
合计毛利润			47	873
其他业务利润			29	26
固定营销费用			38	45
固定管理费用			393	440
经营利润			-354	414
所得税费用*			—	—
税后净营业利润			-354	414
加权平均资本成本			5.15%	5.73%
资本成本			757	407
EVA			-1 112	7

注：由于 2×14 年公司会计利润为 -895 万元，2×15 年度息税前利润不足以去年弥补亏损，无需缴纳所得税费用。

由上表可清楚的看到，本年各项收入、成本及费用总额基于单位产品价格及成本编制而成。单位产品价格及成本较去年都有所调整，该调整是基于去年数据及对本年度经营形势的预测及预算希望完成的目标而确定，最终形成本年度各项预算指标。

基于 EVA 的预算编制是一个上下结合、不断循环，反复试算分析然后得到结果的过程。基于 EVA 的预算编制从开始阶段到编制过程再到确定预算结果，始终将 EVA 目标值作为核心，以股东价值最大化为目标。首先确定 EVA 预算的总体目标，然后将其分解下达到各预算部门编制具体项目的预算，将各部门预算汇总得到总体预算后计算出 EVA 值，若 EVA 较目标值偏差较大，则返回各部门重新编制。各部门通过寻求业务流程优化，作业效率提高，投入产出率增加等降本增效方法努力实现预算的优化。然后再将编制好的部门预算上报给预算管理办公室汇总再次计算 EVA。公司最终的预算就是经过不断的试算、分析、优化的过程确定的。

公司最终确定的 EVA 值为 7 万元，比预先设定的目标值 0 高出 7 万元。预算报送乙企业审核通过后，正式作为公司指导预算执行的目标值。

2. 预算的执行。

甲化工公司的预算经过乙企业审核通过后，成为公司生产经营的指导性文件。公司在执行过程中，以预算为基础，编制生产经营计划，将预算目标以计划的方式进行落实，包括材料、人工、销售等多方面的计划。在执行生产经营计划的过程中，将计划从管理层开始，以预算指标的形式层层分解到每个班组、每个责任人，以预算指标的完成情况考核管理层及员工的业绩，将预算与责任单位及责任人联系起来。在这种执行方法下，2×15年最终执行结果为：产成品实际销售单价为20 029元，直接材料单位耗费12 812元，直接人工单位耗费498元，变动制造费用单耗1 863元，变动管理及销售费用单耗965元，固定制造费用单耗2 077元（见表6-9-2）。

表6-9-2　　　　　　　　2×15单位产成品实际耗用水平

项目	驱动因素	单位	2×15年预算	实际执行	2×15年预算单耗	2×15年实际单耗
销售单价		元/吨	24 185	20 029		
销售量		吨	5 280	5 782		
直接材料	单价	元/吨	16 826	12 611	17 006	12 812
	数量	吨	1.01	1.02		
主营业务税金及附加		元/吨	29	77		
直接人工	工时	小时	1.30	1.36	408	498
	单位工资	元/小时	314	366		
变动制造费用	工时	小时	1.30	1.36	1 988	1 863
	单耗	元/小时	1 529	1 370		
变动管理及销售费用		元/吨			889	965
固定制造费用	工时	小时	1.30	1.36	2 159	2 077
	单耗	元/小时	1 661	1 527		

在预算目标的指导下，2×15年实际实现的销售收入与各项成本费用及最终实现的EVA值（见表6-9-3）。

表6-9-3　　　　　　　　2×15实际完成EVA计算表

	单位产品预算	2×15单位产品实际	初始预算	实际执行
单位	元	元	万元	万元
销售数量			5 280	5 782
其中：销售存货			700	700
销售本年产品			4 580	5 082

续表

	单位产品预算	2×15 单位产品实际	初始预算	实际执行
单位	元	元	万元	万元
生产数量			5 280	5 084
期末库存量			700	2
存货销售收入	24 185	20 029	1 693	1 402
存货销售成本	20 463	20 463	1 432	1 432
主营业务税金及附加	29	29	2	—
存货销售利润	3 694	−434	259	−30
本年产品销售收入	24 185	20 029	11 077	10 179
减：直接原材料	17 006	12 812	8 979	6 514
主营业务税金及附加	77	99	40	50
直接人工	408	498	215	253
变动生产制造费用	1 988	1 863	1 050	947
变动管理及销售费用	889	965	470	490
总变动成本	20 368	16 236	10 754	8 255
库存半成品减少	—	—	—	−36
加：期末库存	20 463	15 272	1 432	3
本年产品销售贡献	3 817	3 793	1 755	1 963
固定生产制造费用	2 159	2 077	1 140	1 056
本年毛利润	1 658	1716	615	907
合计毛利润			873	877
其他业务利润			26	47
固定营销费用			45	52
固定管理费用			440	442
经营利润			414	430
所得税费用			—	—
税后净经营利润			414	430
加权平均资本成本			5.73%	5.73%
资金成本			407	404
EVA			7	26

2×15年公司在预算目标的指导下，实际销售收入11 581万元，实际销售量5 782吨，毛利润907万元，经营利润430万元，最终实现EVA 26万元，较预算目标高出19万元，超额完成预算目标。

3. 预算分析。

甲公司将编制完成的预算与实际执行结果的对比分析，通过分析找出差异点并且分析差异产生的原因。如果发现实际执行结果与预算结果差异较大，公司编制预算的相关部门应高度重视，找出偏差较大的原因，并及时采取适当的调整措施。

（1）总体预算差异分析。在总体预算差异分析中，引入弹性预算，将实际销售量与标准单位产品成本相乘得到弹性预算下销售收入及各项成本费用总额。总体预算差异由销售量贡献差异和价格、使用量、支出差异引起。销售量贡献差异主要由销量变化导致，等于弹性预算经营利润减去初试预算经营利润；价格、使用量、支出差异等于实际经营利润减去弹性预算经营利润。两者的合计数为总的预算差异（具体分析见表6-9-4）。

表6-9-4　　　　　　　　　　　总体预算差异分析

	单位产品定额	初始预算	弹性预算	实际执行	预算差异
单位	元	万元	万元	万元	
销售数量		5 280	5 782	5 782	502
其中：销售存货		700	700	700	
销售本年产品		4 580	5 082	5 082	502
生产数量		5 280	5 782	5 084	-196
期末库存量		700	700	2	
存货销售收入	24 185	1 693	1 693	1 402	-291
存货销售成本	20 463	1 432	1 432	1 432	
主营业务税金及附加	29	2	2	—	
存货销售利润	3 694	259	259	-30	-289
本年产品销售收入	24 185	11 077	12 291	10 179	-898
减：直接原材料	17 006	8 979	9 833	6 514	-2 466
主营业务税金及附加	77	40	44	50	10
直接人工	408	215	236	253	37
变动生产制造费用	1 988	1 050	1 149	947	-103
变动管理及销售费用	889	470	514	490	21
总变动成本	20 368	10 754	11 777	8 255	
库存半成品减少	—	—	—	-36	
加：期末库存	20 463	1 432	1 432	3	
本年产品销售贡献	3 817	1 755	1 946	1 963	
固定生产制造费用	2 159	1 140	1 249	1 056	-84
本年毛利润	1 658	615	698	907	
合计毛利润		873	956	877	
其他业务利润		26	26	47	
固定营销费用		45	45	52	7
固定管理费用		440	440	442	2
经营利润		414	497	430	16

续表

	单位产品定额 单位 元	初始预算 万元	弹性预算 万元	实际执行 万元	预算差异
所得税费用		—	—	—	
税后净营业利润		414	497	430	16
		83	-67		
		销量贡献差异	定额差异		
实际利润 - 初始预算 =					

由表6-9-4可知，由销售量变动引起初始预算与弹性预算的差异为83万元，由定额标准执行差异引起的实际值与弹性预算的差异为-67万。两者相加所得总预算差异约为16万元。从表中可以看出实际值与初始预算之间在销售收入及直接材料上差异较大。差异较大原因的寻找需要将总差异额分解到单位产品及构成单位产品成本的各项因素中。

(2) 驱动因素差异分析。在表6-9-5中，引入弹性预算，将总差异分为销售量贡献差异及定额标准执行差异。其中，销售量、产品单价、材料单价、单位直接材料耗用、单位工时耗用等因素标准耗用水平与实际耗用水平的不同是导致差异出现的原因。通过分析各项驱动因素对差异的贡献值可以发现预算与实际出现差异的原因所在（具体驱动因素贡献差异见表6-9-5）。

表6-9-5　　　　　　　　　　驱动因素分析表　　　　　　　　　　单位：万元

销售量贡献差异		
(实际销售量 - 计划销售量) × 每单位标准贡献		
(5 782 - 5 280) × 0.3817	=	192
销售价格差异		
实际销售收入 - (实际销售量 × 每单位标准销售价格)		
11 581 - (5 782 × 2.4185)	=	-2 403
直接材料价格差异		
实际原材料购买成本 - (实际原材料购买数量 × 标准价格)		
6 514 - (5 165 × 1.6826)	=	-2 177
直接材料耗用差异		
(实际原材料耗用 × 每单位产出标准原材料成本) - (标准原材料耗用 × 每单位标准原材料成本)		
(5 165 × 1.6826) - (5 337 × 1.6826)	=	-289
直接人工费率差异		
(实际支付时数 × 每小时实际直接人工成本费用) - (实际支付时数 × 每小时标准直接人工费用)		

续表

（6 914×0.0366）–217	=	35
直接人工效率差异		
（实际工作时间 – 实际产出标准时间）×每小时标准直接人工费用		
（6 914 – 6 864）×0.0314	=	2
变动制造费用支出差异		
（每小时实际变动费用 – 每小时标准变动费用）×实际工作时间		
（0.1370 – 0.1529）×6 914	=	–110
变动制造费用效率差异		
（实际工作时间 – 实际产出标准时间）×每小时标准变动制造费用		
（6 914 – 6 864）×0.1529	=	7
固定制造费用支出差异		
实际固定生产制造费用 – 预算固定生产制造费用		
1 056 – 1 140	=	–84

从表6–9–5中可以看出各个驱动因素对差异的贡献值，例如实际与预算销售价格的差异导致实际销售收入比基于实际销售量的弹性预算下的销售收入减少了2 403万元；材料价格差异使采购成本下降2 177万元，材料耗用数量差异导致采购成本下降289万元，两者之和构成实际与预算的直接材料成本总差异2 466万元；单位变动制造费用支出差异导致变动制造成本下降110万元，而单位效率差异导致变动成本上升7万元，两者共同作用使变动制造费用下降103万元。通过分析驱动因素差异对总体成本费用带来的影响，可以容易地发现这些因素所产生的影响大小及影响是否积极，便于对重点因素进行改善。

（3）产成品单耗差异分析。差异分析的最终落脚点是分析单位产品耗用的驱动因素的差异。只有改善单位产品的成本耗用水平，才能使总成本得到降低（具体驱动因素差异见表6–9–6）。

表6–9–6　　　　　　　　　　单位产成品耗费差异

项目	驱动因素	单位	2015年预算	实际执行	差异	单位产成品差异
销售单价		元/吨	4 185	29		–4 156
销售量		吨	5 280	5 782		
直接材料	单价	元/吨	16 826	12 611	–4 214	–4 194
	数量	吨	1.01	1.02	0.01	
主营业务税金及附加		元/吨	77	99		22

续表

项目	驱动因素	单位	2015年预算	实际执行	差异	单位产成品差异
直接人工	工时	小时	1.30	1.36	0.06	89
	单位工资	元/小时	314	366	52	
变动制造费用		小时	1.30	1.36	0.06	-125
		元/小时	1 529	1 370	-159	
变动管理及销售费用		元/吨	889	965		75
固定制造费用		小时	1.30	1.36	0.06	-82

由表6-9-6中可以看出，实际单位产品耗用的直接材料单价大幅下跌4 214元，而材料耗费量较预算有微小上升，明显看出2×15年直接材料成本大幅下降是材料采购价格大幅下降引起的；单位产品直接人工费用有所上升，是单位工时工资水平的上涨和实际耗用的工时数超过预算目标两者共同导致的；变动制造费用的单位耗费水平较预算下降159元是引起其单位成本下降的主要原因；销售单价亦较预算出现了大幅下跌，下跌额度达到了4 156元，其下跌极大可能是因为材料价格的大幅下跌。

(4) 差异分析结果处理。甲化工公司在会计年度结束以后，召开预算分析会议讨论分析预算偏差出现的原因，针对不同的原因采取不同的措施来处理。预算偏差出现的原因分为两类，一类是主观原因，另一类是客观原因。对于主观原因造成的预算与实际执行偏差，如员工工作态度不积极造成工作效率低下导致人工耗用量增加，生产流程及工艺存在缺陷导致材料耗用量增加等问题，公司应该及时发现问题，通过与相关责任人员谈话等方式提高他们的责任意识，端正工作态度；通过改进生产流程，实施有力的激励措施促使员工提高投入产出率等方法及时加强控制，保障预算的高效执行，确保预算目标的实现。对于客观原因造成的预算与实际执行偏差，如市场销售价格的下降或材料费用的下降等，公司也应该及时对预算的差异进行解释，并经母公司同意后及时对原来的预算方案作出调整。

4. 业绩考核与激励方案设计。

(1) 核心管理团队经营业绩考核和激励方案。甲化工公司核心管理团队的经营业绩考核和激励方案由其母公司乙企业制定，考核指标以甲化工公司2×15年度经审计，并按照相关原则调整后的EVA为对象。考核方法按照EVA≥0和EVA<0分别设计。

EVA≥0时，核心管理团队的激励奖金计算方式如下：

激励奖金 $V = V_0 + EVA \times 3\%$

公式说明：

①考核奖金基数（V_0）：2×15年核心管理团队考核计算依据为：总经理8万，总工程师6万，财务经理4万为基数（V_0）。如在本年度高管离职，相应剔除离职高管的核定奖金基数；如在本年度有新增高管，以上市公司核定奖金基数计入。

②EVA：以2×15年度决算报表以及上市公司EVA公式计算出的EVA为考察指标。

③激励奖金分配：核心管理团队的激励奖金，按照核心管理团队成员奖金基数占总奖金基数的比例分别进行分配。

④阶段性工作：为督促甲化工公司实施更加规范、严谨、专业化管理，避免发生政府职能部门（包括工商、财税、消防、安监、环保、税务、社保等各类政府管理部门）给予的各类处罚，维护上市公司形象，特设立阶段性工作。考核方式为：

EVA≥0 时，甲化工公司 2×15 未发生政府职能部门各类处罚，激励奖金全额发放；发生 1 起及以上处罚，激励奖金按 95% 发放。EVA<0 时的情况在 EVA<0 的考核方案中阐述。

EVA<0 时，奖金按照经营业绩考核分层次发放：经营业绩考评分的总分值 100 分，被考核控股企业按照经营业绩考核分项计算出实际得分后、加权汇总所得；经营业绩考核指标包括定量考核指标和定性考核指标两部分。其中定量考核部分以关键业绩指标（KPI）为基础分为财务收益、偿债能力、资产营运、阶段性成长 4 大类指标；主观采用经营计划执行力作为考核指标。

计算方法：2×15 年度核心管理团队的考核奖金（V）按表 6-9-7 方式核定（K1 为最终考评分）。

表 6-9-7　　　　　　　　　核心管理团队考核方式

考评分（K1）	计算公式	备注
0~40	V = V0 × K1/40	V 对应值为 0~V0
40~45	V = V0	V 为 V0
45<	V = V0 × (0.02 × K1 + 0.1)	当 EVA 指标为 0 分时，奖金总额不得高于 V0

考评分数来源指标权重设置，见表 6-9-8。

表 6-9-8　　　　　　　　　指标权重表

被考核单位	甲化工公司	考核年度
经营团队成员	上市公司认定	
考核指标分类	指标明细	权重
财务收益指标	净资产收益率	20%
	总资产收益率	10%
偿债能力指标	流动负债经营现金流比率	8%
	净资产经营现金流比率	10%
资产营运指标	总资产周转率	6%
	存货周转率	8%
	应收账款周转率	8%
阶段性目标	1. EVA	20%
	2. 其他财税扶持政策	5%
	3. 政府部门处罚	
定性考核指标	经营计划执行力	5%
激励奖金计算	总经理分成比例	
	利润提奖系数	

在上述区间内,按照线性评分。

①其他财税扶持政策(权重:5%):要求甲化工公司在当年获得的其他区级以上财税扶持项目或发明专利授权数量(一个发明算两个项目,实用新型两个算一个项目),至少为三项(满分水平),分数依次递减至零分。

②政府部门处罚(扣分项):为督促甲化工公司实施更加规范、严谨、专业化管理,避免发生政府职能部门(包括工商、财税、消防、安监、环保、税务、社保等各类政府管理部门)给予的各类处罚,维护上市公司形象,特设立阶段性工作。考核方式为:甲化工公司2×15年未发生政府职能部门各类处罚,不扣分;发生1起以上处罚,扣5分。

③经营计划执行力(权重:5%):经营计划执行力由上市公司总经理、财务总监、副总经理、董事会秘书兼副总经理、人力资源总监、运营总监从财务、客户、内部运营和学习成长四个方面来进行定性考核,各考评人评分所占权重分别为40:20:20:10:10,考察内容包括:一是顾客和市场方面,从顾客的观点来考察与顾客相关的目标与考核要素,包括市场份额的变化、客户结构变化、新客户开发情况以及客户满意度等,反映企业在市场中为顾客提供价值和获取市场的能力;二是财务方面,盈利模式及指标,资产营运情况,增长能力等,包括对上市公司整体财务筹划工作的支持等;三是内部运营方面,考察企业在内部的业务流程,决策与行动上的表现情况。如研发投入、毛利率、生产效率、一次合格率、业务流程顺畅,各项费用支出控制,规范化管理等;四是学习与创新方面,考察企业为保持其竞争能力与未来发展,企业管理层和员工学习与成长的表现,包括员工忠诚度和素质提升、人均生产力提高、组织结构优化、内部信息系统的建立与优化等。

(2)员工绩效考核与激励方案。为促进公司经营目标的达成,完善绩效考核制度,建立系统合理化的月度奖金发放办法,以达到充分调动员工的工作积极性和创造性,起到奖优罚劣的作用,甲化工公司制定了一套员工绩效考核办法。该考核办法适用于除营销部以外的所有员工。

①绩效考核及奖金分配制度。公司绩效考核采取逐级考核的形式,公司层面考核到部门,再由各部门按公司的总体考核要求考核到班组和员工。

②由资财部拟定各部门的绩效考核办法,报总经理批准后施行;由各部门负责人制定下属各班组和员工的绩效考核及奖金分配办法,报资财部备案。各部门再进行员工奖金分配时需体现岗位等级、员工工作效率、员工表现等情况。

③各部门每月应得奖金额通过《各部门月度EVA绩效考核条例》《各部门月度管理考核条例》这两张表反映。即:

部门奖金额度=部门基本奖金×(部门管理考核分/100)+/-EVA考核奖金。

④部门负责人应得奖金=(本部门人均奖金×2)×公司盈利分。

⑤总工程师应得奖金=(生产部、设备部、技术品控部的人均奖金×4)×公司盈利分。

⑥部门月度奖金若有未分配完的,可留至以后月份再行分配。

(3)奖金制定方案。各部门的奖金考核指标包括定性指标和定量指标。以设备部为例,其定量指标以月度开机率为指标设置基本奖,考核标准为95.73%,计奖方法为4 800+(实际开机率-95.73%)×400×100。其他的考核内容包括能耗、投入产出率、维修费等,也按照实际完成情况与考核标准数之差乘以一定的系数计算奖金(见表6-9-9和表6-9-10)。

表 6-9-9　　设备部 EVA 考核条例

设备部 EVA 绩效考核条例

序号	内容	考核标准	实际完成	计奖方法	EVA 奖金
1	基本奖（月度开机率）	95.73%		4 800 +（实际开机率 - 95.73%）× 400 × 100	
2	能耗	1 910 元/吨		（1 910 - 实际单耗）× 实际产量 ×（奖4%，减4%）	
		2 040 元/吨		（2 040 - 实际单耗）× 实际产量 ×（奖4%，减4%）	
3	投入产出率	98.90%		（实际产出率 - 98.9%）月产量 × 7 000 ×（奖4.4%，减4.4%）	
4	维修费	168 元/吨		（168 - 实际发生额）× 产量 ×3%	
5	可回用料	（期初可回收料 - 期末可回收料）		（期初可回收料 - 期末可回收料）× 7 000 ×（奖励1.6%，减少1.6%）	
	合计				

表 6-9-10　　设备部管理考核条例

设备部管理考核条例

考核项目	单位	目标值	考核方式	当月完成情况	权重	得分
设备保养合格率	日平均产量	16.2	每减0.1吨减2分，每增加0.1吨加2分		25	
财税扶持项目	产能、产学研等	分上半年立项、下半年实施、结案3阶段考核	年度结算，本年结算上一年度。缺1项扣50分，每月扣		25	
加班控制	小时/月		每 +/-1时，分值 -/+0.1分		20	
文明生产、基础管理		100%	车间5S检查每增加1处不符扣10分；表单记录不清楚、不准确或不全每出现1处扣10分；培训每出现1次未完成扣10分；各项审核、认证和本部门相关的每出现1处不符扣20分		15	
治安保全		100%	本部门每发生1起殴打、治安、工伤扣100分；员工违反员工手册条例及工伤每人次扣50分		15	

5. 预算前后年度业绩评价。

基于 EVA 的预算管理是否达到了优化企业业绩的目标，需要通过预算实施前后的业绩对比来评价。评价分为单位产品耗费评价和总体完成业绩评价。

（1）单位产品耗费评价。对单位产品耗费的评价主要关注点在于基于EVA的预算管理实施后是否提高了生产效率，降低了单位产品耗费工时；是否更加充分利用生产材料，提高了投入产出率，降低了单位产品的材料消耗等方面。而对产品销售价格、材料价格、工资水平等主要受市场价格影响而不与企业管理直接相关的因素不予评价。

（2）总体完成业绩评价。为便于对业绩进行比较，将 2×14 年经营业绩按照 EVA 调整方法调整了会计利润为 EVA 值。同时为了突出比较效果，将 2×15 年度 EVA 预算引入了对比表中。2×15 年与 2×14 年的差异分为了两部分，一部分为预算与 2×14 年实际业绩的差异，另一部分为 2×15 年实际业绩与预算目标的差异。

四、取得成效

实施新预算体系后，新的业绩考核及激励制度使员工的工作态度有了巨大的改变；材料利用率提高，产品质量提高，客户满意度提高。以往生产过程中会产生大量的边角废料，使得材料利用率很低；并且产品质量经常受到客户的投诉。在新体系实施以后，工人们的主动性被调动了起来，他们更愿意花时间研究如何提高生产工艺，如何提高产品质量。公司扭转了长期亏损的局面，销售收入及经营利润等指标都实现了增长。2×14 年税后净经营利润为 -354 万，2×15 年经营利润大幅提高了 76 万，达到了 430 万元；企业 EVA 值实现了从 -1 112 万元的巨额亏损到 26 万元的正增加值。

第七部分

风险管理

管理会计应用指引第 700 号
——风险管理

第一章 总 则

第一条 为了加强企业风险管理，推动相关管理会计工具方法在风险管理领域的有效应用，根据《管理会计基本指引》，制定本指引。

第二条 风险管理，是指企业为实现风险管理目标，对企业风险进行有效识别、评估、预警和应对等管理活动的过程。企业风险，是指对企业的战略与经营目标实现产生影响的不确定性。

需要注意的是，企业风险管理并不能替代内部控制。

第三条 企业进行风险管理，一般应遵循以下原则：

（一）融合性原则。企业风险管理应与企业的战略设定、经营管理与业务流程相结合。

（二）全面性原则。企业风险管理应覆盖企业所有的风险类型、业务流程、操作环节和管理层级与环节。

（三）重要性原则。企业应对风险进行评价，确定需要进行重点管理的风险，并有针对性地实施重点风险监测，及时识别、应对。

（四）平衡性原则。企业应权衡风险与回报、成本与收益之间的关系。

第四条 企业可根据风险的来源、影响、性质、责任主体等不同标准，建立符合风险管理需要的，满足系统性、完整性、层次性、可操作性、可扩展性等要求的风险分类框架。

第五条 风险管理领域应用的管理会计工具方法，一般包括风险矩阵、风险清单等。

企业可结合自身的风险管理目标和实际情况，单独或综合应用不同风险管理工具方法。

第二章 应 用 环 境

第六条 企业应强化风险管理意识，形成与本企业经营状况相适应的风险管理理念，培育和塑造良好的风险管理文化，建立风险管理培训、传达、监督和激励约束机制，将风险管理意识转化为员工的共同认识和自觉行动。

第七条 企业应根据相关法律法规的要求和风险管理的需要，建立组织架构健全、职责边界清晰的风险管理结构，明确董事会、监事会、管理层、业务部门、风险管理责任部门等在风险管理中的职责分工，建立风险管理决策、执行、监督与评价等职能既相互分离与制约，又相互协调的运行机制。

第八条 企业应建立健全能够涵盖风险管理主要环节的风险管理制度体系。通常包括风险管理决策制度、风险识别与评估制度、风险监测预警制度、应急处理制度、风险管理评价制度、风险管理考核制度等。

第九条 企业应加强信息技术在风险管理中的应用，建立与业务财务相融合的信息系统。

第三章 应用程序

第十条 企业应用风险管理工具方法，一般按照设定目标，识别和分析风险，对风险进行检测、预警和应对，沟通风险信息，考核和评价风险管理等程序进行。

第十一条 风险管理目标是在确定企业风险偏好的基础上，将企业的总体风险和主要风险控制在企业风险容忍度范围之内。

风险偏好，是指企业愿意承担的风险及相应的风险水平；风险容忍度，是指企业在风险偏好的基础上，设定的风险管理目标值的可容忍波动范围。

第十二条 企业应根据风险形成机制，识别可能影响风险管理目标实现的内外部风险因素和风险事项。

第十三条 企业应在风险识别的基础上，对风险成因和特征、风险之间的相互关系，以及风险发生的可能性、对目标影响程度和可能持续的时间进行分析。

第十四条 企业应在风险评价的基础上，针对需重点关注的风险，设置风险预警指标体系对风险的状况进行监测，并通过将指标值与预警临界值的比较，识别预警信号，并进行预警分级。

第十五条 企业应针对已发生的风险或已超过监测预警临界值的风险，采取风险接受、风险规避、风险转移、风险分担、风险转换、风险对冲、风险补偿、风险降低等策略，把风险控制在风险容忍度之内。

第十六条 企业应在企业内部各管理层级、责任单位、业务环节之间，以及企业与外部投资者、债权人、客户、供应商、中介机构和监管部门等有关方面之间，传递和反馈风险管理各环节的相关信息。

企业应建立风险管理报告制度，明确报告的内容、对象、频率和路径。

第十七条 企业应根据风险管理职责设置风险管理考核指标，并纳入企业绩效管理，建立明确的、权责利相结合的奖惩制度，以保证风险管理活动的持续性和有效性。

风险管理部门应定期对各职能部门和业务部门的风险管理实施情况和有效性进行考核，形成考核结论并出具考核报告，及时报送企业管理层和绩效管理部门。

第十八条 企业应定期对风险管理制度、工具方法和风险管理目标的实现情况进行评价，识别是否存在重大风险管理缺陷，形成评价结论并出具评价报告。

第四章 附则

第十九条 本指引由财政部负责解释。

管理会计应用指引第701号
——风险矩阵

第一章 总 则

第一条 风险矩阵，是指按照风险发生的可能性和风险发生后果的严重程度，将风险绘制在矩阵图中，展示风险及其重要性等级的风险管理工具方法。

第二条 风险矩阵的基本原理是，根据企业风险偏好，判断并度量风险发生可能性和后果严重程度，计算风险值，以此作为主要依据在矩阵中描绘出风险重要性等级。

第三条 企业应用风险矩阵，应明确应用主体（企业整体、下属企业或部门），确定所要识别的风险，定义风险发生可能性和后果严重程度的标准，以及定义风险重要性等级及其表示形式。

第四条 风险矩阵适用于表示企业各类风险重要性等级，也适用于各类风险的分析评价和沟通报告。

第二章 应 用 环 境

第五条 企业应用风险矩阵工具方法，应遵循《管理会计应用指引第700号——风险管理》中对应用环境的一般要求。

第六条 企业应用风险矩阵工具方法，应综合考虑所处的外部环境、企业内部的财务和业务情况，以及企业风险管理目标、风险偏好、风险容忍度、风险管理能力等。

第七条 企业应用风险矩阵工具方法，由风险管理责任部门负责风险矩阵工具方法的培训、组织、协调、指导，并根据由相关职能部门和业务部门负责绘制的风险矩阵列示的风险重要性等级，汇总编制企业整体的风险矩阵。

必要时，企业可组建由相关职能部门和业务部门组成的跨部门风险管理团队，对风险发生可能性和后果严重程度作出客观、全面的分析和评价。

第三章 应 用 程 序

第八条 企业应用风险矩阵工具方法，一般按照绘制风险矩阵坐标图（包括确定风险矩阵的横纵坐标、制定风险重要性等级标准、分析与评价各项风险、在风险矩阵中描绘出风险点），沟通报告风险信息和持续修订风险矩阵图等程序进行。

第九条 风险矩阵坐标，是以风险后果严重程度为横坐标、以风险发生可能性为纵坐标的矩阵坐标图。企业可根据风险管理精度的需要，确定定性、半定量或定量指标来描述风险后果严重程度和风险发生可能性。

风险后果严重程度的横坐标等级可定性描述为"微小""较小""较大""重大"等（也可采用 1、2、3、4 等 M 个半定量分值），风险发生可能性的纵坐标等级可定性描述为"不太可能""偶尔可能""可能""很可能"等（也可采用 1、2、3、4 等 N 个半定量分值），从而形成 M×N 个方格区域的风险矩阵图（见附录），也可以根据需要通过定量指标更精确地描述风险后果严重程度和风险发生可能性。

第十条　企业在确定风险重要性等级时，应综合考虑风险后果严重程度和发生可能性，以及企业的风险偏好，将风险重要性等级划分为可忽视的风险、可接受的风险、要关注的风险和重大的风险等级别。

对于使用半定量和定量指标描绘的矩阵，企业可将风险后果严重程度和发生可能性等级的乘积（即风险值）划分为与风险重要性等级相匹配的区间。为了突出风险矩阵的可视化效果，企业可以将不同重要性等级的风险用不同的标识进行区分。

第十一条　企业在逐项分析和评价需在风险矩阵中展示的风险时，注意考虑各风险的性质和企业对该风险的应对能力，对单个风险发生的可能性和风险后果严重程度的量化应注重参考相关历史数据。企业在综合职能部门和业务部门等相关方意见后，得到每一风险发生可能性和后果严重程度的评分结果。

第十二条　企业应将每一风险发生的可能性和后果严重程度的评分结果组成的唯一坐标点标注在建立好的风险矩阵图中，标明各点的含义并给风险矩阵命名，完成风险矩阵的绘制。

第十三条　企业应将绘制完成的风险矩阵及时传递给企业管理层、各职能部门和业务部门。企业还可将风险矩阵纳入企业风险管理报告，以切实指导风险预警和应对活动，提高风险管理效果。

第十四条　企业应根据风险管理的需要或企业管理层的要求，定期或不定期地更新风险矩阵所展示的各类风险及其重要性等级。

第四章　工具方法评价

第十五条　风险矩阵的主要优点：为企业确定各项风险重要性等级提供了可视化的工具。

第十六条　风险矩阵的主要缺点：一是需要对风险重要性等级标准、风险发生可能性、后果严重程度等作出主观判断，可能影响使用的准确性；二是应用风险矩阵所确定的风险重要性等级是通过相互比较确定的，因而无法将列示的个别风险重要性等级通过数学运算得到总体风险的重要性等级。

第五章　附　　则

第十七条　本指引由财政部负责解释。

附录：

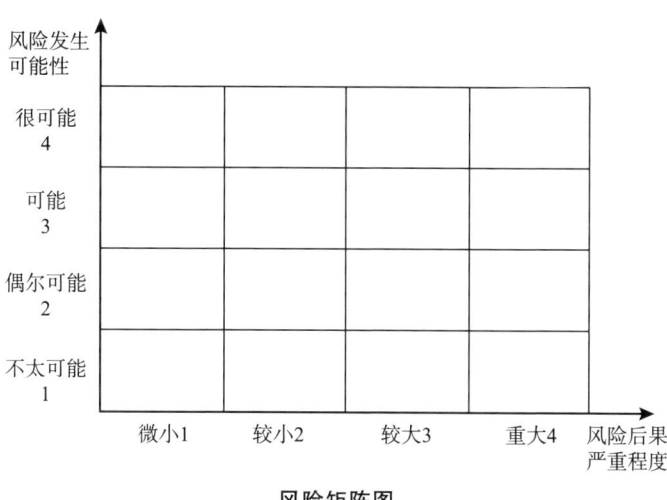

风险矩阵图

管理会计应用指引第 702 号
——风险清单

第一章 总 则

第一条 风险清单,是指企业根据自身战略、业务特点和风险管理要求,以表单形式进行风险识别、风险分析、风险应对措施、风险报告和沟通等管理活动的工具方法。

第二条 风险清单适用于各类企业及企业内部各个层级和各类型风险的管理。

第三条 企业应用风险清单工具方法的主要目标,是使企业从整体上了解自身风险概况和存在的重大风险,明晰各相关部门的风险管理责任,规范风险管理流程,并为企业构建风险预警和风险考评机制奠定基础。

第二章 应用环境

第四条 企业应用风险清单工具方法,应遵循《管理会计应用指引第 700 号——风险管理》中对应用环境的一般要求。

第五条 风险清单应由企业风险管理部门牵头组织实施,明确风险清单编制的对象和流程,建立培训、指导、协调、考核和监督机制。

各部门对与本部门相关的风险清单的有效性负直接责任,有效性包括风险清单使用的效率和效果等。

第三章 应用程序

第六条 企业应用风险清单工具方法,一般按照编制风险清单、沟通与报告、评价与优化等程序进行。

第七条 企业一般按企业整体和部门两个层级编制风险清单。企业整体风险清单的编制一般按照构建风险清单基本框架、识别风险、分析风险、制定重大风险应对措施等程序进行;部门风险清单的编制可根据企业整体风险清单,梳理出与本部门相关的重大风险,依照上述流程进行。

中小企业编制风险清单,也可不区分企业整体和部门。

第八条 企业风险清单基本框架(见附录)一般包括风险识别、风险分析、风险应对三部分。风险识别部分主要包括风险类别、风险描述、关键风险指标等要素;风险分析部分主要包括可能产生的后果、关键影响因素、风险责任主体(以下简称"责任主体")、风险发生可能性、风险后果严重程度、风险重要性等级等要素;风险应对部分主要包括风险应对措施等要素。企业构建风险清单基本框架时,可根据管理需要,对风险识别、风分析、风险应对中的要素进行调整。

第九条 风险管理部门应从全局角度识别可能影响风险管理目标实现的因素和事项，建立风险信息库，在各相关部门的配合下共同识别风险。风险识别过程应遵循全面系统梳理、全员参与、动态调整的原则，对识别出的风险进行详细描述，明确关键风险指标等。

第十条 风险管理部门应对识别出的风险进行归类、编号，根据风险性质、风险指标是否可以量化等进行归类，并以此为基础填制完成风险清单基本框架中风险类别、风险描述、关键风险指标等要素。

第十一条 风险管理部门应根据已填列的风险识别部分的内容，在与相关部门沟通后，分析各类风险可能产生的后果，确定引起该后果的关键影响因素及责任主体，并填制完成风险清单基本框架中可能产生后果、关键影响因素、风险责任主体等要素。

第十二条 各责任主体可基于风险偏好和风险应对能力，逐项分析风险清单中各类风险发生的可能性和后果严重程度，确定风险重要性等级，并填制风险发生可能性、风险后果严重程度、风险重要性等级等要素。风险重要性等级的确定方法和标准可参见《管理会计应用指引第701号——风险矩阵》。

第十三条 风险管理部门应以风险重要性等级结果为依据确定企业整体的重大风险，报企业风险管理决策机构批准后反馈给相关责任主体。

第十四条 风险管理部门应会同各责任主体结合企业的风险偏好、风险管理能力等制定相应的风险管理应对措施，填制风险清单基本框架中风险应对措施要素，由此填制完成企业整体风险清单。

第十五条 风险管理部门及各责任主体可对企业整体重大风险进行进一步的分析，也可直接对各部门相关的业务流程进行细化分解，形成相关部门的风险清单。

各部门应用本风险清单进行风险管理的程序与企业整体风险清单类似，但应加强流程细节分析，突出具体应对措施，力求将风险管理切实落到业务流程和岗位责任人。

第十六条 风险管理部门应将风险清单所呈现的风险信息及时传递给相关责任主体，确保各责任主体准确理解相关的风险信息，有效开展风险管理活动。为提高风险清单应用的有效性，风险管理部门可将其纳入企业风险管理报告。

第十七条 风险管理部门应会同各责任主体定期或不定期地根据企业内外部环境变化，对风险清单是否全面识别风险并准确分类、是否准确分析风险成因及后果、是否采取了恰当的风险应对措施等进行评估，及时对风险清单进行更新调整。

第四章 工具方法评价

第十八条 风险清单的主要优点：能够直观反映企业风险情况，易于操作，能够适应不同类型企业、不同层次风险、不同风险管理水平的风险管理工作。

第十九条 风险清单的主要缺点：风险清单所列举的风险往往难以穷尽，且风险重要性等级的确定可能因评价的主观性而产生偏差。

第五章 附 则

第二十条 本指引由财政部负责解释。

第七部分 风险管理

附录1：企业整体风险清单

风险识别						风险分析					风险应对
风险类别				风险描述	关键风险指标	可能产生的后果	关键影响因素	风险责任主体	风险发生可能性	风险后果严重程度	风险重要性等级	风险应对措施
一级风险		二级风险		……								
编号	名称	编号	名称	编号	名称							
1	战略风险	1.1										
		1.2										
		…										
2	营运风险	2.1										
		2.2										
		…										
3	财务风险	3.1										
		3.2										
		…										
…												

附录 2：部门风险清单

风险识别						风险分析					风险应对
一级风险		二级风险			风险描述	关键风险指标	关键影响因素	可能产生的后果	风险责任主体	风险发生可能性	风险后果严重程度	风险重要性等级	风险应对措施
编号	名称	风险类别		……									
		编号	名称	编号	名称								
1	业务1	1.1	流程1										
		1.2	流程2										
		…	……										
2	业务2	2.1											
		2.2											
		…											
3	业务3	3.1											
		3.2											
		…											
……													

案例示范 7-1

风险矩阵在电力企业的应用

【本案例介绍风险矩阵工具方法在电力企业的应用。案例单位为电力企业，针对所处的风险环境日益复杂、风险管理难度逐渐增加的问题，该单位采用风险矩阵工具方法，根据风险发生可能性和风险后果严重程度两个维度对识别的风险进行定性描述和量化处理，有效开展风险评估，形成了直观反映公司所处的复杂风险状态的风险矩阵图，有利于及时制定相应风险管理对策，有效提升了公司风险管理水平。】

一、背景描述

（一）单位基本情况

甲电力公司（以下简称"甲公司"）是电力行业的一家市级国有公司，主要负责该市电力能源的供应和电网的规划、建设和运营工作，截至 20×8 年底资产总额为 760 亿元，年销售电量为 650 亿千瓦时，共接入各类电厂近 60 座，发电装机容量 1 200 万千瓦，供电服务人口超过 1 500 万，公司员工近 13 000 人，下属 20 多家企业和单位。

（二）存在的主要问题

电力行业是从事电力生产和经营的、关系国计民生的重要基础行业和公用事业，通过消耗煤炭、石油、水、风、太阳能、核能等各种能源进行转换和加工获取电能，并为国民经济和社会发展提供电能。电力行业的特点和日益复杂的市场经济环境使得甲公司风险管理难度较大，所处的风险环境日益复杂，主要表现在：

一是受制于生产环境，气候、地形、自然灾害等极易影响电力生产的稳定运营；二是作为关系国计民生的基础行业，国家产业政策对电力行业影响明显；三是生产运行环境的复杂，在发电、输配电、变电、用电环节均存在不同程度的不稳定因素，这些因素都可能影响整个电力系统的安全运营；四是电力行业盈利空间变小，能源价格尤其煤炭价格波动幅度大，跨区电力供应和结算风险增大，使得甲公司生产经营面临更大的不确定性。

甲公司所处的风险环境日益复杂，风险管理难度逐渐增加，急需清晰分析有关风险的风险管理工具。

（三）选择风险矩阵工具方法的主要原因

风险矩阵按照风险发生的可能性和风险发生后果的严重程度将风险绘制在矩阵图中，能清晰展示风险及其重要性等级。为有效分析企业生产经营过程中所面临的各类风险，甲公司采用风险矩阵工具方法，主要原因是：

一是风险矩阵通过对风险重要性等级划分，识别出关键性风险，有助于对关键性风险进行及时有效的监控和防范；

二是风险矩阵通过绘制风险坐标图，可直观反映公司风险状态，有利于理清复杂的风险状况；

三是风险矩阵通过比较企业不同生产经营期间风险重要性等级变化，有利于总结风险的变化机理和规律，建立风险预警机制，实现企业对风险长期有效的监控活动。

二、应用过程

（一）参与部门和人员

甲公司设置风险管理委员会，牵头组织公司整体风险管理工作，对重大风险管理事项作出决策;风险管理部作为风险管理职能部门,具体负责风险管理各项工作开展;业务部门和其他职能部门在公司风险管理委员会领导下,配合风险管理部开展风险管理工作。

(二)具体应用流程

1. 成立风险矩阵应用工作小组。

由风险管理委员会牵头、各部门确定风险协调人,组成风险评估工作小组。风险评估工作小组根据公司设定的风险管理目标确定风险偏好和风险容忍度,对风险管理初始信息进行梳理。

2. 确定风险度量标准。

风险管理部将风险发生可能性定性划分为极低、低、中等、高、极高五个等级,形成了风险发生可能性对照表,见表7-1-1。

表7-1-1　　　　　　　　　甲电力公司风险发生可能性说明

风险发生可能性	量化范围	定性说明
极低(1级)	0~1	未来5年内可能不发生
低(2级)	1~2	未来3~5年内,可能出现1次
中等(3级)	2~3	未来1~2年内,可能出现1次
高(4级)	3~4	未来1年内,极可能出现1次
极高(5级)	4~5	未来1年内,会出现至少1次

风险管理部对风险后果严重程度根据发生损失类型主要从电网安全、人员伤亡、社会形象、成本影响四类分析,形成甲公司风险后果严重程度对照表,见表7-1-2。

表7-1-2　　　　　　　　　甲电力公司风险后果严重程度说明

风险后果严重程度		电网安全	人员伤亡	社会形象	成本影响
可忽略(1级)	0~1	电网大面积停电损失在1 000万元以下	几乎不存在伤亡事件	事项几乎不影响公司社会形象	对当年总成本影响在1%以下
微小(2级)	1~2	电网大面积停电损失在1 000~5 000万元	对员工身体造成轻微损害	事项对公司社会形象影响微小	对当年总成本影响在1%~5%
中度(3级)	2~3	电网大面积停电损失在5 000万元~2亿元	对员工身体可能造成伤害	事项可能对公司社会形象产生影响	对当年总成本影响在5%~10%
严重(4级)	3~4	电网大面积停电损失在2~5亿元	很可能造成伤亡事件	事项很可能影响公司社会形象	对当年总成本影响在10%~20%
关键(5级)	4~5	电网大面积停电损失超过5亿元	伤亡事件极有可能发生	事项极有可能影响公司社会形象	对当年总成本影响在20%以上

根据风险矩阵数学模型计算风险值,量化的风险重要程度,将风险划分为三个等级:一般风险(风险值≤4)、中等风险(4<风险值≤9)、重大风险(风险值>9),得出甲公司相应的风险重要性等级对照表,见表7-1-3。

表 7-1-3　　　　　　　　　　甲公司风险重要性等级对照表

风险重要性等级		风险后果严重程度				
		1级	2级	3级	4级	5级
风险发生可能性	1级	一般	一般	一般	一般	中等
	2级	一般	一般	中等	中等	重大
	3级	一般	中等	中等	重大	重大
	4级	一般	中等	重大	重大	重大
	5级	中等	重大	重大	重大	重大

3. 实施风险评估。

（1）公司风险管理部设计并向各部门发放问卷调查，收集风险管理初始信息，内容包括风险编号、风险描述、风险事项度量标准、评估人、日期等。

（2）各部门风险评估人员填写风险评估调查问卷，分析风险源、制定初步应对方案，具体包括：

①各部门风险评估人员根据风险度量标准，对风险发生可能性和风险后果严重程度分别进行判断，根据风险发生可能性和风险后果严重程度说明对照表确定风险值，填入对应的风险等级分值栏；

②风险后果严重程度从电网安全、人员伤亡、社会形象、成本影响四个指标分析，某项风险涉及其中几项指标就填写相应分值，最终分值分别取其最大值；

③评分完成后评估人在备注栏填写风险应对方案的具体建议，并填写姓名、日期等内容；

④某个部门有两个以上评估人评估的，根据评估人职务高低或专业职务确定风险值所占权重；

⑤各部门风险管理协调人收集评估结果，按照"主责部门权重40%、其他部门权重20%、基层单位20%、风险管理委员会20%"的权重分配，综合评估风险，将签字的风险评估调查问卷上交风险管理部；

⑦风险管理委员会将风险事项列入风险事件库，对评估资料整理归档，并录入风险管理信息平台，形成公司风险管理信息库。

（3）形成风险矩阵。

风险管理部汇总整理各部门提交的问卷结果，确定风险重要性等级、进行排序，整理风险评估结果，生成风险坐标图。以公司整体风险为例，评估出甲公司目前面临的一般风险有电网规划风险、运营监控风险、电力交易风险，中等风险有人身安全风险、电网安全风险、廉政建设风险，重大风险有工程建设风险、体制改革风险，见图7-1-1。

4. 制定风险应对措施。

根据风险矩阵图，可以直观看出公司目前存在的各项风险所处状态，确定风险管理的优先次序，要求后续对重大风险有计划、有步骤地开展风险管理工作，对其他风险则定期进行检查、预警监控。

案例示范 7-1 风险矩阵在电力企业的应用

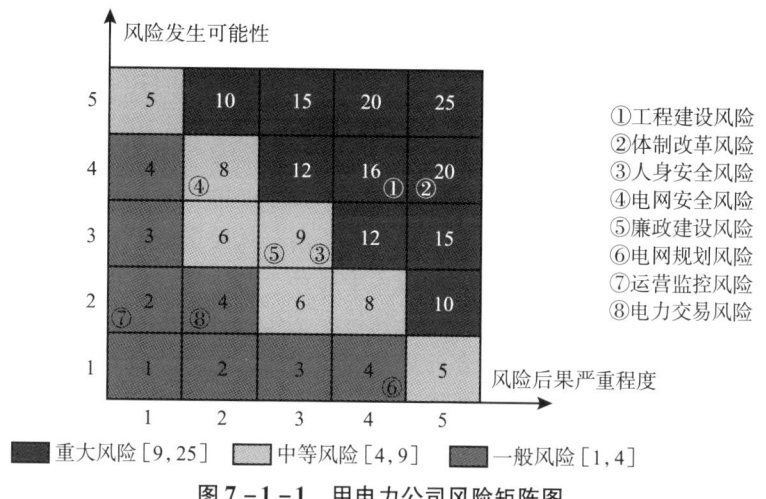

图 7-1-1 甲电力公司风险矩阵图

（1）对风险评估的一般、中等、重大等级按照成本效益原则，分别风险发生可能性高、风险后果严重程度低和风险发生可能性低、风险后果严重程度高以及高发性严重性并重的风险，根据业务特点所确定风险偏好和风险容忍度，确定风险预警线和应对策略（应对策略包括风险承担、风险规避、风险转移、风险分担、风险转换、风险对冲、风险补偿、风险降低等策略）。

（2）对重大的不可控制风险，要落实到风险发生的责任部门，制定应急计划和专项跟踪方案。

（3）根据风险坐标图，确定风险管理的优先次序，对需要重点关注的风险，设置风险预警指标体系对风险的状况进行监测。

（三）在实施过程中遇到的主要问题和解决方法

使用风险矩阵工具方法的重点在于尽可能将定性风险进行量化，但风险量化标准制定过程中风险后果严重程度的衡量指标选择依据不同规则风险重要程度表现可能会有所不同。

根据公司的业务类型和商业模式，在初次确定风险后果严重程度的衡量指标后，应注重参考相关历史财务数据，选择能够体现风险损失程度的衡量指标进行持续修订，对各指标定性描述中涉及经济损失的范围进行合理调整。

三、取得成效

甲公司在使用风险矩阵工具方法前，对风险管理的重要程度和优先次序不能准确把握，对于重大风险的监测预警和应急处理较为滞后，给甲公司造成一定的经济损失；使用风险矩阵后，能够对公司所面临的各类风险进行全面、清晰的风险评估，对风险源、风险成因、风险属性、风险管理原则进行分析，便于及时制定相应风险管理对策，有效提升了甲公司风险管理水平。

案例示范 7-2
风险矩阵在新能源企业的应用

【本案例介绍了风险矩阵工具方法在新能源企业的应用。案例单位是以新能源为主的大型综合性发电集团。针对所处的风险环境日益复杂，风险管理难度逐渐增加，急需清晰分析有关风险的风险管理工具，该单位采用风险矩阵工具方法，根据风险发生可能性和风险后果严重两个维度对识别的风险进行定性描述和量化处理，根据不同类别的风险设计了适应不同应用场景的定性与定量相结合的风险评估标准并有效开展风险评估，形成了直观反映公司所处的复杂风险状态的风险矩阵图，使公司能够依据重大、重要风险评估结果聚焦重点管理业务和事项，为构建风险监控预警和考评机制奠定基础，确保了企业风险管理工作的高质高效。】

一、背景描述
（一）单位基本情况
甲公司是一家主营业务为风力发电、太阳能发电、火力发电、地热发电、潮汐发电、生物质发电等以新能源为主的大型综合性发电集团，在全国拥有300多个风电场、8个光伏电站和2个火电企业，以及生物质、潮汐和地热等发电项目，业务遍布中国32个省市区和加拿大、南非等国家。

（二）存在的主要问题
新能源行业具有技术密集、资本密集等特点，属于对风险管理水平要求较高的行业。随着我国风电和其他可再生能源发电的产能不断扩大，新能源领域的创新红利正在逐步缩减，面临着竞价上网、补贴减少、竞争激烈等挑战，市场风险、政策风险逐渐增加。公司最大主业海上风电项目的上网电价虽然较高，但未来也有可能下降至火电电价水平，这将极大蚕食公司利润的增长空间。此外，公司发展还面临着自然气候变化、燃料价格波动、汇率利率波动等风险。甲公司仅建立了风险监控系统对风险管理进行把控，在实际运行中对于重点风险领域的风险信息采集和分析效果、效率十分有限，无法适应公司当前日益复杂的内外部风险环境及各类风险因素的巨大变化。

（三）选择风险矩阵工具方法的主要原因
为有效分析在生产经营过程中所面临的各类风险，加强对重点风险领域的风险信息采集、分析和应对，甲公司采用风险矩阵工具方法，主要原因是：

一是风险矩阵能够按照风险发生可能性和风险后果严重程度，将风险绘制在矩阵图中，展示风险及其重要性等级，可直观反映公司风险状态，有利于理清复杂的风险状况；

二是风险矩阵通过对风险发生可能性和风险后果严重程度的划分，识别出关键风险，帮助企业聚焦重大风险和关键风险因素，有助于对此类风险进行及时有效的监控和分析。

二、应用过程
（一）应用风险矩阵工具方法的目标
甲公司应用风险矩阵工具的主要目标是，使企业充分了解自身的风险概况和重要程

案例示范 7-2 风险矩阵在新能源企业的应用

度,依据重大、重要风险评估结果聚焦重点管理业务和事项,从而将有限的资源合理地分配到相应业务领域和环节,为构建风险监控预警和考评机制奠定基础,确保风险管理工作高质高效。

(二) 参与部门和人员

甲公司风险管理工作基本流程主要包括:风险管理工作计划、风险信息收集、风险评估与应对、风险监控与预警、风险管理监督与改进等。除风险管理监督与改进外,其余风险管理工作均由财务管理部牵头负责、各部门协助配合,具体工作内容及职责分工见图 7-2-1。

流程环节	责任部门	具体职责
风险管理工作计划	牵头部门	制定、分解、发布年度风险管理计划
风险信息收集	各部门	收集本部门内、外部风险信息
风险评估与应对	各部门	①识别、分析风险,提交归口管理部门;②填写风险调查问卷;③编制责任范围内重大风险的解决方案和年度风险管理报告子报告
	牵头部门	①汇总风险、更新风险信息库;②编制风险调查问卷、汇总统计问卷,就问卷调查结果征求意见以确定重大风险;③发布年度风险管理报告模板,汇总报告提交审议决策
风险监控与预警	各部门	①指标监控、每月填写指标填报表,针对归口管理部门提示的异常报警指标分析、反馈原因;②针对监控责任范围内的异常报警指标提出并反馈解决方案,落实解决方案并反馈处理结果;③每季度编制责任范围内的季度风险分析报告子报告
	牵头部门	①汇总指标填报表、确定异常报警指标,向相关部门提示异常报警指标、汇总异常报警原因、完成指标汇总表并上报;②备案相关责任部门的指标异常报警处理方案,监督方案落实、备案处理结果;③汇总各部门报告、形成公司季度风险分析报告并上报
风险管理监督与改进	各部门	接受内、外监督和检查,针对存在问题实施改进
	牵头部门	组织接受外部监督、实施对几监督,监督问题改进
	审计监察部	实施对内监督和评价,监督问题改进

图 7-2-1 甲公司全面风险管理职责分工

(三) 具体应用流程

1. 风险识别。

甲公司财务管理部在中介机构的支持和协助下,组织对与本单位经营管理活动相关的风险管理初始信息进行收集、筛选、提炼、分类和组合,以收集的风险初始信息为依据进行风险识别,明确风险分类、风险名称和风险定义,并根据统一的规则命名、编号和定义,识别建立了三级风险框架。其中,一级风险 5 项,包括财务风险、法律风险、市场风险、运营风险、战略风险;二级风险 60 项,包括"三重一大"管理风险、安全健康环保风险、保密管理风险、安全管理风险、采购管理风险等;三级风险 216 项,是对二级风险的进一步细化,见表 7-2-1。

2. 风险分析。

以风险识别结果为依据,采取集体讨论、专家咨询、情景分析等方式,对引发风险的内外部因素、风险发生可能影响的目标等进行描述、分析或判断,见表 7-2-2。

第七部分 风险管理

表7-2-1　甲公司风险框架

一级风险		二级风险			三级风险		
风险编号	风险名称	风险编号	风险名称	风险定义	风险编号	风险名称	风险定义
R-LY-ZL	战略风险	R-LY-ZL-TY-HGJJ	宏观经济风险	由于宏观经济形势下行,电力需求下降,可能导致国内、国际到区域风电行业经济发展限制,造成公司经济利益受损	R-LY-ZL-TY-HGJJ-01	国内经济研究风险	由于未能对国内宏观经济的变化进行及时跟踪研究,对宏观经济影响下电量市场需求档预测不到位,导致公司决策依据出现偏差,可能给公司经济利益带来损失
					R-LY-ZL-TY-HGJJ-02	区域经济研究风险	由于对区域经济发展形势分析研究不及时,不到位,对区域供需关系分析不透彻,导致公司风电厂布点决策出现偏差,给公司经济利益带来损失
……		……		……	……		……

表7-2-2　甲公司风险信息分析表

风险编号	风险名称	风险定义	风险因素		影响目标				
			内部因素	外部因素	合规	安全	直接经济损失	社会形象	营运与目标
R-LY-ZL-TY-HGJJ-01	国内经济研究风险	由于未能对国内宏观经济的变化进行及时跟踪研究,对宏观经济影响下电量市场需求档预测不到位,导致公司决策依据出现偏差,可能给公司经济利益带来损失	1. 国内经济变化情况跟踪不及时,缺乏必要的决策依据; 2. 国内经济政策研究不深入,可能导致公司的合规风险; 3. 委托不具备资质的单位开展研究,导致决策结果存在偏差; 4. 政策研究结果未有效使用,决策缺少必要的依据	宏观经济形势变化,国内经济形势新常态	√			√	√
R-LY-ZL-TY-HGJJ-02	区域经济研究风险	由于对区域经济发展形势分析研究不及时,不到位,对区域供需关系分析不透彻,导致公司风电厂布点决策出现偏差,给公司经济利益带来损失	1. 区域经济发展形势分析研究不及时,缺乏必要的决策依据; 2. 区域经济政策研究不深入,可能导致公司的合规风险; 3. 委托不具备资质的单位开展研究,导致决策结果存在偏差; 4. 政策研究结果未有效使用,决策缺少必要的依据	区域经济发展不平衡	√			√	√
……					……	……	……	……	……

3. 风险评价。

（1）设计风险评价维度与标准。

甲公司风险评价从风险发生可能性和风险后果严重程度两个维度进行。甲公司考虑不同风险的衡量特点、衡量维度和可操作性，根据不同类别的风险设计了适应不同应用场景的定性与定量相结合的风险评估标准，确保了公司风险评估工作的规范性和科学性。同时，在确定量化的指标阈值时充分考了公司的经营管理目标、风险偏好和风险承受度，确保评价标准符合公司实际情况。

为提升风险评估结果的科学性、准确性和适用性，在设计风险评估标准体系时，甲公司充分考虑了不同风险的衡量要求，设计了多种场景、多个维度的评估标准。如在评估风险发生的可能性时，甲公司分别区分了灾难事故风险、日常风险以及可以通过历史数据统计出发生概率的风险等三种场景，分别设计了对应的指标标准；在评估风险后果严重程度时，甲公司根据不同风险影响目标的不同，分别从合规、安全、直接经济损失、社会形象、营运与目标等五个方面设计了定性或定量的指标标准，确保了风险评估的全面性、准确性。

具体风险评估标准见表7-2-3和表7-2-4。

表7-2-3　　　　　　　风险发生可能性评估标准

风险后果严重程度		1（极低）	2（低）	3（中等）	4（高）	5（极高）
定性方法	适用于易引发灾难事故的风险	今后10年内发生的可能少于1次	今后5~10年内可能发生1次	今后2~5年内可能发生1次	今后1年内可能发生1次	今后1年内至少发生1次
	适用于日常风险	一般情况下不会发生	极少情况下才发生	某些情况下发生	较多情况下发生	常常会发生
定量方法	适用于可以通过历史数据统计出一定时期内风险发生概率的风险	10%以下	10%~30%	30%~70%	70%~90%	90%以上

表7-2-4　　　　　　　风险后果严重程度评估标准

风险后果严重程度	影响目标				
	合规	安全	直接经济损失	社会形象	营运与目标
1（极轻微）	违反本单位或上级单位规定，但对业务执行结果无明显影响	无人员死亡和重伤，但有人员轻伤	直接经济损失100万以下	负面消息在企业内部流传，企业社会形象没有受损	对公司日常运营或战略目标的影响微弱，可以忽略
2（轻微）	违反本单位或上级单位内部规定，对业务执行效果产生一定影响，但在可控范围内	3人以下死亡，或者10人以下重伤	直接经济损失100万元及以上、1000万元以下	负面消息在当地局部流传，对企业社会形象造成轻微损害	对公司日常运营或战略目标有较小影响，情况经过内部协调后能受到控制

续表

风险后果严重程度	影响目标				
	合规	安全	直接经济损失	社会形象	营运与目标
3（中等）	违反本单位或上级单位内部规定，遭受上级单位处罚	3人及以上10人以下死亡，或者10人以上50人以下重伤	直接经济损失1 000万元及以上、5 000万元以下	负面消息在某区域流传，对企业社会形象造成中等损害	对公司日常运营或战略目标有中等影响，无法达到个别营运目标或关键业绩指标
4（重大）	违反法规，伴随罚款或诉讼的损失，承担相应的民事责任	10人以上30人以下死亡，或者50人以上100人以下重伤	直接经济损失5 000万元及以上、1亿元以下	负面消息在全国各地流传，对企业社会形象造成重大损害	无法达到部分营运目标或关键业绩指标，企业产生亏损
5（灾难性）	违反法规，伴随罚款或诉讼的损失，承担相应的刑事责任	30人以上死亡，或者100人以上重伤	直接经济损失1亿元以上	负面消息流传世界各地，政府或监管机构进行调查，引起公众关注，对企业社会形象造成无法弥补的损害	无法达到所有的营运目标或关键业绩指标，企业发生严重亏损

(2) 组织开展评价打分。

根据风险识别和分析结果以及确定的风险评价标准，甲公司设计了相应的风险评估调查表，针对部门领导及以上人员组织实施了问卷调查。考虑到不同人员对风险认识的差异性，需要对其区别设置打分权重，权重设置原则上按主要责任人、分管领导和部门领导、其他领导的顺序递减。如公司董事长、总经理等主要负责人站在公司整体发展的角度对风险的影响程度进行考量，其权重设置相对较高，可设置为50%；分管领导和责任部门领导对分管领域的风险事项认识比较深入，其权重可设置为40%；其他领导人员权重可设置为10%，从而确保风险评估结果更符合公司的实际情况。

风险评价打分结果收集上来后，甲公司会分别对风险发生的可能性和影响程度的打分情况进行离散度测试，通过测试各项观测变量的最大取值和最小取值之间的极差与平均值之间的差异，以此来判定风险评价打分结果的合理性，见表7-2-5。

表7-2-5　　　　　　　　离散度测试示例

序号	风险类别	风险名称	风险后果严重程度					加权平均值	标准差	极差	离散度
			人数								
			1	2	3	4	5				
1	战略风险	宏观经济风险	0	5	9	1	0	2.78	0.04	4	0.0160
2	战略风险	政策风险	1	3	9	2	0	2.60	0.05	4	0.0210
3	战略风险	技术风险	1	5	9	0	0	2.48	0.06	3	0.0234

续表

序号	风险类别	风险名称	风险后果严重程度					加权平均值	标准差	极差	离散度
			人数								
			1	2	3	4	5				
4	战略风险	产业经营风险	1	11	3	0	0	2.08	0.05	3	0.0229
5	战略风险	战略管理风险	2	7	6	0	0	2.50	0.05	3	0.0185
……	……	……	……	……	……	……	……	……	……	……	……

（3）进行风险排序并确定重大风险等级。

甲公司按照风险发生可能性与风险后果严重程度的乘积计算风险值，据此对风险进行排序。原则上风险发生可能性越高且风险影响程度越高，风险的等级越高。甲公司在确定风险等级的划分标准时，充分考虑了公司的经营管理目标、风险偏好和风险承受度，并参考风险排序结果，将风险值大于 11 的风险确定为重大风险，见表 7-2-6。

表 7-2-6　　　　　　　　甲公司××年度重大风险排序示例

风险排序	风险类别	风险名称	风险发生可能性	风险后果严重程度	风险值
1	市场风险	竞争及价格风险	3.53	4.13	14.56
2	战略风险	投资风险	3.35	4.25	14.25
3	运营风险	工程项目风险	3.53	3.69	13.01
4	运营风险	生产管理风险	3.47	3.56	12.36
5	运营风险	采购风险	3.06	3.75	11.47
……	……	……	……	……	……

（4）绘制风险矩阵图。

将风险发生可能性的高低、风险后果严重程度大小作为两个维度绘制在同一个平面上，根据打分结果将重大风险绘制在坐标图中，得到甲公司重大风险矩阵图。其中重大、重要、一般风险等级的判定标准须结合公司风险偏好、风险承受度、行业惯例、标杆企业标准等确定，见图 7-2-2。

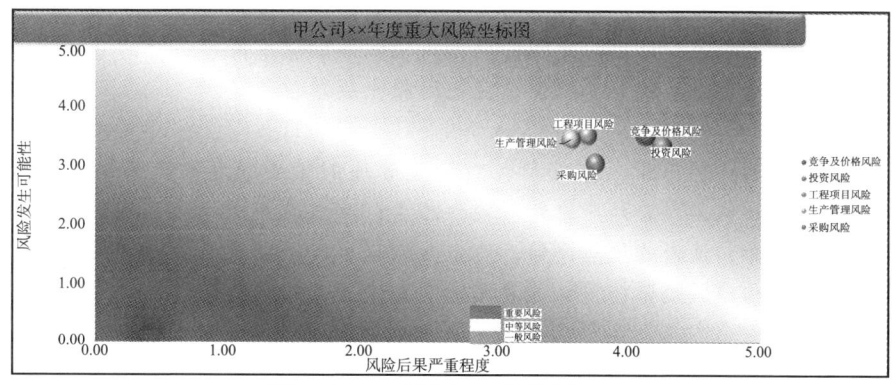

图 7-2-2　甲公司重大风险矩阵图

4. 风险监控与报告。

(1) 风险监控。

为强化落实高风险领域及关键业务控制效果、及时将风险化解在源头，甲公司建立了符合公司业务特色的风险指标及监控预警机制。依据风险分类框架、结合目标责任制考核、全面预算管理、对标管理等设置风险"正常、异常和报警"目标监控阈值区间，形成按月采集、上报风险监控指标数据与汇总表，及针对异常报警情况按季度编报风险分析管理报告的日常监控机制，动态监控本公司风险状况。同时，在日常管理基础上，形成每年度向前看的年度风险评估报告机制、向后看的年度内控评价报告机制。二者相辅相成，促进甲公司在宏观方向策略层面和微观操作落地层面对内外部风险的全面、重点监控，见表7-2-7。

表7-2-7　　　　　　　甲公司××年度风险监控预警指标示例

风险名称		风险预警（监控）						指标适用行业	指标报送层级	指标报送频率	指标类型	填报部门
一级风险	三级风险	指标名称	指标定义	阈值（参考值）			频率	监控方式				
				正常	异常	报警						
运营风险	工程项目安全管理风险	工程安全事故次数（一般事故）单位：次	该指标用于反映在建项目安全管理情况	0	(0, 2] | [3, +∞)	实时	手动	各行业	基建单位	月度	可汇总型指标	工程建设部
	工程项目安全管理风险	工程安全事故次数（重大事故）单位：次	该指标用于反映在建项目安全管理情况	0	—	[1, +∞)	实时	手动	各行业	基建单位	月度	可汇总型指标	工程建设部
……	……	……	……	……	……	……	……	……	……	……	……	……

(2) 风险报告。

甲公司风险报告分为定期报告和不定期报告。定期报告包括年度报告、季度报告、月度报告等，展现单位在本期间的风险管理工作的开展与完成情况，或重大风险的管理情况。报告除满足企业决策机构、管理层需要外，应同时向上级单位报送。不定期报告是指对风险监控中或不定期风险评估中发现的重大风险或风险隐患问题进行的专项报告，除满足企业决策层、管理层专项决策使用外，应同时报上级单位备案。

三、取得成效

甲公司在使用风险矩阵工具方法前，对风险管理的重要程度和优先次序不能准确把握，对于重大风险的监测预警和应急处理较为滞后；使用风险矩阵后，能够对公司所面临的各类风险进行全面、清晰的风险评估，使企业依据重大、重要风险评估结果聚焦重点管理业务和事项，为构建风险监控预警和考评机制奠定了基础，确保了企业风险管理工作的高质高效。

案例示范 7-3
风险清单在小微型企业的应用

【本案例介绍风险清单工具方法在小微型企业的应用。案例单位为小微型企业。针对组织结构较为简单、风险管理体系不完善等问题,该单位采用风险清单工具方法进行风险识别、风险分析和风险评估,有助于采取有效应对举措,能够有计划、有步骤地开展风险管理工作。】

(一)单位基本情况

甲公司主营业务是深入研究探索 SPF 猪在我国的生长规律、熟化和推广 SPF 技术,逐步将 SPF 技术应用于大规模生产,现有职工 41 人,其中从事科研工作的技术员工共有 11 人,属小微型企业。

(二)存在的主要问题

甲公司的组织结构较为简单,没有设立专门的风险管理职能部门,只有相关的风险管理职能人员。这种较为简单的组织结构和风险管理形式有利于小微型企业节省公司的人力、物力、财力,降低管理成本,但是也使得甲公司的风险管理能力有限,工作缺少专业性、客观性和持续性,迫切需要一种使用门槛低、使用效果好、适用性强的风险管理工具。

(三)选择风险清单工具方法的主要原因

风险清单是企业根据自身战略、业务特点和风险管理要求,以表单形式进行风险识别、风险分析、风险应对措施、风险报告和沟通等管理活动的工具方法。甲公司采用风险清单工具方法,主要原因是:

一是风险清单以表单形式进行风险管理,形式灵活多样,应用步骤清晰,使用门槛低,适用性强;

二是风险清单覆盖风险识别、风险分析、风险应对措施、风险报告和沟通等风险管理各流程,能够系统地反映公司所面临的各类风险及其成因、影响、重要性等级、应对措施等风险管理信息,使用效果好;

三是风险清单的运用需各部门、各员工通力配合,有助于全员形成条理清晰的风险认识,提高公司整体风险管理水平。

二、应用过程

(一)参与部门和人员

由于目前甲公司还没有专门的风险管理职能部门,只有具有风险管理专业知识的人员,日常在财务部工作。应用风险清单工具方法开展风险管理工作时,甲公司由公司负责人牵头,抽调这些人员组成风险管理小组,成立临时的风险管理职能部门。

(二)具体应用流程

1. 构建风险清单基本框架。

企业构建风险清单基本框架时可包括风险识别、风险分析、风险应对三部分,具体包括以下要素:风险类别、风险描述、关键风险指标、可能产生后果、关键影响因素、风险责任主体、风险发生可能性、风险后果严重程度、风险重要性等级、风险应对措施等。甲公司此次的风险管理工作不仅需要识别并确定经营层风险和其中的重大风险，还要针对重大风险制定控制措施，也就是说需要构建管理层和业务层两个风险清单基本框架。

风险管理小组在构建甲公司风险清单基本框架时进行了相应的调整，对管理层风险清单基本框架去掉了关键风险指标、关键影响因素、风险责任主体及风险应对措施这四项，对业务层风险清单基本框架未作调整。

2. 风险识别。

风险管理小组在进行内部讨论以及跟公司的主任、副主任、十部门负责人及业务骨干进行访谈后，梳理出了甲公司存在的若干风险，相对于行业的共同风险，风险管理小组发现甲公司还具有"生产防疫管理风险"这个特有的风险，并将其加入管理层风险清单。

3. 风险归类。

在确定风险类别时，风险管理小组将战略风险、财务风险、市场风险、运营风险、法律风险等5个风险确定为一级风险，并将梳理出的甲公司在该5个一级风险下的38个风险确定为二级风险。

4. 风险分析。

风险管理小组根据所确定的38个二级风险，在与有关部门负责人充分沟通后，对公司运营能力、企业形象、发展前景等方面分别进行分析，确定其可能产生的后果。

5. 确定风险重要性等级。

各风险责任主体基于企业的风险偏好和风险应对能力等因素，对风险清单中各个风险发生的可能性和后果严重程度逐一进行分析，确定了风险重要性等级。

风险管理小组通过发放管理层风险清单调查问卷（见附录中表7-3-1）的方式进行这一步骤，风险管理小组根据识别、归类出的风险编制出管理层风险清单调查问卷并向各部门发放，各部门负责人根据风险评级的参考标准（见附录中表7-3-2）对调查问卷中所列风险的发生可能性及后果严重程度两个方面进行打分。

风险管理小组对收回的调查问卷进行检查，并对其有效性进行审核，利用统计软件进行筛选，剔除打分不完整、有极端值等情况的无效问卷，对剩下有效问卷的打分情况进行统计。风险管理小组使用的统计方法是算术平均法，对各业务部门的打分进行算数平均，分别确定风险发生可能性及风险后果严重程度的得分，再利用两者的乘积（即风险值）作为确定风险重要性等级的重要依据，形成评分汇总表（见附录中表7-3-3）。

6. 确定管理层重大风险。

风险管理小组以风险重要性等级结果为依据确定管理层的重大风险，并报主任、副主任、支委、副书记审批，希望甲公司在生产经营过程中对这些风险进行重点关注。

7. 完成甲公司管理层风险清单。

风险管理小组利用上述步骤得到的结果将风险清单基本框架中所列要素填写完整，从而形成甲公司管理层风险清单（见附录中表7-3-4）。

8. 完成甲公司业务层风险清单。

风险管理小组对确定出的管理层重大风险进一步细化出三级风险，甚至四级风险，并组织责任主体对与其相关的风险制定具体的控制措施，形成甲公司业务层风险清单（见附录中表7-3-5）。

9. 沟通与报告。

风险管理小组应将甲公司管理层风险清单及业务层风险清单所呈现的风险信息及时传递给各部门负责人，并确保各部门人员准确理解相关的风险信息，以便其开展后续的风险管理活动。

10. 评价与优化。

根据风险管理小组编制的管理层风险清单和业务层风险清单，甲公司的负责人及各部门应定期或者不定期根据内外部环境变化，及时对风险清单进行更新调整。

（三）在实施过程中遇到的主要问题和解决方法

风险管理小组对甲公司风险的"风险发生可能性"和"风险后果严重程度"的确定是通过各部门和领导层打分完成的，从而导致最终确定的"风险重要性等级"可能因评价的主观性而产生偏差。

针对这一情况，风险管理小组在统计打分结果的过程中对重要的管理层人员及业务能手的打分增加权重，将其明显异常的打分剔除出去，运用加权平均法得到两者的综合得分。

三、取得成效

甲公司在使用风险清单工具方法前风险管理水平较低，基本上未开展过涉及全公司的风险管理工作，对自身存在的风险认识不清，对重大风险的防控管制较为滞后。使用风险清单工具方法进行风险管理后有效评估了各类风险以及其中的重大风险，有助于采取有效应对举措，能够有计划、有步骤地开展风险管理工作。

附录：

表7-3-1 管理层风险清单调查问卷

风险类别	风险名称	风险描述	风险成因和影响分析		风险的影响结果	风险定级	
			外部因素	内部因素		风险发生可能性	风险后果严重程度
战略风险	1.1 宏观环境风险	宏观环境风险是指由于国内政治形势、经济形势、市场供求因素变化，以及国际经济形势、政治关系，可能导致企业面临不利的市场环境，而给公司预期经营收益和安全运营带来的不确定性	■ 国内政治形势和经济形势发生变化； ■ 国际政治形势和经济形势发生变化	■ 缺乏对宏观经济、政治环境变化的追踪、预测和科学分析； ■ 未建立宏观环境突变情况下的预防及应急机制； ■ 未明确责任部门和岗位； ■ 对宏观环境变化的预测和研判失误	■ 可能导致：运营安全受到不利影响；预期经营收益降低	很低 较低 中等 较高 很高	很小 较小 一般 较大 很大
	1.2 政策法规风险	政策法规风险是指由于国家或地方产业政策、环保政策、税收政策、价格政策、补贴政策以及用工政策发生变化，而公司并未及时跟踪、研究和应对等原因，可能导致违规风险增大，收入下降，生产成本提高，正常业务发展受阻，而给公司经营收益带来的不确定性	■ 国家或地方产业政策的变化； ■ 国家或地方环保节能政策的变化； ■ 国家或地方税收政策的变化； ■ 国家或地方的价格和补贴政策变化； ■ 国家或地方用工政策的变化等	■ 未明确对相关国家或地方政策进行跟踪与分析的岗位职责； ■ 未能及时、有效地对国家或地方政策进行跟踪分析； ■ 未建立政策变化情况下的预防和应急机制	可能导致：遭受违规处罚风险加大；收入下降，生产成本提高；公司经营收益低下	很低 较低 中等 较高 很高	很小 较小 一般 较大 很大
	1.3 组织结构风险	组织结构风险是指由子公司组织结构设立不健全、不规范，管理层次（纵向结构）、部门职权（横向结构）划分不清晰，界定不合理，未及时依据业务变化进行合理调整原因，可能导致现有的组织结构无法适应业务需要，而给公司工作效率、管理效果带来的不确定性	■ 国有企业的管理惯性； ■ 相关国家管理部门的制约	■ 未明确组织结构管理归口管理责任部门及岗位； ■ 未规范建立组织结构管理程序； ■ 组织权责相互交叉或缺失； ■ 当业务发生变化致使原有组织结构已不适用时，未及时进行合理调整	可能导致：信息沟通渠道不顺畅；组织结构无法及时响应或满足业务需要；工作效率不下降	很低 较低 中等 较高 很高	很小 较小 一般 较大 很大

案例示范 7-3 风险清单在小微型企业的应用

表 7-3-2 风险评级参考标准

	风险后果严重程度			风险发生可能性
0~1分(含)	很小	对企业目标实现影响微弱	很低	风险事件发生的可能性非常小,几乎不会发生,即发生概率在10%以下,发生频率在三年以内几乎不会发生
1~2分(含)	较小	对企业目标实现造成一定影响	较低	风险事件发生的可能性很小,即发生概率在10%~30%,发生频率在每半年会发生一次
2~3分(含)	一般	对企业目标实现造成中等影响	中等	风险事件有可能发生,即发生概率在30%~70%,发生频率在每半年每季度会发生一次
3~4分(含)	较大	造成企业目标部分未实现	较高	风险事件很有可能发生,即发生概率在70%~90%,发生频率在每月会发生一次
4~5分(含)	很大	造成企业目标无法实现	很高	风险事件的发生几乎确定,即发生概率在90%以上,发生频率在每月会发生一次

表 7-3-3 评分汇总表

序号	风险分类	风险名称	评分情况(可能性)					风险可能性	评分情况(影响程度)					风险后果严重程度	总体得分	风险级别
			办公室	核心场	化验室	扩繁场	财务部		办公室	核心场	化验室	扩繁场	财务部			
1.1	战略风险	宏观环境风险	5	3	5	3	3	3.8	4	2	5	4	4	4.0	15.2	重大风险
1.2		政策法规风险	4	3	5	3	3	3.6	4	2	5	4	4	3.8	13.7	重大风险
1.3		组织结构风险	2	1	3	1	1	1.6	2	1	3	1	1	1.6	2.6	一般风险
1.4		企业文化风险	1	1	2	1	1	1.2	1	1	2	1	1	1.2	1.4	一般风险
2.1	运营风险	生产防疫管理风险	4	2	4	2	2	2.8	4	2	5	2	2	3.0	8.4	重大风险
2.2		权责分配风险	4	1	1	1	2	1.6	4	1	1	1	1	1.6	2.6	一般风险
2.3		人才管理风险	4	2	4	2	2	2.8	4	1	4	1	2	2.4	6.7	重要风险
2.4		薪酬与考核风险	4	1	3	1	1	2.0	4	1	3	1	1	2.0	4.0	重要风险
2.5		投资决策和管理风险	1	3	2	3	1	2.0	1	3	4	3	1	2.4	4.8	重要风险
2.6		工程管理风险	1	2	4	2	2	1.6	2	2	4	2	2	2.2	3.5	一般风险
2.7		采购与供应商管理风险	2	1	2	1	1	1.4	2	1	3	1	1	1.6	2.2	一般风险
……																

表7-3-4　甲公司管理层风险清单

编号	风险类别			风险识别		风险分析		
	一级风险		二级风险					
	名称	编号	名称	风险描述	可能产生的后果	风险发生可能性	风险后果严重程度	风险重要性等级
1	战略风险	1.1	宏观环境风险	是指由于国内政治形势、经济形势、政治关系、以及国际经济形势,市场供求等因素变化,市场环境,可能导致企业面临不利的不确定性,而给公司预期经营收益和安全运营带来的不确定性	运营安全受到不利影响;预期经营收益降低	3.80	4.00	重大风险
		1.2	政策法规风险	是指由于国家或地方产业政策、价格政策、补贴政策以及用工政策、税收政策,环保节能政策发生变化,而公司并未及时跟踪、研究和应对等原因,可能导致违规而业务经营和发展受阻,收入下降、生产成本提高,正常经营收益下降给公司经营收益带来的不确定性	遭受违规处罚风险加大;收入下降;生产成本提高;公司经营收益降低	3.60	3.80	重大风险
		1.3	组织结构风险	是指由于公司组织结构设立不健全、不规范、管理层次(纵向结构)划分不清晰、部门职权(横向结构)不合理,未及时依据业务变化进行合理调整等原因,致使现有的组织结构无法适应业务需要,而给公司工作效率管理效果带来的不确定性	信息沟通渠道不顺畅;组织结构无法及时响应或满足业务需要;工作效率下降	1.60	1.60	一般风险
		1.4	……					

— 458 —

案例示范 7-3 风险清单在小微型企业的应用

表 7-3-5 甲公司业务层风险清单

风险识别							风险分析				风险应对
一级风险		二级风险		三级风险		风险描述	关键风险指标	关键影响因素	可能产生的后果	风险责任主体	风险发生可能性	风险后果严重程度	风险重要性等级	风险应对措施
编号	名称	编号	名称	编号	名称									
2	运营风险	2.1	生产防疫风险	2.1.1	日常防疫风险	由于未严格规范并执行人员、车辆及进场物品的消毒程序,并对生活区、舍内区、生产区、舍外生产区进行防疫带来的风险	消毒率 审批程序 免疫记录	1. 进场、离场是否严格遵守消毒程序 2. 是否严格按照流程进行免疫工作和治疗计划	可能导致猪群感染,给公司正常经营和声誉带来不确定性	进场人员 离场人员 消毒人员 兽医 场区主管	3.00	3.30	重大风险	1. 进出生产区消毒措施:进出生产区人员要严格遵守消毒,洗手、更衣、洗澡,进人换场内衣物工作衣内,离开换场肉衣物;场外及外出归来人员要在生活区隔离净化 48 小时后,方可进入生产区。 2. 进出场区消毒措施:场内员工经领导批准不得随便出入场区;离开场区人员需换下场内衣物,并摆放在指定地点;车辆在入口处进行消毒。 3. 场区消毒措施:消毒人员每周 2 次定期对场区内含内外环境进行消毒,遇特殊天气,增加消毒次数,由场区主管安排。 4. 审批制度:场区主管对车间主管上报的防疫免疫计划或临床治疗计划签字审批,出具意见。 5. 免疫、治疗计划:免疫,按疫苗注射要求进行免疫;治疗,将治疗效果上报场区主管,由兽医按临床治疗计划及处方进行治疗;由场区主管决定是否持续治疗还是停止治疗

续表

风险识别						风险分析					风险应对
一级风险		二级风险		三级风险		风险描述	关键风险指标	关键影响因素	可能产生的后果	风险责任主体	风险发生可能性	风险后果严重程度	风险重要性等级	风险应对措施
编号	名称	编号	名称	编号	名称	……								
2	运营风险	2.1	生产防疫风险	2.1.2	猪病检测风险	由于未根据猪场检测计划进行猪病检测，可能导致无法及时发现猪病情况采取相应措施而带来的风险	检测报告	1. 是否按照标准处理实验废弃物 2. 是否按照操作流程对样品进行检测并将结果及时上报	可能导致无法及时发现猪病情况采取相应措施致使猪病扩张	化验室	2.80	3.60	重大风险	1. 血清处理措施：化验室按照试验样品处理方式分离保存，血清按照血清存条件进行保存。血液废弃物进行高压灭菌后再进行废弃物处理。 2. 猪病检测制度：化验室严格按照实验室操作规程，对样品进行检测，形成完整的检测结果报告。化验室向猪场出具检测结果报告，提出防控建议，检测出现重大或特殊事项需上报主任

案例示范 7-4
风险清单在电力投资企业的应用

【本案例介绍了风险清单工具方法在海外电力投资企业的应用。案例单位是以海外电力能源投资和运营为主的集投融资、项目建设、运营为一体的专业化投资公司,所从事的业务活动以及所处的风险环境非常复杂,风险管理挑战和压力非常大,急需有效识别、分析和管控风险的风险管理工具。该单位采用风险清单工具方法,识别、建立了公司自身的风险数据库,并形成了一套规范的、适用性和可操作性强的涵盖风险识别、分析、评价、应对和预警监控等全过程的海外项目风险管理流程和表单体系,确保了企业风险管理工作的高效有序开展,也为后期实现风险管理信息化和考核评价奠定坚实基础。】

一、背景描述

（一）单位基本情况

甲公司是一家专业从事海外电力能源投资开发和资产运营的投资公司,在多年的实践中探索出了一套集投融资、设计、监理、施工、运营等为一体的开发模式,业务遍及澳大利亚、非洲、老挝、柬埔寨以及亚洲其他地区,目前已在14个国家和地区设有各层级全资及控股子公司、参股公司、代表处。

（二）存在的主要问题

电力工程项目建设不仅有源自于其能源特性下的安全和质量要求,还有着特殊的政治性,且具有工期长、规模大、子项目多、资金需求大、受经济环境和发展速度影响大等特征。尤其是海外项目,除面临更为复杂多变的政治、经济、金融、社会等多方面风险外,其技术标准、规范和规程更为繁杂,接口关系更为复杂,且相互影响和制约;人、财、物的投入规模大,各个阶段分布极不均匀,各阶段投入差异大,项目周期高风险点多且不易控制,这些都给甲公司的海外业务风险管理提出了较大挑战。

（三）选择风险清单工具方法的主要原因

为全面掌握企业海外项目投资运营过程中所面临的各类风险,有效规范企业风险识别、分析、应对和监控预警全过程,甲公司采用了风险清单工具方法,主要原因如下:

一是风险清单能够比较全面详细地反映企业面临的各类风险,且直观展示风险的层层分解过程,便于企业了解风险的类别以及所处的具体层级、业务活动和业务环节,也有助于企业全面掌握某项业务活动或某一业务环节的风险因素和重要程度;

二是风险清单以表单的形式对企业风险识别、分析、应对和监控的过程及结果进行管理,有助于统一风险管理语言,实现企业风险管理的规范化和标准化,也为后期风险信息的快速查阅、筛选、比对、分析等奠定了坚实基础。

二、应用过程

（一）应用风险清单工具方法的目标

甲公司应用风险清单工具的主要目标是,使企业全面掌握不同类型海外项目的风险概况和重要程度,帮助企业建立自身的风险数据库,并实现海外项目风险管理的规范化和标准化,有效提升风险管理工作的效率和效果,也为实现风险管理的信息化和构建风险考评机制奠定基础。

(二) 参与部门和人员

甲公司建立了以相关职能部门、业务单位为"第一道防线",风险管理职能部门和董事会下设的风险管理委员会为"第二道防线",内部审计部门和董事会下设的审计委员会为"第三道防线"的风险管理"三道防线",具体职责分工见图7-4-1。

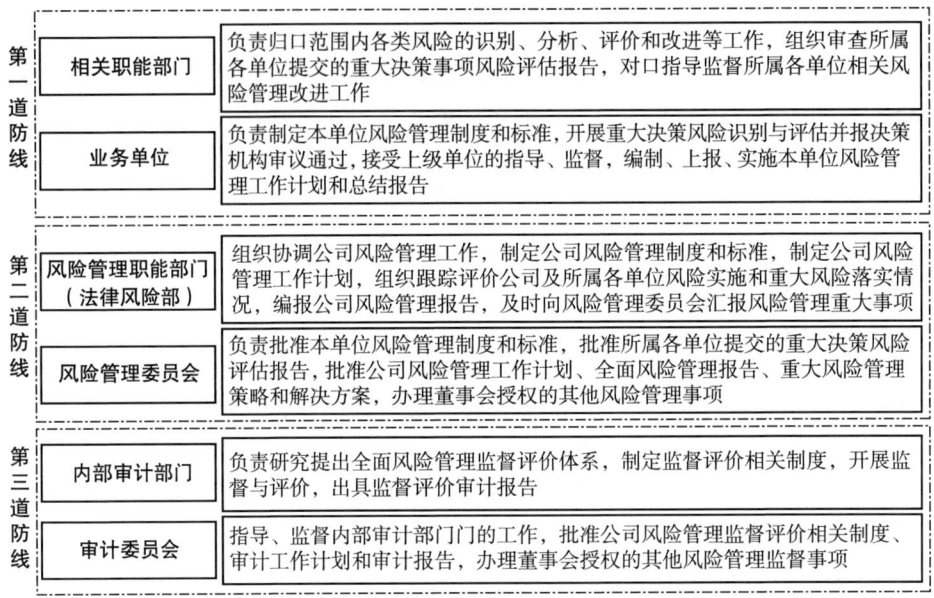

图 7-4-1 甲公司风险管理三道防线职责分工图

(三) 具体应用流程

1. 风险识别。

(1) 建立风险框架。

甲公司法律风险部在专业机构的指导和协助下,结合海外投资业务特点及项目所处阶段,将公司整体风险框架分为火电类、水电类,每类下面又根据项目周期分为项目前期、建设期、运营期、退出期。针对每个阶段的周期特点,按照实施程序步骤及相关风险源、风险因素分别进行了风险分类归集和深层次分解,在基础上,编制形成了不同类型海外项目的三级风险框架,其中海外火电项目风险框架共包含风险类别48类、二级风险132个、三级风险338个,见表7-4-1。

表 7-4-1 　　　　　　　　甲公司海外火电项目风险框架

项目类型	项目阶段	风险类别	二级风险	三级风险
海外火电项目风险	项目前期风险	前期考察风险	东道国项目考察风险	政治环境考察评估风险
海外火电项目风险	项目前期风险	前期考察风险	东道国项目考察风险	行业政策考察评估风险
海外火电项目风险	项目前期风险	前期考察风险	东道国项目考察风险	经济环境考察评估风险
海外火电项目风险	项目前期风险	前期考察风险	东道国项目考察风险	电力市场及交易模式考察评估风险

续表

项目类型	项目阶段	风险类别	二级风险	三级风险
海外火电项目风险	项目前期风险	前期考察风险	东道国项目考察风险	法律法规考察评估风险
海外火电项目风险	项目前期风险	前期考察风险	东道国项目考察风险	商业信用环境考察评估风险
……	……	……	……	……

(2) 建立风险数据库。

组织内外部专家人员,针对不同的项目类型,对海外项目全生命周期内的前期、建设期、运营期和退出期所面临的主要风险逐一进行详细识别和分析,以项目工作流程为主线列出详细的风险清单,形成企业自身较为全面的海外项目风险数据库,其中海外火电项目风险库涵盖风险因素共计520条,见表7-4-2。

表7-4-2　　　　　　　　　甲公司海外火电项目风险库

项目类型	项目阶段	风险类别	二级风险	三级风险	风险因素	风险描述
海外火电项目风险	项目前期风险	前期考察风险	东道国项目考察风险	政治环境考察评估风险	战争暴乱	由于在项目前期未能对投资所在国发生战争、暴乱、恐怖袭击等非常规安全因素进行充分有效的识别和评估,导致在项目后续开展过程中,因战争暴乱等事件的发生造成人员伤亡,项目建设进度延误或停滞,甚至项目运营被迫停止,给项目带来巨大的经济损失
海外火电项目风险	项目前期风险	前期考察风险	东道国项目考察风险	政治环境考察评估风险	地缘政治	由于在项目前期未能对东道国国际制裁或周边国家政治军事风险进行充分识别与评估,导致在后续开展过程未能做好充分预估和准备,一旦周边地缘危机出现、项目失控,就会带来巨大损失
海外火电项目风险	项目前期风险	前期考察风险	东道国项目考察风险	政治环境考察评估风险	政权更迭	由于在项目前期未能充分地分析和评估东道国执政党(者)的政权稳定性,导致在后续开展过程中未能做好充分预估和准备,一旦出现政权更迭、政策变更,项目就会失控,从而带来巨大损失
……	……	……	……	……	……	

(3) ××年度风险识别。

采用资料查阅、现场访谈等多种方式,组织收集整理企业及项目内外部相关风险信息,包括宏观经济、政治、金融、社会等发展趋势,行业产业政策变化,市场竞争状况,以及企业发展战略、经营计划、组织架构、人力资源、近三年财务报表和审计报告、海外项目投资运营进展及成效,企业自身及同类型企业海外投资中发生的典型案例等,对照风险库进行分析比对,识别当前及未来一段时间企业各类型海外项目投资运营中可能存在的主要风险,见表7-4-3。

表 7-4-3　　　　　　　　　　　　　风险识别示例

案例编号	风险因素	风险事件	项目阶段	风险类别	二级风险	三级风险	风险来源
1	境外工程承包劳务管理不到位	大连一家在赤道几内亚承包工程的公司，有近百名劳工不顾当地法律展开罢工，与当地维持秩序的警方发生冲突，造成中方人员二死四伤的严重后果。为此，中国政府紧急派出专机，安排当地四百余名中国劳工撤出。此事件给所有在境外从事经营活动的企业敲响了警钟。人员管理风险主要是项目管理人员风险及现场人员风险。项目经营管理者的素质和能力直接关系到项目的成败，经营不善、决策失误、行为疏忽、徇私舞弊必然造成经济损失，甚至亏损。对劳务人员的妥善安排和管理也是项目顺利实施的必要条件。由于劳务管理不到位，中国劳工在项目所在地罢工的案例屡屡发生	建设期	人力资源管理风险	劳务管理风险	东道国劳务风险	内部因素
……	……	……	……	……	……	……	……

2. 风险分析。

以风险识别结果为依据，结合前期收集整理的相关风险信息，采取集体讨论、专家咨询、情景分析等方式，对××海外项目面临的主要风险因素、风险发生的原因及发生后的影响等进行分析，形成××年度××海外项目风险清单，见表7-4-4。

表 7-4-4　　　　　　　　　　　××年度××海外项目风险清单

序号	项目阶段	风险类别	二级风险	三级风险	风险因素	风险成因	风险发生后的影响
1	项目前期	前期考察风险	东道国项目考察风险	政治环境考察评估风险	地缘政治风险	由于被投资国（地区）政局更迭引发社会动荡，如政府成员、政府组织、法律法规变化，导致投资所在国政局不稳定	（1）从经济角度看，受全球经济增长长期中枢不断下降、××国经济发展差异性短期加大的影响，经济利益争夺渐趋激烈，为政治对抗的加剧埋下了隐患。 （2）从政治角度看，××国存在多个政党，民主派文官和专制派军人冲突不断，多次爆发政变。 （3）从国际关系看，××国与××国接壤，近年来××国的动荡局势也波及到了××国。××国财政部公布的数据显示，2011~2014年恐怖袭击造成的经济损失超过280亿美元，安全局势是制约未来投资发展的决定性因素
……	……	……	……	……	……	……	……

3. 风险评价。

（1）设计风险评估标准。

甲公司风险评价从风险发生可能性和风险后果严重程度两个维度进行。考虑不同风险的衡量特点、衡量维度和可操作性，甲公司根据不同类别的风险设计了适应不同应用场景的定性与定量相结合的风险评估标准，确保了公司风险评估工作的规范性和科学性。同时，在确定量化的指标阈值时充分考虑了公司的经营管理目标、风险偏好和风险承受度，确保评价标准符合公司实际情况。

具体风险评估标准见表7-4-5、表7-4-6。

案例示范 7-4　风险清单在电力投资企业的应用

表 7-4-5　风险发生可能性

评分	1	2	3	4	5
标准	几乎不可能	不太可能	可能	很可能	基本确定
举例					
日常运营中可能发生的潜在风险	一般情况下不会发生（每3年发生1~2次）	极少情况下才发生（每年发生1~2次）	某些情况下发生（每季度发生1~2次）	较多情况下发生（每月发生1~2次）	常常会发生（几乎每周都会发生）
适用于大型灾难或事故	今后10年内发生的可能少于1次	今后5~10年内可能发生1次	今后2~5年内可能发生1次	今后1年内可能发生1次	今后1年内至少发生1次
适用于可通过历史数据统计出风险发生概率的情况	发生概率10%以下	发生概率为10%~30%	发生概率为30%~70%	发生概率为70%~90%	发生概率为90%以上

表 7-4-6　风险后果严重程度标准

	评分	1	2	3	4	5
	标准	极低	低	中	高	极高
	举例					
战略影响	对公司战略目标的实现产生轻微的影响	• 较小地影响公司战略计划的实施，没有对战略目标的实现产生影响	• 在一定程度上影响公司战略计划的实施，对战略目标的实现产生较小的影响，通过较小的调整，可以挽回	• 较大地影响公司战略计划的实施，对战略目标的实现产生一定的影响，需要通过较大的调整，才能挽回	• 重大地影响公司战略计划的实施，对战略目标的实现产生很大的影响，不一定能够通过调整进行挽回
		• 在保留客户上产生有限的影响	• 损失了高端客户或联盟、客户的忠诚度以及销售的机会	• 在一定区域内损失了一块重大的客户基础	• 在很大范围内损失了一块重大的客户基础
运营影响	对公司的运营产生轻微的影响（<100万）	• 短期或有限的营运损失，对市值的影响相对最小	• 营运损失导致市值暂时但可恢复的减少	• 重大营运损失导致市值重大但可恢复的减少	• 重大营运损失导致市值的重大减少
		• 成本有限的增加，对收入和利润产生的影响相对最小（100万~200万）	• 成本短期的上升对当前的所得和盈利率产生影响（200万~300万）	• 承受过多的成本对当前的所得和盈利率产生影响（300万~400万）	• 过多的成本严重地影响长期的盈利率和生存能力（>400万）
		• 系统不能运作以致相当程度上业务中断（一小时内）	• 系统不能运作以致相当程度上业务中断（半日内）	• 系统不能运作以致业务严重中断（一日内）	• 系统不能运作以致业务严重或长期中断（超过一日）

（2）组织开展评价打分。

根据风险识别和分析结果以及确定的风险评估标准，甲公司设计了相应的风险评估调查表，针对不同海外项目面向主要业务和管理人员组织实施了问卷调查，见表7-4-7：

表 7-4-7　　　　　　　　　　　　问卷调查汇总表

序号	风险类别	二级风险	三级风险	专家 A		专家 B		专家 C		专家 D		专家 E	
				发生可能性	后果严重程度	发生可能性	后果严重程度	发生可能性	后果严重程度	发生可能性	后果严重程度	发生可能性	后果严重程度
1	项目前期风险	项目前期考察风险	经济环境考察评估风险	2	4	4	3	3	4	3	5	4	2
3	项目前期风险	项目前期考察风险	自然环境考察评估风险	2	4	4	3	4	4	4	3	4	2
4	项目前期风险	项目前期考察风险	电力市场及交易模式考察评估风险	4	5	5	4	4	5	5	5	5	5
5	项目前期风险	项目前期考察风险	电力市场及交易模式考察评估风险	3	3	3	4	3	4	5	5	4	5
…	……	……	……	……	……	……	……	……	……	……	……	……	……

为确保风险评价打分结果的合理性，甲公司分别针对风险发生可能性和后果严重程度的打分情况进行了分布统计图分析和离散度测试，见图 7-4-2、表 7-4-8。

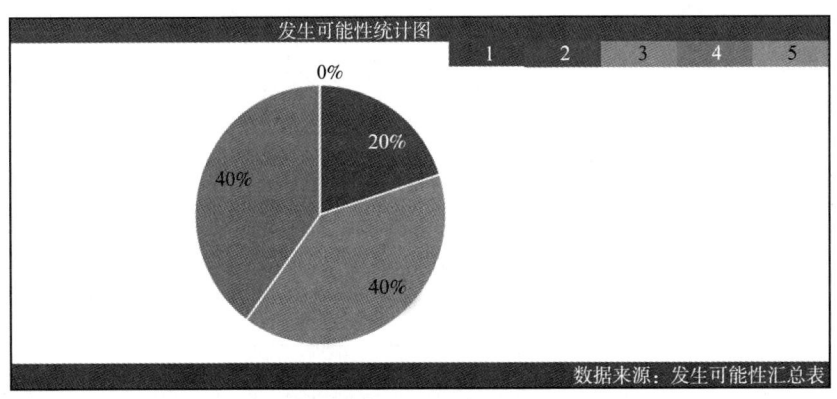

图 7-4-2　风险发生可能性统计图示例

表 7-4-8　　　　　　　　　风险发生可能性离散度测试表

序号	风险点	发生可能性					均值	极差
		人数						
		1	2	3	4	5		
19	管控模式风险	0	1	1	2	1	3.60	3.00

（3）进行风险排序并确定重大风险等级。

甲公司按照风险发生的可能性均值与风险后果严重程度均值的乘积计算风险值，据此对风险进行排序。在确定风险等级的划分标准时,甲公司充分考虑了公司的经营管理目标、风险偏好和风险承受度,并参考风险排序结果,将风险值大于9的风险确定为重大风险,大于7且小于等于9确定为重要风险,其他为一般风险。

同时,考虑到不同层级人员对风险层级的关注度不同,甲公司在进行风险排序时,分别从风险点(风险因素)和二级风险的角度进行了重要性排序,便于业务人员和管理人员更好地把握和认识风险,提高风险管控的效率和效果,见表7-4-9、表7-4-10。

表7-4-9　　　　　　　　　　××海外项目风险点排序表

排序	一级风险	风险点	发生可能性均值	影响程度均值	风险评分
1	项目前期风险	地缘政治风险	4.60	4.80	22.08
2	项目前期风险	电力改革风险	4.40	4.20	18.48
3	项目前期风险	投资可行性分析及决策风险	4.00	4.60	18.40
4	销售管理风险	电力销售及电价风险	4.20	4.20	17.64
5	施工准备风险	项目设计及变更风险	4.00	4.40	17.60
6	项目前期风险	政府批准风险	4.20	4.00	16.80
7	财务管理风险	电费回收及资金风险	4.00	4.20	16.80
……	……	……	……	……	……

表7-4-10　　　　　　　　　　××海外项目二级风险排序表

序号	一级风险	二级风险	发生可能性均值	影响程度均值	风险评分
1	施工准备风险	项目设计及变更风险	4.00	4.40	17.60
2	项目前期风险	项目可行性研究分析风险	3.90	4.50	17.57
3	财务管理风险	电费回收及资金风险	4.00	4.20	16.80
4	施工准备风险	施工图设计风险	4.00	4.20	16.80
5	燃料管理风险	燃料供应风险	4.00	4.00	16.00
6	资产管理风险	原材料管理风险	3.80	4.21	16.00
7	项目前期风险	项目前期考察风险	3.76	4.09	15.38
……	……	……	……	……	……

(4) 绘制风险矩阵图。

将风险发生可能性的高低、风险后果严重程度大小作为两个维度绘制在同一个平面上,根据打分结果将重大风险绘制在坐标图中,得到甲公司重大风险矩阵图。甲公司××项目风险点、二级风险矩阵图分别见图7-4-3、图7-4-4。

4. 风险应对。

(1) 制定重大风险管理策略和解决方案。

根据风险评估结果,组织相关责任部门及专家人员,结合项目运营目标、风险发生的主要因素和影响等,制定恰当的重大风险管理策略和切实可行的解决方案,见表7-4-11。

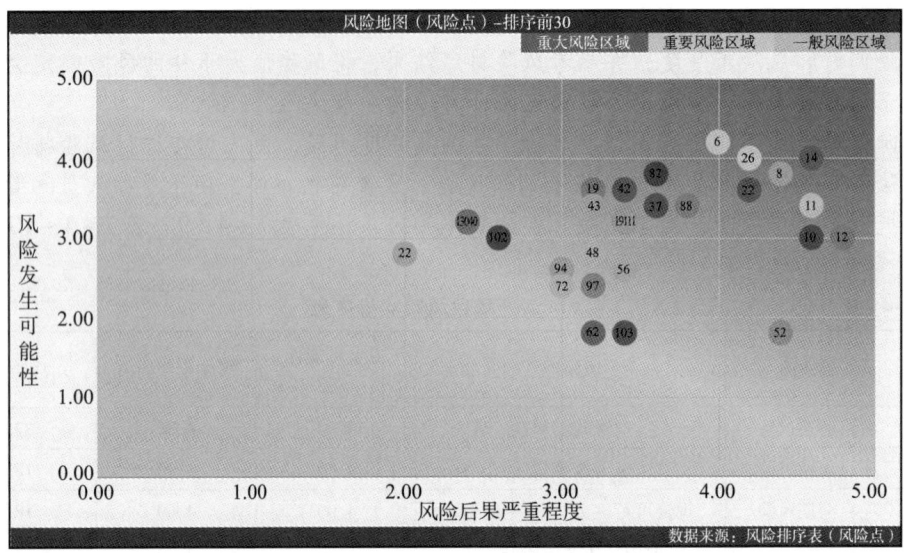

图7-4-3 甲公司××项目风险点矩阵图

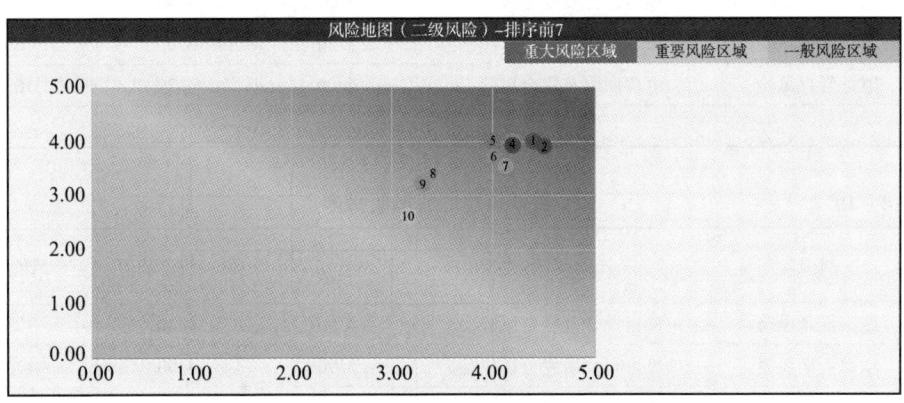

图7-4-4 甲公司××项目二级风险矩阵图

表7-4-11 重大风险应对表

序号	风险类型	风险因素	风险成因	风险影响	风险管理策略	风险解决方案	责任部门
1	项目前期风险	地缘政治风险	(1) 由于被投资国（地区）政局更迭引发社会动荡，如政府成员、政府组织、法律法规变化，导致投资所在国政局不稳定。 (2) 由于被投资国（地区）战争与内乱不断，发生民族冲突、宗教武装冲突、极端组织恐怖轰动等情况，导致社会治安环境恶劣	(1) 从经济角度看，受全球经济增长长期增速不断下降、××国经济发展差异性短期加大的影响，经济利益争夺渐趋激烈，为政治对抗的加剧埋下了隐患。 (2) 从政治角度看，××国存在多个政党，民主派文官和专制派军人冲突不断，多次爆发政变。 (3) 从国际关系看，××国与××国接壤，近年来××国的动荡局势也波及到了××国。××国财政部公布的数据显示，2011~2014年恐怖袭击造成的经济损失超过280亿美元，安全局势是制约未来投资发展的决定性因素	风险转移	(1) 与银行签订《应急资本协议》，规定在政治事件发生时由银行提供资本以保证公司持续稳定运营。 (2) 持续关注被投资国（地区）的政治环境变化，积极将政治因素可能导致的风险向国家有关监管机构汇报，以获得政府支持与保护。 (3) 聘请当地的安保公司，加强与政府相关部门和当地中资企业的合作，同当地势力保持良好关系，从而保护施工人员的人身及财产安全，及公司的正常运营	工程管理部
…	……	……	……	……	……	……	……

(2) 重大风险监控预警。

为强化重大风险管控效果,及时将风险化解在源头,甲公司建立了符合公司海外业务特色的风险监控预警指标体系,针对每类重大风险设置了相应的监控指标,明确了指标的安全区、关注区、危险区阈值,以及监控频率、主责部门、数据来源等,有效提升了风险的事前、事中管控力度和效果,见表 7-4-12。

表 7-4-12　　　　　　　　　重大风险监控预警指标体系

序号	风险类别	风险因素	监控指标	指标描述	计算公式	指标类型	监控区间			监控频率	主责部门	数据来源
							安全区	关注区	危险区			
1	项目前期风险	项目可行性研究分析风险	项目可研分析情况	该指标是指通过对海外项目的投资调研,对东道国经济、社会、国情、环境等的风险进行分析,形成可研报告,并采取适当的措施去应对	社会因素、政治因素、环境因素、经济因素等对项目造成的损失多少	定性指标	100 万美元	100 万~200 万美元	200 万美元以上	年	海投投资部	投资可研报告
2	施工准备风险	施工图设计风险	施工图设计深度	该指标是指施工图设计的深度能否满足工程建设及运营的要求,数值越大,施工图设计的质量越差。	未能满足深度要求的设计数/总设计数 * 100%	定量指标	[0, 5%]	[5%, 10%]	[10%, +∞]	季	工程管理部	施工变更
……	……	……	……	……	……	……	……	……	……	……	……	……

三、取得成效

甲公司在使用风险清单工具方法前,海外项目风险管理工作的系统性、全面性、客观性、规范性和持续性均不足;使用风险清单后,公司能够对海外项目所面临的各类风险进行全面细致的识别、科学合理的分析评价和积极有效的应对,并形成了符合公司自身业务特点的海外项目风险数据库、风险案例库,建立了常态化的风险评估、监控预警和报告机制,有效地提升了海外项目风险管理的效率和效果,也为下一步推进风险管理考评机制和风险管理信息化奠定了良好基础。

第八部分

其他领域

管理会计应用指引第 801 号
——企业管理会计报告

第一章 总 则

第一条 为了指导企业管理会计报告的编制、审批、报送、使用等,根据《管理会计基本指引》,制定本指引。

第二条 企业管理会计报告,是指企业运用管理会计方法,根据财务和业务的基础信息加工整理形成的,满足企业价值管理和决策支持需要的内部报告。

第三条 企业管理会计报告的目标是为企业各层级进行规划、决策、控制和评价等管理活动提供有用信息。

第四条 企业应建立管理会计报告组织体系,根据需要设置管理会计报告相关岗位,明确岗位职责。企业各部门都应履行提供管理会计报告所需信息的责任。

第五条 企业管理会计报告的形式要件包括报告的名称、报告期间或时间、报告对象、报告内容以及报告人等。

第六条 企业管理会计报告的对象是对管理会计信息有需求的各个层级、各个环节的管理者。

第七条 企业可根据管理的需要和管理会计活动的性质设定报告期间。一般应以日历期间(月度、季度、年度)作为企业管理会计报告期间,也可根据特定需要设定企业管理会计报告期间。

第八条 企业管理会计报告的内容应根据管理需要和报告目标而定,易于理解并具有一定灵活性。

第九条 企业管理会计报告的编制、审批、报送、使用等应与企业组织架构相适应。

第十条 企业管理会计报告体系应根据管理活动全过程进行设计,在管理活动各环节形成基于因果关系链的结果报告和原因报告。

第十一条 企业管理会计报告体系可按照多种标准进行分类,包括但不限于:

(一)按照企业管理会计报告使用者所处的管理层级可分为战略层管理会计报告、管理层管理会计报告和业务层管理会计报告;

(二)按照企业管理会计报告内容可分为综合企业管理会计报告和专项企业管理会计报告;

(三)按照管理会计功能可分为管理规划报告、管理决策报告、管理控制报告和管理评价报告;

(四)按照责任中心可分为投资中心报告、利润中心报告和成本中心报告;

(五)按照报告主体整体性程度可分为整体报告和分部报告。

第二章　战略层管理会计报告

第十二条　战略层管理会计报告是为战略层开展战略规划、决策、控制和评价以及其他方面的管理活动提供相关信息的对内报告。战略层管理会计报告的报告对象是企业的战略层，包括股东大会、董事会和监事会等。

第十三条　战略层管理会计报告包括但不仅限于战略管理报告、综合业绩报告、价值创造报告、经营分析报告、风险分析报告、重大事项报告、例外事项报告等。这些报告可独立提交，也可根据不同需要整合后提交。

第十四条　战略管理报告的内容一般包括内外部环境分析、战略选择与目标设定、战略执行及其结果，以及战略评价等。

第十五条　综合业绩报告的内容一般包括关键绩效指标预算及其执行结果、差异分析以及其他重大绩效事项等。

第十六条　价值创造报告的内容一般包括价值创造目标、价值驱动的财务因素与非财务因素、内部各业务单元的资源占用与价值贡献，以及提升公司价值的措施等。

第十七条　经营分析报告的内容一般包括过去经营决策执行情况回顾、本期经营目标执行的差异及其原因、影响未来经营状况的内外部环境与主要风险分析、下一期的经营目标及管理措施等。

第十八条　风险分析报告的内容一般包括企业全面风险管理工作回顾、内外部风险因素分析、主要风险识别与评估、风险管理工作计划等。

第十九条　重大事项报告是针对企业的重大投资项目、重大资本运作、重大融资、重大担保事项、关联交易等事项进行的报告。

第二十条　例外事项报告是针对企业发生的管理层变更、股权变更、安全事故、自然灾害等偶发性事项进行的报告。

第二十一条　战略层管理会计报告应精炼、简洁、易于理解，报告主要结果、主要原因，并提出具体的建议。

第三章　管理层管理会计报告

第二十二条　管理层管理会计报告是为经营管理层开展与经营管理目标相关的管理活动提供相关信息的对内报告。管理层管理会计报告的报告对象是经营管理层。

第二十三条　管理层管理会计报告主要包括全面预算管理报告、投资分析报告、项目可行性报告、融资报告、盈利分析报告、资金管理报告、成本管理报告、绩效评价报告等。

第二十四条　全面预算管理报告的内容一般包括预算目标制定与分解、预算执行差异分析以及预算考评等。

第二十五条　投资分析报告的内容一般包括投资对象、投资额度、投资结构、投资进度、投资效益、投资风险和投资管理建议等。

第二十六条　项目可行性报告的内容一般包括项目概况、市场预测、产品方案与生产规模、厂址选择、工艺与组织方案设计、财务评价、项目风险分析，以及项目可行性研究结论与建议等。

第二十七条　融资分析报告的内容一般包括融资需求测算、融资渠道与融资方式分析及选择、资本成本、融资程序、融资风险及其应对措施和融资管理建议等。

第二十八条　盈利分析报告的内容一般包括盈利目标及其实现程度、利润的构成及其变动趋势、影响利润的主要因素及其变化情况，以及提高盈利能力的具体措施等。企业还应对收入和成本进行深入分析。盈利分析报告可基于企业集团、单个企业，也可基于责任中心、产品、区域、客户等进行。

第二十九条　资金管理报告的内容一般包括资金管理目标、主要流动资金项目如现金、应收票据、应收账款、存货的管理状况、资金管理存在的问题以及解决措施等。企业集团资金管理报告的内容一般还包括资金管理模式（集中管理还是分散管理）、资金集中方式、资金集中程度、内部资金往来等。

第三十条　成本管理报告的内容一般包括成本预算、实际成本及其差异分析，成本差异形成的原因以及改进措施等。

第三十一条　业绩评价报告的内容一般包括绩效目标、关键绩效指标、实际执行结果、差异分析、考评结果，以及相关建议等。

第三十二条　管理层管理会计报告应做到内容完整、分析深入。

第四章　业务层管理会计报告

第三十三条　业务层管理会计报告是为企业开展日常业务或作业活动提供相关信息的对内报告。其报告的报告对象是企业的业务部门、职能部门以及车间、班组等。

第三十四条　业务层管理会计报告应根据企业内部各部门、车间或班组的核心职能或经营目标进行设计，主要包括研究开发报告、采购业务报告、生产业务报告、配送业务报告、销售业务报告、售后服务业务报告、人力资源报告等。

第三十五条　研究开发报告的内容一般包括研发背景、主要研发内容、技术方案、研发进度、项目预算等。

第三十六条　采购业务报告的内容一般包括采购业务预算、采购业务执行结果、差异分析及改善建议等。采购业务报告要重点反映采购质量、数量以及时间、价格等方面的内容。

第三十七条　生产业务报告的内容一般包括生产业务预算、生产业务执行结果、差异分析及改善建议等。生产业务报告要重点反映生产成本、生产数量以及产品质量、生产时间等方面的内容。

第三十八条　配送业务报告的内容一般包括配送业务预算、配送业务执行结果、差异分析及改善建议等。配送业务报告要重点反映配送的及时性、准确性以及配送损耗等方面的内容。

第三十九条　销售业务报告的内容一般包括销售业务预算、销售业务执行结果、差异分析及改善建议等。销售业务报告要重点反映销售的数量结构和质量结构等方面的内容。

第四十条　售后服务业务报告的内容一般包括售后服务业务预算、售后服务业务执行结果、差异分析及改善建议等。售后服务业务报告重点反映售后服务的客户满意度等方面的内容。

第四十一条　人力资源报告的内容一般包括人力资源预算、人力资源执行结果、差异分析及改善建议等。人力资源报告重点反映人力资源使用及考核等方面的内容。

第四十二条 业务层管理会计报告应做到内容具体，数据充分。

第五章 企业管理会计报告的流程

第四十三条 企业管理会计报告流程包括报告的编制、审批、报送、使用、评价等环节。

第四十四条 企业管理会计报告由管理会计信息归集、处理并报送的责任部门编制。

第四十五条 企业应根据报告的内容、重要性和报告对象等，确定不同的审批流程。经审批后的报告方可报出。

第四十六条 企业应合理设计报告报送路径，确保企业管理会计报告及时、有效地送达报告对象。企业管理会计报告可以根据报告性质、管理需要进行逐级报送或直接报送。

第四十七条 企业应建立管理会计报告使用的授权制度，报告使用人应在权限范围内使用企业管理会计报告。

第四十八条 企业应对管理会计报告的质量、传递的及时性、保密情况等进行评价，并将评价结果与绩效考核挂钩。

第四十九条 企业应当充分利用信息技术，强化管理会计报告及相关信息集成和共享，将管理会计报告的编制、审批、报送和使用等纳入企业统一信息平台。

第五十条 企业应定期根据管理会计报告使用效果以及内外部环境变化对管理会计报告体系、内容以及编制、审批、报送、使用等进行优化。

第五十一条 企业管理会计报告属内部报告，应在允许的范围内传递和使用。相关人员应遵守保密规定。

第六章 附 则

第五十二条 本指引由财政部负责解释。

管理会计应用指引第 802 号
——管理会计信息系统

第一章 总 则

第一条 为了指导企业有效建设、应用管理会计信息系统，根据《管理会计基本指引》，制订本指引。

第二条 管理会计信息系统，是指以财务和业务信息为基础，借助计算机、网络通信等现代信息技术手段，对管理会计信息进行收集、整理、加工、分析和报告等操作处理，为企业有效开展管理会计活动提供全面、及时、准确信息支持的各功能模块的有机集合。

第三条 企业建设和应用管理会计信息系统，一般应遵循以下原则：

（一）系统集成原则。管理会计信息系统各功能模块应集成在企业整体信息系统中，与财务和业务信息系统紧密结合，实现信息的集中统一管理及财务和业务信息到管理会计信息的自动生成。

（二）数据共享原则。企业建设管理会计信息系统应实现系统间的无缝对接，通过统一的规则和标准，实现数据的一次采集，全程共享，避免产生信息孤岛。

（三）规则可配原则。管理会计信息系统各功能模块应提供规则配置功能，实现其他信息系统与管理会计信息系统相关内容的映射和自定义配置。

（四）灵活扩展原则。管理会计信息系统应具备灵活扩展性，通过及时补充有关参数或功能模块，对环境、业务、产品、组织和流程等的变化及时作出响应，满足企业内部管理需要。

（五）安全可靠原则。应充分保障管理会计信息系统的设备、网络、应用及数据安全，严格权限授权，做好数据灾备建设，具备良好的抵御外部攻击能力，保证系统的正常运行并确保信息的安全、保密、完整。

第四条 本指引适用于已经具备一定的信息系统应用基础、在此基础上建设管理会计信息系统的企业，以及新建企业信息系统，并有意同时建设管理会计信息系统的企业。

第二章 应 用 环 境

第五条 企业建设管理会计信息系统，一般应具备以下条件：

（一）对企业战略、组织结构、业务流程、责任中心等有清晰定义；

（二）设有具备管理会计职能的相关部门或岗位，具有一定的管理会计工具方法的应用基础以及相对清晰的管理会计应用流程；

（三）具备一定的财务和业务信息系统应用基础，包括已经实现了相对成熟的财务会计系统的应用，并在一定程度上实现了经营计划管理、采购管理、销售管理、库存管理等基础业务管理职能的信息化。

第三章 建设和应用程序

第六条 管理会计信息系统的建设和应用程序既包括系统的规划和建设过程；也包括系统的应用过程，即输入、处理和输出过程。

第七条 管理会计信息系统规划和建设过程一般包括系统规划、系统实施和系统维护等环节。

第八条 在管理会计信息系统的规划环节，企业应将管理会计信息系统规划纳入企业信息系统建设的整体规划中，遵循整体规划、分步实施的原则，根据企业的战略目标和管理会计应用目标，形成清晰的管理会计应用需求，因地制宜逐步推进。

第九条 在管理会计信息系统实施环节，企业应制定详尽的实施计划，清晰划分实施的主要阶段、有关活动和详细任务的时间进度。实施阶段一般包括项目准备、系统设计、系统实现、测试和上线、运维及支持等过程。

（一）在项目准备阶段，企业主要应完成系统建设前的基础工作，一般包括确定实施目标、实施组织范围和业务范围，调研信息系统需求，进行可行性分析，制定项目计划、资源安排和项目管理标准，开展项目动员及初始培训等。

（二）在系统设计阶段，企业主要应对组织现有的信息系统应用情况、管理会计工作现状和信息系统需求进行调查，梳理管理会计应用模块和应用流程，据此设计管理会计信息系统的实施方案。

（三）在系统实现阶段，企业主要应完成管理会计信息系统的数据标准化建设、系统配置、功能和接口开发及单元测试等工作。

（四）在测试和上线阶段，企业主要应实现管理会计信息系统的整体测试、权限设置、系统部署、数据导入、最终用户培训和上线切换过程。必要时，企业还应根据实际情况进行预上线演练。

第十条 企业应做好管理会计信息系统的运维和支持，实现日常运行维护支持及上线后持续培训和系统优化。

第十一条 管理会计信息系统的应用程序一般包括输入、处理和输出三个环节。

（一）输入环节，是指管理会计信息系统采集或输入数据的过程。管理会计信息系统需提供已定义清楚数据规则的数据接口，以自动采集财务和业务数据。同时，系统还应支持本系统其他数据的手工录入，以利于相关业务调整和补充信息的需要。

（二）处理环节，是指借助管理会计工具模型进行数据加工处理的过程。管理会计信息系统可以充分利用数据挖掘、在线分析处理等商业智能技术，借助相关工具对数据进行综合查询、分析统计，挖掘出有助于企业管理活动的信息。

（三）输出环节，是指提供丰富的人机交互工具、集成通用的办公软件等成熟工具，自动生成或导出数据报告的过程。数据报告的展示形式应注重易读性和可视化。

最终的系统输出结果不仅可以采用独立报表或报告的形式展示给用户，也可以输出或嵌入到其他信息系统中，为各级管理部门提供管理所需的相关、及时的信息。

第十二条 管理会计信息系统的模块包括成本管理、预算管理、绩效管理、投资管理、管理会计报告以及其他功能模块。

第四章 成本管理模块

第十三条 成本管理模块应实现成本管理的各项主要功能，一般包括对成本要素、成本中心、成本对象等参数的设置，以及成本核算方法的配置，从财务会计核算模块、业务处理模块以及人力资源等模块抽取所需数据，进行精细化成本核算，生成分产品、分批次（订单）、分环节、分区域等多维度的成本信息，以及基于成本信息进行成本分析，实现成本的有效控制，为企业成本管理的事前计划、事中控制、事后分析提供有效的支持。

第十四条 成本核算主要完成对企业生产经营过程各个交易活动或事项的实际成本信息的收集、归纳、整理，并计算出实际发生的成本数据，支持多种成本计算和分摊方法，准确地度量、分摊和分配实际成本。

成本核算的输入信息一般包括业务事项的记录和货币计量数据等。企业应使用具体成本工具方法（如，完全成本法、变动成本法、作业成本法、目标成本法、标准成本法等），建立相应的计算模型，以各级成本中心为核算主体，完成成本核算的处理过程。成本核算处理过程结束后，应能够输出实际成本数据、管理层以及各个业务部门所需要的成本核算报告等。

第十五条 成本分析主要实现对实际成本数据分类比较、因素分析比较等，发现成本和利润的驱动因素，形成评价结论，编制成各种形式的分析、评价指标报告等。

成本分析的输入信息一般包括成本标准或计划数据、成本核算子模块生成的成本实际数据等。企业应根据输入数据和规则，选择具体分析评价方法（如，差异分析法、趋势分析法、结构分析法等），对各个成本中心的成本绩效进行分析比较，汇总形成各个责任中心及企业总体成本绩效报告，并输出成本分析报告、成本绩效评价报告等。

第十六条 成本预测主要实现不同成本对象的成本估算预测。

成本预测的输入信息一般包括业务计划数据、成本评价结果、成本预测假设条件以及历史数据、行业对标数据等。企业应运用成本预测模型（如，算术平均法、加权平均法、平滑指数法等）对下一个工作周期的成本需求进行预测，根据经验或行业可比数据对模型预测结果进行调整，并输出成本预测报告。

第十七条 成本控制主要按照既定的成本费用目标，对构成成本费用的诸要素进行规划、限制和调节，及时纠正偏差，控制成本费用超支，把实际耗费控制在成本费用计划范围内。

成本控制的输入信息一般包括成本费用目标和政策、成本分析报告、预算控制等。企业应建立工作流审批授权机制，以实现费用控制过程，通过成本预警机制实现成本控制的处理过程，输出费用支付清单、成本控制报告等。

第十八条 成本管理模块应提供基于指标分摊、基于作业分摊等多种成本分摊方法，利用预定义的规则，按要素、按期间、按作业等进行分摊。

第五章 预算管理模块

第十九条 预算管理模块应实现的主要功能包括对企业预算参数设置、预算管理模型搭建、预算目标制定、预算编制、预算执行控制、预算调整、预算分析和评价等全过程的信息化管理。

第二十条 预算目标和计划制定主要完成企业目标设定和业务计划的制定，实现预算的启动和准备过程。

预算目标和计划设定的输入信息一般包括企业远景与战略规划、内外部环境信息、投资者和管理者期望、往年绩效数据、经营状况预测以及公司战略举措、各业务板块主要业绩指标等。企业应对内外部环境和问题进行分析，评估预算备选方案，制定详细的业务计划，输出企业与各业务板块主要绩效指标和部门业务计划等。

第二十一条 预算编制主要完成预算目标设定、预算分解和目标下达、预算编制和汇总以及预算审批过程，实现自上而下、自下而上等多种预算编制流程，并提供固定预算、弹性预算、零基预算、滚动预算、作业预算等一种或多种预算编制方法的处理机制。

预算编制的输入信息一般包括历史绩效数据、关键绩效指标、预算驱动因素、管理费用标准等。企业应借助适用的预测方法（如：趋势预测、平滑预测、回归预测等）建立预测模型，辅助企业制定预算目标，依据预算管理体系，自动分解预算目标，辅助预算的审批流程，自动汇总预算。最终输出结果应为各个责任中心的预算方案等。

预算管理模块应能提供给企业根据业务需要编制多期间、多情景、多版本、多维度预算计划的功能，以满足预算编制的要求。

第二十二条 预算执行控制主要实现预算信息模块与各财务和业务系统的及时数据交换，实现对财务和业务预算执行情况的实时控制等。

预算执行控制的输入信息一般包括企业各业务板块及部门的主要绩效指标、业务计划、预算执行控制标准及预算执行情况等。企业应通过对数据的校验、比较和查询汇总，比对预算目标和执行情况的差异；建立预算监控模型，预警和冻结超预算情形，形成预算执行情况报告；执行预算控制审核机制以及例外预算管理等。最终输出结果为预算执行差异分析报告、经营调整措施等。

第二十三条 预算调整主要实现对部分责任中心的预算数据进行调整，完成调整的处理过程等。

预算调整的输入信息一般包括企业各业务板块及部门的主要绩效指标、预算执行差异分析报告等。企业对预算数据进行调整，并依据预算管理体系，自动分解调整后的预算目标，辅助调整预算的审批流程，自动汇总预算。最终输出结果为各个责任中心的预算调整报告、调整后的绩效指标等。

第二十四条 预算分析和评价主要提供多种预算分析模型，实现在预算执行的数据基础上，对预算数和实际发生数进行多期间、多层次、多角度的预算分析，最终完成预算的业绩评价，为绩效考核提供数据基础。

预算分析和评价的输入信息一般包括预算指标及预算执行情况，以及业绩评价的标准与考核办法等数据。企业应建立差异计算模型，实现预算差异的计算，辅助实现差异成因分析过程，最终输出部门、期间、层级等多维度的预算差异分析报告等。

第六章 绩效管理模块

第二十五条 绩效管理模块主要实现业绩评价和激励管理过程中各要素的管理功能，一般包括业绩计划和激励计划的制定、业绩计划和激励计划的执行控制、业绩评价与激励实施管理等，为企业的绩效管理提供支持。

第二十六条 绩效管理模块应提供企业各项关键绩效指标的定义和配置功能，并可从其他模块中自动获取各业务单元或责任中心相应的实际绩效数据进行计算处理，形成绩效执行情况报告及差异分析报告。

第二十七条 业绩计划和激励计划制定主要完成绩效管理目标和标准的设定、绩效管理目标的分解和下达、业绩计划和激励计划的编制过程，以及计划的审批流程。

业绩计划和激励计划制定的输入信息一般包括企业及各级责任中心的战略关键绩效指标和年度经营关键绩效指标，以及企业绩效评价考核标准、绩效激励形式、条件等基础数据。处理过程一般包括构建指标体系、分配指标权重、确定业绩目标值、选择业绩评价计分方法以及制定薪酬激励、能力开发激励、职业发展激励等多种激励计划，输出各级考核对象的业绩计划、绩效激励计划等。

第二十八条 业绩计划和激励计划的执行控制主要实现与预算系统与各业务系统的及时数据交换，实现对业绩计划与激励计划执行情况的实时控制等。

业绩计划和激励计划的执行控制的输入信息一般包括绩效实际数据以及业绩计划和激励计划等。企业应建立指标监控模型，根据指标计算办法计算指标实际值，比对实际值与目标值的偏差，输出业绩计划和激励计划执行差异报告等。

第二十九条 业绩评价和激励实施管理主要实现对计划的执行情况进行评价，形成综合评价结果，向被评价对象反馈改进建议及措施等。

业绩评价和激励实施管理的输入信息一般包括被评价对象的业绩指标实际值和目标值、指标计分方法和权重等。企业应选定评分计算方法计算评价分值，形成被评价对象的综合评价结果，输出业绩评价结果报告和改进建议等。

第七章 投资管理模块

第三十条 投资管理模块主要实现对企业投资项目进行计划和控制的系统支持过程，一般包括投资计划的制定和对每个投资项目进行的及时管控等。

第三十一条 投资管理模块应与成本管理模块、预算管理模块、绩效管理模块和管理会计报告模块等进行有效集成和数据交换。

第三十二条 投资管理模块应辅助企业实现投资计划的编制和审批过程。企业可以借助投资管理模块定义投资项目、投资程序、投资任务、投资预算、投资控制对象等基本信息；在此基础上，制定企业各级组织的投资计划和实施计划，实现投资计划的分解和下达。

第三十三条 投资管理模块应实现对企业具体投资项目的管控过程。企业可以根据实际情况，将项目管理功能集成到投资管理模块中，也可以实施单独的项目管理模块来实现项目的管控过程。

第三十四条 项目管理模块主要实现对投资项目的系统化管理过程，一般包括项目设置、项目计划与预算、项目执行、项目结算与关闭、项目报告以及项目后审计等功能。

（一）项目设置。主要完成项目定义（如，项目名称、项目期间、成本控制范围、利润中心等参数），以及工作分解定义、作业和项目文档等的定义和设置，为项目管理提供基础信息。

（二）项目计划与预算。主要完成项目里程碑计划、项目实施计划、项目概算、项目利润及投资测算、项目详细预算等过程，并辅助实现投资预算的审核和下达过程。

项目里程碑计划，一般包括对项目的关键节点进行定义，在关键节点对项目进行检查和控制,以及确定项目各阶段的开始和结束时间等。

(三)项目执行。主要实现项目的拨款申请,投资计量,项目实际发生值的确定、计算和汇总,以及与目标预算进行比对,对投资进行检查和成本管控。

(四)项目结算。通过定义的结算规则,运用项目结算程序,对项目实现期末结账处理。结算完成后,对项目执行关闭操作,保证项目的可控性。

(五)项目报告。项目管理模块应向用户提供关于项目数据的各类汇总报表及明细报表,主要包括项目计划、项目投资差异分析报告等。

(六)项目后审计。企业可以根据实际需要,在项目管理模块中提供项目后辅助审计功能,依据项目计划和过程建立工作底稿,对项目的实施过程、成本、绩效等进行审计和项目后评价。

第八章 管理会计报告模块

第三十五条 管理会计报告模块应实现基于信息系统中财务数据、业务数据自动生成管理会计报告,支持企业有效实现各项管理会计活动。

第三十六条 管理会计报告模块应为用户生成报告提供足够丰富、高效、及时的数据源,必要时应建立数据仓库和数据集市,形成统一规范的数据集,并在此基础上,借助数据挖掘等商务智能工具方法,自动生成多维度报表。

第三十七条 管理会计报告模块应为企业战略层、经营层和业务层提供丰富的通用报告模板。

第三十八条 管理会计报告模块应为企业提供灵活的自定义报告功能。企业可以借助报表工具自定义管理会计报表的报告主体、期间(定期或不定期)、结构、数据源、计算公式以及报表展现形式等。系统可以根据企业自定义报表的模板自动获取数据进行计算加工,并以预先定义的展现形式输出。

第三十九条 管理会计报告模块应提供用户追溯数据源的功能。用户可以在系统中对报告的最终结果数据进行追溯,可以层层追溯其数据来源和计算方法,直至业务活动。

第四十条 管理会计报告模块可以独立的模块形式存在于信息系统中,从其他管理会计模块中获取数据生成报告;也可内嵌到其他管理会计模块中,作为其他管理会计模块重要的输出环节。

第四十一条 管理会计报告模块应与财务报告系统相关联,既能有效生成企业整体报告,也能生成分部报告,并实现整体报告和分部报告的联查。

第九章 附 则

第四十二条 本指引由财政部负责解释。

管理会计应用指引第 803 号
——行政事业单位

第一章 总 则

第一条 为了促进行政事业单位加强管理会计工作，提升单位内部管理，提高管理绩效和公共管理服务水平，根据《管理会计基本指引》，制定本指引。

第二条 本指引适用于各级各类行政单位、事业单位等。行政事业单位附属独立核算的企业和生产经营单位、纳入企业财务管理体系的事业单位不适用本指引。

行政事业单位的管理会计应用主体应视管理决策主体确定，可以是单位整体，也可以是内设部门或内设机构，还可以是重大的专项活动和具体项目。

第三条 行政事业单位应按照《管理会计基本指引》的一般规定应用管理会计，并兼顾公平和效率、公益性和经济性，实现长期性和短期性、相关性和重要性的有机统一。

第四条 行政事业单位在进行规划、决策、控制、评价活动中，可以结合实际情况，参照企业相关管理会计应用指引，在战略管理、预算管理、成本管理、绩效管理、风险管理等方面，综合应用管理会计工具方法，推动行政任务完成和事业发展规划实现。

事业单位在进行规划、决策、控制、评价活动中，可以结合实际情况，参照企业投融资管理、营运管理等相关管理会计应用指引，综合运用相关管理会计工具方法。

第二章 应 用 环 境

第五条 行政事业单位应充分了解外部环境、优化内部环境。

行政事业单位外部环境主要包括行业管理法律法规、市场资源配置、行业发展趋势等因素。

行政事业单位内部环境主要包括与管理会计建设和实施有关的文化环境、组织环境、制度环境、信息系统等。

第六条 行政事业单位应营造管理会计应用的文化环境，包括树立管理会计理念、培养管理会计应用意识、全员参与和支持管理会计的应用等。

第七条 有条件的行政事业单位应根据业务规模和管理需求构建管理会计组织体系，建立健全内部管理制度，包括预决算制度、资产管理制度、财务管理制度、绩效管理制度等。

第八条 行政事业单位应根据管理需要编制管理会计报告，并按分层分类管理或垂直管理模式从下向上报送管理会计报告，以提供决策和管理支持。行政事业单位编制管理会计报告的流程，可参照《管理会计应用指引第 801 号——企业管理会计报告》的相关规定。

第九条 行政事业单位应利用有效的信息技术手段，整合和优化管理会计工作流程，实施预算和绩效管理一体化，促进业务系统和财务系统的有机融合，为单位的管理决策提供信息支持。行政事业单位的管理会计信息化建设，可参照《管理会计应用指引第802号——管理会计信息系统》的相关规定。

第三章　战　略　管　理

第十条 行政事业单位在制定和实施单位长期发展目标、中长期行政事业规划、中长期重大任务、重要改革和政策过程中，可应用战略地图等工具方法。

第十一条 行政事业单位在战略管理中应用战略地图时，应遵循《管理会计应用指引第101号——战略地图》的有关要求。

第十二条 行政事业单位在设计战略地图时，应考虑行政事业单位所承担的行政事业任务和职能、使命、愿景等，确定战略目标，作为战略地图的起点。

第十三条 行政事业单位绘制战略地图时，可根据单位的特点和管理需要确定业务效果、服务对象、内部业务流程、学习与成长四个维度的名称和内容，各个维度的战略主题和绩效指标应与绩效管理相衔接。

在业务效果维度，行政事业单位战略主题应综合考虑行政事业单位的管理目标、社会目标、生态目标等特点，从社会效益、经济效益、生态效益等方面确定战略主题。

在服务对象维度，行政事业单位应考虑现有的服务对象和发展趋势，从产品（或服务）数量和质量、服务对象满意度等方面确定、调整服务对象与社会价值定位。

在内部业务流程维度，行政事业单位应梳理业务活动流程和关键环节，从改善运营管理流程、预算管理流程、服务对象管理流程、遵循法规等方面确定战略主题。

在学习与成长维度，行政事业单位应分析现有人力资本、组织文化等无形资源的作用，识别学习与成长的关键驱动因素，从人才培养与晋升、信息资本和组织资本等方面确定战略主题。

第四章　预　算　管　理

第十四条 行政事业单位按照财政预算管理要求编制中期财政规划和年度预算。行政事业单位应整合应用预算与其他领域管理会计工具方法，提升行政事业单位管理水平。

第十五条 行政事业单位预算管理应遵循《管理会计应用指引第200号——预算管理》等相关指引的一般要求。

第十六条 行政事业单位预算管理除了遵循《管理会计指引第200号——预算管理》的预算编制、预算执行、预算考核应用程序外，还应包括决算分析和评价程序。

第十七条 行政事业单位应严格执行已批准的预算和绩效目标，实施动态监控，及时发现执行差异，提出纠正偏差的措施，并对较大的调整变化，按照规定程序报批。

第十八条 行政事业单位在预算管理中，应将决算和绩效结果作为编制以后年度预算的依据和重要参考变量，包括决算编制、决算分析、决算评价和绩效评价。

（一）行政事业单位决算作为预算执行结果的反映，应严格按照预算法和政府会计准则、制度等规定进行编制。

（二）行政事业单位应加强决算分析工作，对各项收支的预决算差异和项目绩效目标与绩效结果的差异进行比较，分析差异产生的原因，并提出应对和解决措施。决算分析方法主要包括比较分析法、趋势分析法、比率分析法、结构分析法、因素分析法等。

（三）行政事业单位应加强决算评价工作，设置决算评价指标，对预算执行结果进行绩效评价。决算评价方法主要采用横向比较法、纵向比较法、对标法等。

第五章 成 本 管 理

第十九条 行政事业单位成本管理可应用标准成本法、作业成本法、完全成本法等工具方法。

第二十条 行政事业单位应用标准成本法、作业成本法等工具方法，应遵循《管理会计应用指引第 302 号——标准成本法》《管理会计应用指引第 304 号——作业成本法》等相关指引的一般要求。

第二十一条 行政事业单位应按照成本管理的要求，建立健全成本费用相关原始记录，加强和完善成本数据的收集、记录、传递、汇总和整理等基础工作，为成本管理提供必要的数据基础。

第二十二条 行政事业单位在对经常性项目制定成本目标、并进行成本分析、控制和考核时，可选用标准成本法。

行政事业单位应用标准成本法，可根据有关法规制度和定员定额标准，并按照行政事业单位的成本内容分类分项制定标准成本。

第二十三条 行政事业单位在对业务复杂、间接费用比重较大的项目进行成本核算、分析、控制和考核时，可选用作业成本法。

行政事业单位应根据单位的业务流程识别作业，可以是某项（类）业务（或活动）、某个流程、某个环节等。

行政事业单位在应用作业成本法时，应确立成本目标并构建适合的作业成本模型，并通过管理会计信息系统收集关键的成本数据和财务信息。

第二十四条 行政事业单位在核算单位整体、主要业务活动、责任中心的总成本和单位成本时，可应用完全成本法。

完全成本法，是指对业务活动中所发生的各种耗费按照成本核算对象进行归集和分配，计算出业务总成本和单位成本的一种工具方法。行政事业单位应用完全成本应区分直接费用和间接费用，间接费用按照合理的方法分摊至成本对象，直接费用和分摊的间接费用汇总计算总成本和单位成本。

第六章 绩 效 管 理

第二十五条 行政事业单位绩效管理可应用关键业绩指标法、平衡计分卡等工具方法。

第二十六条 行政事业单位对不同性质、不同类型、不同行业的单位整体、内部部门、业务活动和人员进行绩效管理，可应用关键业绩指标法。

第二十七条 行政事业单位可根据财政部门、主管部门等规定选用通用的、共性的绩效指标体系，也可根据业务实际设计个性化的绩效指标。

第二十八条 行政事业单位的关键业绩指标可分为结果类和动因类指标。

结果类指标是反映行政事业单位产出和效果的指标，主要包括预决算差异率、投入产出比率、社会效益、经济效益、环境效益、可持续影响等综合性指标。

动因类指标是反映行政事业单位关键驱动因素的指标，主要包括投入和过程类的指标，如单位产出（或产品）成本、产出（或产品）或服务提供量（或业务量）、质量及时效性等。

第二十九条　行政事业单位在对单位整体、内部单位（或部门）、业务活动进行绩效管理中可应用平衡计分卡。

第三十条　行政事业单位应用平衡计分卡应通过设置合理的指标和权重，实现短期与长期目标、财务目标和非财务目标、结果类指标与动因类指标的平衡。

第三十一条　行政事业单位可以从业务效果维度、服务对象维度、内部业务流程维度、学习与成长维度构建平衡计分卡指标体系，也可根据战略目标和实际情况调整和修改四个维度的名称和内容。

业务效果维度的指标应反映行政事业单位的综合产出情况，兼顾经济性、效率性、效果性、公平性和环保性，可以选择收入支出比率、收入支出结构、预算执行情况、成本控制效果、资产管理、社会效益和社会责任、环境效益等方面的指标。

服务对象维度可以选择服务对象的满意度、服务质量、响应时间、公众满意度、业务量、被投诉次数、意见采纳数量、信息公开数等方面的指标。

内部业务流程维度可以选择运营能力、资产管理、服务提供时间效率、服务标准、技术创新、管理变革、法律遵循等方面的指标。

学习与成长维度可以选择职工满意度、职工培训与发展、职工的能力与素质、信息建设、组织文化建设、领导力、组织发展等方面指标。

第七章　附　　则

第三十二条　本指引由财政部负责解释。

案例示范 8-1
集团公司"225 体系"管理会计报告

【本案例介绍管理会计报告在大型企业集团的应用。案例单位为下辖多个业务板块的大型企业集团。针对外部市场条件变化、同业竞争加剧、现有信息报告能不能很好地满足企业决策、控制与评价的需求等问题,该公司基于建立的"二个中心、二个机制和五个体系",集预算、报告与考核为一体的"225 体系",设置 7 个报告层次,层层分解落实集团的战略目标与发展规划、层层执行和核算本部门的预算指标、层层报告本部门的责任与业绩,形成了围绕"225 体系"的信息上下传递、报告与使用的管理会计报告体系,有机联系了外部市场和内部组织,把与运营、控制、分析、考核相关的信息灵敏、及时、无偏地传递,做到了"全覆盖、无死角",实现了"责任层层落实、指标层层分解、压力层层传递、信息层层上报、原因层层追溯"。】

一、背景描述

(一) 单位基本情况

甲集团股份有限公司(以下简称"甲集团")是国有上市企业集团。甲集团共有二级、三级下属企业 78 家,在全国 21 个省、直辖市均有分布。至 2×14 年末,甲集团年营业收入 222 亿元,总资产规模 207 亿元,净资产规模 122 亿元。集团主要从事制革装具、轻纺印染、橡胶制品、鞋帽服装等商品的生产以及销售;商贸、物流等项目的投资管理;化工、资源以及医药方面的管理和投资;对基础工业实业进行投资;提供管理咨询服务,发展进出口业务、技术的开发等。

(二) 存在的主要问题

1. 外部市场条件恶化。

随着近些年经济增长放缓,甲集团主要从事的轻工、纺织等行业受到巨大冲击:产品市场需求大幅缩减,生产所需的人工及原材料成本不断上涨,供求不平衡加剧,对甲集团的生产经营产生了巨大影响。

2. 同业竞争日益加剧。

甲集团主业属于纺织服装行业,国内可比的同业上市公司目前有 28 家,这些公司大多具有较知名的品牌、较明确的顾客群体和产品受众。甲集团纺织服装产品在军品市场之外拓展困难,市场开拓能力较低,差异化战略实施困难。

3. 现有信息报告的不足。

甲集团之前的信息体系是以满足业务运行的需要而构建的,不能很好地满足企业决策、控制与评价的需求,表现在:一是公司信息体系主要以业务信息为基础构建,价值信息不系统;二是公司信息体系主要以静态信息为基础构建,缺乏动态的过程信息;三是公司信息体系主要以企业整体为基础构建,缺乏分部、分节点、分板块的信息;四是公司信息体系主要提供结果信息,缺乏原因信息;五是分子公司较多,管理水平参差不齐,信息报告主体不能及时、统一、规范地报告与经营决策紧密相关的重要信息,使得预算编制、预算控制和预算考核执行的效率很低。

(三) 实施"225 体系"管理会计报告的主要原因

基于上述外部市场压力大、内部管理动力不足等多方面原因,甲公司构建了集绩效、全面预算、薪酬、分析评价、成本的管理和管理报告于一体的综合管理会计工具——"225管理会计体系"（以下简称"225体系"），在战略执行、市场开拓、新产品研发、生产成本控制等方面改变思路，进行调整和创新。

"225体系"按照预算管理的要求重新设计战略、作业、组织、流程、岗位和信息体系，要求企业整合资源，在横向各部门、纵向各层级间进行信息的及时传递。按照"225体系"对信息传递进而要求，甲集团构建了基于"225体系"的管理会计报告体系，协调联动了各个环节的生产经营业务，对集团的岗位、流程、作业、组织、人员等进行了管理控制，对各信息节点产生的信息进行及时收集，从而使它们相互关联，促使企业的信息流、资金流、技术流等能够高效地运转，使企业今后在控制、决策、评价的时候有更加完整和有效的依据。

二、应用过程

（一）"225体系"的结构

集团的管理会计报告以"225体系"为依托。"225体系"包括"两制"，即研产供运销用快速联动机制和模拟法人运行机制；"两个中心"，即成本费用中心和利润中心；"五个体系"包括责任体系、指标体系、跟踪体系、考核体系和评价体系。其逻辑关系为：整合预算信息报告的基础是"两制"，整合预算信息报告的单位是"两个中心"，整合预算信息报告的指标是"五个体系"。"225体系"涉及从战略层到最基层的7个信息报告层次或信息节点，见图8-1-1。

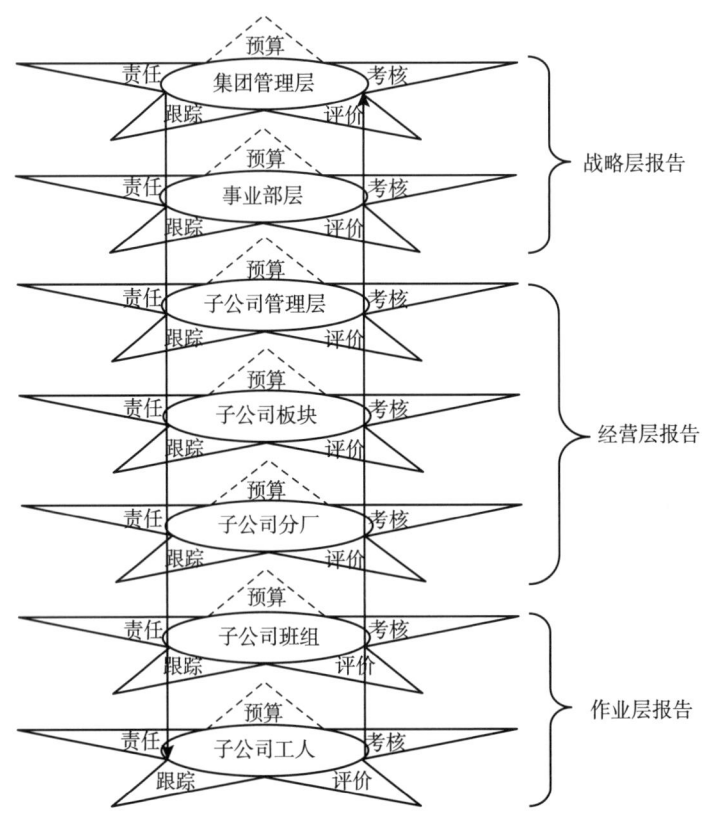

图8-1-1 "225体系"管理会计报告总体结构

案例示范 8-1　集团公司"225 体系"管理会计报告

从图 8-1-1 看，甲集团自公司总部到子公司的业务员都是相对独立的信息节点，一共有七个层次，每个层次都包含成本中心或利润中心，它们都具有责任、预算、考核、跟踪和评价这五个方面的信息报告功能；这些中心包括真实法人和模拟法人；在第一到第五个层次，内部存在研产供运销用的快速联动机构和机制。这七个层次，每个层次都是一个决策、分析、考核、评价的独立主体，它们通过五个体系，将公司的战略自上而下层层落实。在"225 体系"下，信息可以在横向及纵向两个层次实现及时流动，从而满足每一层次的决策需要。通过"225 体系"管理会计报告，甲集团能够对企业内部各个方面的经营状况、经营的战略和作业信息等的财务情况、业务进行完整的披露，实现对集团的各个子公司、版块、部门、中心和岗位的全方位、全时段、全局域的管理与控制，实现了责任、指标、压力、信息、原因、活力从上至下层层落实和分解。

（二）"225 体系"管理会计报告的框架

1. "225 体系"管理会计报告的基础——"两制"。

（1）模拟法人运行机制。

模拟法人运行机制是指以利润作为围绕的中心点，以市场行情作为指导，以成本作为严控点，在内部价值链的各个层面以及内部的各核算单元中融入相应的市场机制，从而达到使内部的核算单元可以进行独立经营的经营机制。在模拟法人运行机制的作用下，内部责任主体可以被按照不同价值链划分成不同的内部核算单位，通过将经营指标按照层级分派至各核算单元进行激励及考评制度的调整创新，使集团员工的报酬直接取决于其创造的价值，达到权、责、利的有效配置。

模拟法人运行机制要求每个员工都能够关注采购市场、产品市场、生产成本及标准质量，力求以最低的成本消耗生产出质量符合标准的产品。分厂（车间）、事业部等以作业为主，要对市场进行及时且全面的观察，以保证市场信息的时效性，且需要关注采购的价位及质量，保证其能够达到业主要求。另外，在出现采购部门的采购活动不能达到要求的情况时，采购部门需对此负责，自行赔偿。由此一来，生产单位就可以对集团内的采购起到有效的监督控制作用，从而使各个生产环节、单元都分别承担一部分来自市场的压力，并使各模拟法人单位进行独立的生产与经营活动。

（2）研产供运销用快速联动机制。

研产供运销用快速联动机制是在企业经营生产中根据市场的需要调整生产经营活动，需要考虑的因素包括产品、资源、资本和物流四个方面，以及各因素的时间、品种、区域和价格。在企业内部要对以上信息进行及时且全面的传播，达到联动研发、采购、生产、营销、物流及用户六个环节的目的。

研产供运销用快速联动机制要求管理会计报告体系能够两个问题：一是改善对市场信息的处理效率，提高解决问题的速度，进而提升集团经营决策的效率。对于企业内的重大事项、主要决策及整体利益，可以通过每个星期进行大联动，达到妥善关联各环节，快速联动各流程的目的。对于企业内某个局部的具体问题，可以实施小联动及时进行调整。二是关注如何解决集团探寻利润来源的问题。保证集团内部平台上所分享的市场信息的时效性，在每个节点都要控制四个市场：资源市场、产品市场、物流市场和资本市场，在市场信息产生变化时，企业内需要及时调整产品的区域差、时间差、品种差、价格差。不断对研发、采购、生产、物流、营销、资金六个利润来源进行深度探索挖掘，达到快速联动创效益的实现。

2. "225 体系"管理会计报告的单位——"两个中心"。

利润中心管理机制和成本费用中心管理机制是整合信息报告的单位，其内涵是指以制度表单化、管理制度化及表单信息化为前提，按照价值链的不同环节，先将企业划分为多个利润中心，再将各利润中心进一步划分成多个成本费用中心，最小的绩效控制单元为成本中心，在成本分析及管理的过程中，秉承认真细致的理念，在提升管理质量的同时减少生产成本。

（1）利润中心。

利润中心的定位是集团中的责任主体，其主要作用是对集团内收入、成本与利润进行核对验算，包括公司法人利润中心和模拟法人利润中心。

①公司法人利润中心。每个集团既是公司法人，也是利润中心。在企业经营中需要及时传递考核信息，在评价时要对以下八项标准进行测评：成本费用占营业收入比重、营业收入、存货净值、利润总额、经济增加值（EVA）、货款回收率指标及产成品净值。

②模拟法人利润中心。按照企业价值链不同可以将模拟法人利润中心划分为六类：研发利润中心、生产利润中心、采购利润中心、物流利润中心、资金利润中心及营销利润中心。模拟法人利润中心是企业内部职能的拆分，在生产经营中，模拟法人利润中心可以充分利用调配资源，调整减少生产成本并实现生产效益，所以其也需要进行八项考核指标的测评。

（2）成本费用中心。

将生产单位的范围不断缩小，细分至每个分厂、每个班组及每个销售单位，将销售单位落实细分到每个销售业务员，并将其他单位细小化至采购员、运输队及研发人员等各部门，这些单位都可以扮演集团内成本费用中心的角色，更高层的利润中心负有对成本费用中心调整控制的职责。成本费用中心的工作重点围绕自身职责的完成和控制生产成本，其测评指标要具体根据其功能和作用来确定，重点要突出，上级利润中心的综合性指标不能越级承担。

3. "225体系"管理会计报告的主体——"五个体系"。

"五个体系"包括：责任体系、预算指标体系、跟踪体系、评价体系和考核体系。

从"集团总部—集团事业部—法人子公司—运营中心—分厂—班组—工人"纵向的七个层次来看，每个层次都具有"五个体系"（工人除外），实行"指标层层分解、责任层层落实、压力层层传递、活力层层激发、信息层层上报、原因层层追溯"。

从横向角度分析各层级，"五个体系"之间互相高度关联，构成了一个整体。"五个体系"要严格遵循各项预算测评指标，预算指标体系是"225体系"中的事前体系；预算指标通过责任体系落实，责任体系同时也是考核体系的依据与基础；在企业经营生产过程中需要跟踪体系来确保预算指标的有效执行，关注并及时提供市场信息，是"225体系"中的事中体系；评价体系的作用是对预算是否完成进行反馈和调整，是"225体系"中的分析与对标体系，与考核体系同为"225体系"的事中和事后体系；企业经营过程中是否完成了预算指标，完成的程度如何，则需要运行考核体系，从而保证预算指标的完成。考核体系是"225体系"的后反馈系统。

"五个体系"展示了PDCA闭环管理思想，它需要对市场、基层和项目有深入而细致的了解，在"五个体系"的作用下，保证账目计算的普及度和准确性。

（1）指标体系。

指标体系从公司层面上进行划分，除了常使用的几个指标，如投资、经营、财务、市场、资金等，还包含科技创新、人力资源、社会责任和发展成果共享等方面，不是所有的指标都适用于同一层级，每一指标的选用要结合具体的层级。基层指标相对于高层指标分得更加细致,部分层级会直接从经济效益、战略、补充三个方面分解指标。工作岗位不同,选择的指标也会有所不同,这样可以保证指标的效果和效率得到最大化的发挥。大约有九项核心指标,分别为经济增加值(EVA)、存货净值、产成品净值、利润总额、营业收入、经营现金净流量比率、货款回收率、资产负债率、成本费用占比收入等。

(2) 责任体系。

责任体系是将企业中的责任先进行总体归纳,再将责任按照职能的不同细化到每一个工作岗位以及每一个岗位中的负责人身上,责任体系通过签订合同的方式,确保每项责任都通过书面的方式进行落实,并且按照纵横交错的方式进行分解。第一条线是从公司到基层员工,中间经过生产事业部、车间和班组;第二条线是从公司到业务人员,通过机关职能部门、机关管理人员进行连接。责任体系中指明的责任是在责任落实之前进行的预算责任,除了指标层面指出的责任外,还包括重点工作层面的相关责任,对于指标层面中需要测算的内容,要具体到测算的基础以及测算依据,再通过分解、支撑和包保将不同的层级之间联系起来;重点工作层面的责任不仅要以项目管理机制为基础,还要细化到每一个步骤的目标、每个进程的效果、时间的关键节点和每个层级的责任归属人。预算目标下达的过程中,要确保落实到高层管理者、中层和基层人员以及负责管理岗位的责任人,形成人人参与,人人负责,权责相当,过程紧密联系,全面控制的责任体系。例如,2×1×年公司财务部长与报表会计岗签订的责任书见表8-1-1。

表8-1-1　　　　　　　　　部门考核责任书样本

2×1×年度经营业绩考核责任书

甲方:财务管理部部长　×××
乙方:报表会计　×××
第一条:经营业绩考核
根据《××公司201×年度管理人员绩效考核管理办法》,甲方以签订经营业绩责任书的方式对乙方进行考核和奖惩,乙方依本责任书接受甲方的经营业绩考核。
第二条:考核期
自2×1×年1月1日至2×1×年12月31日
第三条:考核内容(见考核表)

指标名称	计量单位	目标值	分值
一、经济指标			40
1. 部门可控费用(总厂财务)	万元	20.64	10
2. 可控管理费用(职能处室)	万元	1 170	10
3. 财务费用	万元	50	10
4. 公司利润	万元	12 000	10
二、岗位职责(按岗位职责要求,完成日常工作,每出错一次扣2分,未及时报表每次扣3分,最低得分为0分。)			40
1. 每月协助领导开展经济活动分析工作			10
2. 按时间要求及时、准确填报各种财务报表和考核报表			10
3. 负责组织中期报告和财务决算,汇总编制年度预算			10

续表

指标名称	计量单位	目标值	分值
4. 确保可控费用同比降低5%（管理费用部分）			5
5. 完成领导交办的其他工作			5
三、职业操守、廉洁自律（工作态度恶劣每出现一次扣5分，工作不负责任每出现一次扣5分，损害公司利益每出现一次扣10分。）			10
四、工作作风、执行力（工作推诿扯皮每出现一次扣3分，未按时完成临时任务每出现一次扣2分，不服从工作安排每出现一次扣3分。）			5
五、劳动纪律、工作状态（迟到早退每出现一次扣1分，无故缺勤每出现一次扣3分。）			5

第四条：考核与奖惩

月度考核得分低于80分的，只发生活费；年度考核得分低于80分的，除只发生活费外，岗位重新竞聘；得分在80分以上的按照人力资源部出台的管理人员基本薪酬及绩效薪酬考核管理办法执行。

甲方：　　　　　　　　　　　　　　　乙方：
2×1×年　月　日　　　　　　　　　　2×1×年　月　日

（3）跟踪体系。

跟踪体系是将公司与组织中的各个系统在预算方面进行协调、跟踪的一种体系，这些系统一般为生产、采购、研发、物流等，不同性质的系统采取不同的跟踪方法，以日、周、旬、月为周期进行跟踪、平衡和分析，目的是提高生产经营活动的效率，使系统达到最佳状态。跟踪体系的核心是控制过程，跟踪动态，这在完成预算的整个过程中起到了关键的作用。比如生产，日跟踪是对车间的生产进度和材料的使用进度进行跟踪；周联动是分析一周的指标进度、完成情况、材料的使用和成本耗费情况；旬平衡是将各个部门的支出进行协调，以达到一个收支平衡状态；月分析是通过分析月度的工作进度，对进度慢的指标分析总结，获得产生的原因，并根据原因制定未来期间的工作计划。

（4）评价体系。

评价体系是以责任体系中签订的书面合同，落实到具体个人的责任来进行对工作的分析和评价，根据评价的结果找出系统中的部门或者个人的一些劣势以及工作偏差，分析偏差产生的原因，采取相应的措施补足短板和劣势，从而达到不断进步的状态。通过进行标杆管理，选择其他行业的先进水平，或者同行业的龙头技术进行比较，不断从定额、定量、定质三个方面进行标杆管理。具体包括市场竞争指标、财务指标、创新指标、人力资源指标等。

（5）考核体系。

考核体系是指根据工作进行之前所编制的预算指标，以月、季度、年为不同的时间周期，将实际工作与预算指标进行对比、分析和评价，按照对比的进度，对相关人员进行奖励或者惩罚的一种体系。这不仅可以衡量工作进度，也是发放员工薪酬的依据。考核是按照业绩付酬原则,建立严格的考核体系,权责一致,将分解指标、考核绩效和落实责任联系起来,形成一个完整紧密衔接的体系,不断增加预算目标的进度。考核指标的分层除了经济指标外,还包括重点工作以及管理指标。某部门的考核打分表见表8-1-2。

表8-1-2　　　　　　　　　　部门考核打分表样本

得分（X）	级别	奖惩
110≤X	A	升职
100≤X<110	B	评先
80≤X<100	C	留用
X<80	D	降职或解聘

从纵向的集团总部到工人各个信息节点,企业的战略、组织、岗位、作业、流程都通过各个层级的"五个体系"来进行信息层层传递。从横向的"五个体系"关系来看,指标体系是预算管理的基础,责任体系是预算管理的落实,跟踪体系是预算管理的监控,评价体系是预算管理的展示,考核体系是对预算执行的奖惩;各个体系之间指标层层分解,相互勾稽,"五个体系"高度融合、紧密联系,共同围绕各个信息节点的信息生成,形成了一个密不可分的有机整体。通过全面建设"五个体系",大大增加了企业管理信息的数量及质量,进一步提高了企业信息传递及管理工作,提升了企业应对市场的快速反应能力,增强全体员工的执行能力,增强了企业的核心竞争力,全面推动企业经营管理提高水平,从而达到了管理系统的效果最优、效率最佳。

4. "225体系"管理会计报告的信息流传过程。

甲集团"225体系"中"五个体系"的建立为公司各层级单位及基层核算单元进行信息有效传递提供了良好的基础。在这个基础之上,"五个体系"的运转即是企业预算信息动态流转的过程,通过对预算信息的分类、判断、分析、评价、控制及考核可以为企业提供基于决策支持的管理信息。在时间的连续性上,这些管理信息随着每一个考核周期的完成而结束,同时又是下一个考核周期的开始,中间并不间断,从而形成了一个预算信息汇集、传递及分析的闭环。在空间排列上,由于预算信息是预算指标的另一种表达方式,预算指标是基于战略的牵引而进行的层层分解,这种指标分解是横向到边、纵向到底、全面彻底的全覆盖,它必然会全覆盖到企业各个部门、各个作业环节,从企业的营销开始,到生产、采购、物流、人力资源流,再到资金流等。预算的责任及考核制度安排也正是以预算指标的层层分解为前提,这样从空间上就形成预算信息流流转、汇集、传递及报告这样一个闭环的过程。由于企业的业务活动存在着空间上的连续性,所以预算信息在空间上也是不停流转、汇集、传递及报告的一个动态过程,从而保证企业正常的管理活动得以顺延下去,见图8-1-2。

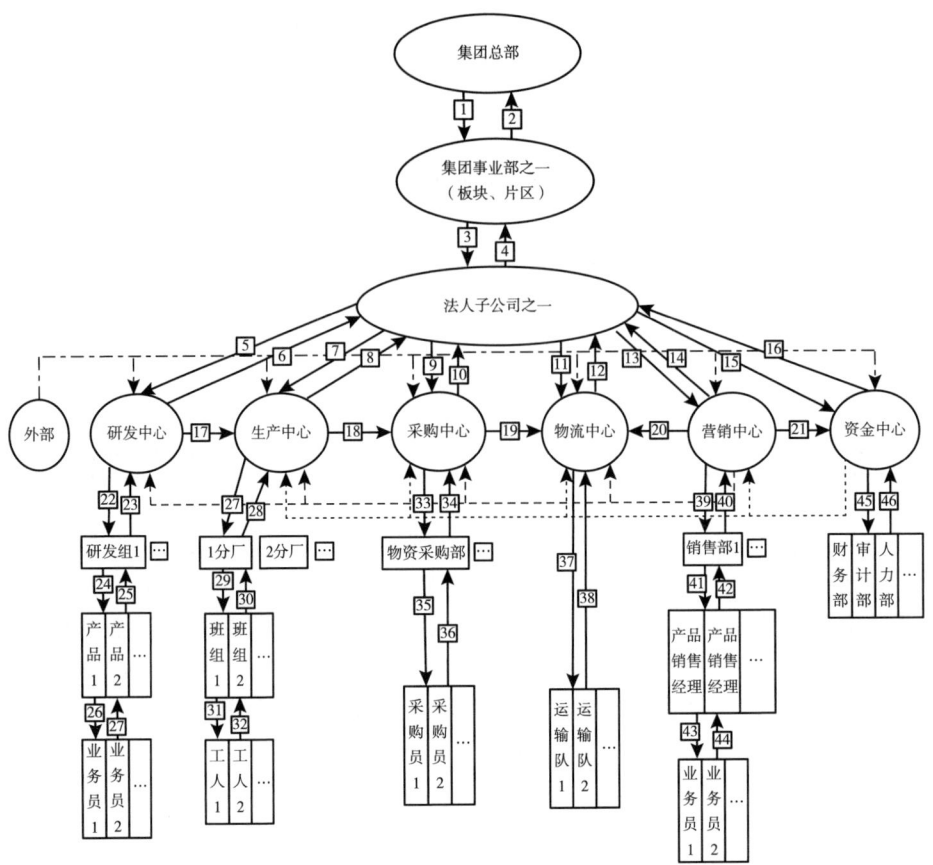

图 8-1-2 甲集团信息流转图

流转图符号及含义说明：

1. 信息流转方向：→

传递频率：0——随时；1——日；2——周；3——旬；4——月；5——年

2. 传递内容："……"表示资金信息；"----"表示产品产量信息；指标分解，决策反馈，原因追溯；"- - -"表示外部信息

3. 信息节点报告的信息：每个部门及作业单元报告的信息

4. 传递形式：A——表单，B——信息系统，C——口头（会议），D——文字，E——PPT（图表）

5. 信息使用目的：如战略制定、分析、评价、控制、决策。工人：掌握工资收入；班组长：控制进度、完成任务、控制短板；分厂厂长：产量、产值、利润；运营中心：高层考核指标

6. 信息类别：战略层（包括长期预算，资本规划）；经营层（考核指标，预算指标等）；作业层（经营+具体作业信息）

三个层次（总部、事业部、子公司报告战略层信息；事业部、子公司、中心、分厂报告经营层信息；班组报告作业信息）

7. 质量控制：相关性＞真实性＞及时性＞可比性；比较重要性排序，如集团注重真实性和相关性，班组注重及时性和可比性

(1) 信息流转的方向。

纵向看，预算信息在下达时是由上到下的流转过程，而在实施及执行时，又是从下到上进行传递的过程。因此，预算信息具有上下都可以进行传递的特性。横向看，不同的部门由于存在着业务上的内在联系，以及管理上的要求，各个部门之间就会发生预算信息的传递和使用，或是发生预算信息的汇集，从而为企业管理提供决策支持。因此，预算信息也可以在不同部门之间进行相互的横向传递。从预算信息流转图中标明的箭头可以清晰地看出，预算信息具有纵向及横向传递的特性。

(2) 信息的类别及节点。

预算信息对企业来说是全方位的，无所不在，但这并不意味着企业预算信息不具有层次性。恰恰相反，由于企业管理的多样性及层次性，预算信息也必然具有不同的种类，因此，可对预算信息进行适当的分类以满足管理上的需求。企业可以按管理决策的环节对预算信息进行分类，如可以分为：预测信息、分析信息、决策信息、计划信息、执行信息、控制信息、评价信息及考核信息等；也可按企业管理的层次性对预算信息进行合理分类，如战略层的预算信息、管理层的预算信息、作业层的预算信息。甲集团认为后者的分类更能满足当前企业管理者决策的需求。既然预算信息是可以进行纵向及横向流转的，那么必然存在预算信息是通过什么环节进行传递的问题，这就涉及预算信息的节点。信息节点是指预算信息的生成、传递、使用及报告的关节点，它一般都对应着一个个核算或考核单元，这个核算或考核单元可以是企业的大部门，也可以是企业虚拟的责任中心、经营板块，还可以是企业一个最小的作业单元。从集团总部到最底下的作业单元都是信息流转的节点。

(3) 信息的来源及编制。

甲集团把预算信息进行了分类，可以按管理决策的环节进行分类，也可以按管理决策的层次进行分类。由于有了预算的分类，可以按管理的要求对预算信息进行收集及汇总，这就涉及信息的来源问题。企业信息的来源是多方面、多方位的，几乎涉及企业方方面面的节点，信息的来源可以按企业的组织框架层次图进行分析，它可以大到企业的集团总部，也可以小到某一个具体的作业单元，这两者之间的管理层次分布都可以作为预算信息的来源。甲集团按预算的层次把预算信息的来源分为：战略层次的预算信息来源、管理层次的预算信息来源及作业层次的预算信息来源。这种分类的好处在于：一是与预算信息分类一一对应起来；二是可以更好地满足管理决策的需要。预算信息的编制则与预算信息的使用主体及信息节点相关，一般来说，每一个管理层次及经营作业单元都是信息编制的主体，也是信息使用的主体，可以说，信息使用的主体需要对信息进行编制，它们也是信息编制的主体。

(4) 信息的传递频率与传递方式。

信息的传递频率对信息使用者的管理决策非常重要，以何种方式进行传递也至关重要。信息的传递频率是由多种因素决定的，不同的业务性质部门、不同层次的节点（责任主体）对信息需求的量及频率是不同的。对于公司底层部门来说，它们需要的信息传递频率比更高层级部门要多一些，或者说，越是底层的部门，所需要的信息频率越高，因为这些信息与企业的生产经营、业务作业操作及基础管理直接相关，对于它们来说，可能每天都需要业务及管理信息的传递及交换。例如，甲集团下属的乙公司，对于生产经营活动，它们每天早晨都要召开生产调度会，虽然是生产调度会，但实际上是以生产为中心涉及企业供、产、销、购及质量检测各个方面的会议，会上主要是对前一天生产经营活动中遇到的一时无法解决的事项进行分析、安排及解决，这种每日的生产调度会对当时的生产经营活动的安排效率很高，即是信息沟通会，也是管理控制会。类似这种方式已经是该企业的一种促进日常生产经营的有效机制，根据不同的频率，信息沟通与管理控制的方式可以划分为"月分析"型方式、"旬平衡"型方式、"周联动"型方式与"日跟踪"型方式等。可以看出，企业的信息传递频率，既有每天的，也有每周的；既有每旬的，也有每月的。传递的频率与信息的重要性有关，与管理决策的层次也有关系。除了会议形式之外，传递的方式还有表格、表单方式，口头方式，文字报告方式，PPT等图表方式以及企业的信息系统或信息平台方式。管理信息报告或传递的形式多样化，以满足管理决策和控制的不同需求，但不具有统一性。甲集团通过这些信息传递方式以适宜的信息传递频率有效地解决了企业日常生产经营及管理中遇到的问题，保证了企业的生产及各项活动顺利有序进行。

（三）"225体系"管理会计报告的内容

信息的报告内容对企业管理决策来说是一件非常重要的工作与事项，会影响管理者决策的有效性与及时性，对企业正常生产经营及日常管理具有重要的作用。由于报告内容的重要性，就要对信息报告的内容进行约定及分类，以满足高层对管理决策的信息支持。甲集团把信息报告内容划分为三个层面：战略层的信息报告内容、管理层的信息报告内容与作业层的信息报告内容。这种划分可以与预算信息的分类对应起来，具有直观、便于决策的优点。集团总部战略层的信息报告内容主要包括竞争环境、竞争力、战略规划与战略目标等信息，管理层信息包括经济效益指标和企业日常工作方面的信息。甲集团板块信息报告内容主要关注经济效益指标，包括职业装板块等8大板块的预算、责任及考核指标。管理层的信息报告内容主要包括以下所属责任中心的经济效益指标和日常工作指标，以乙公司为例，该公司报告的信息主要包括利润总额的数值、存货净值的数值和资产负债率的数值等，总共九项指标。对于作业层来看，主要关注产值、产量、成本、消耗等一些具体作业指标。下面我们以甲集团、职业装板块、乙公司等不同信息节点为主体，以预算指标体系为例，展示其报告内容。

"225体系"管理会计报告有包括以下内容。

1. 第一层次：集团总部的报告。

（1）集团"十二五"发展战略报告（略）。

（2）集团预算指标完成情况报告（见表8-1-3至表8-1-5，图8-1-3至图8-1-4）。

表8-1-3　　　　　　经营层报告之一（集团八项指标总体完成情况）

项目	2×14年1~11月数	2×14年预计数	2×14预算数	2×14年较预算增减百分比（%）
营业收入（亿元）	206.68	215.00	285.00	-24.56%
利润总额（亿元）	12.51	14.10	14.10	完成
EVA（亿元）	5.47	5.30	4.74	+11.81%
成本费用占收入比重（%）	99.08	97.57	97.00	+0.59点
经营现金净流量比率（%）	-98.40	70.40	69.67	+0.73点
存货净值（亿元）	37.10	30.88	30.88	完成
产成品净值（亿元）	20.69	19.70	19.73	-0.15%
货款回收率（%）	95.90	100.15	100.05	+0.1点

表 8-1-4　　　　经营层报告之二（营业收入完成情况：业务构成）　　　　单位：亿元

项目	2×14年1~11月数	2×14年预计数	2×14年预算数	2×14年较预算增减百分比（%）
营业收入合计	206.68	215.00	285.00	-24.56
××收入	45.75	49.30	60.00	-17.83
××收入	59.78	60.70	108.24	-43.92
外贸收入	7.69	8.76	15.21	-42.41
贸易收入	93.47	96.24	101.55	-5.23

表 8-1-5　　　　经营层报告之三（营业收入完成情况：板块构成）　　　　单位：亿元

板块名称	2×14年1~11月数	2×14年预计数	2×14年预算数	2×14年较预算增减百分比（%）
职业装板块	57.86	66.92	100.67	-33.52
纺织印染板块	30.30	34.88	54.81	-36.36
职业鞋靴板块	54.98	62.37	81.69	-23.65
防护装具板块	30.58	33.03	65.74	-49.75
国贸板块	29.26	30.00	50.02	-40.02
邢台片区	5.19	5.19	56.74	-90.84
中外合资	1.67	2.08	2.02	2.97

2. 第二层次：板块报告（见表8-1-6至表8-1-8）。

表 8-1-6　　　　职业装板块报告之一（八项指标总体完成情况）

项目	2×13年决算数	2×14年预算数	2×14年1~11月数	2×14年预计数	同比增减百分比（%）	较预算增减百分比（%）
营业收入（万元）	759 492.70	1 006 655.06	553 288.68	669 208.04	-11.89	-33.52
利润总额（万元）	62 773.49	55 215.65	16 546.87	39 097.69	-37.72	-29.19
EVA（万元）	35 284.89	27 698.36	1 898.52	17 897.33	-49.28	-35.38
成本费用占收入比重（%）	94.73	95.47	97.07	96.81	2.08	1.34
经营现金净流量比率（%）	38.61	93.17	-404.07	-92.53	-131.14	-185.70
存货净值（万元）	117 397.40	109 167.00	148 319.61	108 210.97	-7.83	-0.88
产成品净值（万元）	61 675.11	61 886.00	75 765.27	61 886.00	0.34	0.00
货款回收率（%）	91.54	100.00	87.35	104.42	12.88	4.42

表 8-1-7   板块报告之二（营业收入完成情况：业务构成）

项目	2×13 年决算数	2×14 年预计数	同比增减百分比（%）
营业收入合计	769 492	669 208	-11.89
××收入	318 300	310 005	-2.61
××收入	129 624	118 497	-8.58
外贸收入	8 915	16 986	79.31
贸易收入	302 653	224 722	-26.75

表 8-1-8   板块报告之三（营业收入完成情况：下属公司构成）

公司名称	2×13 年决算数	2×14 年预计数	同比增减百分比（%）
职业装板块合计	759 492.70	669 208.04	-11.89
A 公司	124 448.53	125 000.00	0.44
B 公司	65 410.47	55 500.00	-15.15
C 公司	50 746.29	27 500.00	-45.81
D 公司	33 486.80	45 300.00	35.28
E 公司	49 565.62	58 955.75	18.94
F 公司	34 934.31	25 000.00	-28.44
G 公司	30 982.70	33 000.00	6.51
H 公司	25 728.07	23 000.00	-10.60
I 公司	19 990.66	18 000.00	-9.96
J 公司	38 252.20	56 007.12	46.42
K 公司	45 164.63	46 385.00	2.70
L 公司	25 690.00	18 560.00	-27.75
M 公司	215 092.42	137 000.00	-36.31

3. 第三层次：子公司报告（以乙公司为例，见表 8-1-9 至表 8-1-10）。

表 8-1-9   乙公司报告之一（八项指标总体完成情况）

项目	2×13 年决算数	2×14 年 1~11 月数	2×14 年预计数	2×14 年预算数	2×14 年预计较预算增减百分比（%）	2×14 年预计同比增减百分比（%）
营业收入（万元）	124 448.5	108 107.36	125 000	180 000	-30.56	0.44
利润总额（万元）	12 530.35	5 799.16	6 520	12 000	-45.67	-47.97

续表

项目	2×13年决算数	2×14年1~11月数	2×14年预计数	2×14年预算数	2×14年预计较预算增减百分比（%）	2×14年预计同比增减百分比（%）
EVA（万元）	7 808.05	2 759.38	3 179.53	6 815	-53.35	-59.28
成本费用占收入比重（%）	92.85	95.17	94.78	93.53	1.33	2.07
经营现金净流量比率（%）	97.03	47.6	43.6	43.1	1.16	17.74
存货净值（万元）	33 063.42	34 523.45	30 700	30 700		7.15
贷款回收率（%）	100.67	94.21	97.02	100	-2.98	-3.63
产成品净值（万元）	19 520.13	16 793.49	18 770	18 770		3.84

◆预计完成3项考核指标，分别是经营现金净流量比率、存货净值、产成品净值；
◆未完成5项考核指标，分别是营业收入、利润总额、EVA、成本费用占收入比重、贷款回收率。

表8-1-10　乙公司报告之二（营业收入完成情况：业务构成）

项目	2×13年决算数	2×14年1~11月数	2×14年预计数	2×14年预算数	2×14年预计较预算增减百分比（%）	2×14年预计同比增减百分比（%）
营业收入合计	124 448.53	108 107.36	125 000	180 000	-30.56	0.44
实体业务收入	117 636.70	108 107.36	125 000	180 000	-30.56	6.26
××收入	52 146.16	61 423.24	73 371.19	97 000	-24.36	40.70
××收入（含外贸转口）	59 271.34	35 009.35	38 914.78	73 000	-46.69	-34.34
衬布收入（含直接出口）	6 219.20	11 674.77	12 714.03	10 000	27.14	104.43
其他业务收入	6 811.83					

◆营业收入未完成预算目标，差距5.5亿元，未完成的主要原因包括：①装具装备类产品承揽效果不佳，与年初预算相差2.89亿元；②外贸转口服装承揽与年初预算相关3.24亿元；③××产品因招标价格较低，承揽收入比原结算价收入减少0.37亿元。

4. 第四层次：子公司运营中心报告（以生产中心为例，见表8-1-11）。
5. 第五层次：子公司分厂报告（以一分厂为例，见表8-1-12和表8-1-13）。

第八部分　其他领域

表 8-1-11　乙公司生产中心报告（六项指标完成情况）

指标名称	计量单位	年度指标	月度进度指标	至11月进度指标累计	本月实际完成	至11月实际完成累计	本月超进度指标	至11月超进度指标累计	累计指标完成率	上年同期	上年同期 累计
1. 产值	万元	131 400	11 747.7	120 522.6	15 471.3	91 394.45	3 723.66	−29 128.2	75.83%		0
其中：厂内产值	万元	55 180	4 933.31	50 612.12	6 007.97	45 027.83	1 074.66	−5 584.29	88.97%		0
十分厂产值	万元	76 220	6 814.37	69 910.48	9 463.37	46 366.62	2 649	−23 543.9	66.32%		0
2. 内部利润	万元	1 860	162.83	1 705.71	21.84	1 841.71	−140.99	136	107.97%		0
其中：采购利润	万元	570	47.5	522.5	47.81	548.14	0.31	25.64	104.91%	34.65	386
工费利润	万元	660	59.01	605.36	−78.52	647.72	−137.53	42.36	107.00%		0
加工费利润	万元	550	49.17	504.47	45.8	569.16	−3.37	64.69	112.82%		0
材料节约利润	万元	80	7.15	73.38	6.75	76.69	−0.4	3.31	104.52%		0
3. 生产EVA	万元	−121	−10.82	−110.98	−170.38	344.9	−159.56	455.88	510.76%		0
4. 外部揽收入	万元	1 200	107.28	1 078.01	20.02	1 182.96	−87.26	104.95	109.74%		0
5. 流动资金占用	万元	28 300	28 300	28 300	32 951.4	32 951.39	−4 651.4	−4 651.39	85.88%		0
其中：原材料资金占用	万元	7 600	7 600	7 600	6 893.35	6 893.35	706.65	706.65	110.25%	5267	5267
在产品资金占用	万元	10 000	10 000	10 000	10 223.1	10 223.13	−223.13	−223.13	97.82%		0
产成品资金占用	万元	10 700	10 700	10 700	15 834.9	15 834.91	−5 134.9	−5 134.91	67.57%		0
6. 积压物资占用	万元	240	240	240	140	140	100	100	171.43%		0
其中：原材料积压占用	万元	100	100	100	0	0	100	100	109.74%		0
产成品积压占用	万元	140	140	140	140	140	0	0	100.00%		0

案例示范 8-1　集团公司"225 体系"管理会计报告

表 8-1-12　　　　　　　　　　3502 一分厂报告（六项指标完成情况）

指标名称	计量单位	年度指标	月度进度指标	本月进度指标累计	本月实际完成	本月实际完成累计	本月超进度指标	本月超进度指标累计	累计指标完成率	上年同期	上年同期累计
1. 产值	万元	14 600	1 305.3	13 391.4	1 495.5	14 582.15	190.16	1 190.76	108.89%		0
2. 工时收入	万元	3 392	303.26	3 111.21	299.23	3 367.89	-4.03	256.68	108.25%		0
3. 内部利润	万元	190	16.99	174.27	-50.38	-270.38	-67.37	-444.65	-155.15%		0
其中：工费利润	万元	190	16.99	174.27	-50.38	-270.38	-67.37	-444.65	-155.15%		0
原材料节约（辅料）	万元	0	0	0	0	0	0	0			
4. 生产 EVA	万元	134	11.98	122.91	-53.65	-304.6	-65.63	-427.51	-247.83%		0
5. 工时费用率	%	88	88	88	95.75	95.75	-7.75	-7.75	91.91%		0
6. 在产品资金占用	万元	800	800	800	561.15	561.15	238.85	238.85	142.56%		0

表 8-1-13　　　　　　　　　　3502 一分厂报告（产值指标完成情况）

生产班组	2×14 年核定人数	产品名称	单位	任务数（件）	人日定额（件）	单价（元）	产值（万元）	本月产量完成（件）	本月产值完成（万元）	本月产值完成率（%）	1～11月产量完成（件）	1～11月产值完成（万元）	1～11月产值完成率（%）
A01	50	略	件	129 950	8.45	103.98	1 351.24	11 029	114.68	101.85	120 121	1 249	100.84
A02	75	略	件	60 800	2.8	361.38	2 197.16	5 082	183.64	100.3	55 933	2 021	100.36
A03	75	略	件	65 655	2.66	170.55	1 119.72	5 461	93.14	99.82	60 084	1 025	99.83
A04	75	略	件	68 015	2.66	182.68	1 242.53	5 728	104.64	101.06	63 547	1 161	101.92
A05	85	略	件	68 450	2.56	275.56	1 886.21	5 736	158.07	100.56	63 046	1 737	100.48
A06	85	略	件	68 125	2.51	394.49	2 687.46	5 697	224.74	100.35	62 558	2 468	100.18
A07	85	略	件	66 135	2.41	453.69	3 000.47	5 631	255.48	102.18	61 024	2 769	100.66
A08	85	略	件	67 280	3.06	163.99	1 103.32	5 547	90.96	98.93	61 453	1 008	99.64
合计	615	略	件	594 410	3.72	245.42	14 588.11	49 911	1 225.35	100.8	547 766	13 437	100.49

第八部分　其他领域

6. 第六层次：一分厂报告（以 A04 班组为例，见表 8-1-14 和表 8-1-15）。

表 8-1-14　　　　　　3502 一分厂 A04 班组产值完成情况报告（月报告）

生产班组	2×14年核定人数	产品名称	单位	月任务数（件）	人日定额（件）	单价（元）	产值（万元）	本月实际完成（件）	本月实际产值（万元）	产值完成率（％）
A04	75	常服类	套	420	2.45	307.01	12.89	431	13.23	102.62
		春秋服	套	580	2.52	307.01	17.81	605	18.57	104.31
		春秋服	套	390	2.52	307.01	11.97	404	12.4	103.59
		春秋服	套	250	2.55	380	9.5	260	9.88	104
		工商春秋服	套	460	2.55	330	15.18	480	15.84	104.35
		春秋服	套	250	2.55	400	10	266	10.64	106.4
		风衣	件	1 680	2	80	13.44	1675	13.4	99.7
		羊绒大衣	件	1 680	2.35	80	13.44	1 688	13.5	100.48
		小计		5 710	2.66		273.88	104.23	5 809	107.47	103.11

表 8-1-15　　　　　　3502 一分厂 A04 班组工序价格、加工
成本及工人工资情况报告（日报告）

产品种类：风衣　　　　定额产量（件/日·人）：2 件　　　　工人人数（人）：75

姓名	工序名	工序性质	定额工时（秒）	定额工资（元/秒）	工序系数	工序单价
田京欣	缃领子	一般	60	0.004	1	0.24
	压缃领子	重点	100	0.004		
	塞肩祥	副工	20	0.004		
王全杰	缃袖子	一般	120	0.004	1	0.48
	清袖笼	一般	60	0.004		
……	……	……	……	……	……	……
刘玉玲	扎袖笼明线	一般	100	0.004	1	0.4
	整烫袖窿	一般	80	0.004		
合计	178		14 400	0.004	1	57.888

（四）"225 体系"管理会计报告的使用

甲集团管理会计报告各信息节点的信息使用主要包括：分析、控制、决策与考核。

分析主要是指企业对预算的完成程度进行分析、对标分析等。预算完成程度分析主要是对企业每天、每周、每旬、每月、每季、每半年及全年的预算执行情况进行分析，以找到预算的差异，并对差异进行科学合理的探讨，找出差异原因，通过这种方式提供的信

息，有助于企业的管理与决策，也为下一年的预算制定及预算调整作了必要的信息准备。在进行预算完成程度的分析时，也同时对预算的差异及产生差异的原因进行了分析及总结，这实际上就是甲集团下属企业管理报告的形成过程。这些管理报告会以不同的形式传递到各相关部门及上级领导那里，从而为企业的管理决策提供了必要的预算、管理、经营及作业信息。对标分析也是如此。

控制更注重于对平时的生产经营活动进行控制，首先是对产品成本的控制，甲集团下属乙公司采用定额成本的方式对成本施加控制，公司把原本的定额成本进一步细化，并且定量落实到产品生产运输的每一个流程上，其中的每一道工序再依照服装生产的复杂程度测算它的工序时间，综合以上因素计算出产品的工序成本，称为工序单价，通过工序单价可以很好地控制成本，同时也可以激发员工的积极性，从而大大提高产品的产量。

决策环节注重对企业日常生产的短期生产经营进行决策，如本量利分析、成本控制分析、产量的分析、预算完工进度分析、班组生产控制等。通过以上分析和决策，可以随时解决短期生产经营中遇到的各种问题，从而有效地保证了公司生产得以正常顺利的运转。

考核关注于预算的责任体系的完成情况。由于甲集团建立了比较完善的预算责任体系，并且为了保证企业预算责任能够真正落实到位，该集团与其他各级部门和组织签署了一系列有关预算的责任书，这些有一定效力的责任书成了我们进行预算考核的重要依据。在进行考核时，企业依据这些标准就可以很好地对集团企业、下属企业、相关部门及个人进行评价及考核，考核与绩效及奖惩挂钩，并在此基础上对考核对象实施相应的奖惩与激励。表8-1-16列示了"225体系"管理会计报告信息用于考核的情形。

（五）"225体系"管理会计报告的质量控制

如上所述，管理控制中信息的内容、形式、传递、流转、报告及使用对企业经营者来说非常重要，因此，需要对企业管理控制中信息的质量进行控制。信息的质量可以说是对信息提供了质的要求，这些要求必须满足各层级管理者及决策者的决策需求。总体来说，预算信息的质量要求包括以下几个方面：信息的相关性、信息的及时性、信息的可比性及信息的可靠性。这些规定具有明显的质量特征，从而可以有效保证预算信息对于管理决策的重要支持作用，这些都属于信息的质量控制范畴。同时，预算信息的每一个质量特征对于不同层级的管理及决策者来说，也存在着不同程度的重要性，因此，我们可以按重要性程度对其进行排序。一般来说，预算信息的相关性比可靠性重要，可靠性比及时性重要，及时性比可比性重要，即：相关性＞可靠性＞及时性＞可比性；但是，由于对于不同层级的管理要求，其信息质量的重要性也是有所差异的，例如：对于集团企业来说，预算信息的可靠性最重要，其次是相关性，即按重要性排序则为：可靠性＞相关性＞及时性＞可比性；而对基层的班组来说，管理控制信息的重要性又发生了变化，对于生产一线的班组来说及时性则更重要一些，其次是管理相关性，即按重要性排序则为：及时性＞相关性＞可比性＞可靠性。

三、取得成效

甲集团"225体系"管理会计报告实现了内部业务与财务相协调、与公司战略相匹配、与企业生产经营相吻合，并在外部不断地追求与产品市场相同步。与此同时，甲集团还相应地构建了与该体系相适应的企业内部评价考核体系，来保证该体系能够有效运行。通过这些体系的构建以及相关制度的实施，该企业从上层到基层都进行了合理的改造与调整，企业的产品生产、产品流通、内部考核等方面都逐步做到与预算报告体系的实施相适

表 8-1-16 分厂责任人考核的内容及结果

单位及责任人	指标名称	计量单位	年度指标	分值	横向反馈方	累计进度	累计实际	累计完成比例	累计得分	备注
三分厂 厂长赵冬云	一、经营效益指标			110					96.24	
	1. 产值	万元	6 600	10		3 234.87	2 469.24	76.33%	7.63	
	2. 工时收入	万元	1 894	15		928.31	925.67	99.72%	14.96	
	3. 内部利润	万元	70	20	财务管理部	34.31	83.2	242.49%	23	
	其中：工费利润	万元	70	15		34.31	77.71	226.50%	18	
	原材料节约（辅料）	万元	0	5		0	0	0.00%	5	
	4. 生产EVA	万元	18	10		8.82	47.36	536.84%	12	
	5. 工时费用率	元	156	15		156	157.44	99.08%	14.86	
	6. 在产品资金占用	万元	750	5		750	1 190.99	41.20%	3.25	
	7. 定员人数	人	380	5	人力资源部	380	341	89.74%	4.49	
	8. 一次下机合格率	%	88	7	质量管理部	88	83.21	94.56%	4.61	不含备补30（每降1%扣0.5分）
	9. 出厂合格率	%	100	6		100	97.1	97.10%	4.55	
	10. 军检合格率	%	100	7		100	99.8	99.80%	6.9	
	11. 目标成本考核（加分项）			10	财务管理部					

案例示范 8-1 集团公司"225 体系"管理会计报告

续表

单位及责任人	指标名称	计量单位	年度指标	分值	横向反馈方	累计进度	累计实际	累计完成比例	累计得分	备注
	二、年度重点工作			100					98.62	
	1. 进一步推进"双模化"管理与"225 管理创新体系"相结合,探索实践柔性化生产模式,实现可比产品劳动效率提高10%以上			10	人力资源部	10	11.7	117.00%	11.7	
	2. 强化生产基础管理,创新生产组织模式,促进传统产业升级			20					24	
三分厂长赵冬云	①可比产品成本同比下降2%以上	%	2	10	财务管理部	2	2.69	134.50%	12	
	②各项可控费用同比下降3%以上	%	3	10		3	4.11	137.00%	12	
	3. 稳定职工队伍,优化调整人员结构,压缩非生产人员,在提高劳效的基础上稳步提升职工收入,确保人均收入提高10%以上	%	10	10	人力资源部				10	
	4. 以营销生产经营计划为基础,以价值创造为核心安排组织生产			35					28.6	
	其中:①日清日结目标完成率100%	%	100	10	策划生产部	100	86	86.00%	8.6	
	②确保产品接单率100%	%	100	10		100	100	100.00%	10	

第八部分 其他领域

第八部分 其他领域

续表

单位及责任人	指标名称	计量单位	年度指标	分值	横向反馈方	累计进度	累计实际	累计完成比例	累计得分	备注
三分厂长赵冬云	③交期保障率100%	%	100	15	策划生产部	100	95	95.00%	10	02飞行棉衣、青岛多功能、警服训练服、食药管理局丘防寒服、商服防寒服（每降低1%扣1分）
	5. 加强劳动纪律和生产现场管理			15					14.72	
	其中：①现场管理达标98%以上	%	98	5	策划生产部	98	98.2	100.20%	5	
	②出勤率达到95%以上	%	95	5	人力资源部	95	88.84	93.52%	4.68	
	③短期合同工流失率低于3%	%	3	5		3	2.76	108.00%	5.05	每增加1%减0.2分
	6. 高度重视社会责任目标。落实好安全维稳责任制，确保不发生个人和群体上访事件			5	工会安全保卫部					4.6
	其中：①生产安全死亡事故为零	%	0	2						2
	②轻伤事故总量同比降低10%	%	10	1						1
	③万元产值能耗同比降低4%以上	%	4	2	动力分厂	4	-14.14	-353.50%	1.6	
	7. 申报实用新型技术专利	项	1	5	发展规划部				5	完成（4月底前完成）
	三、社会责任和廉政建设指标（一票否决制）									
	四、干部作风执行力（-3~3分）									
	五、述职述廉民主评议（年度）									
	合计（经营效益指标与年度重点工作比值70%:30%）								96.96	

应,因此也促进了甲集团生产效率的提高,企业相关规划能够得到落实,生产目标得以实现,相关费用得以降低,大大提高了企业的经济效益,企业的市场竞争能力也不断增强。

从总体上看,虽然全行业利润率在下降,但甲集团通过此体系的实施,有力地管控了成本,实现了收入不变乃至下降情况下利润的快速增长(见图 8-1-3)。营业收入由 2×11 年的 156.9 亿元增加 2×14 年的 222.41 亿元,年均增长 4.47%;净利润由 2×11 年的 6.26 亿元上升到 2×14 年的 11.32 亿元,年均增长 21.83%,利润增长率要远大于收入增长率,较好地实现了公司的成本领先战略。

从行业比较来看,甲集团作为没有品牌优势、有较重社会负担、承担特需任务的国有企业来说,其资产报酬率、总资产净利润率和净资产收益率的增长速度都高于同业,并在 2×14 年全面超过行业平均水平(见表 8-1-17)。

表 8-1-17　　　　　　　　甲集团资产收益能力与行业的比较

年度	资产报酬率		总资产净利润率		净资产收益率	
	行业	甲集团	行业	甲集团	行业	甲集团
2×10	0.0499	0.0395	0.0439	0.0353	0.0720	0.0789
2×11	0.0583	0.0400	0.0514	0.0413	0.0838	0.0692
2×12	0.0616	0.0506	0.0607	0.0492	0.0877	0.0848
2×13	0.0529	0.0539	0.0509	0.0506	0.0711	0.0884
2×14	0.0486	0.0602	0.0452	0.0545	0.0659	0.0966

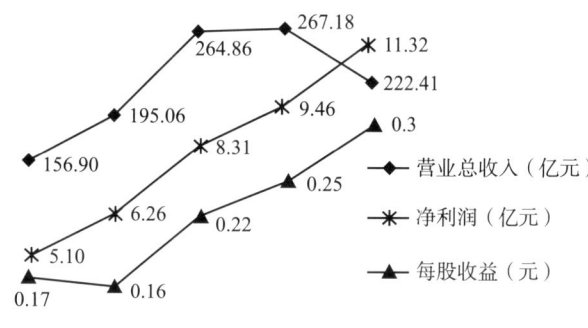

图 8-1-3　甲集团实施"225 体系"管理会计报告

案例示范 8-2
企业集团预算管理信息系统建设

【本案例介绍预算管理信息系统在企业集团的构建。案例主体单位为下辖 30 多家二级单位的高速公路集团。针对预算管理方面预算主体多、工作量大、业务面广、预算系统复杂、预算层级多等问题，该单位通过认真调研预算系统需求，详细设计预算管理体系，并应用于预算编制、分解、调整、执行和分析全过程中，实现预算组织全覆盖、业务全覆盖、流程全覆盖、信息全覆盖，切实发挥了预算管理总抓手作用。】

一、背景描述
（一）单位基本情况

甲集团以投资、建设、经营、管理高速公路、桥梁、铁路、港航、机场、物流为主业，是集主业保障链上金融、建设、置业、信息、建材为一体的现代化、国际化、高效化、综合型国有独资特大型企业集团。截至 2×16 年 8 月末，甲集团注册资本为 200 亿元，资产总额为 4 097 亿元，资产规模居省企业和全国同行业第一位，下辖 38 家二级单位；1~8 月累计实现营业收入 315 亿元，累计实现利润总额 25 亿元。

（二）存在的主要问题

一是预算主体多，工作量大。甲集团除包含 155 个单个企业法人预算主体外，还包括其他预算环节和相关职能部门等预算主体 463 个，预算主体比法人主体多几倍，手工编制预算和控制预算难度极大。

二是业务面更广，预算系统体系复杂。甲集团实施多元化经营，涉及八大板块、二十一项业务，预算管理涉及的业务更多，行业跨度更大，预算体系、方法、要求更复杂。

三是预算层级更深，工作量骤升。甲集团预算涉及集团总部、各级子（分）公司、相关职能部门，一直到最小的预算主体，层级更深，业务协调工作量更大；每增加一个层次，预算管理工作量会呈现几何倍数的增加。

四是预算主体权益冲突较难协调。企业集团预算比单个企业预算要复杂得多，内部利益关系更是错综复杂，因此，其预算管理必须紧紧围绕企业集团发展战略，经过与内部各种利益关系的协调和平衡，才能实现企业集团整体利益最大化。

（三）建设预算管理信息系统的主要原因

一是有助于预算管理体系的完善。通过信息系统，将企业的全面预算管理体系信息化，使之得以固化、标准化、规范化，避免人为随意调节，促进体系完善。同时，对于某些关键的边界条件，例如预算假设，可以在组织内部使用唯一的标准，防止各部分预算内容冲突。

二是有助于提升预算编制工作效率和效果。预算编制是预算管理中耗费人力财力最大的工作，也是全面预算管理工作中的重点。企业编制预算一般采用自上而下、自下而上、上下结合的互动性编制方法，有时还要上下循环多次，以确保编制的预算能反映企业各个层面的经营发展实际情况。大量的预算报表和预算项目、冗长的编制和平衡过程，对预算编制人员来讲是件极其头痛的事情，在变更表格、分发、收集、校对等过程中，出错概率较高。预算管理信息系统帮助预算编制人员摆脱了预算编制的繁杂流程，利用系统强大的计算和逻辑关系定义功能，通过历史数据参照、预算报表、预算项目之间的联动关系，可大大提高预算报表的编制效率和编制质量。

三是有助于提高预算控制的针对性。预算执行和控制时要处理的信息量远远大于预算编制时要处理的信息量，信息更是分布在不同的系统和领域，依赖手工控制几乎是不可能的，这也正是形成预算编制与执行"两张皮"的根源所在。通过预算信息化，预算管理系统同财务系统、费用系统或业务系统进行集成应用，预算管理系统实时归集预算项目实际发生数据，在业务系统进行业务处理时自动根据预算设置的预警控制条件，实时检查预算情况，真正起到预算控制的作用。

四是有助于提高预算分析的精准性和及时性。在传统的预算分析中，很多需要分析的表格在获取数据方面存在困难，分析数据时还要编写大量的链接公式甚至手工计算，大大制约了相关管理人员的分析能力，有时管理层需要某些特定的分析，可能因为技术条件的限制而无法实现，分析人员的作用和影响力遭受质疑。通过预算信息化，顺理成章地解决了实时获取执行数据的问题，预算分析的数据来源问题就迎刃而解了。

二、总体设计

（一）项目需求调查

项目组通过实地考察、调研、座谈会、发放问卷等方式了解需求，确定了甲集团关于预算管理信息系统的需求描述：

1. 支持全面的预算体系，包括业务预算、财务预算、资本预算、资金预算等。
2. 支持年度预算的编制、审批、执行、控制、调整、分析、考核的全过程预算管理。
3. 支持从五年战略规划到三年计划再到年度预算的分解落地。
4. 支持与甲集团现有的用友 NC 财务集中核算系统、拜特资金集中管理系统及其他有关业务系统的有机结合，实现数据的实时互动。
5. 支持在预算编制时设置多种预算假设，建立预算参数模型。
6. 支持预算编制的多版本管理，在系统中自动留下预算编制、审批、调整的痕迹，便于查询管理。
7. 支持多周期的预算编制，支持按年、季、月编制预算；可跨年编制预算，可灵活实现期间细化。
8. 根据管理需要，支持设置多个预算维度，如行业、地区、期间、项目、产品等；不同维度之间可以自由搭配组合，方便预算的编制、分析、考核等。
9. 适合集团多层级组织需要，各责任中心在集团下发的预算体系中，可以增设自有的预算明细项目，形成既符合自身管理需要又与集团兼容的预算体系；在公司内部可以设置多级预算主体，细化预算编制。
10. 支持滚动预算、弹性预算、增量预算、零基预算等编制方法，支持自上而下、自下而上以及上下结合的预算编制流程。
11. 支持自定义预算报表格式，格式灵活方便，满足不同行业、不同公司、不同部门的需要。
12. 支持自由灵活地设置预算公式，包括表内公式、表间公式、审核公式、取数公式等。
13. 支持公式自动取数、复制、粘贴、从 EXCEL 表导入预算数据和手工录入数据等多种编制方式，支持通过业务函数、手工输入、导入等方式获取实际数据。
14. 支持预算报表勾稽关系及合理性强制检查。每张预算报表保存时，系统会根据设置的审核公式，对预算表进行表内、表间勾稽关系及合理性的强制检查。

15. 支持预算表的自动汇总生成、合并抵销。支持按照不同的维度，将符合条件的预算主体进行汇总、合并生成不同的预算。

16. 支持下级单位编制本单位预算后，逐级上报汇总至集团公司，集团批准后再由上级单位逐级批复下达下级单位，或各单位以集团公司指定的核心指标逐级分解后编制预算，必须达到核心指标方可进行预算上报。

17. 支持预算下达后对全部的预算数据自动锁定，除集团批复下达人员有权修改外，其他人员无法改动。

18. 满足集团公司预算主体对预算控制的不同需求，可以支持以资本支出、资金支出、成本费用、期间费用、销售收入等为重点的预算控制要求。

19. 支持多种控制标准的预算控制；支持同一预算项目在不同责任中心可以采取不同的控制方式。

20. 支持对预算在申请支付环节进行控制，发出预警信息；支持当期控制、总量控制等多种控制方式。

21. 支持主动式的预算异常报警。在业务单据录入时，系统自动提示当前预算余额；可以定义预警信息，在某个预算项目进度异常时发出预警信息。

22. 支持预算外项目的追加及预算项目的调整，追加及调整程序以甲集团目前执行的全面预算管理办法为准，预算追加、调整后相关预算项目随之做相应调整，追加、调整的预算项目必须区别列示。

23. 提供多种预算分析模型，便于预算主体作出灵活的个性分析。

24. 支持预算的执行情况分析，包括对预算的执行进度、差异率等进行分析；可以联查每一预算项目涉及到的所有单位（直至末级单位）的详细数据，便于进行预算执行跟踪。

25. 支持对预算调整情况进行分析，包括预算数、调整数等，支持联查调整数、预算单位及发生明细。

26. 支持对预算数和实际数进行趋势分析、差异分析、对比分析、环比分析、定基分析、穿透分析等，并采用多种方式展现分析结果。

27. 支持按照不同的预算维度进行自由组合搭配，自动生成相应的分析报表，满足不同的预算分析需求。

28. 支持可自动生成预算分析报告，支持预算数据导入、导出功能。

29. 支持将预算的执行情况和考核分析结果定期、自动在甲集团现有的信息管理平台展示。

30. 支持对预算执行结果的考核，并将预算执行结果反映在甲集团既定的报表中。

31. 免费向甲集团开放全面预算管理软件的所有接口，免费帮助后续该预算管理软件与其他业务系统之间的对接，实现无缝链接。

（二）预算管理体系设计

预算管理体系是预算的核心，预算管理体系设计是否完善合理，直接影响预算管理的效率和效果，预算管理信息系统就是基于信息技术进行预算管理，要将预算管理体系固化并镶嵌到信息系统之中。

1. 预算管理体系（见图 8-2-1）。

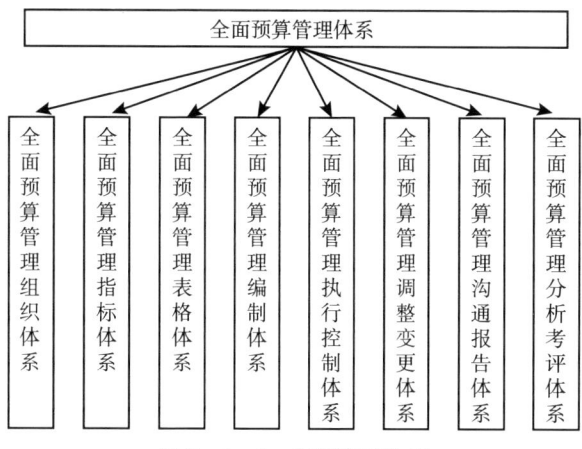

图 8-2-1 预算管理体系

2. 预算组织体系。

预算管理组织体系应当由三部分构成，包括预算管理决策机构、预算管理日常工作机构、预算执行单位。预算管理决策机构为预算管理委员会，通常由高层主要领导及职能部门负责人构成，主要职责确定预算目标、预算政策，审批预算等。预算管理日常工作机构为预算管理办公室，具体负责预算的编制、调整、考核、监督、分析和报告，预算管理办公室主任一般由分管预算管理的副总兼任，可单独设立预算管理办公室或挂靠预算管理部室。预算执行单位是需要承担预算责任的单位、部门，甚至是企业的每位员工，按照预算责任分别承担业务预算、费用预算及资金预算等各类预算的执行职能，并共同构成严密的预算责任网络。构建预算组织体系，必须保证预算主体全覆盖，确保预算的完整性，为预算信息化的汇总、查询、分析提供支持。

3. 预算指标体系。

不同的预算管理具有不同的预算目标，反映每个预算目标要用不同的指标表示，同时考虑多维度，不仅要从业务上对目标项进行分解，还要结合责任主体进行分解。如管理费用，既要考虑管理费用项下有办公费、差旅费、业务招待费等，还要考虑产生管理费用的责任主体是由许多二级单位组成的。为合理解决预算目标及分解的问题，需要设置预算项，即用于标识某个预算事项的名称，预算项是预算信息化的基础和基本信息单元。收入预算项一般按来源设置，支出预算项按用途统一设置。规模较大的企业，可以采用业务功能分类，如按销售管理、生产管理、采购管理、人力资源管理、投资管理等进行划分；规模较小的企业则习惯按业务项目划分，如工资、租金、折旧等进行分类。

4. 预算表格体系。

预算表格是预算编制、分析的载体，表格设计是否合理关系到预算的编制、执行跟踪、分析等多个阶段。在设计表格时，要从多个方面进行考虑，要突出管理重点，在执行控制时有依据，要涵盖经营预算、筹资预算、投资预算、财务预算等多个预算类别，要包括并区分明细表、汇总表，要从多个维度反映预算数据，要简洁明了、易于填写。明细表要区分一级表、二级表等，既要规定固定格式的预算表，又要给预算主体一定的灵活性，末级明细表增设个性化表格，以体现每个预算主体的管理需求。如甲集团在设计收入表时,收入汇总表区分公路、铁路、施工、港航、物流、金融、商品制造等14项预算项;一级收入明细表,如商品制造收入明细表中,又分为农牧、石化、交通等;二级收入明细表,如交通收入明细表中,又分为钢轨产销、轨枕产销等;末级收入明细表,如轨枕收入明细表中,允许预算主体设计个性化表格,如区分不同型号的轨枕数量、单价、收入等。

三、应用过程

(一) 预算编制

预算编制是预算信息系统建设的工作重心,是预算信息系统的重点、难点,需要做好充分的准备。预算编制具有严格的编制规则和逻辑关系,需要从基础数据起步,按照不同的生产要素进行多层次、多维度的平衡协调,编制过程中需要处理的信息多,工作量大。由于企业的预算指标往往经过多次沟通、协调,特别是企业集团,各级单位内部之间需要协调,上下企业之间需要协调,如果每次都要按照预算编制的流程进行调整,事倍功半。因此,在进入预算编制程序之前,首先应在企业发展战略指引下,确定年度生产经营主要指标,这些指标以收入、利润、经济增加值、净资产收益率等业绩考核指标为核心,要求必须完成,以保证战略落地;预算编制应当在经营计划约束下,对资源再次优化配置,确保实现计划目标。因此,在预算编制系统中增加了生产经营计划编制模块,用于界定各级各单位的主要生产经营指标,并具有汇总、合并功能。生产经营主要指标包括:产品销量、产量、存量、售价、收入、主要产品成本及构成、费用计划、利润计划、投资计划、筹资计划等,以界定各单位的生产经营总规模。

为了提高预算编制质量和效率,对于对外投资、技术改造及工程建设、设备大中修、资本运营等重大事项,由于涉及面广、专业性强,应建立重大事项审批前置机制。在编制汇总预算前,这些重大事项要经过必要的专家论证及审批等程序,预算只是反映该项业务的数据,不履行该项业务的实质审批程序。

为了统一原则和简化编制,在预算编制设计上作了一些预算假设,建立了一些预算模型,并开放公式编辑功能,以应对特殊情况;如对"应收账款"预算项,默认"年末余额=年初余额",即默认年度经营收入全部收回现金;同时按应收账款客户余额排序,前20%客户或者占余额80%的大户,要求按户设置明细,其他单位汇总为一个客户,并可根据具体客户账款控制目标细化账款回收情况和进度。

预算分解也是预算编制过程中不可缺少的环节,是连接预算编制和执行的纽带。在预算分解过程中,倡导均衡生产,提出以下四项原则:一是避免前松后紧,原则上分解进度不滞后时间进度;二是尽量均衡生产,即尽量保证每个月预算均衡,以发挥最大的生产效率;三是存在季节性因素的,同期预算进度不低于前三年的最好进度;四是特殊事项特殊分析,如重大资本运营等业务。

(二) 预算调整

预算调整是一件严肃的事情,无论调整何种事项,都应按照预算管理的内部授权进行审批,并将预算调整上报审批流程固化于预算信息化系统中。预算调整要做好详细的记录,并保留在预算系统中,一旦预算调整完毕,意味着预算结果的变更。图8-2-2展示了甲集团的预算调整流程。

(三) 预算控制

预算编制是在基础假设的前提下,利用一定的模型和规则,在对基础业务进行预测和计划的基础上,通过汇总、合并而形成的预算结果。对于已经编制完毕的预算,进入执行环节后,操作人员会再次面临庞杂的数据困境,如果没有信息化的支持,控制难以进行。

案例示范 8 - 2　企业集团预算管理信息系统建设

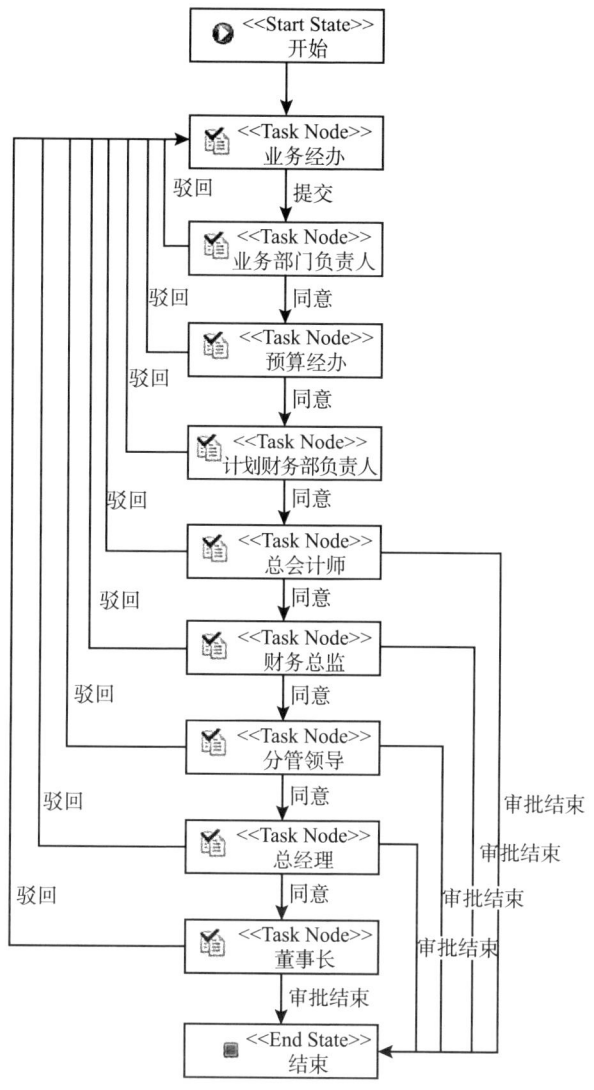

图 8 - 2 - 2　预算调整流程

预算控制的核心是预算执行要与预算方案相比对，促使预算执行沿着最有利于企业效益最大化的方向发展。通过事前、事中、事后全过程的监督与控制，达到实现企业发展战略的目的。预算控制的关键步骤是获取实际数据并与预算数据相比对，作出正确与否的判断。预算实际数据获取可来自于以下方面：

1. 预算执行单或报销单据。

预算执行单是针对特定预算项目单独执行预算的预算执行控制单据，从预算申请环节起就进入了全程控制监督之中。预算申请与预算执行存在一定的时间差异，从申请到审批执行需要一段时间，假如一项预算是分批执行的，当上次预算已经提出申请，但还没有实际执行或没有执行完毕时，又需要再次提出申请。在预算信息化系统中存在"在途预算"，即：如果预算已经提出申请，但还没有执行完毕，属于在途预算，在途预算要占用预算指标；如果最终该项申请没有通过或者放弃执行，预算可以自动恢复；如果实际执行完毕，将计入预算实际执行，以后不再逆转恢复。这样在预算执行申请单上可以反映某一预算项的年度预算额、已申请预算额、尚可使用预算额,并可以通过查询预算执行申请单状态(审批中、待支付、已支付)掌握预算的审批和支付情况,使预算控制更加符合实际情况,更加人性化,更加有效。例如,人力资源部培训费预算是200万元,1月10日第一次申请10万元的预算,预算执行单正在审批中,1月12日又提出5万元的预算申请,这时预算系统显示的是预算总额200万元,在途10万元,还剩余190万元;查询在途预算相应申请单状态,"审批中"表示"尚未最终被批准","待支付"表示"已获批尚未支付","已支付"表示"已完成支付手续"。

2. 会计核算系统。

根据成本效益原则,有些事项并不需要实施实时控制,如办公费、差旅费等,这时候可以依赖于会计核算系统,通过定期统计数据,并与预算数据核对,以提示预算执行情况,发出预算控制结果。

3. 资金管理系统。

资金管理系统可以提供资金收支实际数据,而且较之会计核算系统,资金管理系统中数据的时效性更强。在实施资金集中管理的情况下,甲集团的资金结算中心对资金业务进行统一收支管理,通过银企直联协议,银行交易明细将在系统中同步生成。

4. 其他业务系统。

有些预算执行信息需要从其他渠道获得,如产品销量、单价、库存、内部交易及合并抵销等信息,这些信息有的来自ERP系统,有的来自独立的统计分析系统等。

(四)预算分析

预算分析是预算管理信息系统的增值环节,也是手工管理所不可能达到的环节。通过对众多预算数据进行组合、加工,形成不同分析结论,找出存在的问题,分析原因,提出改进建议,发挥预算的参谋决策作用。预算分析体系分为三层,第一层为各级管理者所关注的各种管理指标、财务指标,通过对指标的监控,如果认为某项指标所代表的经营行为存在问题或希望进一步查看详情,可以向下钻取到第二层——统计分析报表层面进行分析。在第二层,各种格式化报表、多维分析、自定义报表之间还可以互相透视、关联、对比,如果对报表中的某条数据存在疑义或希望详细查看,还可以向下钻取到第三层——业务执行明细的列表及统计,这时不仅可以对列表统计进行排名,还可以对某条单据进行原始信息查看,从而实现"发现问题—分析问题—找到根源",充分发挥大数据的作用。

四、取得成效

一是实现预算主体全覆盖。甲集团由于预算主体较多,数据量庞大,在手工条件下很难做到全覆盖。通过信息系统将所有的预算主体全部纳入,实现组织全覆盖、数据全覆盖、信息全覆盖,甲集团预算主体由原来的不足30家的二级单位扩展到包括各级子公司、分公司、相关部门在内的460余家。二是将所有的业务纳入预算,各预算主体按照集团发展战略将业务细分为31个大类,预算编制由原来的以主要业务为基础进行变为按业务明细分类进行。三是经营业务收入持续攀升。2×15年收入总额达466亿元,是2×08年的3.2倍,平均年增长率为20%;2×15年利润总额达46亿元,是2×08年2.2倍,平均年增长率为11.6%;资产总额达3 649亿元,是2×08年的4.5倍,平均年增长率为21.6%。甲集团已经成为省属企业中规模最大、效益最好的企业,目前资产总额、利润水平占山东省管企业的1/4。甲集团也是同行业中规模最大、效益领先的"龙头",而且发展速度、领先优势十分明显。

案例示范 8-3
业财税一体化型财务共享中心在大型企业集团的构建

【本案例介绍财务共享中心在大型企业集团的构建。案例单位为经营范围涵盖工程施工、设计、装备制造等的大型企业集团。针对财务职能界面模糊不利于业绩考核、财务职能的决策支持能力有限、财务管控能力不足、存在信息孤岛现象等问题，案例单位通过构建具备"流程化、标准化、一体化、信息化、智能化"特征的"业财税"一体化管控型财务共享服务中心，同时建设合同管理、资产管理、税务管理、项目管理、人力资源管理、供应链管理、房地产成本管理等系统，打通数据壁垒，有效控制了数据失真等风险，提升了集团精益化管理水平，促进实现战略落地。】

一、背景描述

（一）单位基本情况

甲集团有限公司（以下简称甲公司）成立于 2×01 年，是一家经营范围涵盖工程施工、设计、装备制造、资本营运、房地产开发、物资贸易等领域，并具有对外经营权的特大型企业集团。甲公司下辖 14 个全资子公司、13 个国内区域指挥部、4 个国际区域指挥部，集团现有正式员工 1 万 8 千人左右，具有铁路总承包特级资质；房建、公路、市政等工程总承包一级资质；在建项目 700 多个。集团公司施工队伍分布在全国近 30 个省、市、自治区及利比亚、马来西亚、新加坡等国家的一些地区。集团各分公司、子公司为项目管理的主体，项目部为企业派出机构，以项目为管理对象，代表企业协调外部关系、指挥施工生产，并对工期、成本、效益、安全、质量、相关的经济、法律责任负责。

甲公司的财务组织结构采取的是"集团——分公司及子公司——项目部"的三层级管理（见图 8-3-1），集团财务部负责公司资金管理、财务分析、资产管理、融资管理、会计核算、稽核会计、报表决算、税务管理、报表编制、财务风险管理等工作，同时负责指导分公司及子公司的财务管理工作。分公司及子公司实行独立核算，财务部内部一般也会设置会计核算、报表编报、资金管理、税务管理等岗位。项目部、财务部通常设置项目财务主管、项目会计和项目出纳岗位。

（二）存在的主要问题

甲公司的员工众多，业务覆盖十分广泛，在进行会计核算、经营分析、优化财务管理模式、提升财务团队能力等方面遇到了一系列问题，主要表现在：

1. 财务职能界面模糊，不利于岗位专业化，不利于有效考核。

会计核算、财务管理的职能分工界面比较模糊，如相当一部分财务人员既从事会计核算工作，又从事企业经营分析工作，还参与业务工作，在工作过程中需要频繁切换工作内容，同一岗位承担多项职能，通常难以量化各岗位各职能的工作量以及需要耗用的时间，财务人员配置合理性难以评估，既不利于岗位的专业化，也不利于对财务人员进行有效考核。

2. 财务职能的决策支持能力有限。

集团的发展要求深入分析财务数据，更多地分析本公司的环境与发展状况，提供决策支持信息，为管理提供建议，帮助企业提高营运效率。

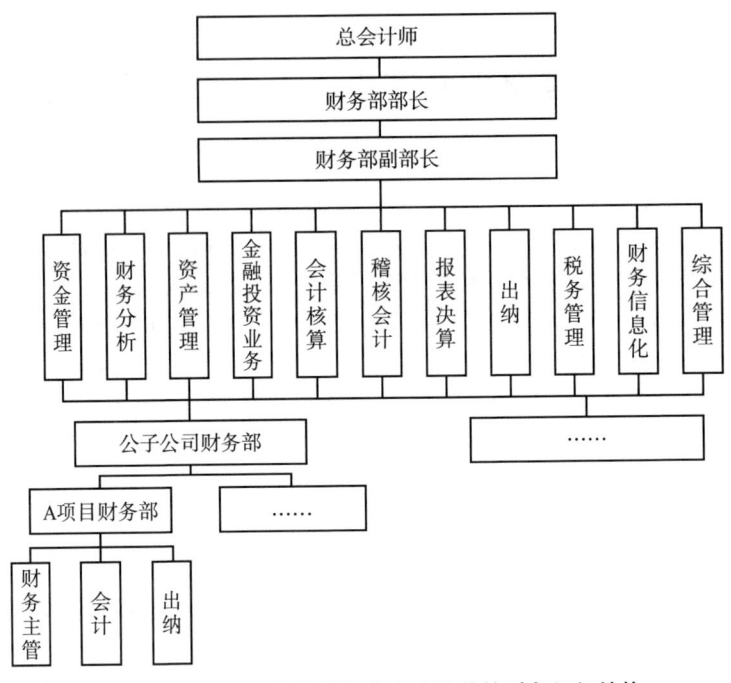

图 8-3-1 财务共享服务中心建设前的财务组织结构

但是一方面由于公司的项目众多,日常需要处理的各种会计业务很多,时间基本都用在稽核、记账、资金收支和财务决算等事务上,用于决策分析时间较少;另一方面由于财务部门与业务部门的沟通不够充分、不深入,且财务分析工作一般要到每个月下旬才能开始,财务分析结果相对滞后,对业务决策的支持作用有限。

3. 财务管控能力不足,存在各类监管漏洞和不可控的财务风险。

首先,财务人员素质和能力参差不齐,不同核算单位之间同一类业务操作标准不统一,出现资金审批手续不完善、报销票据不合规等现象,导致存在一定的资金控制风险和税务检查风险。

其次,分散的财务管理模式和会计基础工作的不规范,使得总部对分散在外的分公司及子公司或是项目上的财务会计人员与业务人员之间的一些合谋行为或集体违规行为难以及时识别发现。

同时,财务管控事后分析较多,缺乏事前管控,整体管理能力不足,使得财务管理过程中容易存在可能的监管漏洞,导致更多不可控的财务风险。

4. 重视信息化建设工作,但是信息孤岛仍然存在。

为了满足业务运行需要,甲公司先后投入使用了多个业务系统,涵盖了多个业务模块,如财务管理系统、物贸供应链管理系统、综合项目管理系统、人力资源系统、OA系统等,其中财务管理系统包括资金管理系统、债权债务系统、网上报销系统、财务核算系统、报表系统等。甲公司的各信息系统没有实现互联互通,形成信息孤岛,数据标准不一致,导致信息多口录入,信息不一致情况严重。

(三)建设财务共享服务中心的原因

财务共享服务中心基于信息技术,运用流程化的手段来处理财务和业务,可以达到优化组织内部结构、降低企业的营运成本、规范业务流程、提升流程效率,从市场视角为内外客

案例示范 8-3　业财税一体化型财务共享中心在大型企业集团的构建

户提供专业化财务信息服务的目的。财务共享服务中心将公司内跨组织的资源集中在一起，以更低的营运成本和更优质的服务为多样的内部合作伙伴提供财务职能服务，最终提升企业价值（Schulman 等，1999）。财务共享服务为实施企业带来了降低成本、加强管控、促进业财融合和财务转型、提高会计服务质量和效率、加快企业标准进程和核心业务发展的应用效益。

财务共享服务中心作为帮助财务转型的有力工具，能够很好地解决会计核算和会计分析等不同财务职能的分离问题，并且能够提供有效的方法和工具来衡量各不同财务职能的工作量，并进行考核。财务共享服务中心的建设可以把更多的财务人员从会计核算工作中释放出来，从而财务人员有更多的时间可以从事财务分析等管理会计工作，提供更多的财务决策支持信息，提升决策支持能力。财务共享服务中心把会计核算集中到中心完成，中心积累了来自不同业务系统的数据，一定程度上解决了信息孤岛问题，更便于财务人员进行分析，发现监控漏洞，尽可能识别财务风险，提升管控能力。

为解决公司财务方面面临的诸多问题，集团经理办公会研究决定对财务共享服务中心项目正式立项，并选择乙软件公司作为合作伙伴，共同建设财务共享服务中心。

二、总体设计

（一）项目目标

结合集团面临的财务问题，甲公司确定了项目的总体目标是：建设业财税一体化的管控型财务共享服务中心，借助财务共享服务中心的支持，打破业务数据在各部门的孤立现状，搭建扁平化、集约化管理平台，再造管理架构，调整资源分配，使各分公司、子公司、业务部门更加紧密、有机地处理企业业务，提升协同管理能力，具体目标分解为：

1. 提升管控力度。

采取融服务于管控的方式构建财务共享中心，通过即时的数据收集、处理、监控、定期报告的方式，更多地参与事前和事中控制，配合企业集团总部加强对成员单位的管控力度，降低企业风险。

2. 推动财务转型。

以财务共享中心建设作为推动财务转型的手段与工具，助推集团财务从整体出发，明确职能愿景和角色定位，厘清各级财务组织、各个财务条线的权责分工，协同配置资源，最终通过专精分工、流程优化及信息化配套，打造一体化的财务专精团队，提升财务运营效率与能力并加强内控。

3. 实现业财融合。

通过财务共享服务中心实现财务系统与项目管理系统、人力资源系统等业务系统的集成，从数据源头入手，统一业务和财务数据口径和数据假设，减少口径转换，加强业务财务衔接，实现业务财务系统一体化。

4. 统一数据标准。

通过财务共享服务中心的财务基础数据和业务数据的标准化，使得财务共享服务中心与业务系统交换的都是标准化的数据，例如往来单位、项目等信息，能保持财务基础数据和业务数据的一致性。

5. 实现流程再造。

推进流程标准化、业务标准化与审核标准化，制定并完善一系列财务管理制度及执行标准，使得企业整体业务处理规范程度显著提高，夯实基础工作，有效提升核算质量。同时，通过重塑管控流程，建立权责界面清晰、管控要素全面、业务活动精简的流程标准，落实企业管控要求。在逐个梳理流程关键控制点的基础上，通过流程的梳理优化，规范各环节操作标准,明确各岗位责任义务,将核算及内控标准依托系统固化至流程操作过程中,在提高财务流程效率的基础上形成有效的控制标准,有效提升风险防控能力。

6. 提升信息质量。

通过规范化的财务共享服务中心流程,统一处理各下属单位会计核算工作,统一会计核算标准、统一会计职业判断,如实地反映各单位生产经营情况、经营成果以及资金状况,提高会计信息质量,便于总部掌握项目的真实信息。通过合理地配置财务共享服务中心的岗位分工,利用信息技术手段,提高工作效率。从质量与效率两方面不断地提高服务水平。

7. 培养人员队伍。

企业将烦琐的基础性核算工作交由财务共享中心统一进行处理后,将各单位财务人员安排在财务分析和成本管理的岗位上,促其更加紧密地与业务人员合作协同,深入到业务的各个环节,发掘可降低的成本和可提升的管理点。财务共享中心建立后,数据的透明度和可比性更高,财务分析的可利用数据质量更好,也有助于各单位财务人员发挥更大的业务伙伴作用,进一步支持和促进成员单位及时作出正确的经营决策,从而提高自身能力和企业整体业绩。

(二)项目总体建设思路

项目组首先对甲公司的业务进行梳理,按照项目建设目标对面临的财务税务问题进行详细的剖析,确定了财务共享服务中心的总体建设思路为:基于"五化"管理的核心理念,设计构建一个具备"流程化、标准化、一体化、信息化、智能化"特征的"业财税"一体化管控型财务共享服务中心。

1. 坚持"五化"管理的核心理念。

(1)流程化。

流程化是指将现有正在运行的管理流程、业务流程、审批流程等进行梳理固化,打通业务在各产业单位、职能部门、领导人员、操作人员等关键节点之间的关联通道,在防范风险的同时提高工作效率。

(2)标准化。

标准化是指对于相同业务所涉及的各产业单位、职能部门,统一"一种语言",基于一套标准,具体包含制度标准、分类标准、架构标准、数据交换标准等。标准化是企业战略规划、数据分析决策、财务共享服务中心建设的基础和前提。

(3)一体化。

一体化是指在标准化的基础上,将业务发生的全过程有机地在各单位之间结合,并形成透明的、真实的、连贯的、简化的、可控的、可追溯的业务管理架构。一体化可以解决企业各类报表中经常会出现的业务部门、财务部门之间同一指标统计数据不一致的问题;解决各个业务单元、职能部门常见的数据孤岛现象。

(4)信息化。

信息化是企业业务和财务流程化、标准化、一体化的技术基础,通过信息化系统平台建设,将标准化的流程、精准的控制、业务的流转、各部门的职责、管理要求等方方面面的内容,嵌入到系统中,形成固化的系统功能。所有对应业务流程的发生、办理、归档,都必须从信息化系统平台中流转。

(5)智能化。

标准的流程、一体化的数据借助信息化系统平台,形成企业数据仓库,但通常都表现为静态的数据存储,加上业务人员和会计人员通常都不具备太多的信息技术知识,很大程度上限制了数据价值的发挥。通过智能化处理将信息系统中存储的数据资产进行归类分析、组合计算,在管理驾驶舱自动展示分析结果、推送业务报警信息和企业营运预警信息,可以服务于企业内部的战略决策者;通过自动生成对外报告信息,又可以服务于外部的信息使用者。

2. 确定整体规划、重点突破、稳步推进的原则。

为保证甲公司的财务共享服务中心能顺利建成并营运,达成业财税一体化管控的建设目标,项目组确定了"高层督导、重点突破、稳步推进"的建设原则。

(1) 高层督导。

组建由最高领导班子牵头的项目实施决策小组,全程参与督导财务共享服务中心建设过程。

建设财务共享服务中心,是财务部门针对会计、财务职能分解、优化的重要改革措施。财务数据是企业战略级数据,对财务数据的产生流程进行再造,是企业的一件大事。业财税一体化涉及了大多数的业务部门,在建设过程中一定会存在较多的困难点和矛盾,势必对现状产生影响。在财务共享服务中心的建设过程中将问题分类交由对应层级的领导进行决策,并由高级领导参与和督导,势必对项目的实现起到至关重要的作用。

(2) 重点突破。

财务共享服务中心建设过程所遇到的问题千差万别,不会一蹴而就。为成功建成财务共享服务中心,必须首先重点突破原则性的、能解决的、关键的问题,突破业务和技术上的壁垒,保证财务共享服务中心的建设和正常运转。对于短期内无法解决,或非关键性的问题,如果不影响项目进程,可以先暂时搁置,待突出矛盾解决后再行推进。

(三) 应用架构设计

财务共享服务中心的系统平台架构(见图8-3-2)具体包括开发平台、建模平台、流程平台、集成平台、分析平台、数据采集平台、微信对接平台。甲公司在这一系统平台上构建了主数据管理系统、电子影像系统、网上报账系统、财务共享服务平台系统、财务核算系统、电子档案系统,这些系统又均与业务系统之间有对接,使集团的成本管理、债权债务管理、资金管理、税务管理、固定资产管理、报表管理、全面预算系统和商业分析系统等管理会计的应用都建立在构建的财务共享服务中心之上。甲公司构建的财务共享服务中心还实现了外部与银行系统、税务系统、商旅系统的对接,内部与办公系统的对接。

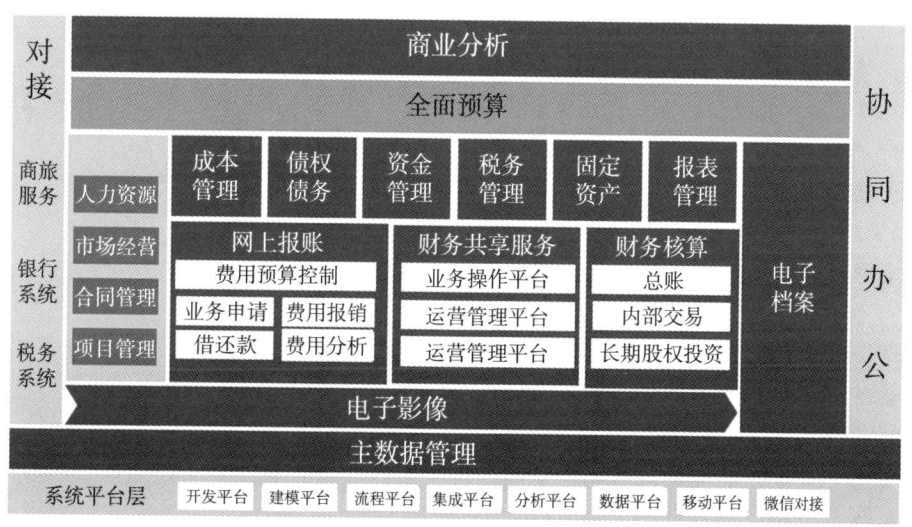

图8-3-2 财务共享服务中心系统平台架构

甲公司建设的财务共享服务中心系统整体框架见图8-3-3。

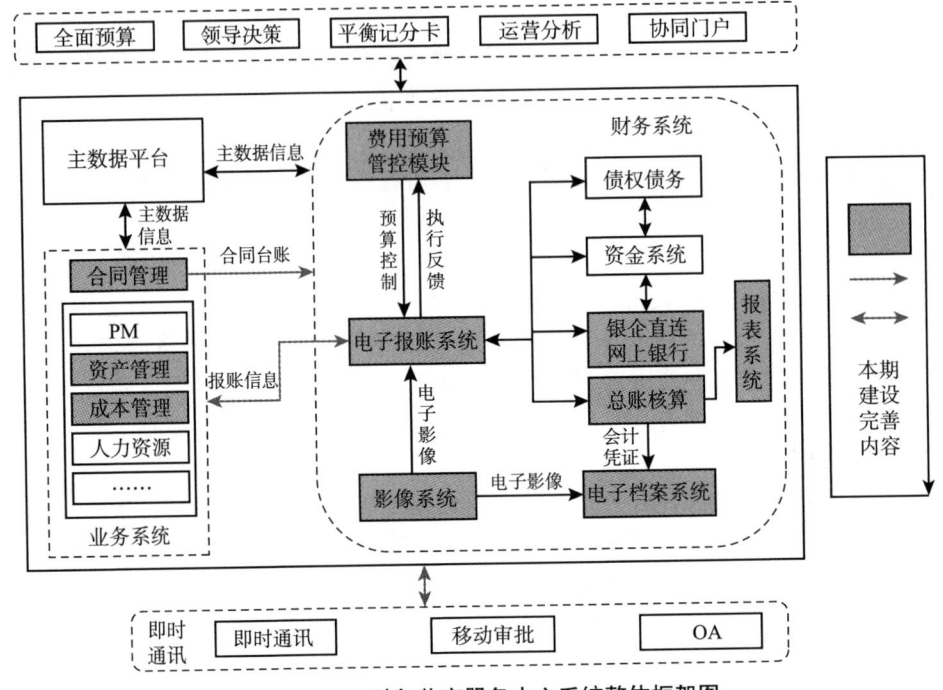

图8-3-3 财务共享服务中心系统整体框架图

1. 甲公司第一期的财务共享服务中心建设以电子报账、影像系统、财务核算系统、报表系统为核心应用，实现财务共享服务中心核算业务的开展。同时，建设电子档案系统、银企直连或网上银行，实现相应的财务共享系统与业务系统的一体化衔接。

（1）电子报账系统。

报账人员及共享中心人员用于财务报账的主系统，主要实现项目部、分公司、子公司及集团部门的费用、物资、资产、资金结算等业务的报账申请、审批及共享中心审核操作系统。

（2）费用预算控制模块。

实现费用预算的编制、审批及相关费用报账数据的控制与分析，实现集团费用预算控制。

（3）影像系统。

实现原始单据的扫描件的上传及管理，实现单据影像的调阅、归档。

（4）电子档案系统。

实现影像及凭证的匹配归档，后期的档案借阅等管理。

（5）总账核算。

实现报账信息的财务凭证的生成、复核、记账，生成正式的财务凭证及财务信息集中管理，满足审计及账务管理的需要。

（6）报表系统。

实现企业财务报表的生成与编制。

（7）银企直连、网上银行。

实现甲公司资金结算信息通过与银行的直连接口或者银行的网上银行系统进行资金收

支结算,提高工作效率。

(8) 系统接口。

本期实现与合同系统、项目管理系统、人力资源系统、OA 系统等的集成,实现报账信息来源于业务系统,同时,实现与 OA 的单点登录及审批信息集成,同时,与即时通讯系统实现信息交互。

(9) 移动应用。

实现移动终端(手机、平板)的报账信息的移动审批。

2. 财务共享服务中心关键决策点。

甲公司财务共享服务中心的流程设计遵循了以下的决策点(见表 8-3-1)。

表 8-3-1　　　　　　　财务共享服务中心业务流程设计关键决策点

序号	关键问题描述	决策方案
1	关于报账单发起:是由业务经办人发起还是由财务确定专人发起报账单据?	• 针对较为稳定的正式职工、派遣员工,均自行根据经办业务进行报账。 • 针对临时工,由各项目部经理判断配备报账账号自行报账的名额;对于无报账账号的临时员工,将作为公司供应商进行维护,其报账业务由管理部门专人代为发起。 • 集团总部、公司级领导报账业务可选择由办公室代为发起(并在系统中考虑设置代发起时控制节点)。 • 针对代报账业务,报账结束后报销款项直接支付给实际报销人。
2	关于扫描点的设置:是在财务共享服务中心设置扫描点还是根据区域设置扫描点还是在各个单位设置扫描点?	• 所有产生实物单据的各单位及项目部均单独设置扫描点,每个扫描点配备一个高速扫描仪和一只扫描枪,并配备相应的专业扫描人员,扫描人员同时承担初步审核的工作。
3	扫描员编制:是由各单位财务人员兼任还是由各单位业务部门专人兼任扫描员?	扫描员在接受票据后,需要进行票据粘贴是否满足高速扫描要求、发票初鉴的审核,审核无误后进行扫描操作。结合甲公司三级管理模式,扫描员编制建议如下: 1. 各机关的所有单据,由机关财务人员兼职的扫描员进行扫描; 2. 各项目部一般保留 1 名财务人员,如果存在线下支付,保留一名出纳,项目部的单据由项目部出纳或其他人员兼职的扫描员进行扫描;
4	审批方式:是保留现有的见纸面审批还是网上见影像审批?	所有成本费用报销、涉及结算支付类的报账业务均采用电子审批;收入成本结转类这类前端业务审批保留纸面审批,经办人将有审批人签字痕迹的单据交至扫描员进行扫描。
5	目前项目部财务日常工作中需要对物资统计员提交的出入库汇总表与本月所有的逐笔出入库单进行核对,而每月出入库单有成百上千张。未来共享模式后,无法将大量的出入库单平铺粘贴并进行影像审核。	未来将上线统一的物资信息系统,基于信息系统控制,财务将无需核对汇总表与逐笔出入库单,财务共享服务中心根据物资信息系统推送而来的出入库信息入账即可。 但在物资信息系统不完善的过渡期,由项目部财务审核出入库汇总表与逐笔出入库单的信息,并在出入库汇总表上签字确认。出入库汇总表经过扫描生成影像后,财务共享服务中心据其入账。

续表

序号	关键问题描述	决策方案
6	关于发票真伪鉴别: 1. 提单-扫描(鉴别真伪)-审核 2. 提单(鉴别真伪)-扫描	提供发票真伪的责任仍应定义在业务部门,财务部人员仅对发票真伪进行审查。 未来信息系统将提醒每一个报账人需要对发票的真实性负责,当扫描岗在进行票据扫描前对实物发票进行初步鉴别;财务共享服务中心审核会计进行单据审核时,根据影像进行再一次的发票真伪鉴别(如在税务机关网站查询发票信息)。 同时对于大额资产采购类结算业务,业务经办人需提供税务网络查询鉴别截图作为补充手段。
7	关于会计档案保存地点	会计档案保管保留当前模式不变,依然保存在各个核算单位现场,以便满足相应的审计与税务的需要。
8	关于是否取消现金交易	取消所有现金付款,针对现金需求较大的部门,可给予额度较高的备用金。 尽量避免现金收款(可规定接收一定金额以下的现金收款),若出现不得已的现金收款时,各地财务人员开具收据,由业务经办人提单报账,财务共享服务中心入账。同时,当地财务需要在规定的期间内将现金存入银行。
9	财务凭证复核: 1. 维持原状,采用每笔凭证二级复核制 2. 基于财务共享专业分工原则下,不再进行凭证复核	选择2,不再进行凭证复核。
10	涉及合同业务的报账: 1. 报账系统使用合同系统的信息 2. 扫描整本合同 3. 扫描关键页+合同管理系统信息	在合同管理系统未实现对接的过渡期间内,业务经办人报账时选择合同号(若无合同号信息,则无法提交报账),报账系统同步合同管理系统中的信息,并扫描合同关键页面作为要件。若审计需要全套合同信息,可将其整本合同扫描后线下传递。合同管理系统功能完善后,取消扫描合同关键页面这一补充手段,合同信息完全依赖合同管理系统的信息对接。
11	关于特殊业务	首先,甲公司需要梳理各层面所有的特殊业务;然后,需要决策哪些特殊业务在未来的财务共享模式下可以容忍;最后,需要统一可容忍的特殊业务在财务共享模式下的操作流程。 财务共享服务中心将: • 仅接收可容忍的特殊业务在统一操作流程下的财务处理申请单; • 退回所有不可容忍的业务财务处理申请单; • 退回所有未在统一操作流程下的特殊业务财务处理申请单。

第八部分 其他领域

（四）管理创新目标

甲公司和乙软件公司一起基于"五化"管理的核心理念,构建的业务财务税务一体化的管控型财务共享服务中心（见图8-3-4）,其应用创新主要表现在:业财税一体化的管控型应用架构,规范统一是管控能力实现的核心,实现了"三算"集中。

1. 业财税一体化的管控型应用架构。

该业财税一体化的财务共享服务中心形成了甲公司的信息化生态环境,不仅保证了数据真实性,避免了数据的重复录入,还通过智能化功能,加强了集团管理的管控能力。

案例示范 8-3 业财税一体化型财务共享中心在大型企业集团的构建

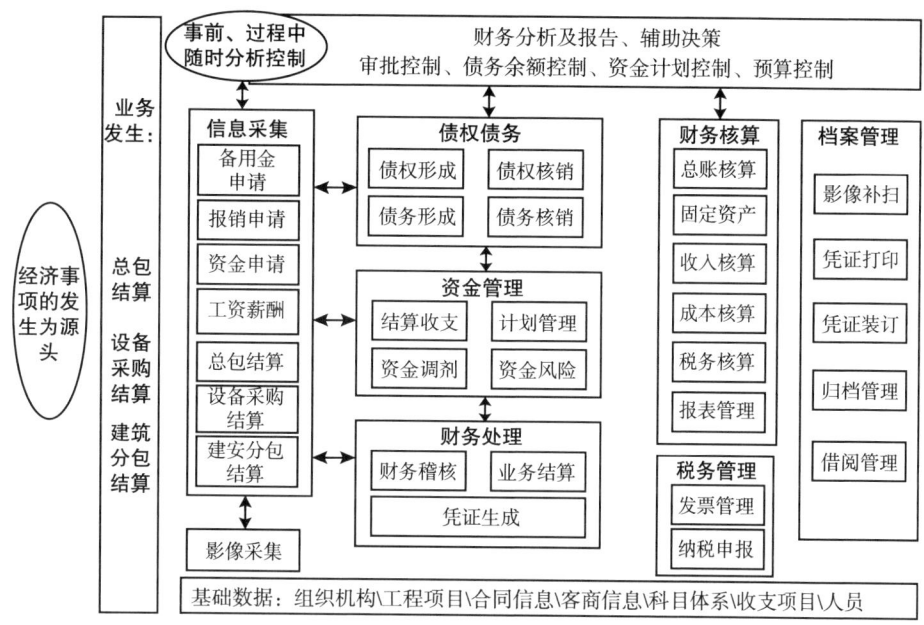

图 8-3-4 财务共享服务中心建设的应用架构

2. 规范统一是管控能力实现的核心。

各单位对经济业务发生的合理性、真实性以及经济活动产生的结果负责。财务共享服务中心则负责在经济业务发生过程中提供规范、统一的服务，对过程的规范性进行管控。财务共享服务中心的营运要求做到流程规范、标准统一、管控要求统一、服务水平统一（见图 8-3-5）。

	各单位经济业务发生的合理性、经济业务发生的真实性、经济活动产生的结果负责
业务真实性责任主体	由于经济业务是在各单位发生，对经济业务的真实性、合法性、规范性，各单位需承担相应的会计法规责任。
内控责任主体	由于各项经济业务在本地发生，涉及会计核算最基础的原始记录都由本地收集，各地要执行内部控制的各项规定，取得真实合法的原始凭据，按规定流程发起报账。
资源管理责任主体	各单位仍然按照预算管理的各项规定，实施资源的分配和动态管理，承担各项效绩考核责任，不会因财务共享服务中心的成立而改变各单位的责权利格局。
审批责任主体	各单位在报账时使用的是本单位的资源、资金计划和预算，因此报账审批流程和对外支付款项的审批责任不会发生改变，仍然由各单位负责。
审计责任主体	仍以各单位为基础展开经济审计、税务审计、工程审计和其它各项财政工商检查，对审计过程中发现的问题，各单位仍需承担相应的责任。
税收责任主体	需进行属地申报的税目仍按现有规定属地申报缴纳，如发生涉税问题，由成员单位负责沟通协调。不影响各单位和当地政府的关系。

财务共享服务中心负责在经济业务发生过程中提供规范、统一的服务，对过程的规范性进行管控。

| 流程规范 | 标准统一 | 管控要求统一 | 服务水平统一 |

图 8-3-5 财务共享服务中心的管控能力体现

在该财务共享服务中心的支持下，财务人员在没有增加工作量的基础上，实现了财务管理水平提升、职能优化的目标，为甲公司创造了更大价值。

3. "三算"集中。

甲公司建设了"三算"集中的财务共享服务中心，有利于财务处理的标准化、流程化，能使企业管理制度快速落地。"三算"集中指核算、结算和决算的集中。

"核算"集中：所有业务数据通过共享中心流程流转后，最终到达会计部门，进行工厂化处理。

"结算"集中：全集团所有资金收支业务集中到财务共享服务中心处理，降低资金风险。

"决算"集中：集团所有月报、季报集中到财务共享服务中心自动生成。

将三者纳入到共享中心后，再进行专业化分工，相同性质的业务归集到同一部门，由同一部门处理全集团该类型业务，保证政策执行，使业务运行在"阳光"下。

4. 设立业务监察。

甲公司的财务共享服务中心包含了业务监察部门。业务监察部门负责监督业务正确进行，持续对业务处理是否合规、处理时间是否有效进行监察，并稽核一定比例的单据，对不合格单据进行通报内部整改，将错误账务处理风险管控在安全线以下，保证财务共享服务中心业务处理的有效性。

三、应用过程

（一）项目组织架构

甲公司成立了以董事长、总经理为组长，总会计师、副总工程师为副组长，财务部长、信息部长等相关部门负责人为成员的领导小组，成立了常务推进小组，由财务部长兼任此小组组长，负责全面、持续推进各项工作。

乙软件公司以执行总裁为主要负责人，由建筑事业部作为牵头部门，集团财务与共享服务产品部等作为配合部门。

（二）具体建设步骤

甲公司财务共享服务中心建设具体包括财务共享服务中心战略定位、财务和业务流程的梳理、组织结构设计、岗位职责确定、人员编制测算与配置、营运管理制度设计、信息化平台建设等步骤。

1. 战略定位。

战略定位是为配合公司整理经营战略而确定的财务共享服务中心未来工作的主要目标，以及为达成目标而采取的行动。战略定位模块的主要工作包括财务共享服务中心的战略目标选择、运营模式选择和战略职能规划三个方面。

（1）战略目标选择。

甲公司将管控和财务转型作为其财务共享服务中心建设的战略目标。管控目标的达成要求包括风险可控，强调内部控制与风险管理；提升数据透明度、监管透明度，满足合规及监管要求。而财务转型的目标要求促进财务人员发展、流程改革来全面提升财务部门能力、财务模式升级，提升财务服务质量。例如：转型到预先设定标准的规范的财务流程；利用保留的财务职能用于更高价值的工作；更广泛地支持公司的战略决策；推动及应用跨职能的最佳实践；提升财务部门能力；提升财务部门的服务质量；提升内部和外部客户的满意度；增加公司满足未来财务需求的灵活性等等。

（2）运营模式选择。

据战略目标，甲公司还需选择适合自身规模、业务布局、管理方式下的财务共享运营

案例示范 8-3　业财税一体化型财务共享中心在大型企业集团的构建

模式，常见的运营模式包括单中心运营模式、按职能设置的多中心运营模式、按区域设置的多中心运营模式、按业务板块设置的多中心运营模式。其中：

单中心运营模式是指企业全集团设置一个财务共享中心，多适用于业务同质性高、分布区域集中、集团管控力度强且人员迁移较为容易的企业。

在按职能设置的多中心运营模式下，财务共享中心按功能设置在多个地点，每一地点承担完整的某类功能，为全集团服务，该模式有利于降低人员迁徙压力。

按区域设置的多中心运营模式主要设置在业务分布区域广、人员迁移难度大且各区域间业务同质化较高的企业，在区域服务不断扩张的情形下，财务共享中心能够高效接收、融合新成员，其分工贴近客户，易满足特定服务对象的需要，但运营难度相对较大。

甲公司在综合考虑自身规模、业务布局、管理方式下，决定采用单中心运营模式建设财务共享服务中心。

（3）战略职能规划。

战略职能规划是指对财务共享服务中心的服务模式进行定位。甲公司将其财务共享服务中心的战略职能规划为企业内部职能部门，为企业内部业务提供跨组织、跨地区的财务专业支持服务。

企业的财务职能一般分为五层，分别为原始业务数据的收集和输入层、交易处理与报告层、营运支持与控制层、技术与专业层、管理决策支持层（见图8-3-6）。

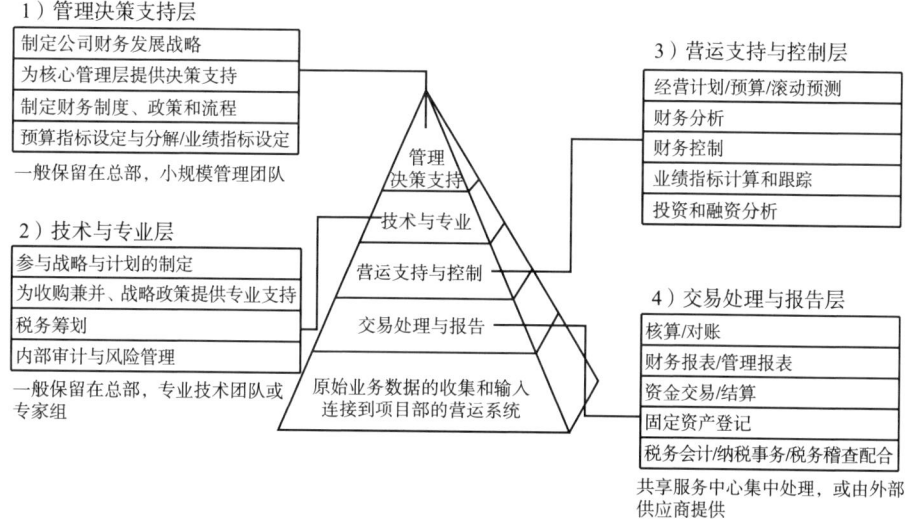

图 8-3-6　企业的财务职能及财务共享服务中心的战略职能规划

最底层即第五层是原始业务数据的收集和输入，与项目部的营运系统相连，在营运系统完成。

在该层之上的第四层是交易处理与报告层，主要负责核算/对账、编制财务报表/管理报表、资金交易/结算、固定资产登记、财务会计/纳税事务/税务稽查配合，由财务共享服务中心集中处理或是由外部供应商提供。

第三层是营运支持与控制层，主要负责经营计划/预算/滚动预测、财务分析、财务控制、业绩指标和跟踪、投资和融资分析。

第二层是技术与专业层，主要负责战略与计划的制定、为收购兼并及战略政策提供专业支持、税务管理、内部审计与风险管理等。这一层级的财务职能一般保留在总部，成立专业技术团队或专家组负责。

最高层是管理决策支持层，主要负责制定公司财务发展战略、为核心管理层提供决策支持、制定财务制度及政策流程、设定与分解预算指标、设定业绩指标等，最高层级的财务职能一般保留在总部，成立小规模的管理团队。

合理的战略定位是组织架构设计和运行的出发点，对规范内部控制，提高组织效率至关重要。在财务共享服务中心的组织架构设计中，职能规划是应当关注的重点。甲公司的财务共享服务中心定位在交易处理与报告层，该层的财务功能全部由财务共享服务中心集中处理。

总的来说，甲公司财务共享服务中心建设的战略定位为：建立专业化、全球化的财务共享服务中心，承担财务整体职能中的交易处理与报告业务，为甲公司所有分支机构提供标准统一的核算、结算与决算服务。未来财务共享服务中心将分阶段分单位进行试点推广，完成覆盖全国的共享中心建设。待海外业务和硬件软件条件成熟后，最终实现全球化的共享服务覆盖。

2. 业务流程梳理。

甲公司建设财务共享服务中心之初，从各子公司、职能部门抽调人员组建筹备组，对集团现有业务进行梳理讨论，按照标准化、流程化、一体化的思路对相似业务进行梳理归类、统一标准，形成了10大类业务流程，94个子业务流程（见表8-3-2和表8-3-3）。

表8-3-2　　　　　　　　　　业务流程总体框架

甲公司财务共享服务中心业务流程总体框架		
主流程编号	主流程名称	子流程数量
SYJ-FSSC-P01	备用金及费用核算流程	4
SYJ-FSSC-P02	资金结算核算流程	33
SYJ-FSSC-P03	资产核算流程	13
SYJ-FSSC-P04	物资核算流程	7
SYJ-FSSC-P05	结算核算流程	4
SYJ-FSSC-P06	薪酬核算流程	2
SYJ-FSSC-P07	税金核算流程	5
SYJ-FSSC-P08	收入成本流程	6
SYJ-FSSC-P09	财务核算流程	14
SYJ-FSSC-P10	实物单据流程	6
主流程合计		10
子流程合计		94

案例示范 8-3　业财税一体化型财务共享中心在大型企业集团的构建

表 8-3-3　　　　　　　　　　　　业务流程分类汇总示例

序号	流程分类	对应业务
1	费用报销类流程	借款单、还款单、差旅报销单、通用报销单
2	资金收支结算类流程	收款核算流程、结算支付办理流程、银行付款核算流程、票证付款核算流程、资金划拨核算流程、内部往来核算流程
3	资产类流程	固定（无形）资产核算流程、临时设施核算流程
4	收入成本类流程	建造合同确认流程、对上计价流程、对下计价流程
5	物资核算类流程	物资结算核算流程、周转材料核算流程
6	薪酬核算类流程	薪酬计提流程、工资发放流程
7	税金核算类流程	税金计提流程、税金缴纳流程
8	财务核算类流程	安全生产费流程、费用列支流程、通用业务流程

3. 组织结构设计。

（1）组织结构重组设计原则。

财务共享服务中心组织结构按照六大原则来设计，具体包括事权不变原则、核算与管理分离原则、外延固化与内涵灵活的原则、标准集中与数据集中原则、坚持发展与稳定的原则、坚持定期评价与持续完善原则。

①事权不变原则。

事权不变原则是指集团所属各法人主体对本单位的资产所有权和使用权不变，对资产、负债和权益的管理和使用仍由本单位负责[1]，对收入、成本、费用的管理和审批仍由本单位负责；各法人单位会计责任主体不变，各法人单位对本单位会计信息的真实性、完整性、合法性负责。

②核算与管理分离原则。

核算与管理分离原则指集团所属各法人主体及下属各单位保留财务管理机构和财务管理职能，撤销会计核算及出纳岗位，改核算单位为核算支持单位，保留财务管理核算支持岗位，在业务上由财务共享服务中心统一管理，完成核算支撑工作。

③外延固化与内涵灵活的原则。

外延固化与内涵灵活的原则指公司有必要区分财务管理框架转变的外延调整和内涵调整两类模式，对职能及组织的外延先行固化并尽量一次到位、对其内涵可以循序渐进地实施。

④标准集中与数据集中原则。

标准集中与数据集中原则是保证财务共享服务中心成为全集团唯一的财务信息入口、实现固化业务内控点、提高会计信息质量的基础；财务共享服务中心集中归集财务基础信息，实现全集团数据共享，更及时、准确地为管理部门决策提供数据支撑。

⑤坚持发展与稳定的原则。

坚持发展与稳定的原则要求集团妥善处理好流程重塑、机构调整、人员配备、职能划

---

[1] 张华芳. 财务管理转型升级的最佳途径——中国交建业财一体化财务共享中心建设的探索与思考 [J]. 施工企业管理，2017（11）：36-38.

分等工作，确保实施过程中财务工作不断、财务秩序不乱、财务队伍不散[1]。

⑥坚持定期评价与持续完善原则。

坚持定期评价与持续完善原则要求集团采用科学的评价体系，定期对财务共享服务建设成果进行评价，查找问题和不足，不断完善和优化流程及结果，提高财务共享服务水平。

(2) 重组后财务管理组织结构。

财务共享服务中心的建设将甲公司原"集团—公司—项目部"的三层级管理的整体财务组织结构进行了重组，甲公司财务共享服务中心在集团整体组织架构中的位置如图8-3-7所示。

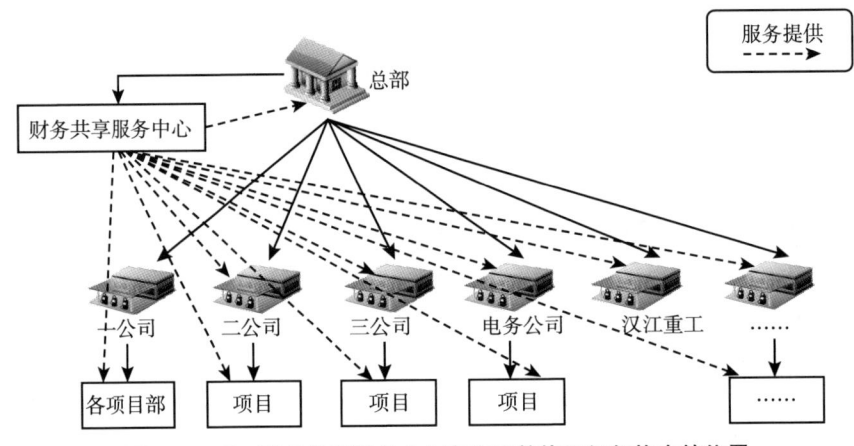

图8-3-7　财务共享服务中心在集团整体组织架构中的位置

重组后的财务各部门将根据战略财务、业务财务、共享财务对应的职能进行优化设计（见图8-3-8、图8-3-9）。

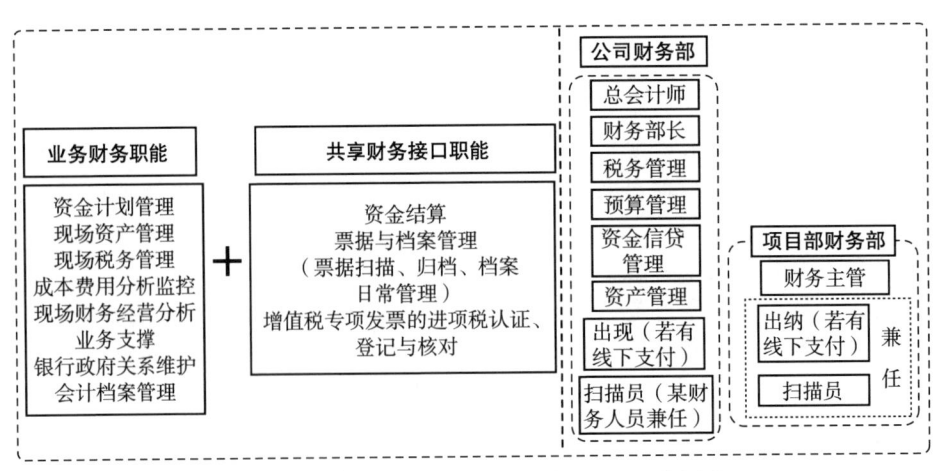

图8-3-8　重组后优化设计的财务部门职能划分

---

[1] 李辉. 山东网通财务共享服务体系建设研究 [D]. 山东大学，2008.

案例示范 8-3　业财税一体化型财务共享中心在大型企业集团的构建

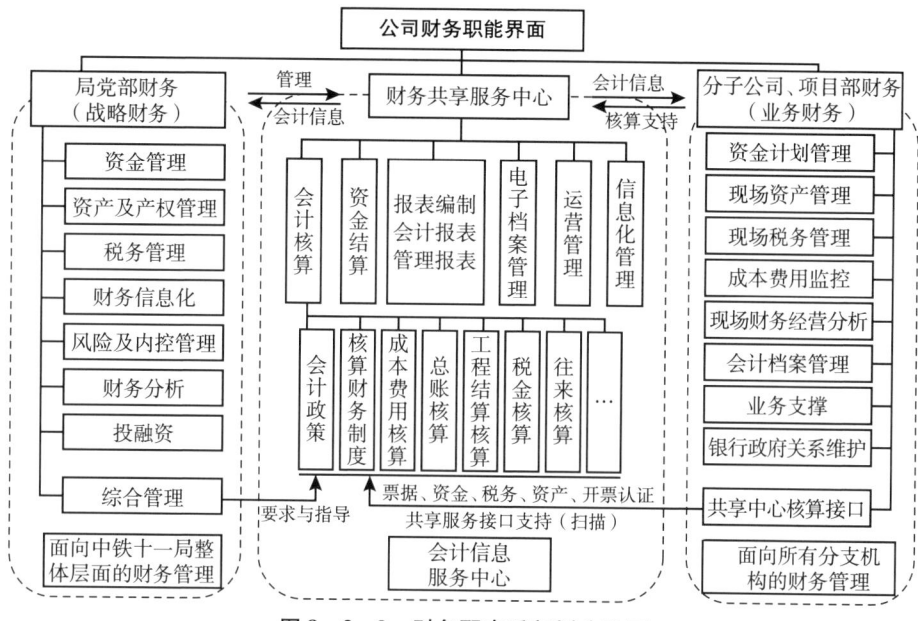

图 8-3-9　财务职责重新划分界面

甲公司在财务职责划分明确的基础上，确定了财务共享服务中心内部组织结构（见图 8-3-10）。

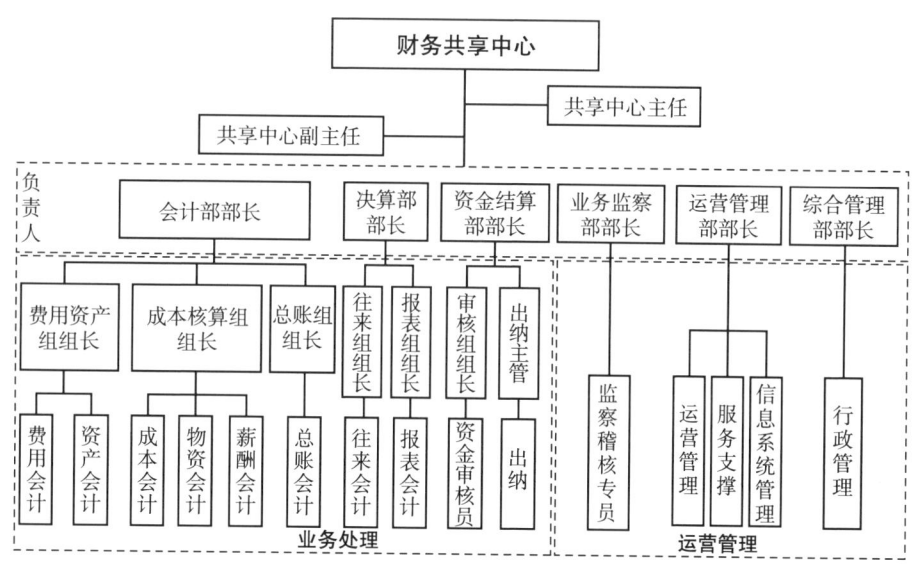

图 8-3-10　财务共享服务中心内部组织结构

重组后甲公司的财务共享服务中心内部分为 6 个部室，每个部室下面设置专业组。根据专业进行划分，各个部室的业务分类见表 8-3-4。

表 8-3-4　　　　　　　　　　财务共享服务中心各部室职责

部室名称	部室职责
会计部	负责收入及成本、资产及费用、税金及权益等业务单据的审核与会计核算工作,制定全集团会计核算管理办法。
决算部	负责财务月报、季报、年报等对外标准报表以及内部管理报表的编制和报送工作,负责内部交易凭证的匹配确认和生成抵销凭证的工作,配合制定财务决算相关的制度规范及流程。
资金结算部	负责资金收付结算、银行对账、反馈收付结果等结算类工作,配合制定资金结算相关的制度规范及流程。
业务监察部	负责对财务共享服务中心的资金结算、财务核算、财务决算等业务进行监察,确保其合法合规。
营运管理部	负责对财务共享服务中心的营运提供技术支持,对共享服务中心日常营运进行管理,制定营运管理相关的制度规范及流程,落实系统风险控制措施。负责共享服务中心综合行政管理及日常工作。
综合管理部	负责共享服务中心综合行政管理及日常工作,并负责共享服务中心各部门综合协调工作。

4. 重组后的岗位职责确定。

重组后甲公司各财务岗位的职能区分具体业务,并都按照集团总部财务部、财务共享服务中心和分支机构财务分别确定(见表 8-3-5 至表 8-3-15)。

财务职能岗位主要包括资金管理方面、资产及产权管理、税务管理、财务信息化、财务风险及内控管理、财务分析、会计政策制度管理、会计核算及报表编制、会计档案管理、对外关系、综合管理等十一个方面。

甲公司对财务共享服务中心在不同具体业务方面的职责都有非常详细明确的设定。

(1) 资金管理方面(见表 8-3-5)。

表 8-3-5　　　　　　　　　　资金管理职责

集团财务部	财务共享服务中心	分支机构财务
1. 对接母公司,执行并推广母公司各项资金管理要求; 2. 负责制定甲公司整体资金管理制度,并监督和指导财务共享服务中心和各单位的执行; 3. 负责整体资金预测与规划统筹管理; 4. 负责甲公司融资管理,并制定相关制度; 5. 负责甲公司总部银行授信、银行中间产品管理和现场办理; 6. 汇总分析公司整体资金计划,并审批资金调拨申请; 7. 负责审批各单位的银行开销户申请、组织银行账户的清理工作; 8. 负责执行集团层面的资金融资、资金管理具体工作; 9. 制定甲公司统一的资金审批权限及资金收支管理办法; 10. 负责资金安全管理,组织开展资金方面的审计、检查工作; 11. 负责资金集中管理。	1. 贯彻执行甲公司财务部的各项资金管理要求; 2. 执行统一资金收付结算操作; 3. 资金收支相关的账务处理; 4. 银行收款信息的通知及财务自身收款认领的入账申请; 5. 银行账户的网银 UKEY 及密码器管理; 6. 执行银企对账,编制银行存款余额调节表; 7. 向甲公司财务部报送资金存量报告。	业务财务层面: 1. 贯彻执行甲公司财务部的各项资金管理要求; 2. 在公司统一指导下制定本单位资金管理办法,按规定监控本单位资金使用; 3. 负责各单位的投融资具体事宜办理; 4. 当地现金收款; 5. 资金调拨申请; 6. 编制每月的资金计划,进行资金使用情况分析与监控; 7. 当地银行开销户申请、当地银行业务办理及银企关系的维护。 财务共享服务中心接口: 1. 当地资金结算申请、收款认领及收款报账; 2. 各类资金结算事项报账的扫描及邮寄。

案例示范 8-3　业财税一体化型财务共享中心在大型企业集团的构建

(2) 资产及产权管理 (见表 8-3-6)。

表 8-3-6　　　　　　　　　　资产及产权管理职责

集团财务部	财务共享服务中心	分支机构财务
1. 对接母公司，执行并推广母公司的各项资产产权管理要求； 2. 负责制定集团产权管理，如产权新增登记、变更、清理等管理制度； 3. 收集汇总资产管理分析报告，完成集团整体资产管理统计和分析，如资产结构分析； 4. 负责集团整体的股权管理工作； 5. 负责参与集团层面的资产清查、资产评估； 6. 负责集团层面的资产及产权管理执行工作； 7. 负责集团整体层面的应收款项回收情况管理。	1. 贯彻执行母公司和甲公司财务部的各项资产产权管理要求； 2. 负责全公司各项资产和股权核算工作，如采购新增、折旧摊销、调拨、减值、处置等具体核算工作； 3. 负责提供资产各项完整的会计信息； 4. 负责出具应收款项统计表，并提交至财务部进行分析。	业务财务层面： 1 贯彻执行母公司和甲公司财务部的各项资产产权管理要求； 2. 参与各单位的资产管理工作，如定期的资产清查、资产盘点、资产处置； 3. 负责完成各单位资产分析报告； 4. 负责落实各单位的股权投资、变更等工作； 5. 负责各单位的资产评估工作； 6. 对各单位应收款项进行分析，并进行催收管理。 财务共享服务中心接口： 负责各类资产处理事宜的报账及扫描邮寄。

(3) 税务管理 (见表 8-3-7)。

表 8-3-7　　　　　　　　　　税务管理职责

集团财务部	财务共享服务中心	分支机构财务
1. 对接母公司，执行并推广母公司的各项税务管理要求； 2. 国家税务政策的收集及宣传； 3. 负责集团整体税务管理制度的制定，并监督各单位执行； 4. 负责集团整体层面的税务管理工作，并对各单位的税务管理进行指导； 5. 负责指导各单位迎接财税检查工作； 6. 负责集团总部的纳税申报、发票开具、发票认证及现场税务事项的办理。	1. 贯彻执行母公司和甲公司财务部的各项税务管理要求； 2. 配合纳入共享范围的各单位财务进行纳税申报与缴纳； 3. 制定统一的发票开具和发票认证操作流程； 4. 配合各单位财务完成税务检查和税务审计； 5. 负责各项税金核算账务处理。	业务财务层面： 1. 贯彻执行母公司和甲公司财务部的各项税务管理要求； 2. 分析各单位的税收数据； 3. 负责各单位的税务检查和税务审计。 4. 负责各单位主管税务机关的协调沟通、税务关系维护。 财务共享服务中心接口： 1. 各单位的纳税申报、计提与缴纳； 2. 发票的购买、保管、使用及认证； 3. 各类税务付款入账的报账和扫描邮寄。

(4) 财务信息化 (见表 8-3-8)。

表 8-3-8　　　　　　　　　　财务信息化职责

集团财务部	财务共享服务中心	分支机构财务
1. 对接母公司，执行并推广母公司的各项财务信息系统管理要求； 2. 负责甲公司财务相关信息系统的总体规划和建设； 3. 制定甲公司财务信息系统管理制度； 4. 跟踪检测考核财务信息系统的使用情况，并向集团信息管理部提出财务信息系统优化需求。	1. 贯彻执行母公司和甲公司财务部的财务信息系统管理要求； 2. 财务相关信息系统的使用； 3. 向财务部提出财务相关业务系统的功能需求并参与评估； 4. 收集财务共享相关系统的功能改进需求并参与评估； 5. 负责财务共享信息平台的各项后台操作，如报账单的调整、报账平台的更新维护。	1. 贯彻执行母公司和甲公司财务部的财务信息系统管理要求； 2. 财务相关信息系统的使用； 3. 向财务资金部和财务共享服务中心提出财务相关信息系统的功能需求并参与需求评估。

(5) 财务风险及内控管理（见表8-3-9）。

表8-3-9　　　　　　　　　财务风险及内控管理职责

集团财务部	财务共享服务中心	分支机构财务
1. 对接母公司，执行并推广母公司的各项财务风险及内控管理要求； 2. 制定甲公司统一的财务风险及内控管理制度； 3. 负责甲公司整体层面的财务风险分析报告，从财务管理角度，分析关键的财务指标； 4. 负责监督甲公司整体的财务内控落实。	1. 贯彻执行母公司和甲公司财务部的风险及内控管理要求； 2. 向财务部和分支机构财务提供各项财务数据； 3. 按财务内控规范的要求，进行财务共享服务中心相关流程和系统的设计和优化； 4. 根据财务部的内控管理要求，落实和执行内控管理。	1. 贯彻执行母公司和甲公司财务部的财务风险及内控管理要求； 2. 根据财务资金部的指示，对各单位的财务风险进行分析管理； 3. 细化和执行各单位的财务内控规范； 4. 按公司要求进行财务内控管理和监督。

(6) 财务分析（见表8-3-10）。

表8-3-10　　　　　　　　　　　财务分析职责

集团财务部	财务共享服务中心	分支机构财务
1. 对接母公司，执行并推广母公司的各项财务分析管理要求； 2. 利用财务报表等会计信息，开展集团整体层面的财务分析，为公司高层提供决策支持； 3. 指导各单位的财务分析工作； 4. 负责集团总部层面的财务分析执行工作。	1. 按时提供财务共享服务中心所需要出具的各类报表； 2. 配合甲公司、各分支机构财务，为其提供所需会计信息和数据。	1. 贯彻执行母公司和甲公司财务部的财务分析管理要求； 2. 根据本单位管理需要，利用财务共享服务中心提供的报表数据，开展本单位财务分析，提供决策支持； 3. 根据财务资金部和自身单位的业务需要，开展临时的各项具体事项财务分析，为业务一线提供财务支持。

(7) 会计政策制度管理（见表8-3-11）。

表8-3-11　　　　　　　　　会计政策制度管理职责

集团财务部	财务共享服务中心	分支机构财务
1. 对接母公司，执行并推广母公司的各项财务制度； 2. 负责甲公司整体财务管理制度体系规划和建设，并制定、执行检查、优化与战略财务职能相关的各项财务制度。	1. 贯彻执行母公司和甲公司财务部的各项会计政策； 2. 制订财务共享服务中心各项核算业务操作细则； 3. 在甲公司财务部统一财务制度的要求下，制定财务核算的各项明细财务制度。	1. 贯彻执行母公司和甲公司财务部的各项财务制度； 2. 在甲公司整体财务制度基础下，制定各单位的财务制度； 3. 运用财税政策，支撑业务经营，并根据各单位业务需要向财务资金部和财务共享服务中心提出制度优化需求。

(8) 会计核算及报表编制（见表8-3-12）。

表8-3-12　会计核算及报表编制职责

集团财务部	财务共享服务中心	分支机构财务
1. 对接母公司，执行并推广母公司的各项会计核算及报表出具管理要求； 2. 负责确定甲公司会计报表样式和内容； 3. 负责完成甲公司层面合并会计报表编制和披露，并提供必要资料。	1. 针对会计核算中财务共享服务中心反映的管理问题，组织整改，提升管理水平； 2. 利用各项会计信息，开展相关财务分析，为业务经营提供决策支持； 3. 负责纳入共享范围的各单位会计核算工作，确保会计核算的质量和时效； 4. 总结、反映会计核算中存在的问题，并作为会计政策制定的考虑因素； 5. 负责编制纳入共享范围内各基层单位会计报表、合并报表及部分管理报表； 6. 向内外部相关人员提交会计报表数据资料。	1. 贯彻执行母公司和甲公司财务部的各项会计核算及报表管理要求； 2. 配合财务共享服务中心完成会计核算，进行必要的会计确认； 3. 针对会计核算中反映的各项基层问题，组织整改，提升财务共享服务中心的会计核算水平； 4. 配合完成会计报表，提供必要资料，并对财务共享服务中心编制的报表进行确认； 5. 根据当地需要，获取并提供报表数据资料至当地业务部门； 6. 利用共享中心提供的各项会计信息，开展相关财务分析，为业务经营提供决策支持。

(9) 会计档案管理（见表8-3-13）。

表8-3-13　会计档案管理职责

集团财务部	财务共享服务中心	分支机构财务
1. 贯彻执行母公司的各项会计档案管理要求，并据其制定甲公司的会计档案管理办法。	1. 负责监督检查纳入共享范围的各单位的会计档案归档制作工作； 2. 负责保管纳入共享范围的所有单位的电子会计档案，并提供查询服务。	1. 贯彻执行母公司和甲公司财务部的各项会计档案管理要求； 2. 负责各单位的会计档案收集、扫描工作； 3. 负责保管本单位的会计档案，并提供查询借阅服务。

(10) 对外关系（见表8-3-14）。

表8-3-14　对外关系职责

集团财务部	财务共享服务中心	分支机构财务
1. 负责牵头组织配合，除了财务审计之外的政府及外部单位对甲公司的审计； 2. 负责甲公司的税务检查工作对接； 3. 向集团、各单位、各业务部门提供所需的财务管理分析结果。	1. 负责配合甲公司整体层面和集团总部层面财务审计对接； 2. 负责配合纳入共享范围的各单位的审计和税务检查、提供数据和财务资料； 3. 向各单位、各部门提供多维度数据。	1. 负责各单位财务审计、各种其他类审计检查、税务检查的协调沟通及对接； 2. 负责与各单位主管税务机关的协调沟通、维护税务关系； 3. 参与各单位业务活动，如参与合同洽谈，收入成本确认等。

(11) 综合管理（见表 8-3-15）。

表 8-3-15　　　　　　　　　　综合管理职责

集团财务部	财务共享服务中心	分支机构财务
1. 对接母公司，执行并推广母公司的各项财务综合行政管理要求； 2. 负责甲公司整体财务人员管理相关制度的建立； 3. 负责组织财务人员廉政工作建设； 4. 负责组织财务部财务人员和分支机构财务的专业能力培训和考试评估； 5. 负责制定财务人员考核整体制度，组织财务部财务人员和分支机构财务的考核； 6. 负责组织召开财务各类会议，并积极参与财务共享服务中心组织的各类会议； 7. 负责制定和汇总年度财务部和各地分支机构财务工作要点，并组织开展年度财务工作总结。	1. 贯彻执行母公司和甲公司财务部的各项综合管理要求； 2. 组织财务共享服务中心内部专项培训和考试评估； 3. 负责组织财务共享服务中心人员的考核； 4. 严格执行财务部的廉政管理要求； 5. 负责组织召开财务各类会议，积极参与财务部组织的各类会议； 6. 负责制订财务共享服务中心年度财务工作计划，并贯彻执行计划和年度总结。	1. 贯彻执行母公司和甲公司的各项综合管理要求； 2. 根据业务需要，组织各单位内部财务人员专项培训和考试评估； 3. 严格执行财务资金部的廉政管理要求； 4. 积极参与财务部组织的各类会议； 5. 负责制订当地财务部年度财务工作计划，并贯彻执行计划和年度总结。

5. 人员测算与配置。

(1) 人员配置原则。

甲公司财务共享服务中心人员配置原则为：

①以现有业务量为基准，兼顾业务的稳定过渡，同时考虑相关业务集中后的效率提升。

②按照各项业务处理的要求和特点采用不同的测算方法；共享服务中心建设初期按照业务量以及人员对岗位的熟悉度进行配置。

③财务共享服务中心营运初期，为保证稳定过渡，风险可控，建议考虑增设5%的人员储备。

④模式的改变会对企业员工及财务部的账务处理效率产生一定影响，应尽量适应模式改变。

⑤财务共享服务中心运行稳定后，财务会计人员工作效率有所提高，后期可根据人员及业务情况进行岗位调整。

(2) 人员编制测算。

甲公司财务共享服务中心人员全部采用内部招聘方法，在组织架构、岗位职责确定后，分别采用不同的测试方法对各个部室、业务小组人员进行估算，并向集团申请人员指标。财务共享服务中心人员人事关系归集到中心统一管理，保证执行力的同时，解决员工后顾之忧。

针对部室负责人（部长）、组长、总账会计、税务会计、往来会计、报表会计、监督稽核专员等岗位人数，采取了业务分析法。

针对营运管理专员、服务支撑人员、信息系统管理人员等岗位人员，采取了对标评测法。如以某公司的财务共享服务中心为对标单位进行测算，估计出甲公司营运部的人员编制需求预计为10人。

针对费用会计、资产会计、成本会计、物资会计、薪酬会计、出纳、资金审核员等岗位人员，选择数据测算法。如甲公司根据调研得出的人均单日有效工作时间为360分钟，结合单据总量及处理总时长，计算出财务共享服务中心费用组的人员编制需求预计为18人。

6. 营运管理制度设计。

财务共享服务中心制度设计通常分为四个环节：

（1）明确制度管理目标。

即明确通过制度想要达成哪些管理目标，为制度的制定明确方向。

（2）现状及原因分析。

即分析存在的问题及其形成原因，哪些因素会影响制度的落实，依据这些因素设定管理制度需要涵盖哪些方面的内容。

（3）明确职责和权利义务。

即财务共享服务中心营运管理制度的设计要明确责任、其相应的权利义务、违反制度的后果。

（4）梳理与其他制度的关系及层次。

即制定制度前要树立清楚本制度与其他制度的关系及层次，避免制度的重复或出现未覆盖到的"真空"。

甲公司遵循这一制度设计过程，分别制定了财务共享服务中心营运的标准化管理制度、服务管理制度、培训管理制度、时效管理制度、现场 5S 管理制度、质量管理和组织绩效管理制度，并印发了《甲公司财务共享服务中心营运管理制度（暂行）》（2016），要求各部门参照执行。

7. 信息化平台建设。

甲公司业财税一体化管控型财务共享服务中心的建设目标，没有信息化的支持是无法达成的。

甲公司与拥有丰富经验的乙软件公司一起合作打造了一套支持财务共享服务中心营运的信息化平台，包含两大类系统——业务系统、财务系统，具体包括 19 个子系统，分别是：共享中心系统、业财税集成系统、资产管理系统、成本管理系统、报表系统、银企直连系统、同管理系统、税务管理系统、人力资源系统、综合项目管理系统（PM）、核算系统、固定资产系统、资金管理系统、网上报销系统、费用预算系统、债权债务系统、工业管理系统、OA 办公自动化系统、影像管理系统。

相对完善的系统，为甲公司精细化管理，提供了有效的工具，随着财务共享服务中心的建设，基于标准化、流程化、一体化的业务规则，打通了财务共享服务中心与税务管理、业务系统之间的流程级通道，使业务流、数据流、影像流三流合一，形成了业财税融合的财务共享服务中心。

（1）共享中心与业务系统的融合。

财务共享服务中心的信息化平台，连接了包括项目管理、人力资源、供应链、OA、资产管理、成本管理等系统在内的业务系统，通过标准规则，将业务数据推送到共享中心统一入口，财务处理环节、业务部门审批和控制在业务系统中完成，财务审批、支付、收款等在财务共享服务中心中完成，减少重复信息录入，增加系统控制点，通过业务流程和权限管理，将每种业务数据推送到对应业务组处理，并统一形成总账凭证、收支结果、对外披露报表（见图 8 - 3 - 11）。

（2）共享中心与资金管控系统融合。

当资金管理业务属于支付与收款等结算类业务时，在共享中心系统中填写申请单，可选择资金系统中的账户，根据资金系统中的余额、资金计划等信息进行控制后，再提交审批，通过后流转到共享中心资金结算部进行支付或收款确认，增加或核减资金计划、账户余额等信息。

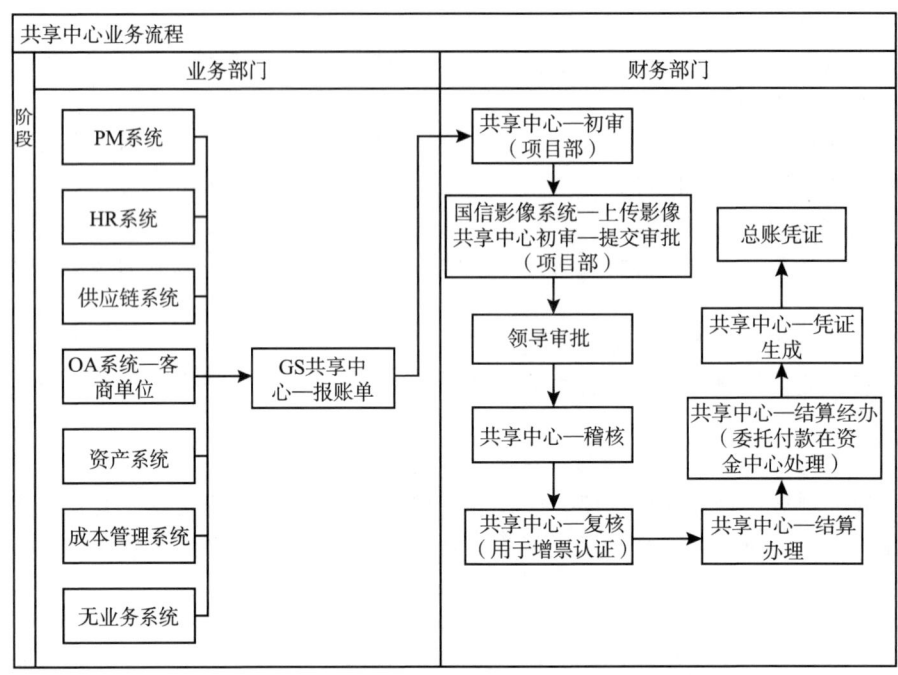

图 8-3-11 业财税融合共享中心主业务流程

如果资金管理业务属于票据、信用证业务时，从资金系统票据或信用证池中，选择对应票证，支付或背书成功后，将票证状态更新，实时反映票据使用情况。

(3) 共享中心与税务管理系统融合。

税务系统发票信息进入系统的主流方式是手工录入、影像 OCR 识别、相关系统推送等三种模式。

甲公司采取的是税务系统与财务共享服务中心集成的方式。

数据从报账单流转到财务共享服务中心后，初审人员进行影像采集扫描，与报账单关联，同时从影像图片中，利用光学字符识别（OCR - Optical Character Recognition）技术，将图片、照片上的文字内容，直接转换为可编辑文本；识别输出的数据信息，在输入到共享中心系统的同时，也会同步到税务系统发票管理信息中，使它们有效关联，当报账单完成相关审批后，税票可以通过与国税局系统的系统集成，进行自动认证或人工发起认证工作。如税务系统—进项税的处理流程见图 8-3-12。

这样的处理方式有利于提高数据的准确性、避免相关人员对同一信息在不同环节反复进行系统录入操作、税票信息与业务单据强关联，方便联查各个系统信息，使业务、财务、税务信息有效融合，为成本分析、税务管理、凭证核算起到支撑作用。

(4) 共享中心与影像系统融合。

影像系统对业务发生过程中产生的纸质单据信息，进行采集，为 OCR 识别、外部审计提供支持。

案例示范8-3　业财税一体化型财务共享中心在大型企业集团的构建

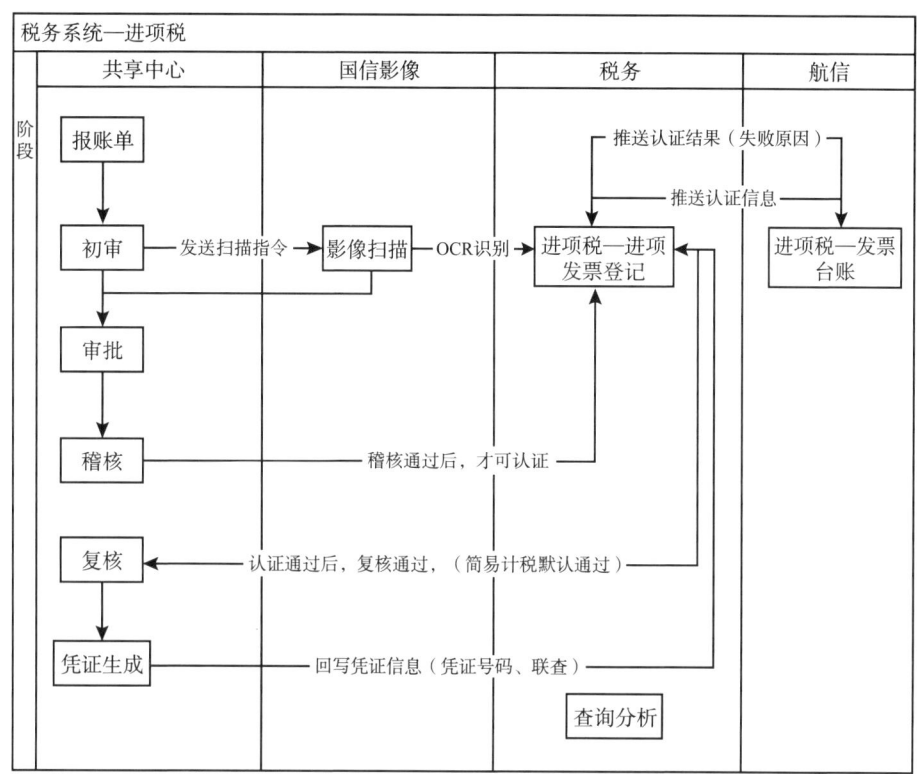

图8-3-12　财务共享服务中心与影像、税务、国税融合关系图

共享中心接到业务系统传输的数据后,初审人员对比纸质单据信息与系统数据的一致性;通过审核后,用扫描仪将纸质单据进行扫描录入,系统数据与影像信息共同提交到审批人处;经过相关领导、财务共享服务中心审核后,生成凭证,影像归档。部分业务如果在发生时没有获取到完整的纸质文件信息,将在拿到补充信息后,进行影像补扫工作,通过审核后,再追加补充到影像及报账单信息中,形成最终电子档案信息。如银行付款回单,通常是付款完成后,在银行柜台获取,晚于申请日期,获得纸质回单后,需补扫进入影像系统(见图8-3-13)。

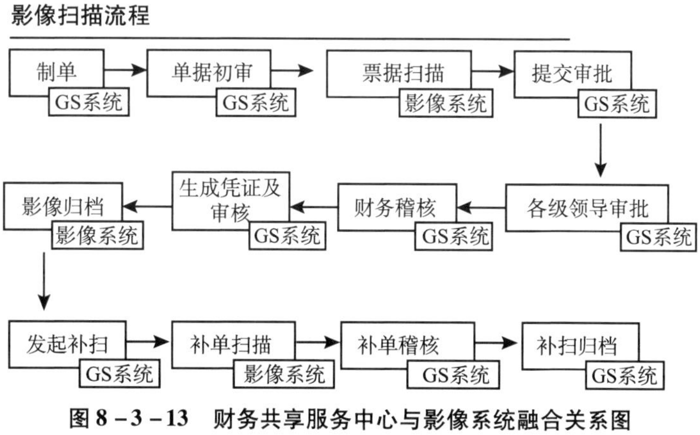

图8-3-13　财务共享服务中心与影像系统融合关系图

（5）共享中心系统与合同管理、资金管理等其他业务系统的融合。

甲公司财务共享服务中心综合平台，是报账单接收业务系统信息（如对上对下计价、物资点验、资产新增等），通过相关审批和共享中心审核，形成债权债务与总账凭证，对应债权或债务，形成每个月的资金收支计划，在支付或收款申请时，选择对应资金计划、合同等信息，通过资金系统、银企直联支付成功，形成总账凭证，并核对债权或债务。如对下计价业务过程融合示例见图8-3-14，合同管理业务融合示例见图8-3-15。

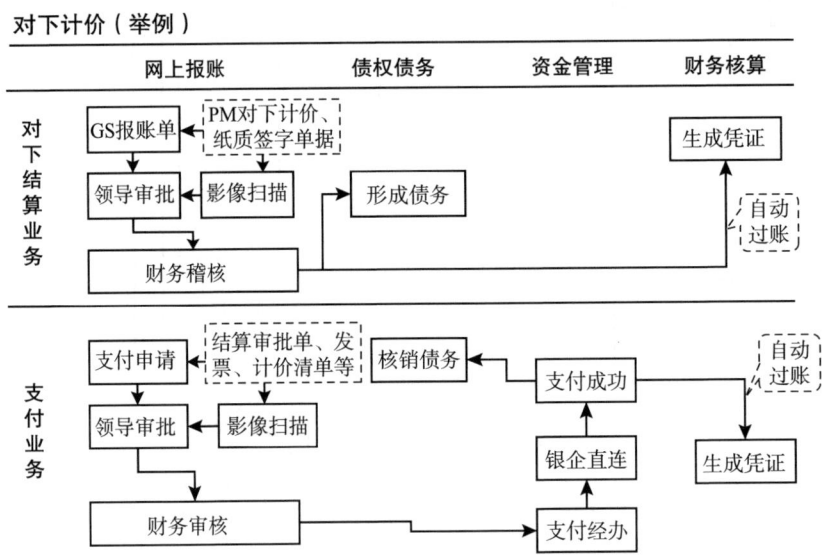

图8-3-14 与对下计价业务的融合示例

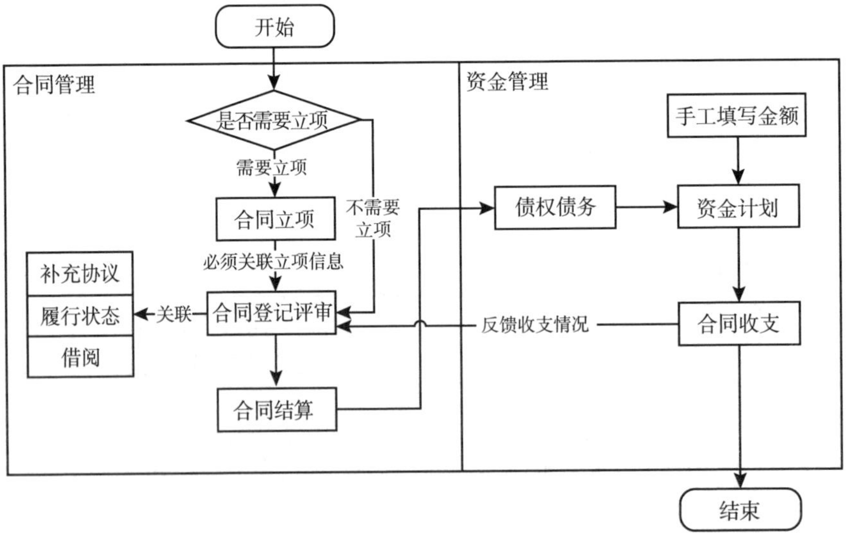

图8-3-15 与合同管理业务融合示例

完整的业务、数据流转链条，使得清收清欠得以落实，资金安全得到有效管控，系统的深度应用使企业管理水平进一步提高。

四、应用成效

1. 管理效率提高。

财务共享服务中心全面运行后,满足了集团公司管理制度与规则落实到位的要求,其规模效应下的运作成本逐渐降低、服务质量与运作效率逐渐提高,系统能够满足各种类型单位的业务需求,包括一般的工程项目、工业制造、房地产项目、并账项目等。

2. 财务管理前端化。

简单的、重复的、标准化的财务业务,由财务人员在财务共享服务中心统一处理;业务财务则借助业财税一体化的财务共享信息化平台系统和强有力的管理会计方法和工具,结合各个公司的管理制度,对业务进行深入分析,在业务前端就进行财务管理控制,不仅使得资源得到合理配置,更有助于管理风险得到有效的控制。

3. 内外部报告一键生成。

借助财务共享信息化平台,将报表取数规则、数据维度融入到业务规则中,使得财务科目、业务类型等与报表相关的参数与报表维度分类相同,既满足了日常业务流转的需要,又符合了报表取数需要,将会计期末的报表工作有机分散在日常账务处理中。

4. 数据共享和数据增值体现。

财务共享服务中心建设完成后,构建了一个全集团统一的数据中心,存储各类不同的财务及业务数据。同时构建配套的数据管理组织、数据流程、数据标准、质量控制及技术支撑,保障数据在全集团范围内的唯一性、及时性、准确性。通过企业级数据仓库实现了业财数据中心的落地,通过决策支持系统的统计分析,可以满足不同时期、不同角度的分析要求,最终实现财务数据数出一源、数存一处、一数多用,支持企业智能化营运、精准决策,逐步体现出企业数据资产的增值作用。

5. 多业务系统支撑和多环节业务控制。

甲公司建设财务共享服务中心之初,就有意识地避免建立孤立的财务共享服务中心产品,防止出现财务人员在落实日常业务之后,仍需将业务数据翻译成财务维度数据,手工填写到财务共享服务中心系统的低效局面。同时,主干业务数据需要基本数据支撑,实现业务数据在系统中的流动共享才不显得过于孤立。如大部分数据都需要合同,如果没有合同管理系统,业务数据虽可填写合同名称,但不能引用合同条款或证明其合法性。再如资产管理、供应链管理、PM 管理等系统的存在,不仅丰富了甲公司系统生态,使得数据之间环环相扣,造假成本较高,而且能为精益化管理提供丰富的数据支撑,使得深挖数据、分析多维、控制多点成为可能。

案例示范 8-4
全面预算管理在公立医院的应用

【本案例介绍全面预算管理在公立医院的应用。案例单位为省级综合性医院。针对收入放缓、成本上升、业务结构亟待调整、成本控制意识淡薄、资源分配机制欠缺等问题，该医院通过开展全面预算管理，构建三级负责、分级管控的预算管理体系，不断优化医疗业务结构，医院各项效率指标、成本结构指标均呈现了良性发展趋势。】

一、背景描述
（一）单位基本情况

甲医院是某省三级甲等综合性医院，担负着医疗、教学、科研、公益四项中心任务，占地面积 20 万平方米，现有建筑面积 41 万平方米，资产总额 32 亿，含一体化管理的分院实际开放床位 3 003 张，职工 5 000 余人，年总诊疗人次 400 万、出院人次 14 万、手术台次近 8 万，形成了"一体两翼"的战略发展格局，建立既满足分院和本部之间一体化管理，又能满足分院个性化发展需求的管理模式。

（二）存在的主要问题

1. 收入放缓，成本上升。

近年来，医院的快速发展建立在规模快速扩张之上，门诊量、住院工作量均已超负荷运转。随着医改的深入，分级诊疗、医保支付方式改革、药品零加成、医院规模限制等政策影响，医院收入增速明显放缓，给医院营运带来巨大压力。

2. 业务结构亟须调整。

尽管医院各项管理指标呈良性发展趋势，但药占比、卫材比居高不下，医院业务收入结构亟须调整。

3. 成本控制意识淡薄。

由于以往的药品加成补偿机制，大多数公立医院没有认识到压缩成本的迫切性，职能部门、临床医技科室普遍缺乏成本控制意识，这也是公立医院成本迅速增长的主要原因。

4. 资源分配机制欠缺。

医院资源配置缺乏有效的分配机制，往往是"会哭的孩子有奶吃"，医院迫切需要建立机制，量入为出，全面提升资源配置与利用效率和效益。

（三）开展全面预算管理的主要原因

随着医改的不断深入，公立医院营运的内、外部环境迅速变化，公立医院的营运模式亟须转变，迫切需要更新理念、创新管理工具以实现医院管理模式改变。全面预算管理有利于将医院战略目标和具体营运相结合，可调动全院、全员力量，有助于促进医院从粗放型向集约型模式转变，加快内部结构性改革，维持公立医院的稳健、持续发展。

二、应用过程
（一）主要目标

1. 促进战略落地。

通过预算管理将战略目标、中长期规划和年度目标结合起来，将战略目标转化为院区、科室、甚至个人的目标，使各预算单元的预算目标与医院的战略发展规划相一致，并兼顾长期目标和短期利益，平衡整体目标和部门利益，围绕最终目标，帮助医院优化资源配置及引导利益协调。

2. 强化预算控制。

通过预算编制制定控制标准，进行事前控制；通过对预算执行的跟踪与监控、识别实际值与控制标准之间的偏差，并将偏差反馈到各归口管理部门和执行单元，实现事中控制；通过预算分析和考核实现事后控制。通过预算控制强化对医院营运活动的约束。

3. 约束营运成本。

在健全成本核算体系的基础上实施预算管理，借助预算管理的信息控制程序，对营运成本进行预测、监控、预警和分析。

4. 优化资源配置。

通过预算管理对医院各类营运数据进行高度集成、有效传递，使医院的有限资源在采购、库存、产出、人员、投资等各个环节得到合理配置和利用，有效整合现有资源，开发利用和保值增值医院国有资产，达到"物尽其用，人尽其才"，大幅度提升医院营运效率。

5. 规范管理流程。

通过对各级预算责任单元的权、责、利进行划分和梳理，使医院的管理机制清晰化、具体化、透明化；通过将预算管理和业务流程有机融合，促进医院的财务管理机制、资产管理机制、物流管理机制的改进和完善；规范医院内部各项基础管理工作，包括完善内部控制体系，加强成本费用控制，优化整合资源配置等，大幅提升公立医院的整体经济管理水平。

（二）夯实全面预算管理基础

作为预算管理基础相对薄弱的行政事业单位，甲公立医院在实施全面预算管理前梳理思路，在以下方面夯实基础，作为实施全面预算管理的前期准备工作：

1. 确定预算管理重心。

甲医院借鉴企业生命周期理论，医院发展处于成熟期，战略重心是成本控制，故将成本控制作为预算编制的起点，将成本控制指标作为预算监控和分析的重点对象，将成本预算执行情况作为预算绩效考核主要指标。

2. 构建三级负责、分级管控的预算管理体系。

将全面预算管理逐层延伸和落实到各基层业务科室，预算管理委员会对院级可控成本总负责，归口部门对本部门可控成本总负责，预算科室对本科室可控成本负责，形成三级负责、分级管控的预算管理体系。其中各归管理部门根据医院的总体战略部署，规划本部门管辖范畴内的工作计划，并制定详细的实施方案。实施方案包括专业管理的总体目标、业务计划、资源状况等，使成本控制预算方案精细化、清晰化，成本控制目标分解见图 8－4－1。

3. 构建一体化数据集成平台。

将业务系统和财务管理系统中的异构异类数据集成于一个数据平台，建立分散、异构、独立数据源的映射关系，实现业务系统、会计核算系统、成本核算系统、绩效管理系统、固定资产管理系统、人力资源管理系统、资源计划系统（ERP 系统）等业务及管理系统的互联互通、数据共享。打破原来碎片化的信息孤岛现象，形成一体化的数据集成平台。

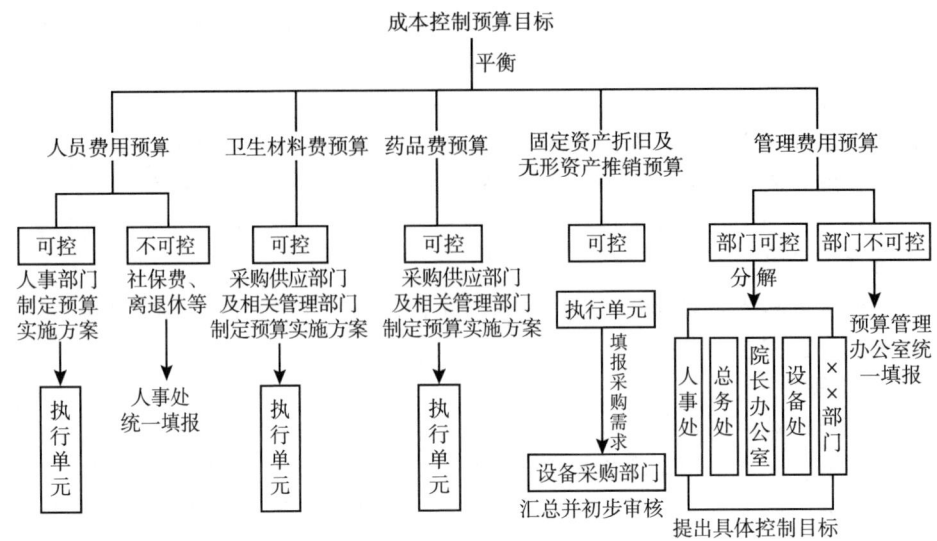

图 8-4-1 成本控制目标分解

(三) 具体应用过程

1. 参与部门与人员。

甲医院设置预算管理委员会,牵头组织医院全面预算管理工作,对重大预算管理事项作出决策;预算管理办公室作为预算管理职能部门,具体负责开展预算管理各项工作;各临床医技科室、行政后勤部门是预算管理责任单元,在医院预算管理委员会领导下,配合财务部开展预算管理工作。预算机构设置根据本部、妇幼分院、城北分院一体化管理的要求,统一规划设置。甲医院要求各预算单元必须配备两名以上预算员(申报员和审核员),建立预算员通讯簿,定期对预算员组织培训,不断提高预算员的预算管理意识和管理水平,医院的预算员设置见表 8-4-1。

表 8-4-1　　医院的预算员设置

预算责任单元	预算员		沟通平台及方式
	审核员	申报员	
××科室	主要工作职责:审核、审批本科室预算,并对预算执行结果负责(一般由科室主任担任)。	主要工作职责:负责本科室的预算管理相关事宜,包括申报预算、执行跟踪、分析差异等(一般由科室经济运行管理员担任)。	医院办公平台、电话、微信、邮件、面对面沟通等方式

2. 启动年度预算工作。

预算启动一般在每年的第四季度,预算启动会议是年度预算工作的起点,主要进行以下工作:

(1) 历史数据的采集和分析。预算管理办公室负责收集和汇总各预算指标的历史数据并进行汇总分析,作为下一环节的数据基础。

(2) 召开预算启动会。通过预算启动会使各预算管理责任单元明确医院预算管理体系(见图 8-4-2)和预算管理主要内容,清楚了解本部门年度的工作重点及预算职责,预算启动会议应准备的资料内容包括：上级部门印发的相关文件；医院的战略规划和年度业务计划；医院资源变化情况；预算年度前三年度的会计报表、预算执行分析报告；对预算年度营运情况的初步测算；本年度预算编制的重点和难点。

预算管理应遵循实事求是原则，对历史经营状况进行分析，并综合考虑上级部门的相关管控政策，在深入落实企业战略的基础上，充分参考同行业领先水平，制定既有挑战性、又有可实现性的预算目标和管控方向。

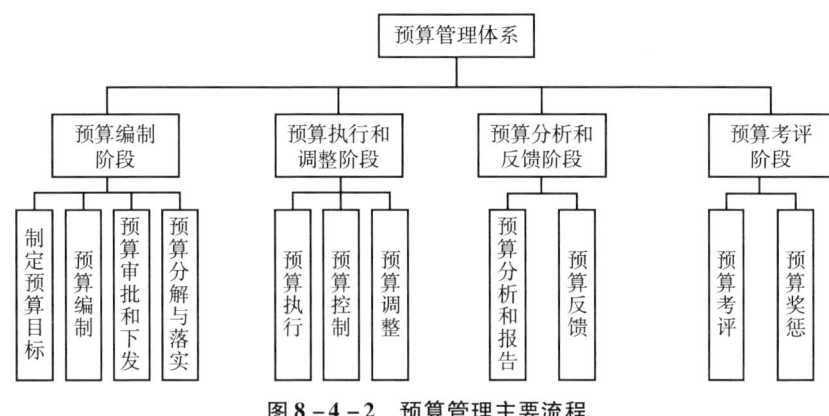

图 8-4-2 预算管理主要流程

3. 编制年度预算。

（1）预算编制流程和内容。

甲医院采取的是权威式"自上而下"的预算编制流程，将医院战略目标落实到各责任单元。预算经历"三下两上"的论证、审批过程，院领导、归口职能负责人以及财务部门根据医院战略发展目标，结合以前年度执行情况对预算编制内容逐条分析讨论，确保下层目标、上层目标的纵向统一，部门之间、科室之间的横向协调，预算编制各环节及其具体内容见表 8-4-2。

表 8-4-2　　　　　　　　预算编制各环节及其具体内容

编制环节	具体内容
拟定医院预算总目标（一下）	预算管理委员会召开预算专题会议，剖析目前营运管理中存在的问题，拟定总预算目标，提出预算编制的重点和要求； 预算管理办公室将总预算目标分解落实到各业务主管部门（职能部门），再由各业务主管部门（职能部门）将预算指标分解落实到各预算责任中心。
编审预算草案（一上）	预算责任科室根据预算总目标以及年度发展计划制订业务量计划、资源需求计划初稿，提交至相关业务主管部门（职能部门）；各业务主管部门（职能部门）汇总预算责任科室的资源需求计划，并根据医院预算总目标要求进行初步平衡，制定支出预算初稿上报预算管理办公室。 预算管理办公室汇总预算责任科室及归口职能部门的预算草案，上报预算管理委员会。[1] 预算管理委员会对预算草案进行审议。

---

[1] 张广金. 试谈如何扎实推进企业全面预算管理 [J]. 中国商论, 2018 (16)：86-87.

续表

编制环节	具体内容
预算方案调整（二下）	预算管理办公室将预算管理委员会批复逐级分解下达到各归口职能部门以及预算责任科室，对不达标预算指标要求修改和说明。
预算方案二次汇总（二上）	各预算单元按照预算批复要求进行修改和说明，提交至预算管理办公室，由其汇总平衡后上交预算管理委员会审议。
终审、下达预算计划（三下）	预算管理委员终审预算方案，下发年度预算计划；业务指标由预算管理办公室直接下达到预算责任科室；支出指标、资源需求计划由计财处直接下达到归口职能部门；归口职能部门下发具体支出指标及资源需求计划。

(2) 预算分解和下达。

甲医院预算目标确定后，自上而下地分解并下达到各个预算责任单元，将总成本预算和业务预算按照组织维度和时间维度分解和落实到各预算责任单位，坚持责任与权利相对等原则分解预算，特别是分解到预算责任单位的成本应是该责任主体可以控制和影响的。

(3) 预算调整和追加。

甲医院正式下达的预算一般不作调整和追加，但当市场环境、经营发展计划、国家法规政策、预算编制的前提和假设等发生重大变化导致预算执行结果产生重大偏差，或者出现不可抗力的重大事件时需要调整和追加预算，按原编制程序报经预算管理委员会批准。甲医院所指的预算调整是预算额度在不同项目、不同部门之间的流转和变动，预算追加则是在原有预算基础上的新增。预算调整和追加的目的是以灵活的动态调整机制来弥补静态预算的缺失，但不能随意调整和追加预算，必须遵循制度约定的触动条件和审批程序。

4. 预算控制。

预算控制是预算管理能否发挥作用的核心环节。公立医院普遍存在预算执行意识薄弱，执行效率低下，随意性较大等众多问题，导致预算编制和预算执行"两条腿走路"，预算失去其权威及效力。因此，甲医院加强预算控制和反馈，强化对预算控制执行合法性、合理性的监控。年度预算一经批准下达，各预算责任部门必须认真组织实施，将预算指标层层分解，从横向和纵向落实到内部各部门、各环节和各岗位，在执行过程中不断进行信息反馈，加强预算控制，从而使预算目标能够真正落实。

第一，充分运用信息化手段，促进预算刚性执行。目前，大部分公立医院的预算执行审批还是纸质形式的手工审批，而利用信息化手段固化预算控制流程，一方面可大幅提高预算管理效率，简化烦琐流程，改善行政文化；另一方面可充分发挥信息系统无法随意修改、任何输入均可留下使用痕迹的优势，确保预算刚性执行。

第二，引入对标管理。把对标管理理念引入预算管理，通过收集整理各类对标数据，将医院的历史标准、行业标准与行业先进标准相结合，明确成本费用类、投入产出类、资产效率类等指标的管理定额和标准，在此基础上进行预算执行、监督和考核。

第三，建立预算执行的预警机制。在预算执行的过程中，当预算指标的实际执行与预算值存在较大差异，且在未来很可能完成不了预算目标时，归口管理部门向预算执行单元发出预警通知，提示执行单元分析原因，纠正预算执行偏差，并制定解决方案。

5. 预算分析与反馈。

甲医院预算分析和反馈是将预算执行结果和预算进行对比，寻找预算偏差，分析偏差产生的原因，帮助预算科室发现营运中出现的问题，并及时采取解决措施。预算分析报告要从固化的数字报表模式转变为多维度可视化的图文报告，采用进度分析法、差异分析法、结构分析法、趋势分析法、预警分析法、排名分析法等方法，针对不同预算层级、预算指标在预算系统中嵌入多种图表分析方法，并将预算分析报告定期推送给相关决策者，积极引导决策者用数据说话，提升决策价值。

甲医院预算分析和反馈的主要形式包括预算分析报告和预算分析会议。预算分析报告由预算管理办公室编写，各预算责任中心定期编制预算差异分析报表并分析差异产生的主要原因，上报预算管理办公室，预算管理办公室负责收集、整理预算差异分析报表，形成预算分析报告，上报预算管理委员会。预算分析报告的内容主要有：上一期报告中所呈现的问题和改进措施执行情况；主要预算指标执行情况以及变化趋势；预算执行出现偏差的主要原因；针对预算执行偏差提出的改进和建议等。

预算分析例会是预算反馈的最有效的形式和工具，甲医院建立定期预算分析例会制度，通告全院预算执行情况，揭示预算执行过程中遇到的问题和困难；同时，通过预算会议中各部门的沟通和讨论，针对预算执行过程中出现的问题要形成具体改进方案，促进预算管理质量持续改进（PDCA）。

6. 预算考核与激励。

甲医院加强预算考核管理，纳入预算体系的绩效考核指标遵循合理性、公正性、效益性原则，针对体现医院营运状况的关键指标进行重点评价与考核，通过奖惩手段强化预算约束，厘清职责。

（1）预算考核内容。

第一，对预算管理日常工作的考核。针对预算责任单位的编制、执行、分析等预算管理相关工作完成情况进行考核，促进其认真完成预算管理办公室下发的工作计划及任务。

第二，对预算指标执行情况的考核。对预算责任单位制定的预算方案实施情况、各项预算指标完成情况进行考核，要求其为完成既定的预算目标充分发挥主观能动性，努力实现年度预算计划。

第三，对重点项目完成情况的考核。为确保医院重点项目的落实和推进，对重点项目预算实施情况进行考核。

第四，对预算资金的使用效益和效果，大型项目的资金使用效率、效益的考核。

（2）考核指标权重。

以成本控制为目标的预算管理体系必须建立配套的成本预算考核制度，加大成本控制指标权重。

（3）预算考核与绩效管理。

公立医院应实现预算考核与绩效考核的有效整合，将预算执行结果作为绩效考核的重要组成部分，将预算考核指标纳入医院整体绩效考核体系，将绩效考核体系中原有的关键绩效指标（以下简称KPI指标）和平衡计分卡（以下简称BSC）考核指标纳入预算指标体系，防止出现医院的考核体系"两张皮"现象。

三、取得成效

通过实施全面预算管理，不断优化医疗业务结构，医院各项效率指标、成本结构指标均呈良性发展趋势。

（1）效率指标（见表8-4-3）。

表 8-4-3 效率指标

预算指标	2×16 年度	2×17 年度	2×18 年度
出院者平均住院天数（天）	9.78	9.51	8.74
总资产周转率（次）	1.57	1.6	1.61
病床周转次数（次）	39.63	41.57	46.38

（2）结构指标（见表 8-4-4）。

表 8-4-4 结构指标

预算指标	2×16 年度	2×17 年度	2×18 年度
药占比（%）	42	41	37
人员经费支出比率（%）	27	29	30

案例示范 8-5
病种成本管理在医院的应用

【本案例介绍病种成本管理在医院行业的应用。案例单位为综合性三级甲等医院。针对新的医保支付模式要求成本核算方式转变等问题，该单位采用基于成本发生地进行成本归集的病种成本核算方法，以成本数据作为管理依据将疾病的成本信息与临床业务管理相结合，准确掌握疾病在诊疗护理过程中的真实消耗，明确临床路径中的医疗责任和成本责任，达到了诊疗流程优化、医疗质量安全、患者费用降低的多重效果。】

一、背景描述

（一）单位基本情况

甲医院始建于 1×58 年，是国家卫生计生委管理的集医疗、教学、科研和预防保健为一体的现代化综合性三级甲等医院，目前在岗职工 4 861 人，开放床位 1 765 张，设有 36 个临床科室、10 个医技科室，拥有 20 个国家临床重点专科建设项目、3 个教育部创新团队、3 个教育部重点实验室、1 个国家卫生计生委重点实验室，年服务门诊、急诊患者近 400 万人次，出院患者 10 万余人次，手术量 6 万例次。

（二）存在的主要问题

为切实减轻患者负担，规范医院诊疗行为，甲医院按主管部门要求试点以疾病诊断相关分组（DRGs）的付费方式，参保患者在试点医院接受住院治疗时，医疗保险的支付方不是按照病人住院的实际费用（按项目结算费用）结算，而是根据病人的年龄、性别、住院天数、临床诊断、病症、手术、疾病严重程度、合并症与并发症及转归等因素把病人分入临床过程相近、费用消耗相似的同一个组中，根据不同的分组确定定额支付标准。DRGs 付费方式对医院成本管理方式产生了根本性影响。

1. 改变了医院的成本管理方向。

以往医院成本管理的对象主要是科室，重点关注的是成本占比较大的人员、药品及卫生材料成本，成本管理比较粗放，与临床业务联系并不紧密。DRGs 支付方式使医院的成本管理对象从科室开始向病种转变。要求医院从精细化管理的角度将成本管理分层次细化，建立科室、项目、病种等不同对象的成本管理体系，因此医院需要结合自身的管理现状、信息基础，探索研究出一套适应管理需要、可操作的核算方法。

2. 支付方式的改变对医院的部门管理水平和精细化程度提出了更高要求。

病种成本管理就是要在优质的医疗服务和经济的医疗成本之间寻求平衡，实现社会效益和经济效益的统一，需要全院各部门协同配合才能真正实现。首先，病种成本管理的前提是要保证医疗质量，不能为降低成本而减少必要的医疗服务，在实行 DRGs 管理的同时，医院要配套实行临床路径管理，即对疾病诊疗全过程制定规范的临床操作指南，以此来维持或改进医疗质量，保障诊疗行为科学合理，这一过程需要临床医师、护理人员、医技科室、患者及家属的共同配合；其次，疾病和手术操作编码的标准化是疾病分组成功的关键问题，医院要加强病历首页质量管理，病案填写准确率要达到 95% 才能启动试点工作，需要对参与诊断、手术操作、药品、收费等相关人员进行疾病编码专业技术培训；再次，病种成本信息来源于医院多个部门的多个系统，成本数据的采集需要各部门统一口径、统一标准，如果数据不全或有错漏将直接影响核算结果；最后，病种成本分析与管理需要财务与业务相结合，以往财务人员多是重指标分析、轻业务分析，成本管理未延伸到业务末端，分析结果是"知其然而不知其所以然"，现在迫切需要了解指标变化背后的原因，财务数据要与业务流程相结合，在诊疗环节中找到突破口，帮助临床制定成本效益最优的治疗方案，使医院走上"优质、高效、低耗"的发展之路。

3. DRGs 支付标准缺乏科学的参考依据。

目前 DRGs 支付标准是以医保定点三级医院诊治同一病组的社会平均医疗费用为参照确定的，但是由于医疗服务领域存在着收费结构不合理、项目价格不能真实反映医疗服务成本的情况，基于费用计算的支付标准可能会偏离实际成本。同时医院自年试点 DRGs 结算以来支付标准多年未变，但医疗技术水平不断进步，诊疗手段不断更新，人力、材料等成本逐年上升，加之新技术、新材料的应用，患者在获得更加便捷、先进的医疗服务同时诊疗成本也随之提高，同一病种不同的诊疗手段也会产生不同的成本和治疗效果，因此医院需要算清楚每个病种的实际成本消耗，尤其是要明确医疗行为与成本之间的关系，从而为医保部门科学合理地确定支付标准、动态调整支付标准提供数据支持，既起到控制医疗费用的作用，又不会因得不到合理补偿而影响医疗机构的正常运转及发展。

（三）进行病种成本管理的主要原因

基于甲医院的现状及主要存在的问题，医院迫切需要加强部门协作，对病种进行成本管理。结合医院自身的实际情况及管理目标，确定病种成本核算的方法，并以成本数据为依据，与临床业务相结合开展病种成本分析，揭示成本变化情况，分清诊疗各环节的可控成本和不可控成本，明确成本责任，从而更好地节约利用医疗资源；分清有效成本与无效成本，通过优化诊疗流程来优化成本，达到成本"节约与优化"的目标。

二、应用流程

（一）第一阶段：筹备阶段

1. 明确管理目标。

甲医院病种成本管理的管理目标是：建立多角度、多对象的医院成本管理体系，将成本管理从宏观的运营分析延伸到微观的病种成本管理中，全面、真实、准确反映疾病在诊疗护理过程中的真实消耗，将疾病的成本信息与临床业务管理相结合，强化医务人员的成本意识，通过明确成本责任、优化诊疗流程、降低医疗成本，提高医院运营效率，增强医院在医疗市场中的竞争力。

2. 成立 DRGs 工作组。

病种成本管理是涉及医院管理全方位和全过程的管理工作，甲医院在院长的领导下，各职能部门明确分工，协同配合，所有科室和职工共同参与。为保证 DRGs 结算工作的顺利开展，医院成立 DRGs 工作组，包括病案编码、临床路径、工作薪酬、成本核算、信息支持、总体协调共 6 个小组，涉及 7 个职能部门，从入出院床位的管理、病房的优质护理、临床路径的规范管理、手术麻醉系统管理、病案质量管理、信息数据的精确采集、成本数据的准确计算与分析、病种效益的评价等各方面、各环节进行全面管理，见图 8-5-1。

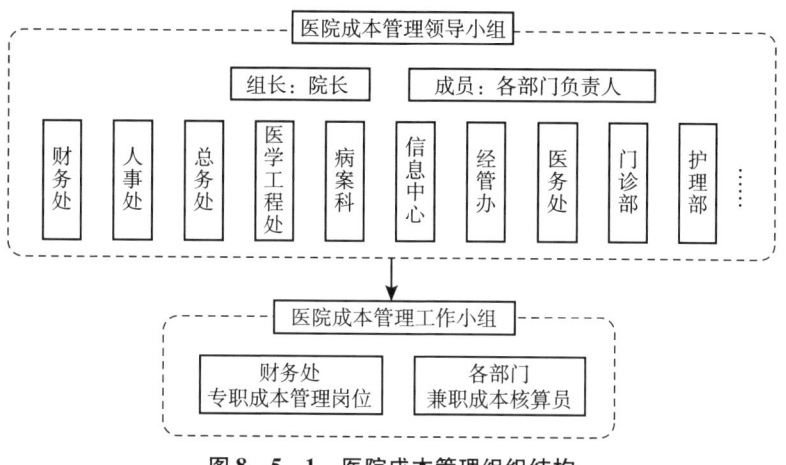

图 8-5-1 医院成本管理组织结构

（1）医院成本管理领导小组主要职责。

审核确定医院成本管理方案、成本控制流程和相关的工作制度；明确各部门在成本管理中的职能范围，协调各部门关系；根据成本核算的数据与分析报告，提出运营管理方面的建议，发挥成本数据在各项管理中的作用；对成本管理实施中的重大问题作出决策。

（2）医院成本管理工作小组主要职责。

负责相关成本资料的汇总、整理、归档；进行成本数据的核算，编制、报送成本报表，撰写成本分析报告，并结合实际情况调查研究，分析成本变动因素，为医院管理决策提供参考；为保证成本核算和管理工作的开展，对各部门提供的数据提出需求，并进行相关培训；参与成本核算、管理及各项制度的制定，并组织监督实施。

3. 设计管理流程。

在各部门配合下，病种成本管理采用由上至下、由面到点的管理方式，先从医院整体运营层面出发，逐步分解细化，将成本责任逐级落实，最终与具体诊疗行为挂钩，建立起闭环的、以病人为中心的全过程成本费用管理体系，见图 8-5-2。

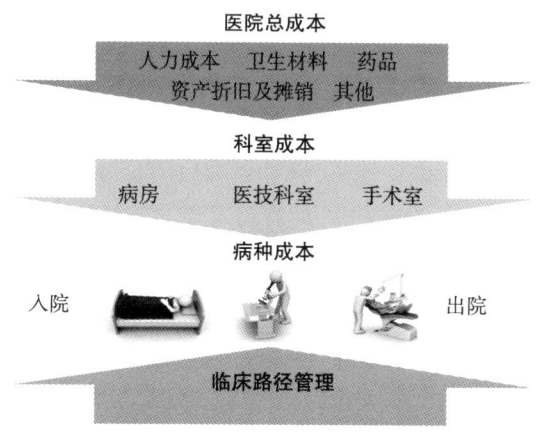

图 8-5-2 医院成本管理流程

4. 明确成本核算模式。

病种成本管理要以成本核算数据为依据,没有准确数据的支持,成本控制就找不到方向和管理着力点。而目前我国病种成本核算的方法还处于理论探索阶段,并没有形成一个标准化的方法体系,甲医院通过对国内外文献的研究整理,对医院的信息基础条件以及临床管理特点的调研,研究制定了基于成本发生地进行成本归集的核算模式,见图 8-5-3。

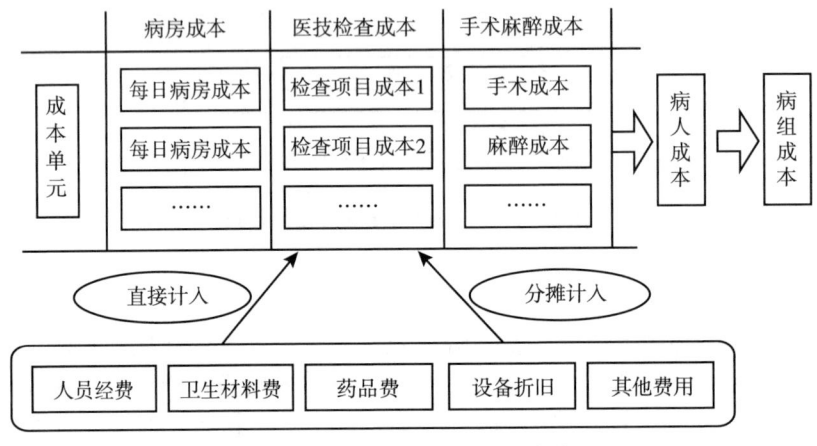

图 8-5-3 医院病种成本核算模式

依据临床路径将成本按照发生地点分为:病房成本、医技检查成本和手术麻醉成本,地点成本相加得到病组成本。每一地点成本又包括人力成本、卫生材料、药品、资产折旧和其他成本,各项成本的归集遵循能够直接计入的直接计入,不能够直接计入的,根据不同地点的医疗服务特点选择适合的分摊系数进行成本分摊。将临床路径中所发生的医疗护理工作内容按照发生地点进行归集,这样既能够明确临床路径中的医疗责任,也能够明确成本责任。

5. 进行科学计量。

(1) 资产清查:包括现存资产的使用、分布情况,资产的价值确认等,及时进行固定资产的科室间调整。

(2) 建立物资、材料的计量、发放、领退和盘点制度是开展成本管理、正确计算成本的前提。要摸清物资、材料入库、出库以及其在各部门、各环节之间的调配、转移过程,要有完善的手续并及时记录入账,保证成本可以准确归集。

(3) 制定科学合理的内部结算价格,理顺服务关系为合理分摊成本做好准备。

(4) 各部门成本相关数据齐全,如人事处各部门人员及工资变动、考勤情况等;总务处水、电、气、话、房屋面积、家具、机电等固定资产及材料、低值易耗品、配件等消耗数量的统计;医工处职能范围内的设备及维修、卫生材料、医用低值易耗品消耗的统计;药剂科药品管理数据;病案科工作量数据;供应室、洗衣房等医辅部门消毒费、洗涤费等内部服务工作量的统计等。

6. 理顺信息数据采集渠道。

成本数据涉及医院多个部门的多个系统,需要与各职能部门及信息中心充分沟通,采用多种手段保证信息数据及时准确地采集、汇总整理及计算分析,做好信息系统的维护与衔接。

(二) 第二阶段：实施阶段

1. 采集成本数据。

按成本核算模式，从病房成本、医技检查成本和手术麻醉成本三个方面获取相应成本数据，主要包括：病组病人收费项目明细清单、医院科室成本数据、人员成本数据、相关科室资产清单、手术麻醉系统数据、病案管理系统数据、专项数据调查等，形成相应表单。

临床路径调查表主要调查病房医护人员工作内容及时间，示例见表8-5-1。

表8-5-1　　　　　　　　　　　　病房临床路径调查表

类别	内容	工作情况
医疗	完成"住院志"和"首次病程记录"	1~2名住院医师，1小时/人
	值班医师查看病人确定诊断	1名主任医师、1名主治医师、2名住院医师，1小时/人
	查看各项化验、检查是否齐全、完成急诊住院病历记录	半小时
	医师查房	一组医生（4人），10~15分钟，每天2次
	术前评估、确定诊断、准备手术	2名住院医师，1小时/人
	记录术前家属谈话、签手术"同意书"	1名住院医师，1小时/人
	进行手术切口、感染、并发症的评估并记录	1名住院医师，1名主治医师，1小时/人
	完成"出院小结"及"病案首页"的填写	1名住院医师，1小时
	开医嘱	1人/天，1小时
	会诊	10%左右，妇科、内科
护理	准备接收病人	擦洗病床10分钟，铺床10分钟
	安置病人、测BP、P、体温、腹疼等、更衣、嘱病人禁食水	1名护士，约5分钟
	宣讲、补液、皮试、备皮	1名主管护士完成，约30分钟
	术后生活护理、早翻身、半卧位、酌情床上、床下活动、扫床。术后指导：疾病相关知道介绍及术后注意事项、预防肠粘连	2名护士，10~20分钟
	核对医嘱、点滴条、输液、用药	2名护士，10分钟，上下午各1次
	巡视病房	1名护士，1小时1次
	交接班	早上大交班20分钟，床旁交接时间不定
	协助病人、家属办理出院手续、解释有关出院提出的问题、服药注意事项、拆线时间地点等	1名护士，10分钟

手术麻醉调查表主要调查麻醉科、手术室及手术医师的人力成本、设备成本及不可收费材料成本，示例见表8-5-2。

表 8－5－2　　　　　　　　　　急性阑尾炎手术麻醉情况调查表

一、病人基本情况
病历号：4551248　　　　平均住院日 3 天　　　　费用 7 464.8 元
入院诊断：急性阑尾炎
手术名称：阑尾切除术、肠粘连松解术、剖腹探查术
麻醉方式：全麻

人员类别	参与手术人数	参与一例手术时间（小时）	全天工作时间（小时）	备注
医生	3　医师 1 　　医师 2 　　医师 3	2	10	
麻醉师	1　麻醉师 1	3	11	
手术室护士	2　护士 1 　　护士 2	2	10	

设备名称	手术实际使用时间（小时）	全天运转时间（小时）	备注
麻醉机（进口）	2	12	
呼吸机	2	12	
不锈钢器械车	2	12	
不锈钢器械托盘架	2	12	
电动手术床	2	12	
电动液压手术床	2	12	
……			

不单独收费的一次性消耗材料	名称	单位	数量	单价
胶布	卷	0.10	39.50	3.95
钠石灰	桶	0.50	435.00	217.50
无菌贴膜	张	2.00	6.50	13.00
静脉贴膜	个	1	3.29	3.29
医用缝线	包	2	7	14
医用缝合针	包	4	4	16
静脉贴膜	个	1	3.29	3.29
……				

医技检查项目调查表主要调查项目消耗的人力成本、设备成本及不可收费材料成本，示例见表 8－5－3。

表 8-5-3　　　　　　　　　　**医技检查项目成本调查表**

一、科室开展项目基本情况
检查项目：腹部超声

二、项目人力成本情况

人员类别	人数	完成一次项目常规的操作时间（小时）	全天工作时间（小时）	备注
医生	2	0.13	8	
护士				

三、项目设备使用情况

专用设备名称	完成一次项目常规的操作时间（小时）	全天运转时间（小时）	备注
高档彩色超声诊断仪	0.13	8	
电动诊查床	0.13	8	
激光打印机	0.13	8	
电子计算机	0.13	8	

四、项目材料使用情况

不单独收费的一次性消耗材料	单位	数量	单价	金额
一次性中单	卷	0.0061	120	0.73
一片云纸巾	包	0.01	5	0.05
耦合剂	瓶	0.03	5	0.17
打印纸	张	1	0.1	0.10

2. 计算病种成本。

从病房成本、手术麻醉成本和医技检查成本三方面计算 DRGs 病组成本，具体的计算方法如下：

（1）病房成本的测算。

病房成本 = 人力成本 + 卫生材料 + 药品 + 固定资产折旧 + 其他

①人力成本：病房人力成本 × 病组病人实际占用总床日数/病房实际占用总床日数 - 医师手术人力成本

②卫生材料：根据实际使用的卫生材料计算成本

卫生材料成本 = 病组病人住院清单中治疗用一次性卫生材料用量 × 成本价

③药品：根据实际使用的药品计算成本

药品成本 = 病组病人住院清单中药品用量 × 成本价

④固定资产折旧：按病组病人占用床日比重计算

固定资产折旧 = 病房资产折旧 × 病组病人实际占用总床日数/病房实际占用总床日数

⑤其他成本：包括办公费、印刷费、水费、电费、邮电费、取暖费、物业费、交通费、差旅费、设备维修费、培训费、劳务费、燃料费、科研教育费、业务费等。按病组病人占用床日比重计算。

其他成本 = 病房其他成本 × 病组病人实际占用总床日数/病房实际占用总床日数

(2) 手术麻醉成本的测算。

手术麻醉成本 = 人力成本 + 卫生材料 + 药品 + 固定资产折旧 + 其他

① 人力成本
= 麻醉师成本 + 手术室护士成本 + 医师手术成本
= 参与手术人数 × 参与手术时间 × 每小时工资
= 参与手术人数 × 参与手术时间 × 年工资总额/(251 × 每日有效工作时间)

② 卫生材料成本 = 病组病人实际使用卫生材料数量 × 成本价

③ 药品成本 = 病组病人住院清单中麻醉药品量 × 成本价

④ 固定资产折旧 = 房屋折旧 + 设备折旧

房屋折旧 = 手术室麻醉科房屋折旧 × 病组病人手术时间合计/手术室年手术时间合计

设备折旧 = 实际手术时间 × 设备每小时费率 = 实际手术时间 × 设备原值/(折旧年限 × 251 × 日均工作时间)

⑤ 其他成本 = 手术室麻醉科其他成本 × 病组病人手术时间合计/手术室年手术时间合计

(3) 医技检查成本的测算。

① 人力成本 = 每小时工资 × 操作人数 × 操作时间

② 卫生材料成本 = 材料次均消耗量 × 成本价

③ 药品成本 = 药品次均消耗量 × 成本价

④ 固定资产折旧 = 设备每小时费率 × 设备次均使用时间

⑤ 其他成本 = 项目价格 × 医技科室其他成本/科室执行收入

3. 进行成本计算结果分析。

以 DRGs 病组"阑尾切除术,不伴合并症与伴随病"(编码 GD25)的计算结果为例,见表 8-5-4。

表 8-5-4　　　　　　　　GD25 组成本构成情况表　　　　　　　　单位:元

成本地点	成本项目	人员成本	资产折旧	卫生材料	药品	其他成本	成本合计
病房	例均成本	937	141	189	1 237	161	2 665
	构成比%	35	5	7	47	6	100
手术麻醉	手术例均成本	503	93	1 299	—	96	1 991
	麻醉例均成本	149	52	234	608	28	1 071
	小计	652	145	1 533	608	124	3 062
	构成比%	21	5	50	20	4	100
医技检查	例均成本	24	15	45		144	228
	构成比%	10	7	20		63	100
合计	例均成本	1 612	302	1 766	1 845	430	5 955
	构成比%	27	5	30	31	7	100

注:其他成本包括办公费、印刷费、水费、电费、邮电费、取暖费、物业费、交通费、差旅费、设备维修费、培训费、劳务费、燃料费、科研教育费、业务费等。

(1) 成本地点分析。

在 GD25 组病人的平均成本中，手术麻醉和病房成本是主要成本，约占 95% 左右，医技检查成本比重较低，约占 4%。这与急性阑尾炎的疾病特点有关，病人在住院期间以手术治疗为主，相关检查化验在入院前大多已在门诊或急诊完成，且多为常规检查项目。

①病房成本分析。

GD25 组病人病房成本中，药品成本占病房成本的 47%，其次为人员成本，占病房成本 35%，两者共占病房成本的 82%。这与病房服务的特点有关，病房的服务主要为医生及护士的诊疗护理劳动并涉及治疗时使用的药品和卫生材料。

②手术麻醉成本分析。

手术麻醉成本分为手术例均成本和麻醉例均成本，手术例均成本为 1 991 元，麻醉例均成本为 1 071 元，卫生材料为手术成本中的主要成本，占到 65%，麻醉用药为麻醉成本中主要成本占 57%，其次为卫生材料占 22%。

③医技检查成本分析。

在医技检查成本中，其他成本所占的比重最高，为 63%，其次为卫生材料，为 20%，这主要是由于病组中的检查项目以病理科的根治术活体组织病理诊断和图象分析病理诊断项目为主，由于病理科是以对外协作的方式支付协作费用，使其他成本较高。

(2) 成本项目分析。

在 GD25 组病人的平均成本中，药品、卫生材料和人员成本为主要成本，折旧和其他成本比重较小。药品包括病房治疗用药品和麻醉用药品，其中治疗用药占药品成本的 67%，麻醉药品占药品成本的 33%；卫生材料在手术麻醉中的消耗量最大，占到 87%；人力成本主要集中在病房和手术麻醉，分别占总人力成本的 58% 和 40%；资产折旧成本比重较小，仅为 5%，因急性阑尾炎属于常见病，治疗手段相对简单，一般不会涉及使用大型贵重的医疗设备。

(三) 第三阶段：评价反馈阶段

以病种作为成本管理对象，以成本核算数据作为管理依据，按地点、按诊疗流程进行成本管理，通过成本分析、专家咨询找到成本可控点，并制定出成本目标落实到具体成本责任主体，各部门、人员对自身的成本责任负责。同时建立成本管理评价指标对各责任主体的成本管理效果进行考核与评价，真正达到诊疗流程优化，医疗质量安全、患者费用降低的多重效果，实现医疗资源的合理配置、有效和节约。

1. 依据成本分析结果，明确成本责任。

根据成本发生地点划分临床医技科室的成本责任，根据成本项目划分职能科室的成本责任。以 GD25 病组为例，成本管理的重点在病房和手术室，而相应的医技检查科室则无需重点关注；从成本项目上来说，卫生材料和药品成本是管理重点，那么对于负责使用的临床科室和负责采购的职能部门就应加强对这两项成本的管理，合理控制成本。

2. 梳理诊疗流程、优化诊疗环节。

对住院病人的管理从入院到出院，主要经过病房护理治疗——医技检查——手术麻醉治疗（外科病人）——病房护理治疗，每一步都会消耗相应的医疗资源，并且每一环节又会影响下一环节工作的顺利开展，通过对同一病组历史诊疗流程的分析（最容易获取的数据是同一出院诊断病人的历史项目收费明细清单），统计同一疾病组中所采用的诊疗措施在内容、数量、频次上的使用情况、效果及资源消耗情况，梳理出成本效果较优和较差的项目，从而实现诊疗环节的优化。

3. 评价成本管理效果，持续改进。

病种成本管理涉及的部门多，内容复杂，各个环节紧密相联，管理成效需要有量化的数据指标来评价，既是监督也是激励，将管理效果与绩效考核相结合，让参与者能够真正感受到提升管理所带来的实效，并在不断的评价反馈过程中，持续改进工作。

三、取得成效

通过病种成本管理，甲医院能够准确掌握疾病在诊疗护理过程中的真实消耗，有针对性的进行成本控制，制定出成本效益最优的治疗方案，使医疗资源得到有效利用：一是在同样疗效下选择使用价格适宜的药品和材料，限制高价药品的种类和数量，合理控制药品、材料成本；二是在保证医疗质量的前提下，努力延长低值易耗品的使用寿命，增加使用次数，降低次均成本；三是合理规划人力成本，科学核定医务人员的工作量和工作内容，将工作量、医疗质量、成本费用等指标纳入考核体系，建立费用约束机制，制定疾病预算，通过经济奖惩手段合理控制费用。通过对94组病种4 067例病人的结算数据进行分析比较，23个科室中的22个科室采用DRGs结算与按项目结算相比，都增加了医药收入，而对患者来说，其中3 742例患者少负担了自负费用，324例患者自负费用持平，只有1例患者多负担了自负费用，平均患者少负担自负费用269.67元。

案例示范 8-6
高校院级单位投入产出分析

【本案例介绍了办学单位投入产出分析在高等院校的应用。案例单位为国家"双一流"综合性大学。针对学校资金投入需求大幅增加、资金投入未得到有效利用、产出的衡量具有较强复杂性等问题,该单位采用应用院级办学单位投入产出分析指标体系,计算学校对各个学院的财务投入、各个学院为学校贡献的财务产出、各个学院自身产生和支配的财务产出,并辅之以院级层面的量化业务指标,评价各学院的教学、科研、社会服务绩效,有效分析了学校管理的薄弱环节,明确学校发展的重要和难点,为学校制定发展规划、决策、控制和评价提供了有效支持。】

一、背景描述

(一) 单位基本情况

甲单位(以下简称"学校")是一所教育部直属的高等院校,是国家"211 工程"和"985 工程"重点建设的高水平大学,同时是国家"双一流"建设的综合性大学,肩负着人才培养、科学研究、社会服务、文化传承创新为主要职能。学校设有研究生院、6 个学部以及 28 个学院(含 88 个系)和 14 个研究院,学科门类包含了人文科学、社会科学、自然科学、工程与技术科学、管理科学、艺术科学、医学科学等。

(二) 存在的主要问题

1. 学校资金投入需求大幅增加。

随着学校"十三五规划"和"双一流"建设的推进,在不断落实学校的综合改革任务、学科建设任务、提高人才培养质量的过程中,需要强大的人力、物力和财力基础和保障,要求学校全方位的投入,资金的需求不断增加,提升学校资金筹措能力、优化资源配置、有效利用资金迫在眉睫。

2. 资金投入未得到有效利用。

当前预算管理方法不合理,导致在资金需求不断增加的前提下,资金却未能得到有效的利用。按照现有的预算管理方法,当年的预算在当年执行,若当年预算未执行完毕,在年终结算时的结转和结余资金应全部收回,导致预算单位在预算执行过程中倾向于将预算资金全部花完;相对地,若预算单位未完成当年预算的执行,资金不但会被收回,还会在下年预算编制时适当地降低预算指标。总体而言,在当前预算管理办法下预算单位通常会倾向于申请更多的资金,造成资金未能得到有效的使用;同时,由于不同单位在不同年度对预算资金的需求不是均衡的,特别是不同科研项目对资金的使用要求各不相同,某些科研项目的资金各年间的资金不平衡,某些较高成本购进的科研设备或建成的设施未能得到充分地利用。

3. 学校产出的衡量具有复杂性。

作为高等院校,应当以人才培养为根本任务,培养具有很强的创新精神、实践能力和社会责任感的优秀人才,因此学校培养的人才是学校的第一产出。长期以来,学校按照所培养人才的数量来衡量人才培养的产出。在科研方面,追求更多的科研经费,发表更高层次、更好质量的论文、专著等,强调科研成果的转化。因此在学校产出的衡量上,高校对产出的总量的追求高于产出的质量。这主要是由于产出的衡量相对困难，人才培养的质量，科研成果的社会功效是难以准确的测量。因此这种以数量而非质量的产出衡量会促使学校扩大招生规模和科研成果的数量增长，但是忽略了资源的投入和成本。更重要的是，这种方式同样会造成资源较少的院系无法提高产出，就更无法获得所需的资源。长此以往，会挫伤部分院系的办学积极性。

（三）选择投入产出分析法的原因

1. 投入产出分析简介。

"投入产出分析"（Input-output Analysis），是20世纪30年代由美国哈佛大学教授瓦西里·列昂节夫（Leontief W. W.）首先研究的，是研究经济系统中各个部分间表现为投入与产出的相互依存关系的经济数量方法，被广泛应用于资源稀缺条件下的社会经济发展研究。

2. 选择投入产出分析法的原因。

（1）加强教育绩效管理的需要。

随着行政事业单位预算绩效管理改革在全国范围内开展，高等学校教育经费作为财政预算支出的重要组成部分，对其进行绩效评价，并加强绩效评价结果的应用成为教育主管部门和高校高度关注的问题。甲单位近年来在教学成果、科研产出、服务社会方面有了显著的提升，但主要源于科研资源投入的增储和学校规模的扩大，投入—产出效率还有待提升（杨希，2017）。在国家和教育主管部门更加注重高校绩效评价的前提下，更应该对学校的投入产出关系进行分析。

（2）提升学校内部管理的需要。

学校的投入与产出的不匹配是办学持续运营和长期可持续发展必须面临的一个难题。学校从2005年度开始对院级办学单位进行投入产出分析，它是学校首次尝试以财务数据和定量分析为核心的一种管理新机制，截至目前已经实施12年，在学校日常管理和发展中发挥了重要的作用。目前甲单位处在学校的发展改革和"双一流"建设的关键时期，要提高学校整体的办学质量和办学绩效，应当加强以院系二级办学单位为基础的绩效管理。首先，学校可以在投入产出分析的基础上，通过建立教学科研活动的投入产出评价指标，评价各个办学单位的绩效结果，以投入产出结果调整资源配置，将资源从绩效低的办学单位向绩效高的办学单位转移，从而提高学校整体的绩效。其次，通过分析投入产出结果，判断分析学校管理的薄弱环节，明确学校发展的重要和难点，识别学校发展的关键环节，改善学校的内部管理，为学校制定发展规划、决策、控制和评价提供支持，推进学校战略目标的实现。

二、应用过程

（一）参与部门和人员

学校的院级办学单位投入产出分析主要由校财务处牵头组织实施，组织和人员分工如下：

1. 财务处负责在财务系统内收集院级办学单位的财务投入、财务产出数据；

2. 研究生院、教务处、人事处、科技处、社科处、资产处等职能部门负责提供院级办学单位的业务数据，并按规定提交给财务处；

3. 各个院级办学单位补充提供相关财务投入、产出数据以及业务数据，由财务处负责汇总所有数据；

4. 校领导、各个院级办学单位、有关职能部门在内部管理中使用投入产出分析数据。

（二）具体应用流程

1. 明确分析体系。

学校投入产出分析体系主要计算学校对各个学院的财务投入、各个学院为学校贡献的财务产出、各个学院自身产生和支配的财务产出，并辅之以院级层面的量化业务指标。院级层面投入产出分析指标应能够从财务和业务相结合的角度对各个学院的绩效进行评价，为学院的绩效考核、科研任务分配和下达、科研项目的立项和论证、科研业务费的战略性配置和认证等提供决策参考信息。财务指标包括两个层次，即学校对二级学院的财务投入、二级学院对学校的财务产出，这两者之差是"学院对学校的财务净贡献"，可用于评价学校层面的投入和产出分析，评估学校层面资金使用的总效果。在此基础上，学校同时评价二级学院留存的财务产出，"学院对学校的财务净贡献"和"二级学院留存的财务产出"之和为学校整体的净投入产出。在财务指标之外，我们还引入非财务指标——业务指标来评价各二级学院的产出情况。学校财务投入情况是财务指标中学校对二级学院财务投入的具体信息，见图8-6-1。

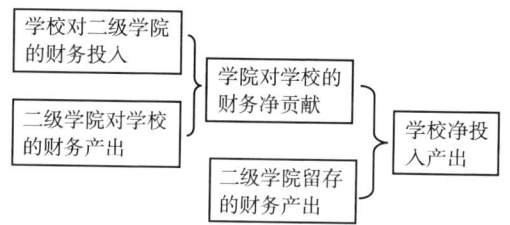

图8-6-1　学校投入产出分析体系

2. 设计指标体系。

指标体系的设计应首先明确各办学单位的业务活动，分析各业务活动可能产生的资金投入来源和产出，并根据投入和产出的特点设计财务指标和业务指标。指标设计能够实际反映学校的业务特点，可以量化的指标应尽量量化、细化、明确化，不能予以量化则通过非财务指标等予以表示，特别是学生培养质量、教学效果等。

具体而言，"学校对二级学院的财务投入"是学校层面为各二级学院投入的资金。学校的财务投入主要包含人员、固定资产、教育经费与科研经费等方面的投入。从财务角度测量，学校的投入主要包括人员支出、教学运行、科研运行、学科平台基地、学生事务、水电费、房屋、修缮等。人员的投入主要包含专职教师、辅导员、行政人员和技术人员。相对应的人员支出主要包括校级发放的工资和福利性支出，一般按人员的定额管理。教师主要通过日常教学活动和科研活动，直接产生效益，而辅导员、行政人员和技术人员对学校的贡献是间接的，为全校师生、教学科研提供服务。教学运行为维护各院级正常教学所耗费的资金，主要是国家和地方财政性拨款，主要由教育事业经费构成，还包括物力的投入，如学校的用房、课桌椅等。科研运行投入包括繁荣计划、校级科研基金投入和教育部基本科研业务费投入。学科平台基地投入主要为"双一流""2011计划"建设经费投入，含人才队伍及地方人才专项投入。学生事务、水电费、房屋、修缮等主要是按照各学院的实际耗费所分摊得到的资金投入。

在投入指标中，学校主要关注财务指标的投入，在教学运行和学科平台基地等财务投入计算中，我们依靠办公用房面积、业务量等对业务指标进行间接费用的分配，从而获得投入的财务数据。

产出方面的指标也包含业务指标和财务指标两部分。

从业务指标角度,学校的职能主要有四大类:人才培养,科学研究,社会服务以及教学与课程。其中人才培养的业务指标包括为各级学院承担教学工作的职工数、培养的学生人数(包括本、硕、博);科学研究的产出包括承担的各类横向和纵向课题项目数、发表的论文篇数、成果鉴定和验收数目、专利、专著、科研奖项的数目。社会服务的产出指的是学校以服务方式向社会提供的各项服务。当前学校的社会服务方式主要有以下几种:与企事业单位搭建战略合作平台,服务区域经济,加大科研成果转化,提供决策咨询服务,并开展各种形式的培训或委托培养、成人或继续教育等;因此社会服务的产出主要通过技术转让、咨询服务等指标来衡量。教学与课程主要包含各学院为全校或其他学院开课的次数和受益人数、教学成果等,见图8-6-2。

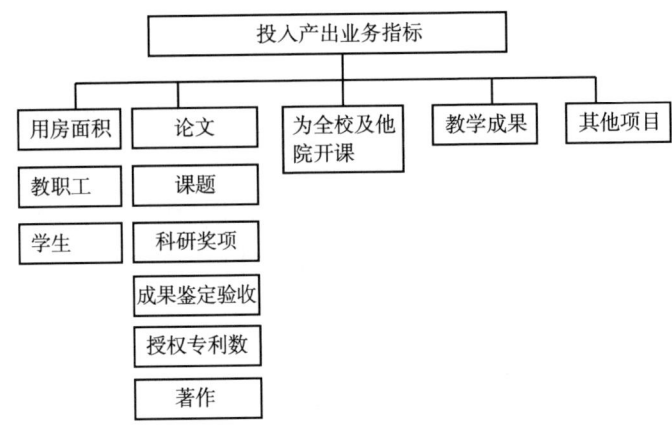

图8-6-2 学校投入产出业务指标体系

从财务指标角度,将各学院的产出分为两个层次,学院为学校的产出,以及学院各自的产出。学院为学校的产出从三个功能分析:(1)人才培养指的是来自按学生数确定的国家拨款,学生学费和住宿费;(2)科学研究为各学院争取的科研经费按规定上交学校的管理费;(3)社会服务为各学院为社会大众提供的各类技术转化、培训、教育、咨询项目获得的资金收入。学院层面的产出主要指的是学院社会服务收入分成和其他科研经费的资金收入。表8-6-1汇总了主要的投入产出指标。

表8-6-1　　　　　　　　　投入产出指标体系

投入产出指标	行次	本年数	上年数
一、学校对各个学院的财务投入			
人员投入			
教学运行			
科研运行			
学科平台基地			
学生事务			

续表

投入产出指标	行次	本年数	上年数
水电费			
房屋、修缮等			
合计			
人均投入			
二、各个学院为学校贡献的财务产出			
人才培养			
科学研究			
社会服务			
合计			
三、各个学院对学校的财务净贡献（一－二）			
四、各个学院自身产生和支配的财务产出			
分成			
科研经费			
合计			
五、各个学院的财务投入产出净额（三＋四）			
六、院级层面的量化业务指标			
用房面积			
教职工人数			
学生人数			
课题个数			
论文数量			
……			

上述各项指标的提供主要涉及学校各职能部门、各学院。各职能部门主要提供办学经费和其他经费来源的数据，如水电费、修缮费的总数据和分摊数据。各学院等具体数据提供非财务指标、社会服务指标等。

3. 数据收集、加工与整理。

应用投入产出分析工具时，应当按照划分好的单位主体进行收集相关数据，应用科学的分解、分摊、计算等方法，获取投入产出指标所需的信息。各学院通过业务信息系统收集业务指标信息，如通过教学管理系统获取学院的开课选课信息、人事管理信息获取教职工信息、科研管理系统获取科研成果等信息；通过财务管理系统获取预算收入、资源配置等信息，这些信息为投入产出分析提供了基础性数据。

在基础性数据收集完成之后，财务处需要对一些数据进行分摊、分解和管理，将各学院共同承担的间接费用如水电费、修缮费等按照合理的标准（如学时、面积等）进行合理的分摊，科研经费按照学校科研经费管理办法的规定进行分层等，实现对基础数据的二次加工整理和计算，达到投入产出分析所需的数据要求。

4. 投入产出分析表的编制。

在每年年末数据收集、加工和整理之后，由各学院填写本单位的投入产出表，分别按照已设计的投入产出分析表填列投入财务指标、产出财务指标和产出业务指标，并提交至财务处进行汇总。财务处在收集各学院呈报的投入产出表之后，进行相应的核对并编制学校层面的投入产出分析表。

5. 投入产出分析报告的编制。

在已编制的投入产出分析表的基础上，财务处需要分析学校层面和院级层面的投入产出情况，撰写投入产出分析报告。在投入产出分析报告中，需要对投入产出分析的总体情况、投入产出净贡献、投入产出比率、资金等方面，重点关注其变动情况以及趋势，关注异常的投入产出关系的单位，并对各单位的投入产出进行分析原因、改进建议等。

三、取得成效

学校实施投入产出分析明确了各学院的权责利，对各学院的资源的使用效果和效率进行评估，避免浪费、提高资金的使用效率，了解了学校对教学、科研和社会服务的各项投入及其产出和结果，为日常教育的顺利进行提供保障，并通过对科研项目、社会服务的投入和产出的考核提高学生的创新能力、社会责任感等，为提高教育质量提供基础性制度保障。

案例示范 8-7
嵌入 PDCA 循环的高校财政项目经费管理

【本案例介绍 PDCA 循环管理的理念在高校财政项目经费管理方面的应用。案例主体单位为教育部直属的重点综合性大学。针对财政项目经费建设与预算规划脱节、资源配置不当、使用效益低下等问题，该单位基于 PDCA 循环理念建立财政项目经费管理模型，优化财政项目经费管理，重塑管理流程，实现了校级财力的经费管理的整合和资源的有效配置，提升了财政项目经费管理水平。】

一、背景描述

（一）单位基本情况

甲高校是一所入选国家"985""211"工程的综合性大学 2×17 年入选 A 类世界一流大学建设高校名单，15 个学科入选世界一流学科建设名单。

（二）单位管理现状分析和存在的主要问题

学校由财务部门负责包括财政项目经费在内学校整体预算的汇总编制，而财政项目经费的分配及管理职能集中在各相应职能部门中，项目具体执行则分散在各个院系单位，项目经费的预算、管理与执行存在诸多问题：

1. 项目经费建设与预算规划脱节。

项目管理部门在经费管理过程中，顶层设计和长远规划不足，未兼顾项目建设与资金支出，预算管理重视不够，普遍存在重项目轻预算的问题，尤其在项目预算收集过程中，以预算编制及审核是财务部门的事为由，项目管理部门只负责预算分配不参与预算编制，导致后期预算执行困难、偏差较大。

2. 项目经费资源配置不当。

项目管理部门预算管理意识淡薄，在项目资金分配过程中，未将资金分配管理与学校整体规划、年度预算相结合，也未建立完善的项目经费执行考核机制，在经费分配过程中，测算依据不够充分，造成项目经费资源配置不当。

3. 项目经费使用效益低下。

在项目经费执行过程中，因缺少预算目标的约束，项目管理部门会疏于管理，即只负责资金分配，后期的跟踪管理缺失，项目经费管理流于形式。经费分配到项目执行部门后，出现项目无明确预算目标，无人管理与问津，存在大量资金沉淀的情况，同时在缺少监督和考核的机制下，存在资产重复购置或被日常公用经费挤占的情况，产生项目经费执行困难与损失浪费并存的情况，整体项目经费使用效益低下。

（三）选取 PDCA 循环管理的主要原因

为了解决学校在项目经费管理中存在的问题，财务处围绕"目标为导向""项目库管理""绩效管理""三年滚动规划"为流程再造的关键点，决定选取 PDCA 循环管理模型，运用该模型的 Plan（计划）、Do（实施）、Check（检查）和 Act（处理）的理念，建立财务部门、项目管理部门有效的联动机制，加强项目执行的监督与管理，解决项目建设与预算规划脱节、资源配置不当和经费使用效益低下的问题，提高项目经费使用效益。

二、应用过程

（一）设计目标

PDCA 循环管理设计以学校规划为龙头，项目库建设为基石，健全的内部管理为手段，年度项目预算为抓手，构建项目经费管理体系。通过建立嵌入 PDCA 循环的财政项目经费管理体系，加强顶层设计，实现对财政项目支出的合理规划和预算，严格执行，全程监管，绩效考核，建立"全员参与、全额纳入、全程管控"的财政项目管理模型。在对财政项目经费循环滚动的管理过程中，强化目标和绩效导向，以预算管理为核心，做好资源的统筹配置，加强项目的动态监控与管理，提高项目资金使用效益，促进高校内涵式发展，着力提高办学质量和水平。

（二）参与部门和人员

为服务于学校事业发展规划，统筹开展、协同推进各财政项目，学校成立财政项目经费领导小组，在财政项目管理过程中建立了统筹协调机制。财政项目经费领导小组组长由学校主要领导担任，分管项目经费的副校长、副书记担任领导小组成员。财政项目经费领导小组下设多个办公室，根据各项目经费支持的项目建设方向不同，由分管不同财政项目的校领导担任办公室主任，由项目经费归口管理的职能部门领导担任副主任，其他协同项目建设的职能部门领导担任办公室成员。主要参与建设部门包括：校长办公室、学科建设与发展规划办公室、人力资源处、教务处、科学技术处、社会科学处、学生工作处、研究生院、发展委员会、学生就业指导中心、创新创业与成果转化工作办公室、信息化建设与管理办公室、国有资产管理处、国际合作与交流处、基本建设处、房地产管理处、保卫处、财务处等。

（三）PDCA 具体应用流程

财政项目管理的模式下，PDCA 循环中的"P"环节用于财政项目的整体规划及预算制定与落实；"D"环节用于落实财政项目的预算执行；"C"环节用于预算执行的控制及监督；"A"环节用于项目执行的绩效评价，通过评价为下一轮的财政项目预算安排提供数据参考，见图 8-7-1。

1. P 阶段。

步骤 1：财务处结合学校事业发展的总体规划和年度计划，组织发起预算申报，推动各项目管理工作领导小组按照财政项目支持方向做好项目储备工作。

步骤 2：各项目管理工作领导小组结合年度财务预算申报要求，拟定项目经费规划。

步骤 3：各项目经费管理部门结合领导小组的项目经费规划和上年度项目执行情况，从主管的专项领域出发细化领域内预算内容。

步骤 4：各项目经费管理部门结合细化后的预算内容，组织项目执行部门开展预算申报。

步骤 5：项目执行部门按照实际需要申报预算，树立全面预算理念，做实并着力细化基层及预算，防止项目碎片化，避免项目漏报、错报及重复申报。

步骤 6：项目管理部门围绕事业发展的关键性问题，确定项目绩效目标，将汇总的项目按照重要性进行排序，提请项目管理工作领导小组评审。

步骤 7：项目管理工作领导小组对由各项目管理部门组织申报的项目预算进行评审，确定拟列入项目库项目。

步骤 8：财务处汇总各领导小组提交的各类拟入库项目库，确定学校校级项目库。

步骤 9：各项目管理部门按照预算批复，做好预算分配。

案例示范 8-7 嵌入 PDCA 循环的高校财政项目经费管理

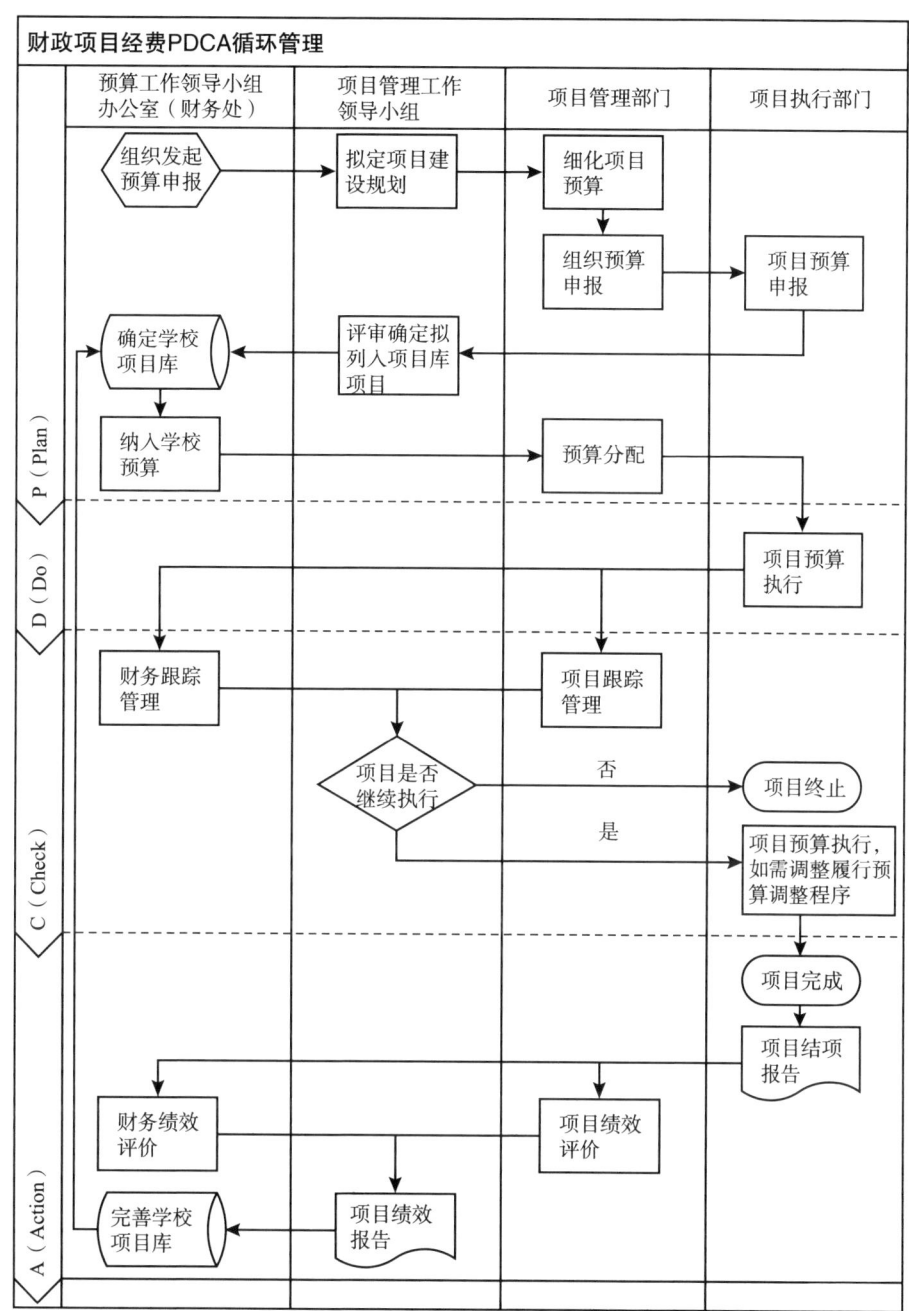

图 8-7-1 财政项目经费 PDCA 循环管理流程

2. D 阶段。

步骤 10：预算执行阶段是整个 PDCA 循环的项目具体落实环节，项目执行部门按照预算内容及绩效目标，组织项目具体实施。

3. C 阶段。

步骤 11：由项目管理部门及财务部门定期开展项目与财务跟踪管理，加强预算执行管理的事中控制，包括预算执行进度、预算执行内容等，通过检查指出项目预算执行中存在的问题。

步骤12：项目管理工作领导小组结合中期考核情况，决定项目是否继续执行。

步骤13：未通过中期考核的项目终止预算执行，通过考核的项目，如需在执行中需要调整预算，应结合项目预期目标，履行预算的调整及审批程序。

4. A阶段。

步骤14：项目实施结束后，由财政项目执行部门向分管部门提交结项报告。

步骤15：由项目管理部门和财务部门对项目执行情况进行绩效评价，并将项目绩效报告提请项目管理工作领导小组审阅。

步骤16：项目管理工作领导小组审阅项目绩效报告，并将绩效评价结果作为财政项目经费预算安排的重要依据，完善项目库建设。

财政项目经费管理的过程，就是每一年度项目预算目标的制定、实施及实现过程。学校运用PDCA循环管理理念，在不断总结年度预算管理经验的基础上，实现项目管理水平的持续提升。

（四）主要问题和解决方法

1. 项目管理部门缺少项目规划及预算管理的意识。

在PDCA循环管理推动的初期，项目管理部门缺少对财政项目经费的规划，没有项目库储备，习惯于预算金额下达后，按照已有的模式直接按院系分配定额资金，项目预算管理意识不足。

面对项目管理部门规划意识淡薄的情况，财务处将项目管理部门纳入到预算评审体系，推动项目管理部门做实预算及评审。一方面改变原有预算申报模式，由原来院系单位直接向财务处提需求，调整为由财政项目主管部门按照资金性质和专业领域收集预算需求并评审后，再提交到财务处，列入学校预算；另一方面，财务处建立财务联络员制度，在编制预算过程中为项目管理及执行部门提供财务建议，共同做好预算支出和绩效目标。

2. 项目管理及执行部门预算编制的难度较大。

项目管理及执行部门在预算推动初期，认为项目的预算都是财务处的事，项目部门只负责项目建设，同时缺少预算编制基础，尤其在预算编制环节增加绩效目标、项目活动支出后，更增加了具体项目负责人的预算编制难度，预算编制基础薄弱。

面对项目部门预算编制基础薄弱的问题，财务处采用前期管理与后期监管结合循序渐进的推进方式，在前期管理中加强宣传与培训，做好财务咨询与服务工作，在后期监管中加强预算约束与控制，对项目负责人报送的预算中的关键支出进行额度管理。在预算的执行约束过程中，项目具体负责人在预算执行落实中会逐步意识到预算编制的重要性，并在第二个PDCA循环中增强预算编制的准确性与合理性。

3. 项目经费管理缺失、预算执行偏差较大。

因为前期项目预算编制基础薄弱，项目管理部门缺少项目规划的同时，更缺少对项目执行部门跟踪管理，认为只要项目一经预算批复，就无需更多的项目管理跟踪、控制和评价，从而造成预算执行偏差较大的情况。

面对预算执行中存在管理缺失及执行偏差大的问题，财务处采用双管齐下的管理方式，对项目管理部门，采用定期反馈项目预算执行情况形式，加强沟通，推动项目管理部门加强对项目执行的监控；对项目执行部门，采用账务执行跟踪形式对项目进行"回头看"，对预算执行存在问题较大的项目，通过财务控制暂停项目执行，并将情况及时反馈到项目管理部门，或提请项目管理工作领导小组审议。

三、取得成效

通过对 PDCA 管理全覆盖的循环理念在财政项目经费管理中的运用，解决了原来项目经费管理中预算缺乏严谨性的问题，在 P 的环节建立"财务部门—项目管理部门—项目执行部门"的预算编制层层落实与联动机制，促进了学校内部预算编制管理的有效提升；同时在 D 和 C 的环节采用预算支出额度管理，让项目负责人切实将预算执行与预算编制相结合；在 A 的环节，结合预算执行结果对下一轮预算进行调整。在率先运用"PDCA"理论的改善基本办学条件专项评审中，项目经费评审通过率大幅度提升，见表 8-7-1。

表 8-7-1　　　　　　　　　　项目资金评审通过情况表　　　　　　　　　　单位：万元

年度	项目申报金额	项目评审金额	评审通过比率
2×17 年	10 649.90	8 974.21	84.26%
2×18 年	22 945.47	20 725.84	90.32%

案例示范 8-8

高校固定资产全生命周期管理

【本案例介绍高校固定资产全生命周期管理。案例单位为教育部直属全国重点大学。针对固定资产管理中面临责任意识有待加强、难以获取实时数据、闲置浪费与短缺状况并存、账实不符等问题，该单位将企业管理领域的"流程管理"理论和"全生命周期管理"理论引入固定资产管理，运用信息化系统实现从预算管理、购置申请、招标采购、交付验收、建账建卡、使用管理、维修维护、调拨调剂、处置报废到系统销账的"固定资产全生命周期管理"，实现了固定资产的标准化、动态化、模块化和精细化管理，提高了国有资产使用效益，维护了国有资产安全。】

一、背景描述

（一）单位基本情况

甲高校是"211""985"建设高校，是教育部、农业部和重庆市共建的重点综合大学。学校现有32个学院（部），105个本科专业，其中国家级特色专业20个，在校学生5万余人，其中普通本科生近4万人，硕士、博士研究生1.1万人，留学生800余人，专任教师2 968人，其中教授572人、副教授1 115人。

（二）单位管理现状分析和存在的主要问题

固定资产在学校事业改革和发展中发挥着重要的保障作用，由于受客观环境和思想观念等因素的影响，学校固定资产管理比较薄弱，主要表现在以下方面：

1. 责任意识有待加强，工作效率有待提升。

由于传统观念和管理手段的影响，无论是从资产管理部门、资产使用部门，还是专兼职资产管理员等都不同程度存在对固定资产的管理意识淡薄、重视程度不够的问题，"重钱轻物，重购轻管"的现象普遍存在。

2. 缺乏信息系统支持，难以获取实时数据。

传统固定资产管理模式高度依赖手工，无法适时对学校新购、调拨、报废固定资产等情况及时变动相关数据。即使定期开展资产清查核查工作，也会因为相关数据未通过信息化系统更新，学校资产管理部门无法实时准确全面掌握固定资产动态数据，最终影响学校的最高决策。

3. 资源共享不充分，固定资产闲置浪费与短缺状况并存。

传统固定资产管理模式下，学校的决策层，资产管理部门、资产使用单位无法了解学校固定资产总体情况，财务、资产、采购与招投标等管理部门缺乏有效沟通，各单位自行管理固定资产，学校缺乏统一平台，由此可能导致重复申购、重复购买，闲置浪费与短缺状况并存。

4. 财务账和资产账、资产账和实物账难以相符。

传统固定资产管理模式下，学校财务管理部门、资产管理部门信息沟通不畅，固定资产报废处理后资产账变更而财务账未实时变更等因素导致财务账和资产账不一致；固定资产损毁后找不到相应的赔偿责任人等因素导致资产账和实物账不符；新购固定资产未严格执行财务入固手续等因素导致财务账和资产账、实物账不符。

（三）进行固定资产全生命周期管理的主要原因

全生命周期管理是指对管理对象生命周期的全过程实行一体化动态管理的行为，主要内涵是全寿命管理和全寿命信息支持。高校固定资产全生命周期管理基于高校固定资产细分为固定资产形成期、固定资产运行期和固定资产处置期三个阶段，借助现代信息技术系统实现固定资产的动态化、模块化、标准化和精细化管理，有助于改变高校固定资产管理薄弱的问题。

二、总体设计

（一）总体目标

1. 建立健全固定资产管理制度体系，对财务、资产、采购与招投标、资产使用单位等部门和资产管理员、资产使用者的职责、职能和管理边界作出明确划分与界定，落实责任。

2. 实现从预算到处置的全过程管理，保证固定资产安全，防范国有资产流失风险。

3. 建立大型仪器设备共享平台，提高固定资产使用效率。实时统计固定资产尤其是大型仪器设备的配备情况和各单位（教职工）对固定资产的使用情况，为学校科学决策提供支撑。

4. 连通财务、资产、采购与招投标等管理部门的多套信息系统，实现数据共享和实时更新，达到账账相符、账实相符的目标。

（二）总体思路

1. 建章立制，明确职责，修订和完善固定资产管理制度，形成学校固定资产管理制度体系。

2. 利用资产清查的契机摸清固定资产情况，分析管理薄弱环节，为实施全生命周期管理奠定基础。

3. "以问题为导向、以需求为动力"开发固定资产管理信息系统消除信息孤岛。

4. 充分发挥财务、资产、采购与招投标等管理部门的职能并强调通力合作。

三、应用过程

（一）参与部门和人员

学校实行"统一领导、归口管理、分级负责、责任到人"的固定资产工作机制，设立国有资产管理领导小组统一领导全校固定资产管理工作，各部门按各自职责配合：

1. 财务处：负责筹措和调度全校固定资产购置资金；审核和下达固定资产预算；调整、监督、控制和分析固定资产采购预算执行；根据供应商的开具票据、使用单位出具的验收报告等支付款项；办理固定资产财务入账手续；对固定资产变更、报废等情况作出相应会计记录。

2. 国有资产管理处：负责拟定学校固定资产管理制度，建立健全相应管理体系；编制机关及直属单位家具及其他物资购置明细预算；对学校设备、家具、房屋等固定资产明细账管理及图书总账管理；组织开展家具及其他物资验收、调拨及报废鉴定工作；完成报废资产回收、处置工作。

3. 实验室与设备管理处：负责拟定学校实验室及设备管理制度，建立健全相应管理体系；组织制订学校仪器设备的购置计划；学校仪器设备的购置论证、验收、调拨和报废鉴定等工作；督促指导仪器设备使用单位做好仪器设备日常管理；进口设备管理。

4. 基本建设管理处：负责建立健全学校基本建设、维修改造等建设与管理的规章制度和工作机制；负责建设工程项目报批、设计、施工、工程材料核价及工程造价等管理工作；负责水、电等能源基础设施建设的规划设计、维护更新等工作；负责建设工程档案的整理、建档、移交和归档工作。

5. 采购与招投标管理中心：负责拟定学校有关采购与招投标的规章制度与具体实施办法；制定具体采购方案，组织实施学校采购与招投标工作。

6. 资产使用单位：负责草拟固定资产预算，经单位领导审核后报送固定资产归口管理部门；负责根据固定资产使用人员的具体需求和财务部门批复的固定资产预算编制具体采购计划；负责本单位固定资产购置、验收、调拨和报废鉴定等日常管理。

7. 资产使用人：根据工作需要，提出固定资产购置申请；妥善保管和使用名下的固定资产；工作岗位变动时向资产管理员提出固定资产变动申请；固定资产达到报废条件时，提交报废申请，经过一定程序审批后报废。

（二）建立制度体系

除了遵守国家固定资产管理方面的法规外，结合实际情况，甲高校对固定资产管理的各个子流程都制定了对应的规章制度和实施细则，为实现固定资产全生命周期管理奠定了制度基础，见表8-8-1。

表8-8-1 学校固定资产管理制度

序号	流程	规章制度和实施细则
1	预算管理	预算管理制度
		行政办公设备及家具配置预算标准
2	购置申请	仪器设备咨询与鉴定专家工作职责
3	招标采购	工程建设项目采购与招投标管理实施细则
		关于进一步简化科研仪器设备采购管理的实施意见
		采购与招投标管理中心开、评标工作规程
		采购与招投标管理中心合同管理制度
		采购与招投标管理中心档案管理制度
		采购与招投标管理中心采购信息公开制度
4	交付验收	固定资产验收工作实施细则
5	建账建卡	预算管理制度
6	维护维修	行政办公设备及家具配置预算标准
7	调拨调配	
8	处置报废	固定资产处置管理办法
9	系统销账	

（三）建设固定资产全生命周期管理系统

为了实现固定资产管理目标，学校通过和软件公司合作，开发了甲大学固定资产全生命周期管理系统，该系统按照数据规范、标准统一，平台兼容、资源共享的要求，统一不同平台的固定资产录入信息标准，设置固定资产信息关键要素标准，便于快速录入固定资产相关信息。同时，可以保证财务管理软件与固定资产管理平台有效对接，实现财务管理与资产管理相结合，见图8-8-1。

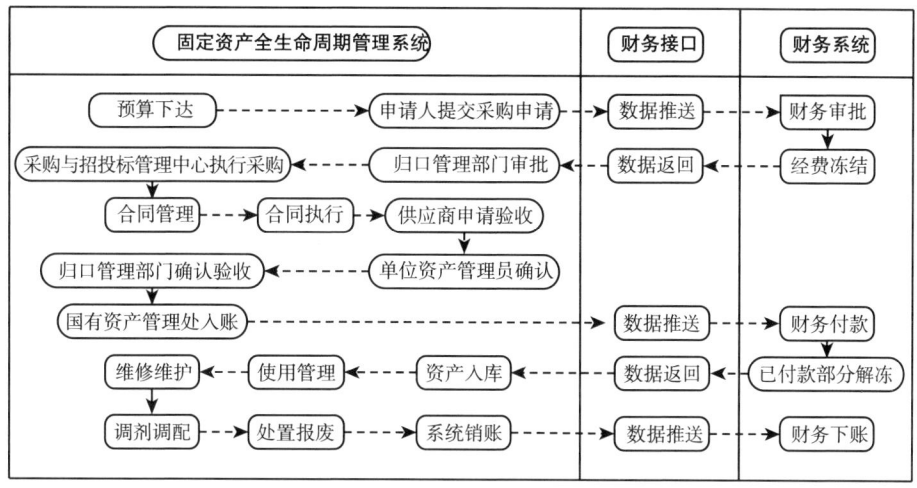

图8-8-1 固定资产全生命周期管理实施流程

（四）具体应用流程

甲高校针对学校固定资产各生命周期的特点，将固定资产分为固定资产形成期、固定资产运行期和固定资产报废期三个层级，见图8-8-2。

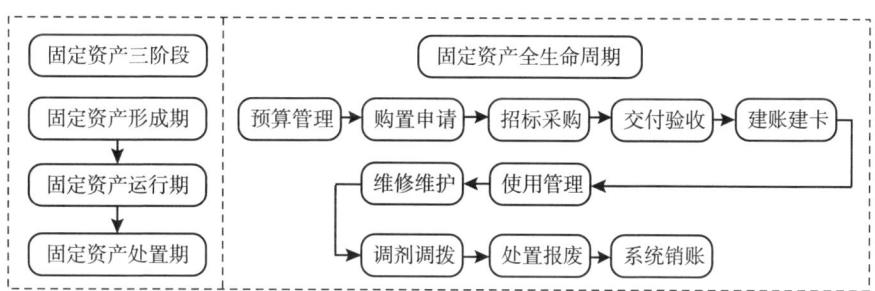

图8-8-2 固定资产全生命周期管理总体流程

1. 预算下达。

在预算年度内，各单位向归口管理部门申报当年需求计划；固定资产归口管理部门以各单位存量固定资产为依据，审核各单位报送的固定资产需求计划并根据轻重缓急予以排序；财务部门根据当年学校财力和汇总需求计划切分固定资产经费预算额度；固定资产归口管理部门根据排序后的固定资产需求计划和当年固定资产经费预算额度，拟定固定资产购置明细，经学校审定后按程序组织采购。

2. 购置申请。

当年已申报固定资产需求计划并获得批准的单位资产管理员提出固定资产购置申请并提交单位经费负责人。单位经费负责人审批购置申请后提交归口管理部门。归口管理部门审核后推送购置申请到财务处。财务处接收购置申请，办理经费冻结后提交采购与招投标中心。

3. 招标采购。

将经财务处审核后的购置申请区分为政府采购和学校自行采购。根据采购相关规定决定采购方式，按照公开招标、邀请招标、竞争性谈判等方式制定对应的招标文书。根据采购方式确定对应的评标方式，决定最终中标单位。采购过程中超出预算或者更改品名的须使用单位重新办理审核。

4. 交付验收。

招标采购结束后进入合同执行期，供应商申请交付验收。单位资产使用人确认收到该供应商品。单位资产管理员对单位资产使用人提交的验收申请审批。单位负责人对资产管理员提交的验收申请审批后提交归口管理部门。归口管理部门对交付验收商品进行复核并提交国有资产管理处入固审核后财务处付款。财务处根据交付验收情况办理付款手续并解冻相关经费。

5. 建账建卡。

财务处根据国有资产管理处提交的交付验收申请办理付款并解冻相关经费手续后，根据相关数据办理固定资产财务入账手续。返回相关数据到国有资产管理处，国有资产管理处办理固定资产入库手续并打印固定资产标签卡片。

6. 使用管理。

（1）按照数量、金额等因素对已完工的基建工程、购入的固定资产、收到的捐赠资产等及时登记明细账，编制固定资产卡片。根据实际盘点情况按照程序调增调减固定资产，确保账账相符、账实相符。

（2）单位资产管理员要完善固定资产的领用、交接、处置程序，定期对固定资产的使用情况进行盘点分析汇总，为合理配置固定资产，提高使用效率提供依据。

（3）学校国有资产管理人员要深入固定资产使用部门调查了解固定资产的使用、处置情况，防止国有资产流失。

（4）仪器设备管理人员首先必须熟悉相关仪器设备的性能和操作规程，妥善保管技术资料及使用说明书。按照要求检查仪器设备自身保护装置，控制环境温度、湿度、电源电压等，注意防潮、防尘、防腐；定期维护保养仪器，做好维护记录。

7. 维护维修。

（1）对于出现故障的设备，在送修或自修之前，首先应当判断是否在免费保修期内。

（2）在免费保修期内的设备，可以直接与厂家联系或转告设备维修负责人联系。在免费保修期外的设备，在维修之前，应当会同维修负责人进行认真检测，出具诊断结果和维修方案并填写维修申请卡。属于人为造成的设备故障，应当责令肇事人员承担必要的维修费用。

（3）凡是经过维修的设备都必须通过设备维修台账记录。

8. 调拨调剂。

调拨调剂是指在不改变所有权的前提下，以无偿转让方式变更固定资产占有、使用权的处置形式。其程序为：使用单位资产管理员填写固定资产调拨调剂申请表提交国有资产管理处审核。国有资产管理部门审核调拨调剂申请表后在校园网发布资产调拨调剂公告。接收单位协同国有资产管理处办理资产移交手续并办理资产账、财务账的变更手续。

9. 处置报废。

固定资产处置包括出售，报损和报废等。出售是指对固定资产以收取相应处置收益方式变更所有权或占有、使用权的处置形式。报损是指对固定资产发生非正常损失时按规定进行产权注销的处置形式。报废是指对经鉴定或按规定，确定为已不能继续使用的固定资产进行产权注销的处置形式。

（1）拟报废的固定资产必须经技术人员（三人以上）进行技术鉴定，并在固定资产报废申请表上签署鉴定意见后提交归口管理部门。

（2）归口管理部门按规定程序和权限对报废申请表进行审核、报批。确有需要的，应组织专业技术人员或聘请中介机构进行鉴定并出具鉴定意见书。

（3）资产管理部门根据经审批同意的报废申请表及有关凭证逐一回收报废实物，待实物处理完毕后办理注销手续。

10. 系统销账。

达到报废年限的固定资产经过学校一定程序审定通过后，按照审批权限报教育部、财政部备案或审批同意后注销下账。

四、取得成效

甲高校通过实施固定资产全生命周期管理，一是学校各级领导充分认识到固定资产管理的重要性，改变了固定资产管理观念，基本建立了直接责任人、使用部门负责人、归口管理部门负责人的三级管理责任制，实现了合理分工，增强了责任意识；二是对全校固定资产特别是对贵重仪器和大型修建项目进行清查，针对薄弱环节建章立制，形成了固定资产管理制度体系；三是研发了适合学校资产特点的固定资产全生命周期管理系统，掌握了固定资产的增减、库存等动态数据，实时掌握资产动态，打破信息不对称，实现资源共享；四是实行角色和权限分配管理，财务人员和资产管理人员都被赋予相应的审核权限，通过阶梯式的递进管理，实现固定资产集群管理，提高了工作效率。

附 录

附录 1

财政部关于全面推进管理会计体系建设的指导意见

2014年10月27日　财会〔2014〕27号

为贯彻落实党的十八大和十八届三中全会精神，深入推进会计强国战略，全面提升会计工作总体水平，推动经济更有效率、更加公平、更可持续发展，根据《会计改革与发展"十二五"规划纲要》，现就全面推进管理会计体系建设提出以下指导意见。

一、全面推进管理会计体系建设的重要性和紧迫性

管理会计是会计的重要分支，主要服务于单位（包括企业和行政事业单位，下同）内部管理需要，是通过利用相关信息，有机融合财务与业务活动，在单位规划、决策、控制和评价等方面发挥重要作用的管理活动。管理会计工作是会计工作的重要组成部分。改革开放以来，特别是市场经济体制建立以来，我国会计工作紧紧围绕服务经济财政工作大局，会计改革与发展取得显著成绩：会计准则、内控规范、会计信息化等会计标准体系基本建成，并得到持续平稳有效实施；会计人才队伍建设取得显著成效；注册会计师行业蓬勃发展；具有中国特色的财务会计理论体系初步形成。但是，我国管理会计发展相对滞后，迫切要求继续深化会计改革，切实加强管理会计工作。

同时，党的十八届三中全会对全面深化改革作出了总体部署，建立现代财政制度、推进国家治理体系和治理能力现代化已经成为财政改革的重要方向；建立和完善现代企业制度、增强价值创造力已经成为企业的内在需要；推进预算绩效管理、建立事业单位法人治理结构，已经成为行政事业单位的内在要求。这就要求财政部门顺时应势，大力发展管理会计。

因此，全面推进管理会计体系建设，是建立现代财政制度、推进国家治理体系和治理能力现代化的重要举措；是推动企业建立、完善现代企业制度，推动事业单位加强治理的重要制度安排；是激发管理活力，增强企业价值创造力，推进行政事业单位加强预算绩效管理、决算分析和评价的重要手段；是财政部门更好发挥政府作用，进一步深化会计改革，推动会计人才上水平、会计工作上层次、会计事业上台阶的重要方向。

二、指导思想、基本原则和主要目标

（一）指导思想。

以邓小平理论、"三个代表"重要思想、科学发展观为指导，深入贯彻习近平总书记系列重要讲话精神，根据经济社会发展要求，突出实务导向，全面推进管理会计体系建设，科学谋划管理会计发展战略，合理构建政府、社会、单位协同机制，以管理会计人才建设为依托，统筹推进管理会计各项建设，为经济社会健康发展提供有力支持。

（二）基本原则。

——坚持立足国情，借鉴国际。既系统总结自主创新和有益实践，又学习借鉴国际先进理念和经验做法，形成中国特色管理会计体系。

——坚持人才带动，整体推进。紧紧抓住管理会计人才匮乏这一关键问题，通过改进和加强会计人才队伍建设，培养一批适应需要的管理会计人才，带动管理会计发展。同时，整体推进管理会计理论体系、指引体系、信息化建设等工作。

——坚持创新机制，协调发展。注重管理会计改革的系统性、整体性、协同性，重视财政部门在管理会计改革中的指导和推动作用，发挥有关会计团体在管理会计改革中的行业支持作用，突出各单位在管理会计改革中的主体作用。

——坚持因地制宜，分类指导。充分考虑各单位不同性质、不同行业、不同规模、不同发展阶段等因素，从实际出发，推动管理会计工作有序开展。

（三）主要目标。

建立与我国社会主义市场经济体制相适应的管理会计体系。争取3～5年内，在全国培养出一批管理会计人才；力争通过5～10年左右的努力，中国特色的管理会计理论体系基本形成，管理会计指引体系基本建成，管理会计人才队伍显著加强，管理会计信息化水平显著提高，管理会计咨询服务市场显著繁荣，使我国管理会计接近或达到世界先进水平。

三、主要任务和措施

（一）推进管理会计理论体系建设。推动加强管理会计基本理论、概念框架和工具方法研究，形成中国特色的管理会计理论体系。一是整合科研院校、单位等优势资源，推动形成管理会计产学研联盟，协同创新，支持管理会计理论研究和成果转化。二是加大科研投入，鼓励科研院校、国家会计学院等建立管理会计研究基地，在系统整合理论研究资源、总结提炼实践做法经验、研究开发管理会计课程和案例、宣传推广管理会计理论和先进做法等方面，发挥综合示范作用。三是推动改进现行会计科研成果评价方法，切实加强管理会计理论和实务研究。四是充分发挥有关会计团体在管理会计理论研究中的具体组织、推动作用，及时宣传管理会计理论研究成果，提升我国管理会计理论研究的国际影响力。

（二）推进管理会计指引体系建设。形成以管理会计基本指引为统领、以管理会计应用指引为具体指导、以管理会计案例示范为补充的管理会计指引体系。一是在课题研究的基础上，组织制定管理会计指引体系，推动其有效应用。二是建立管理会计专家咨询机制，为管理会计指引体系的建设和应用等提供咨询。三是鼓励单位通过与科研院校合作等方式，及时总结、梳理管理会计实践经验，组织建立管理会计案例库，为管理会计的推广应用提供示范。

（三）推进管理会计人才队伍建设。推动建立管理会计人才能力框架，完善现行会计人才评价体系。一是将管理会计知识纳入会计人员和注册会计师继续教育、大中型企事业单位总会计师素质提升工程和会计领军（后备）人才培养工程。二是推动改革会计专业技术资格考试和注册会计师考试内容，适当增加管理会计专业知识的比重。三是鼓励高等院校加强管理会计课程体系和师资队伍建设，加强管理会计专业方向建设和管理会计高端人才培养，与单位合作建立管理会计人才实践培训基地，不断优化管理会计人才培养模式。四是探索管理会计人才培养的其他途径。五是推动加强管理会计国际交流与合作。

（四）推进面向管理会计的信息系统建设。指导单位建立面向管理会计的信息系统，以信息化手段为支撑,实现会计与业务活动的有机融合,推动管理会计功能的有效发挥。一是鼓励单位将管理会计信息化需求纳入信息化规划,从源头上防止出现"信息孤岛",做好组织和人力保障,通过新建或整合、改造现有系统等方式,推动管理会计在本单位的有效应用。二是鼓励大型企业和企业集团充分利用专业化分工和信息技术优势,建立财务共享服务中心,加快会计职能从重核算到重管理决策的拓展,促进管理会计工作的有效开展。三是鼓励会计软件公司和有关中介服务机构拓展管理会计信息化服务领域。

四、工作要求

(一)加强组织领导。各级财政部门要高度重视,将管理会计工作纳入会计改革与发展规划,统筹安排,稳步推进;要切实加强对管理会计工作的统一领导,加强与有关监管部门的协作,建立联合工作机制,推动管理会计工作有效开展。有关会计团体要按照财政部门统一部署,大力开展管理会计理论研究、宣传培训、人才培养等工作。各单位负责人要切实履行会计工作职责,将管理会计工作纳入本单位整体战略,周密部署,积极稳妥地推进。

(二)加强工作指导。财政部要通过本指导意见,科学谋划、整体推进管理会计体系建设,引导、推动社会有关力量共同推进管理会计工作;要制定发布管理会计指引体系,总结国内外管理会计典型案例,组织编写管理会计系列辅导材料,以指导各单位开展管理会计工作。各级财政部门要组织管理会计经验交流和示范推广;要制定具体措施,加强对本地区管理会计工作的指导。

(三)加强宣传培训。各级财政部门要充分利用各种媒体,采取多种形式,加强对管理会计的宣传,营造管理会计发展的良好环境;要抓紧制定管理会计人才培养方案,推进管理会计人才培养工作;要将管理会计纳入会计继续教育内容,予以重点推进;要充分发挥有关会计团体、国家会计学院的主渠道作用,重视发挥有关高等院校、社会培训机构的重要作用。有关会计团体要通过在杂志开辟专栏、组织会员交流等多种途径,加强对会员的宣传。各单位要重视加强本单位会计人员对管理会计知识的学习和应用,大力培养适用的管理会计人才。

(四)加强跟踪服务。各级财政部门要抓好本指导意见的贯彻落实工作,及时了解管理会计工作推进情况,建立信息交流制度,编发信息简报,做好跟踪分析;要积极培育管理会计咨询服务市场,支持、指导、规范包括注册会计师行业在内的会计服务机构开展管理会计咨询服务业务,将其纳入现代会计服务市场体系整体推进,引导会计服务机构加强自身建设和管理会计研发投入力度、拓展会计服务领域、提升会计服务层次,满足市场对管理会计咨询服务的需要,营造良好的管理会计咨询服务市场环境。

附录 2

管理会计基本指引

2016 年 6 月 22 日　财会〔2016〕10 号

第一章　总　　则

第一条　为促进单位（包括企业和行政事业单位，下同）加强管理会计工作，提升内部管理水平，促进经济转型升级，根据《中华人民共和国会计法》《财政部关于全面推进管理会计体系建设的指导意见》等，制定本指引。

第二条　基本指引在管理会计指引体系中起统领作用，是制定应用指引和建设案例库的基础。管理会计指引体系包括基本指引、应用指引和案例库，用以指导单位管理会计实践。

第三条　管理会计的目标是通过运用管理会计工具方法，参与单位规划、决策、控制、评价活动并为之提供有用信息，推动单位实现战略规划。

第四条　单位应用管理会计，应遵循下列原则：

（一）战略导向原则。管理会计的应用应以战略规划为导向，以持续创造价值为核心，促进单位可持续发展。

（二）融合性原则。管理会计应嵌入单位相关领域、层次、环节，以业务流程为基础，利用管理会计工具方法，将财务和业务等有机融合。

（三）适应性原则。管理会计的应用应与单位应用环境和自身特征相适应。单位自身特征包括单位性质、规模、发展阶段、管理模式、治理水平等。

（四）成本效益原则。管理会计的应用应权衡实施成本和预期效益，合理、有效地推进管理会计应用。

第五条　管理会计应用主体视管理决策主体确定，可以是单位整体，也可以是单位内部的责任中心。

第六条　单位应用管理会计，应包括应用环境、管理会计活动、工具方法、信息与报告等四要素。

第二章　应 用 环 境

第七条　单位应用管理会计，应充分了解和分析其应用环境。管理会计应用环境，是单位应用管理会计的基础，包括内外部环境。

内部环境主要包括与管理会计建设和实施相关的价值创造模式、组织架构、管理模式、资源保障、信息系统等因素。

外部环境主要包括国内外经济、市场、法律、行业等因素。

第八条 单位应准确分析和把握价值创造模式，推动财务与业务等的有机融合。

第九条 单位应根据组织架构特点，建立健全能够满足管理会计活动所需的由财务、业务等相关人员组成的管理会计组织体系。有条件的单位可以设置管理会计机构，组织开展管理会计工作。

第十条 单位应根据管理模式确定责任主体，明确各层级以及各层级内的部门、岗位之间的管理会计责任权限，制定管理会计实施方案，以落实管理会计责任。

第十一条 单位应从人力、财力、物力等方面做好资源保障工作，加强资源整合，提高资源利用效率效果，确保管理会计工作顺利开展。

单位应注重管理会计理念、知识培训，加强管理会计人才培养。

第十二条 单位应将管理会计信息化需求纳入信息系统规划，通过信息系统整合、改造或新建等途径，及时、高效地提供和管理相关信息，推进管理会计实施。

第三章　管理会计活动

第十三条 管理会计活动是单位利用管理会计信息，运用管理会计工具方法，在规划、决策、控制、评价等方面服务于单位管理需要的相关活动。

第十四条 单位应用管理会计，应做好相关信息支持，参与战略规划拟定，从支持其定位、目标设定、实施方案选择等方面，为单位合理制定战略规划提供支撑。

第十五条 单位应用管理会计，应融合财务和业务等活动，及时充分提供和利用相关信息，支持单位各层级根据战略规划作出决策。

第十六条 单位应用管理会计，应设定定量定性标准，强化分析、沟通、协调、反馈等控制机制，支持和引导单位持续高质高效地实施单位战略规划。

第十七条 单位应用管理会计，应合理设计评价体系，基于管理会计信息等，评价单位战略规划实施情况，并以此为基础进行考核，完善激励机制；同时，对管理会计活动进行评估和完善，以持续改进管理会计应用。

第四章　工　具　方　法

第十八条 管理会计工具方法是实现管理会计目标的具体手段。

第十九条 管理会计工具方法是单位应用管理会计时所采用的战略地图、滚动预算管理、作业成本管理、本量利分析、平衡计分卡等模型、技术、流程的统称。管理会计工具方法具有开放性，随着实践发展不断丰富完善。

第二十条 管理会计工具方法主要应用于以下领域：战略管理、预算管理、成本管理、营运管理、投融资管理、绩效管理、风险管理等。[①]

（一）战略管理领域应用的管理会计工具方法包括但不限于战略地图、价值链管理等；

[①] 个别管理会计工具方法在制定应用指引时略有调整。

（二）预算管理领域应用的管理会计工具方法包括但不限于全面预算管理、滚动预算管理、作业预算管理、零基预算管理、弹性预算管理等；

（三）成本管理领域应用的管理会计工具方法包括但不限于目标成本管理、标准成本管理、变动成本管理、作业成本管理、生命周期成本管理等；

（四）营运管理领域应用的管理会计工具方法包括但不限于本量利分析、敏感性分析、边际分析、标杆管理等；

（五）投融资管理领域应用的管理会计工具方法包括但不限于贴现现金流法、项目管理、资本成本分析等；

（六）绩效管理领域应用的管理会计工具方法包括但不限于关键指标法、经济增加值、平衡计分卡等；

（七）风险管理领域应用的管理会计工具方法包括但不限于单位风险管理框架、风险矩阵模型等。

第二十一条　单位应用管理会计，应结合自身实际情况，根据管理特点和实践需要选择适用的管理会计工具方法，并加强管理会计工具方法的系统化、集成化应用。

第五章　信息与报告

第二十二条　管理会计信息包括管理会计应用过程中所使用和生成的财务信息和非财务信息。

第二十三条　单位应充分利用内外部各种渠道，通过采集、转换等多种方式，获得相关、可靠的管理会计基础信息。

第二十四条　单位应有效利用现代信息技术，对管理会计基础信息进行加工、整理、分析和传递，以满足管理会计应用需要。

第二十五条　单位生成的管理会计信息应相关、可靠、及时、可理解。

第二十六条　管理会计报告是管理会计活动成果的重要表现形式，旨在为报告使用者提供满足管理需要的信息。管理会计报告按期间可以分为定期报告和不定期报告，按内容可以分为综合性报告和专项报告等类别。

第二十七条　单位可以根据管理需要和管理会计活动性质设定报告期间。一般应以公历期间作为报告期间，也可以根据特定需要设定报告期间。

第六章　附　　则

第二十八条　本指引由财政部负责解释。

第二十九条　本指引自印发之日起施行。